# 东陆职教论坛

2009 年

上 册

主 编 马 勇
副主编 陈 静 冯志鹏 龚自力

云南大学出版社

# 前　言

《东陆职教论坛》自2003年出版以来，受到了全国各地职业教育同行的关注，为广大职教工作者提供了一个展示理论研究成果、交流实践经验的高层次平台。带着大家的鼓励和期待，《东陆职教论坛（2009年）》与读者见面了。

为贯彻落实《国务院关于大力发展职业教育的决定》（国发〔2005〕35号）关于实施“职业院校教师素质提高计划”的精神，切实提高中等职业学校教师队伍的整体素质，优化教师队伍结构，完善教师队伍建设的有效机制。“十一五”期间，中央财政安排专项资金，将重点支持3万名中等职业学校专业骨干教师参加国家级培训。培训对象为中等职业学校的具有中级以上教师职务的专业带头人和骨干教师。培训任务主要由具备相关专业培训条件的全国重点建设职教师资培养培训基地和全国职教师资专业技能培训示范单位承担，同时吸收部分有条件的实训基地、企业参与，采取“基地培训+企业实践”的模式进行，时间为两个月。参培教师先在国家公布的培训机构进行1个月的专业理论和教育教法培训，然后到对口企业进行1个月的企业实践活动，通过现场观摩、上岗操作等方式，熟悉相关专业领域的新知识、新技能、新工艺、新方法。培训结束时，教师要按规定完成教学论文或教案。

云南大学是教育部批准的全国重点建设职教师资培训基地，中等职业学校师资培训工作是学校的重要工作之一。在教育部职业教育与成人教育司、省教育厅职成教处的大力支持下，我校职教师资培训工作进展顺利。2007年以来，我校先后举办了多期中等职业学校专业骨干教师国家级培训班。2007 年承担中等职业学校专业骨干教师国家级培训任务三期，专业分别为会计、计算机及应用、市场营销、旅游服务与管理，共计 206 人参加了培训。2008 年承担了两期培训任务，有会计、计算机及应用、旅游服务与管理专业，共计 109 人参加了培训。

《东陆职教论坛（2009 年）》由云南大学举办的 2008 年度中等职业学校专业骨干教师国家级培训班的 108 位参训教师的论文集结而成。内容涉及会计、计算机及应用、旅游服务与管理等学科，对中职学校的教育教学改革、教学方法、教材建设、课程设计、教学设计、学校管理、学生管理等诸多方面作了深入广泛的探讨，充分展示了培训的效果。本书的出版凝聚着各位参训教师的辛勤努力，得到了云南大学出版社的大力支持。在本书的编辑出版过程中，云南大学职业与继续教育学院的各位院领导给予了大力支持；学院招培办的各位老师，培训班的班主任王雯、赵兴碧、陈静、冯志鹏、魏娜老师及龚自力、聂琴老师做了大量工作。本书由马勇担任主编，陈静、冯志鹏、龚自力担任副主编。由于时间仓促，书中难免有错漏之处，恳请读者指正。

编　者

2009 年 8 月

# 目　　录

## （上　册）



## 会计学论文

# 会计学论文

# 对银行存款余额调节表的调整对象及其作用的探讨

河北省保定市财贸学校 李占英

**摘 要：**本文从会计专业教科书中对银行存款余额调节表理论的描述，会计电算化中对银行存款余额调节表的编制实践，手工账中对银行存款余额调节表的编制实践三个方面进行阐述，提出以下两个观点：（1）银行存款余额调节表的调整对象是银行存款日记账与银行对账单核对不符的所有账项，除时间性未达账项之外，还包括错账；（2）错账的存在与否取决于出纳人员对银行存款余额调节表中列示出的银行存款日记账与银行对账单核对不符的所有账项逐笔甄别，而不是依赖于银行存款日记账调节后余额与银行对账单调节后余额的比较结果的不相等。

**关键词：**银行存款余额调节表 时间性未达账项 错账

众所周知，理论与实践的关系是：理论指导实践，实践推动理论的发展。对会计专业教科书中有关银行存款余额调节表的理论，会计理论界人士可谓滚瓜烂熟、熟悉非常。

但会计实践证明了有关银行存款余额调节的调整对象及其作用的理论与实践有差异，从而引发对银行存款余额调节表的调整对象及其作用的思考。

## 一、会计专业教科书中对银行存款余额调节表理论的描述

只要将不同层次或相同层次的会计专业教科书进行简单对照，就会发现它们对银行存款余额调节表理论的表述几乎是一致的。(1) 该表的编制目的是保护本企业银行存款的安全完整并查找错账。(2) 编制原理是在企业银行存款日记账余额的基础上调节属于本企业的未达账项（银收企未收，银付企未付），算出企业银行存款日记账调节后的余额；同时，在开户银行的银行对账单余额的基础上，调节属于开户银行的未达账项（企收银未收，企付银未付），算出开户银行的银行对账单调节后的余额。(3) 对银行存款余额调节表编制结果的评价和运用。将银行存款日记账调节后的余额与银行对账单调节后的余额进行比较，若二者相等，则说明不存在错账；若二者不相等，则说明本企业或开户银行存在错账，此时应及时查找错账并进行错账更正。(4) 尤其需要注意的是此处企业与开户银行之间的未达账项的含义。企业与开户银行之间的未达账项仅指由于原始凭证在企业与开户银行之间传递的时间差导致一方已收到相关的原始凭证已登记入账，与此同时，另一方由于未收到相关的原始凭证，未登记入账，此时形成另一方的未达账项。显然，此处的未达账项仅指时间性未达账项。

由此可见，会计专业教科书认为：银行存款余额调节表的调整对象是仅包括四类时间性未达账项（银收企未收、银付企未付、企收银未收、企付银未付）而不包括错账。错账存在与否取决于银行存款日记账调节后余额与银行对账单调节后余额的比较结果，若二者相等，则说明不存在错账，若二者不相等，则说明本企业或开户银行存在错账，此时应及时查找错账并进行错账更正。

## 二、会计电算化中银行存款余额调节表的编制实践

在会计核算广泛采用电算化的今天，“浪潮”、“金蝶”、“用友”等财务软件中对银行存款余额调节表编制的处理程序要求：首先，在企业的日常核算中出纳录入相关的收付款凭证后，财务软件生成银行存款日记账。其次，出纳定期到开户行取银行对账单并将银行对账单中的所有账项逐笔录入电脑。最后，由财务软件根据本企业银行存款日记账和出纳录入的银行对账单自动生成银行存款余额调节表。此处必须注意一个事实：该表中企业银行存款日记账调节后的余额与银行对账单调节后的余额必然相等。

银行存款余额调节表的表格设计原理是补记法。站在企业角度，在银行存款日记账余额的基础上补记开户行对账单上有记录而银行存款日记账上没有记录的账项（加银收企未收，减银付企未付）；站在开户行角度，在开户银行的对账单余额的基础上补记银行存款日记账上有记录而银行对账单上没有记录的账项（加企收银未收、减企付银未付）。因此，财务软件自动生成的银行存款余额调节表中，企业银行存款日记账调节后的余额与银行对账单调节后的余额必然相等。若按教科书中有关银行存款余额调节表理论判断，由于银行存款日记账调节后的余额与银行对账单调节后的余额必然相等，错账肯定不存在，因此更谈不到查找错账并进行错账更正了，但事实并非如此。

面对财务软件根据本企业银行存款日记账和出纳录入的银行对账单生成银行存款余额调节表，出纳人员关注的对象不是银行存款日记账调节后的余额与银行对账单调节后的余额比较结果是否相等（事实上，此二者比较结果必然相等，因此不存在关注的必要），而是关注将银行存款余额调节表中列示出的所有未达账项逐笔甄别（需注意的是，此处未达账项指银行存款日记账与银行对账单核对不符的所有账项，既包括错账又包括时间性未

达账项）其性质是错账还是时间性未达账项，若是错账，则应进一步查找并更正之；若是时间性未达账项，则日后应注意到开户行索要相关原始凭证并依据该相关原始凭证及时入账。

由此可见，在会计电算化处理过程中，银行存款余额调节表的调整对象是银行存款日记账与银行对账单核对不符的所有账项，除时间性未达账项之外还包括错账。错账的存在与否取决于出纳人员对银行存款余额调节表中列示出的所有未达账项逐笔甄别，而不是取决于银行存款日记账调节后余额与银行对账单调节后余额的比较结果的不相等。需强调说明的是，在会计电算化中，企业与开户银行之间的未达账项涵盖银行存款日记账与银行对账单核对不符的所有账项，除时间性未达账项之外还包括错账。

## 三、手工做账中银行存款余额调节表的编制实践

在手工做账过程中，为定期编制银行存款余额调节表，企业出纳人员会将银行存款日记账中记录的账项与银行对账单中记录的账项逐笔勾兑。在勾兑时，若银行存款日记账中记录的某笔账项与银行对账单中记录的某笔账项核对相符，出纳则在银行存款日记账中记录的该笔账项上打“√”，同样，在银行对账单中记录的这笔账项上打“√”。勾兑完毕时，在银行存款日记账记录的账项中与银行对账单记录的账项中没打“√”的账项为核对不符的账项。显然，核对不符的账项既包括错账，也包括时间性未达账项。对其中的错账若能轻松判断，出纳必及时更正，而不能对其置之不理，等待将银行存款日记账调节后的余额与银行对账单调节后的余额进行比较，若不相等再去查找错账并更正（此处暂且引用教科书的观点），此时核对不符的账项中仅剩下时间性未达账项，按补记法的原理，将时间性未达账项在银行存款余额调节表中进行调节，银行存款日记账调节后的余额与银行对账单调节后的余额必然相等。事实上，并不是存在于核对不符

的账项中的错账均能在勾兑时轻松判断出来，出纳只能将包含错账和时间性未达账项在内的核对不符的账项在银行存款余额调节表中进行调节，此时，银行存款日记账调节后的余额与银行对账单调节后的余额仍然相等，因为银行存款余额调节表的表格设计原理是补记法。出纳人员关注的对象不是银行存款日记账调节后的余额与银行对账单调节后的余额比较结果是否相等（事实上，此二者比较结果必然相等，因此不存在关注的必要），而是关注将银行存款余额调节表中列示出的银行存款日记账与银行对账单核对不符的所有账项逐笔甄别。若是错账，则应进一步查找并更正之；若是时间性未达账项，则日后应注意到开户行索要相关原始凭证，并依据该相关原始凭及时入账。

总之，不论是会计电算化中还是手工账中编制银行存款余额调节表的实践均说明：（1）银行存款余额调节表的调整对象是银行存款日记账与银行对账单核对不符的所有账项，除时间性未达账项之外还包括错账。（2）错账的存在与否取决于出纳人员对银行存款余额调节表中列示出的银行存款日记账与银行对账单核对不符的所有账项逐笔甄别，而不是依赖于银行存款日记账调节后余额与银行对账单调节后余额的比较结果的不相等。(3) 银行存款日记账调节后的余额与银行对账单调节后的余额比较结果必然相等。

**参考文献：**

[1] 张玉森：《基础会计》，中等职业教育国家规划教材配套教学用书，高等教育出版社 2005 年 6 月版。

[2] 李端生：《基础会计学》，21 世纪成人高等教育精品教材，中国人民大学出版社，2007 年第 2 版。

[3] 苏中大：《基础会计》，高等职业教育人才培养创新教材，科学出版社 2008 年 9 月版。

# “问题式”教学法在财务管理教学中的运用

河南省经济管理学校　李　华

**摘　要：**为了适应新世纪经济发展的需要，必须培养出新型的实用人才，结合我校的特点，我在财务管理教学中进行了探索，实施“问题式”教学法，本文对此作一介绍。

**关键词：**财务管理　“问题式”　教学法

我从教十余年，在教学中积累了不少经验和方法。我在财务管理教学中探索了适合学生特点的、重在素质教育的课堂教学结构，冲破传统的课堂上“满堂灌”的教学方法，灵活地运用了“问题式”教学法。所谓“问题式”教学法，就是教师在授课的过程中以提出问题、分析问题、解决问题为线索，将教学内容具体化，采用提问设疑的方式引导学生思考。“问题式”教学法强调了学生的自主参与，实际上就是学生探究、发现问题和再创造的过程。这种教学方法具体操作简便，适合学生的特点，实践效果良好。运用“问题式”教学法需要做到以下两点：一是结合日常教学营造一个“问题环境”，让学生知道问什么，怎么问；二是让学生“问出一片新天空”，这是非常重要的一点，要注意引导学生去延展和开拓“问题链”。在问题环境讨论时要容许学生发展和验证他们的猜想和结论，切忌轻易肯定或否定他们的猜想。

## 一、当前财务管理教学的现状

受传统教学模式的影响，现行中职财务管理教学还采用传统的填鸭式、灌输式教学方法，过分注重教学内容的讲解和呈现，强调讲授和作业的重要性，忽视知识的应用。整个教学过程以教师为中心，学生被动地对教师所讲授的内容作出反应，问题意识淡薄，习惯接受现成的知识，不愿动脑子，其结果是学生通过死记硬背记住了专业概念、原则和计算方法，但遇到实际问题时却束手无策，因此，传统的教学法不能使学生全面、正确地理解和运用所学的内容，不利于培养学生分析问题、解决问题的能力。

## 二、财务管理实施“问题式”教学法的理论依据和现实基础

现代教育思想认为，教育的任务不仅在于教给学生科学的结论，更重要的是要促进并激发学生的思维，培养他们发现、分析和解决问题的能力。“问题式”教学法改变了教师以讲为主的格局，培养和锻炼了学生的积极探索精神，提高学生运用知识的能力和水平，是许多现代教育家所提倡和推崇的教学方法。

随着经济的高速发展和全球化进程的加速，财务管理成为企业管理的核心。企业能否获利并实现可持续发展，在很大程度上取决于企业的财务管理水平。因此，素质高、动手能力强的财务人员便成为企业发展不可缺少的人才。今后，财务管理人员将更多的从事管理、咨询、纳税、筹划，财务管理制度设计、资产评估等业务，这些业务本身及其解决方法存在着很多不确定因素，这就需要财务管理人员不仅要具备财务管理技术方法方面的知识，更要具备分析问题和决策的能力。与此相适应，中职类学校的财务管理教学迫切需要对以往偏重概念、原理、公式与运算的灌输式教学进行改革，从转变教学观念入手，寻求新的教学方法，培养学生在处理非确定性局面时所必需的决策能力、应变能力和批判性思维。

## 三、实施“问题式”教学法的意义

（1）“问题式”教学法有利于激发学生对财务管理这门课的浓厚兴趣。

（2）实践证明，“问题式”教学法有利于学生自主能力的培养，如学生在查找资料的过程中掌握网络知识及文献检索等技能，在综合相关财务管理知识、发现、解决问题的过程中学会各种相关知识及技能，等等。

（3）“问题式”教学法有利于学生分析问题、概括表达等方面能力的培养，有助于其创新思维的形成，能使学生在财务管理资料遴选、整理中提高对知识的理解、认识水平，以及培养他们在课堂上陈述、说服他人的思维表达等能力。使学生既不盲从前人，也不迷信权威，而求新、求变的创造性得到充分发挥。

（4）“问题式”教学法有利于学生追求真理、积极竞争、互相合作、尊重他人等优秀个人品质的形成。使学生学会在课堂上既能主动表述自己的观点又能倾听不同见解，学会与他人和谐相处，从而培养学生积极的人生观和追求真理的健康品格，能适应未来社会发展的需要。

## 四、“问题式”教学法实施步骤

### 1. 提出问题、明确目标

教师应当在了解学生的具体情况以及在对教学总体认识和把握的基础上，设计某种问题情境，使学生能够发现问题，提出问题，让学生带着问题去探究，主动参与教学过程。教师要敦促学生认真预习，找出问题，要立足有利于培养学生创造性思维能力的角度，围绕教学目标和教学重点来设计问题，这样，学生在解决问题的同时就达到教学目标的要求。例如，我在讲“货币时间价值”时，首先引导学生认真预习，然后在讲课前给他们两个问题让他们思考：（1）某公司将10万元存入银行3年，银行年利率为3.24%，按复利计息，问到期可得本利和为多少？（2）如果公司准备在3年后得到10万元，银行利率为3.24%，复利计息，试问公司目前需要向银行存入多少钱？问题提出以后，同学们都积极分析、讨论、发言，然后，我再围绕本节内容设计一些填空题、选择题、辨析题等，同学们围绕我提出的问题认真阅读教材，寻找重点和难点。

2. 以疑导读、自学质疑

明确本节的教学目标以后，学生就在疑问的引导下去探索和思考所创设的问题，充分发挥自己的主观能动性，这时教师要发挥主导作用，把教学的重点转移到学习过程的调控、情景的创设上，变学生“学会”为“会学”，使学生能驾驭本节内容，积极引导学生自主解答所创设的问题。对于一般问题，让学生自己解答，对于较难的问题，通过教师启发或讲解来解决。在讲“货币时间价值”一节时，我重点讲复利现值、复利终值的概念、公式及应用，其他问题让学生去自学解决。再如，我在讲“营业收入预测法”时，学生通过自学后，我就发现“直线回归法”他们已掌握，但对“曲线收入预测法”却较难把握，此时我就重点启发引导学生理解“曲线回归法”。此外，对应用性问题，我就引导学生通过去查阅有关资料获取信息，并组织讨论，让学生表达自己对问题的认识和理解，互相启发，共同提高。

3. 自主质疑、发展思维

学生通过自学、讨论、查阅资料，其智力潜能被激发出来，此时学生的学习就由被动变为主动，自己就会积极主动获取知识，不断提高自己发现问题、提出问题、分析问题、解决问题的能力。教师还要鼓励学生解放思想，激发学生大胆质疑的精神，使学生在课堂上敢于发表自己的不同见解，给学生以表现的机会，从而使学生获得成功的体验。

4. 教师讲评、总结提高

教师在讲评时要简练、准确、生动，不能就题论题，只找答案，而是要寻找规律，真正让学生知其所以然，还要引导学生预防运用“问题式”教学法时可能出现的毛病，这样就在理论与实践之间架起了一座桥梁。

## 五、实施“问题式”教学法应注意的问题

1. 问题的设置应讲究科学性和艺术性的统一

由于学生的原有知识结构对问题的解决起着至关重要作用，因此在设置问题时，应根据学生所具有的知识结构设计一系列渐进式的问题，为学生提供必要的“桥梁”，问题的设置不是越多越好，而是应当符合学生的知识水平和能力水平，要避免所提供的问题使学生感到他们在进行一项毫无希望的活动。

2. 要正确处理好“问题式”教学与传统教学的关系

“问题式”教学法并不能完全取代传统的讲授法，教师对一门学科的重点进行适当讲授是不可缺少的，但课堂讲授应当是诱导式的、启发式的，应该与问题讨论和案例讨论教学结合起来。

3. 要正确处理好“问题式”教学与传统讲授教学的关系

培养学生全面素质，提高学生综合职业能力，增强学生基础知识的教学手段很多，如进行财务管理模拟实验，到企事业单位实习，撰写论文等，这些也是“问题式”教学手段不能完全替代的，应该综合运用各种教学手段，为教学目的服务。

**参考文献：**

[1] 柴维斯：《问题式教学法与自学能力的培养》，《管理科学文摘》2001 年 8 月。

[2] 曾辉华：《会计教学模式改革探索》，《会计研究》2003 年 5 月。

# 从学生“厌学”谈起

## ——也谈中等职业学校的会计教学

广西银行学校　李树佳

**摘　要：**中职学生“厌学”直接影响到学生的学业和就业，而学生的“厌学”，已俨然成为教师“厌教”的一大心病。解决“厌学”的问题，不仅仅是学生本人的事，社会、家庭和学校都有责任。如何帮助学生从“厌学”改变为“愿学”、“爱学”，本文结合笔者多年的教学经历，从分析学生“厌学”的现状和原因开始，针对教与学的关系，谈一谈关于提高中等职业学校会计教学质量的看法。

**关键词：**厌学　会计教学　兴趣

顾名思义，“厌学”就是讨厌学习，是指学生由于各种原因失去了学习的兴趣，对学校的学习产生明显的厌倦情绪和冷漠态度，思想上认为读书无用，行动上消极对待学习、逃避学习活动等。

### 一、中职学生“厌学”的一般表现与影响

中职学生“厌学”的一般表现主要有以下几种：

一是消极对抗课堂教学活动。“厌学”的学生在课堂上或是聊天，看小说、报纸、杂志，或左顾右盼、照镜子，最常见的是伏案睡觉。据反映，一些学生晚上不睡或是睡不着，但一进教室

就想睡，有的甚至是上课铃一响就睡着、下课铃一响就醒来，非常有规律。

二是课后不认真完成作业，看在必须有平时成绩的份上，勉强抄抄作业了事，有的干脆叫同学帮自己抄了交给老师。

三是对考试成绩抱无所谓的态度，刚进考场就要求交卷，或是勉强撑到可交卷的时间，卷面上所答与所问却是牛头不对马嘴。笔者曾在一次改卷中发现，有两个不同班的学生居然不约而同地将多选题答成了单选题。

四是看见电脑眼睛就发亮。据调查，我国网民中有10%~15%的用户网络成瘾，其中主要是15~20岁的青少年。中职学校的学生正好处于这个年龄段，一些学生不仅课余时间全部“奉献”给了网吧，平时上课时间也要千方百计地溜出校门去网吧报到，如果老师不批假，就是爬围墙也要出去。所以，在学校的学习中，他们最感兴趣的当然是与电脑有关的课。

作为一名中职学校的老师，笔者深深地感受到“厌学”对教学的危害。学生“厌学”，一方面影响到学生本人是否能按时修完学业而顺利地走向社会；而另一方面，“厌学”又影响了学校的学风和教学效果，也影响到老师上课的积极性。由于“厌学”，会计专业的学生有可能连对最起码的职业道德和财经法规知识都不了解，更不用说理解和运用好适用于各行各业的会计准则了。面对学生“厌学”，老师着急上火，继而失望伤心，渐渐地产生“厌教”的情绪。

中职学校普遍存在学生“厌学”、老师“厌教”的现象，其原因何在?

## 二、影响中职学生“厌学”的原因

影响学生“厌学”的因素很多，社会、学校和家庭对中职学生压力过大，学生心理负担过重，最终对学习失去信心和兴趣，产生“厌学”情绪。

首先，从我国的用人机制上看，上大学、读研、读博俨然是改变人的命运的正常途径，中职学生在接受中小学教育时，不论是学校还是家长，其初衷都是要培养他们上大学的。对于中职学生来说，上了中职学校，相当于就与正规的大学生活无缘了，自卑心理也就油然而生。

其次，作为中职学生来说，他们的年龄、智力水平等都处于未成年人向成年人过渡的阶段，中职学校的专业理论、知识和技能与他们中小学一直所学所做的根本不是同一“阵线”的东西，而他们从入校起就被明确地提示，他们就是为了就业而来学这些陌生的东西的，尤其是会计专业，几乎所有的家长都认为学会计好，于是有的家长不管孩子愿不愿意就把他们送去学会计。与此同时，几乎所有的中职学校为顺应社会的需要都设置了会计专业，兢兢业业地为社会培养会计行业的初级劳动者。会计的理论与技能，有许多内容连大学本科生都难以接受，中职生学起来就更吃力。从我校会计专业来讲，第一学期就开设有“会计职业道德与财经法规”、“基础会计”、“税收基础”、“计算技术”等专业基础课，接下来的三个学期，接二连三的专业会计课和会计技能课让学生和老师都感到应接不暇。试想，对那些“厌学”的学生来讲，他们连“基础会计”都没有学好，又如何分得清哪是“财务会计”、“银行会计”、“房地产会计”？他们又哪里能做到触类旁通？更严重的是，好不容易等到毕业了，按学校和家长的要求想要谋一个会计工作，这时发现几乎所有的用人单位都要求应聘会计的人一律要有工作经验和资格证。目前许多中职学校实行“二加一”的教育模式，中职生即便有一年的社会实践机会，但又有几个单位能让一个没有毕业、没有会计从业资格证的学生做会计工作？所以，学生毕业后要找到一个对口工作太难了。

再次，一些中职学生长期被学习失败的阴影所笼罩，对学习失去了信心，不愿面对来自老师的批评和同学的白眼，以白天睡觉、通宵上网来消极逃避学习。

## 三、消除中职学生“厌学”情绪，提高教学质量的对策

爱因斯坦说得好：“兴趣是最好的老师。”而孔夫子两千多年前也曾说过：“知之者不如好之者，好知者不如乐之者。”解决学生“厌学”的问题，要从根本上激发学生的学习兴趣，使学生能体会到学习的责任和乐趣，进而从“厌学”变为“愿学”，再发展为“爱学”，并达到乐此不疲、享受学习的境界，中职学校的教育质量就有了保证。

第一，教师要明确育人的职责。

“千教万教，教人学真。”陶行知先生的话告诉我们，教师的职责就是教学生学会做人，学校要办的教育应该是一种真教育，而“真教育是心心相印的活动，唯独从心里发出来，才能打动心灵的深处”。作为教师，不容许有“厌教”的情绪，要从关心学生、爱护学生、鼓励学生出发，当学生取得好成绩时，我们要为他感到骄傲；当他们“厌学”时，我们应当有心痛的感觉，有恨铁不成钢的感觉。除了这些感觉以外，我们更应该躬身自问：我们的教育到位了吗？并从细微处入手，真正关心学生的健康成长，帮助学生树立正确的世界观、价值观和人生观，帮助他们“学会求知、学会做事、学会共处、学会做人”。

第二，培养学生的学习兴趣。

会计课的教学从某种角度上看是比较枯燥的，要想学生对此产生学习兴趣，可以尝试如下方法：

一是先入为主，在第一时间让学生对会计产生兴趣。对此笔者有一定的体会，做法很简单，在给学生上第一次“基础会计”课的时候，不要急于讲会计的概念、发展历史等理论 ，而是先

让学生参观他们的学长、学姐们学习会计的成果——装订成册的凭证和账簿，大多数同学会很有兴趣地翻看，这时老师要一边回答学生好奇的提问，一边趁机对他们提出要求，那就是要求他们在两年内为下一届的学弟、学妹们留下“纪念品”，这样学生不仅明确了学习的初步目标，同时也默默地感到了一种挑战。

二是通过实训课增强学生学习兴趣。笔者曾仔细观察各班“厌学”的学生，他们在理论课上一般是不参与听课的，但在实训课上，他们的参与度大大提高，尤其是电算会计，无论是凭证的填制，还是记账，他们的模仿能力和操作能力都比较高，完成任务较快，得到表扬后，兴趣自然高涨。其他同学上实训课的积极性那就不用说了。理论和实践的结合，其成果就体现在一份份凭证上，摆在他们自己的账簿上。在“财务会计”课上，通过系统地模拟实务，一份份“纪念品”就产生了。

三是鼓励和帮助学生多参加社会实践，通过为学生牵线搭桥，安排会计专业课学习成绩和综合素质较高的学生去企业进行有偿的实践，不仅能为学生解决部分生活费用问题，而且对学生认识社会、增强学习的自信心和兴趣有很积极的意义。

四是通过案例教学和讨论来进行预防教育。会计课教学中，可运用的案例很多，学生对实际工作中发生的问题很感兴趣。在时间允许的情况下，不妨运用一些简单的案例来提高学生的警惕性，为学生今后的工作与生活打打预防针。如在“基础会计”课上，讲到对现金和银行存款的日常管理，就可以用案例教育学生要知法守法，同时工作要严谨，不能给人作案的机会；讲到银行储蓄柜员收款与付款的具体做法时，要结合案例讲清楚为什么逐笔收付款时要做到一笔一清，收、付款的过程为什么要在摄像头的监督之下。最好能请企业界的相关人士来学校现身说法。

第三，加强对学生责任心的培养。

有人说，良好的习惯是成功的一半。也有人说，习惯决定一个人是穷人还是富人。这说明在人们印象中，习惯对人的影响非常大。习惯在不知不觉中影响着人们的行为、效率和成败。学校和老师有义务加强对学生良好习惯的培养。

根据中职学生年龄小、社会经历少、还不大懂事的特点，学校、班主任、任课教师等要从培养学生的责任心入手，帮助学生认清形势，做到既来之则安之，不自暴自弃，教育学生对自己的现在和将来负责，尤其是学会计的，将来要管财务，责任重大。具体到会计教学中，可结合“财经法规与会计职业道德”和“基础会计”课，反复强调责任心和职业道德的问题，如在凭证的编审和处理、款项的收付、会计核算等各环节，要求有关经办人员、银行和单位签章，这就涉及经济责任问题，通过学习和反复进行相关的实务操作，使学生明确签章的经济意义，掌握正确签章的方法和程序，最重要的是让学生养成对自己的所作所为负责的好习惯，才能保证在生活中少吃亏，少走弯路，多一些成功的机会。

第四，课程的安排不能一味地求全，教学内容要合理考虑学生今后的就业、考证和后续教育。

中职学校会计专业毕业生的主要就业方向不是相关的事务所，也不是大企业，而是到各种商业企业做收银、出纳，最多到中小企业当会计。而他们做这些工作的前提是持有会计从业资格证，再往后发展就是考各级会计师等，所以，中职学校会计专业的课程设置应从学生今后的就业与发展出发，在有限的时间里尽可能安排实用性的课目，如重点安排“财经法规与会计职业道德”、“基础会计”、“初级会计电算化”和“财务会计”等中心课程，其他一些专业会计课可以采用选修课或选学模块来安排，教学内容上力求讲好、讲透、讲懂，为学生的就业、考证和接受后续教育打下坚实的基础。

第五，教学方法上要注重因材施教，采用灵活多样的方法，着重加强实践性教学，做到“教、学、做”相结合。

“好的先生不是教书，不是教学生，乃是教学生学。”陶老这句话的意思是解决好“授人以‘鱼’、还是授人以‘渔’”的问题。中职学校的教育目的，就是要为社会培养具有一定技能的实用型劳动者，因而，在很大的程度上我们都是围绕着“这是什么”，“如何做”的问题开展教学的，如会计课教学中，介绍了会计基本核算方法后，要通过一系列的分段实训和整体实训进行仿真实务操作，既要有手工操作，又要适应电算化的要求进行上机操作，从而把理论和实践基本结合起来，并通过鼓励学生利用假期参加社会实践，锻炼和提高学生的动手能力与适应社会的能力。通过这种“教、学、做”相结合的方法，让学生不仅能理解会计业务的操作，更重要的是教会学生自学的方法，培养学生发现问题、思考问题和解决问题的能力。

第六，加强师资队伍的建设。

高素质的师资是教学质量的重要保证。一是教师本身要加强专业修养。陶行知先生告诫说：“要想学生好学，必须先生好学。”作为教师，要随时随地补充新知识，不断接受新的事物，提高自身的修养。二是各级教育主管部门和中职学校要重视双师型队伍的建设，要从政策上、时间上、精神上和物质上鼓励教师去取得中、高级会计师或注册会计师资格，以提高“双师”的比重，最终目的是使教师有动力和时间为更新知识加油。目前，许多学校的会计师资双师比重已超过国家评估的标准，但具有会计师或注册会计师等资格的教师所占比重相对要低。三是要重视教师的实践锻炼，管理部门和学校要创造机会和条件送教师到企业或会计（审计）师事务所学习，教师本人也要主动寻找一切机会参加实践，以进一步缩小教学与实践的差距，提高实践性教学的质量。四是有关部门可以向云南省教育厅学习，专门拨出资金用于向社会特聘技能型教师到学校任教或开讲座，这样既能缓解师资紧张的矛盾，又可以为学校的教学注入新的活力。通过师资队伍的建设，提高教师队伍的整体素质，这样有利于教师当好学生的引路人，为中职教育教学作出更大的贡献。

总之，教学相长，教与学是同一活动的两个方面，要保证中职学校的教学质量，教师不能“厌教”，学生不能“厌学”，只有这样，中职学校才能发展成为让社会满意、家长放心、用人单位需要的学校，中职教育才有可能成为大家向往的教育。

# 中职学校会计电算化教学中的问题及对策

贵阳市财经学校　李雪梅

**摘　要：**现代信息技术的飞速发展和计算机在会计领域应用的日趋深入，使得会计电算化在会计工作中的地位越来越重要。中职学校如何更好地开展会计电算化教学，也就成为亟待探索的问题。本文就会计电算化教学中存在的问题进行分析并提出相应的对策，以期提高会计电算化教学质量，为社会培养人才服务。

**关键词：**会计电算化　问题　对策

随着现代信息技术的飞速发展和计算机在会计领域应用的日趋深入，会计电算化在会计工作中的地位越来越重要。财政部在《关于大力发展我国会计电算化事业的意见》中制订了我国会计电算化事业发展的总体规划，即到2010年，力争80%以上的基层单位基本实现会计电算化。为适应对会计电算化人才的迫切需求，各中职学校都把“会计电算化”作为会计专业的主干必修课程，如何更好地开展会计电算化教学，探究中职学校会计电算化教学方法及对策也就成为亟待解决的问题。

## 一、会计电算化教学中存在的问题

### （一）中职学生素质参差不齐

中职学生来自于城镇和农村。城镇学生多数对计算机知识比较熟悉，农村学生则学习态度比较认真。我们知道会计电算化是由计算机知识和会计知识两大体系构成。计算机知识包括计算机原理、网络技术等相关课程，学生最起码的要牢固掌握计算机基础知识。会计知识则融合财务会计、成本会计、管理会计、财务管理等内容，对学生的要求是起码要掌握基础会计和中级财务会计知识。城镇的学生对计算机软件的运用能力较强，掌握程度较好，但这类学生中有相当一部分是由于厌学、迷恋网络等各方面的原因考不上高中的“差等生”，因而学习态度不端正，专业基础知识掌握不牢固，不能很好地把会计知识融合在一起，做到举一反三；相反，来自于农村的学生的学习态度认真，专业知识掌握相对牢固，但有很多却对计算机知识了解甚少，甚至有的学生进入中职学校学习前根本没有接触过计算机，在会计电算化软件的上机操作过程中打字速度慢，对计算机术语的理解能力差，听课有障碍。另外，存在一个普遍的问题就是由于中职学生缺乏实际工作经验，对会计知识掌握的熟练程度不够，在学习的过程中部分学生只是被动地接受教师的讲解，照葫芦画瓢地进行操作，没有认真地分析课程内容，为什么在总账功能模块要按照“设置会计科目及账户—审核及填制会计凭证—登记账簿—编制会计报表”这一主线来操作；为什么不同人员的岗位分工不同，如说制单人跟审核人不能是同一人；为什么会计和出纳要分开，等等，而恰恰这些都是在基础会计、审计等课程中涉及的。会计电算化教学还存在一个较大的问题是学生缺乏学习方法，依赖性太强，在教师演示过程中只带着耳朵听，重要的地方不做笔记，在自己操作过程中，不管教师讲过没讲过，一旦碰到不懂的问题马上就问，而没有自己先去想想为什么；操作后不善于小结，往往做了后面的忘了前面的；还有一些特殊的处理方法，学生也懒得去记忆，导致学过的东西掌握不牢固。

（二）教师知识结构和实践经验欠缺

在中职学校教授会计电算化课的教师大多为原来教授计算机或会计课的教师，他们在经过短期的会计知识或计算机知识的培训后就从事会计电算化教学工作，因此，这些教师的计算机知识和会计专业知识总有一个比较薄弱，主要表现在，会计专业教师对计算机维护、网络方面的技术感到有很大的压力，而计算机教师则对会计软件发展中所涉及的会计专业知识感到有所欠缺。另外，会计电算化教师的实践经验也很欠缺，由于分配到中职学校的教师大部分是从学校到学校，缺乏实践经验，进入岗位后，繁重的教学任务也使其难以抽出时间参加社会实践。而无论哪一方面欠缺，都将导致教学中讲授内容不能深入展开，从而严重地阻碍了对学生能力的培养。

（三）教学方法和教学手段比较单一

会计电算化教学过程虽然脱离了传统的“粉笔＋黑板”式的教学方式，开展了多媒体教学，但仍旧是以教师为中心，仍属于学生以集体形式被动地接受同一模式的单向同步的单边主义教育。在课堂上，学生首先是大部分时间听教师讲授，看教学软件和教师演示投影等，然后再按照教师讲的内容重复操作。这样的教学，只能教会学生机械地操作使用某一种财务软件，而不能达到触类旁通地应用多种财务软件的目的。

（四）实验室短缺

由于会计专业的开设成本较低，很多中职学校在原有会计专业的基础上增开会计电算化课，电算化实验室的配置明显落后。虽然大多数学校有电算化实验室，但实验能力、实验效果却差异很大。不少学校是不同班级、不同专业课程共享公共机房，这样不但会计电算化的上机时间得不到保证，而且会造成各种软件的资源相互之间干扰，致使软件不能正常安装，或者即使安装上了，使用过程中也会造成共享资源访问或数据库支持冲突等问题。另外由于一些学校的资金投入不够，硬件的建设跟不上，微机承载量大时会造成系统运行速度过慢、死机甚至系统崩溃。

## 二、加强中职学校会计电算化教学的对策

### （一）打好相关学科知识基础，提高学生的素质

由于会计电算化要求学生既具有牢固的会计专业理论知识，又要熟练地掌握计算机操作技能。为了提高学生的学习效率，首先，在课程的时间安排上，要求在开设电算化课程之前，先开设基础会计、财务会计、成本会计、计算机基础和数据库基础等课程，让学生在学深、学透，打好相关课程的理论知识和操作技能的基础上再进行会计电算化专业知识的学习；其次，教师在授课过程中，要把课程体系结构给学生介绍清楚，让学生一开始就明确专业课程之间的连贯性、系统性、整体性，并可以将手工模拟实习与会计电算化模拟实习环节相结合，让学生在手工模拟实习的基础上将所学习的会计理论知识系统化、整体化，对账务处理有了系统的了解后再学习会计电算化；再次，对于计算机运用水平差的学生，学校可以通过课余时间对他们开放电子阅览室或机房，组织计算机基础知识竞赛等方式强化学生的计算机运用能力。

### （二）加强师资队伍建设

会计电算化是一门实践性极强的学科，要求教师不仅要具备系统的理论知识，而且要有扎实熟练的实际操作技能和会计电算化的系统管理能力。所以会计电算化教师应该及时“充电”，提高自身水平，可以通过定期进行业务培训进修或接受软件公司的培训等方法或参加相关软件公司的产品推介会，从中了解产品的最新情况，还可以接触企业的财务人员，与他们沟通，进行实践的学习。另外，教师要精心准备实验实训课程，针对实践内容，上机反复实践，随时记录有关问题，对会计电算化的整个操作流

程了然于胸。

除此之外，要加强对教师理论水平和实践水平的训练，有计划、有步骤地鼓励教师到企业现场实习或者挂职。当然，可以从校外聘请高级会计师、注册会计师和一线的财务主管到学校来开讲座，对在校教师进行实践指导。

（三）优化教学方法和教学手段

首先，在教学过程中，注重学生自学能力及分析问题、解决问题的能力的培养，针对不同学生的特点，教学方法应该从“满堂灌”向“少而精”、“教为主”向“学为主”转变，激发学生的学习兴趣，启发学生学会自己思考，让学生尽快掌握财务软件的操作技能；其次，适当地运用比较法，增强教学效果。把电算化会计信息系统中的会计业务流程与手工会计的业务流程的异同点进行分析比较，找出差异，并强调这些差异，以加深学生对会计电算化课程的理解；通过不同财务软件的比较，使学生掌握更多的软件，以便达到触类旁通，最终学会应用多种财务软件的目的；再次，改善现代教育技术手段。利用现代教育技术增加信息量，丰富教学内容，提高单位时间的教学效率，可以有效地解决会计电算化课时紧张的矛盾；以图文并茂 、视听结合的感官刺激方式来吸引学生，可提高学生的学习兴趣；利用多媒体技术，即时引入相关材料，可以帮助教师描绘那些难以用语言表达的知识点，帮助学生理解抽象、难懂问题；利用动态演示，教师边演示边讲解，学生边观察边动手，以此加深学生的感性认识，增强教学互动性，使教学过程容易控制，使教与学结合紧密，能突出教学过程中学生的主体地位。

（四）建立专业机房

“巧妇难为无米之炊”。会计电算化教学必须与硬件设施相配套。建立专业机房，可以有效地解决硬件配置低、软件资源发生共享冲突的问题。只有领导重视，加大实验室建设的投入，加强会计电算化模拟实验室的建设，才能保证学生拥有良好的实践基地。

总之，教师要不断对理论教学和实践教学进行探讨，最大限度地调动学生的主观能动性，才能为社会培养具有较强动手能力的、高素质的复合型人才。

**参考文献：**

[1] 钟伟:《高职学校会计电算化实践性教学的探讨》,《会计之友》2006 年第 4 期。

[2] 谢明:《高职会计电算化教学实践的几点看法》,《湖南工业职业技术学院学报》2005 年第 3 期。

[3] 牛丹:《会计电算化教学存在的问题及改进措施》,《中国管理信息化》2006 年 4 期。

# 加强中职学校会计教学，提高教学质量

广西梧州财经学校　李玉芬

**摘　要**：本文在分析目前中职学校会计专业教学中存在的不足之处的基础上，从教师本身和学校两方面提出了提高中职学校会计专业教学质量的建议。

**关键词**：中职学校　会计专业教学　教学方法　教学质量

近年来，高校的扩招导致“普高热”，能上高中的上高中，不能上的想办法也要上高中，实在没办法的才进中等职业学校。中等职业学校迎来了前所未有的“招生大战”，就读中职学校不再有分数及年龄的限制，有的学生甚至连初中都未毕业，文化基础和思想基础“双差”学生的面越来越大。而在中职学校各专业中，会计是相对较难学的学科，实现素质教育的难度较大，因此，如何加强中职学校的会计教学，提高教学质量具有重要的现实意义。

## 一、中职学校会计专业教学现状

（一）教学方法单一

虽然学校课堂教学模式在发生着变革，先后经历了单向灌输式教学过渡到单向启发式教学，再发展到今天努力实施的双向互动式教学的过程，但是，当前中职学校会计专业的教学模式和手段仍以课堂、教师、教材为主体，“填鸭式”、“灌输式”教学方法仍大有市场。在“填鸭式”教学活动中，学生只是被动地接受知识，师生之间、同学之间缺乏交流与沟通，这种教学方法导致学生缺乏分析问题和解决实际问题的能力，缺乏批判性思维。

（二）学生实训时间过少

传统的会计专业课程授课顺序是先理论课，后是实训课。往往在实务操作课需要用到理论知识时，学生早已淡忘之前所学，这就给实务操作教学带来了困难。现在虽然提倡把理论课融入实训课中，但实际情况是学生真正得到动手操作的时间在一门会计专业课中仅仅只占很少的一部分。由于忽视学生动手能力的培养，使得培养出来的学生只懂得基本的会计理论，实践动手能力很差，综合分析和解决财经问题的能力普遍偏低。

（三）教育师资较差

根据有关统计，2005 年全国中职学校计 14 466 所，在校生 1 600.05万人，专职教师总数 74.97 万人，也就是说，中职学校的师生比例为 1∶21.3。而在梧州市，有的学校会计专业师生比达到 1∶30。虽然近年来许多职业学校也从各类专业院校吸收了一些大学生来当教师，这些教师学历高，专业理论基础厚实，但是由于缺乏实际经验和教育技能，导致所培养出的学生会计专业知识不扎实，动手能力不强，缺乏从学校向工作岗位过渡的适应能力。

（四）教材陈旧

在会计专业教学使用的教材上，不仅缺少适合会计职业教育特点的教材，而且就现行教材来说，其内容体系和结构也显得过于陈旧，新知识、新技能含量少。例如有的中职学校既使用按旧的会计核算准则编写的教材，又使用按新的会计核算准则编写的教材，使得学生无所适从。

## 二、提高会计专业教学质量的建议

那么，中职学校如何加强会计教学，提高会计课的教学效果，提高学生的综合素质，使其适应市场激烈的人才竞争？笔者认为，应注重以下教育环节：

### （一）教师要运用各种手段，激发课堂活力，提高会计教学质量

#### 1. 改进教学方法

学习效果好的教学方法就是好方法。新型的会计专业教学方法应实现以“教师为中心”向“学生参与式”的转变。课堂教学是会计教学的主要组成部分，课堂的作用在于提供给教师和学生一个共同交流的场所或平台。在课堂教学上，要由以“教师为中心”转变为以“学生为中心”，以学生需求为依托，以培养能力为导向，采用“启发式”、“案例式”、“讨论式”、“模拟式”等教学方法，开展互动式、参与式的教学活动，同时加强电化教学手段在会计专业教学中的应用。例如设计多套模拟会计实务的课件让学生自己动手操作，这样能使学生既增长记忆，又减少学习时间、学习费用。这些新的教学方法要求在师生双边关系中，以学生为主体，在教与学的过程中以学生参与为重点，根据学生及社会的实际需要来安排教学内容。

#### 2. 以兴趣诱发学生的创新能力

知识与能力是两个相互联系而又有区别的概念。培养学生的学习兴趣，激发学生思考是提高教学质量、实现素质教育目标的重要途径。我们千万不要认为只要学生会读书做题就可获得能力的发展，而应该让学生积极主动、全身心地参与到有关的会计专业教学活动中，在实践中培养兴趣，学会思考，大胆探索。如讲到单位银行存款内部控制制度时，教师将教学用的一张现金支票和支付印章交给一个学生，在全班学生都感到愕然之际，教师问

道："如果在一个单位，银行支付凭证和印章都由一个人管理，这可能会发生什么情况呢?"这样从学生感兴趣的实际操作入手，一下子就能激发学生的好奇心和求知欲，使之马上投入积极的思考当中。

只要我们积极营造良好的课堂气氛，形成生动活泼的教学局面，就能激发学生的学习兴趣。当学生对所学知识感兴趣时，就会乐意学习，积极探究，并表现出高度集中的注意力和敏锐的思考力，使大脑处于优势兴奋状态。营造出一种勇于上进、不甘落后的竞争氛围，让学生在课堂中思维活跃，情绪高涨，出现抢着说的局面，会使学生积极主动地投入思考，教学质量就能大大提高。

（二）学校给予足够重视，支持会计专业的教学，提高教学质量

1. 加大实践教学的比重

职业教育应以能力（含智能和职业综合能力）为基础，以学生学习掌握职业技能为重心。课程设置要正确处理基础理论课和专业实践课的关系，适当缩小会计理论课的比例，加大实训课的比例。在教学的安排上，要增加应用课程的比重，加大社会实践教学的力度。会计是实践性很强的学科和专业，必须注重应用能力、运作能力和职业素质的提高，注重模拟、实训、实践等环节的教学，才能培养好用、顶用、耐用的，面向一线的兼用型人才。在教学中可由实践到理论，再到实践。把理论课融入实践课中，实践课用到相关理论时，再插入理论课知识。如通过模拟某种真实的企业环境，通过大量的实务提高学生对会计工作的感性认识和领悟能力，从而提高学生的实践能力和适应工作的综合素质。学生在模拟某种真实的企业环境中根据所学的会计理论知识从各类原始凭证的取得到对原始凭证的审核、筛选再到会计凭证的填制、审核、汇总、装订、登记账簿及编制会计报表，并对报

表上的某些数据进行简单的分析，依次完成整个会计核算程序。这样，就解决了学生对各个会计工作环节模糊认识的问题，使他们能够熟练掌握各个工作环节的工作职责、工作内容及其操作方法和技巧，从而使学生毕业后就基本能顶岗工作。

2. 加强师资队伍建设和教材建设

当前中职学校会计专业的师资力量仍显薄弱，因此要采取具体措施加强师资队伍建设。如鼓励并支持会计专业教师参加省内或国家组织的继续教育；积极吸引具有会计专业高学历背景的高级人才加入到教学与管理队伍中来；鼓励会计专业教师参加全国会计职称技术考试，使其成为“双师型”教师等等。同时教材是体现教学内容和教学方法的知识载体，是进行教学的基本工具。当前中专学校可选用的教材很多，教材的优劣从一定程度上影响到教学的质量，因而在选用教材时必须根据会计核算要求的不断变化，理论联系实际，从实际需要出发，选用切合教学需要的教材。

**参考文献：**

[1] 郭秀珍：《会计实践教学全仿真操作设想》，《会计之友》2006 年第 3 期。

[2] 戎小群：《用兴趣教育强化专业理论课的教学效果》，《教育艺术》2006 年第 4 期。

[3] 应海双：《英语课堂互动式教学创建策略》，《教学与管理》2007 年第 4 期。

[4] 赵雪春：《职业教育师资队伍建设与发展》，《东陆职教论坛（2007）》，云南大学出版社 2007 年版。

[5] 资文仙：《关于中等职业教育会计实践性教学的思考——以曲靖工商职业技术学校会计专业教学改革为例》，《东陆职教论坛（2007）》，云南大学出版社 2007 年版。

# 中职“会计基础”课程的课堂教学技巧初探

湖南省岳阳县职业中专　李小刚

**摘　要：**“会计基础”课程是会计专业的基础课程。对会计专业的学生来说，这门课程学得好坏对以后的专业学习至关重要。本文作者从如何把握“会计基础”教材的重点、难点及提高学生学习专业的兴趣等方面来探讨如何提高“会计基础”课程的教学质量，希望能通过本文和从事会计专业课程的教师来共同研究会计专业课程的教研教学技巧，共同学习，共同提高。

**关键词：**专业课程　实践训练　模拟实习　主观能动性

“会计基础”课程是会计专业的专业基础课，也是一门实用性强、操作性强的课程。对会计专业的学生来说，这门课程是会计专业必修的入门课程，是以后学习其他会计专业课程的基础。由于高一的学生以前从未接触过，所以在教学过程中，课堂教学起着举足轻重的作用。怎样引导学生入门？怎样引起学生学习会计专业的兴趣？这些都是值得会计专业教师们在教学过程中探讨的问题。本人从事会计专业课教学多年，在会计专业课上，特别是在“会计基础”课程教学上所取得的效果还不错。现将本人的教学方法介绍如下。

## 一、注意把握教材重点难点

在“会计基础”教学过程中，如何恰到好处地把握教材的重点、难点？以教材《会计基础》一书为例，总的来说，可从以下三个方面进行。

（一）把握教材的层次结构，掌握全书的重点、难点

“会计基础”课的教学过程中，应首先引导学生把握《会计基础》一书的层次结构。全书实际上可分为两大块：专业理论介绍为第一大块，重点介绍专业基础理论知识；专业实践为第二大块，重点介绍从填制凭证到编制会计报表为止的一系列实践基础知识。全书的章节是按会计核算的七种方法编制的。这七种方法之间既有区别又有联系，密不可分。会计核算的七种方法为：（1）设置会计科目的账户；（2）复式记账；（3）填制和审核会计凭证；（4）登记账簿；（5）成本计算；（6）财产清查；（7）编制会计报表。《会计基础》共分为九章，除第一章为全书的纲，介绍一些专业名词术语外，其他的章节都是对会计核算七种方法的具体介绍。

全书虽然章节繁多，但重点难点十分突出。对中职学校一年级的新生来说，难点是掌握复式记账的基本原理；重点是理解会计六要素和复式记账及企业主要经济业务的核算，首先重在掌握复式记账原理及相关会计科目的经济内容，为以后学习填制凭证、登记账簿、编制报表及学习其他专业课打下基础。其次才是凭证和账簿、报表的编制。在教学过程中，要引导学生分清教材的层次结构，掌握各章节之间的内在联系和全书的重点、难点，从而使学生在学习中做到思路清晰，有条不紊。

（二）在每一章节教学中，把握每一章节的重点难点

全书有侧重点，同样对每一章节来说也应有侧重点。以总论和复式记账为例，总论为全书的纲，对学生来说，十分重要。学

生应重在掌握会计要素，为以后学习会计科目、设置账户、编制会计分录做准备。复式记账章节对一年级新生来说，侧重点为会计恒等式、会计科目和账户的设置、借贷记账法下如何编制会计分录、进行试算平衡等方面。

（三）专业理论部分实行讲练结合，突出重点、难点，进行重点、难点练习

除了全书和每章的侧重点之外，在每节课中，也应当有一个中心和侧重点，这实际上也就是我们每节课的主题。在《会计基础》的日常教学过程中，除了第一章外，其他的课程基本上都可以采用讲练结合的方式。以会计恒等式这节为例，首先突出的重、难点就是会计恒等式的来源、会计恒等式的形式。可以举生活中的实例来说明。例如：自己家里建房子假设需要50 000元资金，那么，首先应该怎样筹集这50 000元资金？如自己有40 000元，那么还差10 000元，就应向亲戚朋友去借，由自己所出的那40 000元资金以后不必偿还即为所有者权益，而向亲戚朋友借入的那10 000元以后是需要偿还的即为负债，这就是资金的两条来源渠道——负债和所有者权益。有了这50 000元钱就可以建房子了，房子建完之后，这一幢房子的价值为多少呢？肯定是50 000元。这就是——资产，即资金用到什么地方去了。由此可推出会计恒等式为：资产 = 负债 + 所有者权益。为了让学生进一步的理解会计恒等式，还要多搜集一些资产负债组成方面的实例让学生多加练习，进一步加深学生对会计恒等式来源的理解。

## 二、注意理论与实践相结合

“会计基础”课教学中从“会计凭证”到“会计报表编制”章节都是属于实践部分，因此在教学过程中光讲理论是不够的，必须进行实践操作，才能达到专业课程学以致用的目的。在教学过程中，我除了在每章节进行理论教学及实践训练外，全书讲完

了之后，还要进行会计核算全过程的模拟实习训练，让学生真正理解会计核算的整个流程，为以后的专业学习和就业打下良好基础。

（一）章节的实践训练

做好章节的实践训练是以后顺利进行全书模拟实习的前提。在“会计凭证”章节以后的教学过程中，我除了进行理论教学外，十分注重学生的实践操作训练的教学。以“会计凭证”章节为例。在课堂教学中，我先介绍原始凭证和记账凭证的基本要素及填制和审核方法，讲完时，学生好像听懂了。但当我拿来原始凭证和记账凭证让他们填制时，问题就出来了，不是有的同学忘填日期，就是有的同学没填编号，诸如此类的错误五花八门。为了彻底让学生弄清会计凭证的填制，我买来了各式各样的原始凭证和记账凭证让学生填制，并一一指出他们的问题要求他们加以更正。经过几次实践之后，所有的同学基本上都学会了会计凭证的填制。这样的例子在教学过程中还有很多，如“账簿”一章中的总分类账、明细分类账、日记账的登记，“会计报表”一章中的资产负债表、利润表的编制等都是这样。事实证明，在会计专业课教学过程中，只要条件允许，采用实践和理论相结合的教学方式要比仅仅只在课堂上纸上谈兵效果要好得多。

（二）全书的实践训练

在全书学完以后，就可以将会计核算的七种方法串联起来进行模拟实习。在实习过程中，以湖南人民出版社出版的《会计模拟实践》第一册为实习蓝本，采用对全部学生进行分组，每小组内各组员都进行具体分工的方法进行模拟实习，并不定时地进行岗位轮换，严格按照实际工作中会计核算的一般程序进行。通过这次仿真模拟实习，使学生真正清楚了会计核算的七种方法，也对会计工作的工作流程有了初步的理解，同时也激发了学生学习会计专业课的兴趣，增强了他们以后进一步学好专业会计的信心。

## 三、注意发挥学生的主观能动性

到职业中专来就读的学生都是初中毕业生，他们已具备一定的文化基础，也具备了一定的自学能力，因此，在教学过程中，我十分注意发挥学生的主观能动性，在课堂上充分调动学生的积极性、主动性，让学生形成自己分析问题、自己解决问题的良好习惯，这样，既减轻了教师教学过程中的负担，又提高了学生学习的兴趣，一举两得。

### （一）课堂内，应充分调动学生的积极性、主动性

每堂上新课前，我都会先提出本节课我们要学习的内容及应解决的问题，并给学生十五到二十分钟的时间看书自学，要求学生将本节课的内容先自己动手解决，如不能解决则找出疑点，而后我则在旁边加以指导，逐一解决学习过程中的难点、疑点，让学生自己领会自己解决问题的乐趣，而一节课的最后十分钟，我则用来对本节内容进行小结，归纳出本节内容中存在哪些问题，应如何解决，有时让学生们自己总结本节的内容及解决问题的方法。采用这种方式上课，大大缩短了教师讲课的时间，激发了学生学习的积极性、主动性，让学生尝到了自己解决问题的乐趣。

以“企业主要经济业务核算”一章中企业购进材料的业务这一节为例，一上课，我就对同学们提出问题：“我们这一节课讲述材料的购进业务，如果你们购置某种材料，首先要计算的是什么呢?”学生都回答：“是成本。”“对，那我们首先要解决的第一个问题计算的是材料的成本，请你们思考一下，如果你们从外地购进某种材料，它的成本如何计算?”这一节课的第二个问题是：“材料购进之后，你们作为一个单位的会计人员，如何对这些业务进行会计处理?”在黑板上我会列出实际工作中具体的一些购进材料的业务，请学生看完书之后，自己先思考并动手完成黑板上这

些题目，做错了不要紧，关键是要自己动手。在学生看书和动手的同时，我则在每一位同学的座位边巡视和指导，和同学们一起探讨解决问题的办法，然后和他们一起找出这类经济业务的共同特点并归纳出会计分录。结果，这节课我讲得最少，但效果最好！

（二）课堂外，应培养学生形成自学的好习惯

职业学校的学生学习积极性都不太高，培养学生自学的好习惯不是一朝一夕就能做到的事情，平时在课堂内和课堂外我都注意培养学生的自学能力，日积月累，学生自然而然就形成了在学习上不依赖教师解决问题而重在自学、自己解决问题的好习惯。课堂内的自学我在上面已提到，这里不再复述。这里我重点讲述课堂外自学习惯的培养。

一是让学生意识到以后如要从事会计行业，就必须不断地学习，不断地提高。

二是布置课外习题进行训练，如讲到原始凭证时，就布置学生自己在课外找到各种各样的原始凭证进行比较分类，自己动手操作练习，一般要求学生找到支票、饮食行业的裁剪发票、学杂费收款收据等。

三是假期中要求学生到企事业单位进行实习，并明确每次实验实习应达到的目标和应完成的任务，要求学生实习完毕后写出实习报告，以此作为评价实验实习成绩的一个考核依据。

四是鼓励学生参加自学考试，提高自己的文化素质。

总之，会计专业课程的学习是一个循序渐进的过程，教师在教的过程中必须耐心、细致，紧抓教材的重点和难点，先激发学生的兴趣，而后在课堂上充分发挥学生的主观能动性，让学生充分弄懂、弄通每一个问题，让学生体会到专业学习的乐趣。这样，学生对本门课程的兴趣自然就会大大提高，教学效果也就不用说了。

这是我个人的教学体会，写出来供大家参考，希望大家能提

出问题，共同探讨对“会计基础”课程的最佳教法，共同促进，共同进步。

# 实训是职业学校会计专业教学的核心

广西梧州商贸学校　李国生

**摘　要**：本文对当前中等职业学校学生的现状、与大学毕业生的比较优势及其在校学习时间几方面进行分析，强调职业学校会计专业教学只有以实训为核心来组织教学，才能实现职业学校会计专业的培养目标，并对职业学校实施会计实训教学提出了应具备的基本条件。

**关键词**：现状　比较优势　学制　实现实训教学　基本条件

当前，大中专会计专业课的内容大同小异，尽管各自的培养目标差异很大。大学会计专业的培养目标是企事业单位的中高级管理人才，而职业学校会计专业的培养目标是有熟练技能的高素质劳动者，然而他们面对的却是基本相似的教材。所以，职业学校会计教学应如何实现其专业培养目标，突出职业学校的特点和优势，这是职业学校会计教学者和管理者需要认真探讨的课题。

## 一、职业学校学生的现状决定了会计专业教学应以实训为核心

由于大学连年扩招，普通高中招生持续升温，加上社会对职业学校的看法和认识有偏颇，以及自身无序的招生竞争，使得职业学校的生源没有保障，学生的文化素质不断走低。据本地区各职业学校的统计，80%以上的职业学校学生没有参加中考，即使

参加中考的，绝大部分都是没达到普通高中录取分数线或是分数很低，在报读会计专业的学生中，相当一部分学生因无可奈何才选择会计专业，他们文化基础相当薄弱，理解能力偏低。如何把这样的学生培育成有熟练技能的劳动者呢？如果像对待大学生一样传授一套完整而抽象的理论体系和方法给这些学生，显然是不切实际的，一方面，会导致大部分学生厌学，学习困难，缺乏对专业的兴趣，甚至退学；另一方面，这也脱离了职业学校的培养目标和特色。

实训教学是指以实际业务或实际案例为对象，经过教师的示范演练，讲解要领，再由学生亲身体验训练，进而掌握各项技能本领的教学方法。实训教学具有直观性、现实性、具体性、生动性和可操作性的特点，职业学校学生易于理解和模仿，经过反复练习基本都能够掌握该项技能。它能使职业学校学生觉得学习会计专业有收获感、技能感和现实感，从而增强学习会计专业的兴趣。

**二、职业学校学生的比较优势决定了会计专业教学应以实训为核心**

与会计专业大学毕业生相比，职业学校毕业生无论在学历、文化水平、知识结构和学习能力等方面都处于劣势，然而，在就业市场上，会计职业学校毕业生依然畅销，原因何在？相比较而言，我认为职业学校会计专业毕业生有以下几点优势：

一是职业学校会计毕业生在就业市场上定位不高，无论是国有还是民营企业，也无论是大单位还是小企业，只要有需求，职校生就会去应聘，对工资收入的期望值也远比大学生要低，因而能满足中小企事业单位对一线会计工作岗位的需要，降低人才使用成本；二是职业学校会计专业毕业生的就业岗位比较广，要求不是绝对的专业对口岗位，即除了会计工作岗位之外，还可以从事收银员、仓库保管员、统计员、信息员、服务员和文员等岗位群，会计专业中职毕业生对从事这些岗位没有心理落差，充分展现了会计专业学生作为有技能的一线劳动者的适应能力。而大学生对小企业和上述工作岗位一般是不屑一顾的，万不得已而为之者，也深感怀才不遇，大材小用，难得有全身心投入者，从而给职业学校毕业生留出一片用武之地和生存空间，因而深受中小企业的青睐，因为职业学校毕业生动手能力强，招进来基本不需培训就能上岗，真正做到有用、实有、顶用。三是职业学校会计专业学生具有较强的动手操作能力，而其动手能力的形成正是贯彻以实训为核心的会计教学的结果。

## 三、人为缩短的在校时间也决定会计教学应以实训为核心

目前，我国除了上海市的普通中专学校还普遍实行四年制学制外，其他各地的普通中专和职业高中一般的学制都是三年。然而，由于种种原因，目前“2+1”模式的学习方式也在许多职业学校风行开来，即职业学校学生在学校真正学习两年，最后一年到企业实习或就业，究其原因，笔者认为主要基于两方面的考虑：一是生源竞争的需要。由于职业学校生源不足，招生竞争激烈，部分学校，尤其是民营学校为迎合部分家长少花钱、有工作干的心理，采取缩减学生在校实际学习时间的做法。二是部分职业学校教学资源不足采取的急功近利行为。有的职业学校办学资源严重不足，难以满足职业教育发展的需求，如校舍、设备、师资紧缺，因此只有通过缩短学生在校学习时间，才可以既缓解这种紧张局面，同时又达到扩大招生规模的目的。教育部门对这种既成事实也默许之。

职业学校“2+1”模式的风行，使得原来三年或两年半的教学计划必须缩短为两年。如果按照教育部门颁布的专业教学计划进行教学，显然是无法完成教学计划和培养目标的，在短短的

两年里，要把这些文化基础十分薄弱的职校学生培养成有熟练技能的劳动者，除了要大力调整会计专业的课程结构外，还必须紧紧围绕实训这个核心开展教学工作。

## 四、实现职业学校会计实训教学应具备的基本条件

基于以上几方面的分析，职业学校会计教学只有以实训为核心，才能顺利实现职业学校会计的培养目标，满足就业的需要。那么，要贯彻以实训为核心的会计教学，职业学校应具备哪些基本条件呢？下面笔者结合所在学校的情况谈几点看法。

（1）转变观念，以就业为导向改革会计专业的课程结构，突出会计专业主干课程。职业学校会计专业应把基础会计、财务会计、电算会计定为主干课程，每门学科应开设两个学期，以保证有充足的课时进行设账、出账、登账、报账等手工和电脑操作的技能训练，为实训教学提供时间保障。

（2）加大实训设备和材料的投入力度，满足会计实训的需要。包括手工操作所需的原始凭证，记账凭证、各种账页、报表以及整理装订的相关用品，会计电子模拟实验软件、会计核算软件以及相应的计算机设备，都是进行会计实训教学必需的，学校应不断增加投入，以保障实训教学的顺利进行。

（3）加强会计“双师型”教师队伍建设和师资培训的力度。会计是技能性很强的专业，学校应当保证让所有会计任课教师都具备会计实际工作经验，否则，不得担任会计专业教师。应制定定期保送会计专业教师到企业挂职锻炼和培训的制度，实现教师传授给学生的专业知识和技能与企业实际应用之间的零距离，从而使培养的学生能满足企业“招之即来，来之能用，用之满意”的愿望，充分体现职业学校会计毕业生以技能为本位的本色。

# 对新旧会计准则所得税处理的差异分析

湖南省涟源市工贸职业中专　李迪耀

**摘　要：**2006 年 2 月财政部发布了《企业会计准则 18 号——所得税》，该准则是在财政部 2001 年发布的《企业会计制度》等会计制度有关规定（以下简称原制度）的基础上修订完成的。本文就新准则与原制度对所得税的会计处理方法、计税基础、暂时性差异与时间性差异、递延税款、所得税费用、亏损弥补等方面差异进行分析，以便更好地理解新准则。

**关键词：**会计准则　计税基础　暂时性差异与时间性差异　递延税款　所得税费用

《企业会计准则第 18 号——所得税》是在原有制度的基础上演变而来，并受到相关准则的影响与启发的。不论是 1994 年的《企业所得税会计处理的暂行规定》，或是 2001 年发布的《企业会计制度》都先后规定：在核算所得税时，允许企业在应付税款法和纳税影响会计法二者之中任选一种方法。纳税影响会计法又可以进一步划分为递延法和债务法，而债务法主要是指利润表债务法。从技术层面来看，债务法既可以是利润表债务法，也可以是资产负债表债务法。《企业会计准则第 18 号——所得税》规定企业采用资产负债表法时所得税进行会计处理，已基本实现了与国际会计准则的趋同。

《企业会计准则第 18 号——所得税》与原有相关制度的差异如下。

## 一、会计处理方法发生了革命性的变化

在我国实际会计工作中，大多数企业对所得税的会计处理方法是按税法规定计算出应交所得税，同时按照相同的数额确认的所得税费用，即采用应付税款法，这样确认的所得税费用通常不够准确，也无法与国际准则保持一致，因此《企业会计准则第 18 号——所得税》禁止采用应付税款法，也不允许采用利润表债务法，而是规定采用资产负债表债务法核算所得税。

## 二、新准则引入了计税基础概念

《企业会计准则第 18 号——所得税》第四条规定：企业在取得资产、负债时，应当确定其计税基础，这是基于资产负债表债务法的框架，要确认递延所得税负债或递延所得税资产，就要求企业在取得资产、负债时，应当确定其计税基础。对计税基础的理解是掌握《企业会计准则第 18 号——所得税》的关键。计税基础分为资产的计税基础和负债的计税基础，资产的计税基础是指企业收回资产账面价值过程中，计算应税所得时按照税法规定可以自应税经济利益中抵扣的金额，即资产的计税基础 = 未来可税前列支的金额。例如，各项资产如发生减值提取的减值准备，按照会计准则规定，资产的可收回金额低于其账面价值时，应当计提相关的减值准备。税法规定，企业提取的减值准备一般不能税前抵扣，只有在资产发生实质性损失时才允许税前扣除。假设某企业期末持有一批存货，成本为 1 000 万元，按照存货准则规定，估计其可变现净值为 800 万元，应计提存货跌价准备 200 万元。这 200 万元并没有发生实质性损失，因而该存货在未来销售过程中可以抵扣应税经济利益的成本为 1 000 万元，即该

存货的计税基础为 1 000 万元。又如应收账款的账面价值为 100 万元，相关的收入已包括在本期应税利润中，未来收回时 100 万元不构成应税利润，该应收账款的计税基础就是其账面价值。负债的计税基础是指负债的账面价值减去未来期间计算应纳税所得额时按照税法规定可予抵扣的金额，即负债的计税基础 = 账面价值 - 未来可税前列支的金额。如账面金额为 100 万元的预计产品保修费用，相关费用按收付实现制予以征税，该预计负债的账面价值是 100 万元，在未来保修时可以抵扣应税利润 100 万元，即预计负责的计税基础为 0；又如账面金额为 100 万元的预收房地产业务收入，相关收入按收付实现制予以征税，那么未来确认收入时，应从应税利润中抵扣 100 万元，因而该预收款的计税基础为 0。

### 三、暂时性差异与时间性差异的内涵不同

《企业会计准则第 18 号——所得税》第七条规定：暂时性差异是指资产或负债的账面价值与其计税基础之间的差额，未作为资产和负债确认的项目按照税法规定可以确定其计税基础的，该计税基础与其账面价值之间的差额也属于暂时性差异。在原制度下，将会计与税法在收入、费用确定和计量时间上存在差异称为时间性差异，采用应付税款法时将时间性差异视同永久性差异，采用利润表债务法时将时间性差异对当期所得税影响确认为递延税款，该递延税款是当期发生数，不直接反映对将来的，不处理非时间性差异的暂时性差异，而《企业会计准则第 18 号——所得税》所涉及的暂时性差异属于累计差异范围很广泛，不仅包括所有时间性差异，也包括非时间性差异的暂时性差异，这样就可以理解为所有的时间性差异都是暂时性差异，但某些暂时性差异并非时间性差异，如某企业固定资产的账面价值为 4 000万元，预计净残值为 0，重估的公允价值为6 000万元，税

法和会计均按直接法计提折旧，剩余使用年限为5年，会计按重估的公允价值计提折旧而重估资产增值根据税法规定计税时，不作相应调整，因此税法按账面价值计得折旧，根据新旧准则分别计算如下：

**利润表债务法差异计算表**

| | 第一年 | 第二年 | 第三年 | 第四年 | 第五年 |
|---|---|---|---|---|---|
| 会计折旧 | 1 200万 | 1 200万 | 1 200万 | 1 200万 | 1 200万 |
| 税法折旧 | 800万 | 800万 | 800万 | 800万 | 800万 |
| 差异 | -400万 | -400万 | -400万 | -400万 | -400万 |

很显然，按照旧制度计算的会计利润与应税利润之间的差异不是时间性差异，但却存在着暂时性差异：

**资产负债表债务法计算表**

| | 重估当年 | 第一年 | 第二年 | 第三年 | 第四年 | 第五年 |
|---|---|---|---|---|---|---|
| 账面价值 | 6 000万 | 4 800万 | 3 600万 | 2 400万 | 1 200万 | 0 |
| 计税基础 | 4 000万 | 3 200万 | 2 400万 | 1 600万 | 800万 | 0 |
| 差异 | 2 000万 | 1 600万 | 1 200万 | 800万 | 400万 | 0 |

产生上述差异确认不同的原因是资产的重估增值计入了资产负债表所有者权益，而不是计入利润表中，因而导致上述暂时性差异不是时间性差异。

## 四、对递延税款的会计处理不同

暂时性差异与适用税率的乘积可直接得出递延所得税资产和

递延所得税负债余额。这里适用税率是预期收回该资产或清偿该负债期间的适用税率发生变化时，应对已确认的递延所得税资产和递税所得税负债进行重新计算。当资产的账面价值大于其计税基础，产生应纳税暂时性差异，当资产的账面价值小于其计税基础或负债的账面价值大于其计税基础时，产生可抵扣的暂时性差异。这时的递延所得税资产或递延所得税负债反映的都是一个账面价值，是一个时点数，它必须始终保持某一个特定时点时账面价值等于该时点的暂时性差异与适用税率的乘积，如该时点乘积大于前一时点的乘积，那么就得增加，反之则得冲回。递延所得税资产可以理解为一项待摊资产，递延所得税负债可以理解为一项预提的费用。需要说明的是，原制度没有对递延税款（借项）计得减值准备，而《企业会计准则第 18 号——所得税》规定，企业应该在资产负债表日对递延所得税资产的账面价值进行复核，如果未来期间很可能无法获得足够应纳税所得额用以抵扣递延所得税资产利益，应当减记递延所得税资产的账面价值。在可以获得足够的应纳税所得额时，减计的金额应当转回。这里，该时点的递延所得税资产的账面价值就不等于该时点的暂时性差异与适用税率的乘积。

与原会计制度不同的是，在原方法下不要求计算差异导致的递延所得税资产和递延所得税负债的时点数，只要求反映当期发生数，导致计量程序的不同和披露内容的不同。

### 五、对所得税费用的计算程序不同

原制度中的利润表债务法以利润表中的收入和费用为着眼点，逐一确认收入和费用项目在会计和税法上的时间性差异，并将这种时间性差异对未来的所得税的影响看做是对本期所得税费用的调整，而资产负债表债务法则以资产负债表中的资产和负债项目为着眼点，逐一确认每一资产和负债项目的账面价值及计税基础之间的暂时性差异，与利润表债务法不同，资产负债表债务法下的暂时性差异所反映的是累计的差额，而非当期的差额，因此，只能将期末暂时性差异与其初暂时性差异的应纳税影响额视为对本期所得税费用的调整。

### 六、弥补亏损的会计处理不同

我国现行税法允许企业亏损后递延弥补五年，原制度关于所得税处理规定中对可结转后期的尚可抵扣的亏损，在亏损弥补当期不确认所得税利益。而《企业会计准则第 18 号——所得税》要求企业对能够结转后期的尚可抵扣的亏损，应当以可能获得用于抵扣亏损的未来应税利润为限，确认递延所得税资产。使用该方法，企业应当对五年内可抵扣暂时性差异是否能在以后经营期内的应税利润充分转回作出判断，如果不能，企业不应确认。

**参考文献：**

[1] 财政部：《企业会计准则》，经济科学出版社 2006 年 2 月第 1 版。

[2] 财政部会计司：《企业会计准则讲解》，人民出版社 2007 年 4 月第 1 版。

[3] 财政部：《企业会计准则——应用指南》，立信会计出版社 2006 年 11 月第 1 版。

[4] 于晓镭、徐兴恩：《新企业会计准则——实用手册》，机械工业出版社 2006 年 5 月第 1 版。

# 直观性教学法在财会专业教学中的应用

河南省周口市职业中专　李　帮

**摘　要：**兴趣是最好的老师，财会教学也是一样，笔者根据中等职业学校会计专业的特点，结合自己十几年会计教学实践，就直观教学法在财会教学中如何提高学生学习财会专业知识的兴趣，如何化解专业理论问题，提高课堂理论教学的效果以及提高学生的实践操作能力等做了一些有益的探索。

**关键词：**直观性教学法　财会教学　应用

## 一、利用直观教学法，提高学生学习财会专业知识的兴趣

兴趣是学生的学习之本，特别是对于当代中职学生，能激发他们对自己所选专业的学习热情，帮助其树立学习信心。

（1）教师可以在学生正式学习财会专业知识之前，先向学生介绍一下有关财会专业方面的基本情况。主要是让学生了解财会工作在整个社会中的重要作用，以及在企业中会计人员的地位和目前市场上财会专业的就业情况，让学生在思想上做好学习财会的准备。这样做能取得较好的效果，能提高学生的学习兴趣。

（2）带领学生到前几届优秀毕业生的工作单位进行实地参观考察，让学生切身体会财会人员的工作环境，听听这些优秀毕业生介绍在读书时的学习情况和现在在单位中的情况。这会有三

方面的作用：第一，让学生明白学习财会并不是一件很难的事，只要努力，自己也是能学好的，让学生树立起学习的信心；第二，让他们体会到财会人员在企业中的重要地位，激发他们的学习热情；第三，通过和学姐学长交流，了解了学姐学长的成功之道，让他们有学习的榜样和奋斗的目标。这对他们将会起到非常积极的作用，使他们感到学习财会专业是明智的选择，从而对财会专业产生兴趣。

(3) 请企业的老总介绍一下财会工作在企业中所占的重要地位。让学生知道每一个企业都少不了财会人员，而且财会人员是一家企业的内当家，是领导的左右手。让他们知道，作为企业的领导人，也必须掌握一定的财会专业知识，要不然就不可能成为一个成功的企业家。这将会充分激发学生学习财会专业知识的兴趣，因为当企业家、老板正是他们中不少人的人生理想，而财会专业知识是成为企业家、老板的必备知识。

经过这样的学习以后，让所有的学生都体会到选择财会专业是他们的光荣，也让学生直观地体会到学习财会专业将大有所为。在回到课堂后，让他们对所看到的、听到的进行讨论，并确定学习的目标。这样就能有一个良好的开局，为以后的教学铺平了道路。

## 二、利用直观性教学法，提高课堂理论教学的效果

财会专业知识具有非常强的理论性，在学习过程中容易使学生感到枯燥乏味，导致学生失去学习的兴趣，使课堂教学效果低下。而人类认识发展的规律是从生动的直观到抽象的思维，在财会专业知识教学中正确运用直观性教学方法，可以充分激发学生的学习兴趣和热情。

(1) 通过实物直观，提高学生的感性认识。实物直观就是通过观察实物、演示性实验、教学性参观等方式，生动、形象、

逼真地帮助学生对知识的精确加深理解。如在讲授《基础会计》第四章“会计凭证”时，教师可事先准备一些真实的发票、报销单、出库单、工资单和空白的记账凭证，让学生进行观察，让学生熟悉这些凭证上的各项内容，根据这些内容由学生自己说说这些凭证的填法和用途，使学生感到这些凭证也并不是很难填，这样既让学生加深印象，又能提高学生对课程的兴趣。

（2）运用言语直观，帮助学生正确理解专有名词。财会教材中有许多的概念与定义，对于没有相应知识储备的初中学生来讲是难以理解的，如对“借方”、“贷方”、“复式记账”、“记账凭证”等等专有名词，运用言语直观（书面、口头、方言）的生动具体描述，加上鲜明形象的比喻、合乎情理的夸张等形式，加深学生对知识的理解，同时更能调节好课堂的气氛，让学生在快乐中学习。比如在讲授《基础会计》第三章“会计科目”中的概念时，可以说现金就是存放在出纳保险柜里的现钞；银行存款就是存放在银行里的钱；应收账款就是应该向别人收取的钱等等，会计科目就是这些内容的名字，就好比我们每个人的名字。再可以让学生用口头语来说说其他一些会计科目的含义，这将会让学生充分感到学习财会的乐趣，也有助于加深学生对这些抽象概念的理解。

（3）让学生表演体会，自然地加深对专业知识的直观体验。让学生根据教材中的具体内容要求扮演其中的角色“假如我是……”这样，学生对教材要求必然产生亲切感，主观感受得到正面的强化，有利于学生形成持久的学习动力。如在讲授《基础会计》第四章“会计凭证的传递、装订和保管”时，我分别让学生扮演企业中的采购员、出纳、会计、会计主管、单位负责人等角色，介绍每个角色在整个经济业务的运行过程中的作用，然后再交换角色进行演练，这样充分调动了学生的学习积极性，也让学生明确了作为一名财会人员在实际工作中的重要职责。

### 三、利用直观性教学法，提高学生的实践操作技能

实践操作技能的培养是职业教育的主要任务和重要特色，也是素质教育的基本要求，财会专业的学生为了更好地适应市场经济的需要，必须不断提高自身的实践操作能力。而大部分学生在毕业进入工作岗位后，感到在学校学的理论知识应用不到实际工作中去。这其中的主要原因是学生在学习理论知识的同时，没有掌握实践操作技能，导致理论同实践相分离。而要把财会专业的理论知识熟练地应用到实践中去，这中间需要有一个质的飞跃。

那么如何能让学生在进入工作岗位之前，把理论知识同实践操作技能结合起来？最好的方法就是采用直观性教学法，让学生在课堂上亲身体会到在企业中的实际操作过程。

如在讲授“企业财务会计模拟实验”课之前，教师可以在课堂上根据企业中对经济业务实际要求把学生分成不同角色进行实践操作，如出纳、采购员、记账人员、会计主管、单位负责人、银行职工、对方企业代表人员等等，并为这些人员提供必要的实验资料，如现金日记账、总账以及各种实际工作中要用到的会计凭证。教师作为指导者，让学生根据经济的运行过程进行实践操作，这样练习几笔经济业务后，让学生各自总结自己所在岗位的职责，再进行集体总结。在所有学生都了解每一个岗位职责后，再进行角色轮换，以相同的经济业务，让每一个学生都在不同的岗位上进行操作，使他们能熟练掌握不同岗位的实践操作要求，为他们在走上实际工作岗位时能迅速进入各自的角色打下基础。

### 四、结　语

学习从兴趣开始。利用合理的教学方法，充分激发学生的求知欲望，正好印证了捷克著名教育心理学家夸美纽斯的一句话：

"求知与求学的欲望，应用一切可能的方式在孩子身上激发起来。"而直观性教学法在财会专业教学中的充分应用，也正符合了这一要求。

**参考文献：**

［1］姜宏德：《改革学习课程及教法》，《新世纪的创新视野》。《教育科学研究》2000 年第 6 期。

［2］刘文革：《关于职业教育会计专业教学模式的探讨》，《成人教育》2007 年第 5 期。

# 浅析职业学校财会专业技能教学的方法

海口市第一职业中学　瞿亚胜

**摘　要**：当前中职学校财会专业的学生在理论知识和技能操作方面的脱节，使我们认识到在进行课堂教学中使学生巩固和灵活运用所学知识和原有技能，形成熟练、准确、规范的操作行为，形成专业的思维方式、方法，培养解决实际问题的能力，养成良好的职业道德、情操以及与人合作的精神，是十分重要的。

**关键词**：技能教学　模拟实习　技能训练　会计

在中等职业学校的教学中，专业技能教学是非常重要的一个组成部分，它往往与主要的专业课程配套开设，与专业课教学起着相辅相成的作用。随着财会专业课程改革的不断深入，加强实践教学环节，强化技能训练的指导思想被广泛地认同。会计制度的改革，多种经济形式的发展以及素质教育要求的提高对会计教学提出了新的要求。笔者根据市职教教研室对会计课程改革的目标和要求，对财会技能教学进行了反思，并对如何强化和优化技能教学产生了一些新的理解和认识。

技能教学是指在教师的指导下，学生运用已有的知识经验，通过练习而形成的智力动作和肢体动作方式的一种课型。其基本的教学目标是：巩固和灵活运用所学知识和原有技能，形成熟练、准确、规范的操作行为，形成专业的思维方式、方法，培养解决实际问题的能力，养成良好的职业道德、情操以及与人合作的品质。

## 一、在会计技能教学上存在的误区和问题

### 1. 重比赛、定级，轻综合技能

长期以来人们认为技能须通过社会实践获得，课堂上讲技能只是纸上谈兵，因此对技能教学不够重视。而财会专业的技能包括珠算、点钞、数字和汉字书写、数字和汉字录入、凭证和账簿填制等，在以往的技能教学中，因珠算是常规的比赛项目，在课堂教学和训练中抓得较紧，为定级、比赛做准备，但对于其他的几项技能训练则忽视不管，有些项目几乎没有进行训练。这就使得学生在会计技能方面没有得到较全面的训练，从而在工作中必然出现较明显的能力不足的问题。

### 2. 技能教学急于求成，重视操作的教学，忽略专业思维方式的引导和教育

学习财会专业的同学中，尤其是男同学对技能训练常有抵触情绪，认为计算机应用广泛而发达的今天，会计做账等很多经济事项的处理不再需要手工操作，对珠算、点钞、账簿填制等训练项目缺乏兴趣和耐心，教师往往为了达到训练目的，要求学生一再地练习，而忽视了对他们进行专业思想的引导。对这一部分同学的技能训练，往往不能取得良好的教学效果，甚至于会造成老师与部分学生的对立。

### 3. 技能教学与专业课教学相脱离

在财会专业技能中，数字和汉字书写、凭证和账簿填制是与“基础会计”、“企业会计”等专业课程密不可分的，而在以往的教学中，不同的老师训练不同的项目，各自为政，各自强调自己的重要性，与财务会计等专业课程似乎不相干，这样导致了学生学习的目的性不明确，学习积极性不高。

4. 时间安排仓促

模拟实习内容涉及企业会计业务的方方面面，内容繁多，实习时间紧，学生不堪重负，实习效果不佳。传统的会计模拟实习往往是学生每人一套实习资料，相当于一个中型制造企业一个月的业务量，一个人充当企业各种人员的角色，既是仓库管理员又是销售人员，既是会计又是出纳等等，给学生混乱的感觉，做起来也很烦琐，一个多月的实习下来，实习资料在老师的指导下算是勉强完成了，但要学生对实习进行总结，却讲不出个一二三来，对企业财务是如何运作的没有一个清晰的思路。

5. 操作性不够

模拟资料“过于真实”或“过于虚假”，影响了会计模拟实习的可操作性。主要表现在：在选择模拟实习资料时，过于强调“真实”，没有对这些资料进行“去粗取精、去伪存真”的分析。而且有些学校所准备的实习资料则与实际相差较远，出现“模拟实验就是会计作业的翻版”的现象，使学生失去兴趣。以上两种情况都影响了会计模拟实习的可操作性，达不到理论与实际相结合的目的。

6. 实训缺乏会计监督

目前的会计模拟实习基本都是要求学生完成“凭证—账簿—报表”的循环过程，即根据原始凭证编制记账凭证，再根据记账凭证登记账簿，最后根据账簿记录编制会计报表。学生拿到实习资料后，接着就按要求编制记账凭证，省缺了“审核、监督”这一重要环节。造成这一问题的原因并非在学生，而是由于教师在准备资料时，就没有准备不真实、不合法的原始凭证供学生选择，使学生从观念上就没有或淡化了这一重要的审核工作。

7. 实训教师缺乏权威性

模拟实习的指导教师由会计专业的教师或实验员担任，其指导与解释缺乏真实性和权威性，因为他们当中部分人对具体的业务环境也未亲身经历，在模拟实习过程中只能靠自己的知识和能力来想象。

## 二、对技能教学中存在问题的改进

### 1. 合理安排各项技能教学

在有限的会计技能课中，根据技能课的一学期课程设置情况、总课时数和各项会计技能的教学特点，合理安排好珠算、点钞、数字和汉字书写等项目的训练进度，合理进行课时分配，对智力要求较高的内容要充分利用课堂时间，要求学生充分理解和熟练掌握，布置适量的课后练习，要求学生保质保量完成。珠算技术性较强，且需经过较长时间的训练才能取得良好的效果，因此在第一学年的绝大部分技能课时应用于珠算的技能教学，且需配以大量的课堂和课后练习。在课堂上给予必要指导后，学生完全可以在课后完成诸如点钞、书写之类训练任务，教师加强检查指导即可。汉字和数字录入可以从第二学年开始加入训练，因为汉字录入在计算机课程中也是一项技能项目，学生有一定的基础。而凭证和账簿的填制则完全可融入“基础会计”和“企业会计”的日常教学中去完成。经过这样的教学安排，学生在完成两年的学习任务的同时，财会专业技能也完全达到了要求，获得了必要的工作技能。

### 2. 重视职业修养的形成

财会专业学生书写整洁规范是良好职业修养的表现，职业修养还表现在严谨的、一丝不苟的工作态度以及遵纪守法的意识上，这是学生能力发展不可或缺的基石。将思想意识教育和职业素养教育寓于各种技能教学中，并严格要求，持之以恒。经过长期积累，必然能使学生形成良好的职业习惯。

3. 在财会专业课的教学中融入技能训练

书写、凭证账簿的填制与“基础会计”、“财务会计”的教学内容紧密联系，因此这一部分的技能训练更应依靠专业课的课堂教学来完成。此外，由于财会岗位的特殊性以及社会环境的变化，学生纯粹依靠社会实践来获取技能已经越来越不可能，而用人单位对人才的要求又越来越强调实践能力，为了解决这一矛盾，财务会计的教学已采用分实验完成教学主题，理论与实践相结合的教学模式，凭证、账簿填制这一部分技能训练已完全融入专业课的课堂教学中来。因此，课堂教学是使学生掌握技能、形成实践能力的重要渠道。

原始凭证、记账凭证、账簿的书写一直是财会专业学生必备的一项基本技能，规范书写的要求应贯穿于财会教学的始终。而凭证、账簿能否正确填制则融会于财会专业课的教学内容之中。如“基础会计”教学中涉及原始凭证的取得与审核、记账凭证的填制、账簿的登记、错账的更正、报表的编制等一系列有关专业技能方面的内容，教师在教学过程中适时地进行仿真业务训练，指导学生按规范的会计操作方法填写，达到技能训练的目的和要求。

4. 注意培养学生形成专业的思维方式，培养其解决实际问题的能力

我们在讲述购买固定资产（设备）的业务之前，事先准备好模拟的购销合同、增值税发票、运费发票、支票等。有了这些凭证或资料，我们就不仅仅只是枯燥地讲解分录的编制，还可以牵涉：(1) 合同能不能作为原始凭证；(2) 如何看增值税发票和看待进项税；(3) 运费应如何处理；(4) 支付方式的选择、支票的选用等等相关的问题。另外，学生知道了将来在工作岗位上碰到同样的业务时，应该主动搜集哪些资料。因此，用模拟的凭证、资料来代替抽象单一的文字，可以很好地和实际相联系，

给学生的印象也比较生动深刻。在企业财务会计的教学中，还应训练学生如何直接根据原始凭证而脱离文字叙述来填制记账凭证，正确的分录是正确填制凭证、账簿的知识基础，是动作技能向智力技能飞跃的关键。

在从事会计教学的过程中，我还深切地体会到：市场经济条件下人才的竞争越来越激烈，而作为职业学校财会专业的学生，如无“一技之长”，则无竞争优势，只有在专业的操作上“胜人一筹”，才有可能争得自己的“一席之地”。只有通过理论—实践—深化理论—再实践的反复过程，让学生主动参与，激发学生的好奇心、求知欲，调动学生学习的积极性，提高学生理论和实践相结合的能力，才能使学生学有所长。技能教学课是衔接知识运用和能力形成的重要教学环节，其教学效率的高低直接决定着实践能力的高低。优化技能课教学，教师首先必须端正对技能教学的认识，使会计教学内容、教学手段、教学方法符合社会主义市场经济的需要，促进综合能力的提高，才能实现中职教育的培养目标，并为学生服务于社会及可持续发展奠定基础。

# 将职业道德教育贯穿于会计教育中

柳州运输职业技术学院　景红华

**摘　要：** 本文从会计职业道德的现状进行分析，探讨会计职业道德教育的内容和方法，并提出了要将职业道德教育贯穿于整个会计教育中的观点。

**关键词：** 会计职业道德　会计教育

近年来，中外财务丑闻频频曝光，使得会计人员的职业道德受到严重置疑，其原因是多方面的，这当然也包括会计教育体系自身的缺陷。因此，加强会计职业道德教育，提高会计人员的职业道德素养，就显得尤为重要和迫不及待。本文就目前会计职业道德教育现状进行分析，探讨会计职业道德教育的内容和将职业道德教育贯穿于整个会计教育中的方法。

## 一、会计职业道德教育的现状

经济越发展，会计越重要。会计工作和钱、财、物关系紧密，因此会计人员的职业道德显得尤为重要。目前会计人员的职业道德教育存在以下一些问题。

1. 会计教育中忽视职业道德教育

会计教育就是会计人员的教育，分为职前教育和在职教育。职前教育是指各类学校会计专业学生的学历教育，即潜在的会计人员的教育；在职教育是指在职会计人员的职前岗位培训和在职的继续教育。

目前，各类学校会计专业教学无论是在课程设置上，还是在教材内容上以及教学过程中，都普遍存在忽视会计职业道德教育的现象。据调查结果显示，290 名会计专业的专科学生中只有 20 名学习过会计职业道德课程，只占专科学生总数的 6.9%；380 名会计专业本科学生中只有 15 人学习过会计职业道德课程，占本科学生总数的 3.9%；280 名会计专业研究生中有 130 人学习过会计职业道德课程，占研究生总数的 45.6%，有 25 人通过其他课程和方式学习过会计职业道德课程，占研究生总数的 8.8%。这些调查结果显示，80.1% 的在校生没有学习过会计职业道德课程，这说明大多数学校的会计专业没有设置会计职业道德课程或对学生进行相关教育，说明在会计学历教育中，会计专业课程的设置和对学生进行会计职业道德教育方面还存在着缺失。

据调查显示，目前有 11% 的在职会计人员认为不存在会计职业道德规范，它仅仅存在于人们的信念中而已，另有 20% 的在职会计人员虽然认为存在会计职业道德，但不知道是哪里规定的。此外在会计人员的继续教育中，更是注重专业知识的教育，忽视会计职业道德教育，每年会计年检也只注重会计专业知识教育和课时，这样就使得在学校本就不多的会计职业道德教育在走上工作岗位后也没有得到加强和提高，使得会计继续教育中的职业道德教育近似于零。实际上，对于一个称职的会计人员而言，专业知识固然重要，职业道德修养更重要。

2. 会计职业道德规范不明确

会计职业道德是指会计职业活动中应当遵循的、体现会计职业特征的、调整会计职业关系的职业行为准则和规范。会计职业道德规范对会计人员的行为产生两种作用：一是指导作用，告诉会计人员应该怎样做；二是约束作用，告诫他们不该怎样做。会计道德规范在道德行为完成之前是指导行为选择的指南，在道德行为完成之后是对行为进行善恶判断的准绳。对会计人员的工作起指导和约束作用的会计工作规范零星地散落在《会计法》、《会计基础工作规范》、《企业财务会计报告条例》、《税法》等法规中，并没有形成一套会计职业道德规范体系和相应的会计教育体系，从而导致会计人员的职业道德意识淡薄，使其进行会计行为时产生道德风险隐患。

## 二、会计职业道德教育的内容

目前，我国会计职业道德要求会计人员应爱岗敬业、诚实守信、廉洁自律、客观公正、坚持准则、提高技能、参与管理、强化服务。具体来说，会计职业道德教育的内容主要有以下三个方面：

### 1. 会计职业道德观念教育

在会计教育中，长期片面地注重专业知识和专业技能的培养，忽视职业道德的教育，因此，首先要转变会计教育的观念，重视会计职业道德教育，学习会计职业道德知识，树立会计职业道德观念，了解会计职业道德对社会经济秩序、会计信息质量的影响，以及违反会计职业道德将受到的惩戒和处罚。职业道德教育旨在引导会计人员树立正确的职业观，即一方面让会计人员认识到会计工作在经济生活中的重要地位，培养忠于会计岗位，热爱会计事业的良好思想；另一方面也要使其认识到会计工作的艰巨性，培养其脚踏实地、吃苦耐劳、兢兢业业的敬业精神，特别是会计专业的学生，都更是要强调这一点，培养其在会计工作中的原则性、坚韧性和战胜困难的勇气。

### 2. 会计法规制度教育

我国所有的会计规范都是以法律法规的形式制定、颁布和施行的，会计人员是在会计法律法规的指导下和约束下从事会计工作的。会计人员要成为一名合格的、称职的会计工作者，必须要熟悉并了解会计法律法规，学会用法律手段处理会计事务。会计法规制度教育是让会计人员知法守法，培养其学习和执行有关法规政策的自觉性。由于会计工作涉及面广，法制教育的范围应尽可能广泛，具体地说，会计人员应了解“会计法”、“公司法”、“会计准则”、“企业所得税法”及“个人所得税”等内容，并时刻关注会计法规改革新动向，自觉地与实际会计工作相结合，加强法制意识。

3. 职业风险与风险防范的教育

对会计人员进行职业风险类型及其风险防范方法的教育。会计的职业风险主要有业务风险和道德风险，对业务风险可通过扎实的专业知识学习和不断地更新知识、积累经验，从而避免因会计人员主观判断失误而造成不利局面；道德风险则包括来自本人和他人的道德或法律风险。特别是在职的会计人员，都是受聘、受雇于某企事业单位的工作人员，其工资薪金福利待遇、奖惩、升迁等，均依据其在企业单位的任职水平及任职的业绩，这就造成了会计人员在工作上不可能完全做到独立自主、客观公正。当会计人员与单位负责人发生道德冲突时，会计人员则面临着坚持原则、坚守会计职业道德就可能被辞退下岗的痛苦选择。目前突出存在的会计造假和财务欺诈等问题，绝大部分是单位负责人授意、指使、强令会计人员编制虚假会计信息造成的。因此，会计人员要树立风险防范意识，在遵守会计职业道德的同时，要学会用法律知识保护自己，避免自己处于不利地位。

## 三、会计职业道德教育的方法

会计良好的职业道德以及良好的职业道德判断能力的养成并不是一蹴而就的，而是在不断的学习和实践中，对其行为、认识进行不断调整后才形成的，因此会计职业道德教育是一项长期而艰巨的工作，只有将职业道德教育贯穿于会计教育中，才能培养会计人员良好的职业道德素养。具体的方法有以下几种：

1. 增设“会计职业道德”课程

在会计教育中，改变以往重专业知识技能培养，轻职业道德教育的传统教育观念，增设“会计职业道德”课程。会计专业的学生就是潜在的会计人员，会计职业道德教育必须从“会计源头”抓起。学校教育作为灌输其价值观和道德原则的重要场所，要在会计教学中重视职业道德的培养，将会计职业道德融入会计教学中。在《会计人员继续教育》条例中早就把“会计诚信与会计职业道德规范”作为会计人员继续教育的主要内容之一，因此，在会计继续教育中要真正将职业道德教育落到实处，在继续教育中开设“会计职业道德”课程，结合报纸、杂志、网站所报道的各种新闻的丰富内容，引导会计人员识别和判断虚假会计信息，强化会计职业道德观念和培养其职业道德素养。

2. 现场感受法

现场感受法是把会计职业道德观念和道德标准具体化、人格化，对学习者形成感染力。如通过组织会计人员旁听对违背职业道德案件的审判，或是先进事迹报告会（如邀请一些具有高尚会计职业品质的先进模范人物做报告）、邀请专家做讲座等形式，让会计人员了解和分析会计造假者和违法分子蜕变的人生轨迹，坚定遵守职业道德的决心，使那些有错误观点和模糊认识的会计人员直观地认识到“操守为重，不做假账”的重要性和严肃性，彻底摒弃侥幸心理，切实遵守会计职业道德规范，正确处理道德与利益的关系。

3. “情景案例”教学法

在会计教育中引入“情景案例”教学法，给学生创造模拟的职业环境情景，使其针对情景进行职业道德的判断，遵照职业道德行为做出相应的会计相关业务的处理，并组织他们对不同道德行为进行思考，分析和讨论所产生的不同后果，最后由教师进行评价和总结，增强他们坚守职业道德的信心和决心。通过“情景案例”教学，能形象直观地引导会计人员主动探索知识的能力和职业道德素养的形成，启发思考和讨论在实际工作中碰到与职业道德发生冲突时应如何应对，从而为今后的会计工作打下坚实的职业道德基础。

4. 建立会计诚信档案

建立诚信档案，帮助会计人员树立“诚信第一”的思想。一方面，可以为每个在校会计专业的学生建立诚信档案，按照校规校纪对学生日常活动进行评价、考核和奖惩，并记入个人诚信档案中，帮助学生树立“诚信第一”的思想，促使学生树立遵守职业道德的习惯。另一方面，财政部门、业务主管部门和各单位应当定期检查会计人员遵守会计职业道德的情况，进行评分，建立会计人员职业道德个人诚信档案，并以此作为会计人员从业资格年检、晋升、晋级、聘任专业职务、表彰奖励的重要考核依据。只有这样，才能使会计职业道德教育的成果得到有效保证，才能使会计人员坚定遵守职业道德的决心和信心。

**参考文献：**

[1] 王东艳、张艳华：《论会计职业道德教育》，《财会通讯》2006 年第 6 期，第 121 ~ 123 页。

[2] 陈祺、戴蓬军、马正凯：《会计专业学生会计职业道德教育情况的调查研究》，《财会通讯》2005 年第 9 期，第 88 ~ 92 页。

[3] 梁水源、闫亚珍：《会计职业道德教育问题研究》，《山东工商学院学报》2007 年第 6 期，第 84 ~ 98 页。

[4] 吴国萍、张智：《关于建立“会计职业道德”课程评价

标准的探讨》,《会计之友》2007 年第 1 期,第 89 ~90 页。

[5] 董丽英:《高校会计职业道德教育内容与方法设计》,《财会通讯》2007 年第 8 期,第 14 ~15 页。

# 目前中等职业学校会计专业教育存在的问题及对策

河北商贸学校　贾哲勋

**摘　要：**2005 年全国职教工作会议明确提出：要把大力发展职业教育作为当今我国教育工作发展的战略重点之一。出台了《国务院关于大力发展职业教育的决定》，职业教育发展迎来了大好的发展时期，招生规模不断扩大。但是，会计职业教育不同于高等会计教育，中等职业教育快速发展的过程中出现一些不容忽视的问题，这些问题产生的原因是多方面的，值得每一位职教工作者认真研究探讨。本文围绕中职学校会计专业教育的一些问题及其原因进行了初步探讨，并提出应采取的一些对策。

**关键词：**中职教育　会计专业　问题　对策

## 一、引　言

我国社会主义市场经济的迅速发展，需要培养大批具有一定职业技能的劳动者。国务院关于大力发展职业教育的决定以及各级政府出台促进职业教育发展的一系列政策，都把大力发展职业教育作为当今我国教育发展的三大战略重点之一，并明确提出"以服务为宗旨，以就业为导向，以能力为本位"的办学方针。这充分说明职业教育的重要性和必要性，也说明职业教育的发展对于我国从经济大国发展成为经济强国具有重要的意义。

如何大力发展我国的中等职业教育，值得每位职教工作者认真研究。本文拟就中职学校会计专业的教育问题进行初步探讨。

中等职业会计教育不同于高等会计教育，高等会计教育在课程设置以及教学上，强调的是学科体系的完整性和逻辑性，理论性较强。而中等职业会计教育课程设置和教学目标突出的是够用和实用，强调以能力为本位，注重的是有用、实用，即工作必需；在人才培养规格和目标上，高等会计教育培养的是中高级会计“人才”，即会计师或高级会计师，学生既要知道是什么，又要知道为什么。对于所学知识要纵向到底、横向到边，既要会做也要会说，具有较强的分析问题和解决问题的能力。中等职业教育培养的则是“职业”、“职员”，即会计员（初级资格），不要求必须会说，但要求必须会做。这体现了中职教育是一种谋生教育，是一种从业资格教育。

## 二、会计专业教育的现状

社会经济的发展离不开有效的管理，而管理又离不开会计的支持。实践证明，实施企业有效管理的信息必然包含会计信息，利用会计信息对企业的生产经营活动进行管理是任何一个成功的企业管理者都十分看重的。社会主义市场经济越发展，会计工作就越重要。

会计专业是一门社会应用性很广泛的技能型专业，正是因为它的社会应用的普遍性和我国社会经济的快速发展，各级各类学校一般都开设会计专业，甚至体育学院也开办会计专业教育。在各类中职学校中会计专业更是“大路货”，招生规模不断扩大，会计专业在校生人数迅速增加，然而，由此也出现了一些不容忽视的问题。

### （一）会计专业生源素质降低，教学难度加大

目前，中职学校一般招收初中毕业生，实行“注册制”，入

学“门槛”很低。但是因此出现学生厌学，上课睡觉、说话，甚至捣乱课堂的现象也常有发生，教学难度越来越大。各学校对生源的竞争，导致生源素质参差不齐，毕业标准难以把握。学生拿到毕业证却难以拿到国家“会计从业资格证书”，就是拿到“会计证”，也因为缺乏会计动手操作能力，而难以找到会计工作。

（二）课程设置不合理，教学方法落后

中职学校会计专业课程设置可分为两类：一类是文化课；另一类是专业课。一般是先开文化课，而且课时偏多，然后开专业课。

会计专业的学生往往是因为文化课学习困难，学习成绩不好，升入高中无望，才到中职学校学习的。如果不扬长避短，反而使他们首先面对引不起学习兴趣的语文、数学、英语等文化课，无疑客观上会使他们燃起的希望之火再次熄灭，对以后学习专业课失去信心。

另外，会计教学仍然没有摆脱传统模式，老师讲学生听，先理论后作业，重课堂教学轻实践技能。会计学科的显著特点是可操作性，能力本位十分突出，因此，仅仅在课堂上讲授，学生是学不会的，必须经过实践训练才可能使他们掌握操作技能。而现在中职学校普遍缺乏必要的实训手段和方法。在校内搞模拟实习是普遍做法，但这种实习是按会计教学规律设计的，带有很大的假定性，模拟效果与会计工作实际存在较大的差距 。

（三）会计教育缺乏针对性，与社会需求不衔接

学校招生人数是学校的任务，招收多少会计专业学生不是由社会对人才的需要决定的，而往往是学校自己决定，带有很大的盲目性和功利性，缺乏政府对人才培养的统筹规划和引导，因此大量会计毕业生找不到会计工作，造成教育资源和人力资源的浪费。

在会计专业教学过程中，仍然以理论教学为主，教材不是按企业实际发生的业务和处理技能编写，而是依会计要素排列，学生很难学到实质性的知识技能，只是学会编制简单的会计分录而已，与会计实际工作要求具有较大的差距。

（四）重专业知识培养，轻人品和职业道德教育

在对学生实施教育的过程中，偏重授业，轻视传道。以会计专业知识培养为重心，从教学计划的制订、实施到考核评价，都没有把做人的教育放在首位。对学生品行、正常社会交往、会计职业道德等缺乏有效的实施考核办法。

## 三、会计专业教育面临问题的原因分析

目前，中职学校会计教育出现的问题带有一定的普遍性，是我国社会经济迅速发展、社会转型过程中诸多现象在教育领域的反映。其原因是多方面的，既有社会层面的，也有学校本身的，归纳起来主要有以下几个方面：

一是高校连年扩招导致中职学校生源素质下降。随着高等教育不断扩大招生规模，更多的高中生上大学的机会大大增加，初中后选择上高中的愿望和可能性凸显，导致中职学校之间对生源的竞争，各校不得不降低入学标准，因此招收的学生素质越来越低。

二是政府相关部门缺乏对中职学校的宏观统筹和正确引导。国家大力发展中等职业教育的大政方针无疑是正确的，但是，各地方政府及教育主管部门落实国家的政策决定还不到位，对本地区会计人才结构、数量缺乏具体规划，对中职学校管理体制的改革力度不够。

三是学校办学急功近利，一味强调上规模，忽视教学质量。国家大力发展职业教育的一系列政策措施出台后，不断加大对中等职业学校的扶持力度，但是，面对前所未有的规模扩张，各校

办学经费仍然紧缺。为了生存和发展，只有继续扩大招生规模，况且会计教育相对来说办学成本是较低的。但是，教育不同于产品生产，同一专业不适合在短期内“大批量生产”，特别是对初中生进行会计专业教育有较大难度。因为从实际情况看，初中生有自身年龄小、文化知识不足及社会阅历浅等特点，对会计专业知识难以理解，所以对初中生进行会计教育有难度。

四是一方面，中职学校教师待遇和地位较低，会计专业教师课时负担较重，多种因素并存造成工作难度和压力较大；另一方面，招生规模不断扩大，导致从事会计职业教育的师资不足，一些学校不得不大量外聘教师。此外，由于经费紧张，办学条件相对落后，普遍缺乏基本的技能训练设施和场所，所以以能力为本位的教学难以落实。

## 四、应采取的对策

对于中职学校会计专业教育所存在的问题，必须引起各方面的高度重视，并应采取相应对策，以保证我国的职业教育快速、健康地发展。

### （一）加快职业教育改革步伐

2005 年全国职教工作会议明确提出把大力发展职业教育作为我国当今教育的三大战略重点之一，这就要求我们必须把发展职业教育放在历史高度来对待。首先，要把《国务院关于大力发展职业教育的决定》落到实处，加快职业学校办学体制和教育教学改革，加强政府对职业学校的统筹和引导，切实改变目前“招生乱、就业难、教学效果不明显”的被动局面。学校要按照社会需要来招生和培养会计专业人才，由招收初中生逐渐转为招收高中生和成人学生。目前，全国会计队伍已达 1200 余万人，但其中初级会计资格人员居多，有些地区持证人员远远超过从业人员，这足以说明目前我国急需培养的是中高级会计人才。要提高会计专业教育的办学标准，改变会计教育普遍开花的现象。我国会计工作已和国际接轨，没有必要再按行业培养会计人才，应保证重点，发挥优势，以市场为导向，培养高素质的会计人才。

（二）不断加大对职业教育的投入，全面实施以能力为本位的素质教育

目前中职教育发展远远不能适应我国经济发展的需要。而中职教育发展落后的重要原因之一是办学条件差，社会经济的发展导致学校数量迅速增加，但是点多面广，零星分散，没有形成有效规模。各学校基础设施、硬件资源普遍不足，这些问题严重制约着中职学校教学质量的提高。因此，必须不断加大对职业教育的投资，努力改善职业教育办学条件，提高教师待遇，保证学生受到良好的职业教育。当前，会计教学社会实践很困难，迫切需要强化实践性教学，应建立完善会计技能训练的设施和场所，配备完整逼真的实训物品。由政府主管部门协调建立教学实训实习基地，让学生能够进行真正意义上的社会实践，尽管顶岗实习有一定困难，但最起码能让学生看到会计实际业务，接触到生产经营业务，这对学生积累社会经验和工作能力大有裨益。

（三）努力建设一支技能型的会计教师队伍

目前，在全国范围实施的中等职业学校专业骨干教师国家级培训，必定对提升职业学校教师队伍素质起到极大的推动作用和示范作用。在师资队伍建设中，提倡成为“双师型”教师是必要的，但是仅仅成为“双师型”是不够的，有的教师考取了会计师、高级会计师、注册会计师资格，但是因为缺少会计实际工作经验，只会说不会做，实践教学效果不理想。所以说，会计教师缺少的不是专业理论知识，而是实际操作能力和以能力为本位的教学方法。要教会学生做会计，首先必须具备合格的教师队伍。如何形成合格的教师队伍，一是继续推行国家级骨干教师培训和省级专业教师培训制度；二是给会计教师提供每年不少于两

次到企业去参加会计实践的机会。这些措施要形成制度，定为标准，严格考核，作为会计专业教师上讲台的必备条件。教师的示范作用不可小视，是万万不可替代的。例如，作为教师，如果连板书都写不好，如何教学生写一手好字？更何况会计是一门实用性学科，教师的示范意义就更不容忽视了。

（四）加强对学生进行会计专业教育，培养学生的专业思想

对于初学者进行会计专业教育，使其对会计专业的特点、会计专业广泛的实用性、会计专业的学习方法等等有比较清楚的认识，这对于增强学生的学习兴趣和信心是十分必要的。必须让学生明确学习目标以及达到目标的条件，始终让学生清楚怎样掌握会计职业技能。为此，应制定中等职业学校会计专业技能教学考核标准，并且在进行专业教育时就发给每一位学生，作为教学评价和学生毕业取得从业资格的依据。

（五）加快会计专业教材建设，推进会计专业教育教学方法改革

会计是一门社会应用科学，它的内容随着社会经济的不断发展和国家的管理要求不断变化，因此，会计专业教材必须适应社会需要。首先，为了有效地实施技能培养，应组织会计专业教师、企业财务主管、会计业务骨干共同编写体现能力本位的实用会计教材。打破传统的教材体系，以会计岗位或业务类型所涉及的会计原始凭证为素材，以“证—账—表”流程为主线组织教学内容，让教师和学生一起动手操作，增强学生将原始凭证转变为记账凭证的能力。

其次，必须彻底改变传统的教学方法，会计教学多年一成不变，“一本教材、一块黑板、一支粉笔”的教学模式已不能适应新时期职业教育的要求，必须彻底抛弃教师先讲理论，然后学生做练习的教学方法，要强化实践性教学，突出会计技能训练，让学生在实践的过程中掌握会计工作技能。为此，必须给学生提供

大量的、完整、齐全、逼真的各种会计证账表及会计工作所需的各种物品和相应的工作环境，如各种支票、发票、银行结算凭证、税票，各种计算单、计算表，收据借据，各种费用单据，各种日记账、总账、明细分类账，各种会计报表以及财务印章，等等，让学生在教学实践中获得真正的会计工作能力。

（六）实行会计技能证书制度，强化学生技能训练

在教学过程中如何体现会计能力为本位？我认为以取得各种会计技能证书作为技能评价标准不失为一种有效方法，这些证书应包括书法、点钞、填票、制表、珠算、电算化、从业资格证书等。教学过程必须突出技能训练、能力本位，保证学生拥有足够的训练素材和时间。

目前，我国职业教育迎来了大好的发展时机，有党和国家正确的大政方针作保障，只要我们充满信心，有高度的责任感和使命感，不懈努力，不断探索，勇于创新，我们一定会取得会计教育的丰硕成果，我国的中等职业教育必将更好、更快地发展。

**参考文献：**

[1] 刘明礼：《会计教学方法初探》，《中职教育》2008 年第 4 期。

[2] 管小波：《浅谈中职教育管理的几个方法》，《中国职业技术教育》2007 年第 7 期。

# 对中等职业学校会计专业实用化教学的几点思考

山东省临沂市财政学校　贾源善

**摘　要：** 按照中等职业学校的培养目标和任务，会计专业教学必须正视教学各个环节中存在的问题，更新会计专业教学理念，改革教学模式、教学方法，实施会计实用化教学，培养更多符合当地经济发展需要的合格会计人才。

**关键词：** 会计教学　问题　实用化教学

《国务院关于大力推进职业教育改革与发展的决定》明确指出，抓职业教育就是抓经济工作，在走新型工业化道路和推进城镇化进程中，职业教育大有可为。中等职业教育是我国高中阶段教育的重要组成部分，担负着培养数以亿计高素质劳动者的重要任务，是我国经济社会发展的重要基础。中等职业学校会计专业教学的目标和任务就是培养初级会计实务人员，满足中小企业对会计人才的需要。当前，中小企业在市场经济大潮中显示出强劲的发展势头，需要大量会计专业的毕业生从事会计、统计、收银等工作。虽然中等职业学校为了提高学生的综合能力，都不同程度地开展了会计专业教学改革活动，以适应社会对当代中职学生的培养模式的要求，但仍有一大部分毕业生存在基础不扎实、实践能力弱的问题。如何改革会计专业教学模式、教学方法，强化实用化教学，培养用人单位满意的学生，是摆在每一位中等职业学校会计专业教师面前的课题，值得每一位从事会计专业教学的教师深入探索。

## 一、当前中等职业学校会计专业教学中存在的问题

### 1. 传统的重理论、轻实践的教学模式不利于培养学生的动手操作能力

加强职业指导和就业服务工作，促进中等职业学校毕业生就业，是加快中等职业教育发展的关键措施。中等职业学校要进一步确立以服务为宗旨、以就业为导向的办学指导思想，面向社会、面向市场办学，解放思想，更新观念，大胆进行办学模式和办学机制的改革和创新。职业学校会计专业必须坚持为区域经济服务，以就业市场为导向，把中小型企业会计作为会计专业培养的具体目标。当前，会计专业教学方式基本还是教师讲、学生记，偏重于会计理论的知识传授，忽视了怎样教会学生应用这些知识，没有把教师的主导作用和学生的主体作用有机地结合起来。这其中有一个非常重要的原因，就是会计专业教师缺乏实践经验，教企业会计的不熟悉工商企业的会计运作，教金融会计的不了解银行业务活动，教师在课堂教学中缺乏举一反三、灵活运用、列举实例的能力。举例题时常用“甲企业购入了A材料多少、B材料多少”来举例，各种往来交易的发生过程只能通过字面来联想、揣摩和记忆，把本来丰富多彩的经济业务简单化，限制了学生的思维，自然留不下深刻的印象。在课堂教学方面，一直停留在“一块黑板，一支粉笔”的时代，缺乏先进的教学设施和教学手段。这样，课堂教学很容易陷入传统的注入式——采用文字表达经济业务、以“T”形账户讲解会计业务处理的教学模式。这种脱离实际的教学，使学生感到索然无味，教师感到单调枯燥，缺乏职业教育的特色，想靠这样的教学培养出高质量、动手能力强的会计人才，只能是空话一句。当前许多用人单位对

中职学校会计毕业生不满意，抱怨他们动手能力差，这和会计专业教师队伍脱离实际不无关系。久而久之，必然会导致中职会计专业毕业生就业竞争力的下降。

2. 会计教学内容与学生就业方向存在差异

中职学校的学生毕业后一般要到中小企业工作，需要他们放下课本、拿起账本，马上投入会计工作，这对其工作的实际操作能力要求特别高。当前，中职学校会计专业的教材内容与高等院校差别不大，多偏重于大型工业企业的账务处理，对于中小企业的财务很少涉及。例如，在讲解外购存货时，教材对于一般纳税企业的账户设置和账务处理详细讲解，而对小规模纳税企业的增值税不能单列、只能计入存货成本的做法一带而过，致使有些学生在碰到此类问题时往往还设置“销项税额”、“进项税额”等账户。教师在讲授会计知识时，也没有结合学生就业的方向而灵活处理教材内容，没有突出会计教学的实用化，学生在校所学的知识与就业岗位的要求之间有差异。部分毕业生就业后不能立即胜任工作，通常还要重新学习与就业岗位相关的一些会计知识，造成了资源的浪费，给企业带来一定损失，也影响了学生自身的发展，同时还给学校带来负面影响。这样的教学模式，既不符合当前中职学生自身素质特点，也不符合中小企业对中职毕业生综合素质的要求。

## 二、促进会计专业实用化教学的几点建议

1. 以就业为导向，改革教学模式，培养学生的会计基本功

职业教育就是就业教育，职业教育重在培养学生的专业技能。因此，中职学校的会计专业教学要以就业为导向，课程的设置、教学的开展都不能背离了这个目标。《会计从业资格管理办法》规定，从事会计工作的人员，必须取得会计从业资格。如果学生在校期间不能取得会计从业资格证，学生毕业后就没有资

格从事会计工作，更谈不上就业。因此，中职学校的会计专业教学必须从帮助学生考取会计从业资格证出发，为学生的顺利就业铺平道路。学校课程的设置、教学的安排也必须围绕“会计基础”、“财经法规及会计职业道德”、“会计电算化”这三门核心课程展开。

对中职学校来讲，会计专业教学不仅要向学生全面系统地传授会计理论和会计方法，更重要的是培养学生应用会计理论、会计方法解决实际问题的能力。中职学校会计专业毕业生的就业去向是中小企业，企业对会计人员的学历要求不高，却非常重视会计人员的实际动手操作能力，需要的是来了就能从事会计工作的人才。因此，中职学校会计专业在教学中必须结合中小企业的经济业务灵活处理教材内容，设计中小企业会计实训教材，对学生进行全面的会计专业基本技能训练，包括会计的书写技能、会计计算的基本技能、点钞与验钞的技能、汉字录入及常用办公设备的操作技能、电子收款机的操作技能、计算机开票及网络报税的技能、会计资料整理的技能的训练，以满足中小企业对会计人员的需要。

在课堂教学中，活跃气氛、激发学习兴趣是提高教学质量的关键。教师应从学生熟悉的生活环境入手，结合学生身边的经济现象，精心设计问题情境，引入所要讲授的课题，让学生处于主导地位，使学生掌握所学会计知识并能灵活运用，才能真正达到会计的教学目的。例如，我们在初学“基础会计”的班级，第一堂课就以“诱人的会计职业”为题展开讨论，引入对会计这门课的学习，从而激发学生对会计学科产生浓厚的兴趣，以更高的热情进入下一阶段的学习。此外，在教学中利用多媒体、自制课件等现代化的教学手段和教学设备，对教学资料进行处理，把教材上有关内容通过实物图片、照片、动画等形式更直观、更形象地展现在同学们的面前，使会计教学具有立体感，能够提高课堂教学的生动性，增强学生学习的积极性。

2. 强化会计专业实践教学，培养学生的实践能力

首先，要增加实习课程，提高实践质量。学校应根据中职教育的培养目标和知识结构要求，编写侧重点各不相同的与实际企业相结合的实验教材。除了在实验室进行模拟操作外，有条件的学校应当组织学生到企业参观、学习，使学生头脑中形成一些基本概念，对具体的会计工作进行良好的感知。比如在讲授成本核算知识后，带领同学们去参观金锣火腿肠的生产加工过程，让同学们自己去分析加工火腿肠的原材料是什么，辅助材料是什么，最后的产成品是什么，火腿肠的外包装哪些属于包装物，哪些属于包装材料等等实际问题。回到学校后，把成本核算的过程重新演示一遍，进一步加深学生对知识的理解和掌握。这种理论联系实际的教学方法，缩小了会计专业教学与实际的差距，使学生在学习知识、解决问题中体验到乐趣，从而激发了学生学习会计专业的兴趣。

其次，要通过提高会计专业教师的实践教学水平来提高会计实践教学的质量。目前，会计专业教师多数是从学校毕业后直接任教的，很少有机会参加社会实践，理论和实践联系不起来。学校应从本地实际情况出发，充分利用当地的经济资源，在主管部门和有关职能部门的支持下，通过联合协作和自主设立等方式，搭建校外实训基地教育平台，实现“工学结合”，提高教师的实训水平。要经常组织教师外出培训学习，鼓励教师积极向“双师型”教师转化。

学校还可以聘请会计理论功底深、实战经验丰富的一线会计人员兼职任教。请他们介绍在会计实际工作中易出错的实务操作和会计工作的技巧，他们真实的会计工作经历会大大提高学生的学习兴趣，同时也能把最新的会计发展成果带给学校师生。通过这些活动，使学校的会计专业实践活动紧扣会计工作岗位的需

要，实现会计专业实践教学与职业岗位的“零距离”。

3. 注重综合素质培养，促进学生全面发展

目前，我国的会计人才市场总体上维持供大于求的状况，但是具有综合素质的会计人才却供不应求。社会调查表明，用人单位普遍认为中职学校会计专业学生缺乏企业管理、财经应用文写作、财务软件应用、与人沟通交流等方面的知识和能力。中职学校会计专业培养的是一线会计人员，他们必须具备相关的经济理论知识和较强的会计操作能力。因此，在课程设置方面，不但要突出会计教学，还要开设人文、经济、法律等方面的课程，提高学生的书写水平、语言表达能力及计算机操作能力。同时组织学生观看《经济半小时》等电视节目，浏览经济类报刊，让学生讨论感兴趣的经济话题，了解与社会现状有关的经济信息等，引导学生关注经济新闻，学习经济知识。一个具备基本的会计操作能力再加上具备一定的管理知识、金融知识、法律知识、税务知识和一定的语言表达能力的会计人员，才能真正成为一个实业界所需要的会计人才。

**参考文献：**

［1］杜秀娟：《高等教育财会人才培养目标和素质教育新概念》，《上海会计》2001 年第10 期。

［2］迟荣：《关于高职会计专业实践性教学的探索》，《会计之友》2003 年第2 期。

［3］李小健：《谈会计教学中职业判断能力的培养》，《财会月刊》2004 年第11 期。

［4］吴学斌：《会计专业教师脱离实践带来的问题》，《财会通讯》2004 年第5 期。

# 浅议我国增值税的改革

广东省梅州市财贸学校　黄义凤

**摘　要：** 增值税是中国目前最大的税种，但在增值税实践中存在的税负不公、重复征税问题一直没有得到很好地解决，在一定程度上影响和限制了增值税作用的充分发挥。本文分析了我国增值税和世界上大多数国家增值税的不同之处，并分析了我国增值税的制度缺陷，阐明了在目前世界金融危机的背景下，我国推行增值税转型改革对企业发展的重要意义。

**关键词：** 增值税　税制改革　生产型　消费型

目前，增值税（VAT）已成为世界上大多数国家税收中的主要税种，欧盟27个成员国都实行了增值税制度，经济合作与发展组织（OECD）30个成员国除美国之外也都引进了增值税。东盟五个原创始国（印度尼西亚、马来西亚、泰国、新加坡和菲律宾）都对国内的税收制度进行了较为彻底的改革，普遍开始征收增值税。我国也从1994年1月1日起开始征收增值税，在当时经济膨胀和投资过热的背景下，开征生产型增值税有效地抑制了经济膨胀，增加了政府的财政税收收入，为我国市场经济的发展和改革开放立下了汗马功劳。

## 一、世界各国增值税的主要特征

1. 增值税尽可能覆盖所有商品生产、销售和劳务活动

例如，智利和墨西哥等国，在由传统的销售税转为增值税过程中，实行了全面征收原则；法国、荷兰、丹麦和阿根廷等国甚至还将房屋与建筑物等不动产纳入征收范围。

2. 实行单一增值税税率

例如墨西哥对所有商品和劳务实行10%的单一税率，英国增值税税收标准税率为17.5%，从低税率为5%。

3. 对小额纳税人简化管理

在墨西哥，凡是年销售收入不超过年最低工资7倍或者资产不超过年最低工资15倍的纳税人，可自行决定是否在销售商品或提供劳务时向购买者收取增值税，收取增值税必须向税务机构申报，否则就不必申报。

法国是世界上最早实行增值税的国家，与其他国家相比，其增值税制度也是最为健全和系统的，它的特点：一是税基范围大，包括农业、商业、工业、服务业和自由职业者，即法国境内所有有偿提供产品和服务的经营活动都应缴纳增值税；二是在税基规定与税率设计上也很完善。增值税税基等于交易的实际价格，即以购买方支付的总金额为税基进行征收，卖方以任何方式提供的额外降低（打折优惠、回扣、佣金等）都可以从税基中予以扣除，法国增值税的税率设为两档，即20.6%的标准税率和5.5%的从低税率。

4. 大部分国家的增值税属于消费型增值税

根据纳税人购入的固定资产价值中所含增值税税金如何进行抵扣的不同做法，目前国际上增值税制可以划分为三种类型：一是生产型增值税，即不允许抵扣购入的固定资产价值中所含增值税税金；二是收入型增值税，即按折旧方法对固定资产价值中所

含增值税税金逐年抵扣，这样纳税人在一定时间内仍然承担着固定资产所含增值税的部分税负；三是消费型增值税，即对纳税人所购入固定资产价值中所含增值税税金当年一次性抵扣，从而避免了重复征税的问题。目前，世界上大部分国家如法国、荷兰、墨西哥等都实行消费型增值税。从增值税的上百年发展历史可看出，实行消费型增值税，即是对纳税人的资本支出进行免税，彻底消除了重复征税问题，有利于鼓励资本投资和技术改造，也有利于避免偷税漏税行为发生。

## 二、我国现行增值税税收制度的缺陷

目前，增值税是我国第一大税种，2007 年仅国内增值税税收收入就超过 1.5 万亿元，约占全年税收收入的 31%。我国现行增值税属于生产型，而我国之所以采取生产型增值税，征税范围没有覆盖到所有的行业，与税收改革时的经济发展形势有很大关系。1993 年之前，我国政府一直在与通货膨胀作斗争，经济呈现过热迹象，而固定资产投资过热又一直是通货膨胀不断攀升的重要因素，要使我国经济总体健康、稳定、协调地快速发展，必须动用一切可能动用的手段来抑制呈扩张之势的企业投资；另一方面，当时异常拮据的政府收支状况，要求我们采取一切可能采取的措施来极大地提升政府的收入水平。在这种经济背景下，国家选择开征生产型增值税，这一增值税类型曾发挥了较大的作用：一是防止了生产领域专业协作的重复征税，有利于调整企业结构，提高劳动生产率；二是异化为企业垫支，淡化了税负概念，有利于企业的接受与配合，并且纳税计算简便，减少了征纳双方的矛盾。

由于这种税制格局与其他经济政策手段配合，当时曾比较有效地抑制了通货膨胀和投资过热，使我国经济在其后的一段时间内得到了快速、平稳的发展，其历史作用有目共睹。但是，随着我国市场经济体制的逐步完善和改革开放的不断深化，生产型增值税本身所固有的负面效应越来越明显地暴露出来，它已经不能适应市场经济的要求，甚至在一定程度上阻碍了经济的发展。我国现行增值税制度的缺陷主要表现为：

1. 税负不公

我国增值税税负不公主要是由两个原因造成的：

一是纳税主体之间身份不同导致税负不公。我国增值税纳税人分为一般纳税人和小规模纳税人，一般纳税人基本税率为17%，并且根据合法的扣税凭证抵扣进项税额；小规模纳税人的征收率为6%（工业）和4%（商业），购进商品或劳务时已支付的增值税不能抵扣。据测算，小规模纳税人按6%征收率征税，相当于一般纳税人按17%的税率征收时，增值税率达到35.3%时的税额，显然小规模纳税人的税负远远高于一般纳税人，这在一定程度上影响了我国中小企业的发展。

二是资本有机构成不同的企业之间税负不公。生产型增值税由于对购进固定资产的进项税额不予抵扣，导致税额作为固定资产成本的一部分转移到产品的成本中，造成这些产品的销项税额中包含了部分固定资产的进项税额，从而导致对固定资产的重复征税，无形地加重了企业固定资产投资的成本，这必然导致资本有机构成高的企业税负重于资本有机构成低的企业，工业企业的增值税税负大于商业企业的税负，资本密集型和技术密集型企业（如高新技术企业）税负大于其他工业企业税负的种种不合理、不公平现象，有悖于增值税的中性原则，阻碍了企业的技术进步和产业升级，不利于我国的资本投资和产业结构的优化。

2. 征税范围过窄

目前，我国增值税的征税范围仅限于销售货物、提供加工及修理修配劳务、进口货物及国家规定的八种视同销售行为，其中“货物”仅限于有形资产，包括电力、热力和气体在内，土地、房屋和其他建筑物等不动产和其他劳务服务业不属于增值税的征税范围，这人为地造成了增值税抵扣链条在某些环节上的中断。对产生于不同行业而性质相同的流转额实行不同的税制，很容易导致行业之间的税负失衡，况且混合销售行为、兼营行为的大量存在，使得商品销售与劳务服务难以严格区分，徒增了税收征管上的复杂性和难度。

3. 税率偏高

目前，我国规定基本税率为17%，低税率为13%，出口货物为零税率。世界上征收增值税的国家的税率基本在8%～20%之间，然而，将我国目前生产型增值税17%的税率换算为消费型增值税税率应为24%，税率过高，应付税负必然过重，实际承担能力与名义税负冲突，矛盾也会由此而生。

4. 生产型增值税无法避免重复征税

生产型生产增值税由于没有解决固定资产的重复征税问题，因而是一种不彻底的增值税，不利于企业组织结构的调整，尤其是不利于高新技术企业、基础设施企业及其他高投资企业，不利于经济增长力方式由粗放型向集约型转变，因为集约型经济增长力方式的重要内容就是提高经济生活中的科技含量，这自然就包括高新技术设备的应用。

5. 不利于鼓励我国产品出口

世界上大多数国家实行的是消费型增值税，在增值税税负成本上，这些国家的产品就比实行生产型增值税的我国产品要低。同时，由于对固定资产是重复征税，使得退税后的出口产品价格当然包括一部分税收，出口产品得不到全额退税，这就让我国一贯以低价格为竞争优势的出口产品失去了国际竞争力，特别是我国已加入WTO，大量具有较强竞争实力的外国商品将会抢占我国市场，如果我国继续实行生产型增值税，必然影响我国商品在国际市场上的竞争力。

## 三、我国增值税改革的内容及影响

随着我国社会主义市场经济体制的逐步完善和经济全球化的纵深发展，推进增值税转型改革的必要性日益突出。目前，由美国次贷危机引发的金融危机已波及欧洲、亚洲、拉丁美洲，全球经济增长出现明显放缓势头，一些国家甚至出现经济衰退的迹象，金融危机正在对实体经济产生重大不利影响。在这种形势下，适时推出增值税转型改革，对于增强企业发展后劲，提高我国企业竞争力和抗风险能力，克服国际金融危机对我国经济带来的不利影响具有十分重要的作用。

世界银行的经济专家认为，扩大税基及合理调整税率，是税制改革中的两个战略性问题。我国增值税税制改革也正在逐步进行着。国家公布了从2009年1月1日起在全国所有地区、所有行业推行增值税转型改革，从而规范和完善我国增值税税收制度，使税收制度更加符合科学发展观的要求，并为最终完善增值税制、制定增值税法创造良好的条件。自2004年7月1日起，增值税转型试点首先在东北三省的装备制造业、石油化工业等八大行业进行，此后，又把试点范围扩大到中部六省26个老工业基地城市的电力业、采掘业等八大行业。2008年7月1日试点范围扩大到内蒙古东部五个盟市和四川、甘肃、陕西三省重灾区。与试点办法相比，这次全国增值税转型改革方案在三个方面做了调整：一是企业新购进设备所含进项税额不再采用退税办法，而是采取规范的抵扣办法，企业购进设备和购进原材料一样，按正常办法直接抵扣其进项税额；二是转型改革在全国所有地区推行，取消了地区和行业限制；三是为了保证增值税转型改革对扩大内需的积极效用，转型改革后企业抵扣设备进项税额时不再受其是否有应交增值税量的限制。作为增值税转型改革的配套措施，此次改革还相应取消了进口设备增值税免税政策和外商投资企业采购国产设备增值税退税政策，并将矿产品增值税税率由13%恢复到17%。此次增值税转型中，适用转型改革的对象是增值税一般纳税人。为了平衡小规模纳税人与一般纳税人之间的税负水平，促进中小企业的发展和扩大就业，对小规模纳税人不再区分工业和商业设置两档征收率，而是将小规模纳税人的征收率统一降低至3%。

在当前国际金融危机对我国实体经济影响显现的背景下，我国全面推进增值税转型改革，将有效减轻企业税负，从而腾出更多的资金用于技术创新和设备更新，有利于促进我国的产业升级和经济结构转型。同时，增值税转型改革将带来机械设备的销售增长，石化、电力、建材等固定资产投资较多的行业受益明显，企业增加固定资产投资的意愿大大增强，对于支持国内重大装备制造业振兴和国家战略性产业的发展意义深远。

**参考文献：**

[1] 陈丽琴：《关于我国增值税税负不公问题的分析》，《十堰职业技术学院学报》2007年第2期。

[2] 李方旺：《法国、荷兰的增值税制度及对我们的启示》，《经济研究参考》2007年第17期。

# 通过目标细化，加强会计实务技能训练

浙江省东阳技术学校　胡向平

**摘　要：**随着职业教育导向的改变，中等职业教育的技能训练日益受到重视。在会计专业教学中，会计实务技能训练也一天比一天受到重视。我们在教学过程中形成了自己的一套训练方法，称之为“会计实务技能的目标细化法”，本文对此进行分析。

**关键词：**会计实务技能　目标细化　三个阶段　模块　三段式教学

2005年11月召开的全国职业教育会议要求学校的职业教育转变教育导向，从“升学”导向转变为“就业”导向，“培养高技能人才”和“高素质劳动者”，服务于当地经济的发展。温家宝总理在会上发表讲话指出，大力发展职业教育，是促进社会就业和解决“三农”问题的重要途径。职教会议的召开预示着职业教育春天的到来。我国职业教育的先驱黄炎培先生曾把职业教育的目的概括为：“使无业者有业，使有业者乐业。”要实现这一目的，首先必须让学生练就一手过硬的技能。在中职会计教学中，为了达到这一目的，加强会计实务技能训练是关键。

## 一、改变教学方向

会计学包含会计理论和会计技能，会计教学中往往是理论和技能相结合。针对中等职业教育阶段的会计专业学生来说，我们必须抛弃以往“重理论、轻技能”，“重升学、轻就业”的陈旧思想，紧跟职业教育的新形势，将教学重心转移到会计实务技能的教学中来。在课时安排时，一般三分之一课时为理论课时间，三分之二课时为技能课时间。教学过程中，应该贯穿“理论是基础，技能是核心，训练是关键”的指导思想。

## 二、加强会计实务技能训练

会计实务技能，是一门会计专业技能，对职业中专学生来说，这项技能主要包括记账、算账、报账。具体指审核和填制原始凭证，编制记账凭证，开设账户和登记账簿，编制资产负债表和损益表。目前，我校通过技能目标细化的方法来强化会计实务技能教学。会计实务技能的目标细化教学法分为以下五个步骤：

1. 确立会计实务技能教学总目标和教学总计划

会计实务技能教学总目标是通过三年的实务技能训练，使学生能够熟悉和掌握会计实务操作的全过程，为以后走上社会能尽快胜任会计工作打下良好的基础。教学总计划主要是对三年的实务技能训练学时的总体分配，在前四个学期各分配 80 个学时，第五个学期安排 60 个学时，最后一学期安排学生实习。

2. 制定各学期的会计实务技能教学目标和教学计划

我们把每一学期的会计实务技能教学目标都细化为三大目标，即技能目标、知识目标、辅助目标。这三大目标充分体现了以技能为主，理论指导技能，提高学生专业素养和培养良好职业道德的思想。在学时的安排上，我们一般每周安排四个学时。

3. 编制月度目标量化表

月度目标量化，是指把每学期会计实务技能教学目标分解和细化。我们仍然将目标分为技能目标、知识目标和辅助目标，在此基础上还制定了月度技能量化标准，即列出每月的技能教学内容要点，对每一个要点都进行量化，一般月度量化总分 100 分，便于每月进行考核。

4. 实施会计实务技能教学

最好的方案，如果不能好好落实，就只是一种空想。所以，实施会计实务技能教学是五个步骤中最重要的一步。我们将会计实务技能教学分为三个阶段：

（1）初步认识阶段（高一阶段）

会计实务不是一蹴而就的技能，不同于会计的其他技能，如点钞、珠算。点钞和珠算完全可以独立于会计理论，短期培训就能达到目的，而会计实务是一门必须熟悉基础会计理论才能练好的技能。所以练好会计实务技能的第一步应该是学好“基础会计”理论。但在介绍基础理论的同时，就应该让学生初步了解会计实务，主要是让其认识一些会计原始凭证、记账凭证、账页、报表的格式，记住会计核算的流程。

在进行原始凭证的理论知识介绍时，布置学生收集一些发票、收据、结算单等，观察各种原始凭证的格式；再对照理论知识，比较各种原始凭证来源的不同，判断收集的原始凭证各项内容是否齐全，书写是否规范，有没有错，然后动手填制普通发票。这种从感性认识入手，上升到理性认识，再回到感性的模拟实践的三段式教学方法是根据著名的教育学家夸美纽斯提出的直观原理而设计的。夸美纽斯认为“教学不应从事物的语言说明开始，而应当从事物的观察开始”，“知识的开端永远并必须来自感官”。会计教学要理论结合实际，加强实务技能训练，采用这种方法收效颇好。对记账凭证、账页、报表的认识都可以根据直观原理来设计。

一年级两学期的实务技能教学，实际上是对会计核算流程的初步认识：

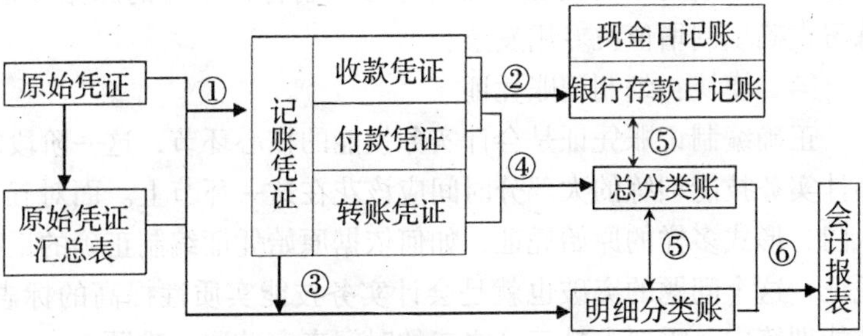


**图1　会计核算流程示意图**

（2）分块练习阶段（二年级阶段——正确度的练习）

进入二年级以后，我们对会计专业学生开设了“企业财务会计”课，结合企业财务会计知识进行会计实务的分块练习。教学方法上仍然按直观原理进行，从感性的了解入手，不过呈现事物的方式不再是触手可及的真实的会计资料，取而代之的是业务录像、会计资料的图片，以及情景模拟。通过这样的感性认识唤起学生对会计知识的记忆和判断，然后动手做练习。以下是我们列示的分块练习模块：

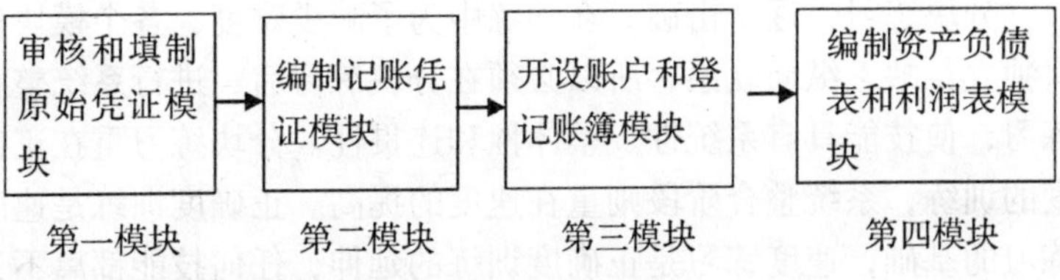


**图2　分块练习模块图**

第一模块：审核和填制原始凭证

整理、识别、审核、填制原始凭证是会计实务技能的起始环节，也是关系到账目正确与否的重要环节。感性了解时，提供尽可能多的不同的原始凭证，然后练习填制各式各样的原始凭证，练习正确填制增值税专用发票。

第二模块：编制记账凭证

正确编制记账凭证是会计实务技能的核心环节，这一阶段的会计实务技能训练的大部分时间应该花在这一环节上。面对五花八门、形式多样的原始凭证，如何依据原始凭证编制正确的记账凭证，这个问题的突破也就是会计实务技能实质性提高的标志。技能训练中，需要安排三分之二的时间来突破这一难题。

第三模块：开设账户和登记账簿

在会计账簿中，按账页格式来说有三栏式、多栏式、数量金额式、横线登记式等，这一模块的训练，主要应该让学生能选择正确的账页格式进行账页登记。

第四模块：编制资产负债表和利润表

编制资产负债表和利润表是中职阶段会计实务技能训练的最后环节。通常，我们先编制“T”字形账户或“科目汇总表”，再据此编制资产负债表和利润表。所以正确编制“T”字形账户或“科目汇总表”是正确编制资产负债表和利润表的前提。熟练掌握编制报表各项目的方法是正确编制报表的内在要求。

（3）系统整合阶段（速度的练习）

分块练习，逐个击破。在训练中为了减少难度，各个模块资料独立，缺乏纵向联系，所以必须在分块练习后，进行系统整合练习，使技能具有系统性、整体性和连贯性。分块练习重在正确度的训练，系统整合阶段则重在速度的提高。正确度训练是速度练习的基础，速度练习是正确度训练的延伸，任何技能都离不开这两方面的训练。

在各个阶段的技能训练中，如果只加强训练而不强化考核，技能训练就会变成无水之鱼、无本之木，必将失去活力。所以，我们在平时的技能教学和训练中，除了实施月度量化考核外，每学期还举行一次考级，每学年一次技能擂台赛，保证学生练习技能的积极性和训练的效率。

**三、技能训练的成效及不足**

自从我们学校实施了技能目标细化考核，学生练习实务技能的热情非常高，技能教师也因此加强了对学生技能训练的指导和监督。就业学生的择业目标也发生了变化，以前的学生因为实务技能差，害怕从事本专业的工作；而现在的学生因为技能熟练，在就业时，反而希望从事专业对口的工作。

但是也还存在一些问题亟待解决。如教师方面，由于平时教学任务就较重，还加上每月必须进行量化考核，完成出卷、监考、考核、成绩登记、上报、分析等工作，技能教师工作量大增，常常疲于奔命，穷于应付，从而影响到技能训练和考核的质量；学校方面，教务部门制定的考核制度不够完善，对技能目标细化考核的随意性较大，缺乏连续性，对技能教师扶持力度不大等等，这些问题都亟待解决。

**参考文献：**

[1] 张玉森、陈伟清：《基础会计》，高等教育出版社 2002 年版。

[2] 葛家澍：《企业财务会计》，高等教育出版社 2002 年版。

[3] 周丽：《新编教育学理论教程》，江西高校出版社 2000 年版。

# 浅析公允价值应用的优劣

湖南省永州工贸学校　胡先塔

**摘　要：** 公允价值是新会计准则的最大亮点，目前公允价值在我国使用范围较广泛，因为它具有很多优越性，但在实施过程中由于各种原因也存在一些问题，为了科学、合理运用公允价值计量，必须采取一些措施。

**关键词：** 公允价值　优势　存在问题　措施

公允价值在我国的应用经历了“使用—弃用—重新启用”三个阶段。新会计准则于2007年1月1日开始在上市公司运用，这是我国会计界的新的里程碑，它将推动中国向更现代的经济模式转变，并帮助投资者作出更明智的决定。

## 一、公允价值的含义及应用范围

对于公允价值，目前各国对其定义的表述并不完全一致。我国《企业会计准则——基本准则》对公允价值的定义是：在公平交易中熟悉情况的双方自愿进行资产交换或负债清偿的金额。尽管定义各不相同，但它们对公允价值却有共识：公允价值的计量依赖于市场信息的评价，是依据市场而不是其他特定主体对资产或负债价值的认定。公平交易是指没有关联的各方在公开市场上所进行的交易。公允价值是一个现时的，面向市场，强调公开、公平的价值形态。

新会计准则所引入的“公允价值”概念，要求以当期的市场价值或未来现金流量的现值作为资产或负债为主要计量属性。目前我国公允价值计量属性的使用范围较为广泛，已发布的38个具体会计准则中涉及会计要素计量的有30个，其中有17个程度不同地使用了公允价值计量属性。从适用的领域看，新会计准则主要在资产减值、金融工具、企业合并、投资性房地产、股份支付、收入确认、融资租赁、政府补助、非货币性资产交换、债务重组等领域适度引入了公允价值计量属性。

## 二、公允价值计量的优越性

1. 符合会计配比原则的要求

一般认为配比原则有两层含义：一方面是收入与成本、费用要保持时间上的配比；另一方面则要求进行配比的收入与成本、费用之间应具有经济内容和性质上的因果关系。除了有上述两方面的含义外，还应有在计量方面进行配比的含义。目前，收入与成本、费用在计量的单位方面都是采用货币计量单位，是配比的，但在计量的属性方面却不配比。企业计算收益时，收入是按现行市价计量，而成本费用却按历史成本计价。现行的利润分配制度对这两者不加区分，出现收益超分配、虚利实分的现象。因此，为了使会计核算符合配比原则，有必要运用公允价值进行计量。

2. 与资产、负债含义相匹配

资产是指过去的交易、事项形成并由企业拥有或控制的资源，该资源预期会给企业带来经济利益。而未来现金流量是以公允价值为目的的，由于资产预期会带来经济效益，因此以未来流入企业经济利益的现值确定资产价值合乎资产定义。同理，负债是指过去的交易、事项形成的现时义务，履行该义务预期会导致经济利益流出企业。由于负债预期会导致经济利益流出企业，因此以未来流出企业的经济利益的现值计量负债也合乎负债的定义。

3. 会计收益确认更客观

经济学的收益概念除包括会计收益外，还包括非交易和未实现的资产价值变动形成的利得或损失，较会计收益在内容上更为真实和全面。公允价值会计计量就是既要计量资产和负债在资产负债表中的公允价值，还要计量公允价值变动所造成的利得和损失。这样可弥补会计收益的不足而向经济收益看齐，更准确地披露企业获得的现金流量，更确切地反映企业的经营能力、偿债能力及所承担的财务风险，合理地反映企业的财务状况及企业的真实收益，可全面评价企业管理当局的经营业绩。

4. 有利于企业的资本保全

资本是企业的实物生产能力或经营能力或取得这些能力所需的资金或资源。企业对生产过程中耗费的生产能力必须回购，以维持简单再生产和扩大再生产。如果采用历史成本计量，计量得出的金额在物价上涨的经济环境中，将购不回原来相应规模的生产能力，企业的生产只能在萎缩的状态下进行。采用公允价值计量时，不管何时耗费的生产能力一律按现行市价或未来现金流量现值计量，计量得出的金额即使在物价上涨的环境下也可以购回原来相应规模的生产能力，使企业实物资本得到维护。

5. 提高信息的决策有用性

由上述优点很容易看出，按公允价值计量提供的会计信息较历史成本计量提供的会计信息更具有高度的相关性，能较好地披露企业获得的现金流量，更确切地反映企业的经营能力、偿债能力及所承担的财务风险，提高信息的决策有用性。按公允价值计量得出的信息能为企业管理人员、债权人、投资者等信息使用者提供更为相关的会计信息，从而为他们的经营、决策提供更有力的支持。

## 三、公允价值应用面临的问题

公允价值是新会计准则最大的亮点，但从上市公司2008年上半年报披露的情况看，由于我国经济环境的约束，金融工具市场化程度不高、交易行为不规范，以及会计人员主观方面的因素等，使公允价值的准确获取成为新会计准则实施的重大问题。

1. 市场环境不够好

公允价值的获取应该是在一个完全竞争的市场条件下进行的，任何商品市场价格都可以公开查阅，而且交易时都已经将各种交易的风险因素考虑在内，并据此确定交易的价格。

目前我国市场的实际情况是，公允价值的准确获取仍然是一大问题。在我国，关联方交易在上市公司中广泛存在，已成为许多上市公司生产经营活动的重要组成部分。关联方交易成为上市公司调节利润、逃避税收的手段，不同程度地造成了会计信息的失真，公允价值的获取面临更加严重的问题，由此可能导致公允价值无法真实确定。

2. 管理者和会计人员素质不够高

在会计要素的计量上，公允价值应用较为广泛。在我国的市场现状下，它的应用具有一定的主观性，这样对管理者和会计人员来说是一个严峻的问题。一方面，管理层需要有相应的知识、能力和经验，以确定相关的方法、基础和假设；另一方面，公允价值的确定需要依靠会计人员的职业判断。我国会计人员素质不够高便成为影响公允价值确定的又一重要因素。

3. 内部控制及外部监督不够严

由于受我国多年的计划经济思想以及行政管理体制等诸因素的影响，我国企业内部审计人员在虚假会计信息治理和监管上的作用发挥有限，对于公允价值的评估是否公允更缺乏专职的审计人员进行审定。另外，因为缺乏外部审计的严格监督，影响了公允价值的准确获取和会计信息的真实反映。

4. 公允价值计量实际操作不够准确

由于公允价值不易确定，目前采用公允价值属性，实际操作时能做到的只能是选择最接近公允价值的计量。尤其是在资产或负债不存在公平市价的情况下，需要通过预计未来现金流量的现值来探求公允价值的情况。大多数时候，公允价值的确认只能来源于双方协商，那么公允的程度就有待提高了。

这样就给计量公允价值留下了可选择的空间，而且要审核公允价值计量是否准确也比较困难。在目前市场机制不健全等因素的影响下，不排除某些高级管理人员可能利用此进行利润调节和会计造假的情况。虽然在新准则中也针对这些情况做了一些规定，但是这些规定许多还是定性的概念，仍然存在进行人为操作的空间。

5. 运用公允价值计量的专项成本比较高

首先，公允价值计量属性是动态计量属性，对全部资产和负债运用公允价值计量就意味着每一个会计期间都要对全部资产和负债进行重新计量，除了需要专门的评估计量人员从事准确确定资产和负债的公允价值工作外，还需会计人员对资产和负债进行全面调整的账务处理，这就要增加资产评估成本和账务管理成本。另外，为了预防利用公允价值计量进行盈余管理，运用公允价值计量必须增加监管成本。

其次，我国大多数会计从业人员对公允价值的应用不熟练，要掌握新准则的有关具体事项，培训必不可少，培训费用也将是一笔不小的花费。

## 四、合理应用公允价值的一些措施

尽管我国目前全面应用公允价值的条件尚不成熟，但是与国际会计协同，按照国际会计惯例进行公允价值计量是必然的趋势。从上市公司实施新准则，使用公允价值计量一年多来的情况看，要科学、合理使用公允价值这把“双刃剑”，建议采用以下措施：

1. 培育市场，完善公允价值应用的市场环境

公允价值是市场经济的产物，它的客观应用取决于市场培育的程度。完善公允价值在我国应用的市场条件，应该积极培育各级市场，获得客观市场价格。因此我们必须完善市场环境。

2. 培训队伍，提高会计人员素质

高素质的会计人员是推行公允价值的必要条件。要使公允价值计量模式提供高质量的会计信息，我们首先应加大会计人员的教育培训投入，使会计人员对新准则中的公允价值有正确的理解，提高会计人员的实际操作能力以及职业道德素质。培养具有较高专业水平的会计人员，有助于公允价值在操作层面上的推广。

3. 加强教育，抑制利润操纵行为

我国的市场体制和法规体制还不够完善，当不存在活跃市场时，运用现值技术估计公允价值时涉及不确定因素，更为操纵利润提供了方便，也易使会计信息显失公平，因此，加强守法宣传和道德教育，从主观上消除利润操纵的动机是杜绝假借公允价值而实则从事造假的根本措施。

4. 完善方法，提高现值技术的可操作性

公允价值要通过现值技术去分析取得，当市场上不存在公平市价时，就需要应用现值技术来计算出相应的公允价值。因此，在推广公允价值计量属性时，法规部门应根据我国的实际，制定关于采用现值技术来估计公允价值的操作指南，进一步规范现值的确认、计量和报告问题，提高现值技术在具体实务运用中的可操作性，为在目前我国市场经济环境中市场信息不够充分的情况下应用公允价值提供必要的理论依据和指导方法，降低公允价值

计量属性的采集成本。

5. 健全法制，建立会计师问责制

发达国家能有序地推行公允价值进行会计计量，除了良好的市场环境之外，还有健全的会计师问责制度。有健全和良好的法制环境，能相对有效地保证财务报表信息的可靠性。

总之，大量引入公允价值计量是我国会计发展的一个巨大进步，但它前面的路也充满了荆棘。只有不断地完善和修正才能使公允价值充分发挥其相关性的优点，将我国的会计计量水平带上一个新的台阶。

**参考文献：**

[1] 中华人民共和国财政部：《企业会计准则（2006）》，经济科学出版社2006年版。

[2] 财政部会计司编写组：《企业会计准则讲解（2006）》，人民出版社2006年版。

[3] 中华人民共和国财政部：《企业会计准则——应用指南（2006）》，中国财政经济出版社2006年版。

[4] 胡斌：《对新会计准则中公允价值的思考》，《广州大学学报》（社会科学版）2007年5月。

[5] 何日胜：《审视新会计准则中公允价值的应用》，《会计之友》2007第6期。

# 跨期摊提费用在新准则下的处理

河北省涿州职教中心　韩红莲

**摘　要**：2006年2月财政部发布了《企业会计准则》（后称“新准则”），并在10月末发布《企业会计准则》应用指南（后称“指南”）。在新准则的会计科目表中删掉了“待摊费用”和“预提费用”两个科目，在资产负债表中删掉了“待摊费用”和“预提费用”两个项目，但曾经在这两个账户中核算的经济业务还是会发生的，本文阐述了这些跨期摊提业务在新准则下的处理的观点。

**关键词**：新准则　待摊费用　预提费用　长期待摊费用　会计处理

新会计准则的颁布，对原有旧会计准则中会计科目的内容进行了增加、修改、合并、删除。相应的新准则中的会计科目的核算内容也发生了一些变化，恰当地把握这些变化是在新准则下进行正确会计核算的前提，尤其是对旧准则中删除的部分项目的把握尤为重要。在此就目前大家普遍关注的旧准则中原有的待摊费用和预提费用的会计处理进行分析。

## 一、待摊费用在新会计准则下的会计处理

按新准则规定，原“待摊费用”科目中一些内容已不在该科目中核算。

1. 低值易耗品摊销、出租出借包装物摊销

对于旧准则中的低值易耗品和包装物在新准则中归类到"周转材料"科目核算。在新准则中关于"周转材料"的解释规定：(1) 本科目核算企业周转材料的计划成本或实际成本，包括包装物、低值易耗品，以及企业（建造承包商）的钢模板、木模板、脚手架等。企业的包装物、低值易耗品，也可以单独设置"包装物"、"低值易耗品"科目。(2) 本科目可按周转材料的种类，分别设"在库"、"在用"和"摊销"中进行明细核算。

此外，指南规定企业购入、自制、委托外单位加工完成并已验收入库的周转材料等，比照"原材料"科目的相关规定进行处理，而周转材料的摊销可以采用一次转销法和其他摊销方法，至于其他摊销法具体包括哪些方法没有说明。我们认为，其他摊销方法应该和原来一样包括分期摊销和五五摊销。

采用一次转销法的，领用时应按其账面价值，借记"管理费用"、"生产成本"、"销售费用"、"工程施工"等科目，贷记"周转材料"。采用其他摊销法的，领用时应按其账面价值，借记"周转材料（在用）"，贷记"周转材料（在库）"；摊销时应按摊销额，借记"管理费用"、"生产成本"、"销售费用"、"工程施工"等科目，贷记"周转材料（摊销）"。

此外，由于指南仅对总账科目做了统一的规定，对于明细账设置并没有统一要求，因此，我们认为，为了会计信息的可理解性及会计核算的方便，对于出租出借包装物的核算可以通过"周转材料——包装物（出租/出借）"进行。具体摊销时分别借记"销售费用"、"其他业务成本"，贷记"周转材料——包装物（摊销）"。而对于原准则中的低值易耗品则可以完全按新准则指南的规定进行核算。

2. 经营租入固定资产发生的改良支出

经营租入固定资产发生的改良支出，应通过“长期待摊费用”科目核算，并在剩余租赁期与租赁资产尚可使用年限两者中较短的期间内，采用合理的方法进行摊销。

3. 固定资产修理费

新准则规定，对于固定资产的修理费用如不满足资本化条件，应当直接计入当期费用。不再采用待摊或预提方式，企业生产和行政管理部门等发生的固定资产修理费用，借记“管理费用”等科目，贷记“银行存款”等科目；企业发生的与专设销售机构相关的固定资产修理费用等，借记“销售费用”科目，贷记“银行存款”等科目。

4. 预付摊销期超过一年的经营租入固定资产的租赁费

超过一年摊销的固定资产租赁费用，应在“长期待摊费用”账户中核算。

除上述几项业务外，还有一些需要摊销的核算业务。比如：预付保险费、预付报刊订阅费、预付以经营租赁方式租入固定资产的租金（摊销期在一年以内包括一年）以及一次购买印花税票和一次交纳印花税额较大需分摊的数额等。但是新发布的会计科目表中，删去了“待摊费用”科目，资产负债表中也删去了“待摊费用”项目。这几项业务如何处理，有几种观点。

观点一：通过“其他应收款”科目进行核算。

但是“其他应收款”核算的是除存出保证金、买入返售金融资产、应收票据、应收账款、预付账款、应收股利、应收利息、应收代位追偿款、应收分保账款、应收分保合同准备金、长期应收款等以外的其他各种应收及暂付款项，这与预付财产保险费、预付经营租赁固定资产租金和预付报刊订阅费的性质不同。

观点二：设置“待摊费用”科目。

企业会计准则规定，企业可以根据本单位的实际情况自行增设、分拆、合并会计科目。因此，企业如有预付保险费、预付报刊订阅费、预付以经营租赁方式租入固定资产的租金以及一次购买印花税票等业务，可以增设“待摊费用”科目。期末余额在资产负债表中的“其他流动资产”中反映出来。

【例1】假定某企业10月份通过银行预付第4季度保险费12 600元。其中基本生产车间6 900元，辅助生产车间1 800元，企业行政管理部门2 700元，专设的销售机构1 200元。

支付时的会计分录为：

借：待摊费用——预付保险费 12 600

　　贷：银行存款 12 600

10月份该企业要编制待摊费用分配表（略），然后，根据待摊费用分配表编制会计分录如下：

借：制造费用——保险费 2 900

　　管理费用——保险费 900

　　销售费用——保险费 400

　　贷：待摊费用——待摊保险费 4 200

该企业11、12月份再做与10月份相同的会计分录即可。

观点三：记入“预付账款”科目。

对于预付财产保险费、预付经营租赁固定资产租金和预付的报刊费的处理，我们认为，由于这三类费用支出均是企业按相应合同预付给服务提供方的款项，与购买商品、采购材料时预付账款的性质相同，因此通过“预付账款”科目核算比较合理，同时为了与采购材料、购进商品所预付的款项区别开来，可以通过相应的明细账予以区分。

对于一次购买印花税票和一次缴纳税额较多且需要分月摊销的税金的处理，新准则及指南均没有明确规定。我们认为根据哪一个期间受益，哪一个期间承担的原则，对于一次购买印花税票较多的可以通过“预付账款”科目核算，具体在每一受益期分摊时借记“管理费用”，贷记“应交税费”，同时借记“应交税费”，贷记“预付账款”。

而对一次缴纳税额较多的税金新准则中并没有提到是否可以分月摊销，因此我们认为也应按受益期限进行处理比较合理。

## 二、预提费用在新准则下的会计处理

按照新准则，预提的租金和短期借款利息已不在本科目核算。

1. 预提短期借款利息

“指南”规定：企业借入的各种短期借款，借记“银行存款”科目，贷记本科目；归还借款做相反的会计分录。资产负债表应按计算确定的短期借款利息费用，借记“财务费用”、“利息支出”等科目，贷记“银行存款”、“应付利息”等科目。即对于短期借款的利息的预提是通过“应付利息”科目进行的。

2. 预提固定资产修理费

根据对待摊费用部分固定资产修理费用的分析可以得知，新准则及相关指南不再对固定资产的修理费用进行预提，而是在实际发生时根据支出能否资本化分别进行相应的处理。不能资本化的修理费用直接计入当期费用，可以资本化的计入固定资产账面价值。

3. 应付固定资产租金

对于当期应付未付的租金，由于其性质是应付的款项，但为了与购买商品和外购劳务所产生的应付款项区别，通过“其他应付款”科目进行处理比较恰当。即每期根据本期应承担的义务借记相关成本费用科目，贷记“其他应付款”科目。

【例2】甲公司从2007年1月1日起，以经营租赁方式租入管理用办公设备一批，每月租金8 000元，按季支付。3月31日，甲公司以银行存款支付应付租金。甲公司的有关会计处理如下：

（1）1 月 31 日计提应付经营租入固定资产租金：

借：管理费用 8 000

　　贷：其他应付款 8 000

2 月底会计处理同上。

（2）3 月 31 日支付租金：

借：管理费用 8 000

　　其他应付款 16 000

　　贷：银行存款 24 000

除上述三项业务外，还有一些需要按期预提的业务：比如预提保险费等。但是新发布的会计科目表中，删去了“预提费用”科目，资产负债表中也删去了“预提费用”项目。这几项业务如何处理，也有几种观点。

观点一：记入“应付账款”账户。

笔者认为，这样处理不利于与购买商品和外购劳务所产生的应付款项进行区分。

观点二：设置“预提费用”科目。

核算时，期末余额在资产负债表中的“其他流动负债”中反映。

观点三：记入“其他应付款”科目。

企业预提保险费等时，在“其他应付款”科目中核算，期末余额在资产负债表中的“其他应付款”项目中加以反映。

新会计准则取消了“待摊费用”和“预提费用”科目，资产负债表中取消了“待摊费用”和“预提费用”项目，这里倾向于第三种观点，即不增设“待摊费用”和“预提费用”科目。企业预提保险费等时，在“其他应付款”科目中核算，期末余额在资产负债表中的“其他应付款”项目中列示。企业预付保险费、预付报刊订阅费、预付以经营租赁方式租入固定资产的租金以及一次购买印花税票时，在“预付账款”科目中核算，期末余额在资产负债表中的“预付款项”项目中列示。

由于会计处理中一般遵循的原则是：准则或制度没有规定应该怎样处理的交易或者事项，会计人员可以参考类似的交易或事项进行相应的处理。因此，对新准则中具有待摊性质和预提性质的费用支出的分析，也仅是在参考类似交易或事项的基础上进行的。

**参考文献：**

[1] 财政部：《企业会计准则——基本准则》，经济科学出版社 2006 年 2 月版。

[2] 财政部：《企业会计准则——应用指南》，中国财政经济出版社 2006 年 10 月版。

[3] 中华会计网校有关知识资料。

# 试论中职学校会计专业模拟实训教学

太原市财政金融职业中专学校　管静波

**摘　要：**会计课是一门理论与实践紧密联系的课程，然而，当前的会计专业教学往往是重理论、轻实践。尤其在中职学校表现尤为突出。本文试图从中职学校会计专业模拟实训教学的现状出发，论述中职学校会计专业模拟实训教学的方法、应用环境、适用范围、操作规程，从而找出一条适合中职学校会计专业模拟实训教学的最佳途径，以不断适应市场对初、中级会计实用型人才的需求。

**关键词：**会计模拟　教学方法

## 一、引　言

随着我国市场经济的迅速发展，社会对会计专业学生的需求在不断增长，同时对会计专业学生的要求也在不断提高。因此，中职学校会计专业的毕业生面临着一方面市场需求大，另一方面又难以就业的尴尬局面。如何使他们能够适应社会需求，满足企业需要，就成了当前中职学校会计专业教学的重要课题，然而中职学校会计专业学生的实践能力、适应能力的培养，又成为中职学校会计专业教学的瓶颈。如何能够将中职生的会计专业教学与企业的实际需要进行成功对接，就需要改革目前中职学校会计专业教学的现状，加大中职学校会计专业模拟实训教学的力度，使中职生毕业后能够很快适应社会的实际需要，增强其竞争能力。本文试图结合目前中职会计专业教学的实际和现状，探索一条解决上述问题的最佳途径。希望与广大同仁共同商榷。

## 二、中职学校会计专业模拟实训教学的现状及存在的问题

1. 会计专业模拟实训与教学脱节

当前中职学校会计专业教学重理论，轻实践的现象十分严重，已经危及会计专业教学的质量。学生入校后，通常第一年开设“基础会计”，第二年开设“财务会计”，而到了第三年大部分学生都被安排去实习。表面上看有将近一年的实习期，但大多数学生都学非所用，到了会计实习岗位却没有一点实际操作能力，因为他们只有一些会计的基本理论，缺乏会计实际操作技能的系统训练，只会纸上谈兵，很难马上胜任会计工作。同样的情形也造成学生毕业后，只能从事诸如收银员、营业员、业务员等没有任何专业特色的工作，使中职学校会计专业的培养目标无法得以实现。

2. 会计专业模拟实训手段落后，形式单一

目前，大多数中职学校虽然都建立了会计专业模拟实训室，但一般都是按照传统的会计模拟环境来建立的，即传统的手工记账模式，几张办公桌，一些会计凭证、账簿、报表、算盘、印章、纸和笔。学生在这里虽然能获得一些感性认识，但只是按照“原始凭证—记账凭证—账簿—财务报表”这一手工记账模式，进行简单的练习，其实质就是将书本上的练习搬到了账簿凭证上，没有任何企业实际操作环境的营造，教师让怎么做，学生只能被动的接受。

3. 会计专业模拟实训教师缺乏，经验不足

中职学校会计专业教师一般都是从大学毕业后直接分配而来，他们只有理论知识，缺乏会计工作的实践经验和操作技能。

目前在中职学校要求专业课教师应具有“双师”型职称，尤其是会计专业的教师应当具有会计师职称，但是大家都知道，会计师职称是通过全国统一考试取得的，很多会计专业的教师虽然取得了会计师职称，但从未到公司、企业中实践过，由他们来作为会计实训教师指导学生，显然没有那些兼职或专职会计人员指导的效果好，由此导致会计专业模拟实训只是形式上的重复练习，没有实质上的系统训练，造成中职生的会计专业模拟实训仅停留在填凭证、登账簿的简单记账水平上，到了公司会计岗位缺乏实际操作技巧和应变能力。

4. 会计专业模拟实训课程开发滞后

中职学校会计专业的教材一般都是统编教材，以基础理论为主，缺乏实训内容，其中很多内容不一定适合中职生掌握，他们对一些专业术语、名词不甚理解，造成教师认真下功夫讲，学生却无动于衷的局面。会计专业模拟实训课程开发，本应当作为中职学校校本教材开发的重点，但在大多数学校仅仅是停留在编写练习册、模拟操作题而已，导致有的学校有实训课，却没有规范适宜的实训配套教材加以指导，无法达到良好的实训效果。

5. 会计专业模拟实训基地建设缓慢

会计专业模拟实训基地是实训教学的最佳场所，但当前由于市场经济条件下市场竞争日趋激烈，财务信息已成为各企业的商业秘密，几乎所有的公司都不愿意接受实习生到其财务部门，致使会计专业模拟实训基地建设工作无法开展，使学生无法到企业中亲身感受、体验实际会计工作，甚至会计专业的教师也很难到企业财务部门学习、取经。会计专业模拟实训失去了一个重要的实训场所，导致其与实际会计工作距离越来越远。另外，中职学校对校内会计专业模拟实训基地的建设，往往有一定的投入，但投资不足，利用率低，常常成为摆设，用来应付检查、评估、参观等，很少用于会计专业模拟实训教学。

## 三、中职学校会计模拟实训教学的探索

1. 会计仿真教学法

会计仿真教学法是一种打破传统教学模式的方法，它注重对学生综合能力的培养，从学生一入校，就针对其特点首先开设一些诸如统计、经济法、金融、经济学等经济基础课程，使他们树立起基本的经济思想和常识，然后，从学习“基础会计”开始就让他们完全在仿真环境下进行手工记账和电算化训练。

具体操作规程如下：

(1) 具体方法：首先，对班级学生进行分组（自愿为主），每个组都按照公司法成立一家具有独立法人资格的公司，然后，在教师的指导下，按照公司法的要求，申请注册登记，办理验资、税务登记。确定经营项目，取得启动资金。设立公司组织机构，选举董事长、总经理、财务总监等。接着，开展仿真经济业务活动，并且开始进行账务处理，即实施原始凭证—记账凭证—账簿—财务报表的记账过程。全程均在教师与学生的互动交流中进行。教师应当在学生实践过程中适时向他们灌输会计基础知识，主要以开专题讨论会、案例分析会的形式进行，以便充分发挥学生的探索精神，逐渐提高学生的实际动手操作能力。

(2) 应用环境：会计专业模拟实训教室。

(3) 适用范围：中职学校一年级学生

(4) 教材：由学校组织会计专业教师编写的《会计专业模拟实训》校本教材。

2. 会计模拟情景教学法

会计模拟情景教学法是在传统教学模式的基础上，运用当前最流行的沙盘教学法的理念，对那些已经具有一定会计基础的学生所进行的模拟实训教学，一般在高二下半学期开设，由于学生已经具有一定基础理论，教师只需要进行必要的辅导即可，学生

完全要依靠自己来进行实际操作。

具体操作规程如下：

(1) 具体方法：首先，由学生通过自愿原则组成若干个合作小组，每个小组组建一家“公司”，各“公司”的业务之间要有竞争关系、协作关系和上下游关系，即相互之间要有业务往来，教师扮演市场管理者和监督者的角色。学生按照市场规则开展日常经营活动，并且进行业务核算。他们都有相同的启动虚拟资金，也可以进行借款和融资，“公司”之间发生业务往来，要进行货币收付，产生债权债务关系。经过一学期的经营核算盈亏，编制财务报表。教师再作为审计人员对其财务报表和会计资料进行审查和评价，最终评价其模拟实训效果。本方法的难点在于教师如何营造一个公平、公开、公正的市场环境，如何掌控学生“公司”之间的业务往来。因此，这需要一个专业教师团队来指导和完成。

(2) 应用环境：会计专业模拟实训教室。

(3) 适用范围：中职学校二年级学生。

(4) 教材：由专业教师编写的操作规程、评价标准。

3. 会计实习教学法

会计实习教学法是一种传统的实训方法，但又是一种最有效的方法，学生如果能够有效地得以训练，会取得良好的实训效果。然而，阻碍实施这种实训方法的原因在于没有实习单位的财务部门愿意接收学生实习，因此，目前看起来该方法很难开展下去，但笔者认为我们可以另辟蹊径，寻找其他途径。

具体操作规程如下

(1) 具体方法：首先，中职学校应当与会计师事务所和代理记账公司建立合作关系，并聘请公司的会计人员作为课外辅导员，同时，鼓励让会计专业的教师到企业去兼职，使他们能够精通企业的会计实际操作技能，成为学校实习指导的主力军。其次，可以让学校从事会计工作的老校友为学校实习提供方便。实习时学校应合理安排实习教师，一般1名实习教师最多指导5名学生。并且教师应当全程跟随，一方面可以管理好学生；另一方面也能与实习单位进行交流和学习，从而增长见识，开阔视野。必要时，中职学校可以向会计师事务所和代理记账公司投资、参股，建立起稳定的会计专业模拟实训基地。

（2）应用环境：实习单位。

（3）适用范围：中职学校三年级学生。

（4）教材：实习守则。

## 四、结束语

上述各种会计实训教学方法的应用不应仅停留在书面上、口号上和文件上，而应当大胆地去实践。学校应在政策、经费、师资、设施等方面给予大力支持。同时，要鼓励会计专业教师到企业兼职。保证各种教学法的顺利实施。在实施过程中要注意实训教学质量的跟踪评价和评估，适时调整实训的进度、方法和范围，以保证实训的质量。

**参考文献：**

［1］廖颖杰：《会计模拟实验若干问题探讨》，《四川会计》2003年第5期。

［2］谭利云：《提高会计模拟实习的教学效能》，《职业技术教育》2006年第29期。

# 深化课程改革，谋求中职发展

扬州市江都职教集团　龚贵锦

**摘　要**：现代会计对人才的需求已由过去的一元化向多元化发展，这就要求会计学科应以提高学生就业能力为原则，建立一个融会计基本理论、基本技能和实践操作为一体的复合型、通用型和应用型的学科体系。为此，中等职业学校会计专业的教学改革势在必行。

**关键词**：中职　课程改革　发展

## 一、现状调查

随着改革开放的不断深入，企业优胜劣汰进程的不断加快，市场竞争越来越激烈，择业难已成为一般中等职业学校毕业生所面临的共同问题。随之带来的是中等职业学校招生难的问题。如何走出困境，中等职业学校的教学必须适应市场需求是关键。长期以来，中等职业层次会计学科课程设置是以不同行业、不同部门来分别设置的，其教学内容也是以不同行业、不同部门的会计政策、会计制度为基础而制定的，致使学生掌握的会计理论知识缺乏系统性，出现知识面窄、视野不宽，各行业、各部门的会计内容之间无法融合，导致学生适应能力差，就业面受到极大的限制。

第一，2006 年与 2007 年我校共有财会中专毕业生 450 人左右，基本上当年都能对口就业（双向选择），相对对口就业率在90%上下。除少数学生被银行录用外，大多数学生的工作单位是企业，且中小企业占较大比重。

第二，据用人单位对毕业生的反映，我校毕业生能在短时间内熟悉业务，一个月后基本能独立工作。敬业精神也不错，流动频率不高，就业相对稳定。但有些学生的技能和综合素质还有待提高。如为企业申税的能力、会计电算化软件的熟练程度、口才与社交能力等，都需进一步加强。

第三，据2007年毕业的学生反映，刚出去工作，虽然能较快适应工作环境，但一直感到工作压力很大，在学校的实践、实习还是不够，建议学校加大实践教学的比重。特别是校外的实践时间要加长，学校的模拟实习比重也要加大。

第四，用人单位的代表和毕业生代表都反映，在中小企业做财务工作，不可能只做一项，通常要兼好几项工作，如打字、文秘、接待等等，因此，财会专业的学生要提高综合素质，建议学校在教育教学方面更多地结合实际，通过各种方式和途径进行综合素质的教育和培养。

根据对毕业生基本情况的调查分析，我认为，目前财会专业在课程改革、实践教材编写、充分发挥会计模拟实习室功能、开拓校外实训基地等方面虽然取得了一定的成果，为毕业生的就业创造了良好条件，但是，在专业建设和改革方面力度还不是很够，就业状况和就业形势的变化，要求我们在这方面还得努力。

**二、财会专业课程教学改革的设想**

教育部在《面向二十一世纪职业教育教学改革的原则意见》中明确提出："职业教育要培养同二十一世纪我国社会主义现代化建设要求相适应的，具有综合职业能力和全面素质的，直接在生产、服务、技术和管理第一线工作的应用型人才。""职业教育应确立以能力为本位的教学指导思想，专业设置、课堂开发须以社会和经济需求为导向，从劳动力市场分析和职业岗位分析入手，科学合理地进行。”新时期职业教育培养目标中的综合职业能力是指专业能力、方法能力和社会能力，其中后二者在职业生涯中往往起到关键性作用。

（一）以培养学生综合职业能力为主线开设课程

职业教育应面向基层、面向生产和服务第一线培养实用型人才，这类人才应具有较强的解决生产实际问题的能力，有较强的岗位针对性，从分析岗位或岗位群的职业能力入手，以能力为本位开发课程，将学生的综合职业能力的培养系统地贯穿于教学过程的始终，这样就更能体现职业教育的特殊性。在教学上，不再单纯强调专业理论的系统性和完整性，而是以理论课的应用性、技术课的实用性，即以“实用为准，够用为度”为原则，岗位或岗位群的职业能力需要什么就开设什么课程。并进行专业理论学习和相应的专业技能训练。如财会专业要求学生既要学习“基础会计”、“企业会计”、“统计原理”、“工业会计”、“计算技术”，又要求学生进行出纳、会计模拟实习和见习，同时也要求学生学习“经济法基础”、“税收基础”、“财务管理与分析”、“企业营销管理”等与实际工作关系极为密切的相关课程，使学生一走上工作岗位，就能适应企业的实际需求。

（二）改革教学、创新教材

多年来，中职会计专业的教材和教学方法没有多大革新，在教材的编排上仍然以制度或准则加解释为主，以为这样便可以使书本知识具有可操作性，就能够加强学生的实践能力。然而事与愿违，学生从一开始就陷入对会计处理的具体描述之中，只知其然，而不知其所以然，无法理解各种会计处理方法背后的内在规律，导致对没有学过的经济事项的账务处理一筹莫展，无法应对。培养学生发现问题、解决问题的能力，既是适应用人单位对学生实际操作能力的需要，也是适应学生创造能力培养的需要，社会经济活动纷繁复杂，会计处理千变万化，会计教科书不可能对已发生和将要发生的一切详尽罗列，这就要求学校创新教材、精心编排教材内容，突出规律性，缩减不必要的内容，锻炼学生实际操作能力，也锻炼学生创造能力。

另外，还必须在教学方法上进行创新，有两种模式可以借鉴：

1. 开放式教学

开放式教学也就是在学期开学之初，任课老师挑选若干学生，根据教材安排，学生在课下准备，各负责用半小时讲解下一章节。教师在学生讲解之后，针对学生理解思路上的优缺点进行评述，并根据学生理解本章节的现状及能力，及时调整自己的教学重点，做到有的放矢，采用这种方法可以培养学生发现问题、解决问题的能力。

2. 提问式教学

提问式教学即教师在使用前文提到的精编教材讲课时重点突出对规律性知识的讲解。比如教师在讲解原材料采购的账务处理时，可重点讲述资金类科目（或账户）与材料采购科目（或账户）之间的对应关系，并列举一个对应分录，而不必重复讲述同一类型的其他会计分录，并要求学生在课后思考这些分录的共同规律，提高学生思考解决问题的能力。

（三）加强实践教学和技能训练

随着教学改革的深入，对实践教学和技能训练的认识也有了进一步的提高。在课程的结构比例上，实践教学的课时应达总学时的30%左右。不经过良好的全面实习，学生要想在短期内适应用人单位的上岗需要是不现实的，学生实践操作能力缺乏或上岗适应期较长会严重遏制学生的发展，这个问题必须通过强化实习环节来解决。搞好实习必须建立模拟实践教学系统，建立以计算机为核心的“会计实习室”，学生在实习室内的计算机上模拟联系会计实务。通过计算机给出实际的会计课题，让学生以人机对话的方式，根据具体情况做出正确的分析、判断和处置，帮助学生进行会计工作实际能力的模拟演练。如在计算机上提供一个会计实例，让学生根据计算机所提供的种种情况进行有关账务处理，然后再把学生的答案与计算机中所有的标准答案进行对比，供学生参考，借以提高学生的实际会计工作能力。职校要积极贯彻毕业证书和职业资格证书的“双证书”制度。对于职业教育，学历证书是对完成了学制系统内一定职业教育阶段学习任务的受教育者所颁发的文凭，职业资格证书是反映劳动者具备从事某种职业所必备的专门技能和知识的证明。对于财会专业，要将会计资格职业证书考核内容纳入教学计划之中，并积极组织实施。只有坚持实施“双证书”制度，“加强实践教学和技能训练”才能落到实处，财会毕业生才能成为企业需求的能上岗操作的实用人才。

（四）拓宽相关知识面

社会调查表明，企业界认为会计专业学生缺乏的知识分别是企业管理、中文写作、财务管理、电子计算机、外语、生产管理方面的知识。职校对相关会计经济知识开课甚少，从而造成大部分会计专业的学生知识面狭窄，只能就会计理解会计，始终跳不出会计的框框，致使学生不能站在经济学、管理学科角度审视理解会计专业。会计学是一门应用科学，它在发展中不断吸取其他学科的成果，如果不在一定程度上掌握这些相关学科的知识，就不能真正掌握会计知识。一个人没有基本的心理学、管理学、金融、法律、税务知识和一定的语言表达能力，是不可能成为一名优秀会计人才的。

（五）深入社会实际，增强学生的适应能力

深入实际，接触社会，提倡和鼓励学生利用寒暑假进行社会实践，到工厂、会计师事务所等单位参加社会实践活动，从而增强学生的感性认识和实际操作能力。

总之，财会专业课程教学改革是一项系统工程，只有坚持以劳动力市场需求为导向，以提高职校生的综合职业能力和全面素质培养目标，积极研究新情况，解决新问题，大胆探索，才能培养出既具有一定文化素养，又具有扎实专业知识，既能实践操作，又具有一定理论水平的会计实用型人才。

# 新企业所得税法及实施条例焦点解析

湖南省怀化市财校　杜　平

**摘　要：**经济体制改革决定税收制度改革，2008 年 1 月 1 日起开始实施的《中华人民共和国企业所得税法》及企业所得税法实施条例，实现了内外资企业所得税的统一，是我国在构建社会主义和谐社会进程中的一项制度创新。本文对新税法及实施条例的焦点进行了解析，通过对新旧所得税法焦点的对比分析，将新税法的优惠政策进行了诠释。

**关键词：**两税合一　基本税率　四个统一

一个国家经济体制决定了一个国家的税收制度，而一个国家的经济体制改革也决定其税收制度的改革，随着我国经济体制改革的深入和完善，1991 年 4 月 9 日，七届全国人民代表大会第四次会议通过的《中华人民共和国外商投资企业和外国企业所得税法》和 1993 年 12 月 13 日国务院发布的《中华人民共和国企业所得税暂行条例》在实行的过税中，暴露出很多的矛盾，如内外资企业税率不平等、计税成本不统一、税收优惠政策不统一等等，因此要求统一内外资企业所得税的呼声很高，自 1994 年酝酿工作开始至 2007 年 3 月 16 日通过了《中华人民共和国企业所得税法》，我国内外资企业所得税制度的合并宣告完成。悠悠十三载，漫漫合并路，它的完成是我国在构建社会主义和谐社会进程中的一项重要的制度创新。

国务院于2007年12月6日又颁布了《中华人民共和国企业所得税法实施条例》将新企业所得税法的很多原则性规定进行了细化，从而更增强了新税法的可操作性，并于2008年1月1日与新企业所得税法同步施行。新税法及其实施条例在企业所得税的纳税主体、税率、税前扣除、税收优惠及税收征管等方面都有较大程度的变化和创新，新税法优惠政策更倾向于产业目标，更有助于促进慈善事业的发展，更有利于对小型微利企业格外关照，同时新税法优惠政策最大的特点是彰显公平，所以它给内资企业的经济发展带来了非常积极和深远的影响。

新企业所得税及实施条例有几大焦点（亮点），分述如下。

## 一、进行了制度的创新，实行法人所得税制度，对企业所得税纳税人作了细化规定

法人所得税制度就是指统一的，对所有企业的所得都一视同仁的课税，以达到公平税负为目的的新型企业所得税制度。其核心内容为四个方面。即：①以法人为纳税人；②选择合理的税率；③建立统一的计税成本；④建立以企业行为为依据的税收优惠制度。

新税法首次将纳税人划分为“居民企业”和“非居民企业”，并分别规定其纳税义务：即居民企业就其境内外全部所得纳税；非居民企业就其来源于中国境内所得部分纳税。实行法人所得税制的关键是把握居民和非居民企业的标准。为了防范企业避税，结合我国实际情况，新税法以“登记注册地”和“实际管理机构”双重标准来判断居民企业和非居民企业，并作出了明确规定。

## 二、放宽了税前费用扣除标准和范围，内外资企业统一，体现了公平税负原则

企业所发生的支出，是否准予在税前扣除及扣除范围和标准的大小，直接决定着企业应纳税额的大小。新税法第八条规定：企业实际发生的与取得收入有关的、合理的支出，包括成本、费用、损失和其他支出，准予在计算应纳税所得额时扣除。为了便于操作，实施条例对“有关的支出”和“合理的支出”进行了定义，并对企业支出扣除的具体范围和标准主要作了以下具体规定：

1. 工资薪金税前全额扣除，并具体规定了职工福利费工会经费，职工教育经费的税前扣除标准

内资企业的计税工资制度取消，老个税中规定了内资企业税前工资扣除标准即每人每月为1 600元，超过部分不能在税前扣除，新税法取消了计税工资制度，企业真实合理的工资支出都可在税前据实扣除，明确了“五险一金”免征企业所得税的规定。同时还将企业的职工福利费、工会经费、职工教育经费支出调整为按照“工资薪金总额”的14%、2%、2.5%扣除，虽然前二者的比例未变，但计算扣除基数由原“计税工资总额”调整为“工资薪金总额”，这样扣除额将相应提高，为鼓励企业加强职工教育投入，条例还提高了职工教育支出的扣除比例，由原来的1.5%提高到对不超过工资薪金总额的2.5%的部分全额扣除，超过部分准予在以后纳税年度结转扣除。这样的计算减少了所得税的税基，提高了企业的税后净利，特别是对高收入的企业如银行业、房地产业等净利润影响很大。

2. 对研发费用可以加计50%扣除

为了促进技术创新和科技进步，新税法规定：企业为开发新

技术、新产品、新工艺发生的研究开发费用可以加计扣除，具体可按实际发生额的150%抵扣当年度的应纳税所得额，这对研发投入较大的企业极为有利。

3. 调整了业务招待费的税前扣除

原税法对内、外资企业业务招待费支出实行按销售收入的超额累退限额扣除，新税法则改变了这一做法，统一了业务招待费用的税前扣除标准，并在此标准上整体放宽了限制，但业务招待费的税前扣除政策的变化使少数企业的利益受到了影响，新税法由原来的一定比例内扣除变成了按实际发生额的60%扣除，并不得超过销售收入的5‰。实际处理时一定要注意这两个条件的使用限制。例如：

甲公司为居民企业，2008年度向其主管税务机关申报应纳税所得额与利润总额相等，均为100万元，其中主营业务收入4 000万元，业务招待费为26.5万，假设不存在其他纳税调整事项，则该公司应缴的所得税为15.9万元。

因为业务招待费的扣除限额为$4\ 000\times5‰=20$（万元）

而应扣除数为$26.5\times60\%=15.9$（万元）

又因为20万元$>$15.9万元

所以实际准予扣除数为15.9万元。

4. 统一了广告费和业务宣传的税前扣除

新税法规定广告费和业务宣传费按不超过收入15%准予扣除。企业广告费的扣除标准从老税法的2%、8%、25%，以及特定期间全额扣除的多标准变成了新税法的投入可按销售收入的15%税前列支，超过部分准予在以后纳税年度结转扣除，这种处理对广告费用投入较大的食品饮料企业较为有利。例如：

某食品饮料企业在2008年实现主营业务收入1 600万元，本年度发生广告费144万元，业务宣传费36万元，则企业的广告费和业务宣传费允许税前扣除数应为180万元。

因为广告费和业务宣传费扣除限额为1 600×15% =240（万元）

而实际发生额144 +36 =180（万元）小于扣除限额，可以据实扣除。

但如果企业的广告费和业务宣传费为280万元，超过扣除限额的240万元，则扣除数应为240万元，余下的差额为280 -240 =40（万元）可在以后年度结转扣除。

5. 明确了公益性捐赠支出税前扣除的范围和条件

新税法统一了内外资企业公益性捐赠扣除的标准，规定了企业发生的公益性捐赠支出，在年度利润总额12%以内的部分，准予在计算应纳税所得额时扣除，这样不仅提高了扣除标准，而且扩大了计算基数，同时使计算变得简单实用。在计算时可直接用企业利润总额的一定比例来确定公益性捐赠支出，改变了原税法对内资企业的公益性捐赠支出采取的是比例内限额扣除办法（应纳税所得额3%以内）。为增强其可操作性，实施条例还对公益性捐赠作了界定，同时明确地规定了公益性社会团体的范围和条件。

显然，新税法基本遵循了据实扣除的思路，体现了“净所得”的理念，这不仅塑造了内外资企业平等竞争的平台，而且消除了内资企业所得税重复征收的现象，降低了内资企业的所得税税负，有利于促进我国慈善事业的发展。

### 三、税率适当降低，税负减轻

新税法统一了内外资企业所得税基本税率为25%，而内资企业在2008年以前实行的所得税税率一般为33%，新税法实行后，由于税率降低，税负减轻，提高了内资企业的税后净利，绝大多数内资企业将从中受益，就行业而言，食品饮料、银行、煤炭、钢铁、石化、商贸、房地产等行业将受益较大。

新税法还设置了两档优惠税率即对国家需重点扶持的高新工艺技术企业征收15%的企业所得税，对符合条件的小型微利企业征收20%的企业所得税，为便于征管，条例第92条还明确界定了小型微利企业的条件。与原企业所得税微利企业优惠政策（内资企业年应纳税所得额3万以下的减按18%的税率征税，3万~10万的减按27%的税率征税）相比，年应纳税所得额在3万（含3万）以下的企业税率上升32%，但由于门槛降低，优惠范围扩大、优惠力度也有较大幅度提高。据测算，将应税所得额界定为30万，会使40%的企事业适用20%的税率。

实施条例第93条还明确了高新技术企业的界定范围，由原企业所得税按高新技术产品划分为改按高新技术领域划分，同时还规定了高新技术企业的认定指标，这样的规定，强化了以研发比例为核心，税收优惠重点也向自主创新型企业倾斜。

**四、统一和规范了税收优惠政策，重点关注了基础性、环保性、创新、公益性，发展性产业**

新税法借鉴国际上的成功经验，按“简税制、宽税基、低税率、严征管”的要求，对现行税收优惠政策进行适当调整，将现行企业所得税以区域优惠为主的格局，转为以产业优惠为主、区域优惠为辅，兼顾社会进步的新的税收优惠格局，对现行的各种税收优惠进行了整合，表现为：

一是扩大。对国家需重点扶持的高新技术企业实行15%的优惠税率，将这低税率优惠扩大到全国范围，将环保、节水设备投资抵免企业所得税政策扩大到环保、节能、节水、安全生产等专用设备，新增加了对创业投资机构、非营利公益组织等机构的优惠政策。

二是保留。保留对港口、码头、机场、铁路、公路、电力、水利等基础设施投资的税收优惠政策，保留对农、林、牧、渔业的税收优惠政策。

三是替代。用特定的就业人员工资加计扣除政策替代现行劳服企业直接减免税政策；用残疾职工工资加计扣除政策替代现行福利企业直接减免税政策；用减计综合利用资源经营收入替代现行资源综合利用企业直接减免税政策。

四是取消。取消生产性外资企业定期减免税优惠政策，以及产品出口的外资企业减半征税优惠政策。

**五、加强了税收征管工作，建立起体系化和规范化的反避税制度**

统一后的企业所得税借鉴国际惯例，建立了反避税制度，专门以“特别纳税调整”一章规定税务机关对各种避税行为进行特定纳税事项所作的调整；同时，新税法对于反避税调查中调增的应纳税额需要加收利息，而该利息是高于银行同期贷款利率的。实施条例还通过了具体的条款（1）明确了关联交易转让定价的调整方法；（2）制定防范避税地避税规则；（3）补征税款的征收办法。

**六、其他重要变化**

除上述五点外，新税法还在以下方面进行改变：

一是新增加了间接抵免，即对股息、红利间接负担的所得税给予间接抵免。

二是对符合条件的居民企业之间的股息、红利收入免税，即条例规定对来自于所有非上市公司以及连接持有上市公司股票12个月以上取得的股息、红利收入给予免税，不再补交税率差。

三是确定取得第一笔经营收入的年度为减免税起始年度。

四是新增了纳入预算的财政拨款为不征税收入。

五是对非营利性组织的营业性收入明确需要纳税。

新税法及实施条例实施后，企业的会计行为仍以会计法规定标准为准，企业纳税申报行为仍以税收法规为准，应纳税所得额与利润总额之间的差异仅作纳税调整处理，不改变原账簿记录和报告。新税法的实施虽然减少了政府财政收入，但在财政可受承的范围之内，而它对企业的影响则是极其深远的，两税合一，税率统一为25%，使内、外资企业能真正做到公平竞争，内资企业税率降低，税负减轻，受益是真正而实在的；外资企业的积极性也没有明显降低，能更好地吸引外资，发展经济，调动内资企业的积极性。

**参考文献：**

［1］董再平：《新企业所得税焦点变化解析》，《会计之友》2007年第9期。

［2］国家税务总局：《中华人民共和国企业所得税法》。

［3］国家税务总局：《中华人民共和国企业所得税法实施条例》。

［4］财政部、国家税务局负责人就《中华人民共和国企业所得税法实施条例》有关问题答记者问。

# 如何培养学生学习“基础会计”课的兴趣

广西柳州二职校　邓　清

**摘　要**：培养学生的学习兴趣是提高教学质量的关键。本文结合笔者多年的会计教学经验，论述在中职会计专业教学中有效培养学生学习兴趣的几种教学手段。

**关键词**：基础会计　学习兴趣　教学手段

近年来，由于中职学校扩大招生，学习困难的学生很多，学生不爱学、不会学的现象严重。一方面“基础会计”作为一门专业基础课，课程术语多、概念多，难理解；另一方面，职校学生基础较差，学习灵活性也不强，教师难教、学生难学的状况很突出。本人从事会计教学十多年，在教学中深深体会到，要使教学活动能顺利完成，全面提高教学质量，作为教师，既要努力钻研教学大纲、教材；又要研究学生，因材施教，采取正确、多样的教学手段，充分激发学生的学习兴趣。

## 一、上好第一、第二节课

专业课教师与学生第一次接触时，要重视专业课的入门教学，要生动讲述会计的产生、发展，以激起学生学习的热情。多联系实际工作中的实例，说明本课程的重要性和学习本课程的必要性。我在上第一节课时，给学生讲述会计知识在工作中的应用及在实际生活中会计知识的应用；讲述会计的必要性和会计专业就业的广泛性；给学生讲如何投资理财，讲买股票、买基金的相关知识。使学生感觉知识就在身边，从而激发学生的学习兴趣。第二节课，我与企业联系，领学生到企业财务科进行参观，在参观中让学生了解什么是原始凭证、什么是记账凭证和账簿、会计报表，这些凭证、账户和报表有什么作用；了解从原始凭证到会计报表的整个核算过程和企业中会计工作的组织机构。把这些内容拍成录像，做成课件，放给学生看。

**二、精心设计提问**

精心设计问题，促使学生动脑筋解疑难。英国教育家爱德华认为："教育就是教人思维。"所以，教师在设计课堂问题时一定要着眼于学生的"思"。教师应通过课堂教学教会学生思维的方法，有意识、有目的地创设问题，激活学生的思维兴趣，使学生的求知欲由潜伏状态转入活跃状态，促进学生的思维活动。例如可以向学生提问："为什么在会计要素下还要开设会计科目？""为什么单式记账法会被复式记账法取代？""为什么这个业务应该用这个账户，如果用其他账户会怎样呢？"等等，经过设疑，既能明确每次课的重点，又有很强的诱导性。既促使学生把学习活动指向了确定的方向，又促使学生去思考、去探究，使他们潜在的学习需要转化为活跃的学习动机。平时在指导学生预习或复习时，也要让学生多提问题，多问几个为什么。我还对学生提出鼓励：谁能提出问题把老师难住，本单元测验就可以免考。学生们非常积极，都在努力看书寻找问题。

**三、精心设计练习**

在课堂上进行练习是必不可少的。课堂40分钟，学生如果老是听老师说，思维肯定会很疲倦。练习，是教学过程中的重要环节，合理组织和指导练习，对启发学生思维、检查听课效果、发展学生智力都起着十分重要的作用。练习的方式可多种多样，既可安排个人独立操作，也可布置小组完成，如在学习会计科目时，分成小组，互相检查是否默写得出会计科目；互相出题检查是否会使用借贷记账法；还可开展一些带有竞赛性的活动，比如，在做经济业务时，以组为单位，进行作分录比赛，让小组成员轮流在黑板上进行分录，比较哪组做得又快又准确；或者一个组写出经济业务，另一组写出会计分录；还可安排游戏，例如，在讲“未达账项”时，让两组学生分别扮演企业和银行，根据双方的“未达账项”让两组学生编制“银行存款余额调节表”，以观结果，最后让其他同学参与评价；又如，学完物资采购和销售后，让学生分组，一组扮演供应方，另一组扮演销售方，供应方和销售方分别做会计分录，然后学生对比供应方和销售方的会计分录有何不同。学生很愿意在这些游戏中完成学习任务。

**四、语言要通俗、风趣，激发学生的学习热情**

要想学好会计，就必须理解和掌握专业术语和会计科目的内容。对于初学会计者，特别是刚进入职校的学生来说，“基础会计”是第一门专业基础课，理解和掌握专业术语及会计科目并不是容易的事。老师在上课时不能照着教材中的内容平铺直叙，应将教学内容用通俗、风趣、生活化的语言表达出来。例如：“会计中的六大家族——会计六大要素”、“会计的百家姓——会计科目”、“企业中的硬件——固定资产”、“企业中的主力军——流动资产”、“立竿见影——短期投资”、“放长线钓大鱼——长期投资”、“企业的健康证明——资产负债表”、“秋后算账——利润表”，风趣、幽默的语言不仅能活跃课堂气氛，还能激发学生的学习热情，帮助学生便于记忆。还可以编制一些归纳性的顺口溜，如：“会计是一种经济管理活动；它有两个基本职能；有三个基本目标；会计核算有四个基本前提条件；会计核算应遵循五个原则；会计核算有六个基本要素；会计核算有七种专门的方法。”

**五、提高教师的人格魅力，吸引学生，增加学生的学习兴趣**

课堂教学活动是师生双向交流的活动，要取得学生的配合，使教学任务能圆满完成，教师必须努力提高自身的魅力，吸引学生，让学生喜欢自己，喜欢上自己的课。首先，教师要热爱教育事业，在会计教学中，教师出于对学生的责任感、对会计学的热爱，促使教师多花时间、精力去学习会计专业的新知识、新会计准则和新会计制度，钻研多种多样的教学方法；其次，教师上课时要时时保持精力充沛。当前，由于市场经济大潮的影响，有不少老师不能安心搞好教学工作，常常在校外兼职，甚至自己开公司、办企业，以致上课时无精打采、昏昏欲睡，甚至思维都不清晰，在这样的状态下讲课，学生也会听得迷迷糊糊，难以激发学习的兴趣；再次，现在的中职生大部分在学习上存在自卑心理，教师要放下架子，把学生当做朋友，在师生之间建立起平等、民主的关系；最后，课堂上要做到面向全体学生，留心不同的学生的专长，特别多留心后进生，为他们设计可参与的课堂教学活动，给他们自我表现、争取成功的机会。对他们的点滴进步要及时捕捉，多加以表扬、鼓励，多用“好”、“好极了”、“棒极了”、“有进步”等语言。此外，教师还要耐心解答学生的疑问，即使学生把问题问错了或者是提一些很简单的问题，或者当学生想问问题但自己又表达不清楚时，教师都要耐心地给学生解释答复，不能嘲讽、挖苦、冷淡学生。只有这样，才能沟通师生情感，激发学生的学习兴趣，使他们以积极参与的态度投入学习。

## 六、多采用实物、多媒体教学，激发学生的学习兴趣

中等职业学校的“基础会计”课既有较强的理论性，又有较强的操作性，学起来既难理解又难记，照本宣科很难引起学生的兴趣。俗话说“百闻不如一见”，利用实物、演示多媒体教具等直观手段进行感官刺激，可加深直观印象，激发学生的学习兴趣。比如，在讲原始凭证、记账凭证和账簿时，可复印一些典型的原始凭证，如现金支票、发货票、入库单等单据发给每一个学生，购买各种格式的记账凭证和各种格式的账簿作为教具。让学生观察手中的单据，思考哪些内容、哪些项目应由会计人员填制，并总结会计凭证的特点，看到这些实物，学生对什么是原始凭证，它包括哪些内容，填制时该注意什么问题；记账凭证和账簿有哪些格式、如何填制等都很感兴趣，并能较好地理解和接受。此外，专业课的内容和知识点比较抽象，学生易感到茫然，教师也难以用语言表达清楚，用板书又很浪费时间，而运用多媒体辅助教学，可以将文字、图像、声音、动画等整合成一个系统，变抽象为具体，变无声为有声，调动学生的各种感官，使学生既看到文本材料，同时又听到讲解，观察到演示，从而能对教学内容强化感知，加深理解。

总之，采用何种教学手段，如何巧妙地激发学生的学习兴趣，是每位教师都必须认真思考的问题。在教学过程中，无论采取何种教学手段和方法，其最终目的都是培养学生的学习兴趣，提高教学质量，使学生学有所得，更好地服务于社会。

**参考文献：**

[1] 黎瑞兴：《成功教学法在中职教学中的应用》，《职业教育研究》2006 年第 7 期。

[2] 杨文霞：《创设教学情境 优化学生非智力因素》，《职

业教育研究》2007 年第 2 期。

[3] 李春枝:《实物教学法在基础会计教学中的应用》,《职业教育研究》2007 年第 2 期。

# 论会计人员应具备的职业道德及基本素质

湖南省娄底市第一职业中学　戴爱辉

**摘　要：**随着社会主义市场经济的不断发展，经济全球化热潮一浪高过一浪，形势的发展对会计从业人员的职业道德和基本素质提出更新、更高的要求。本文结合我国市场经济的特点对会计人员应具备的职业道德及基本素质加以分析。

**关键词：**会计人员　职业道德　基本素质

会计是从事会计核算和财务管理，提供经济信息的特殊行业，涉及面广，因而从事会计职业的人们的职业道德优劣，势必直接影响会计职能的发挥，影响信息使用者的决策，从而影响整个社会的经济、政治和社会道德风尚。会计人员职业道德是会计人员职业品质、工作作风和工作纪律的统一，它在很大程度上影响财务工作的质量。在各项规章制度健全的前提下，会计人员的职业道德及基本素质成为做好会计工作的关键。因此，加强会计人员职业道德及基本素质，具有十分重要而现实的意义。

## 一、会计人员应当具备并遵守的职业道德

会计人员应当遵守职业道德，自觉提高业务素质，爱岗敬业、熟悉法规、依法办事、客观公正、搞好服务、保守秘密。

1. 爱岗敬业，恪尽职守

会计人员应当热爱本职工作，努力钻研业务知识，忠于职守，以高度的责任心做好本职工作。

爱岗敬业，要求会计人员应有强烈的事业心、进取心和过硬的基本功。由于会计天天与数字打交道，工作细致而烦琐，如果不耐劳尽责，缺乏职业责任感，就会觉得工作枯燥、单调甚至产生厌恶感，也就谈不上热爱会计工作，更谈不上精通会计业务，当然也就搞不好会计工作。

2. 熟悉法规，依法办事

会计工作是一项政策性很强的工作，因此要求会计人员在会计工作中严格依法办事，如实、准确地反映经济活动的全过程。会计人员不单自己应当熟悉财经法律、法规和国家统一的会计制度，还要能结合会计工作进行广泛宣传；做到在自己自理各项经济业务时知法依法、知章循章，依法把关守口。

3. 依法办事，实事求是

严格实行会计监督、依法办事是会计人员职业道德的前提，会计人员应当保证提供的会计信息合法、真实、准确、及时、完整。要做到这一点并不容易，但会计人员应该在这一点上树立自己的职业形象和职业人格的尊严，自觉抵制歪风邪气，敢于同一切违法乱纪的行为作斗争。

4. 客观公正，搞好服务

随着社会经济的不断发展，改革的不断深入，会计人员的工作还应该能够通过现代化管理技能对获取的信息进行分析、提炼，对单位经济前景进行判断、预测和规划，为单位领导出谋划策，参与单位的经济规划和决策，为提高单位的经济效益当好参谋。

5. 廉洁奉公，不谋私利

会计工作天天与“钱”和“物”打交道，如果会计人员没有良好的职业道德和廉洁奉公的思想品质，很容易走上犯罪道路。因此，会计人员必须加强道德修养，廉洁自律，做到“两袖清风，一尘不染”。

6. 注重操行，保守秘密

会计人员应当保守本单位的商业秘密，不能私自向外界提供或者泄露本单位的会计信息。会计人员由于工作性质的原因，有机会了解到本单位的重要机密，这些机密一旦泄露给明显的或潜在的竞争对手，会给本单位的经济利益造成重大损害，对被泄密的单位是非常不公正的。所以，会计人员应当确立泄露商业秘密是大忌的观念，对于自己知悉的内部机密在任何时候、任何情况下都要严格保守，不能信口吐露，也不能为了自己的私利而向外界提供。

## 二、会计人员应具备的基本素质

随着社会主义市场经济的不断发展，经济全球化给财会事业带来了巨大挑战，形势的发展对会计从业人员的素质提出更新、更高的要求。新型会计人员应具备以下各方面的基本素质：

1. 良好的职业道德素质

会计要参与决策和管理，职业道德的水准与专业素质同样重要。许多偷税漏税、挪用公款等经济违法活动，几乎都与财会人员做假账分不开。如果一个会计工作者没有良好的道德素养，那么他的业务水平越高，就越可能给企业、国家造成更大的损失。

2. 综合业务能力

各种能力的有机组合构成会计人员的综合业务能力。一般的说，会计人员的综合业务能力主要由洞察能力、记忆能力、逻辑能力、想象能力和动手能力这五种能力构成。这些能力之间互相联系、相互制约，各自都在业务能力结构中发挥作用。单纯追求某一种能力的发展而忽视其他能力的发展，会造成业务胜任能力的失衡，不利于业务的有效开展。

洞察能力是会计人员取得会计信息、获得对会计对象感性认识的基本心理素质，敏锐的洞察力使会计人员能够利用表面上微不足道的线索取得显著的工作成果。

记忆能力是会计专业知识的仓库，它为会计人员分析问题提供素材或判断依据。一个优秀的会计人员要求有较好的记忆检索能力，能迅速找到自己所需要的思想材料，为确定会计工作的不确定因素及时提供依据。

逻辑能力在整个会计工作过程中起着指导和调节作用，对会计工作质量控制有着重要的影响。逻辑能力使会计人员在分析复杂问题时，能够采用比较科学的思维方法、程序，避免发生以偏概全的思维错误。一个人在某方面的知识越丰富，思维方法越合理，思路就越灵活，判断就越准确。此外，丰富的知识和经验可以使人产生广泛的联想，使人思维灵活而敏捷，有丰富经验的会计人员对会计事实的判断力强，得出的会计结论更符合事实。

想象能力同样重要。想象力不受时间和空间的限制，是无限的，是知识进化的源泉。许多会计工作都必须对未来进行预测，保持丰富想象力对开展预测工作具有重要的帮助。同时，会计人员还要有综合分析的能力，如：可以根据财务部门的原始资料来分析企业存在的问题和薄弱环节，并提出相应的解决方案，还要具有财务管理的能力，等等。

3. 内外协调的能力

做一个合格的会计工作者，还需要有内外协调的能力。这种能力包括两个方面：一是对内的组织、协调、沟通能力；二是外部协调和沟通能力（如处理与工商、税务、金融等部门之间的关系）。知识经济条件下的企业，生产社会化程度较高，对会计人员的对外协调能力方面的要求也较高。比如要处理与工商、税务、银行以及政府有关部门之间的关系，与供应商、经销商之间的关系，等等，如果会计工作者不具备这些环节的协调能力和技巧，就会影响企业各项工作的开展。

4. 多方面的经济文化知识

在知识经济时代，知识是最为重要的资本。在不同性质的企业中，会计人员需要熟悉甚至精通相关行业的知识和技术；在跨国企业中，会计人员必须掌握至少一门外语，熟悉国际会计准则和国外的会计处理方法；在会计电算化程度不断提高的情况下，会计人员应具备计算机知识、网络知识，会使用财务软件；随着我国法律的不断完善，会计人员不仅应该了解会计法，而且应该了解经济法、合同法、税法等相关法律法规；会计人员作为企业管理人员之一，更重要的是参与管理与决策，这就要求会计人员精通各项法律、法规、规章制度，熟知财务管理、审计、金融、证券、人力资源等相关专业知识。

只有具备了这些经济知识，才能以较高的水平把握财会工作的运行规律，才能根据客观环境作出正确的职业判断，选择适当的会计政策，作出合理的会计估计，提供真实的会计信息。

5. 不断创新的精神

随着社会主义市场经济体制的建立，社会经济生活出现了许多新问题，使得会计工作面临许多新的挑战，所以，会计人员必须针对新的形势、新的情况及时更新观念，认真钻研业务，掌握新知识、新技术，才能适应会计工作的发展和需要。

经济活动各个方面的创新，理所当然会给传统会计工作带来多方面的冲击，会计人员要不断地更新自己的知识，扩大自己的知识面。

再学习是创新的重要条件。会计人员在接受了学历教育后如果停滞不前，就会在不断的知识更替中被淘汰。因此，会计人员必须改变循规蹈矩的思维模式，积极参加在职教育，坚持自学，不断更新、补充专业知识，提高自身综合素质，了解相关法律、法规的调整变化，不断创新工作方法，以适应新的工作模式和新的理财环境。

6. 会计职业判断能力

会计职业判断能力是会计人员按照国家法律、法规和规章，结合企业自身的经营环境和经营特点，运用其所掌握的专业知识和经验，对企业日常发生的经济事项和交易采用的会计处理原则、方法、程序等进行合乎情理的判断和选择的能力。随着我国改革开放的不断深入，特别是市场经济的发展，企业所处的经济环境千差万别，因此，提高会计信息质量需要会计人员具有较强的职业判断能力。

会计职业道德是会计人员在其工作中正确处理人与人之间、个人与社会之间关系的行为规范和准则。它体现了社会主义经济利益对会计工作的要求，是会计人员在长期实践中形成的。加强会计职业道德建设，提高会计人员的职业道德和基本素质，对于正确贯彻国家有关政策法令，加强企业管理，提高经济效益，具有十分重要的意义。

# 更新教育教学理念 提高会计专业教学质量

云南省保山中等专业学校 陈 静

**摘 要：** 随着教育体制改革的发展，中等职业学校面临新的机遇和挑战。要培养适应新形势发展的中专学生，必须全面提高教育教学质量。本文就新形势下中专学生的发展现状、素质水平以及会计专业教学工作情况进行分析，着重强调了新形势下中专学校会计专业教师应树立正确的教育教学观念，讲究教育教学方法，并提出提高会计专业教学质量的几点建议。

**关键词：** 新形势 会计专业教师 教育教学理念 会计专业教学质量

大多数从事中职学校会计专业教育教学工作多年的教师都有这样的感觉：现在的学生，一代不如一代，一年比一年难教。这和当前的社会大环境有关，更和现在的学生生源及素质有关。作为一名会计专业教师，在新的形势下，针对会计课程的特点，如何加强学生的教育工作，提高会计专业的教学质量，是一个常谈常新的问题，不得不思考。

## 一、会计专业教师应正视学生现状，排除对学生的成见，树立正确的教育教学观

众所周知，当前的中专生大多数是被高中拒于门外后才不得

不进中专校门的。这些学生在学习方面往往缺乏良好的学习习惯，文化基础差，厌学，对自己缺乏信心等；在思想方面的，普遍存在以自我为中心，责任感差、缺少公德观念、自我管理能力差、意志薄弱等问题；在心理方面，据调查，中专生中有95%以上存在程度不一的心理障碍，其中有心理问题的学生占16.7%。相当一部分中专生存在厌学、逆反、自卑心理，常常感到自己处处低人一等，认为自己一无所长，对人、对事采取回避、退缩的态度，不敢抛头露面，不愿尝试，怀疑自己的能力。这就加大了会计专业教师教育教学的工作难度。教师不能带有“不是教师教不好，而是学生学不好”的思想。在开展教学前，会计专业教师应正视当前学生现状，树立正确的教学观，以饱满的热情、端正的态度去面对每一个学生，以尊重和爱去感染每一个学生，为今后会计专业教育教学工作的顺利开展奠定思想基础。

## 二、会计专业教师应鼓励学生树立自信心，赢得学生好感，从而激发他们的学习兴趣

现在中职学校的学生一般走两种极端：有一部分学生过于自卑，认为自己脑子笨，什么也学不好，低人一等。这类学生在学习上虽然刻苦，但因缺乏必要的自信和正确的学习方法，学习效果甚微。还有一部分学生过于自负，认为自己家里有钱，学不学一个样。这类学生在学习中表现得漫不经心，纪律散漫，什么也不想学，什么也学不进，过着空虚的生活。这些说到底都是缺乏自信心的表现。所以，要想搞好课堂教学工作，首先必须帮助学生树立自信心。要让他们明白：中专是人生的新起点，会计是一门新的学科，是大家进入中专的新起点，它和初中的基础没有太大关系，大家都是站在同一起跑线的，要对自己有信心，抓住这个重新开始的机会，学会做人处世，学好一技之长。别人可以看

不起我们，但我们不能看不起自己，要用自己的行动赢得别人的尊重。而作为会计专业任课教师，应向学生表明心态：一定会平等地对待每一个学生，并有信心与大家一起搞好会计专业的学习。

如果学生树立了信心，也就有了学习兴趣；如果学生接受了会计专业任课教师，今后的会计课教学工作也就更容易开展。

**三、会计专业教师在会计课堂教学中应更新教育教学理念，讲究教育教学方法**

针对现在学生的实际情况和特点，会计专业任课教师在教育教学方法的运用上应区别于过去：

一是对于教学内容应有所选择。尽量选择一些平时较为常用的基础知识进行讲授，使学生易于接受，增强学生的学习兴趣和学习积极性。而对于一些较难的内容或较为少用的内容，应有计划、有目的地进行取舍，取其精华，这样能使教学内容重点、难点突出，提高教学质量。

二是每天正式讲课前应说一些鼓励的话，或当众表扬学习有进步的学生，或结合专业讲一些有教育意义的小故事，开好课头。

三是讲课时应注意学生的反应，应尽量使用通俗易懂的语言。要注意更新教学手段，如运用多媒体等形式辅助传统讲授教学法，激发学生的学习兴趣，便于学生接受，提高教学质量。

四是课堂教学中应有适当的笔记内容，使学生在上课时“有事做”，以集中学生的注意力，巩固和增强学生对所学知识的记忆。可把学生所抄笔记作为平时成绩的一个考核项目，定期进行笔记检查，以促进学习效果。

五是要提高会计专业课的课堂效率，千方百计地让尽可能多的学生参与到课堂教学活动中来，跟随老师的思路动脑、动嘴、动手，充分调动学生学习的自觉性，诱导学生去发现、领会知识的规律性，培养学生自己去发现问题、分析问题、解决问题的能力，给学生动脑、动嘴、动手的机会。讲完一部分内容后，应让学生当堂讨论总结，并进行相关内容的练习。这样做，一方面，巩固了学习内容；另一方面，如此“现炒现卖”、“趁热打铁”，激发了学生的学习兴趣，还可以检查学习效果，便于有针对性地对学生进行辅导。

六是讲练结合，让学生在课堂上动手，从而集中学习注意力，加强知识的理解和记忆，提高课堂效率。比如“基础会计”课程中关于记账凭证的填制、账簿的登记，如果只是教师在讲台上演示范例，只讲不练，那么只有一部分学生会听，教学效果不理想。最好的教学方法就是教师在上面演示，发放凭证账簿，让学生在下面根据要求实际动手填制记账凭证，根据记账凭证登记账簿。教师随堂检查辅导。学生带着兴趣实际动手操作，提高了学习兴趣，集中了注意力，课堂效率也就大大提高了。

七是对于布置的课后作业应认真检查、批改。这样做，一方面可以让学生看到教师负责的工作态度，提高学生对教师的尊重，激励学生对该门课程的学习积极性；另一方面，可以检查学生的学习态度和教学效果，及时发现问题，以便更好地进行课后辅导。

八是定期收集教学意见。这样做，有利于会计专业任课教师及时发现教学问题，认真总结教学经验，从而提高教学水平，取得良好的教学效果。在收集教学意见时，教师应真诚地表明自己的态度，向学生讲明教学意见反馈的必要性和重要性，让学生打消顾虑，说真话、说实话，从而达到收集教学意见的真正目的和取得良好的效果。

## 四、会计专业教师应做好课堂上下的角色转换

教师上课时，应在保证课堂纪律的前提下，注意启发学生的思维，活跃课堂气氛，使学生在良好的课堂纪律、轻松的学习环境中愉快地学习。如有时遇到课堂气氛难以控制，或大部分学生面露倦意时，应停止讲课，通过适当的课堂休息进行调节，以保证后面教学的开展。对于违反纪律的学生应暗中提示，并在课堂外进行沟通交流，以达到使学生认识错误并予以改正的目的。对于个别屡教不改者应严肃校纪，使其他学生能引以为戒。

课后要关心学生的生活，经常找学生谈心聊天，拉近师生间的距离感，做学生的朋友，使学生喜欢你、信任你，从而发自内心地尊敬你。

总之，在新的形势下，要想搞好会计教学工作，提高会计专业教学质量，教师就要在提高自身会计专业水平的同时，更新教育教学理念，讲究教育教学方法，赢得学生的喜欢、信任和尊重。这种关系应是师生之间发自内心的真情流露，应建立在相互的理解和尊重之上。当然，也有极少数“软硬不吃”、“顽固不化”的学生，对于这一部分人的教育教学方法和对策也是值得我们进一步思考的问题，我们要做好“打持久战”的准备，对这类学生往往付出得再多也不一定会有同等的回报和效果，但再难教也要认真地教，因为这是我们中等职业学校教育工作者的责任和使命！

# 论新会计准则下职工薪酬的变化及其财税差异和纳税调整

泰州机电高等职业技术学校　陈金梅

**摘　要：** 新会计准则中首次提出了“职工薪酬”条款，与旧准则相比发生了很大的变化，而职工薪酬的税务处理依据是企业所得税法规。两者遵循的目标和原则不同，决定了二者在职工薪酬的处理上存在一定差异。本文就新准则下职工薪酬的变化及其财税差异和纳税调整作相关阐述，以利于对新准则的掌握和运用。

**关键词：** 职工薪酬　所得税　财税差异　纳税调整

新会计准则中新增的职工薪酬准则是根据我国目前企业类型和职工构成类型及雇佣关系形成的历史原因复杂的实际情况，为规范企业职工薪酬的会计处理和信息披露而制定的，具有鲜明的时代特色。同时，2008 年 1 月 1 日执行的《中华人民共和国企业所得税法》及其“实施条例”对工资薪金的扣除也重新作了内外资企业统一的规定。职工薪酬在会计和税法上都发生了变化。本文有鉴于此，对新准则下职工薪酬的变化、财税差异及其纳税调整作如下分析。

## 一、新准则下职工薪酬的变化

1. 界定了完整的企业职工薪酬（人工成本）概念

原制度缺少统一的职工薪酬概念，人工成本核算中职工的范围和薪酬内涵都比较狭隘。新准则下的职工薪酬从广义的理念出发，将职工薪酬界定为“企业为获得职工提供的服务而给予各种形式的报酬以及其他相关支出”，确立了完整的人工成本概念，实现了与国际会计准则趋同，更加全面反映企业支付的人工成本与费用。

2. 取消了计提福利费的规定

原制度规定，企业根据国家规定按职工工资总额的14%提取福利费，计入成本、费用。新准则取消了计提福利费的规定，而是按照实际发生额计入资产成本或当期费用，与税收规定不一致时作纳税调整，年末账户余额清算为零。

3. 明确了非货币性福利属于职工薪酬的一部分

非货币性福利通常是指企业提供给职工的实物福利、服务性福利、优惠性福利及有偿休假性福利等，被称为职工的隐性收入。原来的制度和规范中没有将非货币性福利纳入职工薪酬的范畴，发生非货币性福利时，计入管理费用、应付福利费中核算，在会计处理上也较为随意，也给个人所得税的征收征稽带来很大困难。因此，为了使非货币性福利的列支更加规范，新准则明确地将其纳入职工薪酬的范围，以规范企业对非货币性福利的会计处理。

4. 引入了一个新的福利概念——辞退福利

对于辞退福利，在新准则出台以前，企业大多按照收付实现制的原则在支付经济补偿金时直接列支为管理费用，这种做法会使企业在经济性裁员时管理费用突然增加而使企业利润不能得到真实地反映。新准则引入了辞退福利的概念，包括两类：一类是

“职工没有选择权的辞退计划”；另一类是“职工有选择权的辞退计划”。对于前一类职工没有选择权的辞退计划，应当根据辞退计划条款规定的拟解除劳动关系的职工数量、每一职位的辞退补偿标准等，计提应付职工薪酬；对于后一类职工有选择权的辞退计划，企业应当预计将会接受裁减建议的职工数量，根据预计的职工数量和每一职位的辞退补偿标准等，按照《企业会计准则第13号——或有事项》规定，计提应付职工薪酬。这种处理方法符合新的会计基本准则会计假设——权责发生制假设。

5. 对职工薪酬的会计处理作出了统一的规范

原制度中规定，将应付工资和应付福利费确认为负债时应按受益对象计入资产成本，其他各项“保险费”和工会经费、职工教育经费等全部计入当期费用。而新准则对各类职工薪酬的会计处理进行了统一，在第四条中明确规定：“企业应当在职工为其提供服务的会计期间，将应付的职工薪酬确认为负债，除因解除与职工的劳动关系给予的补偿外，应当根据职工提供服务的受益对象计入资产成本或当期费用。”

## 二、新准则下职工薪酬的财税差异及其纳税调整

1. 职工福利费的财税差异及其纳税调整

原制度会计上采用实际列支的处理办法，新税法条例虽然也改变了以前计提列支的办法，按规定据实列支，但仍有14%这一扣除标准。企业实际发放工资高于计税工资标准的，应按其计税工资总额计算扣除；实际发放工资低于计税工资标准的，应按其实际发放工资总额分别扣除。

【例1】甲企业2007年发生工资费用150 000元，其中产品生产工人80 000元，车间管理人员40 000元，企业管理人员30 000元。职工福利费用20 000元，其中：产品生产工人10 000元，车间管理人员6 000元，企业管理人员4 000元。甲企业当

年计税工资总额为120 000元。

（1）职工福利费用的会计处理

借：生产成本 10 000

制造费用6 000

管理费用4 000

贷：应付职工薪酬——职工福利 20 000

（2）职工福利费用的纳税调整

准予税前扣除的金额＝120 000×14%＝16 800（元）

应纳税所得额调整增加金额＝20 000－16 800＝3 200（元）

此外，根据《企业会计准则第38号——首次执行日企业会计准则》的规定，首次执行日企业的应付福利费余额，全部转入应付职工薪酬。首次执行日后的第一个会计期间，按照企业实际情况和职工福利计划确认应付职工薪酬（职工福利），首次执行日转入应付福利费的余额与当年度实际使用额之间的差额，调整管理费用。这里要注意会计与税法规定的不同，年末时应就此进行纳税调整，否则，企业将多交很多税。

2. 工会经费、职工教育经费的财税差异及其纳税调整

《国家税务总局关于工会经费税前扣除问题的通知》（国税函〔2006〕1678号）规定：建立工会组织的企业、事业单位及社会团体按每月全部职工工资总额的2%向工会拨交的经费，凭工会组织开具的《工会经费拨缴款专用收据》在税前扣除。《国家税务总局关于修订企业所得税纳税申报表的通知》（国税发〔2006〕156号）又解释：《国家税务总局关于工会经费税前扣除问题的通知》（国税函〔2000〕678号）中所称每月全部职工工资，是指按税收规定允许税前扣除的工资额，即计税工资额。

《关于企业职工教育经费提取与使用管理的意见》（财建〔2006〕1317号）规定：一般企业按照职工工资总额的1.5%足额提取教育培训经费，从业人员技术要求高、培训任务重、经济

效益较好的企业，可按2.5%提取，列入成本开支。《关于企业技术创新有关企业所得税优惠政策的通知》（财税〔2006〕188号）规定：对企业当年提取并实际使用的职工教育经费，在不超过计税工资总额2.5%以内的部分，可在企业所得税前扣除。

【例2】承【例1】，甲企业按工资总额的2%提取工会经费，1.5%提取职工教育经费。

（1）提取工会经费、职工教育经费的会计处理

借：生产成本 2 800

　　制造费用 1 400

　　管理费用 1 050

　　贷：应付职工薪酬——工会经费 3 000

　　　　　　　　　　——职工教育经费 2 250

（2）工会经费、职工教育经费的纳税调整

准予税前扣除的金额 = 120 000 × 2% + 120 000 × 1.5% =4 200（元）

应纳税所得额调整增加金额 =（3 000 + 2 250）- 4 200 =1 050（元）

3. “五险”的财税差异及其纳税调整

《企业会计准则》规定，企业为全体雇员缴纳的医疗保险费、养老保险费、失业保险费、工伤保险费和生育保险费等社会保险费及商业保险待遇，应在职工为其提供服务的会计期间，根据工资总额的一定比例计算，计入相关资产成本或当期损益。

《企业所得税税前扣除办法》（国税发〔2000〕184号）第四十九条规定：纳税人为全体雇员按国家规定向税务机关、劳动和社会保障部门或其指定机构缴纳的基本养老保险费、基本医疗保险费、基本失业保险费，按经省级税务机关确认的标准缴纳的残疾人就业保障金，按国家规定为特殊工种职工支付的法定人身安全保险，可以扣除。《国家税务总局关于执行〈企业会计制

度〉需要明确的有关所得税问题的通知》（国税发〔2003〕145号）规定：企业为全体雇员按国务院或省级人民政府规定的比例或标准缴纳的补充养老保险、补充医疗保险，可以在税前扣除。而“指南”中所指的“以商业保险形式提供的保险待遇，也属于职工薪酬”，在税法上不予认可，不得在税前扣除。

新会计准则中保险费用在工资薪酬内容中，税法中保险费用不在工资薪金内容中。

【例3】甲企业2007年计提职工养老、医疗、失业保险等社会保险费共30 000元，其中产品生产工人18 000元，车间管理人员7 000元，企业管理人员5 000元，另为中层管理人员购买商业保险8 000元。

（1）计提保险费的会计处理

借：生产成本 18 000

制造费用 7 000

管理费用 5 800

贷：应付职工薪酬——保险费 38 000

（2）保险费的纳税调整

准予税前扣除的金额＝30 000（元）

应纳税所得额调整增加金额＝8 000（元）

4. 住房公积金的财税差异及其纳税调整

新会计准则规定住房公积金按照国务院《住房公积金管理条例》规定的基准和比例计算。即单位和职工均按照职工本人上一年度月平均工资乘以相应的缴存比例计算。

《国家税务总局关于企业住房制度改革中涉及的若干所得税业务问题的通知》（国税发〔2001〕39号）第四条规定：企业根据国家规定按工资总额一定比例为本企业职工缴纳的住房公积金，可在税前扣除。参考针对个人所得税的财税（2006）10号文件来看，单位和个人分别在不超过本人上一年度月平均工资

（不得超过职工工作地所在城市上一年度职工月平均的3倍）12%的幅度内，其实际缴存的住房公积金，允许在个人应纳税所得额中扣除。企业负担的住房公积金不作为工资薪金支出。

5. 非货币性福利的财税差异及其纳税调整

非货币性交易准则区分非货币性交易是否具有商业交易实质。不具有商业交易实质的，非货币性交易按照账面价值计价，不确认损益；具有商业交易实质的，非货币性交易按照公允价值计价，确认损益。

而《企业所得税法实施条例》第二十五条规定，企业发生非货币性资产交换，以及将货物、财产、劳务用于捐赠、偿债、赞助、集资、广告、样品、职工福利或者利润分配等用途的，应当视同销售货物、转让财产或者提供劳务。也就是说，税法上不区分非货币性交易是否具有商业交易实质，均规定应当视同销售货物、转让财产或者提供劳务，一律按公允价值计价，确认损益，缴纳企业所得税。

【例4】乙企业所属职工医院维修领用A产品100千克，其账面价值4 000元，公允价值5 000元。

（1）会计处理

借：应付职工薪酬——职工福利 4 850

　　贷：库存商品——A产品 4 000

　　　　应交税费——应交增值税（销项税额）850

（2）纳税调整（不考虑其他相关税费）

应纳税所得额调整增加额 = 5 000 - 4 000 = 1 000（元）

6. 辞退福利的财税差异及其纳税调整

（1）对于“职工没有选择权的辞退计划”，新会计准则规定企业应当根据计划条款规定拟解除劳动关系的职工数量和每一职位的辞退补偿等计提的辞退福利，全部计入当年管理费用账户。而根据相关税法规定，企业对已达一定工作年限、一定年龄或接近退休年龄的职工内部退养支付的一次性生活补贴，以及企业支付给解除劳动合同职工的一次性补偿支出（包括买断工龄支出）等，在符合一定条件的情况下，可以在税前扣除。各种补偿支出数额较大、一次性摊销对当年企业所得税收入影响较大的，可以在以后年度均匀摊销。

（2）对于“职工有选择权的辞退计划”，新会计准则依据谨慎性原则，将其确认为或有事项，通过预计负债计入管理费用。税法则认为，对费用的税前扣除，原则上应为据实扣除。由于职工有选择继续在职的权利，辞退补偿属于或有事项，通过预计负债计入了费用不尽合理，因此税法对此不允许税前扣除。

【例 5】丙公司 2007 年制订了一项职工辞退计划，年末根据相关资料预计应支付补偿金额为 140 000 元。

（1）会计处理

借：管理费用 140 000

　　贷：应付职工薪酬——辞退福利 140 000

（2）纳税调整

应纳税所得额调整增加额 = 140 000（元）

**参考文献：**


[1] 财政部：《企业会计准则第 9 号——职工薪酬》，2006。

[2] 财政部会计资格评价中心：《初级会计实务》，中国财政经济出版社 2007 年版。

[3] 国家税务总局：《企业所得税税前扣除办法》，2000。

# 加速折旧法运用的探索

福建省莆田职业技术学校　陈晨茵

**摘　要：**我国现行财会制度规定允许使用的加速折旧法主要有两种：双倍余额递减法和年数总和法。加速折旧法是一种使用前期提取折旧较多，固定资产成本在使用年限内尽早得到补偿的折旧方法。为了降低由于科学技术飞速发展而产生的无形损耗的风险，提高资金运营效果，客观上要求采用加速折旧法。加速折旧法既有优点，然而也存在一定的不足。本文试对此进行探索。

**关键词：**加速折旧法　双倍余额递减法　年数总和法

## 一、加速折旧法概述

### （一）加速折旧法概念

加速折旧法是相对于每年折旧额相等的匀速直线折旧法而言的，是指固定资产每期计提得的折旧费用，在使用的早期多提折旧，后期少提折旧，折旧费用逐年递减的一种折旧的方法。采用加速折旧法，目的是使固定资产成本在估计耐用年限内加快得到补偿。由于计提的折旧额呈逐年递减的趋势，所以加速折旧法又称递减费用法。和直线法相比，加速折旧法既不意味着要缩短折旧年限，也不意味着要增大或减少应提折旧总额，只是对应提折旧总额在各使用年限之间的分配上采用了递减的方式而不是平均的方式。不论采用加速折旧法还是采用直线法，在整个固定资产预计使用年限内计提的折旧总额都是相等的。

（二）加速折旧法的产生

加速折旧法最初是在美国产生的。第二次世界大战以后，美国政府为了促进军火工业的发展，鼓励人们向军火工业进行投资，规定处于垄断地位的军火企业的厂房与设备可以缩短折旧年限计提折旧。美国当时的所得税法也承认了用加速折旧法计提折旧而计算的应税所得额。这种做法就企业而言，实际上是延期向国家交纳所得税；而就政府来说，实际上是给了企业若干年的免息贷款。所以，当时这种折旧政策促进了处于物资供应短缺状况的美国经济的发展。这种加速折旧方法虽然与当今的并不通过缩短折旧年限而加速固定资产成本的计提的加速折旧法不完全一致，但就其目的而言则是相同的。

（三）采用加速折旧法的原因

1. 为了较好地体现收入与费用的配比原则和稳健性原则

固定资产在其投入使用的初期，生产效率较高，能给公司带来较多的收入，因而在这个时期应多提些折旧。随着固定资产使用时间的延长，其效率逐渐降低，产生的收入相应减少，与其相对应提取的折旧就应减少。这样做，完全符合收入与其相应成本、费用的配比原则。会计核算中的稳健性原则，又称谨慎性原则，它要求公司的会计核算在有多种方案可供选择的条件下，应充分估计可能承担的损失和风险，并力争将其减少到最低程度。因而加速折旧的实施，可以使投入的资金更快地收回，这样能减少甚至杜绝公司的损失。

2. 为了使固定资产的各期使用成本大体保持均衡

固定资产的使用成本包括折旧费用和维修费用。在固定资产使用的早期，维修费用一般较低，随着固定资产使用时间的增加，资产的性能下降，维修费用也不断增加。只有采用加速折旧法，才能使固定资产的各期使用成本基本保持平衡。

3. 为了减少科技进步造成的固定资产价值损失

固定资产折旧既要考虑有形损耗，也要考虑无形损耗。尤其在当今科学技术高速发展的情况下，固定资产的更新也较快。只有实行加速折旧，加快补偿固定资产价值的速度，才能减少因技术落后遭淘汰而使固定资产提前退出使用状态而发生的损失。

4. 为了减轻固定资产使用前期的所得税负担

采用加速折旧法在固定资产使用早期多提折旧，增加了当期的成本费用，相应也减少了收益，从而减轻了公司前几年的所得税负担。这也就是说用加速折旧法延迟了所得税的交纳时间，从货币资金的时间价值角度考虑，为公司争得了一定时期的无利息贷款，对于一些税负过高的公司来说，也部分缓解了资金供应紧张的矛盾，有利于公司设备的更新改造，同时降低了筹资成本，这对公司是十分有利的。

## 二、加速折旧法的特点及其优缺点

### （一）加速折旧法的特点

1. 可以使固定资产的使用成本各年保持大致相同

固定资产的使用成本主要包括折旧费用和修理维护费用两项内容。一般来说，修理维护成本会随着资产的老化而逐年增加，为了使固定资产的使用成本在使用年限中大致保持均衡，计提的折旧费用就应逐年递减。

2. 可以使收入和费用合理配比

固定资产的服务能力在服务早期总是比较高的，因而能为企业提供较多的利益，而在使用后期，随着资产的老化、修理次数增多，产品质量下降，将大大影响企业利益的获得。为了使固定资产的成本与其所提供的收益相配比，就应在早期多提折旧，而在使用后期少提折旧。

3. 能使固定资产账面净值比较接近于市价

资产一经投入使用就成了旧货，其可变现价值会随之降低，因而在最初投入使用时多提一些折旧，可使资产账面净值更接近于资产的现实市价。

4. 可降低无形损耗的风险

无形损耗是由于企业外部因素引起的价值损耗，企业很难对其作出合理估计，出于谨慎性考虑，将固定资产的大部分在使用早期收回，可使无形损耗的影响降至最低。

（二）加速折旧法的优点

随着固定资产使用期的推移，它的服务潜力下降了，它所能提供的收益也随之降低，所以根据配比原则，在固定资产的使用早期多提折旧，在晚期少提折旧。

固定资产所能提供的未来收益是难以预计的，早期收益要比晚期收益有把握一些，同时，由于货币时间价值的客观存在，期限越长，其贴现率越小。从谨慎原则出发，早期多提后期少提的方法是合理的。

随着固定资产的使用，后期修理维护费用要比前期多，采用加速折旧法，早期折旧费用比后期多，可以使固定资产的成本费用在其整个使用期内比较平均。

企业采用加速折旧法并没有改变固定资产的有效年限和折旧总额，变化的只是在投入使用前期提得多，而在后期提得少。这一变化的结果推迟了企业所得税的交纳，实质上等于从政府获得了一笔长期无息贷款。

（三）加速折旧法的缺点

1. 月折旧额的差异不明

采用加速折旧法，年度间折旧额的确呈递减趋势，但在实际工作中，固定资产折价是按月平均摊销的，由于固定资产的使用年度同会计年度可以不一致，折旧额必须在会计年度之间按比例分配，使每月折旧额的计算复杂化，一方面同一年度前几个月的折旧额大于后几个月的折旧额，呈现出加速趋势，与此同时，前几个月各月折旧额相同，后几个月折旧额相同，又使得折旧速度呈现出平均化，从而使得同一会计年度折旧不能在各月之间均衡地体现加速的特点。

2. 月折旧额的计提难操作

在大中型企业固定资产品种很多，购置时间不一致，预计使用年限不相同，预计收回的残值也不会相同，按照年数总和法和双倍余额递减法两种加速折价法计算折旧，每月只能采用个别折旧率计提折旧额，工作量非常大，也很难操作。

3. 有悖会计核算的一般原则

会计核算的一贯性原则要求企业所采取的会计处理方法前后各期应当一致，在一般情况下不得随意变更。而双倍余额递减法在开始年度是月折旧额等于期初固定资产账面净值乘以月折旧率，而在固定资产折旧年限到期前两年内，将固定资产账面净值扣除预计净残值后的净额平均摊销。这种加速折旧法显然违背了会计核算的一贯性原则。

## 三、采用加速折旧法的方法

采用加速折旧法计算折旧的具体方法有余额递减法、双倍余额递减法、年数总和法、递减折旧率法等。我国会计准则规定可以允许企业采用的加速折旧方法是双倍余额递减法和年数总和法两种。

（一）双倍余额递减法

双倍余额递减法是指在先不考虑固定资产净残值的情况下，根据每期期初固定资产的账面净值和双倍的直线法折旧率计算折旧的一种方法。由于固定资产的账面净值逐年减少，以双倍的直线法折旧率乘以递减的账面净值确定的折旧金额也必定逐年递减。其计算公式如下：

年折旧率 =2/ 预计使用年限×100%

年折旧额 =年初固定资产账面净值×年折旧率

采用双倍余额递减法计算折旧时，由于计算的折旧率不考虑净残值因素，而固定资产的账面净值又是逐年递减的，按此连续计算各年折旧额后，会使固定资产在最后折旧年度自动产生一个残值（即固定资产的账面净值），这个残值不可能恰好等于预计的净残值。因此，运用双倍余额递减法时应注意以下两点：

（1）在折旧期满时，应避免将固定资产的账面净值降低到它的预计净残值以下。避免的方法是：在可能出现这种情况的那一年，即发现采用双倍余额递减法计提的折旧额大于剩余应提折旧总额时，应将这年年初的固定资产账面净值减去预计净残值的差额，在剩余的使用年限中平均摊销。

（2）在折旧期满时，也不能使固定资产的账面净值大于预计净残值。如果发现在某一折旧年度按双倍余额递减法计算的折旧额小于按直线法计算的折旧额，应从这一年度开始改为按直线法计提折旧。采用的判断条件是在某一折旧年度下列关系成立：

当年按双倍余额递减法计算的折旧额 <（当年固定资产账面净值 - 预计净残值）/剩余使用年限

【例1】某企业某项固定资产的原值为48 000元，预计净残值为1 500元，预计使用5年。

采用双倍余额递减法计算的各年折旧额如下表所示：

**双倍余额递减法折旧计算表**

单位：元

| 年份 | 期初账面净值 | 折旧率 | 折旧额 | 累计折旧额 | 期末账面净值 |
|---|---|---|---|---|---|
| 1 | 48 000 | 40% | 19 200 | 19 200 | 28 800 |
| 2 | 28 800 | 40% | 11 520 | 30 720 | 17 280 |
| 3 | 17 280 | 40% | 6 912 | 37 632 | 10 368 |
| 4 | 10 368 | – | 4 434 | 42 066 | 5 934 |
| 5 | 5 934 | – | 4 434 | 46 500 | 1 500 |
| 合计 | – | – | 46 500 | – | – |

其中：折旧率 = 2 / 5 ×100% = 40%

10 368 ×40% <（10 368 - 1 500）/ 2

即：4 147. 2 <4 434

所以，从第四年起改用直线法计提折旧，第四年、第五年的折旧额均为：

（10 368 - 1 500）/ 2 =4 434（元）

我国现行制度规定，采用双倍余额递减法计提折旧时，应当在其固定资产折旧年限到期以前的两年内，将固定资产净值扣除预计净残值后的余额平均摊销。这种方法计算简单，无须根据理论上的判断条件判定改变折旧方法的年限。

（二）年数总和法

年数总和法是指将固定资产的原值减去预计净残值后的净额乘以一个逐年递减的分数来计算折旧的一种方法。这个递减的分数即为固定资产的折旧率，其分子为某年年初固定资产尚可使用的年数，每年递减；第一年为 5，第二年为 4，第三年为 3……

分母为该项固定资产预计使用年数的逐年数字总和，固定不变，如使用年限为 5 年，则年数总和为 1 + 2 + 3 + 4 + 5 = 15。所以，年数总和法又称级数递减法。由于折旧率逐年递减，折旧额也逐年递减，从而达到加速折旧的目的。其计算公式如下：

年折旧率 = 年初尚可使用年数 / 预计使用年限的年数总和 ×100%

或 =（预计使用年限 - 已使用年数）/ 预计使用年限×（1 + 预计使用年限）/ 2 ×100%

年折旧额 =（固定资产原值 - 预计净残值）×年折旧率

【例 2】参照例 1，采用年数总和法计算的各年折旧额如下表所示：

**年数总和法折旧计算表**

单位：元

| 年 份 | 尚可使用年限 | 原值 - 预计净残值 | 折旧率 | 折旧额 | 累计折旧额 |
|---|---|---|---|---|---|
| 1 | 5 | 46 500 | 5/15 | 15 500 | 15 500 |
| 2 | 4 | 46 500 | 4/15 | 12 400 | 27 900 |
| 3 | 3 | 46 500 | 3/15 | 9 300 | 37 200 |
| 4 | 2 | 46 500 | 2/15 | 6 200 | 43 400 |
| 5 | 1 | 46 500 | 1/15 | 3 100 | 46 500 |

通过以上两个例子可知，在固定资产的使用早期，采用双倍余额递减法计提的折旧额大于年数总和法；而在固定资产的使用后期，采用双倍余额递减法计提的折旧额小于年数总和法。

采用加速折旧法计提折旧，可以使企业加快回收资金的速度，提前进行固定资产的更新改造。另外，由于充分考虑了无形损耗对固定资产折旧的影响，减少了资产提前报废造成的损失。不论采用什么方法计提折旧，从固定资产全部使用期间来看，折旧总额不变，因此对企业净收益总额也无影响。但由于采用加速折旧法，使应计折旧额在固定资产早期摊提较多，而在后期摊提较少，必然使企业净利早期相对减少而后期相对增多。这对于企业尽早收回投资，推动技术进步，增加企业后劲都具有积极意义。但是，加速折旧法的计算比较复杂，不易掌握。同时，由于企业推迟了纳税的时间，影响了政府的税收。

**四、加速折旧法的会计处理**

对确需缩短折旧年限而采取加速折旧方法的，如对促进科技进步、环境保护和国家鼓励投资的关键设备，以及常年处于震动、超强度使用或受酸、碱等强烈腐蚀状态的机器设备，由纳税人提出申请折旧的，经当地主管税务机关审核后，逐级报国家税务总局批准。

企业提取固定资产的折旧，通过“累计折旧”账户进行核算。该账户是“固定资产”账户的备抵调整账户，其贷方登记当月计提的折旧额和增加的固定资产已提折旧额，借方登记因出售、报废等原因减少固定资产而转销的已提折旧额。期末贷方余额反映企业现有固定资产已提取的折旧累计数。本账户只进行总分类核算，不进行明细核算。

我国会计制度规定，企业固定资产计提折旧直接计入有关成本费用，不冲减投资人的投资，也不单独形成折旧基金，在账务处理上根据固定资产折旧汇总表作会计分录：

借：制造费用

管理费用

营业费用

贷：累计折旧

对于折旧费用应按照固定资产使用部门或用途进行合理分配。属于基本生产车间和辅助生产车间的应借记“制造费用”账户，属于企业行政管理部门的应借记“管理费用”账户，属于在建工程项目使用的固定资产应借记“在建工程”账户。

**参考文献：**


［1］刘尚林主编：《财务会计》，高等教育出版社 2001 年 7 月版。

［2］刘永泽、陈立军主编：《中级财务会计》，东北财经大学出版社 2004 年 1 月版。

［3］李海波主编：《新编财务会计》（修订本），立信会计出版社 2000 年 8 月版。

［4］李现宗、庄仁敏编著：《财务会计学》2 版，首都经济贸易大学出版社、中国农业大学出版社 2002 年 2 月版。

［5］谢国珍主编：《财务会计》（修订版），高等教育出版社 2004 年 7 月版。

［6］王文华、徐文丽编著：《中级财务会计》2 版，立信会计出版社 2003 年 9 月版。

［7］庄恩岳编：《新财务会计计算公式实用手册》，中国财政经济出版社。

［8］周叶著：《税收筹划——策略、技巧和案例》，上海财经大学出版社 2003 年 11 月版。

［9］林世怡主编：《税务会计》，立信会计出版社 2003 年 7 月版。

［10］袁新文主编：《财务会计》，厦门大学出版社 2002 年 11 月重印。

# 会计实务模拟教学的重要性及实施方法探讨

南宁市第六职业技术学校　白晓雷

**摘　要：**本文从会计专业学生应掌握的实践技能出发，以目前该专业学生在实习过程中存在的难以克服的困难为依据，较详细地分析、论证了在校内开展会计实务模拟教学的重要性和可行性，对该专业开展好实践教学工作具有积极作用。

**关键词：**会计实务模拟教学　重要性　实施方法

会计是一门集理论性和应用性为一体的应用型社会科学。学习会计专业，不仅要学好会计的基本理论、基本方法、基本技能，还要掌握会计实际操作。而会计实际操作在会计专业教学中主要是通过会计模拟实验实习进行的。会计模拟教学是在会计教学中，为使教学能够理论联系实际，加强对学生动手能力的培养和训练而设置的一种仿真的教学环境。本文对会计模拟教学的重要性及我校在教学实践中的方法进行探讨。

## 一、会计实务操作的重要性

毕业实习是教学的重要环节，是提高教育质量的重要手段，是巩固并深化学生理论知识的重要步骤。而建立会计模拟实验室，设置会计实务操作课程，是会计教学改革的重要内容，是解决会计毕业生校外实习难的最有效途径。当前，校外实习遇到了前所未有的困难，大部分企业不愿意接受会计专业毕业生到企业实习。

企业不愿意甚至拒绝接受会计专业毕业实习生的原因主要有以下几点：

（1）会计工作的特殊性，使得会计专业毕业实习生不便参与处理会计业务。会计工作过程实际上就是严格贯彻执行国家会计法规、财经纪律的过程，非本职会计人员不宜参与。

（2）会计工作的规范性，使得会计专业毕业实习生不便参与核算会计事项。会计工作是一项规范化的工作，从填审原始凭证到编制会计报表，有着一系列严格的制度，不得出现丝毫差错，没有熟练操作技术的实习生是难以正确驾驭此项工作的。

（3）会计信息的保密性，使得会计专业毕业实习生不便了解企业的真实会计核算资料。会计信息是企业决策的依据，是增强企业市场竞争能力的资源。特别在市场经济条件下，它关系到企业的生存与发展，所以企业不可能让实习生接触到实质性的会计事项。

（4）会计岗位的定编性，也使得会计专业毕业实习生难以进入企业会计部门。企业会计部门定岗定员，各司其职，各负其责。实习生进入必然影响会计人员的正常工作秩序。学校方面，实习经费短缺，使会计专业毕业生校外实习受阻。造成校外实习流于形式，影响了教学质量。

毕业实习的困难造成我校会计专业的学生对会计基础知识的掌握虽然比较熟练，但利用会计知识去解决实际问题的能力较为欠缺。如学生平常做会计分录时是看着题目来做的，他们基本上都能做出来，但实习时是模拟实际工作中的操作来进行的，要求学生看着原始凭证来登记记账凭证，很多学生就做不出来了。这样的素质与社会的需求差距很大，因此需加强会计实务模拟的教学。

## 二、会计实务模拟教学的作用及实施方法

会计模拟实践教学是目前各个学校根据自身各方面的实际探索出的一种教学模式。无论从时间和空间、条件和内容到方式和手段及环境和气氛，与去校外实习比较而言，均有其优势。学生根据实验内容的要求，自己动手，根据经济业务填制原始凭证，编制记账凭证，登记账簿，计算成本，编制会计报表，编写财务报告，进行财务分析，仿佛置身于实习单位的财务部门一样。这就使学生对会计工作的全貌有了清晰直观的了解，既培养了他们的动手能力，又加深了他们对会计基础理论和会计工作内在联系的深刻认识。下面就我校开展会计实务模拟教学的方法进行介绍及探讨。

1. 时间安排

在时间上我校实行的是教育部所倡导的“2 + 1”模式，用第三年时间到企业顶岗实习。因此在第一学年上半学期通过“基础会计”课程学习掌握基本理论知识的基础上，按模块安排实践操作，具体可分配如下：凭证的填制安排在“会计凭证”内容讲授完后；账簿的登记安排在“会计账簿”内容讲授完后；当“会计报表”讲授完毕之后，可让学生练习资产负债表及损益表的编制；下半学期在“企业会计”课讲授完毕之后，可安排学生进行企业月度主要经济业务活动的核算和分析工作，内容为凭证、账簿的登记、成本核算、报表的填制及经济业务活动的分析，引导学生将所学知识串联起来，完成全面的核算和分析工作。通过结合理论的操作加深学生对理论知识的了解，并对会计工作的基本操作和流程有初步的认识。主要的会计实务模拟教学安排在第二学年下学期，通过给学生提供某企业12月份（12月份的经济业务内容比较全面）的全套业务，并安排学生轮岗，使学生能胜任不同岗位的工作，将课堂上所学的知识与企业实际

工作情况结合起来，让学生即使不走出校门也能在较短的时间内亲身体验系统、全面的会计工作过程。课前必须对学生进行教学动员，让他们积极参与，增强其学习的主动性与目的性，以期用较少的教学时间获得较佳的教学效果。

2. 会计实务模拟教学课程的资料和用品

会计实务模拟教学课程教学需要准备的用品主要有：原始凭证、各类记账凭证、会计账簿、会计报表、常用会计科目印、印泥、回形针、胶水、凭证装订设备等。相关资料为：①提供企业1—11月份的有关资料，月末各总分类账户余额、明细分类账户余额和有关会计报表。此资料反映会计前期各会计要素情况。②提供企业12月份有关资料，即会计期间的持续经营活动所产生的各种业务事项的凭证。该部分是学生模拟学习的重点。

3. 做好分组分岗工作

会计实务模拟教学实践的另一重要环节是让学生分岗位实习，按企业实际岗位分工进行。在专门的会计模拟实验室中先将学生进行分组并分配岗位，各组设记账员、出纳、会计主管、业务员、仓库管理员等岗位，各岗位职责各异，各种往来经济手段及业务流程手续均应按规定的流程进行，在各个不同的操作阶段，各组同学可轮流换岗，争取对会计核算的全过程有基本的了解。

4. 具体实施方法

期初启动模拟会计核算操作，是以旧账账户余额为基础，建立新账账户期初结存额，展示会计核算的连续性原则。会计期间的经济业务核算，按规范方法制证、汇总、登账、对账。会计期末，要进行结账、编报。对这些关键环节，教学中教师都要列举题例，示范操作。具体步骤如下：

（1）第一步：建账。通阅“企业概况”、“内部会计制度、规定”、“资料”。了解企业的基本情况，进入会计角色，明确企业会计核算的日常具体规定，审查、整理全部会计资料，根据上月末各总分类账户余额、明细分类账户余额和有关会计报表建立新账。

（2）第二步：制证、记账。根据企业 12 月份有关资料的原始凭证，审查业务事项的合法性、合理性和合规性，编制记账凭证，并选取适当的账务处理程序（最好同时使用几种常用的账务处理程序）进行会计科目汇总，登记总分类账、明细分类账和日记账。

（3）第三步：结账、编报。复审核算事项，并按权责发生制的原则，调整相关的收入、费用，结转收支项目，计算本会计期间的盈亏，编制余款试算平衡表，结出各账户的余额，最终分析填列会计报表，写出财务报告说明书。

（4）第四步：分析、应用。利用会计报表资料，结合当前市场行情，对企业经济活动的过程、结果进行分析研究，揭示企业生产经营活动的利弊得失，评估企业财务状况和经营成果。此段在于检查学生的综合能力、分析能力以及解决实际问题的能力。

（5）第五步：写出模拟实习报告和总结。围绕模拟实习的项目，阐述各项经济业务账务处理所依据的有关法规制度，归纳模拟实习的基本程序，指出实务操作的疑点难点，阐明企业在加强经营管理和会计核算中应注意的问题，最好能联系当前的社会实际，进行一些专题分析报告和总结。介绍会计实务操作内容，模拟企业主要交易以及各阶段实务操作业务、凭证、资料、工具和会计处理规范程序。同时温习相应的会计理论及业务知识，为后续的操作打下基础。

另外，会计实务操作过程中还应注意加强对学生的考核。会计实务操作作为会计专业的必修课，要求学生必须独立完成，以达到真正检验其所学知识及动手操作能力的目的。为防止会计实务操作训练流于形式，避免盲目抄袭，有必要加强对学生的考核，建立日常考核、定期考核等考核制度。主要是：①在日常的实验实习时，考核学生的到课率，将一部分内容作为课堂任务，保证其及时完成。②定期抽查部分学生实验实习内容的完成进度及完成情况。

实务操作中必须坚持理论联系实际，指导课不能脱离会计理论，应把实务操作与会计理论融为一体，以缩短课堂教学与社会实际之间的距离。学生以学为主。在实务操作过程中，教师应按阶段地把模拟实习前相关的理论复习要点提出，要求学生在每阶段模拟核算操作前听好讲座课，再引入实务操作，最终达到理论与实际相结合的目标。

在教学实习实践中我们深深体会到：在校内会计专业的教学中，即使具备完全仿真的模拟实习，许多实际工作中遇到的问题在会计课堂上仍无法完全解决。只有在教学中不断改进教学的方法，建立健全会计实务操作内容及操作流程，才能提高会计专业的教学质量，为社会输送合格的会计人才。

**参考文献：**

［1］ 余明江：《关于会计实务操作几个基本问题的思考》，1999 年第 6 期（总第 34 期）

［2］ 李艳、王金艳：《会计模拟实验教学的探讨》，《吉林广播电视大学学报》2005 年第 3 期。

# 对五年高职会计专业教学改革的几点思考

江苏联合职业技术学院 连云港财经分院　左占卫

**摘　要：** 高职会计专业教育更强调学生基本技能的培养，即要求学生在掌握会计和经济管理的基本理论的基础上，能够进行实际应用操作，以培养具有综合应用能力的专门人才。针对传统五年高职会计教学中存在的问题和社会经济发展对会计教育理念提出的新要求，本文提出对会计教学进行改革的几点合理措施。

**关键词：** 五年高职　会计教学方法　案例教学法　实践教学法　比较教学法

“高职”即普通高等职业教育，属于高等教育专科层次，是我国高等教育的重要组成部分。高职会计教育不同于一般会计学本科教育，一般的会计学本科教育较注重学生会计理论的培养，而高职会计教育更强化学生基本技能的培养，即要求学生在掌握会计和经济管理的基本理论的基础上，能够进行实际应用操作，以培养具有综合应用能力的专门人才。五年高职是高职教育中的一种，其生源是普通初等中学的应往届毕业生，他们大多是来自于中考中失利的学生，这一特殊的生源加大了教学的难度。如何激发他们的学习兴趣，使他们学有所成，是我们五年高职学校教师一直探讨的问题。本文结合笔者多年会计教学工作的实践，就会计专业的教学方法问题进行一些探讨，以期起到抛砖引玉的作用。

## 一、传统的高职会计专业教学存在的问题

### （一）教育手段

传统的会计教学以“填鸭式”的传授方式为主，过于注重技术面，缺乏参与式、互动式的教学，不利于学生创新性思维和评判性思维的培养。教学工具主要是教材和教案。从教材来看，教材编写重复混乱，大多数教材结构、内容雷同，缺少自己的特色，精品极少，从而直接影响到教学质量；从教案来看，缺少合适的教案，许多情况下，教案流于形式，没有真正成为教师组织课堂教学的基本工具和学生学习的主要依据。

### （二）实践环节

传统实践教学常常陷入一个典型的认识误区，即会计实践教学的目的就是要教会学生如何去做会计。囿于这一思想理念，教师和学生基本上都在围绕着怎么“做会计”而身体力行。会计学自身的“机械性”，容易使教师们流于照本宣科，在实践教学环节更是停留在“师傅带徒弟”的层面上。学生们也通常把实践教学看成是理论知识的翻版而对其应用性和写实性淡然处之，对于模拟实践的工作机理，以及实验所采取的处理方式的经济后果、变通处理方式以及易于出现差错或者舞弊的可能情形更是不甚了解。且目前我国的会计教育主要是以课堂教学为主，以实验室教学为辅。经费紧张，以及环境条件的局限，阻碍了实践环节的有效实施；学校与企业、会计师事务所等会计职业界的联系松散，没有一个固定长期的合作关系和联系机制，因而使会计专业的实践性教学环节没能形成良好而持久的运行机制；此外，往往由于课程安排不合理，挤掉了实践环节的时间，因而造成了匆匆忙忙走形式，实践环节效果不佳的后果。

## 二、社会经济发展对会计教育理念提出的新要求

市场经济的发展和中国经济国际化的进程对当代会计人才提出了许多新的要求：会计人才除了要具备丰富的专业知识和专业能力外，还应具备一系列相关的非专业素质。

（一）职业判断能力

所谓“判断”，就是对某种事物的存在或发展趋势作出一种肯定或否定的结论。会计职业判断包含内部和外部两方面的内容。内部主要是指在现行会计制度、会计准则允许的范围内，运用职业判断，选择最适合企业的会计政策和会计处理方法；外部主要指判断社会经济的总体走势，包括世界经济的发展、国际关系变化对中国经济的影响、国家政策及其趋向对经济的影响、地区的经济政策、本行业及其相关行业的发展状况，等等。会计职业判断是建立在专业知识和执业经验基础上的判断，是专业胜任能力的综合体现。这些看似与会计工作、与本企业毫不相干的内容，实际上可能会对本企业的发展产生重大影响。

（二）理解、沟通能力

具体的沟通能力包括表达（语言、文字）能力、吸取信息能力、适应环境能力等。会计人员的沟通大体包括对外、对内两个方面。对外要与银行、税务部门、财政部门和会计师事务所等相关单位进行良好的沟通。良好的沟通能力能使企业获得较低利率的贷款，规避一些税务风险，进一步健全财务核算和内部控制制度，为搞好核算提供依据。对内要与企业领导、其他业务部门管理层和普通员工进行沟通，这样可以赢得领导或其他业务部门的理解和支持。因此，作为一名高级会计人才，必须具有良好的理解、沟通能力。

（三）复合型的知识结构

现代社会要求高级会计人才要有复合型的知识结构，除了专

业知识外，还必须掌握几方面的基本知识：其一，与专业知识相关的知识，如税务、金融、财政、企业管理、投资、法律、统计等知识。这些知识都是与会计部门的业务紧密相关的。会计人员掌握了多方面的知识，在进行会计业务处理时，才能从多角度思考问题，在保证企业财务安全、健康的前提下，实现企业价值的最大化。其二，企业内部的相关知识，如生产、销售等方面的知识。要成为一名优秀的会计人员，必须对本单位的生产、销售情况非常熟悉，并能用会计语言对其加以反映和监督。其三，计算机、外语。随着信息化的普及，计算机已成为会计人员工作中必备的一种基本工具。同时，随着全球经济一体化和我国会计逐渐与国际接轨，许多企业的经济业务都与国外有关。掌握一门外语已成为现代社会对会计人员的一项新的基本要求。在一些外资企业中。外语更是最基本的工具。而目前，在我国十分缺乏既精通专业知识，又精通外语的人才。

（四）具备终身学习的能力

随着我国会计制度的不断完善和与国际会计准则的接轨，会计知识也在不断更新之中，新的制度、准则不断出台，学术界新的理论也不断出现，作为一名高级会计人才，应具备终身学习的能力。

## 三、会计专业教学改革的措施

（一）重视会计教学的感知性

五年高职学生年龄小，没有相应经验，接受和消化教学内容的能力较差，学习进度慢。会计学的理论教学过程，在内容上依次分为基础会计、财务会计和成本会计。会计专业课程内容复杂、图表数据多，会计知识覆盖面大、理论性较强、较为抽象。学生在初中从未接触过这方面的知识，进入高职学校后，突然“遭遇”会计专业理论，总是一时难以适应。因而在会计教学中首先应让学生对会计专业有感性认识。在教学过程中应按不同内容的教学要求，不断更新教学手段，增强学生学习的兴趣，如运用计算机辅助教学，采用投影、幻灯、录像等多种现代化教学手段进行辅助教学，以加大教学信息量，增强教学内容的真实感，提高了学生的感性认识和参与意识，从而提高教学效率和效果。

（二）重视会计教学方法改革

改变变传统的教学方法，全面推行案例教学方法、探究式教学法，比较教学法等教学方法。

1. 案例教学法

案例教学法是在学生掌握了一定的会计理论知识的基础上，利用典型的经济案例，让学生参与实践活动，自己动手、动脑，以提高学生发现、分析和解决问题的能力的一种会计教学法。会计案例来源于会计与理财实际工作的典型素材，都有相应的客观依据，是对会计与理财实践活动仿真和模拟，提供的是形象生动和具体真实的感性知识，因而会计案例教学法能与课堂理论教学内容密切结合。案例教学法是以会计案例为线索，在课堂理论教学的启示下，使学生自觉地进入会计与理财工作的“现场”，充当其中的“角色”，让学生具有“真刀真枪”实践的经历，促使他们勤于思考，善于决策，以会计案例为典型实例，举一反三，变学生被动听课的过程为积极思维、主动实践的过程，因此，它是一种适用、有效的启发式会计教学方法。

2. 探究式教学

在探究式教学中，创设新奇、有趣味的问题情境，能诱发认知冲突，使学生产生疑问，点燃学生的发现之火、研究之火、探索之火，激发学生的探索需要。例如，在讲解固定资产会计处理时，可以对折旧的计提、磨损等用实物演示，让学生自己发现问题，通过实践操作、体验感悟、合作交流，创造性地解决问题。在探究式教学中，学生的主体地位得到充分体现。以学生的活动为中心来开展教学，使学生运用多种感官，通过主体活动在做中学、学中做，教、学、做合为一体，直接经验与间接经验交融、理论与实践统一，使学生的主体地位真正得到体现。根据学生的年龄特点，适时、必要、谨慎和有效地指导他们，通过恰当的引导，引发学生互相质疑、互相指出对方不足，使各自的想法、思路清晰化、明显化，从而在不断地反思自己的理解和思路的过程中发展学生的能力，使学生真正从探究中有所收获。

3. 比较教学法

比较教学法就是把彼此之间具有某种联系的教学内容放在一起加以对比分析，以确定异同关系，帮助学生认识其本质差异的教学方法。比较教学法是教师在教学实践中体现教学内容之间异同关系的思维过程和方法，它一改以往教师讲授、学生听课的传统教学模式，变单向教学为互动教学，从而获得事半功倍的教学效果。具体做法是：①利用求同比较，找出规律。将相同的知识放在一起，这样使学生利用新旧知识之间的联系加深印象，增强记忆。②求异比较，揭示变化。任何事物之间都存在差异。教师的任务就是引导学生揭示这种差异。通过求异比较，能够引导学生提纲挈领地抓住事物之间的本质不同，领会其精髓。③求同存异，找准关键。对于有些内容的比较，求同是为了简化事物的次要矛盾，依此类推：存异是为了找准关键、突出难点。从教学实践来看，求同存异，找准关键的比较方式往往能够最大限度地发展学生的智力，同时也显示出教师的教学水平和对教学内容的驾驭能力。④选优示错。对于一些理解起来难度不大但内容繁多，不容易记忆的项目，可采用教师引导、提出备选答案，让学生比较体会最终选优的方法。引导学生通过选优辨析，主动获取知识、掌握知识并触类旁通。另外，在进行比较教学时，为了把知识教活，教师可以故意出错，让学生在指出教师错误的同时获得强烈的成就感，由此加深对这一关键问题的印象。

（三）培养高素质的师资队伍

高职会计专业以能力为本位的教学方案决定了会计专业的教学方式必须以“实训”为核心。这种方式不仅对教学设施有更高的要求，而且对教师的教学观念和教学能力提出了新的要求。教师要做到理论与实践密切结合，提高动手、实践能力。因此需要有一支高素质的师资队伍。

1. 培养一专多能的会计师资队伍

会计专业的教师在以本学科教学为主的前提下，应根据会计教学的需要和自身条件及兴趣，选择与会计专业相关的课程进行系统学习。这有利于更好地协调课程间的关系，也有利于会计教师从专才向通才的发展。

2. 优化会计教师的知识结构

会计职教师资知识结构中应有三个基础要素：会计专业学科的理论知识和基础技能、会计基础学科知识和相关交叉学科知识。这有利于会计教师自身知识体系的完善，有助于会计专业教师以简驭繁、触类旁通，从而有效地顺应会计专业教学对师资的要求。

3. 不断提高教师的实践能力

会计职业教育目的是培养一定的会计专业理论知识和较强的动手操作能力的应用型人才。因此，会计教师要有丰实的会计实践知识和较高的会计技能水平，并在会计教学中突出实践性教学环节，强化对学生动手能力的培养。这有利有缩小会计职业教育与社会会计实践工作的差距，使培养出来的学生在较短的时间内适应会计工作的实际需要。

（四）实践教学的改革

构建实验、实习与实训三位一体的实践教学体系。实验、实习与实训都是高校在会计教学中总结出来的有效的实践教学手段。然而三者都既具有自身的特点又有其局限性，为了使学生真正融入其中，得到提高，应该统筹安排，使三者形成良好的互补和互动关系。“实验”一般是在虚拟环境下，模拟或仿真企业会计核算和管理过程，它应该成为一种探究式的操作，意在使学生在动手过程中发现问题，并着手解决问题。这样的过程一般是在学校的手工模拟实验室进行的。眼下会计实验教学的局限性就在于它的虚拟性：业务是假的、账表是假的、审核是假的，加上对于相关法律法规和流程的忽略，与相关部门的往来也是假的，学生通常只能凭着跨时空的想象力去做实验。实验本身还无法真正克服从书本到账本的嫁接性，试验本身变成了对书本知识的印证，学生往往无法真正领会从“从实践中来，到实践中去”的要旨和蕴涵。作为大学课堂教学的另一种补充，“实习”是根据教学需要，就某一个特定的教学内容或教学目的让学生到实际工作部门进行实地考察，并撰写实习报告。在高校教学安排上，实习通常都是借助于假期以及毕业前专门安排的实习期来完成，一方面由于缺乏专业教师的全方位指导；另一方面，鉴于会计工作通常是组织中的一块“禁地”，通常忌讳“外人”的介入，尤其是不愿意让实习生接触企业真实的业务处理，因此从多年的反馈来看，实习效果并不理想，实习的往往变成打杂的，学生充其量获得一些感性认识。相对而言，“实训”则是在真实环境下，利用模拟数据进行实验。例如采用某种大型的商品化会计软件系统，输入并塑造基本的财务会计数据，合成财务报告等，还可以运用各种功能模型对企业财务活动进行全面分析和评价，进而实现会计、业务、财务的一体化。因此，高校会计实践教学应能做到实验、实训、实习等多管齐下，相互间取长补短，保持实践课程的系统性、完整性、探索性，并突出其技术性、可操作性，强化对学生专业技能和综合素质的全面培养，强调在会计理论指导下进行会计实践训练，正确处理理论教学与专业实践之间的关系。

（五）考核方式的改革

会计考试评估方式应注重考查学生综合能力和素质。能力本位的评价特征主要表现为突出实际操作技能；采用本职岗位要求的标准进行评价；连续性评价而非一次性评价；评价环境尽量接近实际工作情境；评价具有较大的透明度等。针对会计专业学生，为提高其创新意识和创新能力，教师可多出思考题、论文题或应用式的试题，重视实践性、经验性的考核。考试形式多样，具体有：①实行教考分离。一方面，可以全面了解学生对知识的掌握情况；另一方面，可以及时发现教师在教学过程中存在的问题和不足。②分层设计课堂提问和阶段性检测试题。让学生们都有展示自我、获得成功的机会。让学生体验到自己的能力和潜力，有助于他们重新获得学习专业课的信心和勇气，从而在最大限度上提高学生的学习积极性，同时激发学生的创新能力。③考查学生的心理素质。笔试和口试相结合或口试、笔试和技能操作相结合，锻炼、考查学生的心理素质，从中检验学生获取知识、信息的能力。

**参考文献：**

［1］孙超：《会计教学改革应顺“需”而动》，《财会信报》2007 年 3 月 19 日，第 C03 版。

［2］陈玉媛：《澳洲会计教学的启示（上）》，《中国财经报》2006 年 2 月 10 日，第 008 版。

［3］小戴综合编译：《美英会计教育之重点》，《财会信报》2006 年 9 月 18 日，第 B05 版。

［4］高晓兵：《会计人才应具备的非专业素质（上）》，《财会信报》2006 年 9 月 18 日，第 B05 版。

［5］杨晓华、陈冠亚：《高职会计教学过程中存在的问题及对策》，《江苏经贸职业技术学院报》2005 年第 2 期。

# 如何加强中职会计专业电算化教学

烟台第二职业中专　朱　燕

**摘　要：**随着财务管理信息化的发展，会计电算化的作用日渐突出。作为中职学校的教师如何为社会培养和输送具有素质高、能力强的应用型人才，结合多年会计电算化教学实践，从课程设置、师资培训、教学方式、模拟实训四方面谈谈个人看法。

**关键词：**会计电算化　模拟实训　财务软件

财政部曾在《关于大力发展我国会计电算化事业的意见》中指出：到2010年，力争使80%以上的基层单位实现会计电算化，从根本上扭转基层单位会计信息处理手段落后的状况。会计电算化的普及与蓬勃发展需要大量的电算化复合型人才。因此，作为中职学校在会计电算化专业教学中必须强调学生专业技能的掌握与运用，围绕现代经济社会会计职业岗位所需技能实施实训教学。

## 一、结构合理的课程设置

会计电算化作为一门实用性、针对性较强的学科，不但要求掌握会计学专业知识，而且还要求掌握计算机信息处理技术；不但要求能操作和使用计算机软件，更要求能对会计软件进行维护的同时熟练掌握各模块之间的关系。

由于涉及的相关专业课程较多，该学科包含会计方面的知识和计算机方面的知识两部分。而会计知识以基础会计、财务会计、会计核算制度和法规、财务管理等内容为主；计算机知识包括计算机原理、数据库知识、网络技术等相关课程。因此，专业课程整体开设安排要体现层次性，符合专业课程循序渐进的要求，以利于专业实训的衔接。大多数财会专业及电算化专业应在最后一学期或相关课程开设完毕之后再开设本课程，否则，如果在学生还没掌握好相关会计知识和计算机知识，如会计的手工记账流程、计算机操作等相关知识的情况下就开设这门课程，学生学起来就会困难重重，这样就会严重挫伤他们学习的兴趣和积极性。

又因为会计学本身就是实践性很强的学科，应重视实践操作能力的培养与训练，这符合学校教育由应试教育向素质教育转变的改革要求。只进行会计与会计电算化理论知识教学显然不够，还必须对会计核算的具体操作技能进行实践教学，使学生掌握会计核算的具体方法和过程。尤其在现代信息处理技术比较先进的情况下，要求能熟练掌握会计核算软件的操作和使用，并利用商品化会计软件演示版，模拟一个单位一个会计期间的经济业务进行处理，以账务处理子系统和报表处理子系统为重点，兼顾其他子系统，如：固定资产子系统、工资核算子系统、成本核算子系统等，实现会计电算化。因此，在会计电算化教学的课程设置上既要有让学生了解、熟悉、掌握会计与会计电算化的理论知识，更要有熟练掌握处理具体的经济业务技能的实践性课程，培养学生能独立完成具体经济业务的实际操作能力。

## 二、专业的师资队伍建设

教师要培养学生的实践能力，自身就一定要具有实践能力，这样才能更好地组织、指导学生实践。会计电算化是一门应用型学科，实践性很强，这就要求专业教师不仅要具备系统、丰富的理论知识，而且要具有扎实熟练的实际操作技能和会计电算化的系统管理技能。

（1）教师要认真备好实验实训课。由于长期以来，教师普遍重视理论课的备课，对于实验课、实训课，几乎普遍缺乏充分、认真备课的习惯，以致上课时自己对软件操作不够熟练，对操作过程中学生提出的问题不能做出确切的答复，导致实验、实训课教学效果不好。针对这种情况，教师要备好实践课，首先自身不能脱离实践，针对实践内容，要上机反复实践，实践过程中随时记录有关问题，然后确定上机内容、流程、目标等。

（2）会计电算化专业教师除了认真备课，加强自己的动手能力外，还应该定期接受软件公司的专业培训、专业进修等，以便适应客观要求不断更新会计电算化知识。

会计电算化软件的发展可以说是日新月异。以用友公司的会计电算化软件为例，从 UCDOS 下的账务处理系统、报表处理系统到 WINDOWS 下的相应系统，从单机版到网络版，从单一的核算系统到集核算、管理于一体的软件系统等无不具备。与会计软件开发的迅速发展相比，电算化的教学却存在明显滞后的现象，其原因除了课程设置和教材选择不当等原因外，专业教师的知识结构老化、知识更新太慢、实践技能不强也是一个重要原因。专业教师只有深入软件生产或营销公司，接受前沿专业知识，才能更好地进行教材的选择和编写、教案的组织和准备以及实践课程的教学和指导。

（3）专业教师应与学生一起，参加专业实习，深入企业实际，考察了解会计电算化软件在企业应用中的实际情况，掌握实际应用中容易出现的问题，并且能够解决实际操作中出现的障碍，这样才不会纸上谈兵，不会理论与实践脱轨。

## 三、新颖的教育教学方式

会计电算化课程的教学方法上应一改过去的满堂灌和照本宣科的做法，多采用模拟现场教学、对话讨论教学、解答疑难问题式的教学方法，课堂教学中突出知识点，让学生对有关问题进行思考、质疑、询问，培养其创新思维。

当前绝大多数会计电算化专业教师仍采用传统教学方法，教师在课堂上讲解，主要借助于书本、教师的语言和在黑板上板书来组织教学，教师讲解费力，学生理解困难。为改变这样的现状，我们可将会计案例教学法大量应用于会计电算化教学中，以CAI为主要的教学方法，通过对案例的分析来确定应采取的解决问题的措施与办法。这种教学方法，可以使学生具有"实战"的感觉，促使学生勤于思考、善于动手，变被动听课的过程为积极思维、主动实践的过程。

计算机辅助教学（CAI）是计算机应用于教学的一种方法，把教学内容制作成教学课件或教学软件，通过计算机、投影机、影碟机、音箱等先进视听设备进行展示或教学。通过这种教学方法，使教学内容得到比较直观、形象的展示，同时还可配以同步声音、动画等，这样课程内容将变得声像并茂、直观易懂、生动丰富，增强了学生学习的兴趣，提高学生学习的积极性与主动性，最终达到提高教学质量的目的。若在CAI的基础上再借助于多媒体技术及网络技术来组织教学，集电视式的视频接收能力与计算机的交互能力于一体，更能充分提高学生的学习兴趣，从而达到事半功倍的效果。

## 四、灵活多样的模拟实训

由于会计电算化课程实践性强，因而需重视实践操作能力的培养和训练。必须以培养学生的能力为中心来设计其课程内容。

特别是中职电算化专业的教学，要加强会计电算化实践设施的建设，强化实验性的模拟教学，适当增加实训课时，选择或自编实用的电算化模拟教材，重视岗前培训，真正提高学生的综合职业能力。具体实训教学可分为两个阶段：

第一阶段，基础实训，即手工模拟实训。指学生在学习“基础会计”过程中进行的实训，利用其所提供的凭证、账本、报表等进行手工模拟操作，从而使理论与实际有机地结合在一起。其目的是让学生对会计工作有一个感性认识，知道会计工作做些什么、怎样做。

第二阶段，专业实训，即上机模拟实训。把手工会计实作中所接触的会计案例，在电算化模拟实验室中，利用财务软件再次加以训练，从而使学生进一步完成系统初始化、日常账务处理、期末处理、输出会计报表等工作。其目的是通过较集中的训练，可以是专题实训，也可以是综合性的实训，使学生达到熟练掌握专业技能，促进知识技能向能力转移，形成良好的职业素养的目的。

在实训过程中，可以让学生同时担任不同的操作员，完成一套账的全部工作，在扮演不同“角色”的过程中，全面掌握会计流程的各方面工作，培养学生的综合能力和成就感；也可让学生分组进行协作训练，如一个系统分别分工、协作进行，最后合作完成，从而锻炼学生的分工协作能力。

另外，按照教学规律，学校在组织会计电算化专业实训教学时，对基础实训、专业技能训练、专业主干课程、校内专项实训、社会实践训练等的内容、要求实训方式及时间安排都应提出明确的要求，形成会计电算化专业的各实训项目之间的内容衔接，采取循序渐进、环环相扣、层层递进的实训模式，以达到较好的实训效果。

会计电算化模拟实训是学生走向工作岗位前对会计实务进行

学习掌握的必要环节，对学生实践能力的增强尤为重要。学校应加强会计电算化实验室的建设，提高实训的效率和质量，逐步将手工会计实训与电算化会计实训在时间和实训内容上相结合，为学生走上工作岗位即能适应财务管理电算化的工作要求奠定良好的基础。

总之，实践技能是会计电算化工作最基本、最重要的技能，随着会计电算化在会计工作中的广泛应用，会计电算化课程的发展已经直接影响到财务管理的信息化建设。因此，中职学校在教学和课程设置中更应该注重学生动手能力的培养，紧密结合企业实际进行实践教学，做到理论与实践相结合，培养素质高能力强的学生来满足社会的需求。

# 应付账款计划化管理

绍兴市中等专业学校　周铭梨

**摘　要**：随着市场经济的发展，企业信誉及诚信将变得越来越重要，作为衡量企业信誉的重要指标之一是企业对应付账款的支付及时性和规范性。在现实的应付账款支付过程中，许多企业还是采用传统的随意性的应付账款管理模式，这已越来越不能适应新的市场经济的需要。企业应借助先进的信息化管理系统，实行应付账款计划化管理，以提升企业信誉，降低资金成本。

**关键词**：企业信誉　应付账款　计划化管理

## 一、引　言

随着制造业和信息化的不断发展，越来越多的专家和管理者都提出了企业流程再造的新的管理思路和办法。同时也有很多企业完成了流程再造，大大提升了管理效率。但在再造的过程中，很多企业往往忽视了对应付账款的再造或是有了流程再造但往往不加以应用。很多企业还在采用随机性的付款办法，没有实行应付账款的计划化管理。这不外乎有以下方面的原因：首先，我国企业中一直存在这样的思维误区，觉得能欠别人的钱越长越好，可以减少企业的资金成本；其次，由于企业在采购环节还习惯性地采用打个电话就发货的所谓快速反应的办法，没有很好地实行合同化管理，造成了应付账款计划化管理的基础数据缺乏。其实以上的这些想法和做法，从短期来看好像确实为企业减少了资金成本，实现了快速反应机制，但从深层次来看，未必能对企业产生效益，相反的，还会造成许多不良的后果。

本文将就未实行应付账款计划化管理所存在的问题和如何实行应付账款计划化管理这两个方面进行论述。

## 二、未实行应付账款计划化管理所造成的负面影响

### 1. 影响企业信誉

随着市场机制的不断完善，企业的信誉显得越来越重要，一个没有信誉的企业必将被市场所淘汰。如果企业由于对应付账款不实行计划化管理，经常出现拖欠供货商货款的现象，必将给公众造成此企业信誉不好的印象。久而久之，供货商就会放弃你这块市场，停止向你供货，使你不得不寻求新的供货渠道；或是在给你的供货价格中把你的拖欠货款成本计划在内，这样势必造成采购成本的上升，这就使企业既损失了信誉又增加了成本。

### 2. 影响企业一把手及财务人员的工作效率

以一个案例来说明：如一个企业实行应付账款计划化管理以前，年原材料进货货款大概在 1 亿元左右，按平均每笔采购价格 20 万元计算，每笔货款大概平均都在两次付完，则光原材料支付次数就达到 1 000 次，因这些费用的支付都通过一支笔签付，而一把手平均在办公室的时间为总上班时间的 50%（计 130 天），按这样计算，如果领导在办公室上班，则每天得亲自协调签付货款次数 7. 69 次（1 000/130），这将极大地影响到领导参与管理、决策的时间，使领导陷入长时间处理事务性工作的困境。同时，由于付款的随意性，势必增加财务付款的随机性和随时性，从而极大地影响到工作效率的提高。

### 3. 影响财务资金使用的计划化管理

由于付款的随意性，财务人员无法确切知道未来应付的款

项，因此为了保险起见，往往得多预留库存现金以供货款的支付，无法盘活多余资金，就会出现资金使用效率不高，资金占用成本提升的现象。

4. 为采购员等既得利益者创造取得变相利益的条件

由于采购员掌握一手的付款资料，领导往往是按照采购员的付款请求来考虑付款，这样，采购员在付款的过程中就起到了关键的作用。有些企业为了能及时取得货款，采用不正当手断贿赂采购员，让采购员争取先予以支付货款，这势必将导致不接受贿赂的企业利益受到损害，同时也助长了采购员受贿的风气，这也是由于制度的缺失而导致的后果。

## 三、如何实行应付账款计划化管理

实行应付账款计划化管理是企业能否决胜于未来市场的关键，企业应采取以下措施来推行计划化管理。

第一，由于该项工程涉及企业财务、采购、仓管、人力资源、信息技术中心及供应商等各个环节，尤其是需要改变财务、采购、仓管等相关部门原有的工作程序和模式，因此是一个系统工程，同时也是一把手工程，必须由一把手统一牵头落实和执行，否则很有可能使该项目流于形式或半途而废。首先，要在实施该项目前对各相关部门的工作进行统一的细化和分工，人力资源部门应针对这些工作的变化相应修改其岗位职责和考核办法，并针对项目的需要，调整相应的人员结构和岗位设置。同时，在一把手负责的基础上，由财务部门作为该项目的牵头部门，其他部门为辅助部门，辅助部门应全力以赴做好配合工作。

第二，财务部门通过财务信息系统，取出相应的供应商的财务基础数据，采购部门根据价格、质量、付款要求等相关要素制订供应商的等级考核办法，并通过财务部门提供的基础数据和采购部门的有关数据，通过考核办法对供应商进行等级评定。建议把供应商分为A（好）、B（较好）、C（一般）、D（较差）、E（差）五等，并定期进行等级评估，此等级可以有升有降。这样可以促进对供货商的服务。

第三，在等级评估的基础上，初步拟订一个付款规范，由财务部门会同采购部门制订一个相对规范的付款战略合作协议。该协议包括付款期、供应商的铺底资金、付款方式（现金、商业汇票或其他方式）、公司的付款承诺等相关内容。同时，由采购部门牵头与各相关供应商进行战略谈判，表明公司的立场，组织战略合作协议的签订。其中对主要供货商，应由公司主要领导与其主要领导逐一商洽，先予确立战略合作协定；对次要供货商，可通过每年召开一次供货商战略合作会议，通过会议统一签订该协议。这样就可以为今后公司账款的计划化管理打下了一个基础。

第四，信息部门针对推行应付账款计划在管理的需要，配合财务部完善或建立财务信息化处理系统，做好供应商评估、基础数据采集、入库单套打、付款计划提醒等模块，并做好与企业ERP或办公软件的衔接，同时要做好硬件的配置与重组工作，不要由于硬件跟不上而影响项目的实施，并跟进培训工作。有条件的单位还可建立集团公司资金结算中心，并与银行系统相连。出纳每天根据付款计划统一划账付款或办理相应的商业票据。财务主管或领导可以根据近期付款计划，调节资金余缺，合理安排资金，近期多余资金可以用于交易性金融资产投资或归还银行贷款，缺口可以通过银行融资或加强应收账款催收来取得。

第五，应付账款计划化管理的实施，必将触及有关人员的既得利益，会使这些人员对于该项目的实施产生消极抵触的情绪。因此，对于采购办法要实行改革，对采购实行背对背竞价机制。即对现有采购人员实行分组化管理，两人或一人为一组，对于每一笔采购由物资所需部门发出询价要约，各采购小组根据所需物资要求组织询价复盘，物资所需部门根据采购小组的报价，通过比较确定由哪个小组中标并组织正式的采购。同时，为了避免采购小组分别向同一供货商询价的问题，对供货商按片区进行统一划分。在采购竞价的基础上，制定相应的采购人员考核激励机制，设置采购数量、价格、服务等 KPI 指标统一进行考核，鼓励采购人员开发新供应商，提升采购产品和对物资所需部门服务的质量。同时，人力资源部门要加强对采购员的反商业贿赂法等相关法律法规的培训，杜绝不良之风的产生，真正做到以制度来激励人、以制度来约束人。

第六，由于推行应付账款计划化管理是一个长期的、系统性的工程，在实行的过程中要从重点推行到全面逐步推开。如刚开始可以先从主要原材料采购开始执行计划管理，然后覆盖到辅助材料，到条件成熟再推行全部物资采购的应付款项计划化管理。同时，要结合操作过程中出现的新问题、新情况不断进行修正与跟进工作，把该项目做成长效持续的工作，提升公司信誉，树立行业典范，在供应商和客户中推广，逐步树立起全行业加强应付账款管理的理念。

应付账款能否很好地进行管理，将从一个侧面反映企业的管理水平和管理能力。近几年，随着资本市场的不断发展和完善，企业的兼并重组越来越多，中国企业正逐步由中小企业为主逐渐向大企业、大集团化发展，原来原始的、由一把手统管一切事务的管理模式将越来越不能适应市场的发展，企业要发展只有不断采用信息化等先进的管理手段。同时，由于市场监管的不断完善，企业信誉将会在未来市场经济中起到越来越重要的作用，应付账款的计划化管理将是提升企业信誉的重要途径，必将越来越受到企业的重视。

**参考文献：**

［1］玛丽·S. 谢弗：《应付账款管理最佳实务》，经济科学出版社 2006 年 10 月版。

［2］郭淑芬：《应付账款的管理与控制》，《财务通讯》（学术版）2006 年第 2 期。

# 儒家思想对中职会计专业教学的启示

广东省惠州旅游学校　钟有桃

**摘　要：** 儒家思想博大精深，她所倡导的忧患、人本、和合、笃行、乐观等精神，不但对国人思想观念和生活方式产生了重大影响，而且对会计教学也有诸多有益的启示。用儒家思想指导会计教学，效果事半功倍。

**关键词：** 儒家思想　中职　会计教学　启示

儒家思想是国学的主流，也是中国人安身立命的基石，可以说，中国人的为人处世，基本上遵循的是儒家的行为准则和道德规范。中国人判断事物的价值标准，说话做事的原则，所参照的基本上也是儒家的教条。

“五四”运动“打倒孔家店”之后，国人对儒家思想提出了质疑，认为中国落后于西方发达国家的一个重要原因，是自汉代董仲舒提出“罢黜百家、独尊儒术”后几千年来，儒家思想严重束缚着人们的思想和社会的发展。而事实恰恰相反，凡是尊崇儒家思想的朝代，经济就繁荣，如汉、唐盛世，凡是冷落儒家思想的年代，经济就落后，如清末、“文化大革命”时期。尊崇儒家思想不但在我国如此，而且深受儒家思想影响的国家如日本、韩国、新加坡等都有过之而无不及。在儒风吹拂下，他们经济发达，社会稳定，人民安居乐业。可见儒家思想是老祖宗传给后代的无价之宝。

儒家思想所倡导的忧患、人本、和合、笃行、乐观等精神，不但对国人思想观念和生活方式产生了重大影响，而且对中职会计教学也有诸多有益的启示 。

启示一：有教无类，因材施教。

孔子收徒，不分贵贱、地域、愚智，只要肯受教就行。他以人文文化为基础，一律谆谆教诲。孔子觉得教育学生是自己应该做的事情，是一个真正的知识分子应尽的责任和义务。好人通过教育会变得更好，坏人通过教育可以改正错误，也会变成好人。无论是平民百姓的子女，还是富家子弟，只要肯学，都要尽责去教，孔子一生收门徒三千多人，出了七十二高徒，这在中外教育史上是绝无仅有的。

综观现在的中职学校，所招学生基本上是考不上高中的成绩较差的学生，有些人把中职学校说成是“垃圾转运站”，有些中职老师把这些学生当成了“朽木”，失去了雕琢的耐心，与两千多年前的孔老夫子的思想相去甚远。

其实，成绩好与差的学生的智力水平相差无几，他们的差别主要体现在情感水平上，成绩差的学生也许学习意志力差些，兴趣爱好不在死记硬背上，但他们的想象力、操作水平、动手能力绝对不会差，教师只要教育得法，注意扬长避短，一样可以把成绩差的学生培养成才。

因材施教一是面对学生。中职会计专业的学生文化基础相对较差，好动好玩，如果采用“满堂灌”的教学方式，学生是难以坚持的，即使是坚持下来了，效果也肯定很差，既浪费老师的口舌，又得不到学生认可。孔子的教学方法很值得老师学习，他采用的是议论式、启发式教学方法，综观《论语》始终，基本上是学生提问题，孔子予以解答，他采用的是双向互动教学法。对会计专业的学生来说，由于他们的接受能力、理解能力千差万别，老师对同一问题解答的方法、详略也应该有差异。

现代心理学研究表明，青少年注意力集中的时间在20分钟左右，为提高学生的注意力，中职学校会计课可在每节课的中间穿插一些提问、讨论、做练习等动态教学活动，以此来提高教学质量。

因材施教二是针对课程。会计课是一门实践性很强的学科，要把培养学生的动手能力贯穿于整个教学过程，如果只讲不练，无异于纸上谈兵。古人云："纸上得来终觉浅，绝知此事要躬行。"现代教育家陶行知先生也倡导知行合一，边学边练，事半功倍，只讲不练，事倍功半。会计练习，要采用仿真教学法，即模仿真实的场景，采用真实凭证来训练，在课堂上讲到相关的凭证、账簿、报表时要用真实的凭证、账簿、报表让学生填制，反复用这些真实的东西让学生练，这样学生在接触真正的会计实务时就不会手忙脚乱，才会成竹在胸。

启示二：志存高远，持之以恒。

孔子曰："三军可夺帅也，匹夫不可夺志也。"孔子告诉我们立志于人的重要，同时启示我们，确定目标，努力奋进，最终取得成功。现代心理学研究表明，立志越高远，人生越成功；如果心中没有目标，学习就缺乏动力，学习就不可能学好。立志的学生比不立志的学生学习成绩至少可提高10%。要让会计专业学生立志，就必须让学生知道，会计专业是越老越吃香的专业。会计从业者是单位管理者，公司经营的好与坏，很大程度取决于会计人员善不善于理财，会计部门是单位的重要和核心部门，会计CEO是公司的决策者，也往往是单位负责人的心腹，会计人员比其他人员有更多的提升机会，会计专业有非常广阔的前途。在讲课中要不断向学生灌输这一理念，强化学生对会计专业的认识，使学生有源源不断的动力，从而产生学习的兴趣。

孟子曰："天将降大任于斯人也，必先苦其心志，劳其筋骨，饿其体肤，空乏其身，行拂乱其所为；所以动心忍性，曾益其所不能。”会计专业的学生要想取得成功，除要树立做一流会计人的理想外，更重要的是要以顽强的意志去实现自己的愿望。

荀子曰：“积土成山，风雨兴焉；积水成渊，蛟龙生焉，积善成德，而神明自得，圣心备焉。故不积跬步，无以至千里；不积小流，无以成江海。骐骥一跃，不能十步；驽马十驾，功在不舍。锲而舍之，朽木不折；锲而不舍，金石可镂。螾无爪牙之利，筋骨之强，上食埃土，下饮黄泉，用心一也；蟹八跪而二螯，非蛇、蟺之穴无可寄托者，用心躁也。”会计专业学习不能一蹴而就，必须持之以恒；若一曝十寒，则永远学不好会计专业。

启示三：诚实守信，慎独慎言。

孔子曰：“言而无信，不知其可也。”会计专业的学生道德底线是必须诚实守信，不做假账。会计核算是会计的首要职能，它是指会计以货币为主要计量单位，采用一定的会计方法，对企业的经济活动进行综合、连续、系统、完整地反映，为各类报表使用者提供会计信息的功能。如果会计人员提供虚假的会计信息，那么就失去了会计核算的真实意义，也就失去了会计存在的基础。会计信息的真实性是会计工作的生命线。

孔子曰：“君子戒慎乎其所不睹，恐惧乎其所不闻。莫见乎隐，莫显乎微薄，故君慎其独也。”所谓“慎独”，指当一个人独处或别人不在场、无人监督的时候，总是非常谨慎地注意自己的思想和行为，不做任何有悖道德规范的事情。通常在无别人在的地方，人很容易放松对自己的要求，会出现“独而不慎”的现象。慎独的修养方法诉诸人们高度的道德觉悟和自觉精神。坚持慎独，要除去哗众取宠之心，不容许任何邪恶的念头萌发，才能防微杜渐，使自己的道德品质纯净高尚。在会计教学中不但要求学生知道“头顶三尺有神明”，黑暗之中有双看不见的眼睛盯着我们，做会计工作不能有丝毫的非分之想，而且也要以教师的道德规范来要求自己。

孔子曰："可与言而不与之言，失人。不可与言而与之言，失言。知者不失人，亦不失言。"在会计教学中，要让学生知道，一是要把握说话的时机，不该说话时坚决不说；二是"一言可以兴邦，一言可以灭邦"。要保守会计秘密，不该说的话，坚决不说。

启示四：学而不厌，诲人不倦。

孔子曰："默而识之，学而不厌，诲人不倦，何有于我哉？"

学而不厌是对师生提倡的品质。我们说学习的敌人是自己的满足，只有永不满足的人才知道学无止境，才能做到学而不厌。现在会计知识更新的速度越来越快，如果稍一懈怠，就会跟不上时代的步伐。因此教师要与学生共同成长，共同进步。

诲人不倦是对老师的要求。韩愈曰："师者，所以传道授业解惑也。"孔子曰："既知教之而所由兴，又知教之所由废，然后可以为人师也。"而"记问之学，不足以为人师"。宋代张载《语录抄》中也如是说："教人至难，必尽人之材，乃不误人。"

"默而识之"。做学问要宁静。不可心存外物，更不可力求表现，要默之然后领会在心，这是最要紧的。比如说，新的会计准则非常多，如果教师不静下心来钻研，怎能学得会，又怎能教学生？

"默而识之，学而不厌，诲人不倦，何有于我哉？"翻译成白话便是说，我没有什么学问，只不过到处留意，默默地学习，把它强记下来；求学问不厌倦；教人也不厌倦；除了这三点以外，我什么都不懂，什么都没有。孔子说的这三点都是真学问，我们为人师者扪心自问：我们做到了吗？

启示五：中庸之道，不走极端。

孔子曰："中庸之为德也，其至矣乎！民鲜久矣。"中庸作为一种德行，恐怕是至高无上的了！民众缺少它已经很久了。

孔子对于中庸竭力推崇，简直把它抬到了至高无上的地步。

无论做什么事情，都要把持一个“中庸”，不要过也不要不及。人们思考问题的方式，不知什么时候已经改变了，什么问题都要从极端上去思考，要么便是极好，要么便是极坏，没有一个中和的方式。这样就会产生各种各样的认识偏差，影响自己和他人的正常沟通，所以必须采取中庸之道。

中的意思是中正、中和，不偏不倚；庸的意思是平常、凡庸，不竞不争。任何事物只要保持一个中正的态度去做，就不会出现过错；无论什么人物，只要抱着一个平常的心态去交际，就一定会达到平等、理解、知己的境界。一个人的言行只要合乎中庸，很少会出现生活中的障碍，社会因此而得到安定平和。

中庸之道对中职会计教学的启示有五：一是大多数的学生的学识水准处于中位，教学的进度、难度要以他们为基准，兼顾两头；二是大多数学生既有优点也有缺点，在批评他们时先表扬，这样学生就容易接受；三是教授会计专业的内容中，中庸之道无所不在，如借贷两方必须相等，左右两边必须平衡投资收益风险必须均衡，等等；四是做会计工作一定要客观公正，如实反映经济业务，不为他人的意见所左右；五是遵守谨慎原则，尽量规避可预见的风险。

儒家思想对中职会计教学的启示远不止这些，本文只是抛砖引玉。要吃透儒家思想对于会计教学的功能除通读儒家经典文献外，还必须在实践中加以运用。“路漫漫其修远兮，吾将上下而求索。”

# 企业人力资源会计确认问题研究

河南省财经学校　赵若洁

**摘　要：** 人力资源的开发、利用和管理对企业的发展起着关键作用。如何认识人力资源会计的确认问题，关系到人力资源价值的科学计量、人力资源绩效的定量、人力资源价值的会计核算、收益分配以及激励约束机制的建立。本文从资产的基本概念出发，将人力资源确认为企业的一项特殊资产，并对其计量、确认时点、分类以及特殊性进行了阐述。

**关键词：** 人力资源会计　确认　研究

20 世纪 60 年代以来，人力资源会计作为企业的一项战略资产，在经济领域内的重要性开始逐步为理论界和企业界所重视。随着企业间科技人才竞争的日益加剧，人力资源已被认定是在竞争中获胜的首要要素。同时，以"人"为支柱的服务业的迅速崛起，使传统会计已无法满足经济发展的需要。与这种新的会计环境和管理需要相适应，作为管理会计分支的人力会计应运而生。

然而多年以来，人力资源会计始终未能形成一套完整的理论体系，实践起来更是困难重重。特别是 20 世纪 70 年代后期和 80 年代初，人力资源会计理论研究因为面临一些难题，出现了发展停滞的局面。20 世纪 90 年代以后，虽然很多学者从理论到实务等方面都对其进行了大量有益的探索，但是至今仍然未能使其在理论上与传统会计融为一体，实务中亦未能得以大规模应用，对人力资源会计的探索和研究仍然进展缓慢。原因在于对人力资源会计面临的种种难题尚无统一认识，其中重要的一点是如何认识人力资源会计的确认问题。因为如果不对人力资源进行科学的会计确认，就不能对人力资源的价值进行科学的计量，人力资源的绩效也就无法定量，人力资源价值的会计核算、收益分配以及激励约束机制的建立等都会因为缺乏科学依据而无所适从。

## 一、人力资源应当确认为一种资产

会计上确认资产的条件归纳为：资产的形成是事后的，也即资产是由过去某种投入而形成的储备；资产所有权或使用权属于一个组织或企业，即其被一个企业或者组织拥有或控制；资产的价值可以用货币计量，而且价值的确认时间是事后。从本质上讲，资产是一种能够带来经济利益的资源，而且预期可以为企业带来经济利益。人力资源或人力资源投资具有资产的上述特征。

1. 企业为了取得或控制人力资源的交易或事项已经发生

企业通过刊登广告、组织考试、签订协议等程序在劳动力市场上招聘录用职工，或通过培训等形式提高在职职工的劳动能力等行为，都是企业为获得劳动力的未来服务而发生的投入，这些事项是已经发生的。但人力资源投资与资产交易并不完全相同，前者从工作支付形式来看是多层次性和暂时性的，而后者是一次性和永久性的。

2. 企业的人力资源在一定条件下是被企业拥有或控制的

虽然从所有权关系看，体现在劳动者身上的劳动力归劳动者本人所有，企业无权剥夺劳动者的劳动力，而且劳动力作为个人的“私有财产”符合某种自然秩序和天赋人权的观念。但依据有关的劳动法规或约定俗成，法定工作时间内，企业有权排斥其他单位和个人甚至劳动者本人使用其劳动力（当然，由于劳动者纪律松懈、管理混乱等原因，职工会消极怠工、旷工等，这又另当别论）。也就是说，即使控制失效而存在一定的职工离职率，企业也有权控制并使用在法定界限内职工的劳动力。

3. 企业人力资源可以用货币计量

企业人力资源在被企业所得到时企业要进行投资，此时企业人力资源就会形成成本，并且是可以用货币计量的。企业人力资源也是可以自由流动的，其在流动时一般以自身价值的增值（升迁）为先决条件。如果在原来的企业不能得到更好的待遇（工资、住房、职位等），一般人力资源就要流向一个可以提供更好待遇的企业。在流动中人力资源的价值也是可以计量的。人力资源本身因年龄超过就职年限而退休，企业或社会就需要用货币计量其养老金。与产出进行分析，可以看出人力资源可以创造潜在的巨大的经济效益，虽然它提供未来经济利益存在着不确定性，但不确定性是资产的共同特征，这说明人力资源也是可以计量的。

4. 企业的人力资源蕴藏着可能的未来经济利益，即具有未来服务的潜力或效益

从投入的角度来说，按照马克思主义政治经济学的观点，劳动力的价值是生产和再生产劳动力所必需的物质资料的价值间接计算出来的。从产出的角度来说，人力资源的价值取决于人力使用所能产生的现实或潜在的价值。因此，应该将人力资源确认为企业的一项资产。

## 二、人力资源作为资产的确认时点

从人力资源取得情况看，可分为外购人力资源和内生人力资源两个来源：前者是直接从企业外部招聘进来即可使用的具有一定专长或专门技术的员工，后者是企业通过职业技工学校或师徒传授方式培训出来的员工。但无论是什么来源，都应以企业和员

工双方签订的劳动契约（前者为劳动合同，后者为培训期满考试合格的人事定级聘用合同）的实际生效日期作为人力资源的确认时点。

## 三、人力资源会计对人力资源的进一步的分类

企业人力资源作为一项特殊的企业资产，大致可分为三个层次，即普通的劳动者、拥有很强的科研创新能力的技术人员、具有很强资源配置能力的经营管理人员。其中，拥有很强科研创新能力的技术人员和具有很强资源配置能力的经营管理人员也可称为智力资源。

对于普通劳动者来说，依据会计的成本效益原则和重要性原则，关于这部分工资和奖金，只需按照现行会计制度计入成本费用类账户，不必确认为人力资源成本。同时，这部分人力资源也不必确认为人力资产。

对于拥有很强科研创新能力的技术人员和具有很强资源配置能力的经营管理人员来说，他们构成了企业发展、创新的主题。因此，应当激励这些人员，除给他们支付工资和奖金之外，还应让其分享企业的超额利润。

由于人力资源会计的确认指的是将人力资源中主要的智力资源确认为是人力资产，因此应将这部分智力资源按协议确认为是智力资产，予以资本化。同时应将其纳入财务报告，对外传递企业可以继续发展的信号，对内向管理人员提供有关人力资源的重要信息。

## 四、人力资源资产的特殊性

尽管人力资源属于企业经营中最重要的资源这一论断已成为大众的共识，但从会计角度来看，从资产的基本概念等方面出发，人力资源作为企业的特殊资产还需从概念上进行如下认识：

1. 人力资源具有自主性

人们在处理任何事情时，主观上都存在着积极或者消极、作为或不作为的倾向与选择。这种自主性导致了企业对于人力资源控制权的不完全性。对于传统资产项目而言，企业不但有权控制其产出物的效用，而且对于特定资产本身还拥有占有、使用、收益和处置等完全的财产权利；而对于人力资源，任何企业所能控制的仅仅是其知识或技能的固化产品，即劳动成果。

2. 劳动者与企业之间的本质是一种交易契约关系，而非财产所有权关系，劳动合同的存续期具有很大的不确定性

从企业角度看，它对人力资源效用的控制及相应收益的占有都只是暂时的，在构成企业总体获利能力的诸多要素中，经营性租赁资源的性质和特点是与人力资源极其相似。对于前者，财务会计并不将其纳入企业资产的范围。

## 五、结　语

知识经济时代的到来，使企业的竞争由原来的以物竞争为主转向了以人力资源竞争为主。对人力资源的开发、利用和管理将对人类社会的发展起到关键的作用。但是目前关于人力资源会计的确认等几个障碍仍未能很好地解决，这种情况影响了将人力资源纳入会计的核算和管理体系的进程。因此，全面实施人力资源会计的工作仍然任重道远，仍需要广大理论工作者和实务工作者继续努力。

# 试论中等职业学校会计专业教学改革

湖南长沙望城职业中专　张银芳

**摘　要：**本文首先对中等职业学校会计专业教学改革的必要性进行了论述，然后阐述了中等职业学校会计专业教学改革的基本思路。

**关键词：**会计专业教学改革　必要性　基本思路

## 一、中等职业学校会计专业教学改革的必要性

会计专业是中等职业教育办学历史最悠久的专业之一，已形成了较完整的课程体系和教育教学方法，为培养中初级会计工作专门人才发挥了积极的作用。但在提倡以“素质为基础、能力为本位、就业为导向”的职教改革指导思想的今天，会计专业也暴露了以下一些问题：

一是随着改革的不断深入，企业优胜劣汰进程不断加快，市场竞争将越来越激烈，择业难已成为一般中职毕业生面临的共同问题，随之带来的是中等职业学校招生难的问题。如何走出困境，中等职业学校的专业设置必须适应市场需求的变化是关键。就拿我校来说吧。我校创建了第一个职高班——会计一班，这标志着我校开始从普高向职高转变。经过十几年的努力、探索和发展，学校快速成长，现在已成为全国示范性职业学校、省示范性重点职业学校、示范性县级职教中心。这其中，随着市场的变

化，专业的发展经过了几个阶段性的变化。最初，以会计专业为主，一年能招三个新生班（150人左右，当时还处于普职兼招阶段，职高新生不到400人）；随着旅游业的兴起，旅游专业成为我校的龙头专业；紧接着计算机的普及和计算机热的到来，计算机专业很快又成为我校的优势；在2006年，我校招生政策推出与知名企业（三一重工、中联重科、北汽福田、山河智能）联合办学，实行订单教育，汽修专业和机电专业先后迅速崛起，成为我校的主导专业。我县有两所公办职校（一所是雷锋职业中专，由于长沙大河西区划的调整，划归到长沙市高新区），所开设的专业有很多是相同的，为避免生源竞争，县教育局决定两所学校不重复开专业，根据学校的优势，划分了专业，我校停招了两年。2006年，我校恢复招会计专业学生，现在，每年才招一个班，总人数才一百多人，生源严重不足。此外，学生毕业，对口就业率较低，有的即使能对口就业，也很难迅速适应工作岗位的要求。

二是过于重视对学生理论知识的传授，忽略了对学生职业能力的培养，也就是说忽略了对学生的实践性教学。就以我校的情况为例，我校现有的会计专业教学计划对实践教学规定笼统，实践教学的内容、时间、组织方式、方法不够明确，更没有系统的实施方案，实践性教学与理论教学的比例远没有达到1∶1的标准，致使在教学中实践教学环节的落实随意性大，可落实可不落实，对落实多少以及落实质量好坏缺乏监控。这些问题，已严重影响了会计专业培养目标的达成。

现代会计专业对人才的需求已由过去的一元化向多元化转变，这就要求会计学科应以提高学生就业能力为原则，建立一个融会计基本理论、基本技能和实践操作为一体的复合型、通用型和应用型的学科体系。因此，中等职业学校会计专业的教学必须进行改革，而且迫在眉睫。

## 二、中等职业学校会计专业教学改革的基本思路

改革目前会计专业教学现状势在必行，究竟从哪些方面改，怎样改，在这里粗略地谈谈我的看法。

一改教材：设计出一套中职学生喜欢和适用的会计专业教材。教材是教师用以构建学生心理结构的外部工具或手段。职业中专学校好的教材应该具备四种功能：思想品德培养功能、人类经验传承功能、心理结构构建功能、学习动机发展功能。而多年以来，我校使用的教材在编排上，都是以制度或准则加上解释为主，纯粹是知识加技能的描述。而中职学生从整体来讲，基础差、底子薄、学习积极性不高、学习自信心不足，自觉学习能力不够又无任何实践经验，面对这样纯理论性、抽象性的教材，学生觉得太难了，常常是一头雾水，很难进入角色，最初的好奇和理想很难维持枯燥乏味的学习，于是有的学生就会放弃该课程的学习。如我在课后喜欢和学生聊天，有时候就问问学生学习情况，他们反映课程太难、太枯燥、太乏味。因此，设计出一套中职学生喜欢和适用的会计专业教材已经是我校乃至全体中职学校亟待解决的问题。我和其他专业老师商量，试着按教材的四大功能来设计新教材，培养学生综合职业能力，满足学生个体发展、社会发展、组织发展的需要。

二改教学方法：寻找出一些适合学生学习的新的教学方法。在会计专业的教学方法上，有的老师仍然只采用传统的教学方法，诸如讲授法、对比法、演示法等。这些方法对学生掌握基本知识、基本技能、基本方法是颇有成效的，但对培养学生能力和创造能力是收效甚微的。在新一轮教学改革的形势下，教师必须培养学生掌握科学的学习方法，教会学生获取知识和分析、处理信息的能力。也就是说，教师不但要教会学生“学会”，还要教会学生“会学”，这样才能满足学生终身学习的需要。因此，必

须引入新型的教学方法。新型的会计教学方法应实现从“教师为中心”向“学生参与式”的转变。课堂教学是会计教学的主要组成部分，课堂的作用在于提供给教师和学生一个共同交流的场所或平台。在课堂教学上，要由以教师为中心转变为以学生为中心，以学生需求为依托，以培养能力为导向，采用“启发式”、“案例式”、“讨论式”、“模拟式”等教学方法，开展互动式、参与式的教学活动。这些新的教学方法要求在师生双边关系中，以学生为主体，在教与学的过程中以学生参与为重点，根据学生及社会的实际需要确定教学内容。

三改教学模式：创新一些真正以学生为主体的教学模式。目前，有很多老师仍然只采用传统的会计教学模式——“教师讲、学生听；教师写、学生抄；教师考、学生背”的呆板的公式化教学模式。这种模式造成费时、费力，知识输出量少，重理论教学、轻实践环节，教师上课千篇一律，学生听课没有积极性，难以激励学生的创新精神，培养出的只能是理论不深、实践不精的教条型人才，很难适应经济的发展。在现实教学工作中，教师可以尝试一些其他的教学模式。这里介绍一种我平时用过的教学模式，我把它称为“学生模拟授课”。这种模式主要是指导学生自己从活动中学习，强调学生的主体地位，强调学生的实践活动、亲身经历，重视直接经验对学生学习和发展的意义。我在课堂教学实践中是这样做的：首先给定任务（提前两天给出，便于学生查找资料）；然后采用分组讨论的形式，让学生自学，进行探究式讨论；接着每组派一名学生上讲台讲课（讲课的学生可以提问、可以板书）；最后教师小结并作点评，肯定做得好的，指出有待改进和提高的地方。这种做法让学生感受到了一种生动、活泼、自由探索的课堂气氛，改变了学生单纯接受教师知识传输的学习方式，帮助学生形成主动探究知识，积极应用理论知识解决实际问题的学习方式。在这种教学模式中，教师势必将原来的以“教”为中心转向以“学”为中心，学生真正取得学习的主动权。这种模式真正体现了学生的主体性，使学生充分发挥其主观能动性，主动地、有效地学习，并将所学的知识应用于实际，变“要我学”为“我要学”、“我爱学”、“我善学”，发展其自我调控能力，使学生在学习过程中不断实现自我超越，使学生不仅获得了知识，而且也学会了如何学习。

四改教学手段：充分利用现代化教学设备，积极推行现代化教学手段。像我们学校，每个教室都配备了教学终端，还有一些多媒体教室。而这些现代化设备利用率较低。对某些老师而言，几乎是从来没用过。他们用的还是黑板加粉笔，在授课时费时费力地讲授有限的内容，展示少量的实物（如账、证、表等），示范简单的操作。这种方式教学效果不佳，使学生失去学习主动性，而教师则口干舌燥、疲惫不堪。既然如此，我们有什么理由不采用现代化教学手段呢？现代化教学手段是指在现代信息技术条件下，将以计算机为核心的现代信息技术（包括多媒体计算机技术和网络通信技术）应用到教学领域中的各种方法，它是文字、声音、图像的结合。采用现代信息技术，课堂学习气氛活跃，能调动学生的学习积极性，发挥教师和学生的创造性，同时使课堂教学的知识输出量增加，缩短教学时间，提高教学效率。因此，我们必须充分利用现代化教学设备，提高教学的质量和教学效果。

五改课程考核及评价：寻求一套合理而有效的考核评价体系。通过前面几项改革，会计专业教学的中心已从原来的知识灌输转变到素质和技能的培养上，教学方式也由注重结论转移到注重过程上，因此用一两次考试判定学生能力的考核方式就显得不合时宜。我们有必要适当推行开卷考试，试题类型也应由一些记忆性试题和选择性试题改变为业务综合题和案例分析题。必要时，对于一些非常复杂的接近现实的案例分析题，可以划分小组共同完成。这样一方面可以增强学生解决实际问题的能力，还可以培养学生的团队合作意识。同时，还应坚持平时考察与期末考试相结合的综合考核方法，加大对学生课堂表现、实践技能、平时作业考察的比重，改变期末考试比重偏大的现象，更加注重对学生学习过程与学习效果的考核。

此外，会计专业教师也应树立终身学习的思想。因为会计专业教师担负着会计教育的重任，因此他掌握的会计知识，既要新，又要准，要与时俱进，否则误人子弟，后果不堪设想。同时，教师还应摒弃“师道尊严”的教风，与学生建立良好的师生关系。此外，还应积极参加社会实践，进行市场调研，收集案例，不断积累社会经验，为教学服务，提高教学质量。

总之，通过改革，有一套学生喜欢的教材，有能激发学生学习兴趣和爱好的教学方法和教学手段，有以学生为主导的教学模式，再加上有一套合理的考核评价体系和一支优秀的教师队伍，相信职校会计专业会迎来新的春天。

# 企业税收筹划与减免税研究

河南省财经学校　张　蕾

**摘　要：** 本文通过论述税收对社会的作用，从税收筹划产生和发展的原因等方面来说明企业在税收筹划中存在的问题及现状进行了分析，进而提出了税收筹划的设想，研究了企业如何利用国家的税收优惠政策来进行合理的税务筹划问题。

**关键词：** 税收　纳税筹划　优惠政策

## 一、税收在整个国家建设中的作用

根据公共财政理论，税收是为了满足社会对公共产品的需要而筹集的，并且应该用于国家提供公共产品的支出。我国的税收取之于民，用之于民，税收在整个国家建设中承担主导作用。

## 二、税收筹划产生和发展的原因

随着我国改革开放的深入和社会主义市场经济的进一步发展，我国大多数企业开始成为“独立自主，自负盈亏”的市场经营主体，税收筹划也自然成为企业经营决策的重要内容而被提上日程，企业在日常的税务活动中如何借助于国家的税收优惠政策来进行合理的筹划也就成为必然。因此，对纳税进行合理有效的筹划是企业实现利润最大化的当务之急。

1. 税收筹划是纳税人生存和发展的必然选择

随着市场竞争日趋激烈，企业为了生存和发展，为了不断扩大生产规模，提高劳动效率，增加收入，也就必然会采取降低能耗，降低生产成本的行动。在现有的条件下，纳税人增加收入，降低成本，实现利润最大化还受到一定的限制。为此，我们必须通过税收筹划，降低税收成本，这是纳税人生存和发展的必然选择。

2. 税收是社会主义市场经济条件下的客观要求

税收依据国家的税务制度具有无偿性征收的特点，这就必然会对纳税人的既得经济利益造成损失，与纳税人追求的利润最大化背道而驰。纳税人为了通过合理的措施避税就要认真研究政府的税收政策，针对自身的经营特点进行有效的税收筹划，在不违反国家税收制度的前提下，减轻企业的税收负担。

3. 我国的税收优惠政策为企业纳税筹划提供了广阔的空间

结合我国目前的实际情况，我国正处在优化产业结构，加快区域化发展，促进发展滞后地区经济发展的关键时期，国家在经济的宏观调控中相应的在区域税收优惠政策，产业、行业税收优惠政策，产品税收优惠政策等方面，通过对地方的税收机制进行合理规划，给企业的纳税筹划提供了广阔的空间。

## 三、我国企业税收筹划的现状

税收筹划在西方国家开始得较早，十分普遍，已经成为企业健康发展的长期战略。在我国，税收筹划开展得晚，且存在着运用不到位的明显特点，税务筹划中存在着很多误区，有的企业甚至把税务筹划与偷税、漏税、逃税等同起来，这些有悖于国家税务政策的理解必然会给企业带来经济上的损失。存在这些原因主要有以下几方面：

1. 我国税收制度不够完善

我国的税收制度是以流转税为主体的复合税制，过分倚重增值税、消费税、营业税等间接税种，尚未开展目前国际上通行的社会保障税、遗产税、赠与税等直接税税种，所得税和财产税体系简单且不完备，这使得税收筹划的成长受到很大的限制。这使得我国的所得税等直接税收收入占整个税收收入的比重偏低，大量的个人纳税人的纳税义务很小，税收筹划的成长空间有限。

2. 税法建设和宣传滞后，我国税法的立法层次不高，有待进一步完善

我国以全国人大授权国务院制定的“暂行条例”为主，每年由税收征管部门下发大量文件对税法进行补充和调整。这样，一方面，容易造成征纳双方就某一具体概念或问题形成争议（例如，营业税中的“劳务发生地”的概念）；另一方面，造成我国税法的透明度偏低。除了部分专业的税务杂志会定期刊出有关税法的文件外，纳税人难以从大众传媒中获知税法的全貌和调整情况，无法进行相应的税收筹划。同时，也增加了征管的工作量，工作效率跟不上。

3. 意识淡薄、观念陈旧

税收筹划目前并没有被我国企业所普遍接受，许多企业不理解税收筹划的真正意义，认为税收筹划就是偷税、漏税。除此之外，理论界对税收筹划重视程度不够也是制约我国税收筹划广泛开展的一个重要原因。

## 四、税收筹划的技术手段

税收筹划贯穿于纳税人自设立到生产经营的全过程。在不同的阶段，进行税收筹划可以采取不同的技术手段。

1. 企业投资过程中的税收筹划

（1）投资行业的选择

在我国，税法对不同的行业给予不同的税收优惠，企业在进行投资时，要予以充分的考虑，结合实际情况，精心筹划投资行业。

（2）投资地区的选择

由于地区发展的不平衡，我国税法对投资者在不同的地区进行投资时，也给予了不同的税收优惠，如经济特区、经济技术开发区、高新技术产业开发区、沿海开放城市、西部地区等的税收政策比较优惠。因此，投资者要根据需要，向这些地区进行投资，可以减轻税收负担。

2. 企业筹资过程中的税收筹划

筹资是企业进行一系列经济活动的前提和基础。在市场经济条件下，企业可以通过多种渠道进行筹资，如企业内部融资企业职工投资入股、向银行借款、企业间相互拆借、向社会发行债券和股票等，而不同筹资渠道的税收负担也不一样。因此，企业在进行筹资决策时，应对不同的筹资组合进行比较、分析，在提高经济效益的前提下，确定一个能达到减少税收目的的筹资组合。

3. 企业经营过程中的税收筹划

企业可以根据《企业会计准则》的有关规定，选择适当的会计处理方法，对一定时期的利润进行控制，达到减少税收负担的目的。

（1）存货计价方法的选择

企业存货计价的方法有先进先出法、加权平均法、移动加权平均法等。企业采取不同的计价方法来加强内部控制，在保证产品质量的前提下，通过成本费用的降低来进行纳税筹划减轻税收负担。

（2）费用分摊方法的选择

企业在生产经营过程中，必然发生如管理费、福利费等费用支出，而这些费用大多要分摊到各期的产品成本中，费用的分摊可以采取实际发生分摊法、平均分摊法、不规则分摊法等，而不同的分摊方法直接影响各期的利润、税收负担。因此，企业要对费用分摊方法认真筹划。除此之外，企业还可以对销售收入的实现时间、固定资产的折旧年限、无形资产的分摊年限等内容进行筹划。

**五、我国税收筹划应考虑的问题**

进行税收筹划不能盲目，否则，将事与愿违。要有效地进行税收筹划，达到节税的目标，需要考虑以下问题：

一是税收筹划必须遵循成本—效益原则。税收筹划是企业财务管理的目标，即利润最大化。在实际操作中，有许多税收筹划方案理论上虽然可以达到少缴税金、降低税收成本的目的，但在实际税务处理中，方案不符合成本—效益的原则是筹划失败的重要原因。也就是说，在筹划税收方案时，过分地强调税收成本的降低，而忽略了因该方案的实施会带来其他费用的增加或收益的减少，使纳税人的绝对收益减少。例如，某企业准备投资一个项目，在税收筹划时，只考虑区域性税收优惠政策，选择在某一个所得税税率较低的地区。但该项目所需原材料要从外地购入，使成本加大。该方案的实施可能使税收降低的数额小于其他费用增加的数额。显然，这种方案不是令人满意的筹划方案。采取以牺牲企业整体利益来换取税收负担降低的筹划方案是不可取的。税收筹划必须遵循成本—效益的原则。

二是税收筹划要在合法的前提下进行。税收筹划一个重要的特点就是合法性，即税收筹划方案不能违反现行的税收制度，不能违背立法意图。但节税、避税与逃税在某些情况下可以相互转化，有时界限不明，如一种方案在一个国家是合法的，而在另一个国家可能却是违法的。这就要求税收筹划人员在设计筹划方案时，要充分了解本国的税收制度以及其他国家的税收制度，了解纳税人的权利和义务，使税收筹划在合法的前提下进行。

**参考文献：**

［1］蔡昌：《税收筹划》，海天出版社2003年版。

［2］刘辉：《中国税收减免标准与纳税筹划及维权》，中国科技出版社2006年版。

# 浅谈中等职业学校会计专业教学的改革

广西物资学校　杨美秋

**摘　要：** 本文针对当前中等职业学校会计专业毕业生适应能力差、就业难的现状，分析传统会计教学的局限性及市场需求的变化，结合我校会计教学改革的一些做法，浅析中职会计教学改革的几点认识。

**关键词：** 中等职业学校　会计教学　改革

随着我国改革的不断深入，市场竞争越来越激烈，中等职业学校会计专业培养出来的毕业生适应能力差、就业难的问题日益突出，会计专业教学因此面临着前所未有的挑战。如何顺应市场的需要，为市场培养岗位适应性强、实用型的会计人员，是中等职业学校会计教育急需解决的问题。本文针对传统会计教学的不足及市场需求的变化，初步探讨新形势下如何对会计专业教学进行改革的问题。

## 一、传统会计专业教学模式的局限性

一是以教师为中心，以教科书为依据。老师讲，学生听，老师在黑板上写，学生往笔记上抄，学生完全处于被动的地位。其结果是老师教得累，学生学得也累。

二是注重教会学生理论知识，忽视了教会学生如何应用这些知识。传统的会计教学模式强调教会学生如何编制会计分录、如何编制会计报表，但如何利用这些会计资料生成的信息来解决日益复杂的经济问题与具体的会计问题则显得力不从心。

三是会计理论教学与实践教学相脱节。传统的会计教学，由于受各方面条件的限制，往往把理论教学和实践活动分为两块独立的内容，虽然我们做了各种努力和尝试，比如案例教学、综合实训、校内仿真实习等，但如何更好地把二者有机结合在一起，仍然是困扰我们的一个难题。

四是由于受传统教学手段的制约，我们把“会计”这一内容完整、结构严谨的信息系统肢解得七零八落，各科目之间各自为政，形成了一方面各学科强调各自的系统性和完整性，造成单科教学周期过长和课程间的交叉重复、课时不够的问题；另一方面造成了整个课程体系处于一种“支离破碎，不成体系”的状况。结果导致学生从所学的课程看，似乎掌握了不少知识和方法，但当要求用系统的观点来处理会计业务的时候，他们却感到迷茫，甚至失去了思路。

## 二、市场经济的发展对会计专业教学提出了新的要求

随着我国市场经济的发展，毕业生的就业环境和市场对会计人才的要求发生了很大的变化，会计职能的服务范围越来越广泛，专项服务越来越专业化，业务创新层出不穷。相对而言，会计专业教学模式、教学内容却没有太大的变化。可见，市场环境的变化要求会计专业教学必须进行改革，以减少会计教育与现实实务的差距。

目前，对于大部分中等职业学校会计专业毕业生来说，就业去向主要是中小企业，尤其是新兴的中小民营企业，这些企业要求我们的毕业生能够“独当一面”，即具有较强的专业技能、实用的知识结构和较强的综合能力等素质，显然我们按传统教学目

标培养出来的毕业生不能适应这个要求，对此，我们不难发现，随着我国改革开放力度的加大和经济的迅猛发展，中职会计教学落后、毕业生适应能力差的现象日渐明显。可见，就业的压力也迫使中职会计专业教学必须进行改革。

## 三、改革后会计专业教学的基本模式

### （一）以就业为导向，重新定位教学目标，增强教学的实用性

近年来，我校实施了以“紧扣市场，服务行业，德技兼强，就业至重”为中心内容的整体教学改革。本专业在教学改革过程中，针对会计专业在办学中普遍存在培养目标定位不准、注重理论轻视技能培养、教学内容滞后、教学手段单一等问题，重新定位专业培养目标，结合企业用人实际和中职毕业生的职业定位，明确了专业岗位群，提出了“会计理论知识与操作技能并重”的专业改革方向，大幅度加入实训课程，围绕职业能力的要求设置专业技能训练项目，把会计专业塑造成会计理论知识与实践技能并重的实用型专业，具体做法如下。

1. 重新明确专业岗位群，培养目标落实到位

在广泛调查研究的基础上，我校会计专业培养目标重新定位为：以适应市场需要为目标，面向中小型企业，特别是新兴的民营中小企业，选择私营中小型工业企业、商业企业、服务行业的会计、出纳、收银员、统计员等岗位作为会计专业的岗位群。在明确岗位群的基础上，以岗位需求为目标，理论教学与职业技能训练并重，提高岗位适应能力。

2. 科学合理地调整课程设置，构建“平台＋模块”式课程体系

在课程设置上，打破传统“三段式”结构，采用了“平台＋模块”结构，在“文化平台”和“专业平台”的基础上，设

置了“会计事务方向”、“经营业务方向”两个相对独立的教学模块，开拓了相应的专门化方向，拓宽本专业学生的就业渠道。课程设置体现出“宽基础、活模块”和“注重专业实践，适度理论教学”的特点。

3. 突出技能培养，体现职教特色

本专业从综合职业能力出发，将岗位能力分解、整合为各个相对独立的实践教学项目，共设置了课程实训、专业实训、仿真实训、经贸综合实训、顶岗实习等“五位一体”的实训教学模式，实践教学时数占总教学时数的50%以上。特别是我校每学期举办的“商品模拟交易会”，通过让学生在模拟的商务环境中充当公司职员，从事仿真的商务活动，使其了解企业经营、财务等活动的各个环节，对不同的岗位技能进行强化训练，培养学生的角色意识和团队合作精神、实际操作能力、协调能力、公关能力、营销能力等技能与素质，较好地将书本知识转化为实践运用，增强就业后对工作岗位的适应性。近年来，本专业毕业生普遍受到用人单位的认可。

4. 大力推行双证书制度，培养一专多能人才

我们根据培养一专多能、实用型人才的培养目标，实施珠算证、计算机等级证、电算会计证、会计从业资格证等双证书制度。为了更好地推行双证书制度，我们专门开办了各类培训班，采取专人负责、专业老师定向辅导等多种方式，进行考前培训和辅导。考证人数达到了同期毕业生人数的100%，毕业生的双证率达100%，增强了毕业生的就业竞争能力。

5. 培养学生的思考能力、沟通能力、创造能力

学生在学好专业知识的同时，更应当学会如何运用这些知识为企业处理纷繁的事务，会计人员将不再是仅仅担负着核算、监督等功能，而是能提供五大核心服务。其中，五大服务分别为：确认性服务与资讯正确、技术服务、管理顾问服务与绩效管理、

财务规划服务及国际化服务。

（二）会计教学改革的基本手段

1. 课程设置的改革

根据会计结构的新变化、会计新的发展领域，适当加大基础课程课时数，把专业基本理论与方法作为教育的重点之一，同时，还需全面设置相关课程，加强经营策略、经营风险与会计风险的研究，加强信息技术知识的应用。对于原课程设置交叉重复的内容，应进行合并或删减，突出专业重点。增加社会实践活动时间及次数，鼓励学生多利用节假日外出实习，并加强对学生社会实践活动的指导和管理，提高社会实践活动成绩在学分中的分量。另外，还应设置运用资讯技术的课程，同时还需与经济学、管理学、心理学、统计分析等领域相结合，使学生具备科技整合的能力，以适应实务界的需求。

2. 教学模式的改革

改革后的教学模式应以学生为中心，以需求为动因，以问题为基础，使学生进行发现性的学习，由过去的“要我学”转变为“我要学”，充分发挥学习的主观能动性。可通过案例设计、模拟交易、专题研讨、演讲、答辩等互动式的教学方式，激发学生学习的创造性和主动性。有针对性地锻炼学生运用理论知识解决实际问题的能力，培养学生实践创新能力，全方位也提高学生的专业素质。

3. 教学手段的改革

会计教学应更多的将计算机技术应用到会计教学中，采用网络多媒体技术的手段，营造一个“图文并茂、情景交融、视听并用、理论知识与实务操作并行”仿真的会计环境。在这种仿真环境下，会计专业所有理论课程的教学可以将学生置于一个集生产经营管理、财务管理、会计核算、内部控制、风险防范、资本营运为一体的仿真企业环境中进行培养。让学生结合仿真的环境来学习理解会计系统管理的基本理论、基本知识和基本技能。在实践教学上，除了配合理论教学学习穿插的实践教学环节外，还可以让学生将所学的专业知识在此系统中进行综合性的“演练”，以实现以下目的：

（1）在仿真环境下进行会计理论与会计实务对话教学，使理论教学与实践教学能够有机地结合起来，提高学生的理论水平和解决实际问题的能力。

（2）在仿真环境下进行日常会计岗位及会计主管工作内容的演习，以实现从学生到会计工作人员零的突破，消除学生对实际工作的恐惧，消除用人单位对学生缺乏实际会计工作经验的顾虑。

（3）在仿真环境下进行市场分析、风险预防、资金运作、财务分析、管理决策等业务训练，以培养学生的管理创新能力。

（三）积极开展校企合作，建立稳定的校外实习基地，为学生岗位实习提供良好的平台

我校一直与主管部门广西物资集团的下属各公司保持着良好的合作，与多家效益好、管理先进的企业建立了长期的合作关系。我校会计专业先后与广西区机电总公司、广西区机电南宁公司、广西区森华汽车销售公司、南宁建江汽车销售公司、广西区储运贸易总公司等公司签订了校外实习基地协议，这些公司已成为我校稳定的会计专业实习基地。而会计专业也为这些公司提供了丰富的人力资源，这些公司财会部门的员工 70% 以上皆为我校会计专业毕业生，如我校会计专业毕业生黄柏仁现任广西区机电设备南宁公司副总经理，李浩为广西区机电设备南宁公司乘龙汽车公司经理，甘雯为广西区机电设备南宁公司财务经理，李燕玲为广西区机电总公司副总经理，甘晓宇为广西森华汽车销售公司经理，等等。经过他们的努力，使我校的校企合作达到了真正的双赢，为我校会计专业学生的实习创造了非常有利的条件，也

为毕业生提供了更多的就业机会。

总之，会计专业教学的改革，需要改善教学硬软件条件，如网络多媒体会计教学系统的建设，更需要教师教学研究水平的提高和教学理念的转变，还需要改革目前的教学管理系统。因此，教学改革的实施是一个系统工程，需要各级教学管理部门观念的转变和实际的支持。

**参考文献：**

[1]《中国会计教授会2000年年会观点综述》，《上海会计》2000年第9期。

[2] 石本仁：《21世纪知识经济的发展与中国会计教育的转向》，《会计研究》2000年第9期。

[3] 熊筱燕：《会计专业仿真教学模式的提出及实施》，《财务与会计》2003年第7期。

# 管窥发展中的中职会计教育

广东省汕头市经贸职业技术学校　颜丽君

**摘　要**：随着世界经济一体化的不断发展，作为通用“商业语言”的会计在经济发展中的作用变得尤为重要，作为中等职业教育中的会计专业也因此面临空前的机遇和挑战。针对当前中职会计教育存在的现状，本人试对新形势下会计教育发展趋势做一点思考。

**关键词**：中职会计教育　教学改革　订单式培养

近几年来，中国经济的列车以世界瞩目的发展速度展现着东方巨龙的活力。显然，这与现代科技革命的迅猛发展密切相关，但更离不开中国政府一直致力实施的“科教兴国”发展战略所培养和造就的一大批代表先进生产力的优质人才智力资源。中等职业教育，是铸就共和国大厦人才基石的重要载体。据教育部网站消息，2007 年中国中等职业教育招生规模达 800 万人，中职学生就业率连续 3 年一直保持在 95% 左右。“办经济离不开会计。经济越发展，会计越重要。”这是中国会计发展史经过多年实践证明的科学论断。在国家职业教育中，会计职业教育是重要的一部分，一直发挥着重要的作用。

随着世界经济全球化和一体化向纵深发展，特别当前全球遭逢经济危机，我国的经济策略也出现大调整，这必将对就业形势和会计行业的发展，包括目前的中职会计教育的发展带来较大的冲击和影响。根据“南方网”报道，在南京的求职者中，财会职位的供求比例竟然达到了46∶1；在成都人才市场的人才库中，会计专业是存量最大的一个专业，每5名求职者中至少有一个是学会计的。不少会计专业的学生已经陷入了“毕业即失业”的困境中。作为培养基础会计人才的中职院校，会计教育必须正视存在的问题，必须适应经济形势急剧变化和社会和谐发展的需要，必须及时做出相应的调整和转变，培养出符合市场和行业需要的会计人才。

## 一、我国中职会计教育的现状

### （一）发展目标定位不准，思路不清

到目前为止，我国对中职会计教育还没有一个明确科学的目标，这就造成了各地区、各中职院校对会计教学的随意性，导致各中职院校的培养方向很不一致，有些学校甚至把会计专业变成了“万金油”，尽量使学生在校期间掌握尽可能多的会计知识，所以在课程安排上求全、求高、求深，客观上存在着人为拔高中职教育层次的现象。有的学校甚至鼓励学生参加大专考试或干脆选用大学教材，等等。这势必造成多而不精、泛而不专的后果，培养出来的“通才”职业能力往往很弱，背离了中职教育的目标，也会对当地经济与社会发展不利。

### （二）培养形式老套路，教学设置不合理

由于普高扩招和中职生源素质下降，虽然近几年来中职的教学难度有所降低，但仅是改良而不是改革。培养过程还是以“教师为主，学生为辅”，教学经费投入不足，现代化教学设备未能全面普及，大多数会计课程仍沿袭着传统的“黑板＋粉笔”的教学方式，多媒体教学只停留在大型公开课才使用，直观、形象地讲授会计课程少，教学内容趣味性不浓，一些院校没有以培养学生的终身学习能力为目标，设置会计课程依然普遍存在重视

理论知识、轻视实践知识，重视书本知识、轻视实务知识，重视课堂教学、轻视实验教学的“三重三轻”现象，这都不同程度地影响了会计专业教学目标的顺利实现。

（三）理论脱离实际，学生解决问题能力较差

过分强调会计知识的传授，忽视了对职业能力和思想素质教育的培养。现行的职业会计教育旨在训练学生成为一名未来合格的会计人员，在这种指导思想下，教师只注重“应知应会”内容的教育，把传授未来会计人员所具备的知识放在教学的首位，过分强调讲授和作业的重要性，存在着“教师念讲义、学生记笔记、考试背笔记、考后都忘记”的现象。不少学校的教学仍是“纸上谈兵”，实验室建设与实践基地建设严重滞后，产学研结合不够紧密。其结果是学生学有所得，装了一脑袋制度和准则，出了校门却学无所用，遇到新问题时依然束手无策，一个明显的例子是很多学生毕业后连支票都不会开，因为实务教学中基本没有接触过真正的支票。

（四）固守“老三篇”，供需脱节影响就业

不少中职学校对市场的需求变化不闻不问，“吾授圣贤书，尔行阳关道”，导致培养的学生与市场所需的会计人才需求相差甚远。比如，随着新会计准则的颁布实施，需求企、事业单位对会计人员的要求越来越高，可是还有一些中职院校没有更换新教材，仍引用旧的会计准则进行教学。这样会造成培养出来的学生与用人单位的需要严重脱节的问题，使学生没有用武之地。另外，不少地方经济带有区域性特点，如广东汕头和浙江温州等地是民营企业发达的区域，中职会计专业课教学中如果忽视了地方经济特色对会计行业的影响，必然造成用人单位对毕业生会计实务处理能力不满意，就业竞争力就会下降。

## 二、中职会计教育的发展趋势

面对当前我国中职会计教育的现状，纵观国内经济与政治形势，会计教育发展的机遇与挑战同时并存，机遇大于挑战。中华英才网（www. chinahr. com）“才市指数”盘点了2007年度十大热门就业行业，财会专业名列第三。笔者认为，作为中职学校，会计专业发展的关键是教育，必须紧跟国家政策方针，转变思想、科学发展、改革创新，努力构筑“以素质教育为核心、能力培养为基础，全面提高学生综合素质”的会计人才培养新模式。

（一）必须学习贯彻好党的十七大关于教育的战略部署，自觉把中职会计教育纳入到职业教育的大形势下谋篇布局。

在党的十七大上，胡锦涛总书记提出“优先发展教育、建设人力资源强国”的重要战略决策；十一届全国人大一次会议《政府工作报告》中提到要“大力发展职业教育”，“培养高素质技能型人才”，党和政府对发展职业教育呈现出前所未有的重视，把发展职业教育作为经济社会发展的重要基础和教育工作的战略重点。“十一五”期间，中央政府将投入100亿元专项资金，实施包括实训基地建设、县级职教中心建设、高水平示范性中等职业学校建设、高水平示范性高等职业院校建设以及职业教育教师素质提高计划等“五大项目”，打造一批“叫得响”的名牌职业学校，全面提高职业教育办学质量和办学规模，为社会输送2 500多万名合格的中等职业学校毕业生，努力使全体学生学有所教。各地区都在抓紧实施实用型人才培养工程，以促进职业教育事业的科学发展。总之，大力发展中等职业教育是我国实施科教兴国战略的一项重要举措。在这样的大发展、大趋势和大背景下，作为中职教育的重要组成部分——会计教育，没有理由停滞不前。因此，中职会计教育必须以培养德、智、体、美全面发展的综合素质较高、管理能力较强、操作水平熟练的初、中级财会应用型和技能型人才为培养目标，在改革中实践，在实践中完善，在完善中发展，实现整个学科的专业化、市场化和人才培养的现代化。

（二）必须加大教学改革创新力度，使理论、素养和技能成为中职会计教学科学发展的重要支撑

北京高校毕业生就业指导中心问卷调查分析指出："随着企业竞争的加剧，企业更加关注人才的质量。因为人才是创造产品、为企业赢得利润的主要因素。有些企业，尤其是技术含量不高的企业，不是只看重学生的学习成绩，而更看重学生的综合素质。"这就是现代企业的用人观。衡量中职学校办学是否成功，最主要的标准是看学生的就业率。实质上，以就业为导向除了强调学生的就业技能之外，还要促进学生理论知识体系的完善和人文素养的提升。

1. 做到"理论教学有实践、实践操作有理论"，促进学生的智力发展

叶圣陶先生说："教师的任务，就是用切实有效的方法引导学生下水，练成游泳的本领。"会计是一门理论性和实践性都很强的学科，如果做不到理论联系实际，会计的基础理论将无法理解，或者无法透彻理解，更别说如何创新发展了。据有关专家预计，到2010年，80%以上的基层单位基本要实现会计电算化，这一技能的重要源泉就是会计电算化的实践教学。所以，理论讲授与实践教学应紧密结合，尤其要注重实践教学，授之以"能"，尽量提高学生的动手操作能力，采用适当的教学模式，激之以"创"，提高学生学习会计知识的兴趣。如在"基础会计"教学中插入分段模拟实习。笔者在讲授第四章"会计凭证"的时候，首先不是讲授凭证的概念，而是先准备好原始凭证（如空白发票），让学生先试着填制，然后再教会学生如何规范

填写原始凭证，最后再引出凭证的概念，这样既能激发学生的学习兴趣，又加深了学生对内容的理解。同样，对登记账簿、编制会计报表等内容也可采用相似的教学方法；还可以在专业会计课中插入完全根据现行会计制度和当地企业的具体实务的训练。这样的教学具有鲜明的地方特色，还与现行会计制度及处理方法相适应，有效地克服会计教材滞后于会计制度的现状。学生在学习中对这些企业的生产经营已有感性认识，促使会计知识转化为自身处理经济业务的技能，既巩固了会计理论知识，又提高了运用知识的能力，也降低了学习会计理论课程的难度，学习自信心可加强，能力自然得到提高。

2. 突出专业技能培养，促进学生的就业能力

海尔集团 CEO 张瑞敏说过：“永远不对市场说不。”中等职业教育的目的是培养高素质的劳动者，所以就要面向市场，以就业为导向，课程的设置以及教学的展开永远都不能背离了这个目标。会计从业资格是指进入会计职业的“门槛”，是学生专业技能的体现。“会计法”规定，从事会计工作的人员必须取得会计从业资格证书。该办法规定，会计从业资格的取得必须参加考试，考试科目分别是“会计基础”，“会计电算化”，“会计职业道德”。如果在校期间不能取得会计从业资格证书，学生毕业后就没有资格从事会计工作，更谈不上就业。因此，中职会计教学必须能够保证学生在校期间取得会计从业资格证书，课程的设置也要围绕这三门课展开。实际上这三门课程也是初级会计人员的基本要求，是中职会计职业素质教育的精华和重点。在教学中，要把这三门课作为重中之重，保证学生顺利取得会计从业资格证书，鼓励有能力的学生再拿到珠算证书、普通话证书、英语等级证书和“助理会计师”证书等，为提高中职生就业竞争力和顺利就业铺平道路。

3. 强化职业道德教育，促进学生的人格完善

中职教育不仅是技能教育，更是锻造技能人才的全面育人教育。在过去的会计学历教育中，往往重视了专业技能的培养，而忽视了职业道德教育。“不做假账”应成为当前和今后会计行业的职业操守。会计教学中必须给学生不断灌输会计职业道德观念、职业风险意识、保密意识、责任意识，让学生聚德、立志、强责，培养职业道德，坚定职业志向，强化职业责任。在实际授课中，应特别强调会计核算必须以合法的会计凭证为依据，如实反映企业的财务状况和经营成果，不得弄虚作假。再如，讲授原始凭证审核时，应加强对其真实有效性和合理合法性的审查等。多引用由于会计人员讲诚信给企业带来经济效益和给自己带来好处的正面实例，以及由于会计人员不讲诚信所产生的负面影响，让学生在潜移默化中形成良好的职业道德观，促进学生的人格完善。

（三）必须围绕市场拓展订单式培养，实现中职会计教育服务区域经济发展的重要职责

据人民网介绍：广东东莞理工学校的就业率连续 4 年高达 100%，辽宁大连综合中专学校的就业率已连续 7 年接近 100%，这都主要归功于学校的订单式培养。许多学生在实习期的月收入就超过了 3000 元，实现“入学就有工作、毕业即能就业”，一点也不亚于普通高校毕业生。全国经济发展百强县（市）排行榜第 5 位——晋江，是一个民营企业发达的地区，产值上亿元的企业有 55 家，占全省上亿元企业数量的四分之一，企业对中等专业技术人才的需求量大。晋江职业中专学校瞄准这一市场，与当地民营企业建立了长期的人才供需关系，提供多层次、多形式的订单式培养。可以看出，订单式培养已成为各中职学校人才培养的普遍模式。如果把高就业率作为衡量职业学校发展的一个重要标志，那么订单式培养就是当前乃至今后中职院校成就高就业

率的一大法宝，也将是今后发展之路。中职会计教育按其教学目的和办学方向更适合订单式培养，把培养会计行业的“万金油”转变为为企业度身定制的会计专才，使教育教学与就业服务紧密结合，让课程安排直接面对工作岗位需求，专业更加符合用人单位的特殊用途，大力推行工学结合、顶岗实习，这等于提前为学生铺好了就业路，并且有利于实现产学合作，最终走向面向市场自主办学的新模式。

（四）必须建设一支高素质的中职教师队伍，为全面推进中职会计教育发展提供智力支持

提高教育质量，关键在教师。毛泽东同志强调，一个学校，最重要的问题是选择校长教员和规定教育方针；办学校第一是选教员，有了好教员，才能教好学生；教改的问题，主要是教员的问题。教育部职业教育与成人教育司副司长王继平在人民网的访谈中指出，制约和影响中等职业教育发展质量最关键的问题是教师问题。只有拥有一流的教师，才能办成一流的学校，我们可以采取“走出去，请进来”的模式。

首先，对那些学历较高，理论知识扎实，从学校到学校但缺乏实践经验或没有实践经验、动手能力较差的已取得“双证书”的教师、青年骨干教师，要鼓励他们走出校院，走进企业，使他们在企业的各业务部门得到锻炼，从而提高他们的实际操作能力和综合应用能力。只有这样才能提高教师的业务素质，使课堂教学生动形象、切合实际，从而提高教学质量，也为青年教师进行科学研究打下良好的基础。

其次，学校可从企业聘请有丰富实践经验的具备会计师及以上职称的中高级财会人才对学校教师有计划地进行实践培训，缩短学校和企业的距离。逐步建立与职业教育相适应的教师聘任、评估、激励、奖惩办法，积极推进职业学校教师资格制度和教职工全员聘任制，逐步建立职业学校固定岗位与流动岗位相结合、

专职与兼职相结合的用人新机制。在这方面，云南省为我们创造了一个很好的经验叫做“特岗、特聘、特邀”，值得广大中职院校借鉴学习。

温家宝同志在考察国家重点职业中专大连市轻工业学校时，曾语重心长地说道：“我们一定要把职业教育办好！中国的职业教育普遍发展了，整个社会就更加进步了，我国的新型工业化、农业现代化水平就提高了，整个现代化事业就会向前发展。”可以设想，在党中央的高度重视下，在全社会的支持和共同努力下，作为中职教育的重要组成部分——会计教育——一定能够开创新局面，在服务经济发展上取得新成效，为推进科学发展、促进社会和谐作出积极贡献。

**参考文献：**

［1］毕艳杰：《论21世纪中国会计教育改革》，《会计之友》2002年第11期。

［2］张蕊：《WTO与会计教育》，《经济师》2004年第2期。

［3］汤胜：《我国高校会计专业本科教学的若干问题探讨》，《科技广场》2007年第4期。

# 中小企业应进一步加强会计基础工作

保定市雄县职教中心　肖　敏

**摘　要：**本文从中小企业会计基础工作存在的问题、加强会计基础工作的必要性和加强会计基础工作的几点建议三个方面展开论述，阐述会计基础工作的重要性。

**关键词：**中小企业　会计基础工作　建议

会计基础工作是会计工作的基本环节，也是经济管理工作的重要基础。当前会计基础工作出现了滑坡，会计秩序混乱，尤其在一些中小企业。各单位必须认识到会计基础工作的重要性，这既是当前会计管理工作的一项紧迫任务，也是我国会计向国际化方向发展的前提。

## 一、中小企业会计基础工作存在的问题

### 1. 什么是会计基础工作

会计基础工作是对会计核算和会计管理服务的基础性工作的统称。它主要包括：对会计核算依据的基本要求、对会计资料的基本要求、对会计电算化的基本要求、对会计机构和会计人员的配备及管理要求、会计档案管理要求、会计监督的基本程序和要求、单位内部会计管理制度，等等。应当说，会计基础工作是一个比较广泛的概念，有的甚至将与会计工作有直接或间接联系的工作，如定额管理、计量管理等也纳入会计基础工作的范畴。这

充分说明了会计基础工作在范围上的广泛性。会计基础工作是会计工作的基本环节，也是会计工作有序进行的重要保证。

2. 中小企业会计基础工作存在的问题

一是内部控制制度形同虚设，起不到应有的作用。比如说，现金管理不够严格，有些中小企业认为现金越多越好，造成现金闲置，未参加生产周转。企业的资金使用缺少计划安排。过量购置不动产，无法应付经营急需的资金，陷入财务困境；应收账款周转缓慢；原因是没有建立严格赊销政策，未能有力地催收账款，不能兑现或形成呆账；存货控制薄弱；一些中小企业月末存货占用资金往往超过其营业额的两倍以上，造成资金呆滞，周转失灵；不少中小企业的管理者重钱不重物，对原材料、产成品、固定资产的管理不到位。出了问题无人追究，致使资产流失浪费严重。

二是中小企业会计岗位设置不规范、科目设置不符合规定。一些企业为了减少费用开支或其他原因，违反《会计法》和《会计人员工作规则》，不按规定设置会计工作岗位，有的会计人员既管钱又管账或者既管钱又管印鉴。

《会计基础工作规范》第三十六条规定："各单位应当按照《中华人民共和国会计法》和国家统一会计制度建立会计账册，进行会计核算，不能随意使用，甚至乱用会计科目。"举例来说，有的单位没有"现金"及"银行存款"总账，但却有"现金"及"银行存款"日记账。显然，一些单位总账不设"银行存款"、"现金"等科目，是不符合科目设置要求的，容易造成企业财产不实、数据失真的问题。

三是会计信息失真。有些企业的会计人员在单位领导的授意或某些利益的驱动下，有意识地编造假账、假报表，从而出现会计凭证不合法、会计数据不准确、会计资料不完整的情况。往往是对内对外几本账，对外报送会计信息要看领导的眼色和意图行事。

四是中小企业会计核算、记账不符合要求，手续混乱。有的单位对总账和明细账没有进行平行登记，以致明细账和总账不相符。在登记账簿的过程中，不按记账凭证的内容和有关要求登记，随意改动经济业务内容，账户对应关系混乱，难以做到账证相符、账账相符、账实相符。

不符合要求的会计事项还很多，这些问题不仅削弱了会计基础工作，影响了会计工作秩序的正常运行和会计职能作用的有效发挥，也在一定程度上干扰了社会经济秩序，对单位的经营管理产生了极为严重的消极影响。

## 二、中小企业加强会计基础工作的必要性

常言说得好："千里之堤，毁于蚁穴。"同样的道理，对于整个财务工作来说，会计基础工作是基石，必须要扎扎实实做好，否则，不管最后的利润怎样大，这种暂时性的成绩终究掩盖不了工作中的隐患，也是经不起时间的考验的。

### 1. 加强中小企业会计基础工作能有效规范会计工作秩序

正常有序的会计工作，应当是以规范的会计基础工作作为保证的。据统计，中小企业户数占全部企业总数的99%，在全国工业产值和实现利税中分别占60%和40%左右，中小企业为社会提供了大约75%的就业机会。中小企业在国民经济中占有举足轻重的地位，这些在客观上要求会计工作要规范。

### 2. 加强中小企业会计基础工作有助于提高自身竞争能力

中小企业虽然在市场经济中占有重要的地位，但它们在竞争中还有着许多劣势。中小企业只有加强会计基础工作，通过收集处理，利用和提供会计信息，对经济活动进行核算和监督，做到知己知彼，才能在市场竞争中立于不败之地。

3. 加强中小企业会计基础工作能提高会计人员素质，从而提高工作效率和工作质量

会计人员是会计工作的主角，会计基础工作是会计人员从事会计工作最直接的对象。加强会计基础工作，督促会计人员从会计工作最基本的环节抓起，不断改进和加强会计工作，对提高会计人员业务素质起直接作用。加强会计基础工作，使会计人员能够树立良好的职业品质和严谨的工作作风，严守工作纪律，努力提高工作效率和工作质量。

4. 加强中小企业会计基础工作有助于同国际会计接轨

现在，上市公司已经采用了新的会计准则。从长远来看，要实现会计工作同国际接轨，中小企业也要按新准则的要求进行会计核算。这就要求中小企业要夯实会计基础工作，做到规范、准确，为同国际会计工作接轨做好准备。

## 三、提高中小企业会计基础工作的几点建议

1. 健全会计法规体系，依法进行会计监督

一是进一步健全会计法规，规范会计信息。作为经济管理的重要组成部分，会计必须满足国家、债权人和投资人等各个方面的需要，提供真实有用的会计信息。只有会计法规健全了，才能有法可依，才能更好地规范会计信息。

二是建立健全内部会计管理制度。内部会计管理制度是各单位根据国家法规制度而制定的旨在规范单位内部会计管理活动。健全内部会计管理制度，是贯彻执行会计法规制度，保证各单位会计工作有序进行的重要措施，是加强会计基础工作的重要手段。中小企业应按要求并结合自身实际进行充实和细化。

三是充分发挥内部审计、政府审计和社会审计的监督职能。企业要建立内部审计部门并保证其审计的独立性，加强内部监管。各级财政、税务、审计等政府部门要相互协调，按财政法规

行使管理、监督的职能，严格执行《会计法》，保证会计信息的准确。要充分发挥社会审计的作用，提高执业人员的职业道德和业务水准，以充分发挥其监督企业会计基础工作规范化的作用。

2. 会计人员及企业管理人员的素质

企业在选用会计人员时要按照《会计法》规定的标准配备，必须做到持证上岗。要优先选用具有强烈的责任感、事业心、具有与市场经济相适应的思想观念，如竞争观念、风险观念、信息观念等的会计人员。

会计人员应按会计基础工作的要求，积极参加继续教育。通过学习，充分地认识到自身的职责，严格在权限内办事，强化会计监督，提高会计基础工作效率。不断更新知识，以保证企业会计人员整体素质的不断提高。

企业要重视会计人员的职业道德和法规教育。对整天与金钱打交道的会计人员要进行经常的职业道德教育和法制教育，引导他们奉公守法，廉洁自律。要经常进行内部审计，保证会计队伍的纯洁性。

3. 落实会计基础工作的责任

《会计法》第四条规定："单位负责人对本单位的会计工作和会计资料的真实性和完整性负责。"一个单位的会计基础工作不健全或者出现混乱，首先应当追究单位领导人的责任。要提高企业领导的法制观念，使其重视财务制度，认识到财经纪律的严肃性和强制性。

各级财政和业务主管部门对企业的会计基础工作负有管理和指导的责任。会计基础工作是否扎实有序，直接影响会计工作水平和会计信息质量，因此，会计基础工作既是各单位的一项内部管理行为，也是一项政府管理行为，各级财政和业务主管部门应当切实履行管理和指导的职责，引导企业会计基础工作逐步向规范化方向发展。

**参考文献：**

[1] 财政部：《会计基础工作规范》。

[2] 付刚、钱亚玲：《中小企业财务管理工具箱》，中国纺织出版社2006年版。

[3] 许群：《小企业负责人财会知识必读》，经济科学出版社2004年版。

[4] 选自艾芳《解析我国中小企业发展现状》，人民网。

# 谈谈我对中职会计专业教学的几点体会

广西梧州林业学校　吴小玲

**摘　要：** 现在中等职业学校学生普遍学习基础较差，接受能力也比较差，而且厌学心理比较严重。怎么样才能调动中等职业学校学生的学习积极性，使他们能学得一技之长，将来能服务于社会，是我们中职教师应着重思考的问题。笔者从事会计教学工作多年，特在本文中谈几点体会。

**关键词：** 职校会计专业教育　素质教育　实用型人才

中等职业学校是培养德、智、体全面发展的中级技术型人才，为社会输送合格的中级专业技术人员或中级管理人才，满足社会对中级技术人员的需求的摇篮。中等职业学校教学上必须在注重向学生传授基础理论知识的同时，重点培养学生实际动手操作的能力。必须突出专业教学特色，把理论知识与实践环节有机结合起来，使学生毕业时既有从事专业技术工作的能力，也具备发展提高的潜力，具有较强的竞争能力，这是中等职业教育的主要任务。

## 一、强调会计学科的专业性，实用性和严谨性

上会计班的第一节课时，我首先向学生介绍会计专业是学些什么内容的，学习会计专业今后主要从事些什么工作。简单的

说，会计就是教你一套做账的方法，会计就是“管钱”和“管账”的。从本人跟踪会计专业学生就业方面的情况来看，会计专业的毕业生主要从事会计、出纳、收银、仓管、销售、统计和办公文员等方面的工作。所以，会计专业的学生必须学好会计的专业课，熟练掌握会计技能方面的基本操作，还要熟练掌握财务软件和办公软件的操作方法。会计是一门专业性很强的工作，所学的会计科目和所用的记账方法都是国际上以及各行业之间通用的。在当今的经济社会里，会计工作非常重要，不但要学会记账、管账，还要学会理财。同时我还特别强调会计工作在各单位工作中的重要地位。让学生知道会计工作是涉及“钱”的工作，比如写多一个“0”和写错一个小数点的位置就会造成严重后果，所以必须严肃认真地对待。使学生既明确了学习的目标，也认识到会计工作的严谨性，从而使学生在今后以严谨的、认真的态度去对待会计专业学习。

**二、用实例进行教学，激发学生的学习兴趣**

中等职业学校的学生普遍存在基础差，学习兴趣不高，刚接触专业课不太适应的情况，这就给教学带来了很大的困难。如果直接按照书本上一个一个概念来讲，很抽象、很枯燥，学生是听不懂的，也是听不进去的。针对会计专业术语，老师应多采取举例说明的方法，而且在举例子时，尽量要举一些学生比较熟悉的，浅显易懂的例子，这样就能取得事半功倍的效果。比如“上货币资金”时，老师首先问：“同学们你们的钱存放在哪里呀?”同学们有的说放在口袋里；有的说放在存折里；有的说存在饭卡里。老师就说：“对了，单位里的钱和你们的钱存放形式差不多，平时放在出纳保险柜里，用于日常零星开支的钱就是现金；单位大部分的钱存放在银行里，发放职工的工资一般通过银行直接转入职工的工资卡，销售产品收回的贷款，由购货方汇入本单位开户银行账户，购买材料等用的钱一般通过银行从本单位的账户汇到销售方的开户银行账户；还有汇往外地临时开户的，以及存入其他信用卡的钱叫其他货币资金。同学们，那么货币资金包括哪几个内容?”同学们很容易就回答，包括“现金”、“银行存款”和“其他货币资金”。然后，老师再介绍各种货币资金使用范围、注意事项：“同学们！你们要去银行领钱是通过密码领取的，单位存入银行的钱要用支票领取（个人领取），也可以转账（单位与单位之间的款项结算）。”接着马上每人发一张现金支票式样，老师先集体讲解支票的填写方法和注意事项，然后，让学生自己动手去填写，同学们很好奇，会很积极地动手填写，填好后盖上自己的小私章，在背面写上自己的身份证号码。但检查时会发现很多同学都涂改过。老师又强调，支票是不能有半点涂改的，改过就作废，是领不到钱的。然后，再发第二张给学生填写，再检查基本上就没有什么差错了。同学们很兴奋，有的写上金额几百万元，大声地说：“我发达了!”一节课就在积极、活跃的氛围中完成了。

在讲“会计账簿”的时候，首先提问：“同学们！你们每个月用的钱是从哪里来的？又用到哪里去？一个月用了多少钱？还剩多少钱？哪些钱必须要开支的？哪些钱是不必须开支的？同学们，你们知道吗?”很多同学都回答不上来。老师引导：“同学们：你们要知道你的钱的来龙去脉，就必须用一个本子做详细的记录，这就是我们这节课要讲的内容——会计账簿。会计账簿是用来记录每个经济业务发生后钱的增加、减少和结余情况；账簿的基本结构有三个栏目，即‘借方（或收入)’，‘贷方（或支出)’和‘余额’，还有两个辅助栏目，一个是‘日期’，一个是‘摘要’。”接着讲解各栏目填写的内容。然后，给每个学生发一张现金日记账，让同学们根据自己本月的实际收支情况填写，同学觉得很有意思，个个在认真想，如实填写，填写结束后，同学们都知道本月自己收到了多少钱，又用去了多少钱，还剩有多少钱，一目了然。认真思考一下就会发现，有些钱是必须用的，有些钱是不必要用的，下个月就会加以注意。这样既教会学生登记账簿的方法，也教会学生学会怎么样去理财，使学到的知识直接应用到实际生活中去。对其他科目的讲解，也是用实际的例子去说明。当然会计账簿里面的科目很多，首先要在经济业务发生取得原始凭证后，再根据原始凭证编制好记账凭证，再分门别类登记到各个科目的账户上，才可以反映出每个科目的增加、减少和结余的情况，达到了登记账簿的目的。对比较复杂的经济业务，我同样找出与日常生活中相类似的例子来分析，比较直观，让学生比较容易理解和掌握，同时让学生感觉到会计其实并不难学，并且也很实用，这样学生学习的兴趣就大大提高了。

## 三、在教学中，善于寻找规律，帮助学生找出记忆的诀窍

学习是不能死记硬背，应该在理解的基础上加以记忆，记忆也要找出规律和方法，才能收到事半功倍的效果。例如在讲解账户的性质和结构时，书上的内容比较零散，学生记忆很混乱，“借方”记“增加”还是记“减少”，“贷方”记“减少”还是记“增加”，背来背去都背颠倒了，经常搞混乱。在讲课时，我就给学生找出一个规律：把会计平衡公式中“资产 = 负债 + 所有者权益 + 收入 - 费用”。把右边的“费用”要素移到左边，这样平衡公式就变成“资产 + 费用 = 负债 + 所有者权益 + 收入，左边“资产”和“费用”是同一方向的账户，“借方”记“增加”，“贷方”记“减少”。由于左、右两边是对立面，所以右边的“负债”、“所有者权益”、“收入”三类账户正好与左边相反，即，“借方”记“减少”，“贷方”记“增加”。这就使学生抓住了规律，十分容易记住了。

## 四、加大会计模拟实训力度，努力提高学生动手操作能力

一方面，在最近几年的人才招聘会上，一些用人单位明确表示不愿要会计专业应届毕业生。因为他们认为应届毕业生动手能力、实践能力、应变能力差，招到企业后还要花相当多的时间和资金进行培训，才能担任会计工作，而另一方面，由于现在各单位的财务保密，带学生到实际工作中去实习非常困难，就算去到企业，也是帮打打杂活，没有机会接触会计实际工作，所以必然缺乏动手能力、实践能力，应变能力。面对这样的客观事实，我们作为会计专业老师也是非常头痛的。所以，只能加大会计模拟实习的力度，努力提高学生动手操作的能力。

原来是先上完“工业会计”，再做会计模拟实习，而且只做一套综合账。一方面，在讲理论课时，课本内容比较抽象，比较枯燥，学生听起来很吃力，也很难听得懂，老师讲课也很辛苦，而且效果也不好。往往上完理论课再做实训时，学生就把原来的理论知识忘记了。后来就采取边讲理论边做相应内容的实训的方法，效果就好多了。在上“基础会计”时，讲到有些内容，为方便让学生动手操作的我就先让学生动手简单做一下，如填写记账凭证，登记一下现金日记账等。在上“工业企业会计”课时我也一边上理论课一边做会计实训。上完一个内容，马上做相应内容的实训。如以仿真一个企业所发生的经济业务为例，用该企业经济发生时取得的原始凭证来做账。从审核原始凭证，填制记账凭证，汇总记账凭证，登记会计账簿，到编制会计报表，一系列的核算过程都让学生亲自动手操作，独立完成。这样就给学生创造了一种思维活跃的气氛和环境，由于学生全面、及时、准确地完成了各类经济业务的处理工作，把理论与实践有机地结合起来，从而加深了对理论知识的理解，同时还具有一种成就感，学习的积极性也大大提高了，从而既提高了教学质量，也提高了学

生实际操作的能力。这几年来，我校会计班的学生一般都做六套账。一套是出纳岗位的现金、银行存款日记账；一套是仓库管理员的材料、产成品出入库账；一套是销售部门的收入、费用和利润账；一套是成本会计的成本费用账；一套是工资核算部门的职工工资核算账；还有一套是综合账。在做每套账时我都是先让学生独立去操作，自己在一边检查一边辅导，做得不对的马上指正。大概要用两个学期的时间，把“工业会计”的理论课讲完，这门课讲完的同时也做完了六套分类账。通过这样一边上课一边实作，使学生用理论的知识直接指导实践，边学边用，边用边学，学得容易，用得应手，大大提高学生动手操作的能力。通过这样的训练，大部分同学能很好地独立完成手工做账的任务。少部分基础差一点的同学经过老师的指导，至少也能完成现金日记账和材料账等一些比较简单的账户处理。最后一个学期，让学生上“电算化会计”课，再把手工账转到用电脑做账上。因为这些业务都是仿真企业的实际业务来做的，所以，学完手工账和电脑账后，一部分同学出去就业时，就能胜任一般单位的会计工作，有些同学也能做仓管员、办公文员和销售部门的核算工作了。

总之，要提高会计课的教学质量，提高学生的专业素质，需要学校、教师和学生的共同努力。学校要给予足够的重视，要在课时和教学条件上给予充分的保证。同时需要学生对会计专业具有清醒的认识并在学习中刻苦努力，更重要的是需要教师的潜心研究和辛勤付出。

**参考文献：**

[1] 人教版《教育学》，1999 年第 3 版。

[2] 人教版《心理学》，2003 年第 3 版。

[3] 联合国教科文组织：《关于职业技术教育的建议》，

2008年。

[4] 戎小群：《用兴趣教育强化专业理论课的教学效果》，《教育艺术》2006年第4期。

[5] 郭秀珍：《会计实践教育学仿真操作设想》，《会计之友》2006年第3期。

# 目前中等会计职业教育的弊端及改革思路

福建省莆田华侨职业中专学校　吴慧君

**摘　要：** 近年来，党和政府大力发展中等职业教育，职业教育的规模迅速扩大，对其教育质量的要求也越来越高，对会计教育的要求也发生了巨大变化。本文针对职业教育会计专业特点，提出新形势下中职会计教育的特征和教学改革的一些设想。

**关键词：** 会计　职业教育　教育改革

当前，我国的中等职业教育正进入一个关键性阶段，中等职业教育新一轮教育改革即将展开，中等职业教育中的一个重要专业——会计专业也正在着手尝试会计教育模式的改革。当前，党和政府高度重视中等职业教育，投入了大量的人力、物力，为每一个在校的中等职校学生提供每年1 500元的助学金。这是对农村学生来说，无疑提供了必需的物质方面的基础，使农村广大未来的劳动力有进一步受到高一级教育的可能。同时，对中等职校的师资队伍进行国家级、省级培训。通过培训，大大提高了中等职校的师资水平，为我国中等职业教育下一阶段的高速、高质发展奠定了基础。

培养会计专业人才，关系到国家民生大计。会计与经济效益有着密切的关系，会计的产生是基于对经济效益的追求，会计的发展是讲求和提高经济效益的客观需要，经济效益的衡量要借助于会计，经济效益的最佳化需要会计为其服务。这就是说，会计和经济效益具有与生俱来的一种同生的“血缘”关系。中职会计专业毕业生正是这一行业的基础人才。

目标是行动的指南，会计专业教育改革要有成效必须确立适宜的教育目标，才能为会计专业教育改革指明基本方向。而会计专业的培养目标决定了中职教育的会计专业教学导向。中等职业教育，必须教会学生一定的职业技能，使学生掌握一门职业技巧，为学生毕业后走上社会就业上岗做好准备；同时，也应教会学生自我学习能力，使学生能在工作和生活中不断学习，满足个人的终身发展、职务晋升的需要；还应使学生有较充足的知识储备，有一定的适应社会的能力，必要时可以转岗。因此，教学中如何提高学生的学习兴趣，如何把理论与实践相结合，提高毕业生的实践操作能力，是摆在中职专任教师面前的一道难题。

中等职校的会计专业，既是一个“老”专业，也是一个“新”专业。说它老，因为它办学历史悠久；说它新，因为它随着经济的发展在时刻发生变化。因此，中等职校的会计专业教育具有独特的特点，下面对其分析一二，以期抛砖引玉。

## 一、目前中职会计专业教育的特征

第一，偏重于传授会计专业知识，传统的会计教育往往通过设置一系列会计课程来完成，而且经常是相对固定不变的。这种格局与经济发展快速多变的特点是不相适应的

第二，教会学生理论知识，忽视了教会学生如何应用这些知识。

第三，侧重于国内会计制度的教学，忽视了现代企业的全球化发展的趋势。

第四，传统的会计教育各科目之间各自为政，忽视了彼此之间的联系。

第五，传统的教学模式以教师为中心，以教科书为依据，而教科书时有落后时代之嫌。

当前中等职校专业毕业生的社会认可度不是很高，中职毕业生各方面的能力在某种程度上讲是比较欠缺的，而就业压力之严峻，已经成为一个不争的事实。

改革后的会计专业教学模式应转为以学生为中心，以需求为动因，以问题为基础，进行发现式、探索性的学习。在培养目标上要纠正只重知识和理论的倾向，要大大增加操作考核与项目制作考核的分量；在教材选择上，要有利于提高会计工作岗位的技术综合能力和学生未来的发展后劲。因此，针对会计专业职业特点，让技能训练成为学生学习的重要组成部分，成为会计专业的传统和特色；学校可开设技能特色班，营造技能训练的氛围，鼓励学生加入勤练技能的队伍中来。通过参加“岗位适应能力提高班”，提高了学生的动手能力和专业素养，同时也让学生根据自己的所长和所愿有针对性地培养自己的岗位适应能力。一技之长能让学生在就业时处于优势地位。只有拥有过硬的岗位适应能力，才能在竞争日趋激烈的当今社会为自己谋得一份满意的工作，也让自己的职业生涯有一个良好的开端。

**二、教学设计要以学生的“学”为中心，让学生主动参与学习**

教学过程是离不开学生参与的，学生是教学的主体。会计专业知识具有较强的技术性、经验性和理论性，如果光靠教师的讲授，没有学生的参与，其教学方式肯定是“填鸭式”的。在现代中职院校的课堂教学中，部分专业基础课和专业课的讲解很大程度上还是教师处于主导地位，如果能够适时地转换角色，让学生自己主动思考和解决问题，是能收到很好的效果的。在实践课，如“会计学基础模拟实验”、“企业财务会计模拟实训”课中，教师不宜过多直接传授，而适合设置一个案例背景，提供相关资料、工具等，指导学生在协作中自己解决问题。教师只对理论性问题进行讲授，起到点拨、诱导和激发兴趣的作用。在教学中，应注意以下两点：

第一，在教学方法上注重案例教学，并将管理学的理论与方法运用到教学实践工作中来，如教学生通过团队合作来讨论和分析问题，利用头脑风暴法进行决策等。案例教学就是促使学生主动学习的一种重要的教学方法。在运用案例教学时，可将班上的学生进行自愿组队，每一小团队对案例资料进行讨论，同时在给出结论时教他们应用管理决策的一些方法，如头脑风暴法等。这样不仅能培养学生在学习过程中的逻辑思维能力，分析问题、解决问题、口头表达能力，以及团队合作的能力，而且能增强学生的学习动机和学习的信心，开阔他们的视野。

第二，在课堂教学中提倡学生踊跃回答问题，作为教师，不要轻易否定学生的观点，要鼓励学生的发散性思维。如在上“会计学基础”课的第一堂课时，我让学生说说自己眼中从事会计的人都是什么样的，在企业中扮演着什么样的角色，会计工作在企业经济活动中的地位如何等。在轻松交流的气氛中，我鼓励学生主动踊跃地谈自己的想法。班上有十几名学生都主动谈了自己的想法。这样上课，学生不仅自己思考了，而且还能锻炼勇气和增强自信心，同时轻松地掌握了一些相关的专业知识。

### 三、实务操作与理论学习同样重要

会计是一门实用性很强的学科，学生仅仅记住一些理论知识是不够的，更重要的是要学会应用。因此在教学过程中要始终贯彻“理解、掌握、运用”这个思想，做到理论联系实际，使学生能将理论知识很好地应用到实际工作中去。

我在讲解理论知识的时候，经常联系大量具体的经济业务，使学生很容易理解并记住一些理论知识。但我认为这还远远不够，还必须使学生学会应用，这才是学习的目的。如上“会计学”基础课的目的是教学生做会计分录，为了让学生掌握该部分内容，每学做一个账户，我都会随机出几个业务题，让学生做会计分录习题，通过做题，学生能较好地体会该账户借方记什么内容，贷方记什么内容，期末余额在哪一方，表示什么意思。这样讲完所有的账户后，学生大致只是一般理解了各个账户内容，但对一些账户学生常常容易混淆它们的用法。为了让学生掌握应用要领，我把会计分录内容主要分为下列几类：筹集资金、供应原料、生产过程、销售过程、利润及分配过程等，每一类让学生做大量的真实业务练习。为了节约时间，通常我读业务题，同时让学生理解分析，然后让学生依次按顺序站起来回答问题，因为每个学生必须站起来回答问题，就不得不努力思考，以便站起来后能表现出最好的自我。经过一段时间的练习后，教学可进入将知识系统化的阶段，我给学生布置某企业一个月的经济业务，带领学生做一遍，再给学生布置另外一个月的经济业务，让学生自己做。同时提醒学生注意，做练习的时候要考虑该题目考查的知识点，考虑到要应用哪些知识。通过这样反复练习，学生将实践与理论紧密结合起来，从而牢固地掌握了会计理论知识和实务操作技能。

总之，不论中职会计教育改革的方式如何，其理念始终应该与会计教育的需求为依托，使其能掌握时代变化的脉动。我相信随着职业教育课程改革的深入，中职会计专业的教育理念必将得到进一步的发展与完善。

**参考文献：**

[1] 石本仁：《21 世纪知识经济的发展与中国会计教育的转向》，《会计研究》2000 年第 9 期。

[2] 吴戈：《会计职业教育模式的研究》，《经济师》2000年第3期。

# 中职学校“企业财务会计”教学中的两个难点问题

贵州省财政学校　吴　超

**摘　要：**本文浅谈中职“企业财务会计”中“坏账准备”及固定资产折旧两个教学难点的教学处理方法，帮助学生理解和掌握相关难点内容。

**关键词：**“企业财务会计”　应收款项　折旧

在财经类中等职业学校教学中，“企业财务会计”是一门理论性和实践性较强的课程，特别是2007年1月1日起实施的《企业会计准则》等法规制度，进一步增强了“企业财务会计”理论性教学难度。笔者从教材中的两个难点谈谈自己在教学实践中的教学体会。

“坏账准备”是“应收款项”中的一个难点内容。《企业会计准则》规定：企业应当在资产负债表日对以公允价值计量且变动计入当期损益的金融资产以外的金融资产的账面价值进行检查，有客观证据表明该金融资产发生减值的，应当确认减值损失，计提减值准备。

而金融资产中“应收款项”发生减值的客观证据主要包括：（1）债务人发生严重业务困难；（2）债务人很可能倒闭或进行其他财务重组；（3）债权人出于经济或法律等方面因素的考虑，对发生财务困难的债务人作出让步；（4）债务人经营所处的技术、市场、经济或法律环境等发生重大不利变化等。这些规定明确了企业生产经营过程中对金融资产减值损失如何确认，解决了企业会计如何判断金融资产减值。

企业存在金融资产减值（中职“企业财务会计”中主要指“应收款项”）又该如何计量呢？企业应当在资产负债表日对应收款项的账面价值进行检查，有客观证据表明该应收款项发生减值时，应当将该应收款项的账面价值减记至预计未来现金流量现值，减记的金额确认减值损失，计提坏账准备。

企业计提的坏账准备，应设置“坏账准备”账户进行核算，该账户是用来核算应收款项的坏账准备计提及转销等情况的。所谓“坏账准备计提”，就是指由于企业应收款项的确认无法收回，企业产生了“坏账损失”，为了使得企业“坏账损失”得到弥补，进而转化为企业相关费用，企业在期末应按照相关规定计提坏账准备。所谓“转销”，就是指企业确实无法收回的应收款项按管理权限报经批准后作为坏账转销，应当冲减已计提的坏账准备。企业对已确认并转销的应收款项以后又收回的，应当按照实际收到的金额增加坏账准备的账面余额。

在进行教学时，应当注意以下几方面问题的教学：（1）从时间点来看，明确了“在资产负债表日”这一时间限制，它要求存在应收款项的企业，应当在资产负债表日对应收款项进行检查，确定是否应当对应收款项计提坏账准备。（2）从范围来看，明确了是否存在应收款项的企业就应当提取坏账准备，实际上，只有在企业应收款项存在“客观证据表明应收款项发生减值”时，企业才应当对应收款项计提坏账准备。（3）从会计核算来看，首先是选择企业适当的“坏账准备”计提方法。在备抵法下，无论采用应收款项余额百分比法，还是其他方法，企业可以根据具体情况自行选择确定，计提方法一经确定，不得随意变更。其次，在进行账务处理时，即企业计提坏账准备时，按应减记的金额，借记“资产减值损失——计提坏账准备”科目，贷记“坏账准备”科目。冲减多计提的坏账准备时，借记“坏账准备”科目，贷记“资产减值损失——计提坏账准备”科目。企业确实无法收回的应收款项按管理权限报经批准后作为坏账转销时，应当冲减已计提的坏账准备。企业发生坏账时，借记“坏账准备”科目，贷记“应收账款”等科目。已确认并转销的应收款项以后又收回时，应当按照实际收到的金额增加坏账准备的账面余额。已确认并转销的应收款项以后又收回时，借记“应收账款”等科目，贷记“坏账准备”科目；同时，借记“银行存款”科目，贷记“应收账款”等科目。

“固定资产折旧”是“固定资产”中的难点内容。《企业会计准则》规定：企业应当对所有固定资产计提折旧。但是，已提足折旧仍继续使用的固定资产和单独计价入账的土地除外。折旧，是指在固定资产使用寿命内，按照确定的方法对应计折旧额进行系统分摊。应计折旧额，是指应当计提折旧的固定资产的原价扣除其预计净残值后的金额。已计提减值准备的固定资产，还应当扣除已计提的固定资产减值准备累计金额。预计净残值，是指假定固定资产预计使用寿命已满，并处于使用寿命终了时的预期状态，企业目前从该项资产处置中获得的扣除预计处置费用后的金额。使用寿命，是指企业使用的固定资产的预计期间，或者该固定资产所能生产产品或提供劳务的数量。

在教学中，首先，应正确理解“折旧”概念。（1）从“折旧”的本质来讲，它是企业的固定资产在使用的寿命内，其价值随固定资产的磨损而减少，这部分磨损而减少的价值应系统分摊到相差费用当中。（2）从“折旧”的形态来讲，它是固定资产磨损价值表现形态，通过“折旧”的计提数表明固定资产已经磨损价值的多少。

第二，合理确定固定资产使用寿命和预计净残值。企业在确定固定资产的使用寿命时，主要应考虑的因素：（1）预计生产能力或实物产量。（2）预计有形损耗或无形损耗。（3）法律或者类似规定对固定资产的限制。其中，有形损耗，是指固定资产所使用过程中，由于正常使用和自然力的作用而引起的使用价值和价值的损失。无形损耗，是指由于科学技术的进步和劳动生产率的提高而带来的固定资产价值上的损失。正确理解固定资产的有形损耗和无形损耗，对固定资产的使用寿命、预计净残值的合理确定以及固定资产折旧计提方法选择有着重要作用。

第三，固定资产折旧的计算方法的理解。（1）四种折旧计算方法基础的不同，“平均年限法”是以固定资产使用时间为基础计算应提折旧，“工作量法”是以固定资产使用强度为基础计算应提折旧，“双倍余额递减法”是以固定资产期初的账面余额为基础计算应提折旧，“量数总和法”是以固定资产变动折旧率为基础计算应提折旧。（2）四种折旧计算方法计提的折旧额各期不同，“平均年限数”和“工作量法”各会计期间内计提折旧额是均等的，“双倍余额递减法”和“年数总和法”计提折旧额是固定资产有效使用年限的前期多提折旧，后期少提折旧。（3）四种折旧的计算方法在固定资产管理当中不同，当固定资产各期的负荷程度相同时，各期应分摊相同的折旧费，这时采用平均年限法计算折旧是合理的；当固定资产各期负荷程度不同时，为了反映固定资产的实际使用情况，这时应当采用工作量法；当固定资产成本需要在有效使用年限中加快得到补偿时，应当采用加速折旧法。

总之，在“企业财务会计”教学中，教师应当结合具体教学条件进行教学难点的处理，通过不断总结经验，在教学中帮助学生理解与掌握难点内容。

# 浅谈中职学校会计专业教学

陕西银行学校　王佳妮

**摘　要：**本文结合教学实践，对如何让学生更好地掌握中职学校会计专业知识和专业技能进行了思考，并谈谈一些心得和体会。

**关键词：**会计专业　模拟实训　企业实践

会计学是一门实践性很强的应用科学，适应面很广，学生毕业后分布到各行各业。因此，向来会计专业被称为就业的“常青树”，这也就是会计专业在社会上一直很热的一个最主要的原因。职业院校会计教育的目标和任务是“以服务为宗旨，以就业为导向，以能力为本位”。也就是通过几年的学习，学生毕业后能够运用所学知识在工作岗位中处理各种经济业务。职业教育毕竟不同于高等教育，虽然同样是学校开设的会计课程，但是教学目标的不一样，充分决定了教学方法的不同，也决定了最后教学效果的不同。从应对市场需要的角度来说，普通高校的教学重理论、轻实践，他们看重的是本科生究竟在四年中能学会多少理论知识，这样的教学模式很容易导致毕业后一些人面对实际工作无所适从。而职业院校的教育则不同，其重实践、轻理论的教学模式，使学生毕业后面对工作很容易上手。对此，我在授课中的教学体会体现在以下几个方面。

## 一、明确教学目标，抓住学生心理需求

教学目标决定教师的授课方式和教学效果。如今，随着社会经济的发展，过去的传统教学模式培养出来的中职学生已经不能适应社会发展的需要。因此，只有很好的考虑“怎样的学生才是社会所需要的”这个问题，教师在教学过程中才能更好地以学生为主体，以社会需要为导向，培养出社会所需要的会计人才。

“请问同学们，你们为什么要选择会计专业呢?”这样的问题可能是众多职业学校的教师第一节课会问的问题。汇集学生的答案，一般有以下几种：一是家长意愿，也就是家长的想法强加于子女身上；二是随波逐流，看到周围朋友的选择，于是跟风选择了会计专业；三是因为容易就业，这通常是呼声最高的；四是“不知道为什么，随便选择的”。更让人不能预料的是台下有学生不能准确读出“会计”的“会”字，把它读成会（huì）计，等等。于是，通常我会顺着刚刚激发起来的课堂气氛，告诉同学们学习会计专业要达到的要求：（1）使自己能为社会主义现代化建设作出贡献；（2）适应岗位企业会计工作的需要。这样一来，学生就明确了学习目标。

根据心理需求分析，此时学生最需要知道的是这门课究竟难不难，也就是需要教师具体分析课程框架及学习方法。因为专业课对中职学生来讲是比较生疏和深奥的，难以理解，这无形之中就给自己的讲课加上了一道屏障。此时教师首先一定要通过用通俗的语言给学生讲解一些贴近生活的案例来激发学生对新鲜事物和未知领域的好奇心，激发他们的学习兴趣，这样才能减轻他们的心理压力，从而以轻松的心态面对学习。其次，要明确地告诉学生，对于中职这样一个学历层次的学生来说，掌握专门的职业技能是首要任务，我们要把精力花在搞懂“是什么、怎么干”

上，而无须去钻研这些理论和方法是怎样形成的。方向明确了，教师和学生在教和学的过程中就可以少走弯路，取得事半功倍的效果。

## 二、讲课通俗易懂，贴近学生生活

中职院校的学生年龄偏小的特点，决定了他们对知识的接受能力较差。由于会计课中很多概念较难懂，教师如果单纯地照本宣科，那么教学效果肯定不佳。这就要求教师要正确分析教学对象，包括其年龄特点和心理需求。采用通俗易懂的语言去诠释抽象的概念。很多教师可能都有这样的体会，学生会说会计入门很难，有的教师把“会计”的概念讲了很多次之后学生反映还是听不懂。因此，在授课中我采取自编小故事的办法，然后进行词语替换。讲了古代“结绳记事”的小故事，引出古代“会计”的概念。之后总结出这样三句话：（1）会计是一种对生产资料的管理活动；（2）以“结”为主要计量单位；（3）反映和监督一个氏族部落对生产资料的管理活动。接着，我让学生转换角色，把自己当成企业人，通过提问，进行部分词语替换，概括出“会计”的概念。

同理，在讲到“原材料”和“在途物资”科目的区别时，我让学生假想自己是仓库管理员，然后告诉学生：以教室为仓库，假设学校买了一些货物，卸在操场上，这便是“在途物资”，然后从操场搬入教室，这才是“原材料”。学生都会意地点点头。在讲到“成本”与“费用”的区别时，我以学生为举例对象，告诉学生：几个人共同的耗用为“费用”，当分摊到每一位学生身上时即为“成本”。

事实证明，采取通俗的语言，举贴近学生生活的例子进行教学，会使教学效果达到满意的程度。如果单纯地照本宣科，不分析学生的接受能力，部分学生对会计学的排斥感就会与日俱增。

因此，我始终相信“没有教不好的学生，只有不会教的老师”这句话。我认为负责任的老师应该以这句话鞭策自己。

### 三、推广案例教学法，激发学生思维

案例教学法是一种具有启发性、实践性，有利于提高学生的应用能力和综合素质，与传统教学方式完全不同的新型的教学方法。会计学的应用性特点，使得案例教学法成为理论和实践的契合点。无疑，案例的选择将决定此教学法的效果的优劣。

在讲到会计人员的职业道德时，美国安然公司的案例是我首先要选择的，因为此案例融合了会计学中多个知识点，案例典型，学生可讨论分析的内容多，因此容易激发学生的思维。在选择案例时，应本着两个原则：一是案例的典型性。本节课要说明什么问题，课前选择的案例应围绕教学目标进行，选取国内外典型的与会计学相关的案例，经过分析后，才能让学生得到收获。二是案例的可分析性。选取的案例应是多个知识点的综合，这样才能从多方面、多角度地分析案例，从而让学生把学到的会计理论知识通过对案例的剖析得到应用，以提高学生发现、分析和解决实际问题的能力。

### 四、编写知识口诀，加深学生记忆

教师的教育教学过程是教师的再创造过程。教师只有达到了“扬弃”教材、“超越”教材的境界，并对学生的心理了如指掌，才能想学生所想，想学生所疑，想学生所难，才能真正让学生通过学习，达到触类旁通、举一反三的程度，才能真正达到减轻学生的学习压力、培养学生自学能力的目的。

会计专业的教学更是如此。由于这门学科较抽象，如何让学生理解知识并记忆深刻是教师应该研究的问题。在平时的教学过程中，口诀记忆将是授课中可选择的授课方式。比如，在讲到会

计核算的七种基本核算方法［即：设置会计科目（设置账户）、复式记账、填制和审核凭证、登记账簿、成本核算、财产清查、编制会计报表］时，我们可以把七种方法总结为以下口诀："会计核算方法七，设置科目属第一。复式记账最神秘，填审凭证不容易。登记账簿要仔细，成本核算讲效益。财产清查对账实，编制报表工作齐。"再比如讲到运用借贷记账法编写会计分录时，我把课本上烦琐的程序讲述概括为12个字，即："提科目，判金额，归类别，写分录。"在编写分录过程中，学生会写不是目的，关键是让每一位学生知道，写分录对于初学者来说不是随便写的，不是采取瞎猜的方法将"借贷"二字放在某一科目的前边，而是要通过分析才能写出正确的分录。

### 五、完善演示教学，活跃课堂气氛

随着职业院校教学方式的改进，多媒体教学已越来越多地走进课堂。在讲课中采用多媒体进行辅助教学，能给学生以视觉的刺激，激发学生的学习兴趣。采用多媒体教学对教会学生学会记账帮助颇大。如果采用传统的教学，教师只能在相对时间内讲授有限的内容，展示少量的证、账、表等实物，示范简单的操作。但由于教师面对的是一个庞大的集体，单靠个人在讲台上的展示是难以取得理想的教学效果的。学生仅仅看到的是实物操作的结果，而究竟如何填制这些实物，在课堂上却不能很好的掌握。

采用多媒体教学可以让学生直接感知。通过课堂上老师的课件演示，把账、证、表的填制方法很直观地展示给学生，这样最大的好处就是提高教学效率。同时，采用此教学手段可以活跃课堂气氛，缩短教学时间，增加知识讲授量。因此，要探讨如何更好地利用设备做出精美的课件、提高教学质量的问题，不能让多媒体教学流于形式。

## 六、落实实训环节，教会学生操作

职业院校的学生与本科院校学生的最大不同就在于他们的动手操作能力强。国家对职业院校学生的要求最终是要以能力为本位。实训环节要踏踏实实地做到实处，我认为应从以下几方面着手：（1）课时量的安排。受传统教学的影响，教师有一种潜意识，即理论务必夯实。于是把理论知识的讲授视为教学环节的重点，往往在安排课时量的时候会集中很多时间。这样，使得实训课时减少，最终使实训流于形式。而在现在的教学中，应保证两者在课时上的平分。（2）手工单项实训。在教学过程中，每一笔经济业务都应让学生做手工记账，从凭证到账簿，再到报表，每一环节都应让学生练习，并及时指出学生做账中存在的问题。对学生在单项练习中对各种常见的原始凭证的填写也是不能忽视的。（3）模拟综合实训。在学完全部知识后，让学生在模拟实训室进行模拟做账。（4）加大会计电算化教学的力度。学校应采用当前最新的财务软件，将手工模拟核算资料重新录入系统新建模拟核算单位账套，并按照如下操作程序进行：账套初始化—启用账套—日常业务核算，即从单位基本资料和核算参数的设置、会计科目设置、期初余额录入、记账凭证的输入、凭证的审核，到自动登记账簿和生成会计报表，让学生通过电子操作感受会计操作实务之乐趣。

## 七、校企人员结合，紧跟时代步伐

企业是会计准则的试金石，随着新会计准则在上市公司的实行，知识更新应用方法也应让学生很快了解、理解和掌握。因此，校企结合就显得格外重要。成立以企业与行业会计专家为主、会计专业骨干教师参与的会计专业建设指导委员会，会计专业建设指导委员会参与会计专业建设的全过程。会计岗位一线专家与专业骨干教师一道，在广泛的会计用人市场调研的基础上，全面分析会计专业人才培养所需的素质、知识、能力，重新构建专业课程体系，制订人才培养方案，确定了人才培养规格、课程内容、教学方法等，进行人才培养方案的优化调整。通过专业建设委员会的专家向学生做报告、做讲座等授课形式，将目前会计行业中最先进的思想和知识带进校园。生动的案例是学生最喜欢的讲课内容。与企业结合还可以通过本校外出实习的学生的介绍实习体会来实现，让他们谈谈在企业中实习的心得，切切实实地让学生体会到校企结合给学习带来的效益。

总之，为了完成会计专业的教学目标，需要我们不断地探索与改革，与时俱进，不断提高会计专业的教学效率，适应当前社会发展的需要，培养出适应社会需要的会计人才。

# 以会计从业技能为导向进行“经济法”教学

## ——中职会计专业“经济法”教学改革思考

重庆渝北职教中心　唐　蜜

**摘　要**：“经济法”是会计专业必修课之一，作为一门不同于会计系列课程的法律学科，如何在教学实践中既保留经济法的特色和理论体系，又与会计专业技能相互融合，是需要我们不断研究与探讨的问题。我们要认识到目前“经济法”教学中存在的问题，有针对性地开展教学改革，让“经济法”课程教学围绕会计专业职业能力的培养，增强学生的法律意识，满足会计专业学生经济法律知识的切实需要。

**关键词**：会计从业技能　经济法　教学改革

“经济法”课程是中等职业学校会计专业的一门主干专业课程，是本专业的必修课程，也是历年来会计专业高职升学考试的学科之一。在会计专业人员职业生涯中，会计初级、中级职称考试及相关资格考试中，“经济法”也是考试学科之一。中职“经济法”教学将为学生今后的会计职业生涯打下坚实基础，对增强学生法律意识，培养和提高会计从业技能意义重大。但是，“经济法”作为一门不同于会计系列课程的法律学科，如何在教学实践中既保留经济法学科的理论体系和特色，又能与会计专业技能相互衔接和联系并融为一体，满足会计专业学生经济法律知识的切实需要，这是“经济法”课程教学中需要我们不断研究和探讨的问题。

## 一、目前中职会计专业“经济法”教学中存在的问题

### （一）指定教材的教学内容未充分体现出会计专业特色

目前中职会计专业教学使用的是指定教材，一般地区的学校和教师无权选择教材，不管教材是否符合学生的实际情况。据了解，大多数中职学校会计专业采用的是高等教育出版社出版的《经济法律法规》教材，该教材适用于经济类专业，包括会计专业。经济类专业覆盖面广，教材内容围绕经济类专业所需经济法律知识的需求，编写的内容较为翔实，涉及的法律法规共二十多部。在这些法律法规的教学中，我们本应针对会计专业的实际因材施教，侧重讲解与会计专业知识相关的部分法律规范。而在教学实际中，部分教师往往忽视了这一点，只是照本宣科，一味按照教材编写内容进行讲解。这样的教学并不能够很好地将经济法知识理论与会计从业实际结合起来，没有做到将学生在今后的工作中最需要的知识传授给他们，未能达到中职会计专业“经济法”课教学目标的要求。

### （二）相关基础课程和专业课程安排脱节

1. 相关基础课程与“经济法”课程安排脱节

“经济法”的教学内容离不开一定的法律基础知识，而目前中等职业学校都已经把“法律基础知识”、“经济与政治基础知识”等相关课程设为公共基础课。学习“法律基础知识”对日后学生学习和理解经济法课程有很大的帮助，这两门课程应该有一个很好的衔接。而“面向21世纪教育振兴行动计划”的“职业教育课程改革和教材建设规划”中等职业学校会计专业教学指导方案中，“法律基础知识”课程教学时间安排在二年级上学期。大多数中等职业学校也是按照该指导方案的要求，一般在二年级上学期才开设“法律基础知识”课程，而“经济法”课程

作为专业课一般在二年级上学期甚至一年级下学期开设。这样显然颠倒了学生学习知识的逻辑顺序，使学生在学习“经济法”学科时缺乏相应的基础知识，在学习过程中显得力不从心。

2. “经济法”教学与会计专业其他专业课程教学脱节

“经济法”课程教学着重讲解法律条文条款，而会计专业课程教学则着重讲解经济业务的账务处理。表面上法律条文条款与经济业务账务处理看似无关，实则联系密切。例如，“经济法”的“税法”中要求计算企业所得税，而企业所得税计算的初始数据全部来源于会计账务处理的收入、费用、利润。而在教学活动中，由于是不同的教师对这两门课程进行讲授，并没有将两门学科知识融会贯通，导致学生难以理解知识之间的联系，不能在会计专业课程学习中应用法律条款。这不利于培养学生的会计综合职业能力。

（三）教学中以教师讲授为主，师生互动较少，教学方法欠灵活

“经济法”课程中涉及的法律条款多，理论性强，中职生的理解能力有限，学习起来有一定难度，当然离不开教师详细的讲解。但“经济法”作为一门实用性很强的法律课程，如果单靠教师一味的说教来讲解，根本无法调动学生学习的积极性，相反还会导致学生感觉“经济法”的学习枯燥无味，产生厌学情绪。所以在讲授经济法中，教师一方面需要用大量的案例作为辅助材料来帮助学生理解法律条文，调动其学习兴趣；另一方面，还应该积极探索其他新的教学方法，比如组织学生到法庭现场旁听，深入理解法律条文；还可以组织模拟法庭，通过控辩双方的辩论，锻炼学生对法律条文的实际运用能力。

（四）考核方法单一，不能促进学生各方面能力的培养

“经济法”在中职学校属于考试学科，这一学科的考试一般都是组织全市统考或者全校统考。传统的考试试题多为闭卷形

式，其内容主要是名词解释、选择、判断、填空、简答题等主观题和客观题。这些呆板、机械的问题，只是加强了学生对所学知识的记忆，而难以对知识的理解和运用作适当的考查。这种应试教育的考核方式必须加以改革，教师应该综合运用多种考核方式，以促进学生各方面能力的培养。

## 二、对“经济法”教学改革的思考

### （一）教学内容改革——围绕专业培养目标的要求合理安排教学内容

新课程改革要求“课程培养目标和专业培养目标应当紧密结合”，或者说课程的培养目标是在满足并适应专业培养目标的基础上制定的，不能成为“两张皮”。会计专业的培养目标是使学生通过本专业的学习，掌握从事会计工作的综合能力，而“经济法”课程的培养目标则应围绕这个“综合能力”的训练来定位，否则就失去了方向性。这就要求在“经济法”课程教学内容的安排上，要“在能力分析的基础上，确定课程的培养目标和内容，使课程切实起到能力培养的支撑作用，使学生学到的知识、技能能够满足职业岗位的实际需要”。会计专业开设“经济法”课程，也是为会计职业能力服务的。所以，“经济法”课程的教学内容必须与会计从业技能的培养紧密结合。

在目前尚未专门开发会计专业经济法教材的情况下，通用的经济类教材、“经济法”课程涉及的法律、法规众多，在教学中不可能将全部的条文一一介绍清楚，因此，教师必须针对不同专业学生的特点，有选择、有重点地加以介绍。对于会计专业的学生，我们应当重点讲解与培养学生会计职业能力相关的法律法规，主要包括如下几个方面：（1）《经济法》基础知识。教学重点为“经济法”的概念和体系，经济法律关系及其保护，社会主义市场经济和经济法制建设等。（2）企业组织法律规范。教学重点为中小企业法（包括《个人独资企业法》、《合伙企业法》)《公司法》、《外商投资企业法》等。(3) 规范企业经济活动和财经秩序的法律规范。教学重点为《合同法》、《会计法》、《税法》、《金融法》、《票据法》等。(4) 侵权责任法律规范。教学重点为《反不正当竞争法》、《消费者权益保护法》及争议解决的方式——经济仲裁和经济诉讼。

（二）课程安排改革——将会计专业教学与相关基础学科和专业学科相结合

新课程改革强调，文化基础课程为专业课程服务。“法律基础知识”作为一门文化基础课程，它的教学为会计专业学生学习经济法打下了坚实的基础，所以“经济法”课程应开在“法律基础知识”课程之后，并且不能间隔时间太长。建议会计专业教学计划结合实际情况，将“法律基础知识”课程提前到一年级下学期，这样在二年级上学期开设“经济法”就能够收到很好的效果。

其次，“经济法”课程教学必须与会计专业课程相结合。目前，中等职业学校会计专业的课程开设内容较为丰富，如“财政与金融基础知识”、“税收基础”、“财务管理”、“基础会计”、“财务会计”等。这些课程虽然自成体系，但专业课程的知识却有内在联系的。虽然我们是在不同的时间开设不同的课程，并且是由不同的教师任教于不同的学科，但知识之间的联系不能忽略不计，完全分割开来。这就要求会计专业课教师不仅要深入研究本门课程，对相关学科知识也要有所了解，在教学活动中做到“分工不分家”，要注重讲解各门学科之间知识的联系性，注意讲清知识在学科之间的迁移性。例如在讲解“经济法”中“合同法”的违约责任时，可以结合会计课程提出问题：支付违约金应计入什么账户？在讲解“公司法”中的注册资本最低限额时，可以要求同学们回顾在会计课程中学到的“收到投资人投入的资本”应该如何进行账务处理的知识。这样的教学方式，有利于学生将各门课程知识相互联系，融会贯通，加深理解，同时也有利于培养学生的会计专业综合职业能力。

（三）教学方法改革——改进课堂教学方法，注重案例教学法的运用

“经济法”是一门实用性很强的课程，单纯的法律条文十分枯燥，但结合适量的案例会使教学内容丰富且生动。因此，采用案例教学法是“经济法”教学的一大特色。在案例设计中，教师还可以将经济法的法律法规与会计专业知识相结合。例如将票据法与相关业务的账务处理相结合起来，拟出这样一个案例：我公司将一批商品销售给 A 百货商场，百货商场开出一张为期两个月，票面金额为 585 000 元的商业承兑汇票支付货款。一个月后，我公司向 B 工厂购入一批原材料，将该张商业承兑汇票背书转让给 B 工厂支付款项。汇票到期前，由于 B 工厂工作人员保管不善，该票据被盗遗失。根据上述案例设问，既可以考核学生对票据法律规范的理解和运用，又可以考核学生销售、采购及票据转让等相关业务的账务处理，一举两得。通过经济法的法律法规与会计专业知识相结合的案例教学，使学生深入理解从事会计工作中的有关经济法法律的常识，掌握处理相关问题的方法和技能，能够在经营管理和对外交往活动中，利用法律手段，保护企业自身的正当权益，实现经营目标和利益的最大化。

除了案例教学法外，还可以采用角色扮演法、情景体验法、实训法等，但每种教学方法各有利弊，在实际教学中只有将各种教学方法综合运用，克服其缺点，才能获得最佳教学效果。“教学有法，但无定法，贵在得法。”在教学过程中，还可以根据课堂出现的特殊教学情境，巧妙地因势利导，机智、灵活地采用一些新颖的教学方法，使教学收到意想不到的效果。

（四）教学考核改革——对学生学习成绩的考核应采用多种方式

考试改革制度明确提出，不得以学生考试成绩作为评价教师的唯一标准。在学生评价体系中，既要重视学生的学习成绩，也要重视学生的思想品德以及多方面潜能的发展，注重学生的创新能力和实践能力。对于中等职业教育而言，考试制度的改革尤其如此。"经济法"考核除了采用传统的闭卷考试的方式外，还可以组织学生针对一些热点问题开展讨论，并围绕讨论题让学生写出专题论文，依据学生的作业和论文评定其平时成绩。这样做可以调动学生查阅资料和思考问题的积极性，增强对经济法的掌握和应用，给学生更多自由发挥的思考空间。根据中等职业学校学生的学习实际，考试的内容设想如下表：

| 题型 | | 考核能力 |
|---|---|---|
| 客观题 | 选择、判断 | 法律条文熟悉程度及再现认识能力 |
| | 简答、计算 | 基本知识的掌握和运用能力 |
| 主观题 | 案例分析 | 明辨是非，分析、解决问题能力 |
| | 写作 | 常规法律文书及财经应用文写作能力 |
| | 阅读理解 | 阅读书籍，持续学习能力 |

通过上述考试制度的改革，让学生意识到不仅要练"背功"，更要思考如何去理解问题、分析问题、解决问题，从而围绕会计从业技能的需求，掌握在工作、生活中切实可用的经济法律知识。

总之，"经济法"学科教学应当有自己鲜明的个性，作为"经济法"学科任课教师，应不断结合工作实际，总结经验教训，改进教学方法，以提高教学质量，让“经济法”课程教学围绕会计从业技能的培养，满足会计专业学生经济法律知识的切实需要。

**参考文献：**

[1] 费胜章：《“经济法”课程教学改革之我见》，《青海大学学报》（自然科学版）2005年第5期。

[2] 肖可义、尹亚雷：《“经济法”教学改革的探讨》，《河北职业技术学院学报》2006年第1期。

[3] 伍燕萍：《案例教学法在“经济法”课程教学中的实践》，《职教论坛》2004年第12期。

# 会计专业实践性教学初探

## ——浅谈职业中专会计专业模拟实训教学

湖南益阳商务电子学校　谭亚平

**摘　要：**会计专业的实践性教学应围绕应用型会计人才的培养目标，建立与会计实际工作紧密联系的会计实践性教学体制，加强课堂教学与实践教学的结合，提高学生解决工作实际问题的能力，不断向社会输送适应时代要求的高素质会计人才。

本文根据从对中等职业教育教学现状的分析入手，就开展会计实训教学的必要性、会计模拟实训的基本方法、现今模拟实训教学中存在的问题等方面进行了探讨，并就改进会计实训教学提出了一些建议。

**关键词：**实践性教学　专业技能　动手能力　会计模拟实训教学　教学改革

方法是实现目的的手段，为达到一定的目的就必须采用与之相适应的方法。长期以来，“注入式”的教学方法在会计专业的教学中占主导地位，一节课下来，老师感到疲倦，学生也觉得乏味，学习效果却不理想，而且这种方法培养出来的学生，其知识和能力往往得不到同步发展，也很难适应实际工作的需要。

会计模拟实训教学作为一种实践性教学，是会计专业教学中培养会计专业学生实践技能的一种重要的教学方式，它能帮助学生更好地理解会计理论和会计方法，最大限度地提高学生的动手能力，让学生把所学的理论知识运用于会计实践活动中，从而提高学生分析问题和解决问题的能力。

我校是一所公办全日制中专学校，建校已三十多年。多年来，我们在会计专业教学中一直坚持并注重模拟实习这一环节，取得了较好的教学效果。现根据自己进行实训教学的一些体会，就中职会计模拟实训教学中的一些做法谈谈自己的看法和建议，供大家参考。

## 一、中职学校开展实践性教学的必要性

（一）生源现状

目前中职教育越来越受到重视。中职学生每生每年能得到国家给予的1 500元助学金，这无疑为困境中的中职类学校的招生工作带来一定的福音。但随着普通高中的扩招，中职学校生源素质越来越差。很多学生包括他们的家长，对职业教育在认识上还存在着较大的偏差，由此，也在一定程度上导致学生不愿读职高，就是进了中职学校，也没有学习兴趣，更何况他们中的大部分文化基础很差，而会计课程的理论性很强，对于他们几乎没有吸引力。因此，作为老师，我们必须在教学中采取适当的方法来提高学生的学习的积极性，通过实训教学来增强学生的学习兴趣，帮助学生理解和吸收会计理论知识，培养学生的动手能力，提高学生的实际工作能力，为其毕业后更快更好地适应工作需要打下良好的基础，让学生就业时能尽快地适应社会、适应工作。

（二）课程设置

目前中职学校在会计专业课程设置上，一般都开设了“会计基础”、“工业财务会计”、“商品流通企业财务会计”、“成本会计”、“会计模拟实习”等会计专业课程，在课时安排上，则理论教学占主导地位，模拟实训课程往往都安排在“财务会计”学习之中或之后。对于刚走出初中校门的十五六岁的孩子来说，

会计理论太专业化，他们不曾涉及过，而且政策性、理论性又很强，学起来更是觉得枯燥乏味。很多学校在第一学期开设“会计基础”的整个教学过程中，一般都没有安排模拟实习课程，这样，学生对于会计课程的学习兴趣很难提高。而且，部分学校，特别是规模较小的一些民办职业中学，受诸多条件的限制，一般只注重课堂上“注入式”的理论教学，很少有甚至没有实践的环节，从而使学生的会计实践活动无法得到较好的开展。

（三）就业状况

众所周知，用人单位一般都不愿意聘用刚走出校门的毕业生，只想聘用有一定工作经验的人，特别是像会计这样的工作岗位更是如此。显然，社会的发展对人才的职业能力有了更高的要求。为适应市场需求形势的变化，会计专业必须调整和创新教学模式，更加注重实践性教学和对学生动手能力的培养。在大力发展职业教育的今天，培养应用型、技能型人才，提高学生职业能力，是所有中职学校的培养目标。而在目前的会计专业教学活动中，安排学生到企业单位进行真正的实习却又几乎不可能。于是，会计模拟实训教学成为主要的实践教学手段，它能最大限度地缩小课堂教学与实际工作的距离，是提高学生动手能力的重要教学方式。

## 二、如何开展模拟实训教学

会计模拟实训是仿真教学，是实战训练，是提高学生会计专业技能的一种十分重要的方法。实训不能“走过场”，应务必讲求效果。

多年来，我们学校一直坚持并强化会计模拟实习。这也是我校会计专业学生毕业后从事会计工作时，一般都能很快地进入“角色”，受到用人单位的好评的原因。针对会计实训的要求，我们在实训资料、实训场地、实训教师、实训课课程设置等方面都做了较为完善的考虑和安排。

（一）实训资料要真实充分

会计模拟实训是一个将理论运用于实践的过程，它既是理论的运用，又对更好的理解和掌握理论有极大的促进作用。在这个过程中，我们尽可能地去模拟实际，让学生有身临其境的感觉。整个实训内容安排需要经过精心的筹划，模拟实训前资料的准备尽管比较烦琐，但一定要准备充分和完整。我们根据每个学期会计教学的进度和内容的不同，提供了相应的模拟实习所需的资料，包括相关经济业务资料和学生实习用品资料，让学生采用真实的记账凭证、会计账簿和会计报表等进行规范化的操作实践。

（二）建立功能仿真的会计模拟实验室

在会计理论的规范和指导下，会计实训具有很强的可操作性。如果只注重会计理论的灌输，忽视学生动手能力的培养，学生的实际操作能力势必不强，这样，学生要想在短期内适应用人单位上岗的需要是不可能的，这个问题必须通过强化实习环节来解决。而职业中学的学生一般不可能在就业前到企业单位去实习，因此，学校应该提供全面、系统、规范的会计模拟实习场所，这个实习场所就是会计模拟实验室。它把企业财务部门的业务活动精简、浓缩到会计模拟实习资料当中，以满足会计专业开设会计模拟实习课和进行直观教学的需要，帮助学生进行会计职业能力的模拟演练。模拟实验室提供的资料和用品要尽量仿真，学生在模拟实验室中能接触到一些比较真实的原始的会计资料和真实的会计用品，并运用已学的知识，通过独立操作，进一步理解所学知识，提高动手能力和实践操作水平。我们学校有一个多功能的仿真会计模拟实验室，学生每个学期、每一次模拟实习都是在实验室由老师指导完成相关的操作，教学效果很好，学生对会计专业学习的积极性明显提高。

（三）安排有会计工作经验的教师负责实训工作

会计模拟实训想要取得好的效果，还有很重要的一个方面，那就是必须选配具有丰富实践经验的教师从事会计实习教学指导工作，像师傅带徒弟那样扎扎实实地、一步一个脚印地去带，这样带出来的学生会更受用人单位的欢迎。

实践是理论的运用，会计理论指导会计实践，但在会计实际工作中还有很多的工作细节、处理办法，是会计工作者在多年的会计实践工作中摸索并总结出来的，而它们并非会计理论和规定的会计办法，因而在书本上是看不到也学不到的，只有有过会计工作实践经验的人才有体会、才能掌握。安排这样的教师担任会计模拟实训教学工作，效果当然会更好。

（四）合理地安排实训课程，并检查实训效果

会计模拟实训不能一次性地集中安排在学生毕业就业前，而要遵循循序渐进的原则来分步骤地安排。根据会计专业教学内容体系，我们将会计模拟实习按照学习进度及其难易程度分步骤地安排到每一个学期，与每一册不同的教材学习内容匹配进行。

首先，学习“会计基础”时，在会计凭证、会计账簿、会计处理程序、会计报表等部分理论学习的同时，要分别同步安排一定量的模拟操作，当然难度不能太大，量也不能太多。这样做一方面能调节学习气氛，减少理论教学的枯燥，提高学生的学习兴趣；另一方面，模拟操作是更直观的学习，它能增强学生的感性认识，加深学生对会计理论知识的理解。在“会计基础”课程结束时，还要及时安排一定的课时，并提供一套内容比较简单的企业经济业务资料，让学生从审核和填制凭证开始，到登记账簿、结账对账、编制会计报表，直到会计凭证的整理和装订进行实训。整个会计处理过程都在模拟实验室进行，每个学生都必须在老师的指导下独立完成实训操作。这一阶段的实习，主要的是让学生理解和掌握会计核算方法“是一个相互联系的有机整

体”，使学生系统地掌握从填制、审核原始凭证和记账凭证、登记账簿、编制财务会计报告等会计全部工作的技能和方法，而且对会计凭证的传递、记账规则的运用、对账结账、会计凭证的整理归档也有比较全面和完整的理解和掌握，同时又很大限度地提高学生对会计这门学科的学习兴趣。这样就为下一步“财务会计”等专业性更强、难度更大的专业课程的学习打下坚实的基础。

其后，在“财务会计”和“成本会计”学习结束时，也要及时安排时间进行模拟实习。这时，我们分别以某个制造类企业和某一商业企业一个月的主要经济业务进行会计核算，以此来巩固学生所学的企业财务会计知识，增强学生对会计核算方法的认识，进一步熟悉对会计业务全过程的处理，更大地提高学生的动手能力。

在“会计电算化”教学过程中，我们又把理论知识的学习与上机操作紧密结合，边学边实践操作，每周安排两节课进行电算化操作，让学生有上机实践的机会。目前，大多数企业都已全部或部分实现了会计电算化，掌握相关的会计知识、计算机知识和操作技能已经成为会计人员的基本要求，所以我们在培养学生操作技能时也要符合实践发展的需要，在会计实训教学中应该重视会计的电算化处理能力的训练。

实训过程中，作为指导老师，应该对每一部分内容作简要的辅导，并提醒学生应注意哪些问题。如在练习“记账凭证”的填制时，我们首先应告诉学生如何读取和审核原始凭证上所反映的经济内容，引导学生填写总账科目和明细科目、告诉他们怎样填写借贷方金额以及由谁在何处签章，等等。要随时检查学生的实训效果、及时发现和纠正错误，合理安排和调整实训内容，以保证实训不走过场，从而取得更好的实效效果。

## 三、对会计模拟实训教学改革的几点建议

### （一）实训资料特别是原始凭证的仿真性有待进一步加强

会计模拟实训教学所用的资料尽管与企业发生的真实的经济业务并没什么差别，但绝大多数都是虚拟的，而且一般都是黑白样式，而现实工作中，不同的原始凭证或同一内容、同一号码但不同联次的原始凭证，其式样、颜色等会有所不同。这样学生在就业上岗时会有一些不适应，甚至不知如何处理凭证。所以实训资料越真实，实训效果就越好。

### （二）重视手工模拟实习操作的同时要加强计算机模拟操作

我们知道，在会计模拟实训方面，许多学校还停留在手工模拟阶段，对应用计算机进行模拟实习的相对还较少，个别民办学校，甚至可能连手工模拟操作都不曾采用。这样，学生参加工作后，仍然要经过长时间的适应期才能胜任实际的会计工作。而现今实行电算化会计操作的企业越来越普遍，若我们不把会计电算化实训纳入到正常实训教学中来，就很难适应现行会计工作的需要，会给学生的就业择业带来很多的不便。所以最好能在学生毕业之前进行一次综合实训，将会计模拟实习的手工操作和会计电算化操作有机地结合起来。从而既巩固了会计知识和加深了对整个会计核算流程的掌握，又进一步熟悉了会计电算化的处理方法，如此实训，效果会更佳。

### （三）加强职业岗位意识，实行模拟岗位轮换

目前很多中职学校在会计模拟实训过程中，模拟岗位设置都比较简单，重点是传统会计岗位。而像出纳、成本核算、计算并缴纳税款等，因为这些岗位在我们的实训教学中不便操作，因此往往是一笔带过，有的甚至不提，于是学生在实习过后对哪些是出纳人员要做的工作，该如何获取成本核算的资料，企业要如何计算并进行纳税申报，税款又应该怎样进行缴纳等内容还是不了

解。其实要解决这一问题并不难，我们可以把会计岗位细分，由不同的学生分组进行相应的处理，然后再进行岗位的轮换，使每个学生对每个不同会计岗位的操作都能有所了解。

（四）鼓励教师“走出去”充实实践经验，以便更好地指导学生实训

师资是保证教育质量的关键。目前，职业教育对教师的学历、学识水平以及业务能力等有了更高的要求。会计实践教育要求指导教师不仅要有系统的专业理论知识，而且还应具备一定的实践经验和熟练的专业操作技能。很多的实习指导教师都是从大学毕业就直接到学校从事教学工作的，他们的理论功底非常扎实，但由于缺乏会计实际工作经验，要指导和培养学生的动手能力，有时难免会出现一些偏差。学校应鼓励教师走出去，甚至可以到企业或会计师事务所去兼职，寒暑假期间，可到企业去学习和了解企业改革和会计实务处理的新情况，以便更好地为教学工作服务。学校也应为其提供方便。这样才能使会计教学更贴近现实社会、贴近现实生活。

当前，随着改革的不断深入，市场竞争也越来越激烈，择业难已成为中职毕业生所面临的最大问题。在这样的形势下，中职学校的教学必须适应市场需要进行改革，要改变传统的“注入式”传授知识的方式，加强对学生动手能力的培养。通过广大中职教师的共同努力，我们一定会培养出具有扎实专业知识，又能动手进行实践操作的应用型人才。我们相信，中职教育的明天会更加美好！

**参考文献：**

［1］刘尚林：《会计学专业实践性教学探讨》，《财会月刊》2006 年第 10 期。

［2］李家祥等：《东陆职教论坛（2007 年）》，云南大学出

版社 2007 年版。

［3］王加林 等：《东陆职教论坛（2008 年）》，云南大学出版社 2008 年版。

# 新企业会计准则执行若干问题的思考

湖南省怀化市财校　全小英

**摘　要：** 财政部2006年2月15日发布了新的《企业会计准则》，新准则由1项基本准则和38项具体准则构成，从2007年1月1日起首先在上市公司施行，以后逐步扩大到全部大中型企业。对上市公司的会计处理提出了新的要求，如何在会计实务工作中贯彻落实准则要求，已经成为当前的热点问题之一。在实际执行新企业会计准则过程中笔者注意到：一是新企业会计准则与相关的会计制度及各具体准则之间存在矛盾；二是部分业务在新准则中并未涉及；三是少数业务在新准则中没有给出判定标准。本文将就上述问题进行探讨。

**关键词：** 会计准则　问题　思考

新准则在上市公司实行后，财政部会同证监会、银监会、保监会、国资委及国家税务局等有关专业人员，成立了“企业会计准则实施问题专家工作组”，为新准则实施中出现的紧急问题发布工作意见。同时，财政部会计司还通过各地方财政部门等途径，建立了新准则执行情况的实时动态跟踪反馈机制，密切关注新准则的执行情况，发现问题及时加以解决。但是，由于新准则刚刚出台，实行期较短，难免存在一些考虑不周全的地方，笔者在新准则执行过程中注意到以下问题，提出来供大家参考。

**一、新企业会计准则与相关的会计制度及各具体准则之间存在矛盾**

（一）存货盘盈的处理

《企业会计准则第 28 号——会计政策、会计估计变更和差错更正》第十一条指出，前期差错，是指由于没有运用或错误运用能够取得的可靠信息，而对前期财务报表造成省略或错报，通常包括计算错误、应用会计政策错误、疏忽或曲解事实和舞弊产生的影响以及存货、固定资产盘盈等。但是，在《企业会计准则——应用指南》"待处理财产损益"科目说明中，只对固定资产的盘盈作为前期差错处理，通过"以前年度损益调整"科目核算，而对存货的盘盈仍然通过"待处理财产损益"科目核算计入当期损益。两者前后矛盾。

（二）投资性房地产的计价模式

《企业会计准则第 3 号——投资性房地产》借鉴了国际会计准则的类似规定，无论从形式还是内容都较原规定更完整、规范，准则第九条规定，企业应当在资产负债表日采用成本模式对投资性房地产进行后续计量，但本准则第十条规定的除外。第十条规定，有确凿证据表明投资性房地产的公允价值能够持续可靠取得的，可以对投资性房地产采用公允价值模式进行后续计量。允许企业在期末符合条件的前提下，按照公允价值对投资性房地产价值进行重新计价，但对公允价值模式计量给予了严格的限定条件，不符合条件的，不得采用公允价值模式计量。而《企业会计准则第 3 号——投资性房地产》应用指南规定，同一企业只能采用一种模式对所有投资性房地产进行后续计量，不得同时采用两种计量模式。问题在于某上市公司对投资性房地产采用公允价值模式，后来在异地又设立了一家分公司，也有投资性房地产业务，但又不符合采用公允价值模式计量的条件，企业按应用指南的要求，只能采用成本模式计量，并将该上市公司所有的投资性房地产均转为成本模式计量，这就违背了《企业会计准则第3号——投资性房地产》第十二条的规定，即：企业对投资性房地产的计量模式一经确定，不得随意变更……已采用公允价值模式计量的投资性房地产，不得从公允价值转为成本模式。这样必然导致了会计准则之间的冲突。——前后矛盾。

（三）应付福利费余额的处理

《企业会计准则第9号——职工薪酬》第一次系统地规范了企业和职工建立在雇佣关系上的各种支付关系，明确了职工薪酬的内容，加大了其内涵，统一了各类职工薪酬的会计处理原则，导入了辞退福利的会计处理方法，不再按工资总额的一定比例计提职工福利费。问题是对于以前年度的应付福利费余额在首次执行日该如何进行会计处理，《企业会计准则第38号——首次执行企业会计准则》应用指南规定，首次执行日，企业的职工福利费余额应当全额转入“应付职工薪酬（职工福利）”，根据企业实际情况和职工福利计划确认应付职工薪酬（职工福利），该项金额与原转入的应付职工薪酬（职工福利）之间有差额的，调整管理费用。《企业财务通则》规定，2007年已经计提的职工福利费应当予以冲回。——前后不一致。

笔者以为，存货的盘盈一般是由于计量上的误差、管理上的不善等原因造成的，而且数量不大，对报表影响不大，应计入当期损益，不归属于前期差错；投资性房地产在首次取得时均应采用成本模式计价，这样就避免了上述问题；应付福利费余额应当全额转入“应付职工薪酬（职工福利）”，在以后期间继续使用，前后衔接。这样就避免了核算口径不一致对会计信息的影响。

## 二、部分业务在新准则中并未涉及

（一）购买固定资产、无形资产及存货的价款超过正常信用条件的界定

《企业会计准则第 4 号——固定资产》第八条规定，购买固定资产、无形资产及存货的价款超过正常信用条件延期支付，实质上具有融资性质的，资产的成本以购买价款的现值为基础确定。至于付款期达到几年为“超过正常信用条件”，准则没有认定。实务中，通常认为购买固定资产付款期达 3 年以上为超过正常信用条件。但购买固定资产付款期超过 3 年以上，需要安装，安装完毕达预定可使用状态，扣除安装年限后剩余年限不足 3 年的；或原为 5 年分期付款，在首次执行日剩余付款期不足 3 年的；或付款期刚好是 3 年的，是否也属于实质上具有融资性质，就准则却未提及。

（二）确实无法支付的应付账款的处理

原企业会计准则及企业会计制度规定，确实无法支付的应付账款，计入“营业外收入”。新企业会计准则及应用指南对确实无法支付的应付账款的处理是否为适应于企业金融负债的终止确认，均未提及。

（三）资本公积明细科目的处理

新企业会计准则将资本公积明细科目予以简化，只设置了“资本溢价（股本溢价）”和“其他资本公积”两个明细科目。问题是在执行新准则后是否要将“接受捐赠非现金资产准备”、“接受现金资产捐赠”、“股权投资准备”、“外币资本折算差异”、“关联交易价差”等明细科目都转入“其他资本公积”明细科目，新准则没有明确。

（四）销售作价不公允的处理

《企业会计准则第 14 号——收入》第五条规定，企业应当

按照从购货方已收或应收的合同或协议价款确定销售商品收入金额，但已收或应收的合同或协议价款不公允的除外。至于对这部分不公允作价的销售收入如何处理，新准则及其应用指南并未加以明确。

笔者以为，对于固定资产的“超过正常信用条件延期支付”的标准在准则中应当明确，并将上述特殊情形考虑入内；对确实无法支付的应付账款，应计入“营业外收入”，这样符合利得的定义，也符合金融负债的终止确认，这一点也应在准则中明示；资本公积原有的“接受捐赠非现金资产准备”、“接受现金资产捐赠”、“股权投资准备”、“外币资本折算差异”、“关联交易价差”等明细科目应该明确单设一个明细科目进行过渡处理；不公允作价的销售只能按公允价值确认收入，超过的部分不能确认收入，准则应明确如何处理，以便会计人员正确地处理相关业务，为各报表使用人提供可比性较高的会计信息。

## 三、少数业务在新准则中没有给出判定标准

### （一）对外投资的分类

新准则对投资进行了重新分类，根据投资的性质、期限、持有目的以及是否存在公允价值等不同情况，将原来一个投资准则的内容分为《企业会计准则第 2 号——长期股权投资》和《企业会计准则第 22 号——金融工具确认和计量》两个准则，分别设置了四个会计科目（即：交易性金融资产、持有至到期投资、可供出售金融资产和长期股权投资）进行核算。问题是当企业持有上市公司的处于限售期的法人股时，是将它作为长期股权投资，还是交易性金融资产，或者是可供出售金融资产，新准则没有给出标准。

### （二）以股抵债业务的归属

企业实施以股抵债，是属于债务重组还是处置长期股权投

资？如果将其归为长期股权投资的处置的话，不符合《企业会计准则第 2 号——长期股权投资》的有关规定，因其欠缺之处是该笔交易的结果债务人并没有收到实际价款，而是减少了债务；如果将其归为债务重组，也不完全符合债务重组所规定的条件，即债务人发生财务困难，债权人作出让步。对债务人实施以股抵债的处理新准则也未涉及。

（三）技术开发费余额的处理

《企业会计准则第 6 号——无形资产》第六条规定，企业无形项目的研究开发支出，除了符合准则规定的确认条件、构成无形资产成本的部分以外，均应于发生时计入当期损益。问题是对企业原来根据当地政府部门的有关规定，每年按照销售收入的一定比例计提的技术开发费余额较大的部分，该如何处理，而且在实务中，如何正确按照新企业会计准则的要求，正确区分研究阶段与开发阶段，并不是一件简单的事情。

笔者以为，对外投资的分类对会计人员提出了更高的职业判断的要求，相应的增加了会计处理的难度，对于企业持有上市公司的处于限售期的法人股，企业实施以股抵债及技术开发费余额的处理等业务，准则应该给出相应的标准，以降低会计人员处理业务的难度。

以上所述，是笔者在新《企业会计准则》执行中注意到的，不当之处，请批评指正。

**参考文献：**

[1]《中华人民共和国财政部企业会计制度》。

[2] 中华人民共和国财政部：《企业会计准则》，财会［2006］3 号，经济科学出版社 2006 年 2 月版。

# 职校财会专业课堂教学的建构观

浙江省绍兴县职业教育中心　潘兴云

**摘　要**：以建构主义理论为基础，认识目前教学中的不足，提出职校财会专业课堂教学设计要求，确定评课的策略，以利于职校财会专业课堂教学现状的改变，构建适合中等职业教育发展需要的财会专业课堂教学模式。

**关键词**：职校　财会专业课堂教学　建构观

教学方法是教学过程中教师和学生为实现教学目的、完成教学任务而采取的教与学相互作用的活动方式。教学方法种类繁多，各有各的优点和不足，本文主要运用“建构主义”理论，针对中等职业学校财会专业课堂教学问题，谈一点认识和体会。以利于构建适合中等职业教育发展需要的财会专业课堂教学模式。

## 一、现实意义

以教师系统讲解和学生听讲与练习为主的传统的教学方法注重以教师教学为中心，学习的目的在于学生熟记教师所教的知识。这一教学有其优点。但是随着职校生源质量的下降，传统的教学方法显现出了较大的问题：一是教师在系统讲解知识时，不考虑学生是否已掌握，一味的单向传输；二是重视所教知识的量，不重视教学的探究过程。课堂教学往往倾向于常规性的编制分录训练；三是忽视教学创新。教师把课本中的知识一成不变地灌输给学生。把学生视为一个容器，认为学生装得进的就好，装不进的就差。这种机械式的教学不能全面启发学生的思维，忽视了学生在学习上的主动性，不能激励学生的创新精神。针对这些问题，研究建构主义理论对于改进职校财会专业课堂教学、创新教学方法具有极强的理论意义。

## 二、建构主义教学观

建构主义强调两个基本原则：一是知识是由认识者主动地建构，而不是从外在环境中被动地接受的。二是学习是组织个人经验世界的调适过程，而不是用来发现独立于个人之外的现实。运用建构主义的理论改进教学方法是对传统教学理论的自觉反思，是对学习活动本质的重新认识。建构主义的教学观为改革教学方法提供了扎实的理论基础和可行的操作方法。

## 三、课堂教学设计要求

### （一）创设情境，引导学生进行情感体验

有效的教学必须能够引导学生产生积极的情感体验。进行学习时，带有一定情感的积极的体验会使学生不断产生浓厚的兴趣和需要，对学习产生极大的热情。教师要根据教学内容中知识和技能的发生、发展的可能性过程，展现知识背景，促进学生建构活动的发展。教师在讲授学科知识前，应认真考虑学生先前的基础，使要学的知识落在学生可能接受范围内，并与学生的经验紧密结合，只有这样，才能激起学生有意义的学习。职校学生学习的动力不足，在备课时，教师要充分认识情感体验的重要性，利用实例，直观演示、类比引申，创设问题情境，精心设计各类活动，给学生以自主支配的时间和空间。

（二）构建学习共同体，协作学习

建构主义倡导合作学习，重视学习共同体的培育。教师在教学设计中应提供学生相互合作的机会，培养学生良好的合作态度与合作技巧。在教学中以合作小组的形式开展生生之间的多边活动，使学生相互交流。在这个过程中，每个学生的想法都为整个学习群体所共享，从而推进学生共同学习、共同进步。根据职校学生特点，不仅应该在课内设学习共同体，在课外同样需要构建学习共同体。

（三）过程参与，培养思维

学生是有教学需要并参与到教学活动中的人，是教学系统的基本构成要素之一。会计知识体系联系观认为有一严密的账户体系，知识前后联系紧密，存在极强的对应关系，知识体系中因果关系体现非常明显。所以教学中应注重学生在教师的指导下参与到探求知识的产生、形成、发展过程中去。注重对矛盾的不断探究和新问题及已有知识间的整合，拓展学习思维，优化学生的认知结构，强化学生的认知反思，以利于学生学会学习。对财会专业的初学者来讲，宏观上要了解资金的周转过程。要理解原材料从购入到变现的一般过程：即原材料→ 生产成本→库存商品→主营业务成本 → 本年利润。在微观上要不断加强局部环节因果关系的教学。如讲解交纳增值税问题：

本月交纳上月增值税应为：

借：应交税费——未交增值税

　　贷：银行存款

本月交纳本月增值税应为：

借：应交税费——应交增值税（已交税金）

　　贷：银行存款

在教学过程中，学生对此提出问题较多，同样交纳增值税，分录时却存在一定差异，所以教学中要让学生明确经济业务的来龙去脉，知晓上月未交税金在期末已做了如下分录：

借：应交税费——应交增值税（转出未交税金）

贷：应交税费——未交增值税

只有注重经济业务的前后因果联系，才能不断完善财会的学习方法。只有在理解和基于学生学习基础上的建构，才能使学生真正地拥有知识。

（四）前后联系，加强知识融会贯通

建构主义认为，要把当前学习内容所反映的事物尽量和自己已经知道的事物相联系，并对这种联系加以认真的思考。“联系”与“思考”是意义构建的关键。如果能把联系与思考的过程与协作学习中的协商过程（即交流、讨论的过程）结合起来，那么学生建构意义的效率会更高、质量会更好。在《企业财务会计》教材中，分别涉及各种准备的计提及核算方法，即坏账准备、存货跌价准备、长期股权减值准备、固定资产减值准备、无形资产减值准备、在建工程减值准备、商誉减值准备、投资性房地产减值准备，在学习过程中不要将这些知识点割裂开来独立看待，而应该前后贯通起来，理解其基本理论。

在学习这些知识时要和资产的概念联系起来，在《基础会计》教材中曾经讲过资产的概念：资产是指过去的交易、事项形成并由企业拥有或者控制的资源，该资源预期会给企业带来经济利益。在理解这一定义时必须强调“能给企业带来经济利益”。在各项资产核算中都会涉及期末计价问题，当有关资产的成本高于可变现净值（或市价、未来可收回金额）时，该资产不能给企业带来经济利益，就不符合资产的定义，就要冲减该项资产减值或跌价部分，那么如何冲减该项资产？在会计核算中以跌价准备或减值准备或坏账准备等若干个准备的形式冲减资产。冲减的资产计入相关损失费用，不同的准备计入的损失费用有所不同，在2006年版《企业会计准则》中，把各项减值或跌价分为三类。第一类是对应收款项以应收账款和其他应收款为基础计提坏账准备，操作如下：

借：管理费用

　　贷：坏账准备

第二类是对存货跌价准备操作如下：

借：资产减值损失

　　贷：存货跌价准备

第三类是对其他资产的减值准备操作如下：

借：资产减值损失

　　贷：××减值准备

各类资产，如果期末成本高于可收金额（或市价、可变现净额）时，就要提取减值或跌价准备。道理都是相同的，运用“联系”与“思考”进行意义构建，一方面要找到共性的东西；另一方面要找到不同的地方，在比较中去学，在学习过程中把握住共性的东西，这样学习起来就非常简单。只要把握住其特性，注意到小的要点，就可以熟练掌握各知识点，取得事半功倍的效果，有利于学生自主建构知识体系。

（五）师生双向互动，体现主体

建构主义认为，学生学习的本质是学习者主动建构的过程，强调学生是认知的主体，是主动建构者。但只强调让学生建构，是一种放任自流的低效教学观，“满堂放”不是建构主义的本意。因此，在教学设计中应充分考虑把教师的主导性与学生的主体性相协作，使师生在和谐民主、自由平等的活动与交流中建构对知识的理解。教师积极引导学生，提出适当的问题，以引起学生的思考和讨论；在讨论中设法把问题一步步引向深入，以加深学生对所学内容的理解；要启发诱导学生自己去发现规律，自己去纠正错误的或片面的认识。

## 四、课堂教学评价

### （一）备课评价策略

一方面，要注重对教材的钻研和教学设计评价；另一方面，备课评价必须增加“对学生研究”的评价，因它是建构教学顺利进行的必要条件。由于职业学校的学生学习基础差、学习动机和学习指向性模糊，因此要求教师在备课时应“因学生制宜”，在对学生认识水平充分了解的基础上，进行可行性教学设计。某一知识点在教师看来是非常简单的，但对于学生来讲有可能就不是这样。如果脱离学生实际情况，那么再好的教学设计在实际操作中也是不成功的，所以必须重点加强对学生知识水平的研究，只有这样，才能因材施教。

### （二）上课评价策略

传统的课堂教学可以归结为四个字：执行教案。如果课堂中没有实现教案所规定的任务，就会被视为没有完成教学任务；如果课内讲的比教案多，就会被视为教学有随意性。建构主义的教学观认为，教学不能无视学习者的已有知识经验而简单强硬地从外部对学生实施知识的“灌输”。在上课过程中，对教师的评价应由重教师是知识的传授者变为学习引导者，变教师是学生学习结果的评判员为学习活动的组织者，即对教师的评价是以在课堂教学活动中教师的引导、组织是否使学生高效地参与到对知识、情感、能力的建构活动中去为依据。教师只是知识的呈现者，不是知识权威的象征，应该重视学生自己对各种现象的理解，倾听他们当下的看法，思考他们这些想法的由来，并以此为据，引导学生丰富或调整自己的解释。而不是“中断”学生的思维，按照教师原来设计的思路继续进行。此时，教师的教学能力主要体现在辨识学生看法的真正意图、适时地纠正学生的错误和指导学生正确地思考。实际上这就对教师提出了更高的要求。

（三）评学为主的策略

传统的教学评价重“教”的评价，轻“学”的评价。传统教学把教师放在主导地位，因此教学评价的主要对象是教师，评价的内容是围绕教师的教展开的，评价时，主要集中在教师教的全过程，而学生如何学，却往往为教学评价所忽视。建构主义教学理论及其评价思想提倡评价以学为中心，强调学习者的认知主体作用。由此，新的教学评价对象不应是具体的人，而应是教师和学生的活动及其效果。我们的教学评价应该对事不对人，尽量做到客观。在教学评价时要以学为主，无论是对教师的教，还是对学生的学，包括的内容有学生学习动机、学习兴趣、学习参与程度、思维与能力的发展等。同时不能否定教师教的作用，而是要强调教师的教是“如何围绕学生的学”展开的。如：教师是否为学生提供了有利于学习的心理氛围，是否注重培养学生思维和能力的发展，是否引发学生积极的情感体验，是否引导学生进行自主学习，是否有效教授给学生学习方法等。

**参考文献：**

［1］邓泽民、赵沛：《职业教育教学设计》，中国铁道出版社 2006 年 7 月版。

［2］陈琦、刘儒德：《当代教育心理学》，北京师范大学出版社 2007 年 4 月版。

［3］薛国凤、王亚晖：《当代西方建构主义教学理论评析》，《高等教育研究》2003 年第 1 期。

［4］财政部：《企业会计准则 2006》，经济科学出版社 2006 年 2 月版。

# 固定资产账面价值与计税基础的差异分析

广东省惠州商业学校　骆秋光

**摘　要：** 固定资产是企业的主要资产，管理好固定资产是企业资产管理的一项重要工作。现行会计准则与相关税法对固定资产的核算分别做出了相应的规定，但存在一些有待完善的问题。基于此，本文着重从会计准则与企业所得税法对固定资产的不同处理进行了比较分析，以便正确计算固定资产的账面价值和计税基础。

**关键词：** 固定资产准则　税法　差异

以各种方式取得的固定资产，初始确认时按照会计准则规定确定的入账价值基本上是被税法认可的，即取得的固定资产账面价值一般等于计税基础。固定资产在持有期间进行后继计量时，会计准则规定按照“成本－累计折旧－固定资产减值准备”进行计量，税收是按照“成本－按照税法规定已在以前期间税前扣除的折旧额”进行计量。由于会计与税收处理规定的不同，固定资产的账面价值与计税基础的差异主要产生于折旧方法、折旧年限、折旧范围和固定资产减值准备的提取等。

## 一、折旧方法的差异分析

《企业会计准则》规定：企业应当根据与固定资产有关的经

济利益的预期实现方式合理选择折旧方法。可选用的折旧方法包括年限平均法（直线法）、工作量法、双倍余额递减法、年数总和法等。而《中华人民共和国企业所得税法实施条例》（后简称《实施条例》）第五十九条规定：①固定资产按照直线法计算的折旧，准予扣除。②由于技术进步，产品更新换代较快的固定资产及常年处于强震动、高腐蚀状态的固定资产，可以采取加速折旧的方法。

差异分析：会计对于折旧方法的选择，给予了企业较宽的职业判断权，而税法限制允许加速折旧的范围。①在会计实行加速折旧而税法规定必须采用直线法计提折旧时，如果起初会计计提的折旧大于税法允许计提的最大折旧，其差额应调增应纳税所得额，以后会计计提的折旧小于税法允许计提的最大折旧时，再相应调减应纳税所得额。②在会计采取直线法计提折旧而税法允许采用加速折旧方法时，可视为会计与税法无差异，企业也可向主管税务部门申请，按税法规定计算折旧在税前扣除，即企业可先调减应纳税所得额，后调增应纳税所得额。

### 二、折旧年限的差异分析

《企业会计准则》规定：折旧年限由企业根据固定资产的性质和使用情况合理确定。而《实施条例》第六十条规定：除国务院财政、税务主管部门另有规定外，固定资产折旧的最低年限为：①房屋、建筑物，为20年；②飞机、火车、轮船、机器、机械和其他生产设备，为10年；③与生产经营活动有关的器具、工具、家具等，为5年；④飞机、火车、轮船以外的运输工具，为4年；⑤电子设备，为3年。企业的固定资产由于技术进步等原因，确需加速折旧的，可以缩短折旧年限。采取缩短折旧年限方法的，最低折旧年限不得低于上述规定的折旧年限的60%。

差异分析：会计根据职业判断来确定折旧年限，而税法限制了最低折旧年限，同时规定了可以缩短折旧年限的情形，因此，会计与税法很可能存在差异。假设会计与税法都按直线法计提折旧，并且折旧额全部计入损益：①如果会计确定的折旧年限短于税法规定的最低年限，那么企业应当在会计确定的折旧年限内，每年就会计折旧大于税法允许的最大折旧的差额调增应纳税所得额。会计折旧年限结束后，企业应当在税法规定的剩余折旧年限内，就税法允许计提的折旧相应调减应纳税所得额。②如果会计确定的折旧年限长于税法规定的最低年限，可视为会计与税法无差异。企业也可向主管税务机关申请，按税法规定的最低年限计算税前扣除的折旧，即企业应当在税法规定的最低折旧年限内，每年就会计折旧小于税法折旧的差额调减应纳税所得额。税法折旧年限结束后，企业应当在会计确定的剩余折旧年限内，就会计实际计提的折旧相应调增应纳税所得额。

## 三、折旧范围的差异分析

《企业会计准则》规定：除已提足折旧仍继续使用的固定资产和按规定单独估价作为固定资产入账的土地外，企业应当对所有固定资产计提折旧，包括企业未使用、不需用的固定资产；提前报废的固定资产，不再补提折旧；已达到预定可使用状态的但尚未办理竣工决算的固定资产，应当按照估计价值确定其成本，并计提折旧；待办理竣工决算后再按照实际成本调整原来的暂估价值，但不需要调整原已计提的折旧额。而《企业所得税法》第十一条规定：下列固定资产不得计算折旧扣除：①房屋、建筑物以外未投入使用的固定资产；②以经营租赁方式租入的固定资产；③以融资租赁方式租出的固定资产；④已足额提取折旧仍继续使用的固定资产；⑤与经营活动无关的固定资产；⑥单独估价作为固定资产入账的土地；⑦其他不得计算折旧扣除的固定资产。

差异分析：税法规定的第②、③、④、⑥项不得计提折旧的固定资产与会计规定是一致的。但税法规定的第①、⑤项不得计提折旧的固定资产与会计规定是不一致的。对于“房屋、建筑物以外未投入使用的固定资产”，如果会计处理时通过增加成本费用计提了折旧，那么应当调增应纳税所得额，同时企业应记载固定资产会计成本与计税成本之间的差异，待以后投入使用允许计提折旧时或者处置报废时，再相应调减应纳税所得额。对于“与经营活动无关的固定资产”，会计计提的折旧不得在税前扣除，在以后出售“与经营活动无关的固定资产”时，再相应调减应纳税所得额。

**四、因计提固定资产减值准备产生的差异分析**

《企业会计准则》规定：①当固定资产的可收回金额低于其账面价值时，企业应当将固定资产的账面价值减记至可收回金额，减记的金额确认为资产减值损失，计入当期损益，同时计提固定资产减值准备。②固定资产减值损失一经确认，在以后会计期间不允许转回。③已计提减值准备的固定资产，应当按照该项固定资产的账面价值、预计净残值和尚可使用寿命重新计算确定折旧率和折旧额。而《企业所得税法》第十条规定：未经核定的准备金支出，不得在企业所得税前扣除。《实施条例》第五十五条规定：未经核定的准备金支出，是指不符合国务院财政、税务主管部门规定的各项资产减值准备、风险准备等准备金支出。《实施条例》第五十六条规定：企业持有各项资产期间资产增值或者减值，除国务院财政、税务主管部门规定可以确认损益外，不得调整该资产的计税基础。

例：2007 年 12 月，黄河公司购进一台生产设备，价值 105 万元，预计使用年限为 5 年（税法规定的折旧年限为不短于 5 年），预计净残值为 5 万元，采用平均年限法计提折旧。2009 年末，公司发现该设备发生减值，预计可收回金额为35万元，应计提减值准备25万元，剩余使用年限为2年，残值不变。黄河公司作如下账务处理：

①：购进设备

借：固定资产　　　　　　　　　　　　1 050 000

　　贷：银行存款　　　　　　　　　　　　1050 000

②：2008年和2009年每年应提取折旧20万元[(105－5)÷5]

借：制造费用　　　　　　　　　　　　200 000

　　贷：累计折旧　　　　　　　　　　　　200 000

③：2009年末计提减值准备

借：资产减值损失——固定资产减值损失 300 000（105－20×2－35）

　　贷：固定资产减值准备　　　　　　　　　300 000

④：2010和2011年每年应提取折旧15万元[(35－5)÷2]。

借：制造费用　　　　　　　　　　　　150 000

　　贷：累计折旧　　　　　　　　　　　　150 000

差异分析：2008年和2009年，会计每年提取折旧20万元，与税法规定无差异。黄河公司在2009年末提取的固定资产减值准备，不得在税前扣除，应申报调增应纳税所得额25万元，此时固定资产的会计成本为35万元，而计税成本为60万元［100－（20×2)］。2010年至2012年三年内，黄河公司按税法规定每年可在税前提取折旧20万元，而2010年至2011年黄河公司实际每年提取折旧为15万元，因此应当每年申报调减应纳税所得额5万元（20－15)，2012年会计实际提取的折旧为0，因此应当申报调减应纳税所得额20万元。至此，黄河公司因计提减值准备而发生的暂时性差异全部转回（30－5×2－20＝0)。

**参考文献：**

[1] 财政部：《企业会计准则》，北京：经济科学出版社2006年版。

[2] 财政部：《企业会计准则——应用指南》，北京：中国财政经济出版社2006年版。

[3] 中国注册会计师协会：《税法》，北京：经济科学出版社2008年版。

[4] 马雪金：《固定资产业务的会计与税务处理之差异》，《财会月刊》2007年第12期。

# 溢折价摊销中实际利率法和直线法的应用

湖南省郴州工业交通学校　刘淑萍

**摘　要：** 新会计准则突出了货币的时间价值概念以及采用实际利率法计算摊销成本和利息，本文以溢折价摊销为例，说明实际利率法在应用中优于直线法。

**关键词：** 实际利率法　直线法　应用比较　优缺点

2006 年 2 月 15 日财政部颁布的《企业会计准则》（以下简称“新准则”）中一个重要的变化是，突出了货币的时间价值概念以及采用实际利率法计算摊销成本和利息。新准则的出台，拉近了与国际会计准则的距离，适应了促进市场经济体制完善，加强经济管理的需要。下面以溢折价摊销为例，说明实际利率法在应用中优于原准则的直线法。

## 一、实际利率法与直线法

### （一）实际利率法的定义及适用范围

实际利率法是指按照金融资产或金融负债（含一组金融资产或金融负债）的实际利率计算其摊余成本及各期利息收入或利息费用的方法。

在新准则中采用实际利率法进行摊销，主要涉及六个准则，按摊销内容不同，大致可分为两部分：一是未确认融资费用和未实现融资收益的摊销，涉及的准则有“固定资产”、“无形资产”、“收入”、“租赁”等四个；二是债券溢折价的摊销，涉及的准则有“借款费用”、“金融工具的确认和计量”等两个。

（二）直线法的定义

将债券的溢（折）价按债券的还款期限（或付息期数）平均分摊，谓之直线法。

以债券的溢价和折价各期摊销额为例，原《企业会计制度》规定，债券的溢价和折价各期摊销额的计算方法有直线法和实际利率法两种。下面我们来分别进行比较与分析。

## 二、实际利率法和直线法应用比较

（一）实际利率法下溢折价的摊销

采用实际利率法对溢折价进行摊销，涉及企业发行或购买债券，下面以借款费用为例来说明。

例：A 公司为建造生产线发生下列有关经济业务：

A 公司于2006 年1 月1 日发行面值为2 500 万元，期限5 年的公司债券，发行价格为2 000 万元，票面利率为4.72%，次年1 月5 日支付利息，到期一次还本，假定A 公司发行公司债券募集的资金专门用于建造该生产线，生产线于2006 年1 月1 日开始建设，于2008 年底完工，达到预定可使用状态，采用实际利率法摊销。各年支出如下：

2006 年1 月1 日支付工程进度款2 000 万元；

2007 年1 月1 日支付工程进度款2 000 万元；

2008 年1 月1 日支付工程进度款1 000 万元。假定A 公司未发生其他借款业务。

解析：该债券系折价发行，实际利率要高于票面利率，产生债券折价500 万元，未确认融资费用等于2 500 ×4.72 % ×5 + 500 =1 090 万元，用实际利率法在每一会计期间内摊销，来调整每期利息金额。

（1）计算债券实际利率。每年支付的债券利息为2 500×4.72% =118万元，期数为5年，未来5年现金流量的现值即为债券发行期初的公允价值，即为发行债券实际收到的价值2 000万元。采用内插法：2 000 = 118 ×（P/A，R，5）+2 500 ×（P/F，R，5），查系数表得出：

R =10%。

（2）采用实际利率法进行折价摊销，确定各期的利息费用。计算如下表：

**债券折价摊销表**（单位：万元）

| 年份 | 年初摊余成本 | 利息费用 | 支付利息和本金 | 利息调整金额 | 年末摊余成本 |
|---|---|---|---|---|---|
| 2006 | 2 000.00 | 200.00 | 118.00 | 82.00 | 2 082.00 |
| 2007 | 2 082.00 | 208.20 | 118.00 | 90.20 | 2 172.20 |
| 2008 | 2 172.20 | 217.22 | 118.00 | 99.22 | 2 271.42 |
| 2009 | 2 271.42 | 227.14 | 118.00 | 109.14 | 2 380.56 |
| 2010 | 2 380.56 | 237.44 | 2 618.00 | 119.44 | 0.00 |
| 总额 | | 1 090.00 | 3 090.00 | 500.00 | |

注：237.44 =1 090 -200 -208.2 -217.22 -227.14

2 618 =2 500 +2 500 ×4.72%

（3）编制有关应付债券利息费用的会计分录。

2006年末：

借：在建工程　200

　　贷：应付利息　118

应付债券——利息调整　　82

支付利息：

借：应付利息　　118

　贷：银行存款　　118

2007 年至 2008 年账务处理类似（略）。

2009 年，工程已完工，利息费用应予费用化。作分录为：

借：财务费用　　227.14

　贷：应付利息　　118.00

　　应付债券——利息调整　　109.14

支付利息：

借：应付利息　　118

　贷：银行存款　　118

2009 年，债券到期，支付本金和利息，作分录为：

借：财务费用　　237.44

　应付债券——面值　　2 500.00

　贷：银行存款　　2618.00

　　应付债券——利息调整　　119.44

（二）直线法下溢折价的摊销

上例采用直线法的账务处理如下：

1. 计算每年应摊销债券折价及利息费用

债券折价摊销表

（单价：万元）

| 付息日期 | 利息费用 | 支付利息 | 折价摊销 | 未摊销折价 | 账面价值 |
|---|---|---|---|---|---|
| 2006 年 12 月 31 日 | 118 | 0 | 100 | 400 | 2 100 |
| 2007 年 1 月 5 日 | 0 | 118 | 0 | 0 | 0 |
| 2007 年 12 月 31 日 | 118 | 0 | 100 | 300 | 2 200 |

续　表

| 付息日期 | 利息费用 | 支付利息 | 折价摊销 | 未摊销折价 | 账面价值 |
|---|---|---|---|---|---|
| 2008年1月5日 | 0 | 118 | 0 | 0 | 0 |
| 2008年12月31日 | 118 | 0 | 100 | 200 | 2 300 |
| 2009年1月5日 | 0 | 118 | 0 | 0 | 0 |
| 2009年12月31日 | 118 | 0 | 100 | 100 | 2 400 |
| 2010年1月5日 | 0 | 118 | 0 | 0 | 0 |
| 2010年12月31日 | 118 | 118 | 100 | 0 | 2 500 |
| 合　计 | 590 | 590 | 500 | | |

2. 编制有关利息费用的会计分录：

（1）2006年12月31日计提利息费用：

借：在建工程　　118

　　贷：应付利息　　118

摊销折价：

借：在建工程　　100

　　贷：应付债券——债券折价　　100

（2）2007年1月5日，支付利息：

借：应付利息　　118

　　贷：银行存款　　118

2007、2008年的计息及摊销分录与上类似（略）。

（3）2009年12月31日，因工程已完工，利息计入财务费用：

借：财务费用　　118

　　贷：应付利息　　118

摊销分录：

借：财务费用　　　　　　　　　　　　　　100

　　贷：应付债券——债券折价　　　　　　　100

（4）2010 年 1 月 5 日付息：

借：应付利息　　　　　　　　　　　　　　118

　　贷：银行存款　　　　　　　　　　　　118

（5）2010 年 12 月 31 日摊销及还本付息：

借：财务费用　　　　　　　　　　　　　　218

　　应付债券——债券面值　　　　　　　　2 500

　　贷：银行存款　　　　　　　　　　　　2 618

　　　　应付债券——债券折价　　　　　　　100

### 三、实际利率法和直线法优缺点

从上例看出，由于直线法计算简便，且不易出错，所以原来在会计实务中运用广泛。但直线法有一个明显的缺点，就是每期实付利息费用的确定不够准确。也就是说，按直线法计算出来的每期实付利息费用并未反映每期应付债券账面价值的真实损益。因为应付债券账面价值逐期随溢价（或折价）的摊销而递减（或递增），所以每期实付利息费用应依应付债券账面价值的递减（或递增）而减少（或增加）。但在直线法下，记入“在建工程”或“财务费用”，账户的实付利息费用并未因应付债券账面价值的递减（或递增）而减少（或增加），而是每期实付利息费用都相等。实际利率法克服了这一缺点。在实际利率法下，第一，应付债券的每期实付利息费用等于长期债券的每期期初账面价值乘以实际利率。由于长期债券的账面价值随着债券的溢价（或折价）的分摊而减少（或增加），因此，计算出来的实付利息费用也随之逐期减少（或增加），这样计算出来的每期实付利息费用反映了每期应付债券账面价值的真实损益。每期实付利息费用与每期按长期债券面值和票面利率计算的应计利息的差额，即为每期溢价（或折价）的摊销额。第二，债券购入或发行时的相关手续费和溢折价一同视为利息调整数，而不再是将其手续费单独确认并按直线法摊销，企业支付的佣金手续费等会影响实际利率的计算确认。第三，在计算中，每期的实付利息费用以及每期的摊销额需逐期分别计算，更主要的是因为不同的还本付息的方式（如分期付息、到期还本和到期一次还本付息）、在债券发行的时候有没有发生相关的税费或发生的相关税费的多少以及债券发行日与债券的投资日（即购买日）相同与否等不同的情况，都会导致实际利率出现差异。因此，实际利率法虽能准确地确定每期应付债券账面价值的真实损益，但因其计算过程复杂，所以原来在实际工作中很少被运用。但从长远看，实际利率法下提供的会计信息比直线法更真实合理，加之新准则要求采用实际利率法计算摊销成本和利息，且 2007 年 1 月 1 日新准则实施以来，上市公司全面使用实际利率法后，也并未出现操作困难的情况，因此，我们要在其他行业推广和应用实际利率法。

**参考文献：**


［1］中华人民共和国财政部：《企业会计准则》（2006），经济科学出版社 2006 年版。

［2］财政部会计司编写组：《企业会计准则讲解》（2006），人民出版社 2006 年版。

［3］中华人民共和国中华人民共和国财政部：《企业会计准则——应用指南》（2006），中国财政经济出版社 2006 年版。

［4］段志红：《实际利率法在会计实务中的应用》，《经济师》2007 年第 10 期。

［5］姚新荣：《新〈企业会计准则〉中实际利率法的应用》，《河南纺织高等专科学校学报》2007 年第 9 期。

# 浅谈对固定资产减值核算的思考

山东禹城市职业中专 刘兰保

**摘 要**：在传统的会计制度中，固定资产的价值始终以历史成本反映在账簿体系中。然而，目前企业所面临的经济环境的不确定因素和各种风险因素越来越多，为了反映固定资产的真实价值，必须对其可收回金额进行判断、计量，以确定固定资产是否发生减值和对折旧率、折旧额的影响，从而提供真实、可靠的财务信息，实现企业的财务目标。

**关键词**：资产减值 可收回金额 折旧

## 一、资产减值会计的依据与目标

### （一）资产减值的会计依据

资产是指企业过去的交易或事项形成的，由企业拥有和控制的，预期会给企业带来经济利益的资源。资产的主要特征之一是它必须能够带来企业经济利益的流入，然而在市场经济环境下，企业的生产经营活动面临着许多风险和不确定性，而会计信息质量的谨慎性要求企业此时应保持应有的谨慎，充分估计各种风险和损失，不得高估资产（收益）。也就是说，不确定性因素和风险的后果使企业资产不能够为企业带来经济利益或带来的经济利益低于其账面价值，如果不对其账面价值进行调整，就不符合资产的定义，也就无法反映资产的真实价值。其结果必然导致企业虚增资产价值，虚计账面利润的严重后果，无法真实反映企业的财务状况与经营成果，从而误导投资者。因此当企业资产的可收回金额低于其账面价值时，即表明资产发生了减值，企业应当确认资产减值损失，并把企业的账面价值减计可收回金额，这就是资产减值的实质所在。

（二）资产减值的会计目标

资产减值的会计目标与会计信息质量目标是一致的。对企业而言，当面临不确定性因素和风险时，通过对减值的确认，使企业最大限度地规避风险，提高应对市场风险的能力，真实地反映企业资产的质量。对投资者而言，可使投资者根据可靠的财务信息作出正确的决策，从而最大限度地保护投资者的利益。

## 二、固定资产可收回金额的判断、确认和计量

（一）固定资产可收回金额的判断

企业应当根据实际情况来认定固定资产可能发生减值的迹象。如果有确凿的证据表明固定资产存在减值迹象的，应当在资产负债表日进行减值测试，估计固定资产的可收回金额。固定资产是否存在减值迹象是其进行减值测试的必要前提。根据会计准则的要求，存在下列迹象的，表明固定资产可能发生了减值：

第一，固定资产的市价当期大幅度下跌，其跌幅明显高于因时间推移或正常使用而预计的下跌。

第二，企业经营所处的经济、技术、法律环境以及正常所处的市场在当期或将在近期发生重大变化，从而对企业产生不利影响。

第三，市场利率或其他市场投资报酬率在当期已经提高，从而影响企业计算资产预计未来现金流量现值的折现率，导致固定资产的可收回金额大幅度下跌。

第四，有证据表明固定资产已陈旧过时或其实体已经损坏。

第五，固定资产已经或者将被处置、终止使用或者计划提前处置。

第六，企业内部报告的证据表明固定资产的经济绩效已经低于或者将要低于预期。

第七，其他表明固定资产可能已经发生减值的迹象。

（二）固定资产可收回金额的确认、计量

上面的判断标准主要是从定性方面分析影响可收回金额的因素，除此之外，还必须定量分析可收回金额。固定资产的可收回金额的计量，应当根据其公允价值减去处置费用后的净额与固定资产预计未来现金流量现值两者之间较高者确定。

1. 固定资产公允价值减去处置费用后净额的估计

固定资产的公允价值是指在公平交易中，熟悉情况的交易双方自愿进行交换的金额；处置费用是指可以直接归属于固定资产处置的增量成本，包括与处置有关的法律费用、相关税费、搬运费以及使固定资产达到可销售状态所发生的直接费用等，但财务费用和所得税费用不包括在内。企业一般按下列顺序对此进行估计：

首先，应当根据公平交易中固定资产的销售协议价格减去可直接归属于该固定资产处置费用的金额确定。这是估计可收回金额的最佳方法，企业应当优先采用这一方法。

其次，在固定资产不存在销售协议但存在活跃市场的情况下，应当根据固定资产的市场价格减去处置费用后的金额确定。这一市场价格通常根据买方出价确定。

再次，在既不存在销售协议又不存在固定资产活跃市场的情况下，企业应当以获取的最佳信息为基础。在实务中，该金额可以参考同行业类似资产的最近交易价格或结果进行估计。

2. 固定资产预计未来现金流量的现值估计

固定资产预计未来现金流量的现值，应当按照该资产在持续使用过程中和最终处置时所产生的预计未来现金流量，选择合适的折现率对其进行折现后的金额确定。具体而言，应当综合考虑以下因素：

（1）固定资产的预计未来现金流量。它主要包括该资产持续使用过程中预计产生的现金流入与为实现现金流入所必需的预计现金流出之差和固定资产寿命结束时处置该资产而确认的收到或支付的现金流量净额。

（2）固定资产的使用寿命。固定资产的使用寿命是指企业使用固定资产的预计期间，或该固定资产所能生产产品或提供劳务的数量。通常情况下，该使用寿命一般用使用年限表示。

（3）折现率。企业在确定折现率时，应当是反映当前市场货币时间价值和该资产特定风险的税前利率。该折现率是企业购置时或投资资产时所要求的必要报酬率，因此，折现率的确定应当首先以该资产的市场利率为依据，若无法从市场获得，可使用替代利率进行估计。

## 三、固定资产减值对折旧的影响

固定资产计提减值准备后，企业应当重新复核固定资产的折旧方法，预计使用寿命和预计净残值，并区别不同的情况，采用不同的处理方法。

第一，如果固定资产所含经济利益的预期实现方式没有发生改变，企业应当遵循原有的折旧方法，按照固定资产的账面价值（原值 - 累计折旧 - 减值准备）扣除预计净残值后的余额及尚可使用的寿命重新计算确定折旧率和折旧额；如果固定资产所含经济利益的预期实现方式发生了重大变更，企业应当改变固定资产折旧的方法，并按会计估计变更的要求处理。

第二，如果固定资产的预计使用寿命没有发生变更，企业仍应当遵循原有的预计使用寿命，按照固定资产的账面价值（原值－累计折旧－减值准备）扣除预计净残值后的余额以及尚可使用的寿命重新计算确定折旧率和折旧额；如果固定资产的预计使用寿命发生变更，企业应当相应改变固定资产的预计使用寿命，并按会计估计变更的要求处理。

第三，如果固定资产的预计净残值没有发生变更，企业仍应当按照固定资产的账面价值（原值－累计折旧－减值准备）扣除预计净残值后的余额及尚可使用的寿命重新计算确定折旧率和折旧额；如果固定资产的预计净残值发生变更，企业应当相应改变固定资产的预计净残值，并按会计估计变更的要求处理。

2006 年新的《企业会计准则》的颁布和实施，赋予固定资产减值准备核算新的内涵，固定资产等长期类资产计提的减值准备一经确认，在以后会计期间不得转回，只有在固定资产处置、出售、对外投资、非货币性资产交换方式换出和在债务重组中抵偿债务时，才可以转出。这就使企业管理层利用减值准备操纵利润的可能成为泡影，从而使减值准备这把双刃剑在企业经营管理中发挥更重要的作用。

# 中等职业学校会计专业实践教学初探

湖南邵阳市计算机学校　刘金华

**摘　要**：本文对中等职业学校会计专业实践教学现状及加强会计专业实践教学的必要性进行了简要分析，指出目前中职学校会计专业实践教学存在的问题，并提出了几点加强会计专业实践教学的建议，以期对会计专业教学有所裨益。

**关键词**：中等职业学校　会计专业实践教学　必要性　问题设计

2002年全国职业教育工作会议通过了《国务院关于大力推进职业教育改革与发展的决定》（国发〔2002〕16号），使得曾一度处于低迷的中职教育迎来了“柳暗花明又一村”的新局面，办学规模得到很大提高。2005年一号文件《教育部关于加快发展中等职业教育的意见》提出：中等职业教育要转变办学观念，要坚持以就业为导向，以服务为宗旨，培养数以亿计的高技能专门人才和高素质的劳动者，以适应当前经济发展的需要。并且明确了中等职业教育培养的目标培养是应用型、技能型人才。无疑，传统的重理论、轻实践的教学模式已不适应当前职业教育教学的发展和要求。以培养学生技术、技能为主的实践性教学应提高到教学的重要位置。会计学是一门实践性很强的学科。因此，会计实践教学是会计教学的一个重要环节。那么，如何完善会计模拟实训，形成中等职业学校会计模拟实践教学系统，培养学生的会计职业技能，改变中职学校会计毕业生在竞争激烈的市场面前难以就业的尴尬局面，成功地实现中职学校的会计教学与企业实际需要的无缝对接，使会计专业毕业生实现“零距离”就业，已摆上中职学校会计专业教学的重要日程。作为中职学校的一名会计专业教师，笔者结合自己多年的教学经验，就中职学校会计专业实践教学作粗浅的探讨。

## 一、中职学校加强会计专业实践教学的必要性

### （一）中职学校学生素质的现状分析

近几年来，虽然国家强调大力发展职业教育，加大职业教育投入，但中等职业学校的办学形势仍不容乐观。高校连年扩招，高中扩招，加之高校毕业生的就业形势优于中职学校毕业生，种种原因导致招生难成为制约中职学校发展的瓶颈。成绩稍好的学生都去读高中、考大学，只有那些成绩差，进不了高中的学生才选择就读中等职业学校，甚至只要是初中毕业生均可免试读中职学校，所以生源素质差，学生的自学能力差，理解能力差，学习知识不能举一反三，学习兴趣不浓，厌学情绪普遍存在，面对这样的学生，采用传统的教学模式是根本培养不出企业需要的技能型人才的。因此，中等职业学校面对这样的现状，必须改变传统教学模式，重视实践教学，因为实践教学可激发学生的学习兴趣，而兴趣是最好的老师，通过实践教学，教会和提高学生动手操作能力，培养其职业技能，使其毕业就能上岗，我想这应是中等职业学校会计专业的发展方向。

### （二）加强会计专业实践教学是由会计学本身的特点和会计职业的特殊性所决定的

会计学是一门理论性、技术性都很强的应用型学科，它拥有完整的理论体系和规范的专业操作程序和方法，操作性相当强。通过加强会计专业实践教学，可以使学生加深对所学理论知识的

理解，将所学理论与实践相结合，从而对会计工作和会计职业形成一个系统的、整体的认识，可提高会计教学质量。

会计职业有很强的政策性和规范性，所以要求会计人员有崇高的职业操守，能自觉遵守国家的会计法律法规，照章办事。目前，部分上市公司为粉饰业绩，提升公司形象，骗取投资者的信任，会计人员做假账的事件常有发生，经济犯罪屡见不鲜。所以中职学校会计专业要通过实践教学的分岗实习、轮岗实习，使学生明确其岗位职责，体验企业内部的牵制制度，明确会计核算要严格遵循企业会计准则，这样才能培养学生的职业道德意识和良好的职业习惯。

（三）中职学校加强会计专业实践教学是适应市场经济的要求

会计专业教育是为会计职业服务的，随着经济的发展，市场对会计人才的要求在发生深刻的变化，会计职业环境也发生了很大变化。市场要求中等职业学校会计人才不仅能进行会计核算，提供有关会计信息，还应能进行财务分析、灵活运用会计知识作出一定的职业判断，解决实际问题。因此，会计专业教学中必须突出实践教学，才能培养出社会需要的高素质的劳动者。

## 二、目前中职学校会计专业实践教学中存在的问题

（一）重理论、轻实践的教学理念根深蒂固

传统的教学观念是以教师、课本为中心，重知识传授，轻能力培养，教师对实践教学缺乏足够的认识，课程教学计划中实践教学的课时比例相当少，有的中职学校甚至在前五个学期都没有安排实践教学课时，只在最后一学期才让学生集中模拟实习一两个月，致使学生无法将所学理论知识与会计实践有机地结合起来，学生在实训过程中也只是跟着教师的指挥棒转，不能独立地将所学的会计理论用于指导实践活动，动手能力差，不能解决实

际问题，最后只能在指导教师手把手的帮助下，才勉强完成会计实训。另外，现在让学生到企业实习是一件很困难的事。由于以上原因，使得会计专业实践流于形式。

（二）会计专业实践教学条件差

让学生到企业进行真实的经济业务实习是相当难的，企业一般不会让实习生接触到其会计核算业务，而只能是让他们走马观花似的看看。因此，中等职业学校的会计专业实践基本上是在会计模拟实验室完成的。故大部分中职学校都设置了会计模拟实验室，也有些中职学校连简单的会计模拟实验室都未设置，为应付上级精品课程的检查，临时安置一间屋子权当会计模拟实验室，实际上并未真正利用，其实践环节都是在课堂完成的，老师发给每位学生一些凭证、账页，像教理论课一样，学生在教师的指点下，按部就班完成简单操作就算实训完成了。有些学校虽有正式的会计模拟实验室，但设备配置不全，实训教材缺乏针对性，无法真正发挥会计模拟实验室的作用。

（三）缺乏一支理论和实践都过硬的“双师型”教师队伍

会计实践教学实施的关键在于学校有一支能满足实践教学需要的、具有较高知识和技能水平的“双师型”教师队伍。中职学校由于招生难，在高校和高中两者的夹缝中求生存，教师待遇不高，学校有一定经验的好教师严重流失，现有的会计专业教师大部分是从高校招来的应届毕业生，这些教师都是从学校到学校，有一定的理论知识，但缺乏实践经验，这就给学校的实践教学带来了一定困难。

## 三、中职学校会计专业实践教学设计

（一）改善会计专业实践教学条件

中职学校应建立规范的手工模拟实验室和电算化会计模拟实验室。手工模拟实验室主要用于手工会计实验，实验设施应齐备，实验项目应齐全，可分别设置出纳、制证、记账、审核及主管等岗位，按岗位轮岗实训，让学生树立实际工作理念，以使其更好地进入会计角色；电算化会计模拟实验室主要用于电算化账务处理、电算化报表操作系统以及手工操作与电算化的比较等，实验室内应配置投影、电视、电脑、网络等设备，有了这些设施，可让学生观看模拟企业的基本情况、产品生产工艺流程以及进行电算化账务处理，并将其与手工账务处理进行比较，可大大增加学生上岗前的感性认识。

实训教材的编制应有针对性和代表性。会计模拟实训教材选取的企业应具有代表性，即经济业务内容应全面，应涵盖会计核算业务的全部内容，包括产品成本核算等。针对中职学校学生现状，实训内容应难易适度。建议聘用企业里具有丰富实践经验的专家参与实训教材的编写工作。

（二）中职学校应创造条件，培养出一支精干的“双师型”教师队伍

会计专业实践教学的质量在于学校是否有一支理论知识和专业技能都过硬的教师队伍。目前，中职学校的会计教师一般都具有丰富的理论知识，但缺乏会计实践经验，满足不了实践教学的需要。学校应创造条件，加强教师实践技能的培养，可采取“走出去，请进来”的办法，为教师提供学习的机会。“走出去”，即鼓励教师教学之余到企业、事业单位、会计咨询公司、会计师事务所等兼职或顶岗实践，或由学校开辟校外实训基地，不定期地让会计专业教师到实训基地去参观、实践，加强学校和企业的交流；“请进来”，即聘请企业里有丰富实践经验的专家到学校指导实践教学，并组织会计专业教师与专家座谈、讨论，以提高会计专业教师的业务素质。

（三）会计专业课程设置上应加大实践性教学的比例

根据会计技能培养目标设置会计专业教学课程。中职学校课

程设置应充分体现市场需求及技能训练要求。理论教学以应用为目的，以“必须、够用”为度，以讲清概念、强化应用为教学重点；必须加大实践教学力度，会计专业理论课与实践课的最佳比例为1:2至2:3，教学过程中，应适当安排各项实践教学活动。

（四）中职学校会计专业实践教学内容设计

中等职业学校会计专业模拟实训宜采用“两类型三模块”实训方式。

“两类型”，即一种为会计手工模拟实训，手工模拟实训可以帮助学生全面认识和理解会计活动的全过程及规律；另一种为电算化模拟实训，它是对手工模拟实训的升华，利用计算机和网络技术进行全面系统的会计账务处理，以提高学生的计算机处理能力。因为目前会计电算化在各类企业中逐渐普及，且被列为许多企业招聘会计人员的条件之一。两种模拟实训同时进行，并将其结果相互验证，以提高学生的综合实践能力。

“三模块”，即为单项会计模拟实训、阶段会计模拟实训、综合会计模拟实训。单项会计模拟实训是指以理论教材的章节为实验单位，在理论教学的过程中为帮助学生形成感性认识而组织的实验，例如在《基础会计》的“会计凭证”这一章节教学中，原始凭证和记账凭证的填制、审核的实验；在“会计账簿”这一章节的教学中，各种会计账簿的登记、结账的实验等；在《财务会计》的“货币资金”这一章节的教学中，编制银行存款余额调节表的实验；在“财务报告”这一章节中，编制资产负债表、利润表的实验等；在《成本会计》的相关章节中，材料费用的分配、制造费用的分配、辅助生产成本的分配及各种费用分配表的编制等。通过这些单项会计模拟实训可以使学生在每学完一部分内容后，加深对所学理论知识的理解，同时对会计工作形成感性认识。阶段会计模拟实训是指将前一模块的单项实训内容连贯起来，熟悉会计核算流程，这一阶段主要包括三部分内容：一是基础会计模拟实训。在这阶段的实训中，重在让学生掌握简单的会计核算业务的处理，掌握会计账务处理的基本流程，掌握会计核算的基本方法和基本技能，如会计凭证的填制、账簿的登记、科目汇总表账务处理程序等等；二是财务会计模拟实训。这一阶段在前一阶段的基础上，掌握企业全部经济业务的核算，如资产、负债、所有者权益的核算，收入的形成、费用的归集和分配、利润的形成和分配的核算，会计报表的编制，简单的财务分析等；三是成本会计模拟实训。这一阶段的实训中，重在掌握从材料的投入开始至产品完工入库止，整个产品生产过程中产品成本形成的核算。综合会计模拟实训，这一模块是对前两模块的综合，包括全部会计核算方法和技能的实验，以及企业涉及的全部经济业务（包括产品成本形成过程）的核算。在这一模块的实训中，重点检查学生对已学过的会计理论、方法、技能的综合运用的能力。

在整个会计实训中，应严格考核办法，制定考核制度，在每一阶段、每一模块的会计实训中都应有规范的评价标准，并将学生的实训成绩作为推荐其就业的重要依据，以督促其扎扎实实地完成会计专业实践课程，为就业奠定好基石。

**参考文献：**

[1] 教育部2005年2月28日发布的《教育部关于加快发展中等职业教育的意见》[教职成〔2005〕1号]。

[2] 游秋琳：《完善中等职业学校会计模拟实训的思考》，《四川会计》2002年第8期。

# 中职“基础会计”模拟实验存在的问题及对策

广西机电工程学校　廖春燕

**摘　要：**会计是一门技术性的应用学科，实践操作性强。实践证明，开展会计专业模拟实验教学是培养学生操作、分析、解决问题能力的有效途径。为了让中职学生毕业就能顶岗、顶用，在进行“基础会计”模拟实验的过程中应尽量仿真会计工作，使学生从一开始就能感受到会计工作的实质。

**关键词：**基础会计　模拟实验　仿真

“基础会计”是会计教学体系的入门课程，是学生了解会计工作的开始。通过学习该课程，可以让学生掌握会计专业的基本理论、基本操作技能和基本核算方法，为学习其他会计专业课程打下基础，所以一般来说，学生能不能学好会计很大程度上就看其“基础会计”课学得怎样。

## 一、“基础会计”模拟实验的目的及重要性

随着我国社会经济的发展，现在用人单位对人才的要求越来越实际，都抱着“拿来即用”的思想。这就要求职业教育顺应就业市场的变化，越来越重视“以就业为导向”的教学模式，也就是要注重实践性教学和操作技能的培养，让学生在校期间完成上岗前所必需的实践训练，毕业就能顶岗、顶用。会计学作为

一门技术性应用型的社会学科，教学包括两方面，一是理论教学；二是实践教学。会计学的理论教学一般比较抽象、会计科目比较复杂、核算程序烦琐，学生对如何把理论知识应用于实际工作，难以形成全面的认识。面对实际工作中各种各样的会计凭证、账簿和报表，面对繁多复杂的经济业务、会计核算程序和方法一般都需要一个比较长的适应和重新学习的过程，很难符合现在用人单位的要求。为了改变这种状况，学生需通过实践来解决学习中的难点问题。

"基础会计"模拟实验就是模拟企业一定时期的经济业务，由学生以一个会计的身份使用真实的会计凭证、会计账簿、会计报表，按规范化的会计核算要求去处理核算业务，并进行财务报告的实践活动。通过模拟实验，学生不仅能够比较容易了解会计信息的常用载体——账、表、证本身的功能和相互之间的对应关系，而且能够比较容易地掌握一般账务处理的程序和规范，认识会计各个工作岗位的职责，提高各个工作岗位的专业技能。它是实现"以就业为导向"的教学模式的最佳途径。

## 二、当前"基础会计"模拟实验方案存在的问题

### (一) 实施手段与实际有差距

现在的"基础会计"模拟实验中，大多数老师都是采用套题法，也就是一次性提供给学生一套资料，资料中包含一个企业的某月"期初余额表"和该月发生的20～30道业务题，然后发给学生足够量的记账凭证、总账账页、明细分类账账页和资产负债表、利润表，要求学生在一定时间内根据会计的核算程序做好该企业当月的账，然后老师检查做好的账，模拟实验就完成了。这个方法有它的优点，就是老师操作起来比较方便，一次可以把任务布置完成，然而这却给学生带来了一些困难：

一是对于初学会计专业的学生来说，一下子面对20～30道

业务题，首先产生的是一种心理压力，这从某种程度上打击了学生参与模拟实验的积极性和主动性。除此以外，一次性给出当月所有的业务题，也失去了实际的会计业务发生的时间性及阶段性特点。

二是以文字形式呈现的业务题与实际会计业务的表现形式有一定的出入。实际的会计业务都是以原始凭证来传递信息的，如果仅仅使用文字描述业务，内容虽然精确，但却剥夺了学生认识原始凭证、审核原始凭证的机会。当学生进入到企业后，就很难适应从各式的原始凭证中提取有效信息，编制正确的记账凭证。

（二）周期短

大部分的模拟实验方案所涉及的仅仅是1个月的会计账。做这样的设计主要是为了让学生完整地体验会计核算程序，即编制会计分录→记账→结账→科目汇总→填写报表。这个没错，但是在教学过程中，笔者发现很多学生在做完1个月的账后，确实初步建立起了对会计的基本核算程序的认识，但还不够深刻、系统，时间稍长就很容易忘记。

（三）无法锻炼学生团队合作能力

为了让学生完整地体验整个会计核算程序，认识各个会计工作岗位的职责，大部分老师在布置模拟实验时都要求每个同学自己完成一套账。这确实能让学生充分体验各个岗位的工作流程，但却失去了会计工作中很重要的一个环节，也就是会计凭证在各会计岗位间的传递程序。因为没有该程序，让学生失去了体验会计工作中的合作关系，并且无法体现会计工作中的岗位内部牵制制度。

## 三、对“基础会计”模拟实验的几点设想

针对笔者在中职会计模拟实验中的几点体会，有以下几点设想：

（一）以分组分角色形式进行

所谓分组分角色形式，就是按会计工作岗位的设置将学生分为若干组，比如最少三人一组，每组有编制记账凭证、审核记账凭证、记账等各种角色要学生进行操作。通过这种形式让学生体验会计工作中的凭证传递及岗位内部牵制体制，认识会计工作的系统性和严谨性。

另外，“基础会计”模拟实验是学生第一次体验会计工作，对于这一环扣一环的陌生操作大多都很茫然，分组进行实验操作有助于学生互相帮助，降低实验操作在其心理上的难度，提高参与的积极性和主动性，并能锻炼和培养学生的团队协作能力。

（二）模拟实验方案尽可能仿真会计工作

在前面已经谈到，在很多“基础会计”模拟实验中，老师为了省事往往会在实验环节上进行简化，让学生不能在实践过程中完全体会真实的会计工作，从而达不到进行实务操作的最初目标。所以仿真的会计工作是非常必要的。

1. 以原始凭证的传递代替传统的业务题

原始凭证既是会计工作中信息传递的载体，同时也是编制记账凭证的依据，做过会计工作的人都知道，没有原始凭证的记账凭证是不允许入账的，可见原始凭证在会计工作中的重要性。所以从一开始就要让学生认识这一点，给学生多接触原始凭证的机会，提高学生分析、审核原始凭证的能力，这样当学生进入企业后就不会对一大堆各种各样的原始凭证感到陌生，很容易就能融入工作角色。

当然，有很多老师都会觉得准备这些原始凭证谈何容易，其实操作起来并没有想象中那么难。因为是模拟实验，所以并不是真的要准备一些如发票、收款单等这些真实的原始凭证，这样成本和难度都很高，我们只要做到格式和内容仿真就可以了。如借款单，可利用 World 等工具在电脑上编制格式跟真实的借款单一致的表格，如下图，然后进行批量印制，再将业务内容填写入内即可。

**借 款 单**

2008 年 × 月 × 日

| | | |
|---|---|---|
| 借款单位：财务科 | | |
| 借款理由：出差借款 | | |
| 借款数额：人民币（大写）贰仟伍佰元整 ¥2500.00 | | |
| 本单位负责人意见：李斯 借款人：张三 | | |
| 会计主管核批：<br>关军 | 付款方式：<br>现金 | 出纳：<br>李军 |

2. 原始凭证要按时间分阶段分发给学生

首先，前面已经谈过，一次发放所有的会计业务给学生有弊端，这样会让学生产生心理压力；其次，众所周知，会计业务是按时间分阶段发生的，从来没有哪个企业一个月的会计业务会一天全部发生完。所以，综合以上因素，原始凭证按时间分发正好两全其美。

怎样做到按时间分阶段分发呢？当然不是要老师每天给一两张原始凭证那么麻烦，我们可以按实际情况将一个月发生的20～30 笔业务按批分发，比如一周发 7～9 笔业务，学生完成起来就不会感觉任务太重。

（三）适当延长周期

适当延长周期，就是将布置给学生的实验任务的会计业务周期从 1 个月延长至 2～3 个月。因学生一般都是第一次接触会计业务程序，即使是简单的会计核算程序也较难熟悉。延长周期主要是为了让学生有更多的机会反复练习做账的程序，加深印象，为会计学的深入学习打好基础，而且延长周期也便于学生角色的互换，让学生有足够的时间来体验会计工作中各个岗位的实务。

# 浅谈“丁字账”在会计专业教学中的运用

常德财经学校　李宗祥

**摘　要：** 会计专业教学中要善于针对不同的学生，采用不同的教学方法，使抽象的会计知识容易理解和掌握，对于职业中专的学生来说尤其如此。坏账准备、存货跌价准备及长期股权投资成本法是职业中专学生初学会计实务时较难掌握的几个内容。本文探讨了借助“丁字账”核算以上几种经济业务的方法。

**关键词：** 职业中专　坏账准备　长期股权投资　成本法　丁字账

初次接触会计实务时，坏账准备、存货跌价准备的计提、长期股权投资成本法下投资收益的确定是中职学生几个难以逾越的“坎”，笔者在多年的会计专业教学中，利用“丁字账”的方法，较好地解决了这些难题。下面，笔者通过坏账的计提及长期股权投资成本法下投资收益的确定来详细介绍如何运用“丁字账”的方法。

## 一、用“丁字账”计算年末时应计提或应冲销的坏账准备

用“丁字账”计算年末应计提或应冲销坏账准备金额时，应首先将年初余额及除本年年末计提金额外的其他发生额登记在“丁字账”中，同时，将根据年末应收账款余额计算出的坏账准

备年末余额登记在年末余额栏中，然后再倒挤出年末应计提坏账准备金额。

例如：

某企业坏账损失的核算采用备抵法，按年末应收账款余额百分比计提坏账准备，企业确定的计提比例为0.3%。该企业第一年末的应收账款余额为2 500 000元，第二年客户X公司所欠9 000元账款已超过三年，确认为坏账；第二年末，该企业应收账款余额为4 000 000元；第三年末，X公司所欠9 000元账款又收回，年末应收账款余额为3 200 000元。计算该企业各年应计提坏账准备及编制相关会计分录。

计算过程及相关分录如下：

1. 第一年末相关账务处理：

第一年末为初次计提坏账准备，可视为年初余额为0，年末余额为：

2 500 000 ×0.3% =7 500

坏账准备

| | |
|---|---|
| 年初余额： | 0 |
| 年末计提前发生额： 0 | 0 |
| 年末计提金额： | ? |
| 年末余额： | 7 500 |

由上图“丁字账”可知：年末计提金额应为贷方7 500元，编制相关会计分录：

借：资产减值损失　　　　　　　　7 500

　　货：坏账准备　　　　　　　　　　7 500

2. 第二年相关账务处理：

第一步：登记年初余额，即第一年年末余额。

第二步：确认坏账，编制会计分录，并将发生额登入“丁字账”。

借：坏账准备　　　　　　　　　　　　　9 000

　　贷：应收账款——X公司　　　　　　　　9 000

第三步：计算年末计提前坏账准备余额并登入“丁字账”。

第四步：计算年末坏账准备余额并登入“丁字账”，根据所给资料，年末坏账准备余额计算得：

4 000 000×0.3% =12 000

第五步：通过“丁字账”倒挤出年末应计提坏账准备金额。

坏账准备

| | |
|---|---|
| 年初余额： | 7 500 |
| 年末计提前发生额：9 000 | |
| 年末计提前余额：1 500 | |
| 年末计提金额 | ? |
| 年末余额： | 12 000 |

上图可简化为：

坏账准备

| | |
|---|---|
| 年末计提前发生额：1 500 | |
| 年末计提金额 | ? |
| 年末余额： | 12 000 |

由上图可知：年末计提金额应为：

12 000 +1 500 =13 500

编制相关会计分录：

借：资产减值损失　　　　　　　　　　13 500

贷：坏账准备　　　　　　　　　　　13 500

3. 第三年相关账务处理：

第一步：登记年初余额，即第二年年末余额。

第二步：已确认为坏账冲销的应收 X 公司账款 9 000 元又收回，编制相关会计分录，并将发生额登入"丁字账"。

借：应收账款——X 公司　　　　　　9 000

　　贷：坏账准备　　　　　　　　　　9 000

借：银行存款　　　　　　　　　　9 000

　　贷：应收账款——X 公司　　　　　9 000

第三步：计算年末计提前坏账准备余额并登入"丁字账"。

第四步：计算年末坏账准备余额并登入"丁字账"，根据所给资料，年末坏账准备余额计算得：

3 200 000 × 0. 3% = 9 600

坏账准备

| | |
|---|---|
| 年初余额： | 12 000 |
| 年末计提前发生额： | 9 000 |
| 年末计提前余额： | 21 000 |
| 年末计提金额 | ? |
| 年末余额： | 9 600 |

第五步：通过"丁字账"倒挤出年末应计提坏账准备金额上图可简化为：

坏账准备

| | |
|---|---|
| 年末计提前发生额： | 2 100 |
| 年末计提金额 | ? |
| 年末余额： | 9 600 |

由上图“丁字账”可知：年末计提金额应为借方：

21 000 - 9 600 = 11 400 编制会计分录：

借：坏账准备　　　　　　　　　　11 400

　贷：资产减值损失　　　　　　　　　11 400

## 二、用“丁字账”核算长期股权投资成本法

按《企业会计准则——长期股权投资》的规定，采用成本法核算的长期股权投资，初始投资或追加投资时，按照初始投资或追加投资的成本增加长期股权的账面价值。被投资单位宣告分派的现金股利或利润中，投资企业按应享有的部分确认为当期投资收益；但投资企业确认的投资收益仅限于所获得的被投资单位在接受投资后产生的累积净利润的分配额。所获得的被投资单位宣告分派的利润或现金股利超过被投资单位在接受投资后产生的累积净利润的部分，应冲减长期股权投资的账面价值。

在初学者学习长期股权投资成本法时，往往难以确定所收到的现金股利是作为投资收益还是作为长期股权投资成本的冲减或恢复。笔者在长期的教学实践中，利用“丁字账”的方法较好地解决了这个难题。

具体做法是：增设“应得股利”备查账户，“应得股利”登记投资企业按投资比例应从被投资企业投资净利润中享有的金额。而“应收股利”账户核算的是投资后实际所分得的现金股利金额。计算时，以“应得股利”累计金额和“应收股利”累计发生额中较低者为“投资收益”的累计发生额。以此时的“投资收益”累计发生额减去此前的“投资收益”累计发生额，则为收到现金股利时应确认的“投资收益”。“投资收益”与“应收股利”发生额的差额即为应冲减或应恢复的“长期股权投资”的金额。下面以实例来说明用“丁字账”确认投资收益的全过程。

例如：

A 企业 2005 年 1 月 1 日以银行存款购入 C 公司 10% 的股份，并准备长期持有，采用成本法核算。C 公司于 2005 年 5 月 2 日宣告分派 2004 年度的现金股利 100 000 元，C 公司 2005 年实现净利润 400 000 元。2006 年 5 月 1 日 C 公司宣告分派现金股利 300 000 元，C 公司 2006 年实现净利润 450 000 元，2007 年 5 月 1 日 C 公司宣告分派现金股利 500 000 元，C 公司 2007 年实现净利润 300 000 元。

1. 2005 年 5 月 2 日账务处理：

第一步：计算“应得股利”和“应收股利”。

根据题意：2005 年 5 月 2 日时，A 公司“应收股利”为 $100\ 000 \times 10\% = 10\ 000$ 元，“应得股利”因尚无 C 公司 2005 年利润数据，故金额为 0。

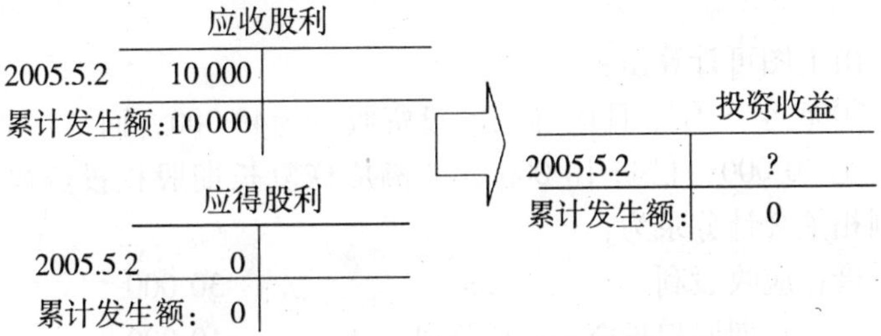


由上图可计算出：

2005 年 5 月 2 日应确认的投资收益为 0，而“应收股利”为 10 000 元，“应收股利”与“投资收益”的差额应冲减长期股权投资成本，根据以上分析编制会计分录：

借：应收股利　　　　　　　　　　　　10 000

　　贷：长期股权投资——C 公司　　　　　　10 000

2. 2006 年 5 月 1 日账务处理：

第一步：计算“应得股利”和“应收股利”。

根据题意：2006 年 5 月 1 日时，A 公司“应收股利”为 300 000 × 10% = 30 000 元，“应得股利”为 400 000 × 10% = 40 000 将“应收股利”及“应得股利”发生额登入“丁字账”：

应收股利

| | |
|---|---|
| 2005.5.2 | 10 000 |
| 2006.5.1 发生额： | 30 000 |
| 累计发生额： | 40 000 |

应得股利

| | |
|---|---|
| 2005.5.2 | 0 |
| 累计发生额： | 40 000 |
| 2006.5.1 | 40 000 |

投资收益

| | |
|---|---|
| 2005.5.2 | 0 |
| 2006.5.1 发生额 | ? |
| 累计发生额 | 40 000 |

由上图可计算出：

2006 年 5 月 1 日应确认的投资收益为40 000，而“应收股利”为 30 000，借贷 10 000 元差额应恢复长期股权投资成本。编制相关会计分录为：

借：应收股利　　　　　　　　　　30 000

　　长期股权投资——C 公司　　　10 000

　　贷：投资收益　　　　　　　　　　40 000

3. 2007 年 5 月 1 日账务处理：

第一步：计算“应得股利”和“应收股利”。

根据题意：2007 年 5 月 1 日时，A 公司“应收股利”为 500 000 × 10% = 50 000 元，“应得股利”为450 000 × 10% = 45 000，将发生额登入“丁字账”：

应收股利

| | |
|---|---|
| 2005.5.2：10 000 | |
| 2006.5.1：30 000 | |
| 2007.5.1：50 000 | |
| 累计发生额:90 000 | |

应得股利

| | |
|---|---|
| 2006.5.1　40 000 | |
| 2007.5.1　45 000 | |
| 累计发生额：85 000 | |

投资收益

| | |
|---|---|
| 2005.5.2 | 0 |
| 2006.5.1 | 40 000 |
| 2007.5.1 | ? |
| 累计发生额 | 85 000 |

由上图可计算出：2007 年 5 月 1 日应确认的投资收益为 45 000，而“应收股利”为 50 000，借贷之间 5 000 元差额应冲减长期股权投资成本，编制相关会计分录为：

借：应收股利　　　　50 000

　　贷：投资收益　　　　45 000

长期股权投资——C 公司　　　　5 000

“丁字账”在会计教学及会计实务中还广泛地运用于对账、结账、编制报表等工作，在此笔者仅以上述两个案例揭示“丁字账”在会计教学中的巧妙运用，希望能起到抛砖引玉的作用。

# 中职学校会计专业教学应以《小企业会计制度》为主

广东佛山华材职业技术学校　梁铁荣

**摘　要：** 根据社会经济需要、中等职业学校学生情况及其毕业后的去向，本人认为中等职业学校会计专业教学应以《小企业会计制度》为主，但目前尚无以《小企业会计制度》为依据编写的教材，这就要求教师在授课过程中将《小企业会计制度》与《企业会计制度》在具体核算方法方面存在的差异讲透彻，让学生毕业后到大小企业工作都能适应。

**关键词：** 小企业　中职学校　会计制度

## 一、《小企业会计制度》的主要特点

财政部于2004年4月正式发布《小企业会计制度》，要求从2005年起在全国小企业范围内实施。《小企业会计制度》总说明第二条规定："本制度适用于在中华人民共和国境内设立的不对外筹集资金、经营规模较小的企业。"其中所称"不对外筹集资金、经营规模较小的企业"，是指不公开发行股票或债券，符合原国家经济贸易委员会、原国家发展计划委员会、财政部、国家统计局2003年制定的《中小企业标准暂行规定》的企业组织（国经贸中小〔2003〕143号中界定的小企业，不包括以个人独资及合伙形式设立的小企业）。

《小企业会计制度》的主要特点是根据小企业会计人员的实际情况减少了对职业判断的要求：

一是相对大型企业而言，小企业会计人员数量少，学历普遍偏低，为提高和保证小企业会计信息的质量，《小企业会计制度》的规定中减少了小企业会计核算对职业判断的要求。比如考虑到长期资金的金额较难确定及计提长期资产减值过程中需要较多的职业判断等情况，《小企业会计制度》不要求对固定资产、无形资产等长期资产计提减值准备。

二是针对小企业自身业务特点，简化了会计核算。小企业经济业务较单一，资金规模不大，考虑到提供会计信息的成本效益原则，《小企业会计制度》的会计核算在现行《企业会计制度》的基础上进行了适当简化。比如对于被投资单位具有重大影响的投资，《小企业会计制度》仅要求按照简化的权益法核算。

三是以税收为导向，与适用的税收法规相协调，纳税管理需求成为小企业会计信息的第一外部需求。《小企业会计制度》在有关事项的会计处理上尽量做到了与相关税法规定协调一致，对于某些不可能完全一致的问题，实行会计与税法适当分离的原则。比如对于固定资产累计折旧的核算，《小企业会计制度》要求对应计提折旧的固定资产范围和所采用的折旧政策要与税法一致。

**二、《小企业会计制度》的发布实施，符合现实国情和小企业自身发展的需要**

首先，在我国，小企业创造了一半以上的国民生产总值，就业人数占全部企业职工人数的50%以上，对我国经济发展作出了突出贡献。例如，至去年底，佛山全市共有个体工商户17.36万户，注册资本41.09亿元。全年办理开业登记私营企业1.01万户，办理注销登记2 404户。全市共有私营企业5.64万户，注册资本752.03亿元。然而在实际工作中，相当一部分小企业存在会计机构不健全、会计人员素质较低，各项管理制度不够规范的问题。而我国现行《企业会计制度》中有些规定比较多地体现了股份公司和大型企业会计管理的需要。因此，制定针对小企业的会计法规，尤为必要。其次，大多数小企业所有权和经营权并未分离，这就决定了所有者的投资决策需求和经营者的管理需求合二为一，因此可以降低内部信息使用者对会计信息详尽性的要求。再次，小企业是“不对外筹集资金”的，而且我国小企业贷款担保体系尚未健全，相对而言，纳税管理需求就成为小企业会计信息的第一外部需要。因此，可以简化外部信息使用者对会计信息全面性的要求，而相对提高会计信息税收管理方面的要求。最后，小企业的经济业务相对简单，也不需要在证券市场披露财务报告信息，如果按照《企业会计制度》的要求处理经济业务，会浪费人力物力，不符合成本效益原则。基于上述原因，客观上要求针对小企业的特点和实际情况制定一套专门的会计标准，以提高小企业会计信息质量。

**三、《小企业会计制度》与《企业会计制度》在核算方法上的差异**

《企业会计制度》与《小企业会计制度》的具体核算方法在以下方面存在较大差异：

一是减值准备的处理。《小企业会计制度》仅要求对短期投资、存货及应收款项计提减值准备，不要求对固定资产、无形资产等长期资产计提减值准备。

二是原材料、库存材料的核算。除按售价核算的从事商品流通的小企业以外，其他小企业的原材料、库存商品等均按实际成本法核算。

三是长期股权投资的核算。对被投资单位具有重大影响的投资，《小企业会计制度》仅要求按照简化的权益法核算。

四是所得税核算。小企业均应按照应付税款法计算确认所得税费用。

五是会计报表。《小企业会计制度》中仅要求提供资产负债表和利润表两张基本报表。小企业也可以根据相关使用者的要求，提供现金流量表。

六是会计报表附注。会计报表附注中仅要求披露所采用的主要会计政策和会计估计、当期的主要交易等事项。

针对这些差异，我们在教学中需要加以注意，必须把握好《小企业会计制度》简化核算的特征，使学生所学到的书本理论知识能更好地与实务工作结合起来，提高学生的实践能力，以达到更好地为经济建设服务的目的。

**四、根据中等职业学校学生来源和特点在财会专业实施以《小企业会计制度》为主的教学**

最近几年，国家大力发展职业教育，根据广东省大力发展职业技术教育实施纲要，目标之一是要做大做强珠江三角洲地区的职业技术教育，要求在“十一五”期间，珠江三角洲的广州、深圳、珠海、佛山、东莞、中山、江门市要把智力扶贫列为对口帮扶的重要内容，每年要从东西两翼和粤北山区招收5万名以上初中毕业生到珠江三角洲地区中等职业技术学校和技工学校就读；每年安排接收对口帮扶县200名以上贫困家庭的子女，经考试合格后把他们录取到珠江三角洲各级各类职业技术学校和技工学校就读，免费接受职业技术教育。今后数年这部分来自经济发展滞后地区的生源是构成我们学校学生的一个重要部分。

另外，由于媒体加大力度宣传中职学生的就业优势，许多家长和学生逐渐改变了对职业学校的成见，职业学校在本地招生逐渐由冷变热。以我们学校为例，2008 年招生非常火爆，财经类专业要求中考分数300分以上，后来，不断提高录取分数，仍有不少学生要求入读。现财经专业招生已超过计划的25%以上（原计划招400人，现招了8个班，每班64人），但考生分数普遍不高，超过500分的很少。

这些选择中职学校的学生以及来自经济发展较为滞后地区的学生，由于种种原因在客观上往往存在这样一些问题：他们在初中阶段学习基础差，成绩不理想，接受能力相对较弱，学习动力严重不足，存在较为明显的自卑心理，而且对自己的职业生涯感到迷茫。作为教育工作者，我们要根据学生的特点，做到因材施教和强调专业课的实用性。

我们近期对本校会计电算化专业学生进行了一次期望就业岗位的调查，其中对“你最希望毕业后从事怎样的工作岗位”的调查汇总分析如下：

（1）选择“会计”和“出纳”工作岗位的学生比例最高，第一期望就业岗位选择两者的合计高达74.32%，第二期望就业岗位选择这二者的合计也达到39.45%。如果再加上选择“小企业会计”和“小企业出纳”的工作岗位的学生，则比例高达81.65%，这表明选择该专业的学生都希望毕业后能从事与会计专业直接相关的工作。

（2）选择“收银员、记账员、小企业记账员”的学生中，第一期望就业岗位选择有7人，占6.42%；第二期望就业岗位选择有20人，比例达到18.35%。这三个工作岗位与会计电算化专业有很大联系，但相对而言属于该专业的基层工作岗位。但在当前大学会计本科和专科毕业生都希望谋求“会计”与“出纳”工作岗位，“会计”和“出纳”工作岗位竞争相当激烈的情况下，作为中职学校会计专业的毕业生去向，这些岗位应该也算是比较好的就业选择。

（3）选择“业务员、营业员”的学生中，第一期望就业岗位选择有5人，占4.59%；第二期望就业岗位选择的学生有13人，占11.93%。“业务员”和“营业员”工作岗位相对“会计、出纳、收银”等工作岗位，与会计专业的联系程度要低，但财经专业作为文科专业，其毕业生的就业范围较广。选择这些企业最基层的工作岗位，对锻炼学生的业务能力有很大好处，能为其以后的成长发展奠定坚实基础。虽然选择这些工作岗位的比例不是很高，但从一个角度提示学校应更大限度地开拓学生的专业视野，增设相关的专业课程，拓宽学生的就业范围。

另据统计资料显示，广东省财经类中等职业技术学校近几年综合就业率都保持在95%左右，甚至达到100%，超过同期大专、大学毕业生的就业率，这很好地证明了中职毕业生有着较大的市场需求空间和广泛的就业市场。财经类中职学校毕业生的毕业去向结构发生了较大变化，由以往主要从事技术管理工作转向生产、技术、服务、管理第一线或其辅助性工作，如文员、财务、仓管及营销等辅助人员的工作等初级岗位。用人单位（以中小企业为主）对中职毕业生的理论水平和高深技能方面要求不高，但强调专业动手能力强，工作上手要快，能迅速适应岗位需要；要求毕业生具备勤奋刻苦、脚踏实地、诚信守法等优良品质。

大量的中小企业急需专业的会计人才，为中等职业学校毕业生们提供了较广阔的基层就业市场。但是我们的课程内容却趋于高度专业化，偏重于理论知识，侧重于大中型企业，甚至有些内容涉及适用于股份制企业的会计准则，如：债务重组、租赁、非货币性交易等方面。同时，我们实践性教学设置比重小，导致学生缺乏动手能力，从而不受用人单位的欢迎。很多中职学校对市场的需求变化不闻不问，从某种程度上来说只是凭感觉教学，导致培养的学生与市场的会计人才需求相差甚远。衡量中职学校办学是否成功，最主要的标准是看学生的就业率，能否培养出社会所需求的人才。社会不断发展和进步，其标准不是一成不变的。所以，作为人才供方的中职学校必须以市场为导向，不断调整教学计划和课程设置，以满足未来劳动力市场对会计人才的需求，毕业生也才能够在劳动力市场找到工作。

综上所述，根据社会经济需要及中等职业学校学生情况和毕业后的去向，本人认为中等职业学校会计专业教学应以《小企业会计制度》为主，但目前尚无以《小企业会计制度》为根据编写的教材，这就要求教师在授课过程中将《小企业会计制度》与《企业会计制度》在具体核算方法方面存在的差异讲透彻，让学生毕业后到大小企业工作都能适应需要。

具体来说，我们首先要明确培养的目标，中职会计的培养目标应该是：培养有理想、有道德、有专业知识、身心健康、能负责具体审核和财务收支、编制凭证、登记账簿、编制会计报表和办理其他会计事项的初级人才。制定这一目标的指导思想是：以需求为动因，把小规模企业和个体企业对会计人员的需求作为我们的目标市场，培养出合格的中职财会毕业生。其次，我们应以《小企业会计制度》为基础，参考《企业会计制度》，重新改编教材，第一学年主要注重对学生的基本素质、基本技能（如珠算、点钞、基础会计中的凭证填写、账簿登记等）的培养与提高，进行相应的强化和训练；第二学年应针对小企业的业务重点进行会计实务讲解，同时根据学生相关知识掌握的程度，适当地穿插一些大中企业的实务；第三学年，应全面综合强化技能训练和社会实习，教师可以利用现代化的会计模拟实验室（我校已建立，可模拟各种企业的业务流程），让学生了解小企业的业务流程，使学生能独立完成基本业务的会计核算。最后，在学生毕业阶段，应尽可能安排学生进行社会实习，为学生走上工作岗位更好地适应财会工作做好充分准备。

**参考文献：**

［1］王波：《关于小企业会计制度在教学应用中的科学论证》，《科学教育》2007年第7期。

［2］严可为：《中等职业财会专业教学改革初探》，《湖南冶金职业技术学院院报》2006年第6期。

［3］财政部：《小企业会计制度》2004。

［4］《佛山年鉴（2007）》。

［5］广东省职教学会2006年学术年会《职教论坛述要》。

［6］《广东省发展职业技术教育实施纲要》。

# 东陆职教论坛

## 2009 年

## 下 册

主　编　马　勇
副主编　陈　静　冯志鹏　龚自力

云南大学出版社

# 目　录

## （下　册）

### 计算机及应用专业论文

## 旅游服务与管理专业论文

## 其他

# 计算机及应用
# 专业论文

# 浅议计算机教学中强化职专生的素质教育

漳州第二职业中专学校　陈红赟

**摘　要：**在当今知识化、信息化的时代，全面推进素质教育，不断提高学生的综合素质和创新能力，形势紧迫，任重道远。本文就职业中专计算机应用教学中如何实施素质教育提出几点看法。

**关键词：**职业中专　素质教育　学习兴趣　学习信心　实践创新

21 世纪是知识化、信息化的时代，各种知识都在不断地迅速地交替更新，一成不变、固守成规已不能适应时代的要求，创新能力的培养和不断强化已成为学生尤其是职专学生的迫切需要，以培养创新精神和实践能力为重点的素质教育应当成为当今教育改革的主旋律，而课堂教学则是培养学生创新精神及实践能力的主阵地。

全面推进素质教育，不断提高学生的综合素质和创新能力，形势紧迫，任重道远。素质教育特别强调对学生创新意识、创新精神、创新能力的培养。要把创新精神和创新能力的培养作为素质教育的重点内容，并放在突出的地位。对如何在职业中专计算机应用教学中探索、实施素质教育，我做了以下一些尝试。

## 一、注重培养学生的学习兴趣，不断增强学生的学习信心

学生学习主动性和积极性的源泉是自我需要。但是学生的这种自我需要不是自然形成的，而是在教育和教学过程中逐步形成的。根据我对学生的观察与分析，影响学生学习计算机兴趣的原因主要是学生对每个章节的学习任务、学习内容心中无数，教师讲什么就听什么，课本上有什么就学什么，加上教学内容枯燥无味，不易理解，这就使得基础较差，而且本来就缺乏学习兴趣的职业中专学生学习处于被动状态，对学习失去信心。

为了培养学生的学习兴趣，我做了以下一些努力：

一是充分利用多媒体教学的优势，把抽象的教学内容演绎得具体形象，易于理解。我把枯燥无味的各种概念，通过文字、声音、图像、动画等多种媒体生动地进行的演示，使得课堂气氛及学生思维变得活跃，师生关系变得融洽，大大调动了学生的学习积极性。

二是在一个学年和每一章、每一节教学的开始，让学生了解本学年、本章、本节的学习内容。在学生了解了学习内容的基础上，把教学目的以学习任务的形式交给学生，把知识重点以学习重点的形式交给学生，并以知识本身的丰富内容激发学生探索知识的强烈欲望，调动学生以自我需要为目标的学习积极性，形成学习者主动学习的局面。以我在 Visual Basic 6.0 的教学中讲解 Timer 控件为例，在教学活动中，我先把新控件做成一个有趣的数字小游戏（如图 1）：

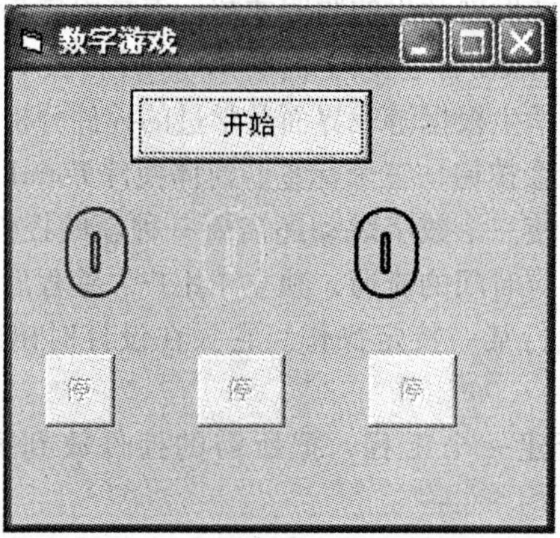

图1　程序界面

（单击开始按钮，在按钮上会出现一个随机的三位数，同时三个不同的彩色的数字不断跳动变化，游戏的任务是使停下时的数字与按钮上的相同。）上课前，我先让学生试玩，再告诉他们其实这个小程序并不难做，只要通过本节课的认真学习，他们自己也是能做好的。这样一来，学生们便跃跃欲试，在讲新课时一个个都全神贯注，恨不得把新知识尽快学会，自己也做出一个程序试试。学生学习的主动性和积极性便在不知不觉中被调动起来了。

## 二、注重培养学生的实践观念，不断提高其发现问题、探索问题、解决问题的能力

素质教育的特性之一是尊重、发挥和完善学生的主体性。

学生的学习是自己进入和完成认识的过程，这种过程是任何高明的教师都无法代替的，教师应是这个认识过程的指路人。因此，教师工作的重心不应该是单纯地考虑怎样讲好一节课，而是

要考虑怎样才能发展学生的聪明才智，怎样引导与组织学生发展思维，自我取得知识。还以上面的 Timer 控件教学为例：

第一，请学生根据游戏界面及学过的控件分析该程序所需的控件（四个命令按钮、三个标签、窗体控件 Form1）。

引导：要使三个数字跳动还需要一种新的控件——Timer 控件，该控件响应时间的流逝，独立于用户，编程后可用来在一定时间间隔内执行某一特定操作。它只在设计时出现，运行时不可见。

实践：新建一个工程，把所需的控件放到窗体中适当的位置。

第二，调整控件的属性：命令按钮、标签和窗体控件的属性由学生根据学过的知识自行设置；定时器控件需要设置的属性有 Enabled：False（让定时器开始时不可用）；Interval：100、120、140（设定三个定时器的间隔频率分别为 0.1 毫秒、0.12 毫秒、0.14 毫秒）。

实践：修改新建工程中各个控件的属性，并保存工程。修改后的用户界面如图 2：

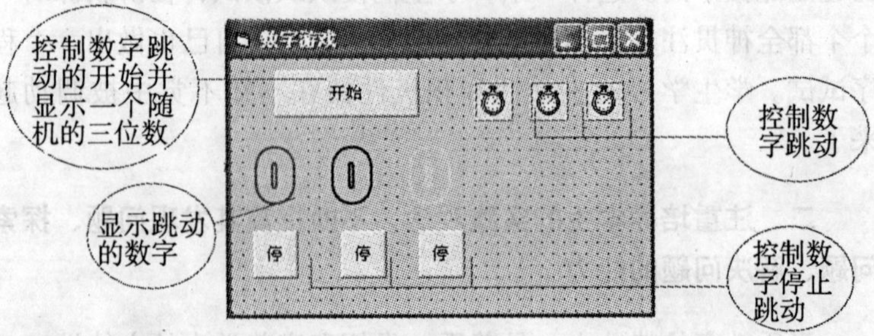


**图 2　设计界面**

第三，编写事件代码。

引导分析：各控件在运行时所需要完成的任务。

编写代码：先让学生根据分析自己试写代码，实在不会的部分再由我来讲解。

最后，调试运行程序。此时，学生们看到自己做出来的程序可以运行，甭提多开心了。

## 三、注重培养学生的创新观念，不断增强自我完善、自我创新的能力

计算机课程是一门灵活性、实践性、综合设计性较强的课程，在进行课程综合设计时，教师要充分挖掘培养与训练创新能力方面的内容，提出恰当的计算机综合设计课题。

在具体的教学活动中，主要从三个方面进行创新教学的实践和探索：一是课程内容的选择。教师要灵活掌握课的内容，不一定要完全按课本上的内容讲授，除了抓住基本的知识技能知识点外，要根据学生的基础和兴趣来安排并加入新的知识点，并与他们的生活实际相联系，以更好地优化课程的信息。要使所学内容更容易被学生接纳，从而调动起学生的学习积极性，激发学生的创造欲望，形成创新意识。二是改革评价方法。为了改变学生仅想取得个高分的思想，我在教学中积极尝试总结出了一套适于计算机教学课的作业评价方法，不仅能调动学生的积极性，而且能让他们走出分数的误区，有利于学生个性的发展。方法是：不单看卷面分数，还要结合实际操作能力和创新能力综合考虑进行打分。三是因材施教，分层次教学。对学生的水平有较全面的了解，并制定出不同层次的目标要求，增强教学针对性，这样就可以有效地避免单一标准造成的弊端，让每个学生都有适合自己的学习目标，每一节课都能体会到成功的乐趣。

创新教学的开展，要求教师时刻以学生为主体，从学生的兴趣入手，不断探索与自省，全方位地设计课堂教学的全过程。教

师要转变观念，由知识的占有者转变为学生学习的引导者，教师的知识和经验成为学生可利用的资源之一，教师的任务由过去的单纯以传授知识为主，转变为以启发诱导，教会学生学习的方法与信息的优化选择为主。因此，只有教师认清信息时代的教育要求，从思想上认识到创新教学的必要性与紧迫性，才能落实到行动，从而在教学过程中进行适应新形势的创新教学。

总之，采用什么教学方法，受到具体教学内容、学生学习状况、相应的教学目的及设备物质条件等一系列因素所制约。因而企图用一种或几种固定的方法、模式去解决复杂的教学问题是不可能的。但是，只要我们以培养高素质的学生为目标，以发展学生的思维和提高学生的能力为核心，激发学生对掌握知识的主动要求，就能取得最佳的教学效果。

**参考文献：**

[1] 杨晶：《VB6.0 程序设计》，机械工业出版社 2004 年版。

[2] 钟一宾、顾洪：《软件开发 Visual Basic 6.0》，华东师范大学出版社 2006 年版。

# 项目教学法在“数据库原理与应用——VFP”教学中的应用

漳州第一职业中专学校　陈玮琼

**摘　要：** 通过对项目教学法的探讨理解，探讨利用项目教学法在“数据库原理与应用——VFP”课程教学中实施的过程及教师在使用该教学方法时应注意的问题。

**关键词：** 数据库　项目驱动教学法　项目设计

多年来，职专计算机专业教学普遍存在一些问题，主要有：(1) 学生的综合素质较低，自学能力和自控能力处在较低层次，学习积极性不高；(2) 计算机教学效率低下，缺乏动手能力和创造能力的培养。虽然学生能掌握一些理论知识，但不能把其所掌握的知识灵活应用到工作中，走上工作岗位时感到力不从心，感觉在学校里没能真正学到知识。

这些年来，我们对教学方法进行各种改革，其目标就是提高学生真正把掌握的知识应用到实际工作中的能力，使专业实训能满足社会需求，最终能实现学生的零距离上岗。本人在数据库课程教学中全面推行了项目教学法，实践表明，通过项目的优化和知识点的重构和整合，在提高实训的效率与效果、培养学生全面能力等方面确实收到了一定的成效，使数据库的实训教学得到了质的提升。

## 一、项目教学法的定义和内涵

项目教学法是指通过教师的引导，学生以现有的知识和技能为平台，自主地收集资料、实物，并且小组共享，互通有无，从而提高学习兴趣，强化记忆，巩固已学知识，增进新知识、新技能，以及提高各种能力的一种教学方法。

在这里，项目是指以生产一件具体的、具有实际应用价值的产品为目的的任务。项目教学法的前提是“项目”。实践证明，项目教学法非常适合中职计算机应用专业学生的学习。项目教学法有效地建立了课堂与社会生活的联系，整个活动过程都是真实的，是现实生产生活的一种反映，从而使学生的学习更有针对性和实用性，学到了就业所必需的技能，包括实践能力、分析能力、综合能力、应变能力、交流能力、合作能力和解决实际问题的能力。项目教学法尤其容易与综合实践活动课程中的社会实践、劳动与技术教育等融合在一起。

## 二、项目教学法对教师的要求

第一，精选教学项目、选定活动项目必须满足的要求。

(1) 项目所涉及的知识和技能在教学大纲所要求的范围以内；

(2) 学生对所确定的项目及其结果有着较强的兴趣；

(3) 项目所涉及的内容是学生比较熟悉的；

(4) 项目所涉及的知识、技能和内容符合最近发展区理论，通过学生主动的探索和学习是有能力完成的；

(5) 在项目完成过程中，最好能有利于对学生进行情感、态度和价值观的教育。

第二，课前熟悉项目内容，进行深入研究，并准备好项目讨论可能涉及的有关知识。

第三，介绍项目内容要讲究艺术性，能吸引学生的注意力，激发学生学习的积极性和讨论的热情。

第四，项目教学中学生是主体，教师是客体，是项目教学的组织者和引导者，教师的能动性、创造性都要高于学生。探究、解决问题的过程是教师向学生展示自己的认识过程，并且是教师引导学生探究与尝试、共同完成教学任务的过程；教师与学生同是解决问题的探究者，面对问题情景，师生是共在主体，双方同是学习者、探索者，地位是平等的。

## 三、项目教学法的实施方法与步骤

1. 确定项目任务

通常由教师提出一个或几个项目任务设想，然后同学生一起讨论，最终确定项目的目标和任务。这一阶段对教师综合水平提出了较高要求，即要求教师应该具有比较丰富的项目开发经验。当然，教师只有拥有强大的项目整合能力，才能有策略地帮助学生掌握成熟的项目开发经验。

例如，可利用“数据库应用基础教程——VFP”课程中我们所学的 VFP 知识来设计一个本校学生管理系统。

2. 制订计划

由学生制订项目工作计划，确定工作步骤和程序，并最终得到教师的认可。

设计项目时，教师要把本课程的主要知识点提取出来，并融入每个具体的项目中，这样师生的教与学都围绕这个项目的实施展开，并且在场景上引入企业化的背景，整个教学活动最终模拟成“在企业中完成特定工作项目”。

例如，该系统必须具有良好的交互界面，具备管理数据和分析数据两大功能。根据该项目涉及的内容，该系统可以分为：主程序，包括主页窗口、调用本系统的系统菜单程序和系统工具、启动系统登录表单（项目设计1）、系统菜单（项目设计2）、系统登录表单（项目设计3）、学生基本情况表单（项目设计4）、学生成绩表单（项目设计5）、数据资源（项目设计6）共六个子项目模块。每个子项目并不是孤立的，都可以作为最终项目的一个组成部分，并穿插在教学内容的相关知识点中。

3. 实施计划

首先，根据设计好的项目，在教师的指导帮助下，学生熟悉相关项目，根据研究项目的工作要求画出流程图，利用自己掌握的专业知识，独立收集、分析和整理每个项目设计所必须用到相关知识，然后独立确定各自的设计工作计划，包括工作步骤、工作时间、检验计划和实施计划等，并最终得到教师的认可。例如，该项目要求要在两个月内完成并能使用，考虑到各个项目的联系性和独立性，确定工作顺序基本功上从项目6到项目1的顺序进行，项目6所涉及的知识点在第三章“表的创建与操作”、项目5所涉及的知识点在第五章“查询与视图”和第六章“结构化查询语言 SQL”、项目设计2所涉及的知识点为第十一章“菜单设计”，以及其余涉及的表单控件等知识。

其次，在教师指导和帮助下，学生进行自行分组，通常分为6个小组，每个小组3至5人，最多不要超过8人，必须使每组好、中、差的学生合理搭配，并且有一个组长，负责一个项目，采用组长负责制。组长的作用是先把往年教师作品的创作技术经验和过程传递给其他队员，然后各成员做好个人计划后，进行小组讨论，提出自己的见解和工作计划，相互启发，相互学习。从而充分挖掘学生的潜力，发挥学生的创新思维能力，最终确定出最优解决方案。

再次，学生按最终制订的工作计划，以组为单位，经过小组讨论，对项目进行全面分析后，组长对任务进行划分，每个成员根据自己负责的模块，独立完成自己的工作任务。同时，组长要充分利用课余时间，在课后与组员交流和进行辅导，以缩短学习时间。

在实施计划阶段，教师要注意的问题是：（1）要以学生为中心，学生在老师的指导下，在项目的完成需求下主动学习；（2）在项目实施过程中教师和学生的关系是平等的、双向的、开放式的；（3）教师使用激励的手段，充分调动学生的内在动力，利用学生的优点开展活动，注重学生能力和创造性的培养，通过学生积极性和主动性的充分发挥，弥补自身知识的不足。

4. 检查评估

在检查评估阶段，教师要注意的问题是：在项目内容讨论评估时，教师要尊重学生的成果，切记不要在学生面前评论谁对谁错，项目实施成功与否应看整个过程的进行情况。在学生交流项目实施结果的时候，教师也应该耐心地听取，不能因为哪个学生讲得不好而有任何不尊重学生的表现，否则，学生就会失去学习信心，项目实施就会失败。

每个成员完成各自任务后先由自己进行自我评估，组长再进行整合评估，各个项目进行整合后，由教师对项目工作成绩进行检查评分。通过师生共同讨论、评判在项目实施中出现的问题，帮助学生找到解决问题、处理问题的方法。

5. 归档或结果应用

作为项目的实践教学产品，应尽可能具有实际应用价值。因此，项目实施的结果应该归档或应用到企业和学校的生产教学实践中。该项目归档后要争取学校教务处的大力支持，把该项目应用到实际班级的学生学籍管理中，在管理中不断发现问题进行修改，为下一届学生的项目开发积累经验。

## 四、结束语

项目教学法已在我校计算机专业的教学中深入开展，同时学校还加强了与企业的横向联系，累积了真实的项目素材，不断完善适合中职学生特点的教学方法研究，收到了良好的教学效果，学生的动手能力增强了，技能水平提高了，所掌握的知识与企业的需求逐步接近，毕业生受到企业的普遍欢迎。

# 浅析中职学校计算机专业设置改革

四川省乐至县高级职业中学　庚　聪

**摘　要**：中等职业学校计算机专业的学生，应该是社会对计算机应用型人才的需求比例中最大的一部分，而现在中等职业学校计算机专业的专业设置和课程内容以及教学方法并不能适应社会的需求，出现了教育和社会需求脱节的现象。为了使中等职业学校计算机专业培养出来的学生在社会上有一定的竞争力，使中等职业中学的计算机教育事业更加蓬勃发展，计算机专业的设置和计算机应用课程的设置应进行必要的调整和改革。

**关键词**：中职学校　计算机专业　专业设置　课程内容

如今，计算机及计算机的应用正以极快的速度朝着网络化、多功能化、行业化方向发展。从原来一般文字、数据处理到现在的文字、图形图像、声音、电影动画等多媒体处理；从原来一般的个人计算机到现在的国际互联网，只不过短短的几年时间。由于计算机性能不断提高，各种计算机应用软件不断推出，使得计算机相关行业及家庭的应用更加普及。在我国，随着计算机进一步普及，计算机教育也取得了很大的成功。但由于计算机发展速度加快，与之相应的计算机应用教育显得相对滞后，与社会的需求有一定的差距。我们的计算机应用教育，在基础知识、基本应用方面是比较成功的，如计算机等级考试，高新技术考试，使许多人初步掌握了计算机基础知识。但计算机较高层次的应用教育，特别是各种专业化的计算机应用软件的教育明显不足。在计算机开始普及的今天，一般的应用操作、文字处理已经是一种基本技能，一般学习过计算机的人都能掌握。但许多行业化、专业化的计算机应用人才却相对不足。如机关企业中计算机网络的管理、信息处理的多媒体设计制作、广告影像行业的图形图像处理、设计行业的计算机辅助设计、办公自动化中的设备应用和公文处理等，都缺少有一定技术水平的人才。经过中等职业中学一般计算机应用专业教育的学生，要达到上述行业中计算机应用人才的要求，还要经过一定的学习和培训。中等职业中学及中等职业教育的计算机专业的学生，应该是社会对计算机应用型人才的需求比例中最大的一部分，而现在中等职业中学计算机专业的专业设置和课程的内容以及教学方法都不能适应社会的需要，教育和社会需求脱节。因此，中职学校计算机专业的设置和计算机应用课程的设置应该对以上问题予以足够的重视，进行必要的调整和改革，才能使中等职业学校计算机专业培养出来的学生在社会上有一定的竞争力，使中等职业学校的计算机教育事业更加蓬勃发展。

计算机专业是目前各种专业中知识更新最快的专业，一些计算机专业的教师由于学校缺少对他们进行必要的培训和为他们提供与外界接触的机会，教师本身也没有对自己计算机专业知识和实践能力不断进行更新和提高，所以他们对计算机新知识、新软件缺乏必要的学习和了解，知识和观念落后于形势的发展，这是他们无法提高教学水平和教学质量的重要原因。

计算机技术日新月异，产品、市场变化大，所以中职学校在充分调查分析的基础上，对课程设计要有前瞻性，教学的课程落后，势必造成毕业生“就业难”、学校“招生难”的问题，导致学生不想学，教师不想教恶性循环。职业教育，从某种角度说就是“就业教育”。《国务院关于职业教育改革与发展的决定》明确指出，职业教育尤其需要开发适应本地区经济与社会发展的地方课程，学校可开发本校及与本地区实际联系紧密的课程，进行职教课程改革。

## 一、中职学校计算机专业市场需求调查

面对时代的发展和未来的挑战，要全面推进素质教育，职业学校就必须在科学实施国家课程的前提下，努力开发具有地方特点、学校特色的校本课程。我校的“厚德强技”的办学理念，其实质就是要以课程改革为载体，满足学生的兴趣与需要，促进学生的综合发展。通过调查我校计算机专业毕业生涉及的相关单位的用人需求、人才市场发布的有关信息及网上招聘情况，笔者归纳出企业对人才的需求主要基于如下几点：

（1）基于公司内局域网的操作维护需要。

（2）基于公司或产品在互联网的营销宣传需要。

（3）基于单机维护、调试、软件安装的需要。

（4）基于信息管理、经营分析工作需要。

## 二、计算机专业毕业生应具备的知识技能

从调查情况分析，中等职业学校的毕业生要想适应用人单位的需要，必须掌握以下核心知识技能：

（1）微机操作与维护、局域网组建与维护，数据库编辑应用、平面设计、网页设计、美学知识技能，网络技术与 Internet、快速准确的文字录入与处理技能。

（2）用人单位的行业知识。

（3）信息管理、统计分析、经营分析、管理软件应用开发、企业管理知识技能。

在这些知识技能体系中，前两项属于基础层次的需求，侧重于上岗应用，第三项属于较高层次的需要，侧重于管理应用

（多为小企业的用人要求）。

### 三、中等职业学校计算机专业的定位

从我校近年来对毕业生情况的调查分析可以看出，计算机专业是一门实操能力较强的学科，必须附加在某一领域的专业知识基础上才有出路。这就要求在课程设置上要突出计算机维护、操作、应用能力和某专业基础知识这几个方面。

### 四、课程设置

在信息技术迅速发展的今天，中职学校计算机课程尤其跟不上时代的发展和无法满足就业市场的需要。所以，职业教育要大发展就必须进行课程改革，大力开发校本课程，使之体现职教之特点。笔者认为，我校计算机专业课程开设应该采用模块化知识结构，包括计算机知识层面、专业分配领域知识层面和文化基础课层面三个部分。

（1）计算机知识层面：硬件安装维护模块（包括：微机操作与维护、网络技术与 Internet、局域网的组建与维护）、文字数据处理模块（包括：数据库编辑应用、文字录入与处理）、平面设计模块、网页设计模块。

（2）专业领域知识层面：专业课模块（包括操作系统、汇编语言、VB、JAVA、微机原理等）。

（3）文化基础课层面：经济政治、数字电路、体育、职业道德、法律等。

在课程设置安排上，首先考虑专业课的设置，根据它所需要的知识配备来开设专业基础课程，并按照我们学校学生的素质情况和该专业基础课的相关要求开设文化基础课。

## 五、课程设置的有效监控和动态调整

面对中职学生的生源情况和用人单位的招聘条件，在教材上应选取职业资格取证用书并补充或强化相关章节，使课程设置既能达到检测教学效果检测目标，实现“考教”分离的目的，又能为学生的就业增加筹码。

此外，学校为了使自己培养的学生能适应社会需求的变化，就必须经常进行社会调查和定期做好毕业生的跟踪调查工作，根据社会需求的变化迅速调整和设置课程。这一点我们学校做得不太到位，笔者觉得，在今后的工作中要加强这方面的工作。只有这样，职业学校培养出的学生才会受用人单位的欢迎，从而才能真正做到在激烈的竞争中立于不败之地。

## 六、计算机专业教师素质要求

中职学校计算机教学的教学模式现在仍然与其他学科一样以教师为中心，学生被动地接受知识，这种教学模式对学生学习掌握计算机基础知识有负面影响，应该转变为教师指导下的，“以学生为中心”的教学模式，以学生为学习的主体，充分调动学生的主观能动性，使学生主动地构建知识结构和能力结构。

由于计算机软件、硬件的更新速度快，计算机专业教学内容不断更新，以及各种新的教学手段不断出现，对从事计算机教育的教师的业务水平、教学水平等各方面的素质提出了更高的要求。计算机教学专业教学量大，知识面广，这就要求从事计算机教学的教师要思想敏锐、不断学习、不断掌握新技术，要有强烈的进取精神和敬业精神，注意计算机学科的发展动态，不断更新知识，提高自己的业务水平。学校要注意组织对专业教师，特别是青年教师进行业务培训，促使他们很快地掌握新的专业知识，掌握新的应用软件。

计算机专业课程内容繁多，计算机应用软件不断变化，不可能、也不必要求教师是教学上的通才，要实事求是地按教师现有的教学范围和教学水平进行专业课程划分。划分方法不能简单地按硬件、软件进行，要按具体专业划分为：应用程序设计、网络、多媒体、图形图像、CAD、办公自动化等若干个课程组。各个课程组教师都要有自己的专业侧重。

除了教师的专业侧重外，要求每一个计算机专业教师都必须具备计算机公共课程的教学能力，都能完成计算机基础操作技能模块的所有课程的教学和实验指导工作，同时至少要能完成一门或一门以上的计算机基础理论或程序设计课程的教学和实践指导工作，还要能完成一门或一门以上的计算机应用软件的教学实践应用指导的课程教学工作，这是对计算机教师素质的最基本要求。

加强对教师的实验指导能力的培养和考核。要求教师必须具备计算机基本操作能力、基础应用软件的使用能力；程序设计任课教师应能完成一般的应用程序设计工作，承担学校教学管理等应用软件的设计工作；其他应用软件任课教师应能使用应用软件进行一般的设计和制作。要保证教师每周必须有一定的上机时间。在条件许可时，要求教师必须在计算机上进行备课、出试卷、制作多媒体辅助教学软件，并要求每个教师的每一门课程都要安排一定数量的课时在多媒体教室对学生进行授课。

学校每年可以组织一定的人力和财力，鼓励和指导教师进行计算机应用课题的开发和研究及学校教学管理软件的开发或合作开发；组织教师编写和制作多媒体形式的教案、教材和各种 CAI 软件。对业务出色的教师，应不拘一格，在工资、职称等方面给予相应的鼓励和奖励，以提高教师的教学积极性，提高学校的学术气氛。

由于社会上对计算机专业学生技能需求不断变化和提高，计算机行业应用软件变更的周期越来越短，专业设置与教学内容的同步改革显得十分重要，所以学校应注意解决一个很重要的问题，就是要进行教师教学能力储备。所谓教师教学能力储备，就是安排教师，特别是青年教师，学习最新的计算机应用知识，掌握最新的计算机应用软件。根据计算机发展的动态，在一个新的、有价值的计算机应用软件出现后，无论该软件课程现在是否需要，也要动员和安排教师对该课程进行学习和备课，为开设新的课程做好准备，以便在需要时，能很快地开设新课。

综上所述，我们学校在很多方面还存在着或多或少的问题。但是，只要全校同人共同努力，笔者相信在不久的将来，我们学校的课程设置会更加完善。

# 中职学校计算机专业教学方法浅谈

郑州金融学校　张淑萍

**摘　要**：计算机学科本身的特点，决定了计算机专业教学方法的多样性、复杂性；中等职业学校的培养目标是培养学生的动手操作能力和创新能力。计算机专业在教学中灵活运用多种教学方法，对于提高学生运用计算机的能力具有重要意义。

**关键词**：教学　兴趣　创新　教学方法　能力

高等教育已从精英教育走向了大众化教育，而作为教育三大重点之一的中等职业教育也迎来了最好的发展时机，中等职业教育办学方针是“以服务为宗旨，以就业为导向”。它的目标主要是培养大批既有熟练的专业技能，又有崇高的职业道德的优秀技术工人，促进社会经济的发展。中等职业学校计算机专业教学方法与其他学科的教学方法有很大的不同，有待于我们去探索。

随着计算机技术的发展和广泛应用，中等职业学校的计算机专业也随之不断地发展，形势的发展促使我们必须不断地更新教学内容，运用多种教学方法，使用更先进的教学设备和教学模式，提高我们的教学水平。因此，在新时期、新形势下，如何开展计算机课程的教学活动，提高中等职业学校学生的计算机应用能力，如何改革教学内容和教学方法都是值得我们深思的课题。笔者就自己从事职教工作 15 年的教学体会作一总结。

## 一、明确教学目标，制订教学计划

首先对我们所教的课程，要明确教学目标要求，然后制订合理的教学计划。教学大纲是根据该学科内容和教学计划的要求编写的教学指导文案。它以纲要的形式规定了课程的教学目的、任务、知识、技能、深度与体系结构；教学进度和教学方法的基本要求是进行教学工作的主要依据。教师应充分领会大纲精神，明确教学目的，按照大纲要求，结合教材，制订该课程的详细授课计划。只有这样，才能把握全局，做好周密安排，从而较好地完成教学任务。

## 二、教案设计灵活多样

由于计算机专业发展迅速，教师应从传统的教学传授者转为教学活动的组织者，从单纯的教学演示角色转变为复合型的教学导演角色。我们应该加强课程教案的改革探索，改变传统的以教材为主的教案设计，要以教材为参考，以大纲要求的知识内容、技能为主线，重新设计教案，准备教案时，要以学习者的心理对待要讲授的内容，这就要求教师不仅要正确地讲授课程内容，而且要求教师从初学者可能会想到的不同角度来分析教学内容，准备多种方案。在具体教案设计中，将安排更多精力放在教学活动的组织上，重点是启发学生的思维，鼓励学生展示个性，培养学生的独创精神。为将单纯的老师讲学生听变成教师组织策划、学生自主学习，教案设计中要安排提问、讨论、师生共同讲评等多个环节，尽量设计教、学双方互动的环节，使学生从单一的被动接受转变为多状态不断变化的学习，这样能极大地调动学生的学习积极性。在教学过程中，还需要解决很多学生即时产生的疑问，这不是在教案设计中能全部预料得到的。对学生产生的问题的根本解决，更多的是需要教师有渊博的专业知识和娴熟的技能。这就要求我们专业课教师要迎接新的挑战，不断更新知识，完善自我，提高专业水平。

### 三、准备好每一节课，做到胸有成竹

教师要为每一节课做好准备，上课讲什么，怎么讲，重点、难点、教法都应该了如指掌，这节课要达到什么目的，要让学生学会什么，掌握什么，了解什么，教师心中应该一清二楚。这就要求我们教师事先一定要备好课，备教材、备学生，才能取得预期的效果。对上机课不能采取“放羊式”，不能让学生想干什么就干什么，要有目的、有内容，完成什么，达到什么程度，任课教师要做到心中有数，还要注意任务量不能太大，不能让学生感到太吃力，要给学生留出一点自由时间，这样，学生才会认真、努力地完成本节课的学习任务。

### 四、灵活运用教学方法

教学方法，是教学过程中教师与学生为实现教学目的和教学任务要求，在教学活动中所采取的行为方式的总称。在职业教育教学中，教学方法不仅具有层次之分，而且各种常用的教学方法都有其自身的适应场合。作为教师，首先应了解各种教学方法所适应的情境，避免在教学资源及教学时间方面造成不必要的高消费，并注意综合、灵活运用各种教学方法。

教师作为课堂的组织者和实施者，教师的教学方法往往直接影响学生的学习方法，学生学习方法的创新，首先要求教师的教学方法要创新，从而产生一个良好的导向作用。“教无定法，但教学要有法”，这是各科教学必须遵守的一个通用原则。教学语言是课堂教学中师生之间进行交流思想的重要工具。教师通过教学语言，把知识传授给学生。所以教师的教学语言水平是课堂教学能否取得高效的一个关键。教师在课堂上的一席谈吐，对学生

的思想、情感、行为以及对知识理解的深度和掌握程度有着不可估量的影响。教学更是一门独特的艺术，教师要学会运用这种艺术，捕捉最佳的教学时机，提高教学质量，达到教育目的。

（一）用恰当的比喻诠释深奥的道理

计算机学科中有些教学内容比较抽象，不容易被学生接受和理解，作为教师，应有能力化繁为简，将深奥的理论讲得通俗易懂，这需要教师多钻研教材教法。如在教学中巧用生活中的实例，尤其是采用形象的比喻法，最容易被学生接受。例如，在讲计算机基础知识时，系统软件和应用软件有很多学生不是十分清楚，我就把系统软件，如操作系统 Windows98 和 XP 比喻为一个舞台，而把应用软件 Office2003、Word2003 等比作一个个演员，说它们是在舞台上进行表演；又如用外国人的名字来比喻文件名与扩展名。学生会感到所学的内容与生活是接近的，理解起来就相对容易了。

（二）制造悬念，激发学习兴趣

中职生学习计算机时，往往喜欢上机操作课，对课堂理论性教学感到单调枯燥，尤其是在学习高级语言程序设计时表现得较为突出。此时如果教师只是单纯地强调理论知识的重要性或采取简单批评指责的方法要求学生注意听讲和积极思考，效果不会很好。记得在电视里看到有一个“悬念”法，我就拿来运用到自己的教学中，教学效果比较明显。例如在讲到数据库的循环语句时，我手举一张纸，设其纸厚 0.5 毫米，接着提问世界最高峰珠穆朗马峰的高度是多少。学生异口同声回答出来。这时候问题就出来了，这一张纸跟这节课有什么关系？跟珠穆朗马峰又有什么关系呢？接着我把话锋一转说道，如果就用这样的纸（足够大）对折若干次后，就可以达到或超过世界最高峰的高度。学生马上瞪大了眼睛张开嘴发出惊讶的声音。此时悬念已产生，学生的兴趣也被调动起来了，他们怀着急切的心情要编出程序来验证一下这个问题。于是我趁热讲解编写这个程序的几个主要环节。学生怀着极大的好奇心，试着一定要把程序编出来验证一下，这样就取得了预期的教学效果。

（三）制造轻松愉快的教学环境

教育家斯维特洛夫说过："教育家最主要的，也是第一位的助手是幽默。"教师富有哲理和情趣，富于幽默感，能深深地感染和吸引学生，使自己教得轻松，学生学得愉快。教师的幽默是赢得学生喜爱、信赖和敬佩的重要条件。再者，教师可以在教学的过程中穿插一些笑话，这样可以活跃课堂气氛，调动学生学习的积极性。

（四）把学生骨干培养成为教师的小助手

计算机课教学上机实践课较多，每个班五六十位学生，光靠教师一个人根本辅导不过来。在平时的课堂教学过程中，要发挥学生的主体作用，教师平时就要有意识地对那些劲头足、爱学习的学生进行培养，逐步使他们在教学中充当教师的小助手，特别是在上机课上和教师共同辅导其他同学，以提高上机课的效率。这样，他们不但自己学会了，而且在辅导其他同学时又加深了印象，进一步提高了能力。

总之，在计算机教学中如何培养学生的创新意识、创新思维和创新能力是十分重要的。而激发学生的学习兴趣、进行合理的教学目标设计、营造良好的教学环境是培养学生创新能力的关键，这要从教学方法的改革上进行探讨。

作为中职学校教师，要不断学习、总结，灵活运用教学方法，提高教学水平。在平时的教学中，要着重激发学生的学习兴趣，让学生主动、愉快地学习，满足他们的求知欲，这样才能取得良好的教学效果。才能通过计算机课程的教学，使学生具备运用计算机解决实际问题的能力，为学生进入社会打下良好的基础。

**参考文献：**

［1］邓泽民、赵沛：《职业教育教学设计》，中国铁道出版社2006年6月版。

［2］邓泽民、侯金柱：《职业教育教材设计》，中国铁道出版社2006年6月版。

# 多媒体网络教室环境下计算机专业课教学模式初探

河北省容城县职业技术教育中心　张秋枫

**摘　要：** 信息时代的教师必须掌握以计算机为基础的现代教育技术，尤其是关于多媒体计算机和网络通信方面的基本知识和技能。同时，还必须掌握现代化的、先进的教学设计思想和方法，用现代化的设计思想和方法指导现代化的教育技术手段的运用，才能符合教学改革的需要。作为一名年轻的中职计算机专业教师，笔者对目前多媒体网络环境下的教学模式作了一些探索。

**关键词：** 多媒体网络教室　教学模式　计算机专业课

随着信息技术和网络技术的飞速发展，校园网、城域网的环境建设日臻成熟，网络环境下的教学越来越受到人们的关注。怎样运用网络技术服务于教学，在网络环境下采用什么样的教学模式来开展教学活动，这都是大家十分关心的问题。因为探索学习模式的主体是学生，学习的载体是网络，所以教师在作教学设计时要注意学习内容的选择。教学内容应选择一些学生能够利用网络解决的问题，同时提供大量的、与问题相关的信息资源供学生在解决问题的过程中查阅。

多媒体网络教室是集成多媒体技术和网络技术的一种信息化教学环境。它既能呈现形式多样的教学内容，又能提供种类丰富的学习资源，能够全面支持学生的自主、合作、探究性学习活动，同时也能够提供交流协作的平台，促进学生的合作学习。

## 一、多媒体网络教室环境下教学模式概述

1. 多媒体网络教室的构成

（1）教师机：是教师使用的多媒体计算机。教师机不仅与其他媒体设备相连，而且通过网络设备与学生机相连。教师通过教师机能够组织教学活动，控制教学进程等。

（2）学生机：是学生使用的多媒体计算机。学生通过网络设备与其他计算机相连，既可以访问本地资源，又可以访问外部网络资源。

（3）控制系统：控制系统包括控制面板和电子教室（广播软件）。控制面板能够控制各媒体设备之间的切换；电子教室能够实现教学示范、视频广播和集体讨论等教学功能。

（4）资源系统：包括辅助备课资源、学科资源库和素材库等。

2. 多媒体网络教室环境下教学的基本特征

为了充分体现和发挥多媒体网络教室的优势，多媒体网络教室环境下的教学应该具备下列基本特征：

（1）在学习活动的安排上，以学生的自主合作探究活动为主。

（2）在教师的作用发挥上，突出引导与参与的功能。

（3）在学习内容的组织上，以单元学习和综合学习为主。

（4）在技术支持教学过程中，充分发挥网络的功能。

## 二、计算机专业课教学特点

1. 综合性

计算机专业课为实现学生的全面发展而设置。除涉及计算机技术之外，它还涉及其他学科，如审美艺术、环境、语文、数

学、硬件时尚、软件开发，等等，综合了基础文化课、活动课的特点。

2. 实践性

计算机专业课是一门实践性很强的学科，实践是培养学生信息素养的有效途径，教师要为学生的实践活动安排足够的时间，鼓励学生多动手，只有在实践中，学生才能感受到相应的信息文化，增强信息意识，内化信息理论。也只有通过实践，才能培养与提高学生的信息应用能力。

3. 开放性

开放性是指学习的对象是开放的，学生获取知识及掌握技能的过程是开放的，学生在交流评价时，其标准应是多元的、开放的。比如，在学习浏览器的使用时，对于下载整个页面的操作，学生表现得思维活跃，所采用的手段和方法多种多样，很多学生在这一开放的操作环境中主动地探究、尝试，并学习了浏览器的其他使用功能。

4. 层次性

层次性主要表现在两个方面：一是教学内容的层次性；二是学生的层次性。特别是后者，教师要承认这个差异，并认真分析不同层次学生的不同特点，遵循“因材施教”的原则，采取分层教学的策略组织教学活动。

## 三、多媒体网络教室环境下教学在计算机专业课中的应用

本人在计算机多门专业课中尝试在多媒体网络教室环境下开展教学。下面以“计算机组成”这节课采取的教学设计为例，阐述如下：

1. 课前准备：合理分组，分工责任明确

在自主—合作—探究式学习活动中，教师的组织与安排可以保证学习活动的顺利开展。可将全班同学分成 8 个小组，每组

5~6人，小组采用组间同质、组内异质的分组原则，组内异质为小组内部互助提供了可能，而组间同质又为各组间的公平竞争打下基础。组织与安排学习活动中，首先，要注重学生协作学习，对小组成员进行合理分工，明确职责；其次，安排整体学习进度。根据实际情况，对整个班级的学习进度进行规划，督促学生学习。

2. 实施多媒体网络教室环境下的教学活动

在基于网络的自主—合作—探究式学习活动中，学习的核心是完成学习任务。通过完成任务，获得任务中隐含的知识，提高探究能力。学习任务的具体表现形式是解决问题或者设计项目方案等。教师要以课程标准为依据，通过分析与学习任务相关的学习内容，确定学生通过完成该任务后应该掌握的知识、技能以及情感、态度、价值观的变化。

多媒体网络教室环境下开展的教学设计与一般的教学设计过程相似。一般包括设计学习任务、设计网络学习环境、组织安排学习活动和设计学习评价四方面内容。以下对此列表予以说明：

**表1　设计学习任务**

<table>
<tr><th>学习任务</th><th colspan="2">学习目标</th></tr>
<tr><td rowspan="3">1. 角色扮演：<br>组装电脑小助手：写一份调查报告，调查一台微型计算机的主要配置。向同学汇报并讨论微型机的组成及工作原理。<br>2. 菜鸟上路：<br>根据模拟装机平台，制定电脑配置单，要求经济实惠，符合市场需要，既充分利用资源又属于主流配置。<br>3. 电脑专家：<br>撰写一份组装电脑的步骤与相关注意事项以及排除故障的小论文。</td><td>1. 能说出计算机由硬件系统与软件系统组成的原理。<br>2. 能说出硬件系统由主机与外部设备组成。<br>3. 仿照人身体的结构说明电脑的工作的原理。<br>4. 能解释主机箱内各部件的功能。<br>5. 能解释系统软件与应用软件的区别。</td><td>知识与技能</td></tr>
<tr><td>6. 通过考察市场，根据具体需求与经济状况合理制定配置单。<br>7. 安装常用办公软件与维护电脑的工具软件，培养利用信息技术解决生活中问题的能力。</td><td>过程与方法</td></tr>
<tr><td>8. 通过学习计算机组成与工作原理，树立关注软、硬件发展的意识，认识到计算机应用于生活的重要性。<br>9. 通过动手组装电脑，排除遇到的故障，树立科学探究的精神与正确的价值观。</td><td></td></tr>
</table>

**表2　设计网络学习环境**

<table>
<tr><td>学习资源</td><td>1. 有关软、硬件系统的基础知识。<br>2. 电脑的基本工作原理。<br>3. 计算机实验室。</td></tr>
<tr><td>学习工具</td><td>1. 调查报告、论文的格式与建议。<br>2. 完成学习任务的主要步骤：<br>学习基础知识 | 组装电脑的基本过程 | 合理配置电脑的方案 | 掌握排除故障的常识 | 制作作品</td></tr>
<tr><td>协作交流平台</td><td>学生作品上传平台、主题论坛</td></tr>
</table>

表3　安排学习进度

| 阶段 | 时　间 | 活　　动 |
| --- | --- | --- |
| 第一阶段 | ×月×号到×号 | 根据任务的需要，了解相关的背景知识和所需的方法。 |
| 第二阶段 | ×月×号到×号 | 广泛收集资料，小组内交流，拟订作品的大致框架。 |
| 第三阶段 | ×月×号到×号 | 制作作品。 |

注：每个阶段一般约一周时间。

表4　设计网络学习评价方案

| 学习评价类型 | 评价内容 | 评价的具体方法 |
| --- | --- | --- |
| 过程性评价 | 协作能力 | 教师通过观察或者开发智能型协作平台跟踪记录每个学生的情况，包括发言次数、发言质量等，把这些内容作为评价学生协作能力的重要指标。 |
| | 学习能力 | 建立学习档案袋记录学生的学习过程。可以利用计算机收集、记录学生在学习过程中生成的学习材料，以此来评价学生的进步情况与学习能力。 |
| 结果性评价 | 学生作品 | 教师与学生共同设计评价量规，依据评价量规进行教师评价或生生互评活动。 |

至此，整个教学活动结束，不仅满足了学生的求知欲、成功欲和表现欲，同时体现出课程由教师和学生共同建构的新理念。

## 四、多媒体网络环境下教学设计与传统教学设计的比较

传统教学设计强调知识的有效性和便捷性，走的是一条"授一受"的路线。由于教学安排严密有序、整齐划一，很难真正实施以学生为中心的教学模式，所以，教师"一言堂"、"满堂灌"，学生死记硬背成了传统课堂教学的一种普遍现象。

多媒体网络环境下教学设计信息资源是开放的；传递系统是多媒体的；知识是跨越时空限制的。这一特点决定了网络环境下教学过程是学习内容选择的自主性和个性化；内容形式的多媒体化。正因为网络教学是开放式的，所以学生主动性学习成为一种必然现象。网络教学的实质是个别教学。在符合总体教学目标的前提下，学生可以有针对性地开展学习；课程和进度允许因人而异，学生根据个人的情况，可以反复学习、重点学习；学生通过查找、探究的学习过程，能够提高认知和思辨能力，有利于开发学生的智慧潜力。

总之，在实践中运用何种教学模式没有严格的要求，只要有利于学生对知识的掌握、能力的提高、品格的完善的模式都是好的模式。网络的作用就在于能提供丰富而便捷的资源，能提供突破时空的平等交流。基于多媒体网络环境下的教学模式就是利用网络的这些优势弥补传统学习模式的不足。

# 浅议计算机应用基础与职校数学教学的整合

河南省孟州市职业中专　杨正勇

**摘　要**：《国务院关于大力发展职业教育的决定》指出：落实科学发展观，进一步深化教育教学改革。根据市场和社会需要，不断更新教学内容，改进教学方法。加强职业教育信息化建设，推进现代教育技术在教育教学中的应用。这就要求教师要掌握新的教学手段和技术，以促进课改的深入开展，多媒体技术刚好可以弥补传统教学技术的不足。因此，计算机应用与教育教学改革整合，将对职业学校数学教学改革的发展产生重大的影响。

**关键词**：职业教育　教育改革　计算机应用　数学教学　整合

随着职业教育改革的不断深入，计算机应用与学校教育教学的整合成为改革的重点内容。先进的教育模式必须以先进的计算机和网络技术为教育媒体，通过计算机与学生之间的互动来达到教学目的，为数学教学提供了文字、符号、图像等教学信息，使课本内容更为丰富生动、教学方法更为灵活，更能激发学生的学习积极性，促进职业学校教学手段、教学方法、教学效果改革和提高。

## 一、计算机应用与职业学校数学教学的整合有利于教学模式转变

在传统教学课堂教学中，教师往往只是用粉笔、课本、黑板来进行教学，计算机技术使传统的数学教学手段、方法、应用发生了改变。

### 1. 计算机应用与职业学校数学教学的整合转变传统的教学手段

在中等职业数学教学过程中，为了使数学教学内容更加逼真、教学形式更加生动、教学手段丰富多彩和活泼，老师充分利用计算机及多媒体技术，使数学教学既能满足学生视、听、触觉的需要，又能按教学任务要求和学生认知特点规律进行教学，形成优良的立体式的教学环境，为职业学校数学教学开创了新的模式。例如：在讲“函数”和“指数、对数函数”及函数的图像时，如果能够把一元一次函数、一元二次函数、幂函数、指数函数、对数函数的图像制成动画课件，会大大增加教学手段的直观性，使教学水平有明显的提高。

### 2. 计算机应用基础与数学教学的整合有利于改进教学方法

在传统的教学模式中，地区或教师个体的知识水平、教学经验、教学方法的局限，严重影响学生对知识、技能、方法的掌握。应用计算机辅助教学，能收集、整理先进地区、优秀老师的丰富经验和有关专家最新研究成果，因材施教地对学生进行最优化的教学，充分体现数学教育中继承和发扬人类优秀文化成果的文化价值，形成开放式的教学模式。

### 3. 计算机应用基础与数学教学的整合有利于改革数学的应用教学

市场经济的发展，要求职业教育教给对学生有用的数学，培

养他们应用数学的意识。利用计算机辅助教学，提示实际问题，启发学生动脑、动手，参与实践，把实际问题抽象为数学问题，创造让学生通过观察分析提炼出实际问题的数学模型；同时用计算机辅助教学，模拟实际问题，可使学生把学到的数学概念和数学原理作为一种模型，用来解释现实生活中千变万化的、各式各样的数量关系与空间形式。

## 二、计算机应用基础与数学教学的整合有利于促进数学教学过程的优化

传统的职业学校数学教学基本上采用老师讲授、学生听课的方法，这使得学生处于被动地位，难以激发学生的学习热情。再者，由于学生多、教师少，教师与学生很难做到在教学中相互交流，教师更无法一个个地纠正学生的不正确的学习方法和错误思维，也无法一个个地回答学生提出的问题。利用计算机技术能使教学组织形式更加多样和灵活。

### 1. 计算机应用基础与数学教学的整合有利于优化数学教学的反馈指导

计算机对学生在学习中回答的问题做出迅速判断，不但能反馈学生不正确的回答，还可以指导学生调整思路和改进学习方法，提高了教学信息传输与反馈的效率，优化了教育传播过程，并能贯彻因材施教的原则，尤其符合职业学校学生循序渐进的思维特点，有利于增强学生学习的自信心和成功感，使他们能逐步掌握教学内容。

### 2. 计算机应用基础与数学教学的整合有利于优化数学教学的科学决策

计算机能对学生不同个性及基础、智力能力的差异和接受知识的情况等给出综合评价，提出下一步教学决策和建议，合理调整教学内容难易程度和训练的密度，开展多样化教学活动。

3. 计算机应用基础与数学教学的整合有利于优化教学知识的强化巩固

计算机辅助教学能根据章节的要求，对各知识点和知识结构做出分析，让计算机监测学生学习的情况，做好记录分析，提供各种题型，对学生进行查漏补缺，进行有针对性的强化训练，减弱了知识和技能的回生现象，使学生迅速形成正确、深刻的初步印象，更能使学生全面、系统、准确地掌握各部分知识和熟悉各种解题技巧，提高解决问题的能力。

**三、计算机应用基础与数学教学的整合有利于促进数学教学质量提高**

计算机技术使学生的学习具有更强的主动性和积极性。运用计算机辅助教学，能帮助教师从教学需要出发，模拟动态图像演示，强化直观教学，提供大量文、声、图、像的教学资料，增大教学的容量，实现教学方法的多样化；帮助学生采用人机对话式的学习方法，自动调整学习内容的密度与坡度，监测和反馈指导学习，实施灵活的个别化教学；帮助教师进行科学的管理，实现课堂信息的快速处理，针对学习的不同阶段提供多种试题，考查学生的学习并做出合理评价，为课堂教学提供参考，增强职业高中数学教学的先进性，有效提高教学质量。

1. 计算机应用基础与数学教学的整合有利于激发学生的学习兴趣，为提高教学质量创造条件

计算机辅助教学能调动学生全部感受器官参加课堂活动，使学生的大脑在课堂上处于兴奋状态，对于那些用语言和文字难以表达，学生又难以理解的抽象内容、复杂变化过程和细微结构等，通过动画模拟、局部放大等手段进行演示，形象地反映实例的发展变化，使学生亲临其境去观察思考，化抽象为具体。如在立体几何教学中，计算机辅助教学能以不同层次或色彩把立体空

间模型表现得淋漓尽致，化深奥为浅显，大大地诱发出学生参与认知活动的强烈愿望。

2. 计算机应用基础与数学教学的整合有利于增大课堂信息量，为提高数学教学质量服务

在当前信息时代，学生接受信息的多少，直接影响教学效率的高低，计算机辅助教学能进行各类函数图像和空间图形的作图演示，不但作图形象准确，而且大大节省了板书和画图的时间，为课堂教学的大容量、高密度提供了很好的物质条件。计算机辅助教学能通过动态形式将学生的认知结构的变化联结起来，深刻揭示概念的形成、性质的关键和相互之间的联系，如在奇函数、偶函数、幂函数、指数函数、对数函数等函数教学中，从动态作图对比，能充分暴露思维的过程，并将图形平移、旋转、反折、伸展，图像逐渐变化，有动有静，能形象、直观地反映函数图像变换的规律，扩大了数学教学的直观感，刺激、启发和强化学生的认知活动，使学生在观察、分析和交流中，加深对知识整体的理解，形成良好的知识结构，增强了抗遗忘能力。

3. 计算机应用基础与数学教学的整合有利于实施个别化教学，为提高数学教学质量抓关键

职业学校学生与普通高中学生的差异是客观存在的，职业学校学生的数学能力也是参差不齐的，这势必严重影响传统式的班级制授课的教学质量。计算机辅助教学可针对学生个体的能力、学习水平和知识程度，将教学的统一性和灵活性相结合，编制不同难度的程序给各类学生学习，让计算机与学生独立交互对话，使计算机时时监测学生的学习情况，了解学生所达到的水平，科学地调节学生的学习内容和练习档次，随时控制程序的快慢、停放或重放，自动调整学生的学习进度，以充分揭示数学问题的本质，让学生加深对数学内容的理解，并在学习中给予学生不断鼓励并提供必要的帮助。学生还可以根据自己的实际选择或组合教

学内容来学习，改变传统教学中的优生吃不饱、差生吃不了的弊端。

总之，通过计算机应用基础在职业学校数学教学中合理应用，科学地运用计算机技术，促进教学整体优化，改革传统的数学教学模式，是现代教育的需要和教育创新的迫切任务。

# AutoCAD 教学“两步走”

## ——中职土建类专业 AutoCAD 教学初探

武汉铁路桥梁学校　杨承昱

**摘　要：**目前在中职学校土建类专业 AutoCAD 课程的教学中，普遍存在着学习 AutoCAD 命令强、结合专业规范弱的问题。为解决此问题，可把教学过程分成“基本命令教学 + 工程绘图训练”两步进行，在基本命令教学中引入制图规范；在工程绘图训练时强化制图规范，从而增强学生结合制图规范绘制工程图的能力。

**关键词：**AutoCAD 教学　基本命令教学　工程绘图训练

AutoCAD 是美国 Autodesk 公司推出的一个计算机辅助设计和绘图软件，具有强大的绘图功能和简便易学的特点。如今，该软件已广泛应用于土建类行业，它使该行业的工程技术人员摆脱了烦琐、费时的手工制图，极大地提高了工作效率。因此近年来，中职学校土建类专业在“工程制图”课的基础上增设了“AutoCAD”课程，目的是使学生能够利用计算机绘制出土建类行业的电子版工程图样。

目前，中职学校土建类专业 AutoCAD 课程的教学中，普遍选用公用性比较强的平面几何图形为例。由于平面几何图形只是一些直线、圆等简单图形元素的组合，并没有包含土建专业图形特有的专业含义及规范，因此，在教学中就无法达到结合专业制图规范教会学生使用 AutoCAD 命令的教学目的。这将导致如下问题：当学生在实习阶段初步接触到用 AutoCAD 绘制实际工程图样时，由于缺乏用 AutoCAD 命令来实现制图规范的训练，因此往往只会“照葫芦画瓢”，即把专业图形当成平面图形来画，而不考虑图形所具有的专业要求。这样绘出的图显然不符合土建专业制图规范，毫无实用价值。

为解决以上问题，笔者在 AutoCAD 教学中尝试了“两步走”的教学方法，即把 AutoCAD 的教学过程分成两步进行：第一步，选用土建工程图中常见的基本图形元素作为教学案例和练习图形，引入土建制图规范，进行 AutoCAD 基本命令的教学；第二步，以几个完整的土建工程图为例，强化土建制图规范，对学生进行工程绘图的综合训练。

## 一、AutoCAD 的基本命令教学

### 1. 教学内容

表 1　AutoCAD 第一步教学主要内容安排

| 授课内容分类 | 命　　令 |
|---|---|
| 基本操作 | AutoCAD 基本操作方法、坐标相关概念 |
| 图层操作 | 图层操作（新建、删除、设置、修改），颜色、线型、线宽设置等 |
| 基本图形对象绘图及绘图辅助工具 | 通过输入点的坐标画直线、直线的标注 |
| | 利用正交、对象捕捉、对象追踪画直线 |
| | 直线的偏移、拉长、延伸和剪断 |
| | 画圆、圆弧及切线、倒圆角、倒直角、圆的标注 |
| | 画矩形、多边形、椭圆、椭圆的标注 |
| | 画构造线、多段线、多线 |

续　表

| 授课内容分类 | 命　　令 |
|---|---|
| 编辑图形 | 阵列、镜像、图案填充命令 |
| | 移动、复制、旋转、对齐命令 |
| | 打断、拉伸、缩放命令 |
| | 关键点编辑方式 |

AutoCAD 第一阶段的教学目的是使学生尽快熟悉 AutoCAD 的操作方法、掌握 AutoCAD 基本命令的用法。实际教学内容安排见表 1，对此教学安排说明如下：

（1）本环节的教学内容是 AutoCAD 中的一些常用命令，这些命令在工程设计中使用频率非常高，因此，这部分命令的学习需要占用 AutoCAD 教学课时的 1/3 左右。

（2）由于标注尺寸可以检验图形绘制正确与否，因此，从基本图形对象绘图这部分就开始学习相应图形的尺寸标注方法。例如，学习画直线的同时，就学会标注水平、垂直、倾斜方向直线的尺寸；学习圆的绘制时，就学会圆的半径、直径的标注等。尺寸标注的其余部分内容将在第二阶段教学中加以补充。

2. 教学实施

（1）选择教学案例。这一阶段教学以土建工程图中常见的基本图形元素为例，而不选用公用性强的几何图形。有如下优势：土建工程图的基本图形元素是组成实际工程图的基本单元，熟练掌握了绘制这些图形的 AutoCAD 命令，可以为下一步绘制完整的工程图打下良好的基础。

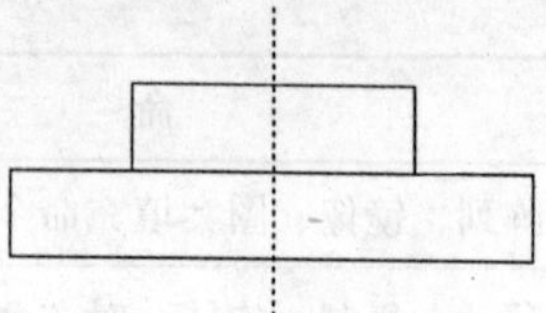

**图 1　桥墩基础图**

**表 2　图层设置**

| 图层名称 | 线型 | 线宽 |
| --- | --- | --- |
| 轮廓线 | 实线 | 粗 |
| 中心线 | 点划线 | 细 |

（2）结合规范。由于基本图形元素中就已经包含了一些土建制图规范，因此，从第一步教学开始，就引导学生结合制图规范绘图。例如，在讲解画直线的命令时，选用的是桥墩的基础部分的基本图形元素（见图 1）。按照土建制图标准，图中的可见轮廓线应为粗实线，中心线应为细点画线。在教学一开始，就要先向学生强调以上规范要求，并重点向学生演示如何用 AutoCAD 命令实现以上规范。即首先建立两个图层：轮廓线层和中心线层（见表 2）。其中，轮廓线图层和中心线图层的线型分别设为实线（continuous）和点画线（center）。而在进行线宽的设置时，需要依照制图规范线宽组中的粗细标准。例如，如果选择 0.7 线宽组，则轮廓线层的线宽应设为 0.7mm，而中心线层的线宽应设为 0.25mm。

经过第一阶段的基本命令学习，学生已经能够结合制图规范绘制出土建工程图常见的基本图形元素了。如果要求学生能够高效率地绘制出满足土建专业制图标准的完整的工程图，那么仅学习了以上基本命令是不够的，还应该对他们进行工程图绘图的综合训练。

## 二、工程绘图训练

### 1. 教学内容

在工程绘图训练环节中，除了基本命令外，学生在绘图时还会经常用到其他的一些命令，如视图缩放、文字书写、块、分解等，这些命令将在工程绘图训练过程中加以学习，具体内容见表3。

土建工程图的选择是这一环节教学内容的基础。因此，在选择作为综合训练的工程图时，应注重所选图形的示范性和可画性。这些图形不仅要能够体现专业特色，还应该满足这样一个条件，即绘制这些图形时能尽可能多地用到第一环节学到的基本命令，也能用到将要在这一环节讲解的 AutoCAD 命令。例如，建筑类专业可以选择建筑施工图，如建筑平面、立面、剖面图等；铁桥路桥专业可以选择桥梁工程图，如桥台图、桥墩图、钢筋图等。

**表3　AutoCAD 第二步教学内容安排**

| 绘图步骤 | 所用命令（主要） |
|---|---|
| 1. 画幅面、图框、标题栏 | 画矩形、直线，偏移，对象分解等 |
| 2. 按出图比例画完整工程图，如桥墩图、钢筋图、涵洞图、桥台图等。 | 视图缩放工具（窗口、动态、比例、中心、全部缩放），画矩形、直线、圆、构造线、多段线，复制、偏移、剪断、镜像、阵列，块使用（创建、插入）、图案填充等 |
| 3. 标注尺寸 | 标注样式设置，直线、圆的标注等 |

续 表

| 绘图步骤 | 所用命令（主要） |
|---|---|
| 4. 书写文字 | 文字、点样式设置，单行文字、多行文字书写等 |
| 5. 把图放置在图框中，调整布局，打印输出 | 移动、缩放，设置打印参数等 |

2. 教学实施

（1）讲解命令。由于土建工程图具有一定的复杂性，不可能在一次课内全部画完，所以命令的讲解是采取“边画边讲，用到再讲”的方法，即按照表3“绘图步骤”中用到的新命令的顺序来讲解这些命令，而不像表1那样对命令进行严格的分类。对于可用几种不同命令来完成的图形，教师可以分别用这几种命令绘制该图形，引导学生灵活地使用 AutoCAD 命令。例如，在绘制圆形桥墩图平面图的若干组示坡线时，可以只画出其中的一组，其余的可以使用复制或阵列命令完成；在绘制平面图的半剖面图时，墩身投影为“直线—半圆—直线”形状。可按照画直线→画圆→画直线→修剪圆的顺序画图，也可以采用画多段线的方式一次完成。

（2）强化规范。绘制完整的土建工程图，除了要注意结合包括线宽、线型等规范外，更重要的是必须遵循工程图的基本投影规律、作图顺序、习惯画法等规范。因此，教师在指导学生画图的同时，需要对以上内容进一步加以强调。

例如，以圆形桥墩图为例的教学中，第一要让学生按照“先整体后局部，先正面再侧面、平面”的作图顺序来画图。

第二，要提醒学生三个基本投影图必须满足以下投影规律：正面图与平面图长对正；正面图与侧面图高平齐；平面图与侧面图宽相等。此规律在 AutoCAD 绘图中可通过画构造线对齐来实现。

第三，要向学生强调如何用 AutoCAD 命令来实现桥墩图的习惯画法，如：表示坡线的直线需要把线宽设为细实线；混凝土断面的材料图例用图案填充命令完成，并通过设置该命令的间距和角度来区分不同的材料；对于对称图形的标注形式，通过编辑多行文本实现，等等。

进行土建工程图的综合训练，可以取得如下的教学效果：

第一，可实现对第一阶段教学内容的综合运用。

第二，对第一阶段的教学内容进行了必要的补充和完善，从而保证了 AutoCAD 教学内容的完整性，满足了 AutoCAD 教学大纲中对教学内容的要求。

第三，通过结合土建专业知识和制图规范，能够使学生掌握绘制不同土建工程图采用的不同方法。

以上“两步走”的教学方法，通过在基本命令学习阶段引入工程制图规范，并在工程绘图训练阶段对此进行强化，增强了学生结合制图规范绘制工程图的能力，取得了较好的授课效果。今后对于如何更好地完善 AutoCAD 的教学，笔者还将作进一步的探讨。

**参考文献：**

姜勇、李长义：《计算机辅助设计 AutoCAD2002》，北京：人民邮电出版社 2004 年版。

# 浅谈机房的管理和维护

简阳市成人中等专业学校　汪　庆

**摘　要**：如何有效地对机房进行管理和维护，保障和满足教学实践的需要，减轻计算机室管理人员的工作强度，是每个学校都需要解决的问题。

**关键词**：机房建设　制度　软硬件维护

随着学校的发展，为满足教学的需要，学校配置了越来越多的计算机，学校机房管理也面临着严峻考验，机器的老化、型号的多样、人为的破坏、各种计算机病毒的泛滥，加大了机房管理的难度。如果不能保障计算机设备完好，将严重影响到教学实践和学校的形象。

通过对一些学校机房的调查发现，病毒导致运行缓慢、键盘鼠标不能使用、不能开机等现象普遍存在。如何有效地对机房进行管理和维护，保证计算机的正常使用，不影响教学，减轻机房管理人员的工作强度，笔者拟结合多年来的工作经验，谈一谈机房管理维护方面的方法和技巧，希望对负责机房管理的人员有所帮助。

## 一、机房建设

对于机房建设，作为机房管理者、维护者，应积极参与，并从专业的角度提出自己的意见。因为机房建设得好，以后的管理维护工作干起来才能轻松些。

1. 安全稳定的供电是前提

计算机室应铺设三相五线制的安全防雷供电系统并有计算机系统专用地线。我校就曾发生过一次雷击损坏路由、交换机、网卡、主板的情况。电压低于180V、波动大、负荷重的学校可选用三相稳压器，或给电脑配输入电压（150V～230V）的宽幅电源；电压低于150V的地方可选用如输入电压（90V～260V）的“航嘉宽幅王”此类的电源。

2. 计算机的选择是关键

有条件的学校可选择品牌机，其硬件有三年质保，系统维护方便，可以减少许多工作量。如联想商用电脑主板集成网络同传功能，可以免除逐台安装电脑软件的烦琐；方正商用电脑蓝卡基于网卡并集成了硬盘保护卡功能，任何一台电脑均可作发射台实现网络同步对拷，同步校正时间/日期/CMOS参数，自动分配IP，计算机名、工作组名，可以大批量地完成整个计算机室系统的安装和更新。如果学校因为经济的原因而选择兼容机，配件一定要选择有三年质保的。实践经验告诉我们，处理器要选INTEL盒装，其原配的散热器经久耐用。主板电源一定要稳定，硬盘不一定追求大，一定要选用USB，耳机接口前置、位置合适的机箱。这能便于学生使用，能避免学生搬动机箱而造成对机器的损坏，出现硬盘坏道、内存显卡接触不良、键盘鼠标线脱落、网线接触不好等人为故障。

3. 网络畅通是保障

网络基础建设工作是机房建设的重要环节，机房的网络规划、布线工作要求扎实细致。有条件的学校组网可采用千兆交换机、千兆网卡、优质水晶头和双绞线，并按照统一的标准制作网线（白橙、橙、白绿、蓝、白蓝、绿、白棕、棕），并对每一根网线编号造册，这样才便于排除网络故障，也便于快速网络对拷维护计算机。

## 二、硬件维护

由于机房环境不能完全达标并且高频率、长时间使用，所以由于硬件原因导致的机器问题比例也很高，为了保证机房正常运行，提高设备的使用效率，硬件设备的及时维护十分必要。

1. 及时发现故障

及时发现故障是及时维护的前提。学生上机时如果发现机子有问题，应向管理人员或任课教师报告，并填写故障登记表，登记计算机机号、时间、故障现象。管理人员每天查看故障登记表，及时排除故障，并填写维修记录，说明计算机号、故障原因、排除方法。需要更换设备的，要填写配件出库表和配件报废表，需要送修的，填写配件送修表。

2. 排除故障隐患

在新学期开学前，应对机房设备进行一次全面的检查和维护。如用鼓风机清理机器内的灰尘，用小毛刷清理内存、网卡、显卡插槽内的灰尘，保证硬件接触良好，更换失效的CMOS电池和转速不好的CPU、显卡风扇。对不好用的键盘、鼠标一定要换。针对鼠标、键盘、主板电池、主板电容、电源电容、CPU风扇、显卡风扇、硬盘数据线等建立备用库，硬盘、内存、主板、电源、显卡等至少要有一件备用，以保证损坏的设备能够及时更换，不影响教学工作。

3. 硬件故障判断方法

管理人员在维护机房时，对故障部位快速准确的判断是关键。医生诊病的“望闻问切测”方法对维护人员判断故障同样适用。

(1)“望”

“望”是指通过观察故障现象来判断故障的部位。开机时若有出错信息，可根据关键字进行判断：“hard dsik”是硬盘，“floppy”是软驱，“memory”是内存，“keyboard”是键盘，“cmos”是电池没电了。开机后若黑屏，可按下 NumLock 键或 CapsLock 键，如右上角指示灯亮，说明问题在显卡或显示器上，可以通过替换法进一步排除。开机后，如通电、黑屏、无声响，可按下 Num Lock 键或 CapsLock 键，如右上角指示灯不亮，虽然电源故障、CPU 接触不良或损坏、内存接触不良或损坏、主板损坏、复位开关损坏、安装网卡和显卡等造成主板变形都可能造成此故障现象，但首先应考虑是内存接触不良或损坏造成故障。

（2）“闻”

“闻”一是指通过听声音来判断故障的部位。计算机开机自检发现问题会有声响报警，如果计算机用的是 AWARD BIOS，则长响问题在内存、一长两短问题在显卡。

二是指通过闻气味来判断故障的部位。若计算机工作时发出烧焦的味道。最常见的是 Cpu、显卡、电源的风扇不转了。如果不是，再根据气味来源判断问题。

（3）“问”

“问”是指通过问计算机的使用者，了解故障的现象，以及发生故障前的操作和发生故障时的客观原因（比如停电、电压不稳、超频、CMOS 设置等）。CMOS 放电，可以解决计算机经久不用或突然停电、来电造成的计算机无法开机（按下电源开关无反应），在 CMOS 中超频导致电脑死机、黑屏，使用坏硬盘、显卡后导致的计算机无法开机，因 CMOS 被乱修改造成的莫名故障等问题。如电压波动太大，有时电源会出现保护情况，在电压正常时也无法开机，这可以通过反复拔插电源线或将电源从主板上拔下再插上来解决问题。

（4）“切”

“切”是指用“摸”、“压”、“弯”的方法判断故障。用摸发现温度是否异常，用压发现接触是否良好，用弯曲发现硬件是否变形。

(5)“测”

“测”是指通过检测软件、硬件检测卡等设备发现问题。

计算机硬件故障现象百出，原因多样，我们可以根据经验初步判断问题出在什么硬件上，维护时就可以做到事半功倍。

## 三、软件系统的安装

1. 合理分区

将硬盘分成系统、数据、备份三个分区，分区大小根据硬盘容量和需要安装的软件的多少来确定，要保证系统分区有足够的剩余空间，备份分区能够容纳备份映像。

2. 安装操作系统

学校的计算机购于不同的时期，型号多样，有的一个机房里就有几种型号。为了便于维护，在安装操作系统时，应尽量选用稳定的 GHOST 版操作系统，如番茄花园、电脑城装机版、雨林木风等，采用一键安装。还应预装 OFFICE2003、解压软件 WINRAR、媒体播放软件、五笔输入法等，并且应具有硬件自动识别安装驱动，其系统移植性好，便于克隆（GHOST），能够避免辛辛苦苦在这台机子上装的系统 GHOST 到另一台机子后不能启动蓝屏的烦心事出现。

3. 安装应用软件

安装应用软件应尽量考虑长远一点，除了安装教学软件外，将来有可能用到的软件也要安装。不求最新版，只求合适，这样既能便于学生自学提高，也可免于需要时重做系统之苦。

4. 为系统应用程序打补丁

“冲击波”等病毒可以利用系统漏洞攻击计算机，所以，为系统打上最新补丁是系统稳定运行的前提，可关闭系统自动更新功能，而采用第三方软件如 360 安全卫士、瑞星卡卡上网助手、QQ 医生等为系统打补丁。

5. 安装多媒体网络教室客户端

利用多媒体网络教室既方便教学，也便于机房管理。凌波和极域两款软件都比较好用，具有广播教学、语音教学、学生演示、文件分发、电子举手、远程关机重启等功能。

## 四、软件维护

1. 系统优化

如将“我的文档”、“收藏夹”等文件夹移动到 D 盘，防止 GHOST 恢复系统后重要文件丢失。通过禁用共享服务，防止一台机子中毒而传染整个机房的悲剧产生，等等。

2. 系统安全

由于杀毒时占用大量内存，影响其他程序运行，计算机的内存 512M 以上可以安装金山毒霸、江民、瑞星、卡巴斯基、诺顿等任意一种杀毒软件。病毒库更新后再备份，便于避免系统受病毒破坏后利用备份恢复系统清除其他盘上的病毒，防止系统再次染毒崩溃。

3. 映射网络驱动器

将服务器的一个盘符映射成 F：盘，学生需要的东西可以保存到服务器。并通过设置 CMOS 禁用 USB 接口，并用“还原精灵”将本地磁盘保护起来，可以有效地防止通过 U 盘传播的病毒。服务器安装杀毒软件、防火墙，开放 USB 接口，学生就可以在服务器上拷贝需要的东西。

4. 系统备份

系统一定要备份，这是方便维护的重要一环。可以安装“矮人 DOS 工具箱”、“一键还原”、“MAXDOS”等软件为系统提供 DOS 通道，便于运用 GHOST 备份恢复。由于病毒会删除扩展名为“.GHO”的备份文件，建议不采用手动备份，而采用全自动备份。这些软件对映像文件作了处理，病毒不能删除。推荐安装“MAXDOS”，该软件还提供了清除CMOS密码、WINDOWS密码、网络克隆等实用功能，便于不开机箱就可维护系统。

5. 网络“还原精灵”的使用

“还原精灵”可以很好地保护系统不被修改，但也不是万能的。“机器狗”、“威金”、“磁碟机”等病毒都会破坏“还原精灵”，使硬盘失去保护。在备份、还原、硬盘对拷、网络克隆时一定要先卸载“还原精灵”，不然会带来不必要的麻烦。

## 五、制定严格的上机规章制度

发挥规章制度的事前预防作用，有利于从源头上减少破坏机器、损坏操作系统的行为发生。

总之，随着计算机知识的快速更新及软件的迅速升级，管理好计算机机房并不是一件容易的事。作为机房管理人员，应有很强的责任心，必须花费大量的时间与精力，多动手、多试验，才能保障机房无故障运行，为社会培养出更多、更好的、适应多方需求的人才。

**参考文献：**

[1] 黄肇增、卞樽：《略谈高校机房管理对策》，《学会》2002年第7期。

[2] 刘来权、雷燕瑞：《浅谈学校计算机机房管理》，《科技情报开发与经济》2006年第18期。

# 如何激发职高学生学习计算机的兴趣

山西省寿阳县第一职业中学校　田志仙

**摘　要：**职业高中学生构成较复杂，学生的素质参差不齐。其中大部分学生在计算机课的学习方面，存在学习基础较差、学习积极性不高、学习习惯不太好的问题。要在现阶段较为圆满地完成计算机课程教学，真正让教师教得开心、学生学得有趣，是一项繁重而艰巨的任务。所以对于一名职高计算机专业教师而言，如何创设愉快宽松的教学氛围，以激发学生的学习兴趣，就显得尤为重要。

**关键词：**计算机　兴趣　职业教育

近年来，高校扩招引发的“普高热”吸引了大部分成绩处于中上水平的初中毕业生进入普通高中就读；同时，职业教育政策允许不参加中考的初中毕业生可直接报读职业高中，这些原因使得进入职高的生源质量相对较差，其中一部分学生的学习动机与目的不明确，学习态度不端正，对计算机课学习兴趣淡薄。针对职高学生的这些特点和现象，本人认为，职高学生计算机课教学的着眼点应放在学生学习兴趣的培养上，如何激发学生学习计算机知识的兴趣，使他们有信心、有兴趣学习计算机知识是教学的关键点。笔者拟就职高计算机课教学中如何培训学生的学习兴趣问题谈谈自己的一些见解。

## 一、因材施教，积极激发学生的学习兴趣

兴趣是学习的最好的指导老师。学习成绩的好坏与学习兴趣的高低有着显著的关系。学习兴趣高的学生学习动力就大，就可取得优异成绩。

兴趣是学生学习的强大动力。兴趣越浓厚，注意力也就越集中，反应也就越积极，思维、记忆等多种智力活动也最有成效。我们在教学过程中要，将以往的强迫学习变为学生主动的学习。有人曾经说过，繁多的计算机学科知识对初学者来说，有点像是摆满架的“自助餐”，看得眼花，但无从下手。对学生来讲，这个时候他们往往需要有人指导，才能更合理地“一饱口福”，而老师首当其冲要承担指导的角色。

因此，教师应当切合实际、客观地将“配餐食谱”交给学生，既要让他们吃好，又要让他们吃饱。我们都知道，计算机的基础知识内容多，而教学时间有限，我通过探索，决定采用举例子、讨论、参观等多种方法讲解这部分内容。如在“办公自动化”中我讲到“计算机的发展趋势是网络化、多媒体化、智能化”这一部分的概念时，为了能够使学生在最短的时间内更好地理解这一概念，我讲了三个例子：一是“跨越国界捐骨髓”（对应计算机的发展网络化）、二是“让计算机替人试穿衣服”（以此对应计算机的发展多媒体化）、三是“日本的智能病床”（以此对应计算机的发展智能化）。这不但使得学生在最短的时间内掌握了这三个抽象的名词，更重要的是使学生开阔了眼界，激发了他们的求知欲望。在讲解“学习计算机的意义”这一问题的时候，我放权给学生，让他们自己畅所欲言、各抒己见。这就使他们的扩展性思维得以发展，充分发挥了学生的聪明才智，让他们真正体会到努力学习并掌握计算机的基础知识和基本技能，迎接信息社会的挑战的重要性。而在讲到进位计数制间的相

互转换问题的时候，我从大家平时接触最多的十进制导入，把讲解和引导相结合，让学生能够自然地过渡到二进制、八进制、十六进制等进制的学习中。

## 二、提高专业知识水平，充分发挥教师的主导作用

计算机作为信息时代的主要载体，在素质教育中占据了极其重要的地位。如何挖掘学生潜能，提高学生素质，尤其是提高学生利用计算机解决实际问题的能力，显然和计算机专业教师有着直接的、密切的关系。因此，计算机专业教师除了必须具备一般教师的基本素质外，还应有独特的素质。

教学活动实际上是师生间的双边活动，在教学中要充分发挥学生的主体作用和教师的主导作用。优化课堂教学手段、调动学生情绪，是组织好课堂教学最重要的因素。如果教师基本功扎实，能准确地解答学生所提的各种问题，就能调动学生学习的积极性，使学生能较好地进入最佳思维状态。如在讲计算机基础知识部分时，教师不但要熟悉计算机在过去和现在的应用，更要对将来的变化有较全面的了解，适时地补充教材上没有的内容，以增加学生的兴趣；又如在讲计算机的存储设备时，不仅仅讲软盘、硬盘、CD－ROM，还让学生了解 CD－RW，以及 VCD 与 DVD 的区别等等，这就要求我们教师要不断地学习，不断地补充和积累新知识，做一个让学生佩服的知识渊博的好教师。此外，对于一些英文缩写，我在讲课时尽量介绍给学生，让学生了解其由来，在加强记忆的同时，也认识到英语的学习对计算机专业的学习很重要。在教学过程中，要充分发挥学生的主体作用，使其从“要我学”转变为“我要学”；要培养学生的学习兴趣，必须激发其积极思考和发掘其创造力，而要做到这一点，教师的作用则是重中之重。只有让学生知道自己的老师是如何的博学，他们才会对教师所教学科产生浓厚兴趣。

计算机技术的高速发展，对计算机专业教师提出了更高的要求。为了适应社会的需要，计算机专业教师必须不断充电，及时跟上时代的步伐，以自己的素质、宽广的知识面去影响每一位学生，从而使计算机学习成为一个师生共同提高的过程。

### 三、培训学生上网，引导学生理性上网

如今，网络为学生提供了丰富的资源，扩大了学习、讨论和交流领域。学生上网不再是新鲜事，但上网也需要正确引导，不然的话，学生不仅不能有效地利用丰富的网络资源，反而会产生极其不良的后果，影响他们对计算机学科学习的兴趣。在这方面，首先，教师要教学生如何上网，花大力气给学生们介绍优秀的电脑教学网站，让他们尽可能地从这些网站中去寻找自己需要的知识和资料，让他们逐步懂得，网络资源是为人们生活和工作需要而设。其次，教学生“理性”上网。理性就是要有理智，要有控制。作为职高计算机专业教师，教会学生理性上网是义不容辞的责任。教学生理性上网，就是要教会学生们上网时注意掌握时间，注意选择地点，注意分清主次，还要注意内容的选择。学生能健康上网了，学习计算机知识的兴趣也更浓了！

### 四、注重学生计算机能手的培养

要真正让学生对计算机的学习产生持久的兴趣，我们采用了培养学生计算机操作能手的方式。

每一学期开始，我校全体计算机专业教师就通力合作，齐心协力，从学生中寻找对电脑特别有兴趣的学生、对计算机理论和操作学得特别好的学生，共同努力，逐个分析，给每一位学生设计出培训的目标和方案，目的就是要将他们培养成计算机操作能手。这些被我们培养成计算机操作能手的学生，无形当中就是我们计算机专业的形象代言人，他们以自己是学校计算机专业的操

作能手而骄傲，也以自己是我们职高计算机专业的学生而自豪，他们对计算机专业的别的学生的影响是非常大的。

知识来源于实践，更要服务于社会。计算机学科也一样，学校每学期都组织计算机专业的师生到当地城镇去，运用自己所学，为当地父老乡亲进行实地服务，学以致用，活学活用。这不仅仅是为了提高学生们对计算机知识的学习兴趣，更重要的是要让他们一开始就知道，学好计算机专业知识是很有用的，是有市场的。

## 五、品尝成功的喜悦，巩固学生的学习兴趣

心理学研究表明：兴趣的产生和保持有赖于成功。教师在教学过程中必须从职高学生的实际出发，设计和创设使学生获得成功的机会，比如问题的设置要有坡度，让不同层次的学生都能够“跳一跳，够得着”，进而增强其学好计算机的信心。

教师的教学设计不应只是单纯设计自己的教案，而是要既设计自己的“教”，又考虑到学生参与的“学”。而且“教”与“学”的根本目的是能促进学生的知识、能力与人格的全面发展，我在教学中一直遵循这样的原则。例如，在 Word 2000 教学中，我简单地介绍了 Word 2000 的文字处理、图形处理和艺术字处理工具后，留下上机作业：自己上机设计制作一份 A4 纸张大小的彩报，要求内容健康积极向上、版面设计不拘一格、文字优美流畅、色彩搭配美观大方。还让学生自己去采集资料，资料采集完后让他们自主提出了一些要求，比如在文字下配上图画，在一张纸上分小块进行编排，艺术字或图画倾斜一定的角度放置，等等。这就需要他们根据自己的需要，综合使用 Word 2000 的文字处理、图形处理和艺术字处理工具，努力去实现这些要求。

首先取得成功的是在文字下配上图画的效果。一位同学利用图片的环绕效果，使用“无环绕”方式，使得图片和文字能够

重叠叠放。一开始时图片挡住了文字，也就是说文字压在图片的下面，于是他使用图片的叠放次序使它置于最底层，这样图片就被压在了文字下面，但效果还是不大好，因为图片的色彩对比比较鲜明，文字尽管覆盖在上面，却显得有些零乱，后来他再想出最后一招，将图片设置为“水印”，效果就令人十分满意了。

其次小块文字编辑的教学也取得了好成绩。大家都知道Word 2000的文字编辑是从左到右。但是如果我们先在左边写一段，再在右边写一小段就比较难。学生们巧妙地利用“绘图”工具栏里的“文本框”和“竖排文本框”，于是就可以只在文本框范围以内输入文字了，也就实现了小块文字编排目的。而且利用“线形”和“虚线线形”还可将文本框进行随意美化。还有的学生想出了将文本框的方框去掉的方法。以上操作都是在学生自主的基础上完成的。

总之，教师只有在计算机教学过程中创设良好的教学氛围，随时激发学生学习计算机的兴趣，使他们的学习兴趣长久保持，才能收到良好的教学效果。

**参考文献：**

[1] 皮连生：《智育心理学》，人民教育出版社1996年版。

[2] 克东、谢幼如：《多媒体组合教学设计》，科学出版社1992年版。

# 关于计算机专业模块教学的几点建议

威海工业技术学校　戴志刚

**摘　要：**模块教学是从汽修专业开始并普及各个学科的一种新的教学模式，但是在普及过程中由于各学科的差异性，导致了观点的不统一。由于中职学校本身具有特殊性，很难将它进行很好的移植。笔者通过多年的教学经验，简析中职学校计算机专业的模块教学情况，提出几点建议。

**关键词：**分层教学　中等职业教育　模块化教学　个体差异

中等职业教育发展到今天，有很多问题摆在了我们的面前，如招生难，教学难，就业难。针对这些问题，很多文章提出了多种观点，那么哪一些观点是适合我们的呢？笔者仅在此谈一下自己的一些认识。

## 一、问题产生的根源

我国教育的大发展已经经过了几个阶段，先是普及义务教育，再是大力发展高等教育，加大对高中教育的投入，一时间中等职业教育陷入发展的困境中。尽管近几年国家对中等职业教育有了足够的重视，可只有上大学才有出路的观点在广大人民群众心中已经根深蒂固，这就导致了中等职业学校出现招生难的问题。

招生难，反映出的不仅是在学生数量少上，更重要的是中等职业教育对高素质的优秀学生缺乏吸引力的问题。我们的课应该怎么讲，如何把千方百计招来的学生培养成材，这是摆在我们每一个中职教师面前最严峻的问题。教不好，就影响就业，就业不好影响招生，招生不好又影响教学，中等职业教育就这样在恶性循环中生存。

## 二、前期解决问题采用的几种方法

当发现中等职业学校所面临的困难时，从各个层次解决问题的方法随之而生。

招生方面，奖励招生已经成了大多数中等职业学校招生采用的惯用方法，用此方法招到的学生其数量由几十到几百不等，甚至更多。教师的招生积极性是被调动起来了，可面对着那么多的学生拿着高额的学费走进高中时，我们只能思考这种方法究竟能否解决实际问题。与此同时，各地给予了职业教育更多的关注，将职业学校进行了重新包装，并对本地职业学校进行有效的“保护”，以此扩大生源。

在学校和教师疲于应付招生的时候，新的教育教学方法也正在得到普及，先是分层教学思想被众多学校采纳应用。可是教师用尽了浑身解数还是有那么多的学生不听讲，教师把任务安排得那么精细，可学生就是不动手去做，我想这大概是每一个中等职业学校教师最头疼的问题了。

我们的学生没有就业优势，多么美好的愿望在就业的瞬间只能化为乌有。面对日益严重的就业压力，升入高职院校仿佛为他们找到了方向，可是却没有几个能升入高职院校，即使升入了高职院校，等待他们的仍然是对于大学生活的失望和就业时的艰难。

那么，我们中职学校最需要的究竟是什么呢？是各种政策的倾斜、国家资金的大力支持，还是广大家长思想观念的转变？我想，让每一个学生在社会中都能够找到适合于自己的位置，可能是我们最需要的吧。

## 三、计算机模块教学的几点建议

模块教学的概念一经提出就得到了众多专家学者的充分肯定，并迅速被众多的职业院校所采纳。它的理论联系实践的方法使学有所用，深受老师和学生的喜爱，但过去成功的经验往往局限于工程制造类的专业。那么，像计算机、财会这样的专业应该怎样进行模块划分呢？

### （一）模块划分的原则

现在的中职学生，很多人在入学时没有明确的学习目标，对于自己所学专业并不了解，或者了解得很少，根本没有选择一个专业就是选择一种职业的思想。相当一部分学生到职业学校只是想玩，学习积极性不高。学习成绩优秀的学生太少，超过高中录取分数线的学生几乎没有。而这些水平参差不齐的学生却在同一个班级里学习。以往的教学方法如分层教学只是强调了根据学生情况进行分别备课甚至重新组织授课单元，这种强调单一科目教学成果的方法，必须要有先进的课程体系才能发挥较好的作用。而现在正在探索和试运行的模块教学理论正是先进课程体系的代表。那么在制定计算机专业模块时就应根据学生的实际情况分为普及阶段、应用阶段、专业阶段三个层次。

为什么模块的制定不能简单划分为几个方向或者称为几个专业呢？主要因为考虑到以下几个方面的问题：首先，无论在什么情况下，不可能每个专业的学生都适合于学习自己的专业，因为他们在做出选择的时候，几乎都没有进行细致的调查和初步的学习。其次，由于中职学校师资力量有限，而很多专业的课程设置有太多的相似性，所以各个专业开设的必要性值得探讨。最后，由于中职学校的教学设备也比较有限，专业划分得太多，就会存在条件不成熟的专业产生的可能性。所以，笔者认为可以设置不同的层次，而不要划分不同的专业。我们的学生也许不可能学会整个课程体系的所有课程，但肯定有他们能够学会的课程，并且只需学会这其中的某一模块课程，即可在社会中找到他们的就业岗位。

（二）计算机专业模块的具体划分

结合我校的师资特点和我们地区的就业前景，我们计算机装潢专业模块划分具体如下：

1. 普及阶段

所谓普及阶段，也就是指初级应用阶段。这部分内容比较简单，较适合于学习积极性不是很高、基础相对较差的学生。该部分内容的课程主要有：指法、办公软件的使用、常用工具软件的使用、计算机组装与维修、Internet 网络及应用、Photoshop 初级应用、职业素养与沟通。

完成该部分课程的同学可以从事办公室干事、打字、收银、计算机销售与售后服务、网站信息采集与发布、图形图像的简单处理等方面的工作。如果能够再选修网络服务器的搭建和维护，则可以从事网络维护工作。这样就能够既可以安排那部分对于计算机专业不是很了解却选择了该专业的学生就业，还可以安排那些有较强的沟通能力和组织能力的学生从事产品的销售和维护工作。

2. 应用阶段

所谓应用阶段，也就是指具备了解决某一应用领域中一般问题的能力的阶段。该部分内容的课程主要有：素描、三大构成、材料、AutoCAD、Photoshop 高级应用、3DMAX 初级应用、CR 渲染。

完成该部分课程的同学可从事装潢设计行业的基本工作，包括基本业务、绘图、宣传册的制作，学习成绩较好的学生可以进行简单的包装设计。这样就可以安排那些对于本专业有充分了解，能够熟练地按要求完成制作任务的学生就业。

3. 高级阶段

高级阶段指的是在学习本专业全部知识的基础上，通过有效的扩展，使学生们能够灵活运用自己所学知识进行创造性劳动的阶段。该部分包括的专业有：室内装潢设计、效果图制作、3D包装设计、广告设计、动漫设计等。本部分课程对于学生的要求较高，只是面向那些具有较强能力的学生，即学校着重培养的尖子生。这部分学生尽管人数不多，但却是社会评价学校的参考准则。

以上只是我校计算机装潢专业学生的开课情况，具体课程体系的制定需要根据学校自身的实际情况和市场的用人情况来进行。

（三）模块教学实施过程可能遇到的问题

我们中职学校的模块化教学总体来说受办学经费和师资条件的影响较大，一般情况下不可能采用小班授课制，而大班授课会使存在巨大差异的学生共同学习同一门课程，势必造成有的学不够，有的学不了，而分层教学为我们提供了很好的解决办法，教师可以参考相关文献，对于学生学习的知识要严格按既定的目标进行，不能因为部分课程太难，而反复重复讲解简单的知识，却把最需要讲的知识遗漏掉，要知道我们讲解的内容不是每一个学生都能听了就学会的，只要让每一个学生尽自己最大的努力认真听课，力所能及地掌握知识就可以了。

学生成绩的评定也要分层次、分模块进行，简单地说，就是要让学生们都能“对号入座”。全部一刀切的评价体系已不能满足形式多样的中等职业教育的需要，我们的评价应当既能体现出收获，也要能体现出创造性，还要能在一定程度上反映出学生所存在的潜力。

以上是我对计算机专业模块教学的几点建议，由于个人专业知识和教学管理经验方面存在不足，对观点可能还阐述得不明确，有不当的地方，欢迎广大中等职业教育同人批评指正。

**参考文献：**

[1] 王国平：《也谈分层教学思想》，《中国教师报》2004年12月1日。

[2] 王友文：《别让分层教学成了幌子》，《中国教育报》2006年4月11日。

[3] 严红、游溯涛：《谈中专计算机专业的课程设置及其变化》，《云南教育》2003年第9期。

[4] 马新德：《中等职校计算机专业面临的问题与发展策略》，《河南职业技术师范学院学报》（职业教育版）2002年第5期。

# 中职学校计算机专业教学实践与心得

延安市黄龙县职业中学　孙岳洁

**摘　要：** 教育部2005年1号文件《教育部关于加快发展中等职业教育的意见》强调职业教育应以就业为导向，以能力为本位，培养高素质的应用型、技能型人才，明确了中职教育的培养目标。传统的计算机专业教学方法已难以适应现代社会高速发展的需要。本文围绕进一步深化教学改革，使中职学校的计算机专业教学走上一条更加专业化、更加适应人才需求的道路，使学校能更加主动地培养适应就业市场需要的高素质的应用型人才，从而增强学校的办学活力的观点阐述自己的心得。

**关键词：** 中职学校　计算机　教学改革　教学思考

## 一、引　言

中职学校必须主动地培养适应就业市场需要的高素质的应用型人才，但是当前中职学生的文化理论知识和普通高中的学生相比薄弱很多，且学习目标不明确，综合素质普遍偏低。学习一些专业课程特别是计算机课程，需要学生具备一定的文化基础知识，有相当的英语和数学基础及扎实的物理基础，而中职学校学生这些方面的知识却是欠缺的，因此许多学生对一些专业课程的学习感到非常困难，从而失去对专业的兴趣。另外，部分学生对所学专业不甚了解，学习目的不明确，缺乏学习动力。他们对计算机的兴趣只是在上网、聊天、玩游戏等方面，对专业课程的学习却毫无兴趣。这些问题严重地制约了中职学校计算机教学水平的提高。针对这些现象，中职学校计算机教学应抓好如下几个方面的工作。

## 二、激发学生的学习兴趣，培养学生的自学能力

### 1. 为学生建立良好的知识框架体系

好的开始等于成功的一半。课程开始时要为学生建立良好的知识框架，授课初，学生会习惯性地跟着教师走，这时教师的一言一行将影响学生以后的整个学习过程。所以，刚开始就要将活的思想传输给学生，要告诉他们好东西需要自己去找。教师要将书本的知识高度概括，将这些知识的特点、规律加以分析，点出学习的方法，引导学生将这一思想应用到生活和学习的方方面面。

### 2. 讲课时注意语言的生动性、通俗性

教学中不光语文教师需要有生动的语言，所有教师都一样，都要结合学生的实际情况，一开口就抓住学生的心。如在计算机应用能力考试短期培训中，时间短，内容多，一般一门课三四天就要讲完，按照常规方法去讲，学生们接受起来普遍感觉困难。这就需要教师打破书本的条条框框，高度概括各个知识点，这当然离不开灵活的教育思路、灵活的学习方法。如：电脑是怎样操作的，这门课要掌握什么内容，各用十个字就讲完了，那就是："单击、双击、右键单击、拖动"。去击谁呢？不外乎"菜单、工具栏、按钮、列表框"。这几乎涵盖了电脑80%的操作。这样讲，既生动又简单，学生当然愿意听。

## 三、知识与技能要有机结合

当前由于很多学校的教学投入不足，硬件设备落后，实践操

作不能落实到位，学生的动手能力相对较差，因此应该改善硬件条件，增加计算机操作课的课时比重，增加学生计算机操作的时间，并配以授课老师的细心指导，这既是其学科特性的要求，也是培养大量计算机应用型人才的要求。能力是知识与技能的有机结合，知识与技能相结合能够促进能力的增强。中等职业学校的计算机操作课既有利于学生对计算机基础知识的理解与记忆，又有利于提升他们的计算机操作技能。如在讲计算机硬件这节课的时候，完全可以让学生面对计算机进行“解剖”，这样整个计算机硬件系统也就一目了然了。实践教学可以让学生在学习过程中发现问题并解决问题，学生的问题当堂就能得到解决，不会留到课后，或者是下一次课。

### 四、采用多媒体等先进方法，使教学具体化、直观化

多媒体技术是以计算机为中心，把语言、图像处理技术和视听技术等集成在一起，使同一信息同时用图形、文字、数据、表格、声音等多种方式显示出来，形成一种新的、图文并茂、丰富多彩的人机交互方式，这种教学方式可使学生手、脑、眼、耳并用，使学生有新颖感、惊奇感、独特感、直观感，能唤起和激发他们的兴趣，从而提高教学效率。举些最简单的例子，如让学生利用 Word 进行排版，老师一步两步讲的不管多有条理，也比不上直接采用多媒体先演示，再让学生自己去操作一遍有用。又比如你说电脑可以看电视、发邮件，跟千里之外的朋友聊天，一开始学生可能会觉得不可思议，但耳听为虚，眼见为实，给他们演示一下，学生就会有很感性的认识。在讲动画制作的时候，利用多媒体先展示这些动画，然后分步演示，最后再让一部分学生上台操作，老师当场点评，纠正其中的错误，就可以获得很好的学习效果。

## 五、因材施教，进行针对性教学

由于不同的学生在学习和理解上有差异，这很容易造成一个班级的学生计算机水平参差不齐，给教学带来很大的困难，经常会出现好学生“吃不饱”，很容易失去上课的兴趣；差学生“吃不了”，久而久之失去信心的现象。在实际的教学过程中进行个体化教学就比较容易让学生接受。因为在个体化教学中，有基础的同学可以根据需要学习得更深入一些，特别是在实践课上，老师可以额外给他们安排一些内容；而没有基础的同学又可以循序渐进地从基本内容开始学。这种有层次的教学方法能满足学生的实际需要。

## 六、以职业技能培养为主，注重培养学生实际操作应用能力

对于中职计算机专业的学生的知识结构和应用能力应坚持以“学生有一技之长”为主导思想。知识面不要求太广，以职业技能培养为主，注重学生实际操作应用能力的培养，注重社会实效和职业需求，把课程设置与职业资格认证有机地结合起来。在课程设置上，除必需的计算机基础理论知识和计算机操作应用能力外，减少没有实际应用价值的理论课程和一些被淘汰或将被淘汰的理论及软件课程的开设，增加实用软件课程，突出专业特色。与此同时，教学上应采用模块化教学的方法，根据国家教育行政主管部门及劳动就业准入的技能考试中所确定的项目，对各种不同的专业课程项目进行分类，设置各种技能模块，突出专业特点，围绕“考证”或“考级”开展实践教学。另外，在教学过程中还应根据社会需求和计算机应用软件的变化，灵活地设置和改变专业课程的内容，进行专业化方向教学。

## 七、转变计算机专业课程考核方式

转变以往笔试闭卷的单纯考核形式，建立以操作技能为主的、灵活多样的、能反映学生实际水平的考核方式。课程不同，考核的侧重点也应有所区别，如一些以操作为主的课程，操作分值比重应该占有绝对的优势；一些操作性较强但理论知识也很突出的课程，操作课程的分值应具有相对优势。考核方式对学生的学习和教师的授课具有重大的导向作用，所以必须建立与其教学相适应的考核方式，以更好地为培养人才服务。

## 八、加强师资培训和学习，不断提高教师的业务水平

计算机教师要注意计算机学科的发展动态，不断学习、不断更新知识、不断掌握新技术，努力提高自己的业务水平。随着计算机技术的快速发展，计算机专业的教学内容会不断更新，新的教学手段的也会不断出现，这对计算机教师的业务水平、教学水平等各方面的素质提出了更高的要求，促使计算机教师必须积极地学习新的专业知识，掌握新的应用软件。中等职业学校计算机专业教师有三个来源：一小部分来源于技术师范院校，大部分来源于高等学校，还有小部分来源于企事业单位。对于专业课教师的培训应该根据他们明显的不足，分类别、分层次地进行培训。来源于企事业单位的专业课教师可以进入教育学院进行相应的教学技能培训；来源于高等学校的专业课教师缺乏实际经验，可以直接入公司、企业及第三产业进行生产实践，有目的地进行培训，将实践经验与理论知识相结合，为计算机教学储备丰富的知识和实践能力。

以上几点是我在多年的职业教学工作中总结出来的粗浅经验，以期对中职学校计算机专业的教学有所裨益。

**参考文献：**

[1] 王新礼、周桂珍：《教育学．教育心理学学习指导》，山东大学出版社2005年版。

[2] 龚尚福：《微机原理与接口技术》，西安电子科技大学出版社2003年版。

# 职中学校计算机专业课教学浅谈

重庆市奉节职业教育中心　宋永兵

**摘　要：** 本文对在职中学校计算机专业教学工作中采用先进的教学理念、适宜的教学方法和灵活的教学模式进行了探讨。

**关键词：** 中职　计算机　专业课　教学

因为多方面的原因，长期以来，我们注重传统教育而轻职业教育。随着社会的发展、经济的腾飞，职业教育的重要性越来越被人们所认识。职业教育，既有教育功能，又要完成职业培训任务。职业教育的必须“以服务为中心，以就业为向导”。在教育改革的过程中，必须充分体现这一精神。计算机专业课教学就是要为这一精神服务。

## 一、先进的教育理念

教育活动必须在先进的教育理论、教育思想的指导下，很好地开展。职业教育要以素质教育为基础、以就业为导向，所以培养的学生，应既学到专业知识，还要了解民族文化、民族历史，掌握将来就业应有的技能，还要有一个积极的从业态度，形成正确的职业观。在学习过程中，要让学生形成良好的学习动机，要让学生的知、能、意、行等得到全面的提高和发展。

## 二、灵活运用教学方法

“情境教学”、“模糊教学”、“任务驱动教学”、“学生自主探索”这些方法都能为学生的学习带来帮助，不失为好的教学方法。

课堂教学中应常常采用学生自主探究、小组合作、教师适时帮助为主的“探究法”。

计算机专业只有掌握了信息技术学科的基本结构、基本概念和原理，学生才能无往而不“适”，才能以不变应万变，才具备进一步深入学习或自学该学科的能力。在讲基本概念和原理时要求学生带着要完成的“任务”，或者说带着要解决的问题认真读书，在需要中学习了解基本概念和原理，学生会学得更认真、更扎实。电子计算机是工具，使用工具靠技能，技能的掌握与熟练只能靠实践。许多知识和经验可以通过自己上机实践去获取，这样做不仅知识掌握得牢固，而且可以培养探索精神和自学能力。在学习使用电脑的过程中，读书和上机实践都重要，但比较而言，实践更重要。很多知识和技能必须通过多次上机才能学会。“在游泳中学会游泳”，在完成“任务”的过程中增长知识和才干。在上机实践时，教师一般也不要求学生按既定的操作程序去做，而是鼓励学生去试一试、看一看每个按钮有哪些作用，菜单栏中有哪些命令，右键单击弹出的快捷菜单中有哪些命令，反复地试一试如何完成自己想要做的操作，还有没有其他的方法。另外，根据学生素质情况进行分组，通常每小组安排一两名接受能力较强的学生，教师可以单独辅导这一两名学生，然后再由他们去指导小组中的其他同学学习。选出部分计算机基础较好的学生作为班级辅导员。多给学生相互讨论的机会与时间，同时多教他们解决问题的方法，如优先讲解怎样使用软件自带的帮助系统；学生的机器里多装些学习软件，供学生学习时选用。这种“探究法”的运用，使学生能较扎实地掌握信息技术，同时也培养了他们的自学能力，使信息技术的学习时间和空间得到了拓展和延伸。

**三、深入教材，活用教材**

任何一门课程，都是一个独立的知识面，其内部的知识有其必然的联系。我教授“C 语言”这门课时，要求学生掌握的内容分为四大部分：基础知识、程序结构、数组、程序编写。程序编写不是独立成章，而是贯穿于整个教材中。

总体把握教材，并逐个落实各个知识点。在教授基础知识部分时，让学生分析各个知识点的特点，自己找方法学习、记忆，教师加以指导。在学“if 语句”部分，因其结构形式变化多样，除“if…else…”结构先讲解外，后面的内容我尽可能让学生自学，自己分析，自己解决问题，并做好小结。根据学生分析的情况，我再进行系统的小结。学习“循环结构”时，我先把它们的格式、运行方法用资料的形式罗列出来，提前让学生预习准备，上课时请学生来讲课，让学生指出重、难点，指出哪些是运用时要注意的问题。再把内容分成难易不同的几部分，简单的内容，让基础较差的同学去做，这些内容他们也能较好的完成；难度大一点的，请基础较好的同学去完成，让其最大限度地读懂教材。

上课时，除了讲教材上的例题外，我还给学生补充了一些实用性强的问题，如九九乘法表、趣味数学、求数的阶乘、数列、用“星”形排列的菱形图等，让学生编写程序去解决，对教材进行扩充和拓展。

**四、发挥老师的主导作用，使学生能够学以致用**

教育要做到让人得到解放，职业教育不是培训匠人或机器人，而且要让学生成为开拓性的人才。

1. 激发学生的学习兴趣

教学中教师应设置适当的问题。设置的问题要让学生有能力解决，让学生对它感兴趣，这样，学生做起来就会觉得不吃力，有成就感，也就愿意去做。在“C 语言”的实作课上，可事先给一段程序，让学生输入计算机内运行。这时，一个漩涡慢慢地旋转出来。当学生玩一会儿后，要求他们让漩涡反方向转动，学生认真观察后终于找到了问题所在，解决了问题，也就学到了这个知识点。

2. 引导学生主动参与教学过程

教学的目的是要学生学到知识，而不只是教师把课讲完了事。上课时，教师应让学生积极参与到教学中来，让他们变被动学为主动学。在教学过程中，教师可把任务分给学生，让学生多动手动脑，让学生自己想办法解决问题，让学生对学习产生浓厚兴趣。正如中央十二频道曾经介绍过的一位地理教师，由于他上课学生感兴趣，他安排的任务学生也乐于去做，学生做起来也觉得有劲，因此也更愿意花时间去完成他的作业。这样不就易于达到教学目的了吗?

3. 协助学生解决学习中的困难

让学生解决的问题，当他们的知识准备比较充分的时候，要适时地加大难度。如学习用“星”排列菱形图的 C 程序编写时，当循环结构学完后，学生在知识准备上就已经完成了，但他们解决问题的能力应该还是不够的。这时，我把任务安排下去后，并不急于要他们马上完成，而是让他们共同想办法完成。过了一段时间，学生没有办法解决问题，我再把这个任务分解成几个子任务分别给不同的小组。任务分别为：一行图形输出怎么做；菱形从中间分开，上半部分的空格按格式输出来。问题变小、变简单了，学生自然就容易解决。然后我再提示学生把这几个问题合起来，全题就不再是问题了。图例：

```
        *                   *
     *  *  *             *  *  *
  *  *  *  *  *       *  *  *  *  *
     *  *  *
        *
```

学生在学习的过程中肯定是会遇到困难的，通过老师的指导，他们的困难会变小，会一步一步地得到解决。在这个过程中，学生既克服了困难，又学会了面对困难，这对学生将来的成长会大有用处。

4. 指导学生学以致用

计算机专业学的东西如果学生能用来解决实际问题，那么学生学起来就会更有动力。

学校开设课程时，除了高考课程，还从学生实用的角度开设了一些课程。其中开设的课程有：五笔录入、操作系统、Flash、网页、硬件、网络，等等。当这些课上到一定程度后，可给学生安排一些具体的任务让他们来完成。如学了五笔输入法，可让学生帮教师录入论文、材料；学了 Flash，可让学生参与教师的课件制作；学了网页，可给学校做宣传网页；学了硬件，可帮教师一起搞机房维护，等等。在这些参与过程中，学生学到了很多书本上学不到的东西，让学生受益匪浅，学生的动手能力得到提高，所学得的知识也得到了巩固。

## 五、充分发挥现代教学设备的作用

一是用好多媒体。在教学过程中，多媒体的运用能很好地把复杂的问题简单化。如计算机硬件的拆装，这对于初学者，即使教师拿着管线做插入拔出演示，他们也许也看不清楚，这时候用多媒体来演示，学生就能看清楚、想明白，易于接受。

二是上好实作课。如“C 语言”的编程，学生做出来了，究竟编得怎么样，对不对，学生是不清楚的，但是只要学生上机一运行，很容易就能看出有没有问题，问题出在哪个地方，所以上好实作课很重要。

三是用好报刊、网络。学生的求知欲越来越强，想了解的东西很多，只靠教师教是不够的，所以广泛涉猎报刊、浏览网页，把有关资料剪辑或下载下来，积少成多，是很重要的资料积累方法。有了丰富的参考资料，扩大了知识面，思维才能活跃起来，才会最大限度地产生创造性思维。没有渊博的知识，思维就像贫瘠的土壤，创造性思维的形成便成了空中楼阁。在资料涉猎中，往往会使自己受到很大启发，正所谓“采众家之长，成一己之见”。计算机知识包罗万象，教师应特别重视创设博采知识的氛围。

教学有法，但无定法。发挥计算机学科的优势，进行创新教学，要让学生愿意学、想学，并且能学有所成，学以致用，教师应根据实际情况，在教学实践中大胆探索，选准切入点，走自己的路，落到实处。这样的教学，肯定会让学生学到在市场大潮中搏击的真正本领。

**参考文献：**

［1］ 肖筱南：《现代信息决策方法》，北京大学出版社 2006 年 10 月版。

［2］〔美〕麦克牟利著：《设计教学法》，杨廉译，商务印书馆　　版。

［3］ 杜琼英：《信息素养与自主学习探讨》，《远程教育杂志》2003 年第 4 期。

［4］ 应学俊：《信息素养培养渗透教育教学中》，《中国教育报》2003 年 3 月日。

附教学片断：

## 用“星”排列菱形图的C程序编写的教学步骤

一、学完了C语言的循环语句后，请同学们课外自己去完成下面这个图的程序编写并找出解决问题的办法。

```
    *
  * * *
* * * * *
  * * *
    *
```

二、提示：（一周后）

1. 输出一个字符
2. 输出一行字符

三、提示：（一周后）

1. 只输出上面三行。
2. 再输出下面两行。
3. 用两重循环

四、提示：

每一行的空格也都要输出语句

五、分析学生编写的情况。

# 计算机最优化教学模式探讨

湖南益阳电子工业学校　莫安文

**摘　要**：本文就计算机理论课与上机操作相结合的最优化教学方案，结合自已多年的计算机教学实际，进行初步的探讨，发表一管之见，旨在抛砖引玉，并求学者和同人批评指教。

**关键词**：最优化　计算机教学模式　多媒体教学

随着信息化时代的到来，现代职业教育中已不可缺少计算机教学。如何将计算机教学中的理论与实践有机地结合在一起，是值得每一位计算机专业教师深思而后行的问题。在实践性很强的计算机课中如何才能达到最优化教学，下面我从自已多年来的计算机教学实践对这个问题予以探讨。

## 一、教学对象分析

本人任教学校的学生是职高生，年龄约在 16 至 18 岁左右。这些学生具有不少优点：

一是对新生事物具有强烈兴趣。计算机对他们来说是一门较新的学科，只要引导得当，学生一般都能学好。

二是处于身体发育阶段，大脑的思维能力增强，具有独立思考能力和初具自学能力。这些都利于发展思维能力。

三是生活在信息社会时代，计算机已在各行各业中广泛地运用，城市和农村的部分家庭已拥有个人电脑，各种公众信息媒体也广泛传播计算机的应用知识。计算机与信息社会密切联系的意识在学生脑海中初步形成、逐步加深。

这些优点有利于学生理解学习计算机的必要性和紧迫性，有利于教师在教学中进行思想教育和素质教育。

但是，这些学生也有如下缺点：学习基础普遍较差，理解能力不强，容易因为学不好而产生厌学情绪，这些都会影响教学效果。

## 二、教学课时开设及计算机机房软硬环境

计算机应用基础课是每班每周六节课，每学期总课时约 100 节，计算机专业课时视课程的设置而定，一般占总学时的 50% 左右。

职业学校一般有多个机房。以我校为例，有计算机 300 台，分五个不同档次的学生用机房和两个多媒体电教室，其中有 P4 赛扬 1.8G 的计算机 120 台，装有 WindowsXP，主要用于初级教学。有 P42.4G 网络电脑室，可供中级教学使用。最好的为 P42.93 多媒体学生电脑室，装有现在较流行的应用软件和电子阅览室，主要供计算机专业用于后期教学。多媒体电教室都有高分辨率的计算机同步投影机。这些软硬件的设施基本上能满足计算机教学的需要。

## 三、常用教学方法选择与比较

在教学过程中，笔者在过去尝试过几种常用的教学方法，并进行了比较。

方法 1：黑板加粉笔式。这是教师采用的一种传统方法，先用一堂课进行理论教育，学生不进行任何上机操作。再用一堂课进行上机操作，老师进行辅导，这是一种最传统的教学模式。

优点：教师可以有充足的时间传授理论知识，理论点能讲得

详细周到。上机操作的时间充裕，教师也能很好地进行个别辅导。

缺点：理论课学习时，学生的兴趣不够浓厚，基础较差的学生普遍不能做到认真听课，思想开小差的现象较多。对理论知识的理解模糊不清，不能现场掌握、领会，尤其对于有图形窗口操作界面的软件的理解更是如此。上机操作时，学生普遍忘记理论知识，不能很好地运用理论知识进行操作。容易盲目操作，或掌握一个操作环节要花费很长时间。基础较好的学生因操作过于简单，在短时间完成任务后，大部分时间无事可做。这些原因导致上机操作步骤不一致，上机操作的内容不统一。

教学使用时间：学习一课时的知识点（包括上机需要两节课），要用多出一倍的时间才能完成教学任务。

方法2：前半节课讲后半节课练

老师在一节课里，用上半节时间讲解理论，下半节指导学生进行上机操作练习，操作本节所讲知识点。

优点：能基本上做到理论与实践在同一节课里进行。刚学习的知识点容易得以用实践来检验。

缺点：前半节理论课学习成绩较差的学生的学习兴趣不够浓，有思想开小差的现象。另外，由于有时知识点过多，容易出现理论与上机操作的时间分配不均匀的问题，往往讲理论的时间多于学生上机操作时间。教师也会因时间不够，个别辅导学生操作的时间少。

教学使用时间：一节可完成一个课时知识点的教学任务，但显得比较仓促。学生上机的时间比较短。所学的知识点能基本上领会。

方法3：边讲边演示操作

教师在多媒体室上课，结合一些相应的课件边讲边演示操作。

优点：形象、直观、生动，对于现在 Windows 操作系统和一些相关的软件的学习效果比较好。

缺点：缺少双边活动，主要以教师为主，学生主要以被动的方式接受知识。

方法 4：课堂引入多媒体，讲练相结合

把多媒体设备装在教室里，教师在短短的 2 至 3 分钟内引入课程。之后，用 3 至 5 分钟让学生开电脑，然后让学生边听课边操作，实现同步教学。

优点：充分做到讲练相结合，学生既能在形象生动的理论教学中获取知识，同时又能从上机操作中对所学的知识加深理解。学生有足够的时间上机操作。尤其是像现在一些操作性强的课程如“Autocad”、“平面设计”、“网页制作”、“Flash 动画”等，效果最好。

缺点：这种方法的前提是要求学生遵守课堂纪律，严格遵守电脑室的规章制度，否则会导致学生只顾独自上机操作，而不专心听课。还有，必须保证电脑没有什么意外的故障，否则教师会因此而拖延时间，学生的上机操作步骤也会不一致。最严重的后果是导致不能完成授课计划。

教学使用时间：如果学生积极配合教师的指导，可以在不到一节课时间即可以完成理论知识和上机操作过程，剩下 10 至 15 分钟左右，教师可以充分利用这段时间进行附加练习，或给学生自由操作练习，让学生有时间进行自学或复习前节课的操作。

相比之下，方法 4 是最优化的教学方法。

### 四、把握多媒体最优化教学的要点

随着现代教育技术的进一步推广以及素质教育的深入实施，多媒体技术已广泛进入课堂。它以图文并茂、声像俱佳、动静皆宜的表现形式，以跨越时空的非凡表现力，大大增强人们对抽象事物的理解与感受，从而将课堂教学引入全新的境界，把学生带进了一个声、像、图、文并茂的新天地。多媒体教学手段在激发学生学习兴趣、开发学生智力、优化课堂教学、提高课堂教学效率等方面确实起到了关键作用。但是，我们使用多媒体教学必须坚持知识性、科学性、严密性、趣味性有机结合的原则，以利于最优化教学。

1. 多媒体运用必须合理，找准多媒体与教材的联结点

多媒体的优越性是不言而喻的，但它优越性的发挥必须有一定的条件，并不是说在课堂上使用了多媒体就一定能改善教学，更不是说多媒体用得越多越好。多媒体使用不在于多而在于精，当用则用，不当用则不用，可用可不用则不用。使用多媒体教学还需要考虑在什么条件下使用，如何使用，这个知识点是不是适合用多媒体来展示。从教学内容上看，并不是所有的学习内容运用多媒体辅助教学手段都能取得好的教学效果，如果采用多媒体辅助教学不能提高教学质量，也就谈不上它比传统教学更有优势。因此，不能离开具体的教学内容与教学对象来进行多媒体辅助教学，不能只追求形式，而忽略学习的对象和主体。

2. 要重视教学效果，避免本末倒置、喧宾夺主

使用多媒体是为了提高学生学习的兴趣，调动学生学习的积极性，取得较好的教学效果。但往往有些教师在制作课件时，不是重知识的讲解而是重如何使课件精美。从封面到主页再到每个主题页，特别是要上公开课时，更是将课件制作得美不胜收。在课堂上展示时，给学生的感觉是漂亮精美，耳目一新。整个课堂显得十分热闹，大大提高了学生学习的兴趣。但整堂课下来，学生印象最深的是课件中漂亮的画面，而知识点却掌握得很不理想。像这样的课肯定不能算是成功的，其失败的主要原因在于教师在制作和展示课件时，忽略心理学中的有意注意与无意注意规律。在课件中过度采用与教学内容无直接关系的图像、音乐、动

画等，只会使学生把更多的无意注意放在精彩的画面和悦耳的音乐上，而无法专心于这些画面和音乐所蕴涵的教学内容，所以效果往往适得其反。因此，在设计课件时，要根据教学内容和学生的认知规律适当采用多媒体教学。紧抓教学的主题，不能本末倒置，更不能喧宾夺主。

3. 使用多媒体技术必须注意交互性，避免“人灌”变“机灌”

现代化的技术必须要有现代化的思想与之相适应。使用多媒体教学并不是像有些教师所理解的就是制作几张幻灯片，其实质就是将黑板板书换成幻灯片。制作课件时没有一个用于交互的按钮，从第一页开始放映到最后一页，中间没有任何页面的跳转和交互。整个课堂教学形成了由教师操作、计算机演示、学生“洗耳恭听”的新的“填鸭式”模式。由过去的“人灌”模式变为现在的“机灌”模式，这样更加强化了教师的主动性和学生的被动性。这样的多媒体教学毫无优越性可言。要充分发挥多媒体教学的优越性，教师在设计课件的时候必须要有以学生为中心的思想。在课件结构上，可采用模块化思想，变线性结构为非线性结构，将课件设计成学生学习的资料库，并注意增强课件的交互性及其界面的人性化，使课件流向能根据教学需要而随意调度。同时，要考虑各层次学生的接受能力和反馈情况，还可适当增强课件的智能化，提高自由度，能及时对学生的回答或提问做出正确的响应，真正使学生成为课堂的主人。

4. 使用多媒体技术，不能忽视教师的作用

任何教学手段的使用都离不开教师。有的教师把上课要说的话录制下来作为配音，跟随课件播放。上课时，教师操作计算机，学生随屏幕显示学习，一节课看不到教师在黑板上写几个字，在讲台上讲几句话。其实，多媒体技术的使用，并不能代替教师的作用。教师的表情以及身体、语言的提示，可以引起学生

的共鸣，吸引学生的注意力。教师授课的过程也是一个师生情感交流的过程，是一个对学生心理活动进行积极引导的过程，是一个培养学生良好情绪智力的过程。而我们如果一味地依靠多媒体技术，不仅对学生的个性心理活动难以捉摸，而且不利于运用教师的肢体语言对学生的情绪进行调控，难以引导学生感情上的共鸣，教书育人的目标也难以真正得到落实。

5. 给学生留下创造性思维发展的空间

创新能力的核心是创造性思维，创造性思维必须培养。多媒体技术在化抽象为形象、提高教学内容可接受程度的同时，很容易造成对学生抽象思维能力和想象能力培养的不足，学生的创新能力也就受到了抑制。因此，在使用多媒体教学时，我们要给学生留下创造性思维发展的空间——这也是最优化的课堂教学的目标。

# 谈谈在中职学校中“Photoshop”课程的教学体会

广西梧州林业学校　罗龙卿

**摘　要**：笔者在中职学校中多年教 Photoshop 这一门课程，经过探索，认为课前引入学生的优秀作品，以激发学生的浓厚兴趣，然后采用案例教学法、任务驱动教学法等，激励学生对课程学习的成就欲，同时利用好网络资源培养学生自学能力，这样可以快速地提高 Photoshop 的教学质量。

**关键词**：Photoshop　兴趣　案例教学　任务驱动教学　自学能力

Photoshop 是目前市场上最流行的平面设计软件，它可以进行图像处理、图片上色或者调整颜色，利用滤镜可以做出一些超越意想的艺术效果，在广告设计、封面设计、网页设计中应用非常普及。由于 Photoshop 的图像处理功能非常强大，要熟悉 Photoshop 的各种功能就要多学、多用、多练、多体会，才能熟练地驾驭它，在创意和想象的空间里飞翔。但随着社会的不断发展，软件也会不断地更新升级，人的审美水平也会不断地提高，因此我们培养的学生就要学会终身学习，并且具有创新能力。要做到这些，我认为应该在如下几个方面加强注意。

## 一、引入优秀作品，激发学生的兴趣

引入优秀的作品，激发学生的兴趣。当一个人激发出内在的能量时，不用逼，他就会主动去开启智慧之门。因此我在教授 photoshop 时的第一次课就巧妙地向学生展示了一些漂亮的宣传海报、产品广告、贺卡等，让学生感受到优秀作品的魅力，引导他们探寻其中的奥妙，激发他们的求知欲。同时，可以向他们展示以往学生的优秀成果，或者现场以学生为模特完成一幅艺术摄影作品，以充分激发学生的学习兴趣。

## 二、学以致用，善于从学生的生活实际中挖掘“例子”

随着数码产品的普及，许多学生家里都拥有了数码照相机。在我所任教的班级中有一半以上的学生在使用数码照相机。结合这一实际情况，我围绕如何用 Photoshop 更好地处理数码相片这一主题设计了专题学习网站，让学生自主学习图像色彩处理这一教学单元。我安排了如何消除照片中的红眼现象、如何处理曝光不足的数码照片、调整偏色照片和制作自己或他人的艺术照这些教学内容。从实践过程来看，学生们觉得这些知识能帮助他们解决生活中的实际问题，因而表现出极大的学习兴趣和学习热情。在学习网站、书本的帮助下，大多数学生都能够独立完成学习任务，体验到自主学习带来的成就感。

## 三、精心设计好教学案例，让学生每次课都学有所获

中职学生的基础知识相对薄弱，如果教师按照传统教学方法进行教学，那么就很容易出现学生听不懂或不愿意听的局面。采用案例教学，学生首先通过简单的案例模仿，用几分钟时间就能创作出属于自己的作品。这种“成就感”很容易激发学生的学习热情，调动了他们的学习积极性和主动性，同时，也开阔了他

们的视野，有利于他们以后的作品创新。

背景、水平相同的人获得成功，更容易激发其他人的潜能与学习的动力，认为别人能做到我也一样能做到。因此我在教学过程中认真收集好往届学生的优秀作品，特别是每次课后的作业作品，上课前展示，然后提示学生：只要大家认真地去学、去做，也能做出这样的作品，甚至更好的作品。这样能贴近学生的心理和实际生活，使之认识到这样的成功经过努力自己也可以获得，这对学生学好教学内容有很好的促进作用。例如，学生对自己认识的师兄师姐能把自己的照片做得这么漂亮，痘痘没有了，皮肤变白了，还可以换上自己喜欢的头发颜色、发型，会很有兴趣，都跃跃欲试，这时教师相机在课堂上讲授有关知识，学生就会很认真地听课，然后就会对着自己的照片忙活起来，老师再把这作为作业布置下去，学生当然能很开心地、积极地去完成了，而教师只要下次课检查点评就可以了。

采用案例进行课堂教学的一般过程为：展示案例→分析案例→具体操作→讲述相关理论知识→总结案例。课堂上，首先把与本节知识内容相关的案例效果图（以及相关素材、文件）展示给学生，通过素材和效果图的对比，激发学生的想象力。

从教师的角度来看：教师精心搜集案例，案例教学补充了教材内容，丰富了课本知识，同时也创造出一种理论联系实际的、启发式的、教学相长、集思广益的教学方法。

教学实践表明，案例教学在 Photoshop 教学中的实施，能够充分调动学生学习的积极性，能提高学生实际动手能力和探索、合作、创新能力，所以在 Photoshop 教学中合理、有效地使用案例进行教学将会很好地解决传统教学中存在的问题。

**四、采用任务驱动教学法**

“任务驱动”是一种建立在建构主义教学理论基础上的教学

法，要求在教学过程中，以完成一个个具体的任务为线索，把教学内容巧妙地隐含在每个任务之中，让学生自己提出问题，并经过思考和教师的点拨，自己解决问题。其核心思想就是模拟人们在学习生活中运用语言所从事的各类活动，它把人们在社会生活中所做的事情细分为若干任务，并把培养学生具备完成这些任务的能力作为教学目标。学生通过对所提出的任务进行分析、议论，明确它大体涉及哪些知识，找出哪些是旧知识，哪些是新知识，并在老师的指导下，找出解决问题的方法，最后通过任务的完成来实现目标。

任务驱动教学法在教学过程中的“任务”是关键环节。任务必须能够通过实践来完成，应尽量避免抽象化，要有吸引力，让学生感兴趣。设计任务的时候，还需要考虑到留给学生一定的创新空间，这样才有利于培养学生的创新意识。

例如，我在教学过程中布置教学任务，请学生用 Photoshop 为当地“一日游”制作一幅展示当地代表性景点的海报。学生接到这个任务后，就要考虑当地有哪些景点，先把素材找出来，然后找出自己的照片进行图像合成，然后再进行修饰处理，就可以取得以假乱真的效果了。这些知识通过自己的亲身实践就可以内化成自己的技能了。学生在具体完成老师所布置的任务的过程中，就可以达到理解基本概念、掌握操作技巧的目的。任务驱动教学法让学生在一个个典型的处理“任务”的驱动下展开教学活动，引导学生由简到繁、由易到难、循序渐进地完成一系列“任务”，从而得到清晰的思路、方法和知识脉络，在完成“任务”的过程中，培养分析问题、解决问题以及用计算机处理信息的能力。在这个过程中，学生能不断地获得成就感，可以更大地激发出他们的求知欲望，逐步形成一个感知心智活动的良性循环，从而培养他们独立探索、勇于开拓进取的精神。

## 五、培养学生的自学能力

人们要发展就必须要学会终身学习。而培养具有“终身学习”理念的人便是素质教育的内容。因此教师要激励学生自主学习的精神。引导学生利用网络资源进行自主探究性学习，在网上，Photoshop 的教程比比皆是，应用技巧层出不穷，只要学生肯花时间，到网上去查找、浏览，一定能学到很多有用的知识。我们在创作的过程中用到的很多素材也可以到网上去查找。在网上我们还可以欣赏到很多优秀的作品，并从中得到启发。

## 六、培养学生对图像的欣赏能力

要进行图像处理，首先要对图像有鉴赏能力。一个人对图像的构成、色彩等有较高的鉴赏能力，自己才有可能做出优秀的作品。这就要求教导学生要处处留心：走到大街上，只要你用心来观察这个世界，可以说精彩无处不在。商店的招牌、大街上的广告牌、书店的图书封面、大街上发的小广告、饭店里的菜单等等，我们都能从中得到启发和收获。要培养学生养成好的习惯，看到好的作品或者特别有创意的图片都要保存下来，等有空的时候再慢慢仔细看，学会分析别人的作品，看到别人的好作品时，会用欣赏的眼光去分析它，找一找它的优点，分析它，思考一下别人为什么会这么做，它对我们有什么启发，然后，通过学习它的长处来充实和提高自己。

向别人学习，一定要善于总结。学习是一个渐进的过程，开始我们可以模仿别人的东西，但一味地模仿是不够的，我们还要在别人的基础上，有所提高，有所创新。在掌握一定的技术之后，我们就可以大胆地进行创新了。

## 七、结　语

实践证明：以上的教学方法比较适合中职学生的特点，能明显地增强学生的学习兴趣，提高学生的动手能力，促进学生将专业理论知识和实践动手能力进行有机结合，并且在教学过程中重视自我意识的培养，使学生在教学活动中充分发挥主体性，在学习和其他活动中显示出更强的上进心、自信心和学习能力，培养学生的求异思维，开发学生的智力，尤其是培养学生的探索精神。

**参考文献：**

[1] 徐瑾：《浅谈 Photoshop 课程的教学方法》，《教师论坛》2002 年第 12 期。

[2] 周导元：《以学生为本 授之以渔——计算机应用课程 Photoshop 教学实践》，《素质教育论坛》2008 年第 5 期。

[3] 李海霞：《案例教学法在 Photoshop 教学中的应用》，《计算机教育》2007 年第 18 期。

[4] 刘金凤、王春丽：《浅谈 Photoshop 图像处理课程的教学》，《中国西部科技》2007 年第 8 期。

# 浅谈当今中职学校计算机专业教学的现状与对策

上海市金山食品工业学校　娄继荣

**摘　要：** 从中职学校计算机专业教学的现状和存在的主要问题出发，对教师、学生、教材、硬件、课程设置等方面进行深入分析和探讨，提出一些改进措施，以期对提高中职校计算机专业学生学习水平起到促进作用。

**关键词：** 中职教学　计算机专业　现状　对策

众所周知，目前的中职学校教育定位于以就业为导向、以技能为本位的职业教育，许多中职学校开设了计算机专业，但是中职学校计算机专业的学生就业困难，究其原因是教育教学培养目标定位模糊，课程设置不合理，教学模式和方法单调沉闷，硬件条件和功能不完善所致。在此，笔者就中职学校学生学习现状及计算机专业课如何适应就业的需要、如何为就业服务谈谈自己的想法。

## 一、中职学校计算机专业教学现状

（一）中职学校学生生源差，对学习不感兴趣

目前中职校普遍存在学生生源差，整体素质低，对学习缺乏兴趣等问题。近几年，我校采取了提前招生的方式，其中大部分学生的入学成绩较低，甚至个别学生几门课的总分还不到一百分。这些学生在初中时就是被教师冷落的对象，学生对学习缺乏

自信心。他们上学的目的很简单：到中职学校拿一张文凭，找一份工作。这部分学生本身学习基础较差，对学习缺乏兴趣。因此如果不加以正确引导，他们根本无法学到任何知识。

（二）教师专业能力有限，不能适应教学需要

目前，许多中职学校计算机专业毕业的教师不多。任课教师有的是其他科的教师改行，有的是兼职教师。特别是一些中年教师没有受过正规、系统的专业训练，半路出家，自学而成，专业水平总的说来不高。中职学校对教师专业水平培训普遍重视不够，教师缺乏或没有机会和外界同行交流，没有机会外出学习新知识、新技术，不少教师靠吃专业老本混日子。如果不加强学习，很容易造成知识老化问题。所以现在课堂上会经常出现教师对新知识的了解不够，解决不了新出现的一些技术问题，甚至对学生提出的问题根本无法正确解答的情况。为此，学校应该为计算机专业的教师提供更多学习新知识、新软件的机会，以保证计算机专业师资本身知识水平的不断提高。当然教师也应自加压力、不断更新专业知识和实践能力，提高课堂教学和实践教学效果，促进教学质量稳步提高。

很多教师教学模式及方法单一，不能充分调动学生的学习积极性。教师没有认真研究计算机专业课程教学与其他课程教学的不同，没有认真分析中职学生的特点，教师在讲台上滔滔不绝，学生却在底下昏昏欲睡，教学效果不能令人满意。久而久之，教师埋怨学生素质不高、基础差；学生埋怨教师教学水平不高，从而影响学生学习的积极性，甚至造成师生关系紧张。

（三）专业课程设置不合理，课程更新缓慢

我校每年有计算机专业毕业生 120 人左右，但就业情况令人担忧。据了解，我校的前几届毕业生能够在计算机相关工作岗位工作的学生不到 20%，大部分从事的是如电子厂操作工、服务员、销售员等岗位的工作。大部分学生从事的工作完全是与本专

业不相干的。究其根源，我认为计算机专业课程设置的不合理是一个重要原因。我们学校的“计算机应用”和“计算机网络”两个专业名称太大，缺少方向性。计算机网络专业的课程设置一半是多媒体应用、网页制作等方面课程，很难体现计算机网络技术的专业特色。目前中等职业学校计算机专业的设置和课程安排陈旧，大部分停留在几年前的水平，专业课程的内容过于笼统，理论性过强，所学的专业课程中，有相当一部分对学生进入社会后所从事的职业没有任何作用，而许多实用性广、专业性强的课程和计算机应用软件却没有学到，即“学”与“用”严重脱钩。因此，为了迎接21世纪的挑战，中等职业学校计算机专业课程设置的改革势在必行。当然，上海市教委目前已制定出了中等职业学校计算机应用、计算机网络等专业课程设置指导标准，明确了专业方向，如计算机应用就有办公自动化、多媒体制作、影视制作等专业方向，而不再是像以前一样设置计算机方面的所有课程，而且各学校可根据学校实际情况进行调整。

（四）教学没有合适的教材

现在的职业学校教材过于陈旧，编写的教材几年不改、不变，已跟不上计算机技术的发展形势；教学内容过于理论化，与实践脱节。教材建设是整个计算机教学中最重要的环节，中职学校主要是培养实用性应用人才，其教材大纲也应该着重于应用。由于计算机知识更新实在太快，如果教材不跟上，会使学校培养的人知识陈旧，不能适应社会的需要；而作为职业学校的计算机教学，应突出其行业特色和将来的就业岗位对接，可以走校企合作道路。在计算机教学中让学生了解将来工作中计算机的具体内容和操作，使学生在学习中积累工作的初步经验，这将是将来职业教育所有学科的发展方向。

（五）硬件建设滞后，教学设施不完善

中职学校办学条件普遍较差，实训机房较少，计算机硬件配置较低，设备陈旧，有的还是好几年前购买的机器。就以我校为例，在五六年里机房没有添置过新的计算机，学生上机时普遍反映计算机速度太慢，特别是动画制作和图像制作方面的课程上机操作因计算机速度太慢，教学效果很差。由于硬件建设跟不上，在实训实习中，常常是把要实训的原理、实训的步骤、需要观察的内容统统详加说明后才开始动手实作，学生做实训只是试一下教材中所写的内容符合与否，学生实训依旧是以"照本宣科"为主。这样，很难培养他们的实作能力。普通计算机机房不能满足计算机专业教学需要，还必须有计算机组装维修实训机房、计算机网络技术实训机房、多媒体技术实训机房等。没有完善的硬件条件和基础设施，计算机专业学生的培养质量就无法得到保证，必然会使计算机专业教学存在许多困难。

针对以上问题，应该综合分析，多管齐下，从改革中职计算机专业培养目标、培养模式、教学模式和教学方法、教材建设、师资队伍建设、硬件建设等方面入手，提出相应的改革方案并加以实施，以提高中职计算机专业教学质量，提高中职计算机专业学生就业竞争力。

## 二、中职学校计算机专业教学改革建议

### （一）教师首先应自我提高专业知识和技能

作为一名计算机专业教师，要学好练好基本功，扎扎实实地打好基础，不断提高专业水平。平时要注意各方面知识的积累，自己有"一桶水"，才能给学生"一杯水"，才能紧跟时代发展的步伐，才能不被社会淘汰。

在教学中应该以理论与实践紧密结合的操作性教学方法为主，要教会学生"怎样做"，要少讲多练，增加有效上机操作时间。讲课中可先引入一些项目实例，先给学生一个目标，再讲解演示，以培养学生的学习兴趣，启发学生的思维。著名计算机教

育专家谭浩强说过："计算机只是一个工具，而不是一门课程。"在职业学校的计算机教学中我们就应当把计算机作为一种工具来对待，掌握这个工具基本操作方法和常用软件及应用具有非常大的现实意义。因此，我们不仅要对我们的培养对象在专业知识培养方面下功夫，还要在其计算机知识和操作应用能力培养方面多花气力。职业学校是中等技术人才培养的基地，要想适应社会对职业人才的要求，要想让职业学校的学生快速适应社会的就业环境和岗位，在教学中夯实其专业知识基础，培养学生的实作能力将是未来职业学校的教学改革方向。

（二）转变教学观念，主动适应学生

转变传统的教学观念，主动去适应现在学生的特点。首先要转变我们的教育观念，我们应降低对学生的要求。根据中职学生的特点，在计算机教学中应"轻理论，重实践"，理论以"够用"、"实用"为度，技能应侧重于"做什么"和"怎么做"。对于中职生过分强调理论，反而使他们对学计算机不感兴趣，失去学习的信心。应该清楚地认识到，我们的教学应一切以学生为中心，学生不再是被动的知识接受者，教师必须借助学生的积极性来促进学生的充分发展，通过不同的教学手段把比知识更重要的东西教给学生，而这个东西就是获得知识的方法，从而提高学生的素质，培养学生的动手能力和创新能力，开拓学生的思维。

（三）营造良好的环境，培养学生的学习兴趣和创新能力

学生是认识的主体，也是发展的主体。每个学生都有受教育的权利，同时他们都有巨大的发展潜力和创造潜能，只要开发得当，即可转变为能力。当学生的思维活动超出教师所设计和期望的范围时，我们要善于鼓励学生大胆质疑，而不应该强行把学生的思维纳入自己的思维模式之中，要鼓励学生充分发表自己的意见，培养学生的创新意识。

在学校、班级内部可组织一些比赛活动，如网页制作、动画

制作、海报、文字录入比赛等，并将其中的优秀作品在网上发布和交流。这样一来，学生的创新能力有了发挥的场所，学生的积极性就会得到提高，学生的自主性、创造性和个性都得到了表现的机会。

（四）学生的水平参差不齐，教学中应因材施教

计算机课和其他课不同，它以计算机为工具实现其自身的价值，重在把课堂中的理论教学转化为自己的动手能力。在课堂教学过程中，我们不仅要重视基础、素质好、能力强的学生，也要多关注后进生，帮助他们一起齐头并进，共同提高，可以多用一些时间给他们补补课；在学生的搭配上可以实行“好差结对子”，让学习基础好的学生协助完成上机中的指导工作，这样不仅协助了老师的教学，同时也在很大程度上增强了学生的自信心，对学生是一种很好的鼓励方式。

在教学中，要一改过去教师讲得多、讲得细，学生记得多而练得少的状况，鼓励学生多动手，在操作中学习如何做，学以致用。我发现在操作计算机教学中，往往很多学生不知如何入手，甚至有些学生不敢动手，怕弄坏机器，有问题也羞于开口求助，这就要求教师在日常的教学中多鼓励和赞扬学生，特别是对学习基础较差的学生，在他们提问时要给予适当的鼓励，如“回答得很好”、“非常正确”等，以激发学生的自信心，增强学习计算机的积极性和主动性。平时教师应积极开展第二课堂的活动，让学生展现个性魅力，如我校在平时开设了“文字录入”、“网页制作”、“动画制作”等兴趣小组，各种小组积极开展活动，有效地提高了学生的技能水平，在2007年“上海市第二届星光计划”中，我校学生获得“计算机文字处理”项目的二等奖和三等奖。

当然除了以上的建议以外，学校还应该合理设置计算机专业课程，搞好计算机房和各种实训室建设，保障计算机专业教学顺

利实施。计算机专业的教师也应加强平时教学中好的案例的积累，编写校本教材，以便更好地适应本校学生的培养需要。

综上所述，现代社会进入了信息社会，而计算机是信息社会必不可缺少的一项工具，我们的教师应该做好充分准备，注重知识和经验的积累，不断提高自身素质，更好地适应新时期教学的需要，这样才能把学生培养成有适应社会需求的人才。

**参考文献：**

[1] 向政庆：《中职计算机专业课程考核改革的探索》，《职教论坛2006》，云南大学出版社2006年版。

[2] 刘乃琦：《计算机专业面临的挑战与创新》，《计算机教育》2005年第12期，第5~8页。

# 恢复学生的自信心
# 提高计算机专业教学的效率

广东鹤山市职业技术高级中学　李细江

**摘　要：** 现时的职中学生很多经过九年的应试教育，觉得学习是一种无奈、一种痛苦的经历。他们中不少人对各方面（包括学习）都失去了信心，以各种理由逃避学习。本文从心理学的角度，针对职中在计算机课程教学中出现的问题，阐述如何结合计算机技术的学习，通过给学生细分目标、教会学生批判接受知识等方面对学生进行心理辅导，恢复学生的自信心，以及如何通过鼓励学生从行为上体现自己的价值，取得社会的肯定，增强自信心，从而提高计算机专业教学效率的方法。

**关键词：** 职中生　自信心　计算机专业

在计算机专业教学中，不少教师认为现在的职中学生素质越来越差，难以教会他们；而学生则认为计算机是一门高深的学科，有着害怕、恐惧的心理。如何解决师生之间教与学的矛盾，取得良好的教学效果，让教师教得开心，学生学得轻松？笔者对此做了探索，认为其实自信心的培养是学生学好计算机的第一步，也是教学是否能达到预期效果的首要条件。

如何培养学生的学习自信心呢？

第一，应该让学生明确可及的学习目标。

职中的学生普遍比普高的学生学习基础差、无心向学，这已经成为一种事实。冰冻三尺，非一日之寒，他们都是已经有九年学习经历的学生了，学习对于他们来说不是快乐，而是一种无奈，或者是痛苦的经历。九年的学习让他们受尽了学习的苦，有不少学生是想学的，但是本身的基础不好，或者自控力差，或者还有家庭的原因，让他们的学习追不上同龄人，或者现有的考试制度让他们讨厌，所以害怕学习。如何树立学习目标，让他们心中重建学习的自信心，这是教学的第一步，也是最重要的一步。

第一，为他们确定学完这门课的最终目标。让他们知道这门课程学完后，可以实现什么梦想，从而“诱惑”他们为了自己的梦想而努力奋斗。可以让学生看同龄人学完这门课程后所完成的作品或者项目。例如在教做网页时，先让学生看“全国中小学生电脑制作活动”的网页作品；在教 VF 前，先让他们看网上别人的 VF 的毕业设计；在教 Powerpoint 时先让学生欣赏成功的文稿作品……让他们在羡慕和惊叹中明白计算机有什么作用，有什么重要性，并通过一边欣赏一边分析，告诉他们，这些作品都是他们的同龄人在老师的指导下做出来的，只要他们认真学，他们也一样可以做出来，甚至可以做得更好。帮助他们重燃起心中的梦。学习积极性和自信心一旦被激发起来了，从而有了梦想，有了追求。

接着，我们把远大的目标分为多个小目标。告诉他们每完成一个小目标，就是向远大的目标靠近一步。每一个远大的目标都是这样一步一步实现的。当每一个小目标完成后都要总结归纳、测试、展示给每一个学生看，让他们找出差距，互相学习，互相帮助，共同进步。由于学习目标明确，他们的学习就不再盲目。可见教师为学生确立目标是必要的，也是重要的。

第二，应教会学生学会批判地接受知识，提高他们学习的自信心。

计算机发展历史并不长，计算机的发展史就是年轻人实现梦想的历史。从第一台计算机的诞生到当今比尔·盖茨的微软世界，世人不得不承认计算机的世界是属于年青一代的；而且从它的进步，让人感到计算机科学永远在发展中，永远是年青的。每个计算机专业教育工作者都有一个梦想，希望自己的学生能在未来的电脑世界中“独领风骚，指点江山”。如果老师只要求学生听话就可以了，教出来的学生也许在校成绩很优秀，但却经不起社会的洗礼。而这样的教学，学生也会觉得很累——没有新意。但如果教师从一开始就教育学生，不要迷信书本，不要迷信教师，要相信真理，要相信自己可以超越前人，鼓励学生敢于发现书中的错误，对能找出书中错误的给予适当的奖励，学生学习就有了新的动力。例如，在人民邮电出版社的《Visual foxpro 实用培训教程》中学生就找出了二十多处的错误；在《网页制作试题汇编》中找出了十多处错误。学生还发现南开大学出版社的《全国计算机等级考试一级 MS Office 教程》里面有的知识太陈旧了，应该被淘汰，已经追不上社会步伐……同时，也鼓励学生善意地指出教师的错误。对这些“纠错”行为教师要加以肯定。在教师的赞扬下，学生体现了自我价值，放下了自卑，自信心油然而生。事实证明，学生无论在书本中还是课堂上，每次找出前辈的错误时都异常兴奋，脸上自信之表情久久不退。

第三，应让学生明白自信的源泉来自书本、教师、网络。

计算机科学发展很快。就算在校学好了计算机专业知识，将来也不可能一劳永逸，而且老师也不可能永远在身边终身当指导。因此，要使学生明白要适应社会，就要不断更新知识。一个人能够成功，就看他能不能站在巨人的肩膀上。巨人在哪里呢？书本就是一个巨人，从中可以获得新知识新技术；教师就是一个巨人，从他那里可以解惑；网络也是一个巨人，网络上容纳了更新的科技，容纳了更多的经验教训，在网上有不少教学网站，使人很容易以这个巨人为基础发展自己。因此在教学中应鼓励学生通过书本、教师、网络学会课程内容甚至课外的新技术，要求学生遇到困难时不要闭门造车，在自己想办法的同时，要学会借助外界的力量，学会“站到巨人的肩膀”上。知识多了，见多识广了，自信心自然就会涌出。

第四，应把目标细分层次，让学生在竞赛中体验成功，在成功中提高学习信心。

每个学生的水平是不同的，如果统一为一个目标，对能力高的学生来说太容易，对能力差的学生来说又太难。我们教学的目的就是让学生努力向上，这个目标不能太难，使学生无法触摸而放弃向上的努力，也不能太易而无法激发学生向上的热情。不妨设计一个让每个学生努力跳一跳就可以触及的目标，如在教学中让学生自己找学习上水平相当的对手，让他们在上机时相邻，让他们每次比赛、测验都和对手相比较，看谁是赢家。例如，在教打字时，让他比输入的正确率，比较打字的速度，比较打字的姿势；在学习网页制作时，让他们比较，哪个网页做得漂亮，哪个做得有创意；在学习 VF 时，看哪个编的程序快，哪个做的界面好……总之，他们在比赛中或者测验中和对手你追我赶，不但可以让整个班集体形成良好的学习气氛，还可以让他们明白只要努力，他们可以学得会，学得好。信心有了，学习的动力有了，教学的效果也自然是令人满意的。

第五，在教学上，应让“能者为师”，让学生的自信心来自“先走一步”。

在教学上，可以指导一些有自学能力的学生先行自学。到上机时，让这些学生完成上机任务后协助教师辅导班里的同学。这样一来，能力强的学生不至于早早完成教师的任务而无所事事地去玩游戏，或者讲话；能力弱的学生由于学不到、学不来而整天围着教师团团转，使上机的纪律乱成一团无法控制。能力强的学生应该让他们养成自学的习惯，在他们做“小老师”辅导同学的过程中提高自己的学习自信心，让他们为了继续做“小老师”而不断努力自学，这是一个不断奋斗的过程，也是自信心不断提高的过程。也让班里其他学生明白学习成绩好是来自于自觉。

第六，自信心来自社会的肯定。

作为教师，应成为学生有力的后盾，鼓励、支持、协助学生乐于帮助身边对掌握计算机功用有困难的朋友、亲人，体验自己的能力和价值。例如，让学生帮我校的教师重装系统，让学生用“会形会声”帮亲人把婚礼做成 DVD，让学生用“Cooledit”把音乐和自己的歌声配起来，让学生用“Dreamweaver”结合“ASP”自己做一个点歌的网页并发送到网上供班里的同学欣赏，让学生用“Authorware”为老师制作课件……同学的肯定、家人的赞赏、身边的人的支持，能够使学生们体验到自我价值，从而树立更强的学习自信心。

总之，要让学生学好计算机知识及技能，首先要帮助学生增强学习的自信心。这不但有利于学习效率的提高，也是学生塑造完美人格的需要。我们作为教育工作者都希望能培养出充满自信的人才，这也是社会的需要，因为只有自信才能在社会中获得成功。

# 旅游服务与管理专业论文

# 创设合理教学情境 优化职高课堂教学

## ——浅谈旅游服务专业课“前厅服务”教学情境设计

广西职教中心旅游部　丁立华

**摘　要：** 职高学生学习主动性不是很强，为了能更好地取得专业课的教学效益，教师必须改革教学结构，更新教学理念，促进真实性学习。本文就旅游专业教师如何设计教学情境、优化课堂教学进行阐述。

**关键词：** 创设　合理　教学情境

教学情境是情感环境、认知环境和行为环境等因素的综合体，即教学活动进行的过程中，由师生的主观心理因素和客观环境因素而构成的一定的教学氛围和场景，简而言之，就是“情”与“境”的有机融合。好的教学情境总是有着丰富和生动的内容，不但有利于学生全面发展，也有利于学生的个性形成。职高生的学习意识稍差，学习态度也不是很明确，在教学中，教师如果还是采取“一言堂”或是很呆板的说教，只会让学生反感，所以，教师应根据教学内容和学生的知识水平设置合理的教学情境。

为了保证教学情境能充分发挥其功能，在设计教学情境时，需要注意以下问题：

一是情境的真实性。学习情境越趋于真实，学习主体建构的知识就越可靠，就越容易在真实的情境中得到应用，从而达到预期的教学效果。真实的情境有利于培养学生的观察、思维和应用能力，有利于培养学生的真实情感和态度。

二是情景作用的全程性。情景设计往往在教学活动开展之前进行，情景教学不应该只在某个教学环节中起作用，它应该在整个学习过程中都能激发、推动、维持、强化和调整学生的认知活动、情感活动和实践活动，在教学的全程中发挥作用。

遵循以上原则，我在教学中努力设计了各种教学情境。

## 一、创设快乐的教学情境，提高学习的趣味性、新颖性

### 1. 改变传统的教学模式，让学生“动”起来，满足学生好玩的心理

部分职高生在初中时就已非常厌倦老师满堂灌的教学方式，进入职高后若仍按原来的学习标准去要求他们，会让他们觉得异常“难受”。我曾经做过观察，在课堂上采用传统教学方法，老师在讲台上讲得声嘶力竭时，通常学生会有几种表情：少数乖巧的在认真做笔记，部分人已经听得呆若木鸡，早就不知神游到什么地方去了，剩下一些胆大的已经和周公约会了。这样的教学效果可想而知。而在旅游服务的专业课中，有一些教学能力目标是必须要求学生具备的，于是在备课时我把每一节课的“能力目标”设计成一些有意思的小环节，让学生“动”起来，这成为每节课的亮点。如上旅游服务专业课“前厅服务”有一节讲到前厅服务员的素质时，这一节的能力目标是要求学生必须具备正确的审美意识，知道服务员在工作期间有哪些仪容仪表方面的要求。如果用老一套的教学方法，虽然学生也能接受这些观点，但是印象不会太深，于是我在课前准备了一些漂亮的空姐身穿制服的图片，也请班上部分学生按照自己的意愿着专业制服，上课时让学生进行两者的对比，那节课学生非常活跃，争先恐后地指出

同学穿制服和图片上的标准着装之间的区别，从而总结出酒店员工在工作期间仪容仪表的要求，甚至还能说出为什么要这样要求。学生们在笑声中结束了一节课，而我从学生欢快的话语中获得了很大的启发：快乐能给学生带来学习的动力。

2. 注意教学中学生的参与性，不忽略学生在教学中的主体地位

学生在课堂上表现出的种种行为，其实很能反映学生的学习心理。如果老师只是一味地在讲台上说教，学生会对枯燥的说教形式产生厌倦的心理，从而在课堂上有伏桌、走神、讲小话等一系列精神不集中的表现，反之，如果老师的讲解能吸引他们的注意力，学生的参与性就会非常强，整节课合着教师的节拍，教学效果也会特别好。所以我在备课时尽量从教学内容出发，如“前厅服务”课理论较多，学生对纯理论接受较吃力，我就把知识点变成小问题，让学生在课堂上自学时自己先去发现答案，或者干脆先不设疑，让学生自行学习，我再提问，看看本节内容有没有什么让学生感到疑惑的地方。有时学生提不出什么问题，那么教师再直接提问，让学生思考后再回答。通过变换教学形式，主要是提高学生在教学中的参与性，突出其主体性，让更多的学生积极投入课堂教学活动中，即使是他们会问出一些让人尴尬的问题，也表明学生是在注意和参与课堂教学活动，应该给予肯定，而不是嘲笑。

## 二、创设活动化的教学情境，在实践中努力摸索，提高课堂教学效率

适宜的情境常常是跟实际活动联系在一起的。设置开展活动化的教学情境，便于展开探究、协作和问题解决等研究性学习活动。

“前厅服务”课中最重要的是学生必须掌握不同类型的客人来

酒店入住时的接待程序。在讲解这部分内容时，由于缺乏实际的演练，学生对老师一再强调的重点很容易感到模糊，有时甚至理解不了，如果只是老师反复强调，学生很难形成永久记忆。在讲到一些服务程序的内容时，教师设置不同类型客人的入住接待的情境，让学生以小组为单位，互相扮演客人和服务员来表演接待程序。这样的教学效果固然好，但是，好像总是有些许不足。我发现表演的同学特别来劲，下边看的也挺高兴的，看完后往往又提不出问题。学生是感到高兴了，但是没有达到我的预期效果。课堂上的快乐不仅仅是指让学生大笑，而且要学生在快乐中学会思考。于是在原来表演的基础上我设置了评委团，每一个小组都有一名同学来担任评委，也允许组内其他同学来补充评委的评判不足，而且把表演的细则事先规定好，由评委根据各个小组的表演来评分，增加表演的趣味性。改变之后再让学生表演，发现无论表演的学生还是观看的学生都很认真，因为每个人都有任务。

把问题情境活动化，就是让学生投身到问题情境中去活动，使学生在口说、手做、耳听、眼看、脑想的过程中学习知识、增长智慧、提高能力。改变教学方式后，要更多地考虑到学生的兴趣点和快乐的因素，让他们在快乐中学会思考和发现问题，从而更牢靠的掌握知识。

**三、创设生活化情境，让教学内容更接近社会，加强学生与社会的接触**

学生在学校接受完职业技术训练到单位实习时，总是觉得课本上的知识与实际似乎不太一样，很多学生都存在这样的困惑。为了弥补这样的不足，我在教学过程中尽量从教学与生活、社会的结合点入手设计教学情境，开展教学活动。实践证明，只有在真实情境中获得的知识和技能，学生才能真正理解和掌握，才可能到真实生活或其他学习环境中能解决实际问题。

在学到酒店的分类时，学生不能很好的理解什么是酒店式公寓、经济型酒店、会议型酒店等，我除了给他们提供一些精美的图片观看外，还让学生自己去参观酒店。我给学生提供不同酒店的地址，让学生利用课外的时间自己去参观酒店，参观回来后我就在课堂上提问，刚开始学生是没有目的的看，回来后就只能告诉我建筑的外形漂亮与否这样简单的表面现象。随着教学内容的深入我会让他们继续观察，或者自己想办法进到酒店内看看，然后继续提问，例如酒店的选址、附近的环境、服务员着装、大堂的设计等，有些问题可能一次课解决不了，可以多让学生们带着问题去看，通过实地考察，有些问题不需要老师过多解释学生也会明白。而且学生通过自己与酒店接触，能够更好的了解他们今后的工作环境。

知识、技能、情感来源于生活，植根于生活，把知识、技能、情感生活化，可以让学生从直接的生活经验中亲身体验情境中的问题，有利于培养学生的观察能力和初步解决实际问题的能力。

总之，传统教学方式忽视了学生在学习过程中的情感作用，而心理学表明：成功与兴趣是相辅相成、互相促进的。学生的学习积极性是顺利完成学习任务的心理前提，而学习的积极性又是伴随学习动机、学习兴趣形成的。精心设计教学情境，提供恰当的感知材料，设置合适的问题情境，可以激发学生的学习动机和学习兴趣，调动学生的主动参与性，挖掘学生的认知潜力，形成自觉学习、有效学习和乐于学习的学习风气。

**参考文献：**

［1］徐英俊：《教学设计》，北京：教育科学出版社 2001 年版。

［2］谢利民：《教学设计》，北京：中央广播电视大学出版社 2004 年版。

# 对中职学校“饭店服务与管理”专业教材建设的几点思考

重庆市旅游学校　邹　薇

**摘　要**：目前职业教育面临生存和发展的关键时期，教材建设显得尤其重要。本文分析中职“饭店服务与管理”专业课程教材目前存在的问题，介绍笔者在参与教材建设的过程中，结合自身教学开发教材的一些心得体会。

**关键词**：中职专业教材　问题　对策建议

教材是学校办学、开展教学活动、实现既定培养目标的基本条件，它作为知识的一种重要载体，既总结和概括前人丰富的知识，又吸收和反映当代科学技术的发展水平。教材是学生学习的对象，是学习主体对其进行信息加工的客体，是人类经验传承的主要渠道，是学生心理结构构建的物质基础，也是教师用以构建学生心理结构的外部工具或手段。21世纪科学技术迅猛发展、各学科信息量急剧增加、知识更新周期缩短，这就要求我们培养的人才要具有良好的综合素质、较强的应变能力和创新能力。目前，各学校把专业调整与改革、课程结构体系的调整与整合作为改革的重点和关键。在这样一个职业教育面临生存和发展的战略转型、教育教学改革的关键时期，教材建设显得尤其重要，已成为深化教育教学改革的主要内容之一。

## 一、目前中职校“饭店服务与管理专业”课教材普遍存在的问题及分析

20 世纪 80 年代以来，中等职业教育在教材建设方面也陆续做了较多工作，但与国外职业教育和国内普通教育相比，职业教育的教材建设仍欠成熟，还需不断完善。就中职“饭店服务与管理”专业教材建设而言，我们必须正视已存在的问题：

1. 编写体例传统

在本专业教材编写中，编者按学科和知识的逻辑体系编写的占绝大多数，侧重于介绍基础知识和原理，编写时“以教师为主，以理论为主，以纸介质为主”，循规蹈矩，按传统模式编写。这主要源于思维定式，所以缺乏创新性。

2. 部分内容滞后

饭店业的迅速发展决定了饭店专业学习内容也应与时俱进。但我们不难发现现行教材中，传统内容多，反映新知识、新技术、新工艺、新材料、新案例、新方法少。由于技术进步加快，教材内容和实训条件跟不上技术的进步和发展，致使教材内容严重滞后。当然，缺乏行业间有效及时的沟通也是致使教材内容滞后的重要原因。

3. 教材形式单一

教材选编统一化，教材的体系形式单一，编写风格单调，缺少配套的学习指导书、实验指导书、教师参考书，除纸介质教材外，缺少多媒体电子教材以及在线学习与交流平台和测试评价系统。我们不难发现，本专业大部分学科教师与学生使用的都是同一本教材。与普通教育相比，教材形式较难适应学生的有效需求。

4. 课程设计缺少特色

教材语言文字表述古板单调，生动活泼的直观性不够；知识逻辑平铺直叙，缺少启发性、灵活性和学习方法的指导性，不符合学生的认知规律，教学效率不高，实践性和可操作性不强。对现行本专业教材，基本无“教”和“学”过程的设计，教师的教和学生的学都感到无指导性，这和新职校教材开发理念是相违背的。

此外，部分教材参编者工作任务重，知识更新速度慢，实际工作经验不足，也会致使不少专业教材理论联系实际不够，缺少工作应用案例分析，学习的指导性与实践的参考性不足。

**二、中职校饭店服务与管理专业课教材建设对策建议**

我校有幸被定为中澳（重庆）职教合作项目学校，选定“饭店服务与管理”专业进行项目试点。本人也作为课程设计的一员，参与教材开发工作。结合近几年的探索和实践，我想谈谈自己的一些体会和思考。

第一，从教材编写策略来说，必须有明确的指导思想。我校经常开展系列研讨会，老师们在学习《国务院关于大力发展职业教育的决定》所提出的“以服务为宗旨、以就业为导向”办学方针和教育部提出的“以全面素质为基础、以能力为本位”教育教学指导思想的基础上，统一了认识，努力将先进的教育理念融入教材编写工作中。

第二，从教材内容的选择来说，内容要体现针对性，实用性，并注意和其他学科教材内容的统整。在教材内容的筛选上，将典型的工作任务和成熟的最新成果纳入教材的同时，又充分考虑了国家职业资格标准，在保证学历教育质量的同时，努力实现学历证书和职业资格证书的“双证”融通目标。在教材素材的选择上，力求选择的素材来自于生产实际，并充分考虑其趣味性和可迁移性，以有效地促进学生职业兴趣发展和职业能力的拓展，以及满足其就业后能够很快适应工作的需要。

我校在专业内容的选择上充分认识到，就读职业学校“饭店服务与管理”专业的学生，他们的目标很明确，就是希望能学到过硬的本领，能在星级酒店对口的工作岗位上工作。我们发现原有教材中那些陈旧、过时的内容已经不再适合现在行业的需求，因此，本校抓住中澳职教合作项目的契机，加大了和行业的联系。我们多次走访国际型星级酒店，组织了和各部门经理的调研会，收集了行业需求数据，认真剖析了行业能力标准，确定了增删的教学内容，如酒店餐饮部就需要学生掌握意式咖啡的制作、茶艺的技能，故在教材内容的选择上就相应增加这部分内容。行业需求什么，我们的教材就应该体现什么，真正做到“以行业需求为导向”，让学生学到实用的知识和技能，为学生进入未来岗位奠定坚实的基础。当然，随着现代社会的飞速发展，知识的内涵、学生的特点也在不断发生变化，教材内容也需要不断调整和完善，这也应是一个持续的长期的工作。

第三，从教材形式上来说，它应体现多样化的要求。在教材体系的确立上，应体现出学科教育向职业教育的转变。探索案例式、师生互动式、体验式等应成为实用性强的教材的表现形式。

以往，本专业教师用书和学生用书都是一样的。教师的教与学生的学未能明确地体现。我校在《前台服务与管理》、《客房服务与管理》、《餐饮服务与管理》等教材结构设计中，采用以工作过程为导向的教材结构，因为这些服务与管理活动都是体现在工作过程的每个服务与管理环节上。我校教师授课有“教材”，学生学习有“学材”，专业课材料更多样化，十分切合教学实际，取得了很好的效果。

第四，在教材编写中，重视各种教学方法的设计，应充分体现“以学生为中心”的灵活的教学方式。

以往的教材根本无教学过程与教学方法的设计这个环节，新材料则将这部分内容增加进去，对教师教学和学生学习起到了帮助的作用。教学过程设计的好坏直接影响教学效果，它是教学活动的重要组成部分。过去专业课教学法通常比较单一，主要是教师讲授，教师是教学活动的主体，在教学设计中很少考虑学生活动，忽略了学生的参与性，也就是俗话说的“一支粉笔一张嘴”。而新课程开发是“以能力为本位”，学生是教学活动的主体，因此，让学生“动”起来，充分调动学生学习的主动性和积极性是非常有必要的。教师作为教学活动的设计者，要在课堂上采用各种教学方法，找到最适合学生学习的方法，以帮助他们掌握专业技能。我校在专业课教材设计中常设计的灵活多样的教学方法主要有：

（1）课堂讨论法。这是一种培养学生动脑思考、学会交流沟通的好方法。让学生先思考，再通过集体讨论、交流得到答案，这样有助于学生更有效地记住要学习的知识。分小组讨论、“头脑风暴法”的即兴讨论都是较好的讨论形式。

（2）角色扮演法。这是专业授课中较受学生欢迎的方法。让学生身临其境，模拟未来工作角色的一言一行，能激发学生学习的兴趣，有助于达到教学的目标。

（3）情景模拟法。这是教师围绕某一教学目标和教学内容，为学生创设直观、真实的教学环境和条件，模拟企业生产现场，仿真企业实际运行过程，通过实施周密的过程控制以达到一定的教学目的的一种教学方法。在模拟的工作场所及特定的情景中，按规范完成对客服务，这是学生在专业课程学习中较实用的一种方法。它与角色扮演法相比较，学生的活动空间更广，操作更贴近实际，但必须有相关的设备设施、工作场地的支持。

（4）多媒体教学法。目前教育正朝着教育现代化发展，因此，在教学中广泛使用现代信息技术是刻不容缓的要求。Video，

Photo，Flash，Internet，幻灯片等技术的大量运用，不仅能提高学生的兴趣，也能增大课堂知识容量，提高教学质量。当然，要让多媒体技术广泛应用，教师必须掌握技术设备的操作技术，要把它作为一项基本功来抓。

（5）外出调查法。让学生走出教室、走向社会、走近行业进行广泛的调查，这是一种调动学生学习积极性的好方法。它打破传统教学空间的限制，让学生带着疑问去走访行业、观察行业，很多学习中的问题都能迎刃而解。

其实，灵活的教学方法还有很多，作为教师，只要你确信：通过你为学生设计的一系列活动，最终学生都能学到知识，达到能力要求的标准，那么，你的设计就是成功的。“让学生在轻松和快乐中学习”，把“要我学”转变为“我要学”，这才是灵活的教学法最终的目标。

第五，从教材编写的主体来说，基于职业教育的“职业性”、“实用性”特征，因此，教材编写的主体就不仅包括学校行政人员、教师和学生，而且还应包括企业、行业的相关专家、技术人员的智力和技术支持。

要建立校企合作的校本课程开发运行机制。从学校层面看，它应采取如下具体措施：聘请行业、企业的专业技术人员作为校本课程开发小组成员，并给予他们相应的待遇；成立一支较为稳定的、专业知识结构较为合理的“校企合作”的校本课程开发小组；行业企业人员应参与到校本课程开发的全过程之中，包括前提调研、方案设计及实施、效果评估以及校本课程的修订完善等诸多环节。

教材开发是一个不断调研、尝试、实践、完善的过程，相信在国家对职业教育尤其关注和重视的今天，教材开发一定会迎来新的发展时期，作为职业教育工作者，我们愿意参与其中，并期待新的飞跃。

**参考文献:**

[1] 邢晖:《对中职学校教材建设的几点思考》,《中国职业技术教育》2005 年第19 期, 第19 页。

[2] 谭泽晶:《试论中职校本课程开发支持系统的构建——兼论“校本化”教材的编写》,《职教论坛》2003 年第 10 期,第24~25 页。

[3] 卢爱娇:《培养中等职业学生操作能力的思考》,《当代经济》(下半月) 2006 年第12 期, 第74~75 页。

[4] 刘晓魁:《高职专业课程教材开发研究探讨》,《商情》(教育经济研究) 2007 年第4 期, 第89 页。

# 浅论中等职业学校礼仪专业课课堂教学改革

云南省文山州文山县职业高级中学　朱源媛

**摘　要：**礼仪教育是学生步入社会与人交往的一座桥梁，同时更是具有专门礼仪要求的专业的学生工作的制胜法宝。本文本着指导教学的研究目的，针对中职学校特点，对礼仪课课堂教学方法的创新进行了有益的探索。

**关键词：**中等职业学校　礼仪专业课　课堂教学改革

## 一、中职礼仪专业课概述

我国自古以来素有“礼仪之邦”的盛誉，礼仪在中华民族的传统中占有重要的地位。随着我国对外开放程度的加大，了解中外礼仪，有助于我们开展中外交流、经贸合作、友好往来活动；有助于增进与各国人民之间的沟通和互信，促进友谊，同时也将在实践中丰富和发展我国的礼仪文化和礼仪建设；对于开拓国际市场、促进中外贸易交流，具有直接的现实意义。因此，在“以服务为宗旨，以就业为导向、以能力为本位”的职业教育中，普遍开设了礼仪教育课。与中国教育系统中其他几类学校教育阶段的礼仪教育不同的是，中等职业教育中的礼仪教育由三个部分组成。

一是作为公共必修课的礼仪教育。这部分礼仪课面对全校学生开设，不分专业设置，一般开设在入校的第三个学期。但由于没有教学的指向性，教师和学生都不太重视，往往被当做思想道德教育的一个部分。

二是作为专业必修课的礼仪教育。这部分礼仪课仅仅面对旅游专业、商品经营专业等具有专门的礼仪修养要求的专业开放，成为其专业课体系的一个重要组成部分，根据不同专业的特点，进行有针对性的教学。

三是作为职业素质课的礼仪教育。这一部分的礼仪课同公共必修课相似，面对所有专业的学生开设。一般安排在学生毕业实习之前的实习准备阶段进行。其主要目的是强化学生的基础职业素质。

在我校，礼仪课的分类是不明显的，虽然各专业都有开设，但是在教材、教学、教师等方面都没有太大区别。针对我校的礼仪教学实际，本文就作为专业必修课的旅游专业礼仪专业课的课堂教学改革进行探讨。

## 二、中职礼仪专业课教学现状

礼仪专业课是旅游专业等服务型专业都要开设的专业课程，要求学生在学习必要的礼仪知识的基础上，重点掌握从事专业实际工作的基本能力和基本技能，立足于充实学生的礼仪素养、提高学生整体素质、强化学生礼仪技能训练、培养学生综合实践能力的形成上。它对服务型专业能力形成方面具有重要作用，占有重要的地位，所以，在教学上应该加强重视。但是在实际教学中却并非如此，中职礼仪专业课教学存在以下几个问题：

一是教学思想陈旧，观念狭隘。在大部分人的常识里面，礼仪是随着人的成长逐渐积累的一种基础素养，没有必要专门学习。因此，学生普遍认为礼仪课应该作为公共课开设，开设礼仪专业课没有必要。有很大一部分专业课教师也把礼仪课当做公共课来上，教学方法一般是缺乏互动性的“填鸭式”，拘泥于单纯的理论讲授，实践训练与理论也存在脱节现象。由于教学方法单一，课堂气氛沉闷，学生很容易产生疲劳感，精神懈怠，教师讲授的内容无法在学生中产生共鸣与回应，教学效果较差。

二是礼仪专业课内容简单易懂，教学上重视不够。礼仪课教学内容涵盖各类礼仪常识和社交基本理论，与其他专业课程不同，内容上难度不大，没有深奥的理论，学生一看就懂，所以往往不够重视这门课，而教学过程中，教师又局限于照本宣科，课堂气氛较沉闷，学生听课很难投入其中，教学状况不容乐观。更不容乐观的是，在我校的 4 个专业组当中，从事礼仪课教学的教师没有一个是科班出身的，大部分是上其他课兼带上礼仪课的，因此，对礼仪课的重视程度也就不会很高。其中，我校的公共事务组是专门从事服务类职业教育的专业组，礼仪专业课只有公共事务组开设，但是，我校的教务处为礼仪专业课准备的教材和礼仪类公共课是同一本教材，相关的校本教材建设力度也不够。

三是礼仪教育渗透在学科教学中，再进行专业教学显得重复。礼仪是人的基本素养，因此在很多文化基础课和专业技能课中都会涉及礼仪的教学，虽然比重不大，但还是让学生在学习礼仪专业课的时候感觉到似乎已经学习过了，所以就丧失了学习兴趣。

四是礼仪专业课的考核方式效果不显著。礼仪课程实践性很强，而以往该课程的考试主要以理论考试为主，“一考定成绩”，导致学生对所学的知识死记硬背，融会贯通的能力较差。目前，我校的礼仪专业课的考核方式很简单，就是笔试加技能考试，但是技能考试的考核标准很不明确，完全由教师自己把握，考核的科学性不强。

由此可见，传统的教学手段和考核方式已经很难满足礼仪课程教学的需要，只有根据新形势的需要不断创新，构筑全新的教学新体系才是唯一的出路。

## 三、中职礼仪专业课课堂教学改革初探

礼仪课教学是服务型专业的专业必修课，这对学生以后进入社会，成为一位合格的礼仪人员具有重要意义。针对目前的教学现状，该课程改革的方向主要是教学重点的转移，即从理论讲解向学生自主学习与教师指导实训相结合转变。

### （一）制订符合教育规律和工作实际的课程大纲

制订专业培养方案的关键是从实际出发，礼仪专业课的教学大纲制订也要从实际出发。这里有两方面的意思：

#### 1. 从岗位工作实际出发

礼仪专业课程内容广泛，课程内容的选择应根据工作实际的需要进行，对职业能力形成真正起到作用。不可否认，教育大纲的制订往往滞后于生产实际，但我们可以通过不断地调整将这种滞后减到最少。

#### 2. 从教学实际出发

礼仪教学应结合学校所能提供的办学条件和学生的实际情况，采用以实践教学为主的教学模式，以提高学生的礼仪应用能力为目的的教学方法和手段，最终实现充实学生的礼仪素养、提高学生整体素质、强化学生礼仪技能训练、培养学生综合实践能力的专业培养目标。

因此，我校必须尽快开展礼仪课教学的课本研究，探索和制订全新的教学大纲，针对目前开设礼仪专业课程的商品经营、幼儿教育、旅游服务与管理、物流管理等几个专业制订切实可行、以学生发展为目标的教学大纲。

### （二）采用多种教学方法，丰富课堂教学环节

#### 1. 运用启发讨论式教学法，突出学生主体性

传统教学中，教师是传授知识的主体，而在礼仪教学中，要

强调调动学生的积极性、主动性，应该在课上凸显学生的主体作用，启发他们思考和参与讨论。教学过程中，教师应尽量避免单纯的理论灌输，而应通过提出一些与礼仪密切相关、与生活联系紧密的问题，引发学生思考，师生充分探讨，达成共识，达到掌握知识的目的，这样学生才能自觉地将课上的理论学习延伸到课下，按礼仪要求规范自己的言行。

例如，在讲解“公共礼仪”这部分内容时，可以设计一些简单的问题，如：“想一想，当你独自走在校园里，会不会把一些废纸、果皮等杂物扔到不远处的垃圾箱内？单独一人去卫生间时，会不会自觉地把便池冲干净，把水龙头关紧？”等等，通过学生思考，使学生认识到礼仪的自律性原则，认识到在无人监督之下，能自觉遵守行为准则的人才是真正有修养的人。

2. 采用情境教学法，加大实践性教学环节

各项礼仪规范虽然具有一定的理论性，但最终的学习目的是应用于实际。礼仪的本质是在实践中才能表现出它的真实意义的，这就要求在礼仪教学中必须注意理论与实践相结合，培养学生实际运用所学理论知识的能力。而情境教学法的使用，正是这一教学要求的体现。

运用情境教学法，就是利用学生思维活跃、表现欲强的特点，适当安排学生进行实践训练，先由教师讲授训练的方法、步骤、要领及注意事项并适当示范，再通过创设情境，让学生扮演各种角色投入其中，提高学生的学习兴趣，活跃课堂气氛，以使学生加深对所学礼仪知识的感性认知。在情境演示前，首先要让学生温习、巩固有关的理论知识，在演示中，让学生分组演练评比，并让每组学生在全班内进行技能表演，相互观摩，取长补短，最后由老师考核评分、作总结，让学生通过实际操练熟练掌握基本技能。这一类的实践课学生都积极参与，热情高涨，使原本较死板的课堂教学变得生动活泼。

例如，在进行“递物接物礼仪”的教学中时，可以设计一个商务人士见面的场景，安排一次实训课，通过情境的反复演练，使学生掌握递物接物的注意事项。

3. 运用多媒体教学手段，提高课堂教学效果

在礼仪课教学中，充分运用多媒体手段，可以取得良好的课堂教学效率，促进课堂教学质量的提高。教师可以运用 Powerpoint 制作幻灯片课件，可以将一些简单的动画和现成的图片穿插到文字中，将枯燥的理论变成生动的画面，以增强教学内容的形象性，提高教学效果，增强学生的注意力，激发学生的学习兴趣。在教学的时候，还可以播放一些礼仪相关的教学片，通过教学片中标准的礼仪展示，让学生直观地学习到具体的技能。但是，目前我校的硬件设施对这项改革有诸多限制，因此，此项操作最好作为辅助项来供选择即可。

（三）全新模式考核学生，全方位正确评价学生学习

礼仪课程的考核目的不仅是考查学生对理论知识的掌握程度，更要考查他们的基本修养与素质，需要检验学生的实践操作能力，看他们是否具备了现代人应当具备的礼仪规范和文化修养。因此，在对学生的评价问题上，不能单纯只看作为终结性评价的结业考核，而要将形成性评价和终结性评价综合运用，既注重过程又考虑最终考核结果，全方位评价教学效果。

1. 形成性评价全程评价学生，注重学生学习过程中的变化

形成性评价又称过程评价，是对学生日常学习过程中的表现、所取得的成绩，以及所反映出的情感、态度、策略等方面的发展作出的评价，是基于对学生学习全过程的持续观察、记录、反思而作出的发展性评价。形成性评价使学生“从被动接受评价转变成为评价的主体和积极参与者”。

形成性评价的应用，要注意及时评价，并认真记录评价结果，以便日后进行最终评价时作为参考。

2. 设计合理有效的考试形式，科学考核学生礼仪知识的沉淀

根据礼仪课内容的特点，较为合理有效的考试形式应当是把考核内容分为理论知识考试和实践操作考核两部分。第二部分的考核可以通过专业技能汇报表演，让学生自编、自导、自演礼仪小品来实现。这样的考核形式容易使学生充满好奇和兴奋，跃跃欲试，摆脱沉重的应试心理负担，可以让他们在兴奋中发挥出最大的潜力来。这种综合考核的形式已不仅仅是对礼仪知识的掌握和运用能力的考查，实际上也是对学生综合社交礼仪素质的检验。当然，考核中也要制定出严格细化的评分标准。

总之，礼仪专业课在中职教育服务型专业的教学当中占有重要地位。虽然礼仪课的教学现状存在问题较多，但是“礼仪”作为一门新兴学科，在进行新的教学探索方面具有一定的有利条件。所以，中职学校的礼仪专业课教师必须要把“促进学生发展”放在第一位，发挥自己的创造力，创新地进行礼仪专业课教学。

**参考文献：**

[1] 齐冰：《现代公关礼仪》，中国商业出版社 1999 年版。

[2] 周卫勇：《走向发展性课程评价》，北京大学出版社 2005 年版。

# 浅谈导游专业教学中的案例教学法

四川省旅游学校　周亦波

**摘　要：** 本文简要讨论了案例教学法在导游专业教学中的作用、收集相关案例的方法，以及分析了案例教学中存在的问题及其解决思路。

**关键词：** 案例教学法　导游教学

## 一、导游教学中存在的一些问题

21世纪的导游，步入了一个新台阶，进入了一个新境界，即导游知识化、科技化、专门化、个性化与艺术化。导游肩负着五大员（即：宣传员、调研员、服务员、安全员、翻译员）的职责。导游服务工作的好坏，不仅直接影响旅行社的经济效益，也关系到我国旅游行业的进一步发展，甚至关系到我国在国际上的声誉和形象。因此，一方面，各旅行社现在对导游从业人员的挑选越来越严格，如吸收已参加工作的毕业生，并使他们能尽快上岗、单独带团等；但另一方面，旅行社又基于成本的原因，不愿为在校学生提供跟团踩线学习的机会。

一般说来，导游的培训方法大致有课堂讲授、直观教学（声像）、专题研讨（案例）和实践培训等几种。而旅游院校的导游教学，大多仍然沿袭教师讲、学生记的“填鸭式”传统教学方法。究其原因：一是受传统的教育思维模式局限，这在导游专业的教学大纲要求上反映尤为明显；二是旅游学科的发展，在我国也只有十来年的历史，旅游教学培训方面的师资大多是从其他学科“半路出家”转行过来的，既没有经过正规、系统的旅游专业教育，也缺乏导游工作的实际经验，所以往往基于自身的教学经验和习惯，自然地沿用原有的教学模式，即使科班出身的教师，也偏重于书本理论知识讲解；三是受教材限制，即使有的教师曾尝试新模式，有所创新突破，也因为没有适用的教材配合而功亏一篑。

传统教学法中存在的弊病是显而易见的，这不利于实操性专业学生技能和综合素质的培养。从最近几年全国导游人员资格考试的现场情况来看，报考人员除了专业知识缺乏外，导游服务技能、讲解能力、应变能力等整体综合素质普遍较低，难以满足旅游服务工作的需要。

现实中，导游是一项实践性、操作性和自主性极强的职业，有其自身的行业和职业特点，倚重于经验发挥和技能运用。基于这些要求，导游专业学生的教育培养也就不适宜采用灌输式教学法，而应注重对学生的技能训练，这显然是传统教学方法所不能做到的。

这里又引申出另一个问题，教师侧重于传授理论知识，而在职业工作中却要求学生会做。由于经验所限，教师无法很好的指导学生学习应用型知识和实操技能。曾经有院校尝试聘请在企业工作多年、有丰富实践经验的行业专家担任院校兼职教师，但收效甚微。这些行业专家虽有实践经验和能力，却因为欠缺教学经验和理论基础，导致教学效果不理想。导游教学呼唤“双师型”教师。

由此，有必要引入理论与实际相结合的案例教学法对导游进行教学培训，全面地提高导游的素质。

## 二、案例教学法的实效

时代的变化和现实的需要，促使导游教学要有所突破和创新。其中，案例教学法是一种值得借鉴的新型教学模式。

（一）案例教学法是一项较成功的教学方法

案例教学法是以企业管理的实际情景作为实例，对学生的思维、经验、技巧进行强化训练的一种教学方法。它是在学生掌握一定理论知识的基础上，有目的、有选择地把企业的客观实际情况展示给学生，以此来锻炼与提高学生发现问题、分析问题和解决问题的实际能力。案例教学法符合理论与实际相结合的精神，注重培养学生的实际技能，这恰恰适应了对导游专业学生的教学要求。

（二）通过案例解读吸收知识

导游教学案例，是在行业专家、经营管理实践者们经过长期摸索，从行业事件、工作经历中挑选出来的大量生动、丰富和有价值的事例，其中包含着实用而可仿效的经验、最新的知识、操作技巧和方法。通过专业教师从教学角度加以科学归纳、提炼和总结，配合图文声像多媒体等教学手段，以案例形式升华成为教材。学生对通俗易懂、现场记述的案例进行解读，围绕日常旅游工作过程中出现的典型问题，自我思考、独立分析、提出办法。教师从旁提点、给予指导，或者组织学生集体讨论，就不同思路、理解和方法互相比较，帮助学生吸收和掌握。重要的是，学生通过案例解读，促进知识与能力相匹配，并最终变成自己的东西，在实际操作中能够发挥自如，达到学以致用的教学目的。即使从旅游业的人力资源增值和继续教育的角度来看，实施新颖、生动、丰富的案例教学，以提高学生的学习兴趣和职业素质，也是一个值得尝试的举措。

旅游从业人员的知识面要求十分广泛，涉及政治、社会、经济、历史、地理、宗教、古建筑园林、民族风情、语言、文学艺术、美学、消费心理学、各种旅行知识和常识等，以及人际沟通和组织管理等多个领域，但现实中不可能让学生在学校期间完整、全面和有系统地去学习这些知识。虽然涉及多个学科，实际使用的范围和深度却是有限的，强调的是有所掌握、满足需要、懂得运用。所以，这些知识可以通过案例加以综合学习，从实际使用角度进行吸收。如人文景观讲解的“六要素”（历史背景、景点用途、景点特色、景点地位、景点价值、名人评论等）就可以通过案例进行综合讲解。

又如，对于中国古建筑的艺术和特点的掌握，当然不可能要求旅游专业的学生具有像建筑专业的学生那样的知识广度和深度，这样既没有必要，也浪费他们的学习时间和精力。解决的方法是通过有关案例的具体介绍，如以北京的宫廷建筑和苏州的民居式园林建筑等进行对比，通过案例解释，让学生既掌握不同建筑风格的特征与区别，也让学生了解在导游工作过程中，如何向游客讲解这方面的知识和典故，更让学生从中掌握表达的方式和技巧，避免出现令游客不满的说教式讲解。

导游工作是一项操作性、自主性和随机性极强的工作。让学生根据自己的职业取向、个人特点和优劣势，基于已有的文化知识水平，在教师指导下，选择相关案例作为学习的主攻方向，以课堂学习或自学形式，争取在短时间内了解导游工作的主要程序、工作步骤，领会基本的操作技巧，熟悉各类景点的导游内容和服务技能。这是在一般情况下需要经过多年实践才能掌握和积累起来的，它有助于学生毕业后参加工作时能够迅速上岗任职，缩短了从学生到导游之间的过渡期。

（三）从案例演练中培养技能

语言、知识、技能是导游服务的三要素。游客满意、解决问题、保证安全是导游工作的三个关键，而它们又存在多变性、突发性和差异性的特点。导游工作的职责就是为游客提供服务，因此要求导游人员有较强的实操能力。导游过程中的事件处理，是对导游人员工作能力的重大考验，全凭导游人员的经验和发挥。处理得好，游客满意，导游人员的威信会因此提高，旅行社的声誉也会增强；反之，不仅游客不满，还有可能留下隐患。即使是同一条线路、同一个景点，也有天气状况不同、游客层次不同、行程安排不同、面对的问题不同等差异。但有一点却是共通的，就是游客对服务满意的要求相同，这就要求导游人员要具有很强的应变能力和处理突发事件的经验，在这些差异与一致之间，运用知识、能力、技巧和态度加以协调。对于没有实践经验的学生来说，单靠一般的听课式教学，是不可能获得这方面的训练的。

导游案例教学法正是在吸取成功经验的基础上的一种移植，但区别于其他学科案例教学的一般要求。它有自己的专业特征和教学目的，强调案例的直观效果和模拟性、参与性、启发性。以师生互动的方式，通过事件讲解、集体讨论、发言辩论，参照案例进行示范观摩、过程演练，让学生充当、扮演角色。既有教师从旁解说、引导传授，也有学生的临场练习和效果反馈，使师生的教与学同步，从而启发学生能真正领悟，懂得运用，甚至加以创新。例如，万一遇上意外，应该如何处理，联系哪些部门，怎样向游客解释，作出怎样的安排等等，避免从理论到理论，一遇问题就措手不及而不会解决的尴尬情况发生。

导游过程中遇到的问题，不可能预先估计，也没有标准划一的应对办法，如何去解决，完全取决于导游人员的经验判断和处事能力。教学案例本身就是一个理论与实践相结合的典型，是对有丰富经验的导游人员的现场环境、活动事件，或者旅游行业专家的演讲、经验的介绍进行记录。其中都包含着景观介绍、文化知识、行为过程、操作方法和处理技巧等的具体描述。案例教学是以模仿为基本手段，以培养技能为重点，为学生营造一个仿真的情景氛围，强调学生主动介入和参与，从情景教学中领会经验知识培训实操技能，与传统教学中学生被动听讲相对立，是启发式教学的具体运用。有利于丰富学生的操作体验、服务感受和现场印象，使学生从中了解导游工作的性质，在别人身上学习经验，总结认知，增强工作意识，锻炼学生的服务、表达、处事和应变等能力，从而为提高学生的自信心起到促进作用，最终让学生所学知识转化为技能。如教师应尽可能地把每一节专业课设计成一次导游过程，把上课的内容具体化、形象化、现实化，使学生在接受知识的同时，逐步地掌握导游讲解技法。

总之，案例教学应作为提高旅游行业整体素质和规范化教育管理的一个手段。众所周知，导游从业人员的工作独立性强，随意性大，流动性高等是不争的事实，这对旅游行业，特别是旅游从业人员进行职业规范化管理带来极大的困难。通过案例引导，可以直观、具体、生动地把国家政策、管理法规、行业守则、服务观念、职业道德和行为操守等的要求向业界传递，实施统一性、强调性和标准化的教育管理，为我国旅游事业的健康发展探索出适合国情的教学和管理模式。

## 三、建立导游教学案例库的方法

现实中收集案例大致有以下几种渠道：

一是搜集一线旅游企业（旅行社、旅游饭店、旅游景点等）的自编自存案例，进行筛选、整理和提炼。

二是在每年的导游年审期间，利用济济一堂的导游业务人员聚会的时机进行经验交流和集体讨论，从中收集、归纳活生生的典型案例。

三是利用互联网平台，以评选、有奖征集等激励方法向社会征集案例。同样的案例不可能适用于不同区域、不同层次、不同水平的学生或者导游从业人员，因此，案例库应进行分类建档、按需检索。案例的形式可充分利用现代科学成果和技术手段，适宜多样化、丰富化，包括文字、图片、动画、录像、多媒体，甚至互联网页，方便不同层次、不同区域、不同需要的教师和学生检索、使用。

## 四、案例教学法中存在的问题与解决思路

这里应该看到，实施案例教学，仍然存在着若干的问题。例如：（1）缺乏足够的、高质量的案例提供给教学使用，现有的案例远未能涵盖导游教学大纲要求和导游工作所需要的广阔知识面；（2）案例的分析和讨论需要占用大量的课堂时间，容易影响教学的课程进度；（3）没有统一的正确答案，不容易让学生抓住学习重点，因此，对教师的理论知识水平、实际操作经验和问题处理能力要求很高；（4）不同案例之间没有联系，不能像一般理论课程那样具有讲解的连续性和系统性，等等。

针对以上问题，可以通过以下方式找出解决办法：

第一，如前所述，通过多种形式，建立旅游教学案例库。组织资深的专业教师和行业专家，建立由管理部门、教学院校、经营企业相结合的模式，从政策导向、管理规范、理论研究、知识教育、实践演练、经验积累等多方面、多层次、多角度收集和编审案例。提高案例的权威性、通用性和质量水平，以满足不同层次、不同专业门类和知识水平的教学培训需要。

第二，导游专业的学生应做到“五勤”：勤动脑、勤动手、勤动嘴、勤动眼、勤动腿。可提供给学生大量的案例进行阅读，自己总结学习心得。教师通过批改作业，从中发现学生的欠缺所在，然后组织学生集体讨论或进行课堂讲解。既让学生从案例中吸收知识和丰富阅历，也通过重点传授增强学生理解的深度，使学生形成学生金字塔式的知识结构，达到专精与广博的统一。

第三，案例教学，并不是为学提供标准答案，主要在于找出

当时情形下的适当的解决办法。事实上，在现实中遇到的问题，没有唯一的解决方法和标准的正确结论，往往是因时因地因事而有所选择。重要的是让学生掌握基本技能，懂得判断和发挥。这也是现代教育真正目的。

第四，案例之间存在零散性，正符合学生从事导游工作所面对的实际情况。导游工作本身就是由一次次的独立旅游活动、一组组的独立景点串联而成。每一个案例，等于给学生提供了一个工作环节，学生从中作有针对性地学习吸收，能满足每一个学生不同的学习要求。对于系统性的知识则通过理论教学加以讲授，使理论与经验相互贯通。

第五，针对目前的师资条件，可通过与旅游行业专家进行合作的方式，院校教师侧重于理论教育，行业专家传授实践经验，从而满足现实的教学需求。

# 对西藏林芝地区“农家乐”的现状及未来发展趋势的探索

林芝地区职业技术学校　郑　伟

**摘　要：**西藏林芝地区旅游资源丰富，交通便利。在地区地委行署的重视和引导之下，林芝地区“农家乐”逐步兴起和发展。但由于是新生事物，林芝地区的“农家乐”尚存在发展层次低、服务不规范、管理落后等方面的问题。本文通过对林芝地区“农家乐”现状的分析，挖掘其问题存在的原因，并结合我国现阶段“农家乐”发展的先进经验和地区实际进行探索，提出合理意见，希望对地区“农家乐”的发展起到引导作用。

**关键词：**西藏林芝　农家乐　现状　发展

西藏林芝地区位于西藏东南部的森林地带，这里植被丰富，地貌多样化明显，气候宜人，民风淳朴，民族文化丰厚，交通便利，具有良好的旅游发展条件。近几年来，在地区地委行署的重视和引导之下，林芝地区确立了“发展生态旅游”的旅游发展规划，在这个规划的引导之下，林芝地区的“农家乐”也如雨后春笋般兴起。从林芝地区旅游发展的未来趋势来看，林芝地区的“农家乐”有很大的发展前途。

## 一、林芝地区“农家乐”的现状及存在问题

目前，林芝地区的“农家乐”已有二十多家，这些“农家

乐”分布在地区各县的周边地区，主要为游客提供钓鱼、打牌和餐饮方面的休闲服务。其发展势头较好。林芝地区“农家乐”由于是新生事物，存在规模不大、热点不多、形式单一、层次较低、管理落后等方面的情况，总的说来存在以下五个突出问题：

一是地区旅游行政管理部门和社会各界对“农家乐”的认识不足。地区旅游行政管理部门没有充分认识到“农家乐”在地区发展旅游促进经济中的作用，没有把发展“农家乐”作为建设社会主义新农村、促进农牧民增收和推动地区旅游产业升级的一项重要工作来抓，农牧民和企业等社会各界投身“农家乐”的热情不是很高，与内地有些地区的“农家乐”发展态势相比，林芝地区的“农家乐”显得相对较冷清，与林芝地区旅游发展的强劲势头不协调。

二是“农家乐”的发展缺乏积极有效的引导和扶持。目前林芝地区“农家乐”的发展还处于自然发展的状态，地区旅游行政管理部门对其发展的关注力度和引导力度不够，对其发展缺乏科学的规划和引导，资金的投入和政策的扶持不足。

三是“农家乐”形式单一，产品开发层次浅，服务质量不高。林芝地区的“农家乐”主要为游客提供钓鱼、棋牌和餐饮服务，其中餐饮是其主要内容，而餐饮只有以鱼为主的川菜和藏餐两种。休闲内容较多，农事体验的内容较少，民俗文化的内容基本上没有；产品配套性不强，食、住、行、游、购、娱、体、学、疗、悟十大旅游要素不健全；娱乐活动单一，缺乏吸引力，游客停留时间过短，基本上以一日游为主；服务员素质不高，餐饮服务和客房服务方面的基本知识缺乏，服务意识不强；管理方式落后，卫生条件较差，对环境的破坏较大。

四是宣传力度不够。地区旅游行政管理部门缺乏对“农家乐”的系统统计，没有将本地区的“农家乐”作为一项重要的旅游产品进行整体形象宣传，旅行社也没有把“农家乐”纳入旅游线路的重要环节进行促销，到目前为止，地区还没有举行过以“农家乐”为主题的旅游产品促销活动，在区内和区外的影响力和知名度很低。

五是管理方法落后，缺乏制度化管理和系统管理。林芝地区的“农家乐”发展的初级阶段决定了现在的管理方法基本上还处于家族经营和管理阶段，没有形成制度化和系统化管理，漏洞较多；地区旅游行政管理部门还没有充分重视其在旅游活动中的重要作用，对其管理还处于模糊状态，没有出台专门针对“农家乐”的规章和条款。一旦“农家乐”出现管理上的问题很难有专门的行业规章制度和条款对其进行约束和惩罚。

发展“农家乐”，既要从地区的旅游实际和发展规律出发，又要吸取我区和内地发展“农家乐”的经验和教训，合理取舍，遵循旅游业的发展规律，凸现我区的“农家乐”的个性特征，使我区的“农家乐”向制度化、产业化和科学化方向发展。笔者主要提出以下几点建议：（1）合理定位；（2）优化结构；（3）明确其发展方向。

现代旅游业的快速发展，也促使“农家乐”生态旅游这一特色旅游项目快速兴起，其主要内容是：“吃农家饭，住农家院，干农家活，看农家景，享农家乐。”“农家乐”的兴起充分体现了党中央提出的“发展‘三农’，重视‘民生’”的指导思想，是建设社会主义新农村思想的重要体现。在我区发展“农家乐”应该从我区的“三农”实际出发，定位在“发展‘农家乐’，促进农民增收”这一目标上，以此提高“农家乐”的知名度和发展水平。林芝地区发展“农家乐”可按以下三个步骤进行：

近期目标：将“农家乐”发展成为我区的休闲娱乐疗养的首选目的地，把“农家乐”作为区内游客节假日出游旅游线路的重要环节以及城镇居民休闲度假的重要线路。我区的“农家乐”距离城镇较近，交通方便，环境优美，具有很强的吸引力，发展近距离旅游有极大的优势。

中期目标：西藏自治区的地域差异非常大，林芝地区森林覆盖面积大，氧气充足，海拔低，水源丰富，相对于藏北的拉萨、那曲、日喀则等高寒缺氧地区具有极大的地理优势，对区内高寒缺氧地区的居民有很大的吸引力；林芝地区的农业经济形式主要以种植、林业和畜牧业为主，为生活在城市里的居民提供了一个疗养、体验农耕畜牧生活的环境。

远期目标：林芝地区特殊的地理环境、淳朴的民风以及神秘的本教文化对内地的游客也充满了吸引力。同时，林芝地区海拔相对较低，是内地来藏旅游游客适应高原环境的重要缓冲地带，这些优势的存在使其在远期看来具有广阔的发展空间。“林芝地区农家乐”承担了内地来藏游客体验藏区农业生活、适应高原环境的重要途径和平台。把林芝地区的“农家乐”建成全国知名的体验藏区农耕生活的胜地，使其成为社会主义新西藏、新农村以及援藏成绩的知名区成为必然。

## 二、做好市场调研，提高服务硬件和软件水平

### 1. 从林芝地区的实际出发，找准旅游目标市场

林芝地区的经济条件在西藏自治区属于中上水平。经济的发展和闲暇时间的增加使出游人数增多，居民休闲度假的需求强烈。通过对林芝地区旅游市场的调查，当地政府加大了开发力度，使潜在的旅游市场变为现实。近年进藏游的人数呈现逐年增加的趋势，2007 年为 84 万人次，同比增长 34%；2008 年为 120 万人次，同比增长 47%（注：本数据来源于《西藏旅游年鉴(2007)》），进藏游游客市场已经成为我区发展“农家乐”旅游的重要目标市场。做好进藏游游客市场的调研和开发工作，抓住这部分客源将是我区发展“农家乐”旅游的重要保障。随着我

国国际地位的不断提高，国外来华旅游的人数不断扩大，进藏游的人数也不断增加，远期的客源市场应该着眼于海外客源市场的开发上。

2. 规范服务程序，增加服务内容，提高服务质量

“农家乐”的服务水平将直接影响到游客的对地区旅游服务的整体水平和质量的评价，并且决定了地区旅游发展的前景。林芝地区“农家乐”的发展应从以下几个方面开展：

（1）服务程序规范有序。通过开展各种培训活动，提高服务员的思想水平和服务意识，使其掌握正确的餐饮和客房服务程序，在对客服务中做到“以人为本，亲情服务”，提高“农家乐”的软件水平。

（2）增加服务内容。“农家乐”提供的服务内容丰富多彩，对游客具有很大的吸引力，是增加游客数量的重要保证。林芝地区的农耕生活丰富多彩，农业文化内涵深厚，可加大对传统农业文化的发掘力度，使游客在休闲度假的过程中通过各种形式的活动参与到农业文化活动中去，既能丰富其生活又可以达到对藏区农业文明宣传的目的。

（3）突出特性和个性化，实行差异化经营策略。形式的单一和内容的雷同使“农家乐”的市场竞争加剧，市场淘汰严重，对有限的环境资源也是极大的浪费。实行差异化经营策略可以有效提高对有限资源的利用效率，同时对游客来说还能起到积极引导和促进的作用。旅游行政管理部门应该在深入调查和了解地区农业文化的基础之上，对“农家乐”旅游市场做好引导和扶持工作，使每个“农家乐”都有自己的个性和特色。

3. 政府主导

旅游行业涉及面广，带动性强，需要政府在其中进行协调和指导，理顺各种关系，保障旅游行业的有序进行，“农家乐”的建设和发展离不开政府的主导作用。地区旅游行政管理部门应该

做好“农家乐”发展的统筹规划、资源开发、宣传促销、政策扶持以及基础建设等方面的工作，协调好“农家乐”的投资方、农村组织以及旅行社等方面的利益，使“农家乐”的发展能够顺利进行。

4. 遵循市场规律

“农家乐”的发展要遵循市场规律，按照市场规律运作，不能盲目进入。政府在做好旅游市场宏观调控的基础上对其进行政策引导和扶持，不能干预“农家乐”的正常经营。

## 三、做好环境监控，走旅游可持续发展道路

旅游资源的稀缺性决定了地区发展“农家乐”必须走可持续发展的道路。林芝地区旅游行政管理部门要加强对“农家乐”的环境监控和指导，重视在“农家乐”在修建的过程中充分考虑对自然环境的保护性建设。从“农家乐”的选址修建以及日常的管理工作都要围绕环境保护来进行。“农家乐”的选址要做到与自然环境和谐统一，修建过程中对被破坏的环境要及时修复，对日常经营活动中产生的垃圾采取集中收集，统一处理。

# 浅谈“客房服务与管理”等酒店类课程教学

湖南省桃源师范学校　赵生兰

**摘　要：** 中等职业学校旅游专业课的教学效果和企业的要求还存在较大差距。为了培养出优秀的、受用人单位欢迎的毕业生，本文就如何改进教学中的存在问题做了一些探讨，并提出了一些具体措施。

**关键词：** 中等职业学校　客房服务与管理　教学改革

“客房服务与管理”等酒店类课程是中等职业学校旅游酒店类专业的重要课程。通过这门课程的学习，不仅要求学生掌握一般理论知识，而且要求学生会运用所学知识进行一些基本的技能操作。因此，对旅游酒店类专业的学生来说，本课程学习的好坏将直接影响到他们走上工作岗位以后的工作能力。

本人曾承担多年的“客房服务与管理”和“前厅服务与管理”课程的教学任务，根据教学中的亲身体会，以及对学生所做的一些调查和反馈的信息，本人认为，目前酒店类专业课程的教学在许多方面都难以适应就业单位对中职毕业生的要求。

## 一、教学中存在的主要问题

1. 当前使用的教材基本上没有反映出目前中等职业学校的教育特色

随着我国市场经济体制的进一步完善，企业的用人机制越来越完善，就业竞争日趋激烈，中职毕业生的就业岗位已被确定为生产第一线劳动者。这样，中职教育的培养目标已经由“学历教育”转到“提高劳动者素质的教育”，也就是培养既懂一定理论知识又能动手操作的“应用型人才”。所以新的教学内容也必须围绕这一中心而设计。只有明确培养目标，选取合适的教学内容，才能培养出高素质的劳动者。

然而，当前大多数中等职业学校所用的酒店类专业课教材，都是花大量的篇幅介绍理论知识，而对实用的方法、技巧提得太少。比如高等教育出版社出版的《客房服务与管理》一书，介绍了四种扫帚、三种畚箕，还有各种吸尘器、干洗机等机械设备，而如何使用这些扫帚、畚箕、吸尘器、干洗机等器具，以及使用时需要注意的地方、需要达到的清洁程度等却没有具体的介绍。

2. 教学方法落后，难以反映职教特色

由于受教学大纲、教材内容及目前大多数中职学校条件的限制，教学上仍然是采用以老师讲读为主的旧模式。教学中学生只是被动的接受者，能够参与动手的时间少，对要操作的事物接触不多。而目前职业中专学生所处的年龄阶段，对事物的认识往往是从感性认识开始。没有足够的感性认识和技能操作训练，学生将来到了工作岗位，还是和初中毕业时差不多，要操作任何具体的东西都动不了手。

作为职业教育核心领域的教学方法，其理论研究长期没有得到充分的重视。没有教学方法的变革，职业教育的改革就是一句空话。改革与现代中等职业教育不相适应的教学方法是提高中等职业教育质量、提高劳动者素质的根本途径。

3. 学生兴趣不浓，学习积极性不高

我们知道，兴趣是人力求认识事物并力求参与活动的心理倾向。事实证明，对某一对象产生了兴趣，学生就会聚精会神、专心致志地对待它。教材枯燥乏味，如果再花很大篇幅进行“卫生清扫”的介绍，就容易让学生觉得“客房服务与管理”这门课程就是只是教他们以后在酒店如何整理和打扫卫生而已。因此不少学生认为客房整理就是搞卫生，认为酒店工作纯粹就是卫生清洁，而搞卫生是一件非常容易的事情，根本不需要学习。由此失去了最后一点学习兴趣，也对到酒店工作失去了兴趣。

4. 学生虽掌握一定的理论知识，但实践操作能力差，对上岗准备不足

学生在校的两年到两年半的学习期间，都是以学习理论知识为主，参与实践操作的机会太少，所以实践操作能力非常差，对所要从事的工作不够了解，思想准备不足。

## 二、造成这些问题的原因

第一，当前大多数中职学校使用的教材都是由高等教育出版社组织一些教授、专家编著的，编写教材的人并不担任这门课的授课任务，而具体负责上课的教师又往往没有能力编写教材。这就造成了编写教材的人费了很大的力气去编写，力图严谨、科学、全面，却不知使用这本书上课的教师的不便和无奈。

第二，目前担任旅游专业课授课任务的教师很多是高校相关专业的毕业生。他们在高校所学的也基本上是理论知识，实践操作很少，缺乏系统的实习。所以这些教师在授课的时候，同样只是把重点放在理论讲解中，由于他们本身动手能力就比较差，教起学生来当然费劲。

第三，许多教师主要采用讲授法来讲“客房服务与管理”、“前厅服务与管理”这些专业课，这也是学生对这些课程兴趣不浓的重要原因之一。

## 三、改进措施

以就业为导向来规划和设置中职课程，既是由职业教育的目的决定的，也是为了满足受教育者职业发展的需要。要让我们的学生在完成三年的学业后，真正学到实用的技能，有一技之长，就必须改变目前的教学状况。

针对上述几个方面的问题以及出现这些问题的原因，结合本校学生实际，本人做了一些思考，提出以下改进的措施。

### 1. 建立较高档次的实训基地

作为中等职业学校，我们的任务是把每一个学生都培养成德、智、体、美、劳全面发展，具有综合职业能力，在生产、服务、技术和管理第一线工作的高素质的劳动者和初、中级专门人才。传统的课堂教学结合短期少量的毕业实习的教育方法培养不出高素质的劳动者和初、中级专门人才，培养不出受企业欢迎的、一毕业就能上岗的学生。因此，建立实训基地，提高学生的操作技能，使学生尽早深入到实践中去是唯一出路。而且，实训基地还要具备一定的规模，另外，实训基地环境和设施影响、制约着实训效果。如在小旅店、招待所里实习，就培养不出星级酒店里符合国际标准要求的服务技能。因为小旅店、招待所根本不具备使用这些技能的基础条件和劳动环境。要培养高素质的劳动者，就必须为他们营造高等级的实训环境，给他们提供符合训练目的的设施和条件。因此，实训基地建设起点不能低，至少要符合三星级标准的饭店的要求，才能真正为培养相关人才发挥作用。

针对不同的中等职业学校的实际问题，可以选择和当地的高星级酒店联合起来办学的方式。国内已经有不少中职学校与酒店联合办学成功的例子了。旅游专业教学对学生的实际操作能力要求较高，通过合作可弥补我国中职教育中普遍存在的资金和设施设备投入不足的问题。学生可以在学校先学一定时间的理论知识和模拟实操；然后到酒店去实训一段时间，让学生在实践中掌握了理论知识；最后再回到学校，总结前一段实训工作，培养学生继续学习的能力和适应职业变化的能力。这样做的结果，企业喜欢，因他们付出较低的成本，就得到了大量自己最需要的订单式培养出来的人才；学生高兴，他们学习到了自己最需要的理论和实践知识，体验了工作的辛苦和乐趣，自身素质得到了极大提高；老师满意，他们不仅从繁重枯燥的理论教学、模拟实际操作中解脱出来，还在学生实习的酒店了解到最新的服务标准，在后面的教学工作中更容易理论结合实践，提高教学水平。

2. 大胆更换教材

高校教授所编写的教材，其严谨性、科学性、全面性等方面固然有许多优势，但是这些并不是中等职业学校学生最需要的，他们最需要的是实用的、有趣味的教材。

有一些酒店员工的培训书，在实用方面的内容编得更加丰富，而理论方面的知识比例降低了；一些教材在案例选择上特别丰富，趣味性也非常强。这就需要我们中职学校的领导和教师多多为学生考虑，仔细挑选适用的教材。

对于有能力编写校本教材的学校，可以参考各家之所长，编写最适合自己教学所需要的教材，这是最佳选择。

3. 利用多媒体手段教学

利用互联网广泛收集与酒店有关的图片信息，可以采用多媒体教学、现场教学等手段使学生更好地理解教学内容，同时可以增加教学内容的直观性、趣味性，提高学生的学习兴趣，在教学过程中，将学生从被动接受者变成直接参与者，从而达到学习目的。

对学生从来就没有接触过的事物，光靠一张嘴来讲解介绍是远远不够的，即使你说得再详细，学生可能仍感到茫然。像“客房服务与管理”课里提到的吸尘器的使用，就算是让学生把相关的知识背熟了，但学生还是不会使用；又如酒店的设施、布局等知识，只有真真切切地让学生看到了实景，学生才能理解。如果利用多媒体手段，播放一些如何使用吸尘器的视频，或者能够在教学现场给学生提供一台吸尘器来练习，这样效果就大不一样了。当然，平时教学中，还可以利用多媒体给学生欣赏一些精美的酒店外景、内景图片，针对学生对酒店认识的偏差，以此来对学生进行一些思想观念的教育，激发学生对从事酒店工作的热情。

4. 加强与兄弟旅游学校间的合作与交流

中职旅游学校间建立信息互通的网络系统，使专业教师能及时了解各地方、各方面新的信息，相互探讨教学方法，交流教学资料，有利于中职旅游学校在教学改革中取长补短，提高教学质量。

学校要多多安排老师参加各地组织的中职旅游年会、参加骨干教师培训等，专业教师要积极、主动、虚心地与其他学校的专业教师共同讨论、互相学习。本人参加过一次年会，这次又参加国家级骨干教师培训，获益匪浅，感触是很深的，多听听其他学校教师和高校教师的课确实可以学到许许多多新的东西。他们的教学思路、教学方法、教学内容、教学创新等方面都有很多值得学习的地方。

5. 建设“双师型”教师队伍

教师是强教之本，是决定学校教育教学质量的关键。从事职业教育的教师不仅要会说，还要能做。因此要采取“送出去”和“请进来”的办法，努力建设一支“双师型”的教师队伍。

一方面，从兄弟学校、星级饭店、旅行社等相关的旅游行业聘请一批高质量的名师、管理人员、工作人员来做兼职教师，使教学中理论和实践相结合，从而全面提高学生的就业能力；另一方面，应根据不同情况，采取不同措施，鼓励有一定实践经验的教师参加教育、劳动、人事等部门组织的职业资格考试，取得职业资格证书，并且有计划地安排一部分教师到生产、服务、管理的第一线锻炼，从事实际工作，在工作中不断积累经验，丰富知识。这样才能建设起一支“双师型”的教师队伍。

旅游业的飞速发展离不开旅游教育的支撑，中等职业学校旅游专业的教学更应该根据旅游人才市场的需求进行改革，使我们培养的学生更适合社会所需，由此促进我国旅游业的发展，使旅游职业教育事业充满蓬勃生机！

**参考文献：**


［1］范运铭：《客房服务与管理》，高等教育出版社 2006 年版。

［2］吴梅：《前厅服务与管理》，高等教育出版社 2006 年版。

# 论“饭店服务”专业学生素质的培养和训练

湖南长沙铁路职业中专　张子如

**摘　要：**本文阐述对学生进行专业素质培养和训练的重要性，分析了“饭店服务”专业学生必须具备的专业素质以及教学中进行专业素质培养和训练的方法。

**关键词：**“饭店人”　专业素质　专业素质的培养和训练

本人从事“饭店服务”专业教学工作已经将近十年了，对于专业教学工作一直在不懈地努力摸索。为了把学生培养成为饭店满意的合格员工，必须明确作为专业教师在课堂里到底要解决什么问题。“饭店服务”专业课的教学目的是把学生培养成为能够胜任饭店工作的员工，即“饭店人”。“饭店服务”专业课如“前厅服务与管理”、“客房服务与管理”、“餐饮服务与管理”等课目的都是通过介绍饭店知识，讲解饭店机制、饭店部门职能、饭店各岗位职能及操作规范等知识，使学生毕业后能成为合格的“饭店人”。怎样培养合格的“饭店人”呢？除了专业知识的传授以外，还有什么对学生的就业及发展最有帮助呢？通过已经毕业的学生反馈回来的信息以及多年来对饭店行业的了解，我越来越觉得，在教学中，学生专业素质的培养和训练对学生就业后所起的作用最为重要。于是，本人在多年的教学工作中，越来越注重对学生专业素质的培养和训练，并且取得了较好的教学效果。

**一、“饭店服务”专业课教学中，学生专业素质的培养和训练最为重要**

“饭店人”的现状和饭店行业的特征表明：要成为合格的“饭店人”，专业素质培养和训练最为重要。

1. “饭店人”的现状

走进任何一家酒店，面对“酒店人”（“饭店人”），你一定能够感觉到他们的亲切、热情、礼貌和服务的周到。他们的音容笑貌、言谈举止让人感觉非常舒服，你会觉得他们具有鲜明的行业特征。面对他们，我常常会好奇地想知道他们所受的是哪一种专业教育。于是，我调查了长沙市某五星级酒店所有员工的专业教育情况：

某五星级酒店员工总人数706人，其中：

A. 决策层4人，酒店服务与管理专业1人，占25%

B. 管理层24人，酒店服务与管理专业3人。占12.5%

C. 执行层56人，酒店服务与管理专业10人，占17.9%

D. 操作层622人，酒店服务与管理专业76人，占12.2%

所有酒店员工中，学习酒店服务与管理专业的人数为90人，占全部员工总数的12.75%，其他员工大多是学习中文专业、外语专业、文秘专业、经济管理专业、计算机专业、公共关系、财会等专业的。

2. 饭店服务行业的特征

为什么有近90%的非本专业人士在酒店从业？为什么酒店业的从业人员专业教育程度概率这么低？而且事实证明：非本专业人士不仅能从事酒店业，而且他们当中有相当一部分人还做得非常成功。为什么这种现象在建筑设计、计算机、财会等行业里却很少见？经过长时间的反思，我终于得到了答案：酒店服务行业不是一个科技含量很高的行业。任何人具备了一定的素质，通过一段时间的学习就能掌握酒店专业知识和技能，并能胜任酒店工作。能否在酒店业中取得更大的成功，关键在于个人自身的综合素质。

透过“饭店人”的现状，了解了饭店行业的特征，我们更明确了“饭店服务”专业除了教授专业知识和技能以外，更重要的是对学生进行专业素质的培养和训练。

3. “饭店服务”专业学生的现状与合格“饭店人”的差距更表明专业素质培养和训练的重要性和迫切性

如前所说，“饭店人”是行业特征非常鲜明的一个群体。但刚入校门的学生是怎样的呢？刚从中学迈入职校学习的是十五、六岁的花季少男少女。他们有的来自农村，有的来自城市。来自农村的学生大多衣着简朴，学习刻苦，但自信心不强，普通话不够标准，语言表达缺乏技巧；而来自城市的学生则大多不爱学习，衣着前卫，特立独行，普通话虽较标准但语言表达直接而不顾忌他人感受。无论前者还是后者都与合格的“饭店人”的要求相距很远。要使这些的学生发生根本转变，成为合格的“饭店人”，仅仅靠专业知识教育是远远不够的，必须加强对他们的专业素质和综合素质的培养和训练。

## 二、饭店服务专业的学生需具备的专业素质

稚气未脱的学生要想成为“饭店人”，应该具备哪些专业素质呢？根据学生的现状以及“饭店人”对素质的要求，我发现最需培养和训练，同时又能结合专业知识进行培养和训练的素质有：

1. 思想素质

树立正确的人生观和价值观是专业知识传授、专业素质培养的基础。专业教育要帮助学生过好角色转换关。饭店服务专业的

学生学习期满后就要步入饭店的工作岗位。学生从父母“宠”着的掌上明珠到端盘子“侍候”人的服务员，从老师“教”着的学生到普通劳动者，从被监护人到社会人经历着急剧的角色转换。在这个过程中，他们非常需要关心和指导。角色转换关虽然不可能完全在课堂上完成，但是在课堂一定要对学生的心理承受能力和面对困难、解决问题的能力加以训练和培养，并且帮助学生树立正确的人生观和价值观。因为如果思想素质没有得到根本的提高，其他任何素质的培养和训练都无法进行。

2. 礼貌礼节

学生从小学跨入校门的第一天起就知道要有礼貌，比如见到老师要行礼问好，要使用礼貌用语：“您好”、“谢谢”、“对不起”、“没关系”、“再见”，与老师同路应让老师先行等，仅此而已，大部分学生说到礼貌礼节就只知道这么多。其实，礼貌是人与人之间在接触交往中，通过言谈、举止来表示谦虚恭敬和友好的言行规范。它体现了时代风尚和道德规范以及人们的文化层次和文明程度；礼节是礼貌的具体表现形式，是礼貌在语言、行为、仪表等方面的具体规定。它反映着某种道德原则，反映着对他人的尊重和友善。“饭店人”应该是非常有礼貌、懂礼节的一个群体。但学生所理解的礼貌礼节或者说已具有的礼貌礼节是远远不够的，除了多说敬语以外，我们必须让学生知道什么是得体的举止。比如讲究语言表达的委婉性；应如何化淡妆；应怎样选择职业着装；与客人应保持的有效服务距离；打电话应注意的礼仪；手势运用如何得体适度等。这些素质都应该并且也可以在课堂中加以培养和训练。

3. 语言能力（方言、普通话、英语、表达能力）

饭店服务具有直接性，即员工与客人直接面对面。饭店大部分岗位都必须直接面对客人进行服务，员工的语言能力对服务工作的好坏有直接的影响。客人有本地人、外地人、外国人，员工在工作中能使用标准的普通话、流利的英语是做好本职工作的基本条件，同时如果能适时地使用方言，能拉近与客人之间的距离。良好的表达能力对于与客人的沟通具有重要意义。语言能力培养和提高的关键在于加强练习，专业教学应为学生提供方言、普通话、英语等练习的机会。

4. 主动性和自信心

“饭店人”行业特征鲜明。微笑、言谈、举止都充满自信的员工才能很好地与客人交流、沟通，主动为客人提供最好的服务。学生羞涩的微笑、模糊不清的言语、不够优雅的举止大多是缺乏自信心的表现，而不自信的学生大多缺乏主动性。所以我们对学生自信心和主动性的培养和训练要有紧迫感。

5. 良好的人际关系处理能力

客人的满意程度是衡量服务质量好坏的标准。在某种意义上可以说饭店服务行业就是一个“讨好人”的行业。这个行业的成功很大程度上取决于你用什么方式对待不同需求的客人，怎样与上级、下级和其他同事相处等人际关系的处理能力。而且从“学生”到“社会人”的角色转换心理跨度非常大，在人际关系的处理上有很多东西需要学习。在专业课的教学中，这种素质也可以进行培养和训练。

## 三、专业课中学生素质培养和训练的方法

1. 重视思想教育，转变观念

（1）以职业道德教育为基础。专业教育应该使学生在校期间完成思想观念的转变。“服务工作低人一等”的传统观念在不少人的思想中仍然存在，人们常常把社会地位平等与否和社会角色扮演混淆起来。中职学校专业教育要让学生树立正确的人生观和价值观，不解决思想观念的问题，不树立“干这行，爱这行”的思想，专业教育就无法进行下去，素质培养更无从谈起。

(2) 思想教育要用事实说话。思想教育不能空洞，必须要用事实说话。比如，帮助学生进行职业生涯设计时，一方面要帮助学生了解自己将要从事的饭店业目前的发展形势和发展前景，以目前社会上就业的形势与饭店业就业的形势相比较，使他们了解在饭店业就业后个人的发展空间，看到自己职业生涯的美好未来，树立正确的职业理想；另一方面帮助学生正确认识自己、评价自己，端正就业心态，设定适合自己专业发展的定位，制定具体可行的措施，从根本上转变学生的思想观念。

2. 严格要求，言传身教

作为“饭店服务”专业的教师，自身应该具有“饭店人”的素质，以身作则，言传身教，在潜移默化中影响学生。

(1) 专业教师应注重仪容、仪表、仪态，尽量选择职业套装，坚持化淡妆进入课堂。讲课时要面带微笑，保持正确的站姿，注意细节，要有优雅、得体的谈吐和举止。

(2) 专业教师应注重表现出对学生的礼貌。在课堂上，教师往往要求学生有礼貌而忽略了自身的礼貌，尤其是对学生的礼貌。平时教师应注意礼貌细节，如迟到学生喊“报告”，问明缘由后，一定说“请进”；学生回答问题后，要说“请坐下，谢谢”。教师的一言一行比教师所讲授的知识对学生具有更大的影响力。在课堂上一定要尊重学生，让学生感到教师亲切、和蔼、平等待人。建立良好的师生关系对于专业教学、学生素质培养和训练的效果有直接的影响。而教师对学生的礼貌是建立良好师生关系的前提。“饭店人”本身就应具有良好的人际关系处理能力，教师在这一点上一定要做表率。

(3) 专业教师更应该严格要求学生。“教不严，师之惰。”作为教师，除了以身作则外，还要严格要求学生。对于学生的缺点要及时指正，千万不要因为怕影响教学进度而放弃。与此同时也应注意方式、方法，不能伤害学生的自尊心，这样才能让学生愿意接受并愿意改正。

3. 创造机会，加强训练

专业教学的课堂就是素质训练的场所。所有专业课教学的课堂都应为学生创造机会，加强素质训练。

（1）课堂上应该要求学生做到以下几点：按标准坐姿坐好；面带微笑；回答问题时，用标准站姿；语言表达清楚；普通话标准；有礼貌。

（2）教师在课堂上要尽量多提一些有启发性的问题，给每个学生以发言的机会。对于不能很好回答问题的学生做到不批评、不为难，对于能很好回答问题的学生给予适当的鼓励。总之，要让每个学生都习惯于发言、敢于发言，以此来培养学生的自信心，训练学生的语言表达能力。

4. 模拟场景，实战演习

专业学习结合素质培养、训练的最好的一种方式就是模拟场景进行实战演习。如：

（1）在教室适当调整课桌，让学生开一个晨会。学生借此体验酒店某岗位的角色，同时训练学生的语言表达能力，培养学生的自信心。学生为了准备晨会的发言稿会将专业学习拓展到课堂以外。

（2）把学生带到实习场地，把专业知识让学生“演”出来。比如在客房讲解怎样为客人介绍房间；在餐厅讲解怎样为客人点菜；在前厅讲解怎样为客人办理入住登记手续，并让学生马上把教师讲解的专业知识“演”出来。这样，既能强化专业教学的效果，更重要的是这样的演习对学生坐姿、站姿、语言能力、自信心的培养具有良好的作用。

（3）如果场地受到限制，也可以在教室给学生分配角色，让学生把专业知识“演”出来。比如把学生分为扮演“客人”和“大堂副理”的角色，演习处理客人投诉的方法。

（4）在学生“演”的过程中，教师还可以刻意地制造一些突发情况，让学生进行处理。比如，在餐厅上菜时故意撞翻学生手中的托盘，锻炼学生的应变能力。

5. 案例分析，训练思维

服务质量的衡量没有一个客观标准，服务质量的好坏取决于客人的满意程度，也就是说，服务工作要做到让所有的客人都满意。对于服务员来讲，具有应变能力和灵活性是非常重要的。而且优质的服务应该做在客人提出要求之前，这就需要服务员能够细心观察，善于揣摩客人的心理。在教学中可通过较多的案例介绍，引导学生进行讨论分析，并在此基础上让学生自己总结，提高认识，这样做可以达到训练学生思维能力的目的。

6. 关心、沟通、帮助

以上教学方法的教学效果好不好，很大程度上取决于学生配合与否。怎样让学生配合、投入，从而取得素质训练的最好效果呢？这就要求教师关心学生，帮助学生，与学生沟通。

（1）关心和帮助学生。中学生处在生理和心理发展的高峰阶段，其归属的需要、爱的需要、尊重的需要等社会性需要的相对强度比成年人高。教师必须从思想上、生活上、学习上关心他们，只有真正关心并且帮助学生的教师才能让学生有认同感，学生才能投入到教师指导的学习当中去，素质训练才能取得成效。

（2）与学生沟通。教与学之间，学是主体。教师应随时与学生保持沟通，掌握学生的思想动态，及时调整教学计划、教学方法，才能取得最好的教学效果，素质训练才能在专业课教学课堂上伴着专业知识的传授获得成功。

从目前的现状来看，如果我们的学生在学校就具备了这些素质的话，不仅求职面试能一举成功，而且有理由相信他们在参加工作后能很快地适应环境，找到自己的用武之地。

**参考文献：**

［1］吴梅：《前厅服务与管理》，高等教育出版社 2006 年版。

［2］范运铭、支海成：《客房服务与管理》，高等教育出版社 2002 年版。

# 浅谈成都乡村旅游的发展

成都龙泉职业技术学校　张玉红

**摘　要：** 乡村旅游不仅成了人们回归自然、放松身心、体验农村生活、进行休闲娱乐的主要方式之一，而且在丰富旅游产品，带动农民脱贫致富和增加收入、激活消费市场等方面无疑都起到了积极的推动作用。本文介绍了成教乡村旅游的发展情况，并提出了乡村旅游可持续发展的一些建议。

**关键词：** 乡村旅游　可持续发展

随着现代城市生活的发展，乡村旅游已越来越受城市人们的欢迎。每逢节假日，不想出远门的人们更愿意选择城郊周围的"农家乐"作为旅游目的地。乡村旅游已成为人们回归大自然、放松身心、体验农村生活、进行休闲娱乐的主要方式之一。成都乡村旅游源于"农家乐"的发展，而"农家乐"在二十年的发展历程中，经历了自然发展、竞争发展、规范发展三个阶段，现在已形成了以赏花、品果、园艺和茶竹文化、乡村美食为特色的规模发展业态。其乡村旅游的发展不仅丰富了旅游活动内容，扩大了农产品的销量，而且带动了农业产业结构调整和农民加快脱贫致富的步伐，促进了农村经济社会的发展。

## 一、乡村旅游的探索和实践

自19世纪70年代以来，乡村旅游在发达国家农村地区发展迅速，对推动经济不景气的农村地区的发展起到了非常重要的作用。乡村旅游对当地经济的贡献和意义得到了充分的证明。在许多国家和地区，乡村旅游被认为是一种阻止农业衰退和增加农村收入的有效手段。目前，乡村旅游已经成为国内外旅游的重要内容。许多国家和地区都积极采取各种措施发展乡村旅游，成都自1987年“农家乐”的出现后，以“农家乐”为代表的成都乡村旅游从产生到发展、从一家一户经营到规模整体开发，经历了自然发展阶段（20世纪80年代末至90年代初，以郫县农科村为代表）、竞争发展阶段（90年代中后期）和规范发展阶段（2003年以后，以锦江区三圣花乡为代表）三个阶段，成为成都旅游的一大特色。据目前资料显示，成都市“农家乐”数量已达5 596家（其中星级“农家乐”300余家），以乡村旅游为特色的国家AAAA级旅游景区1处、国家AAA级旅游景区1处，全国农业旅游示范点4个、旅游古镇6个等不同风格、不同特色的乡村旅游类型，极大地促进了本地区旅游业的发展。

成都是我国乡村旅游发展较早、较快的地区之一，受到全国的关注，通过对成都乡村旅游发展成功模式的总结，对我国其他地区乡村旅游的发展大有裨益。

模式一：村落式乡村旅游集群发展模式。以成都市锦江区三圣花乡“五朵金花”为典型。成都市在深入调研、细致分析当地旅游资源的基础上，创造性地打造了花乡农居、幸福梅林、江家菜地、东篱菊园、荷塘月色“五朵金花”。在旅游产品设计方面，将原有农居采用成都特色的“画房子”方式进行美化改造，以农户为单元，调动农民的积极性、创造性，规划湿地，新建绿地，通过打造生态化景观，形成一户一景、户户不同的集群式发展模式，开发出了以农业观光、农家餐饮、休闲娱乐为主体的旅游产品体系。

模式二：庭院式休闲度假景区依托模式。以青城后山的

“农家乐”乡村旅游发展为典型。青城后山的“农家乐”通过开展庭院式休闲度假景区模式获得了很好的社会经济效益，不仅使农民经济增收，而且社会环境得到了极大的改善，社会文明也得以提高。青城后山的“农家乐”是依托青城山景区发展，以及景区吸引来的客流逐渐发展起来的。随着旅游业的发展，山区的农民不再开荒种粮，使生态环境得到了有效保护，农村劳动力得到了就地转移，政府和当地农民在原有农家庭院的基础上进行建筑单体改造和基础设施完善，一个个农家小院依山傍水而建，餐饮住宿、休闲度假、娱乐度假等功能齐全，逐步走向投资小、回报快、价格低、具有中国农家特色的乡村酒店发展之路，加上青城山峰峦竞秀、岩壑幽深、飞泉密布、溶洞神奇的自然风光，成为成都人消暑度假自驾游的好去处。

模式三：古街式民俗观光旅游小城镇型。以客家洛带古镇为典型。洛带镇位于成都市东郊，龙泉驿区北部，西距成都市区18km。洛带镇通过大规模的旧城改造和保护性建设后，沿山修建生态客家民居，营造浓厚的客家文化氛围，同时把古镇分为核心保护区，客家创业区、西部客家生态园和中国龙文化公园四个片区。在核心保护区发展旅游、文化和小商贸，进行修旧如旧的旧城改造，以清代风格为主，通过青石板路、大红灯笼、商号、平房木楼等元素营造古香古色、整体亮丽的古镇氛围。同时结合龙泉驿区花果资源优势和背靠大城市的特点，以旅游为载体，以节庆活动为主要形式，开展观花、摘果、尝果等体验型旅游活动，吸引客源带动全区旅游发展，增加旅游小城镇的体验元素和文化魅力。2005 年全区接待中外游客 387 万人次，同比增长 9.94 %，实现旅游总收入 8.52 亿元，同比增长 15.8 %。

## 二、发展乡村旅游存在的问题

成都市的乡村旅游近两年发展迅速，成效也比较明显，但总体上说，还处于起步阶段，还存在着一些不容忽视的问题，如果不能得到及时的解决，将影响乡村旅游的健康可持续发展。从调查来看，存在的主要问题有以下几个方面。

1. 经营定位亟待明确

经营理念影响发展水平，在经营定位或经营理念上，有几种模糊认识需要澄清。一是市场导向就是顾客需要什么就提供什么。在多元文化并存的今天，必须坚持先进文化前进的方向，为顾客提供健康积极向上的旅游产品和旅游服务。二是只有保持乡村的原始状态才能吸引更多的游客。特质的文化具有吸引力，但特质文化也是在历史的长河中经过不断扬弃而形成的，没有扬弃就会失去生命力。传统的农耕文明对城市居民来说固然有吸引力，但是，在发展现代高效生态农业的今天，代表着现代农业文明发展方向的上海孙桥、陕西杨凌模式同样具有极大的吸引力，从这个角度说，我们发展乡村旅游也要与时俱进，拓展自己的思路，在传统与现代的结合中确定我们的经营定位。三是“农家菜就是当地的野味，就是传统的烹调方法”的观念有待改变。农家菜讲究的是原料新鲜、味道纯正，一味追求“野”，会导致一个地方生态平衡被打破，而一味追求传统的烹调方法，也会影响到一些具有地方特色的菜肴的开发，所以在追求安全、营养、健康的今天对传统烹饪方法应当加以改进。

2. 人员素质亟待增强

从总体而言，成都市乡村旅游从业人员知识层次较低，年龄相差较大，景区景点和休闲农庄的经营业主相对年龄较轻，知识层次较高，有的具备大学本科学历，有的经过商场的多年锤炼，市场经济意识较强，经营理念先进。但是，目前成都市乡村旅游主要发展形态的“农家乐”经营业主主要是农村四五十岁的劳动者，且农村妇女占有很大比重，他们文化水平不高，长期从事农业生产，缺乏市场意识和现代经营理念。虽然说“农家乐”

的发展为这些农村劳动力特别是农村妇女劳动致富开辟了新途径，但其素质不能适应“农家乐”发展的要求。从目前来看，“农家乐”经营户除提供餐饮服务、住宿服务外，能够向顾客提供景区景点导游服务、农事活动指导服务、民俗风情讲解服务、农副产品导购服务的为数不多。从业人员素质不高，决定了所能提供服务的层次，以及多元化服务的拓展受到局限。

3. 服务管理亟待完善

服务管理方面主要存在三个问题：一是缺乏规划引导，各县区的乡村旅游规划处于编制准备过程，市域乡村旅游发展规划也在准备中，由于规划体系不完备，规划覆盖面有限，所以还不能很好地发挥规划的引导和规范作用。二是还没有通等级公路，农村公路标识、公路辅助设施（包括停车场等）不配套，农村生活污水的处理设施、规模不能满足“农家乐”发展的需要，公共卫生保障能力有限，特别是农村缺乏文化娱乐设施，文化阵地、文化队伍建设滞后，前来休闲度假的游客缺乏文化娱乐活动，对夜晚生活单调等意见较大。三是当地有些部门还没有完成从管理型部门向服务型部门的转变，甚至有的部门怕承担责任，不愿把面广量大的“农家乐”纳入服务管理的范围，导致部门之间推诿扯皮，制约了“农家乐”的健康有序发展。

所以，针对这些问题，需要政府加强指导和引导。政府部门要加强领导管理，统一策划，突出优势，发挥特色，规范质量，培育人才，加强宣传，注重保护，加强管理，大力推进乡村旅游的发展。成都市在这方面做得很好，对星级“农家乐”进行免费宣传，开展各种免费培训，推出一条条精品乡村旅游线路。如成都锦江地区的三圣乡红砂村、五朵金花、龙泉驿区“万亩观光果园”、洛带古镇、邛崃平乐古镇等就是在当地政府部门的正确引导下实现了飞速发展，取得了可喜的成绩，成为成都及周边地区人们休闲观光的一个亮点，值得推广。

## 三、成都乡村旅游的可持续发展

良好的生态环境是乡村旅游能够吸引大量旅游者的重要原因，也是可持续发展的根本保证，是我们的生存之本。要实现乡村旅游可持续发展，必须做到：一是加强管理，明确乡村旅游的管理机构，责任落实到位，制定旅游服务质量标准，规范收费价格，在旅游旺季需要有每天的指导和管理，避免出现无序发展和管理混乱的情况。二是强调生态环境意识，乡村旅游的发展与生态环境的保护相统一，在发展中要充分考虑资源、环境的承载能力，不能超负荷接待，要强化生态环境的保护，做到保护和开发并重，实现合理开发和有效利用。三是重视旅游景点的环境美化工作，强调卫生和保洁工作，注意解决生活废品污水处理的问题。加大对已经损坏的自然环境的恢复和治理力度，努力营造优美的旅游环境。积极借鉴其他乡村旅游开发建设的成功经验，培育一批不同资源特色、不同类型、广受游客欢迎的乡村旅游示范点。如龙泉洛带古镇、邛崃平乐古镇、三圣花乡等旅游景点在这些方面做得非常好。四是加快乡村旅游朝多样化、自助化的方向发展。因为随着乡村旅游的迅速普及化，旅游者不再满足于一些成熟的乡村旅游点和较固定的旅游项目，需自主开辟新的旅游点，提出了新的旅游要求，所以乡村旅游目的地的旅游内容要不断有新的变化，这样才能长久地保持旅游目的地的吸引力。如位于市东门的三圣乡红砂村以花博会为契机，以“花乡农居”牵头，建立了全新的产业模式，锦江区“五朵金花”随后绚烂开放，博得了“全国首届乡村旅游 AAAA 景区”的荣誉称号。而位于市西门区的“花博会”主会场耗资上亿，在花卉撤展后就陷入了冷清之中，至今还等待着从沉睡中被唤醒。这值得我们深思。五是扩大乡村旅游的客源，使其从区域性向跨区域、国际化方向转化。乡村旅游在开始发展的阶段，一般以近郊旅游为主，客源以附近城市居民为主，区域很狭窄。但随着乡村旅游产业规模的不断扩大，乡村旅游目的地的客源构成趋向多元化，一些知名的乡村旅游目的地吸引了中远程的国内游客以及境外的客源，收到了很好的效益。如我国比较出名的周庄以及以“三野”闻名的“野三坡”，其乡村旅游客源已发展到了国际化。

所以，综上所述，笔者认为，只有做到以上这些，才能不断提高乡村旅游产品的知名度和市场占有率，才能更好地促进乡村旅游的可持续发展。

**参考文献：**


［1］刘振礼、王兵：《中国旅游地理》，南开大学出版社1999年版。

［2］李小建、李国平等：《经济地理学》，高等教育出版社2006年版。

［3］王云才、郭焕成等：《乡村旅游规划原理与方法》，科学出版社2006年版。

# 浅谈中等职业学校旅游英语教学的现状和对策

四川省成都蜀兴职业中学　张　静

**摘　要：** 当今的中等职业中学旅游类专业（含“饭店服务与管理”，“导游服务与管理”等专业）英语教学中，却仍然存在着受传统教学模式影响和制约的种种弊端，产生了诸如理论与实践脱节、学校教学与学生就业岗位实际需要相分离等问题。本文拟从教育主管部门和学校、教师、学生等三方面来分析存在的问题，并寻求解决这些问题和提高旅游英语教学质量的方式方法，旨在探索一条培养符合企业需求、适应工作岗位需要的旅游专业学生的教育教学道路。

**关键词：** 中等职业学校　旅游英语　教学

## 一、引　言

教育部部长周济曾说道：“发展得好的职业学校，它一定是以就业为导向。从本质上讲，职业教育就是就业教育。”越来越多的中等职业学校将“以就业为导向，以促进就业为目标”作为办学指导思想，因此，将加强实践教学和培养学生就业能力联系起来，使学生获得相关专业的职业技能在当今的职业教育中显得尤为关键。近年来，我国旅游业获得了蓬勃发展，2008 年北京奥运会、2010 年上海世博会、2010 年广州亚运会等重大国际盛会的举办，促进了我国出入境旅游的发展，同时带动了整个社会对旅游业中既懂旅游又懂外语的人才的需求。目前，许多中等职业学校都开设了“饭店服务与管理”、“导游服务与管理”等一些面对旅游业的专业，这些专业的学生将来基本上都是窗口行业的从业人员，将接待来自世界各地不同国家的客人，其专业英语水平直接关系到他们的就业状况和服务质量。

## 二、对现状的分析

目前，中等职业学校对于旅游英语的教学还处于不断摸索、改革和总结的阶段，在日常的教学过程中还存在诸多的问题，本文拟从学校、教师和学生三方面予以分别阐述。

### （一）教育主管部门和中职学校方面存在的问题

长期以来，职业教育尚未真正进入教育主流，中等职业学校存在着管理体制各异、职能交叉、办学机制不够灵活、学校办学和企业需求相分离、教师的积极性和参与性没有得到充分发挥等诸多弊端。在众多职业中学中，特别是从普通高中逐渐转型到职业高中的学校中，较为普遍地存在旅游专业英语教师师资队伍力量薄弱的情况。具体体现为以下几个方面：

一是教师来源单一。许多旅游专业英语老师毕业于师范专业的英语教育专业，虽然有较为扎实的英语功底，但是对旅游方面知识知之甚少。

二是旅游专业英语教师队伍结构不合理，“双师型”教师缺乏，公共英语课教师拿着一本旅游英语书就随随便便开始上课的情况并不罕见。

三是学校对旅游专业英语教师的培养和培训环节薄弱，目标性不够明确，缺乏系统性。

四是旅游专业英语教师到企业对口实践的制度尚未建立和完善，随意性太强。

五是人事分配制度仍待改革，旅游专业英语教师队伍建设的时间和经费问题难以得到保障。

（二）教师方面存在的问题

旅游英语的教学不同于一般英语课的教学，它属于一种专门用途的英语教学，要求教师个人综合素质较高，不仅具有比公共英语教师更强的教学能力和更多的知识储备，而且好学乐教，能在教学过程中不断提升自己的职业素养和专业水平；不仅要有扎实的英语教学功底和旅游专业知识，而且在语言运用和语言交际等方面应拥有较高的教学水平。然而，目前在旅游专业英语教师的教学中，以下问题显得较为突出：

一是教师职业教育意识淡薄，对所从事的职业教育缺乏事业心和进取精神。部分教师对工作产生了倦怠心理，形成“厌教→工作成绩差→失去工作成就感→厌教”的恶性循环。

二是将旅游专业英语教学看得过于简单，认为不过就是在教学中加几个专业词汇、教几句常见句型结构即可，采取公共英语的教学模式来教授旅游专业英语，测验评价的模式缺乏科学性。

三是自我充电和提升的意识较弱，常常是将一本教材不加任何删减地在每个年级每个教学班反复使用，依旧采用“一本教材一辈子”的传统教学模式，“备学生”和“备专业”的意识严重缺乏。

四是对企业的了解不够，教学凭主观想象，不主动去了解行业对旅游从业人员的实际英语需求，教学和实践脱节。

（三）学生方面存在的问题

我国古代教育家孔子说过：“知之者，不如好之者；好知者，不如乐知者。”然而，中等职业学校的学生普遍来自于初中阶段的学困生，他们的学习基础，特别是英语学习基础普遍较差，笔者在对本校高一年级两个旅游班共110名学生的中考成绩的分析中发现：中考英语成绩达到及格者的比例仅为34%，高分段（总分150分，达到120分以上）不足5%。学生对英语学习兴趣的丧失，直接导致对专业英语学习的不感兴趣甚至是厌恶，这给他们的学习过程带来了下列不良影响：

一是学习主动性差。学生普遍丧失了对英语的学习兴趣，作为教育工作者，我们都明白这么一个道理——“兴趣是最好的老师”，兴趣的缺乏导致学习目标的树立无从谈起。

二是学习意志力普遍较薄弱。不愿意主动去解决学习过程中遇到的问题，不良学习习惯较多，自我控制能力较差，爱说爱动，难以自我约束，容易受到外界的干扰。不能积极主动地去完成教师布置的课堂和课后学习任务，学习能力较差。

三是缺乏对学习的信心，更缺乏对专业英语学习的信心。课堂上不敢主动举手发言，不敢大胆说英语，面对老师的提问紧张和害怕。多数学生学习中产生自卑心理和出现焦虑感。

四是部分学生对教师和课堂存在抵触和排斥心理，学习的失败感让学生将对学习的憎恶感从书本推及教师，导致师生关系不够和谐融洽。

## 三、对策和建议

通过以上的分析，我们不难发现：造成目前中等职业学校旅游英语教学成绩不尽如人意、教学水平不能适应企业需求的原因是错综复杂的。结合多年来对旅游专业英语教学的实践和思考，针对提高中职旅游专业英语教学质量和学生就业后的可持续发展的问题，笔者特提出以下对策和建议供从事中职教育的同行们批评指正。

### （一）对教育主管部门和中职学校管理的对策和建议

周济部长在全国职业教育工作会议上指出：“职业教育必须加快建设一支双师型教师队伍。”——中职教育主管部门和中职学校应以此作为旅游专业英语教师队伍建设的指导思想，从

“培养旅游英语教师成为‘双师型’教师，聘请‘双师型’教师担任旅游英语教师”的角度入手，建设一支“学历高，业务精，技能尖”的旅游专业英语教师队伍，这是提高旅游英语教学质量的基础，是为国家和地方旅游行业输送合格的从业人员的基础。

一是制定法律法规，使“双师型”教师队伍建设走上法制化，规范化的轨道。首先要明确“双师型”教师的定义。“双师型”教师应同时拥有“教师资格证书”和“专业技术资格证书”，在此基础上，还应具有较丰富的企业实践经验，在教学中既能担任理论教师，又可以担任实训教师。旅游英语教师的选拔应严格遵守这一界定。

二是借鉴国内外职教先进经验，建立完善的旅游专业英语教师培训和继续教育体系。德国的职业教育很值得借鉴，他们不但严格把好了职业教育教师队伍的质量关，而且为在职教师的继续培训提供了充分的保障，其职业教育领先于世界上众多国家也就不足为怪。

三是通过教育主管部门的指导和中职学校的主动出击，搭建校企之间的桥梁，采取“订单式”培养等合作办学手段，实现校企的无缝衔接和双赢。

四是加强职业教育教师队伍培训的基础建设，保证“双师型”教师的主要来源。从 2007 年开始，全国中职学校专业骨干教师的国家级、省级、市级等各级培训正紧锣密鼓地开展，将为各中等职业学校输送大量专业人才。

五是内培外引，加快双师型教师队伍的建设。教育主管部门和学校在对现有旅游专业英语教师坚持继续教育，帮助教师建立个人专业发展规划的同时，还应安排选派教师到企业挂职实践，提高教师的实践能力，才能在教学中更好地将理论与实践相结合。同时，还应加大人才引进力度，引进高素质的来自企业的人才，采用专职兼职教师结合的师资队伍建设思路。

六是健全考核机制，调动教师的工作积极性。应该进一步完善对旅游专业英语教师的聘任制度，把“双师型”教师队伍的建设纳入教师工作考核的范围，健全考核机制和激励机制，鼓励教师参与到旅游英语教学的队伍中来。

（二）对教学改革的对策和建议

1. 旅游英语教师综合素质的提高

一是更新教育观念，主动顺应中职旅游英语发展的潮流。教育观念的转变，是提高旅游英语教学水平的最重要的前提条件。在教学中，教师应主动摒弃以往那种照本宣科，数年如一日毫无更新的教育方式，从思想观念上接受符合时代发展需要的教育理念和思想。

著名教育学家赞可夫说：“我们要使学生和教师在课堂上能够自由的呼吸，如果不能造就这样的教学氛围，那么任何一种教学方法都不可能发挥作用。”我国的古人也说：“亲其师，信其道。”教师要以学生的发展为宗旨，以培养学生的创新精神和实践能力为宗旨，使学生获得学习型社会所需要的英语基础知识和基本技能。应该树立“一切为了学生，为了一切学生，为了学生的一切”的教育观念，以尽量满足学生的认知需求、生理和心理需求、个性发展需求为标准，与学生之间建立起一种新型的教学互动、教学相长的平等和谐关系，积极鼓励学生，在跟学生的相处中多给予他们赏识和支持。创建良好的师生关系不仅有利于教学效果的改进，更有利于帮助中职学生培养学习兴趣，使他们重树学习信心，认可自我。

二是旅游专业英语教师素质的改善。教师应具有为中职教育事业做奉献的精神和良好的师德。在工作和生活中，积极主动地学习，提高自己，使自己具备较为系统的现代语言学理论知识，具备较扎实的外语教学法知识，具备广博的知识和较为扎实的专业技能，具备现代教学的意识和在教学中运用现代技术的能力，具备运用艺术手段组织课堂教学活动的能力，有意识地将自己培养成为“双师型”的教师。

2. *革新旅游英语教学观念和方法*

一是激发学生对旅游英语的学习兴趣。教师对学生的表现应给予充分关注，多给予学生赏识和鼓励，课堂上对于学生的回答多用“Great”、“Very good”、“You're smart”等给予及时的评价和表扬。对学生在学习上的缺点要多包容，不需要“见错必纠”，更不要随意对学生加以批评甚至嘲讽，打击学生的学习信心。

结合学生的年龄和心理特点，教师可以积极用他们所喜闻乐见的事物来吸引他们的学习兴趣。笔者曾在教学中给学生播放韩剧《浪漫满屋》中的一段视频——女主角因为英语水平有限，无法和他人交流而尴尬万分的场面。这正好用来说明学习英语的必要性，这样的方式好过一万句空洞的说教。而近来热播的《五星大饭店》一剧，其中更是有许多服务流程和使用专业英语交流的场景可供教师在教学环节中采用。

二是明确旅游英语教学与基础英语教学的关系。首先，明确基础英语是为旅游英语的学习做铺垫，它重在培养学生一定的语言基本功（包括听、说、读、写、译等五项基本技能）。其基本任务是：传授语言的基础知识，培养学生基本的语言表达能力，在不断巩固和丰富学生的语音、语法、词汇、修辞等方面知识的基础上，加强熟巧训练，提高学生用英语进行思维的能力，从而达到听、说、读、写全面发展的目的。旅游英语的教学活动不能脱离基础英语教学。专门用途英语与基础英语是相辅相成的。我们不能因为选择了旅游英语学习就放弃基础英语的学习，没有了基础，空中楼阁是盖不起来的。但是基础英语教学并不能代替旅游英语教学。掌握几个与旅游有关的词汇和句式的表达，或者能说几句浅显易懂的英语并不能证明你懂得了旅游专业知识。不具有深厚宽泛的文化知识，再好的语言也会显得苍白无力。其次，认识旅游英语教学的特性。旅游英语教学旨在帮助学生在掌握基本的英语语言知识、语法技能及口语表达能力的基础上，再进行专门的旅游英语学习。其基本任务是：传授有关旅游英语的基础知识，熟悉专业词汇，了解旅游英语的特定表达方式，能比较详细地介绍中国传统的历史文化知识、自然景观，以及中国人文思想指导下的人文景观和建筑风格，提高学生的英语水平。通过听说能力的训练，使学生掌握和了解各地方的文化知识，培养他们的语言交际能力，为以后的运用做铺垫。培养学生从旅游业从业人员的角度来掌握语言。不容忽视的一点是：旅游英语教学必须引入文化内容，只有这样做，才能使学习者在提高语言能力的同时提高文化水平，进而克服交际中的文化障碍。

三是教学方式方法丰富多样化。语言学家 Herbert H. Clark 指出："Language is used for doing things." 学习语言的目的是为了运用，旅游英语的学习目的更直接的是为了学生今后在工作岗位上的对客服务工作服务。因此，教师要做的不是简单地让学生去背诵单词、熟悉句型，也不是枯燥地去掌握语法规则，而是要帮助他们学会用词汇、句型和语法，去 doing things（去"做事情"），实现语言交际目的，完成对客服务的工作。教学中应以学生为中心，以专业为切入点，以人的发展为本，最大限度地调动和发挥学生潜能。在教学过程中，笔者采用了以下一些方法，取得了不错的效果，历年来，有多名学生先后在市级以上职业技能大赛中获得二等奖以上的奖励。

（1）重视教育教学规律，设立循序渐进的教学环节。在教学中教师不应有激进的情绪，教学任务的设立和完成一定要遵循中职学生的实际情况。比如"Room Reservation"这一部分的学习就应分解成几个基本步骤：①会填写预订表；②会听英语预订；③会用英语交流预订内容。教材是死的，需要教师针对不同学生、不同班级予以合理运用。

（2）重视课堂的导入环节。“好的开始是成功的一半。”在每堂课的开始阶段就牢牢地吸引住学生的注意力是关键环节。常用的导入法有：①复习导入法（如在学习“Check out”部分之前先把“Check in”部分的内容予以复习），重视知识的连贯性；②情景导入法，情景学习法是英语的基本学习方法之一，使用实物、图画、录音等辅助教学都是很好的教学手段；③故事情节导入法；④文化背景导入法（如在鸡尾酒名的学习中，通过“Blood Mary”这一简单的酒名可讲解红色在中西方文化中的不同含义，还可以介绍和Mary女王相关的英国历史，拓展学生的知识面）；⑤自由交谈导入法等。教师要根据实际情况选用，提高课堂学习效率。

（3）重视听说能力训练这一旅游英语教学的重中之重。对从事旅游服务的人来讲，流行的英语表达是服务的基础，也是了解服务对象的基础。口语在该课程的教学中位于核心地位，如果我们用两到三年时间培养的人才在走上工作岗位后，不能张口用英语表达思想或者表达时错漏百出，就是我们教学的失败。日常英语教学应以口语表达为核心和基础，突出语音的训练，突出相关服务用语的训练，突出实际情景训练。可以充分利用多媒体教室或电教设备，设计出逼真的模拟旅游情境及饭店交际背景，以提供听说操练的配套练习，提高口语操练的质量。

（4）重视专业意识的培养。旅游专业学生学习英语的主要目的在于更好地提高今后的服务质量，因此学习英语的同时应加入适当的职业意识和职业道德培养的教学内容，教学活动的设立要有利于学生团队协作精神的培养，不能仅仅是为了学习英语而学习。

（5）重视实践和理论的结合。如采用“请进来”、“走出去”的方法，带领学生到旅游景点、宾馆等实践；邀请行业人员和往届优秀毕业生到学校来现身说法，增加课堂教学的说服力度。上课地点也可以从教室搬到实作室，用实作室营造较为真实的语言环境。

（6）重视英语学习的一贯性。“三天不练口生”是语言学习的共性。大多数中职学校的旅游英语课周课时为三节左右，仅仅凭借课堂的时间来提高学生的专业英语水平是远远不够的。因此，旅游专业英语教师可牺牲一些休息时间来帮学生查难补缺，同时想方设法地增加学生与英语接触的时间，比如说建立英语角、办英语板报、排练英语小话剧，等等。

（7）重视多媒体课件的使用。结合旅游专业的特点，在教学过程中教师绝不能“空对空”地给学生讲授知识。直观形象的图片、视频、教具能够让我们的教学事半功倍。

（8）旅游英语的教学包含传授旅游专业知识、提高英语听说读写能力、职业道德教育、职业意识培养、中西方文化渗透等多个方面的内容，只凭期末考试的一张试卷来考核学生是不可取、不可行的。经过多年的摸索，我校逐渐建立完善了形成性评价和终结性评价相结合的评价模式，注重教学过程和结果两个方面的评价，考试方法多样化和阶段化，既注意了对学生专业知识的考核，也突出了对学生听说能力的检测，相对于以往单一的试卷考核模式，现在的评价模式更为合理和人性化。

总之，中等职业教育的发展还处于起步和摸索阶段，“路漫漫其修远兮”，旅游英语教学“任重而道远”。随着社会的发展，科技的进步，人才需求标准的变化，我们的教育不能一成不变，中等职业学校旅游专业的培养目标要与人才市场的需求形成最佳连接，唯有如此，才能推进中职学校旅游专业的发展。只要各级主管部门高度重视，企业积极参与，教师主动更新教学观念，就一定能培养出更受社会欢迎的、具有较全面的理论知识和实践能力的旅游专业人才。

**参考文献：**

[1] 周济部长在全国职业教育工作会议上的讲话，2004 年 6 月。

[2] 徐英俊：《教学设计》，教育科学出版社 2001 年版。

# 怒江生态旅游发展的可行性探索

怒江州民族中等专业学校　游丽云

**摘　要：** 本文通过分析怒江生态旅游资源类型和特点以及怒江州开发旅游资源的情况，指出：结合怒江实际及其所具备的资源优势，将怒江旅游产品的开发方向定位为回归自然的绿色生态旅游，这是对旅游可持续发展最积极的响应。生态旅游对资源环境所固有的保护性和扶贫功能特别适合怒江州的实际情况，发展生态旅游是怒江州旅游可持续发展的希望所在。

**关键词：** 绿色经济　生态旅游　怒江

旅游资源是旅游业发展的基础和先决条件，即旅游业发展依托于旅游资源的开发，而旅游资源的开发必须建立在对资源本身的科学认识和对其内涵的准确把握之上。在怒江的旅游开发过程中应充分发挥其旅游资源多样性、独特性、垄断性的特点，树立“东方大峡谷”形象；以优势资源为基础，以市场为导向，深度挖掘旅游资源价值，寻找旅游发展的制高点和突破口；以旅游可持续发展思想为指导，以资源保护为前提，以经济效益为中心，将怒江合理地构建为一个特色鲜明、与全省重要旅游区互补、全国一流、世界知名的高山峡谷生态旅游区。

## 一、生态旅游是怒江发展绿色经济的必然选择

1. 怒江概况

怒江傈僳族自治州位于云南西北部，因怒江流经其境和沿岸居住怒族而得名。怒江州北靠西藏自治区察隅县，南接云南保山地区，为横断山区核心地带，南北山水相连。怒江州和东面的迪庆、丽江、大理三地（州）紧密相连，或以江为界，或以山为域，同为横断山脉纵贯，是著名的“三江并流”地区。西毗缅甸，有449公里国境线，邻近东南亚和南亚国家。怒江州由于处在青藏高原南延部分、横断山脉纵谷地带，濒临于印度板块和欧亚板块结合部，因而造成了规模巨大的南北走向，褶皱山系和深大断裂。整个地势北高南低。

2. 怒江得天独厚的生态旅游资源

亿万年的地壳剧烈运动造就了怒江州境内绵延千里、气势磅礴的高黎贡山、碧罗雪山、担打力卡山、云岭四大山脉与奔腾不息的怒江、澜沧江、独龙江平行相间的“四山夹三江”奇观，被地质学家誉为“天然地质博物馆”。包括怒江在内的“三江并流”是年代较远的地球演化过程中形成的独特的自然资源，并于2003年被联合国列入世界自然遗产名录，从自治州首府六库沿江直下，石月亮、石门关、飞来石、怒江第一湾、高山听命湖等自然景观堪称地貌景观之绝，峡谷内居住着二十多个少数民族，历史文化久远，民俗风情独特，傈僳族山民无伴奏四声合唱、令人心跳的溜索过江、民族风情浓郁的“沙滩埋情人”、罕见的独龙族“文面女”、澡塘会、手抓饭、神奇的岩画和独龙江人马驿道等，构成了一幅雪山为城、江河为池、绿茵为户、炊烟袅袅的世外桃源般的美妙画卷。怒江州地广人稀，原始自然生态环境被破坏相对较小，自然生态系统保持比较完整，居住在峡谷的各族人民自然亲和力极为显著，千百年来形成了人与自然和谐

共生的良好的人文生态系统。怒江大峡谷居住着12个民族，沿江公路贯通南北，山清水秀，情景交融，良好的人文生态环境堪称世界著名大峡谷之最。怒江州的旅游资源价值不仅体现在美学观赏价值上，更多的还体现在历史文化价值和科考科普价值上，能满足旅游者不同旅游行为层次的需求。州内拥有怒江州自然保护区和高黎贡山自然保护区，在较小的平面和垂直分布地域内浓缩了从热带河谷到高山苔原带的生态景观。保护区内物种丰富繁多，区系复杂，汇集的动植物科属种几乎是祖国从南到北动植物的缩影，是开展景观生态学研究和生态旅游的最佳场所。

3. 发展生态旅游，促进怒江绿色经济发展

旅游是服务贸易领域的重要产业，对相关行业具有很强的关联带动作用，对促进经济的发展，社会进步具有重要的影响。怒江州生态旅游的发展有很多优势：（1）丰富的生态旅游资源。（2）独特的区位优势。怒江州位于世界自然遗产“三江并流”腹地，也是香格里拉生态旅游区的重要组成部分，在依托、关联和辐射滇西北、滇西、藏东南三个旅游热点区域中扮演着重要角色。（3）后发优势。怒江州旅游业的起步发展，可充分借鉴国内二十多年旅游发展的有益经验，学习世界各国旅游发展的成功做法，选择适合怒江特色的旅游发展模式。（4）特殊的州情。怒江州因地处高山峡谷区，山高坡陡，生态环境脆弱，适宜农耕的土地少，目前70%～80%的耕地坡度在25度以上，为了保护生态环境，需要逐步退耕还林，农村贫困面大，占全州农业人口1/3的贫困人口的温饱有待解决，通过加快生态旅游的发展，刺激和扩大市场有效需求，增加当地财政和农业收入，拉动就业和再就业，带动脱贫致富，不仅可以发展和创造经济效益，而且可以克服经济活动引起的环境被破坏，为发展提供适宜的环境和充足的资源。生态旅游无疑是实现资源环境与社会经济协调发展的最佳切合点。

## 二、怒江生态旅游发展现状与潜力

### 1. 怒江生态旅游发展现状

怒江州在《云南省怒江州旅游业发展规划》中，把旅游业确定为继有色金属产业、绿色产业、石材产业、畜牧业之后的第五大支柱产业。期间的主要任务是：按照社会、经济、生态三个效益相统一的原则，从市场需求和现有基础出发，开发优势资源，重点培育以峡谷、民族风情为特色的生态旅游业，为把旅游业发展成为新的支柱产业打下基础。州内神奇的自然风光和独特的民族风情文化吸引了大量的中外游客。“十一”黄金周期间，一些游客在观看了傈僳族无伴奏四声部合唱世界名曲的节目后，激动地说：“这才是真正的精品。”联合国教科文组织世界遗产中心专家吉姆桑赛尔和莱斯·莫洛游历怒江山水、体验民族风情后说：“这里不仅是世界自然遗产、更是世界文化遗产。”目前怒江生态旅游正处于生机勃勃、整装待发的状态。

### 2. 怒江生态旅游的潜力

怒江州是“三江并流”国家级风景名胜区和“中国大香格里拉生态旅游区”的重要组成部分，境内自然景观奇特壮丽，民族风情文化浓郁独特，生物资源丰富多样，是全球三大生物多样性中心区之一。州委、州政府提出了“三年打基础，五年创品牌，八年建支柱”的旅游发展目标，同时把全州的旅游品牌和形象定位在“怒江大峡谷”上，以国内外旅游市场需求为导向，突出“神奇怒江，风情峡谷”特色，决定举全州之力，力争把怒江大峡谷打造成世界旅游精品，并规划高起点建设 10 个国家 AAA 级以上旅游景区，即：丙中洛世外桃源旅游区、独龙江生态探险探秘旅游区、石月亮喀斯特地质奇观旅游区、匹河峡谷风光怒族风情旅游区、上帕傈僳族风情旅游区、片马边境旅游区、六库怒江峡谷之门旅游区、锣锅箐普米族生态文化旅游区、金顶三江之门旅游区和老窝山澜沧江峡谷旅游区。目前全州上下正在加紧规划和建设三条独具特色的精品旅游线路，即怒江大峡谷全线横跨“三江并流”的环香格里拉旅游线、兰坪锣锅箐大羊场老君山普米族风情生态旅游线和怒江大峡谷至腾冲火山热海旅游线。

由于怒江州开发的时间较晚，许多地方尚无旅游者到达，个别地方甚至处于相对封闭的状态，旅游资源具有朴实无华、未经雕琢的特点，因此，原始古朴的溜索桥、藤篾桥、人马吊桥、鸟路鼠道、天梯栈道以及外界了解甚少的怒族、独龙族、茶山人、勒墨人、那马人等，都充满了神秘性和诱惑力。在滇西北其他三地州旅游业如火如荼、全省各地州旅游业迅猛发展的今天，怒江无疑是一块亟待开发处女地，被喻为云南旅游的最后一张牌。

## 三、如何促进怒江生态旅游的发展

### 1. 遵循“保护为前提，资源为基础”的原则

确保资源和生态、人文环境不遭受破坏，以开发促保护，以开发求优化。注重原汁原味的山野韵味和纯正的民族风情，“原始”与“真实”、“神秘”与“丰富”是怒江州旅游产品的灵性与精髓。

怒江州的旅游资源和生态环境十分脆弱，一旦被破坏，旅游业将遭受灭顶之灾。开发与保护并重就是提醒我们在加大开发力度、努力把旅游业建设成为怒江州支柱产业的同时，要坚持“保护第一”。回顾新中国五十多年的发展历程，有许多教训值得我们引以为戒：昔日美丽富饶的大草原，风吹草低现牛羊，今天却沙化贫瘠，连水都没有，何谈生存和发展；定海古城被毁；泰山索道重建；鄱阳湖被污染……过度开发后，受害的恰恰是当地百姓。要避免出现这样的恶果，就需要更新观念，强化法律，健全机制，应该认真贯彻实施有关法律法规和《云南省旅游业

条例》及怒江州旅游业管理方法，建立和完善旅游法规制度。

2. 加强基础设施建设

（1）交通。交通是制约怒江州发展的桎梏，要加大怒江州对外开放力度，促进旅游业发展，带动怒江州经济，就必须加强旅游交通基础设施建设。对此，州委、州政府已做了工作部署：2006 年以前，要完成金厂岭至六库二级公路建设工程，贡山至丙中洛、六库至曼海桥油路铺设工程，兰坪大羊场至丽江黎明黎光的旅游通道建设，跃进桥至片马柏油公路项目申报立项；2008 年以前，完成怒江民用机场的立项和德钦至贡山公路的建设。交通发达了，怒江的生态旅游业才能发展。（2）旅游接待设施。旅游集吃、住、行、游、购、娱为一体，要让游客尽兴而来满意而归，就要充分做好旅游接待工作，特别是要加大旅游住宿设施的建设。在近两年内，各县城应建设两至三座旅游星级饭店，旅游标准接待客房至少达到 3 000 个，鼓励有条件的农户参与旅游住宿接待工作，采取农户自建为主、政府适当扶持为辅的方式，建设 200 座农村旅游家庭旅馆，争取日接待能力达到 1 000 人。

3. 加大对外宣传促销，大力发展特色旅游商品

怒江的许多生态旅游资源都是本地独有的，我们应大力加以宣传，强化游客这样一个意识：即使你走遍全球，也只有在怒江才能领略如此的风光、风情。应该制订面向国内外旅游市场的促销方案，充分运用节庆活动、会展活动、旅交会宣传促销，邀请海内外主要新闻媒体、旅游商来怒江州考察、采访、报道，加强电子商务、卫星电视、国际互联网、现代信息技术手段在旅游营销中的运用。怒江州旅游发展滞后将会导致旅游商品开发更加落后，目前来怒江州旅游的游客已经产生了“有钱无处买”的遗憾，州内可用于旅游商品开发利用的自然和人文资源十分丰富，可有目的地、重点发展生态食品系列、生态药品系列、民族服饰系列、民族用品系列、观赏植物制品系列、木制品及藤竹工艺系

列、大理石制品系列、珠宝石制品系列等八大系列产品，通过旅游消费者所产生的需求带动当地经济发展，强化当地居民的旅游服务意识。

4. 采取鼓励政策，加强生态旅游发展

生态旅游在怒江州是一个新兴行业，基础非常薄弱，因此，为了促其迅速发展，应采取一些鼓励政策：（1）优化旅游发展的政策环境，贯彻落实招商引资的各项优惠政策，为旅游的发展创造必要的政策环境。（2）加强旅游发展的导向性投入。目前，州、县地方财政已经预算每年要分别列入100万元和50万元作为旅游发展基金。（3）广开旅游发展的投资渠道，鼓励外地投资者参与旅游经营，鼓励非公经济进入旅游领域。

5. 因地制宜，积极开展多元化的生态旅游方式

生态旅游是游览欣赏、探索和认识自然的高层次旅游活动，是人与自然的情感交流。通过审美娱乐活动，增强生态环境保护意识和责任感，同时在旅游地获得基本的地理、自然、文化、社会、经济、民族、动物、植物等方面的知识。怒江州内有丰富的生态旅游资源——高山峡谷地貌、独特的立体气候、原始森林垂直分布奇观，以及旖旎的温泉、瀑布、江水河流等景观，可开展徒步探险、风光摄影及登山、漂流等生态旅游活动，以满足各类游客的需要。而此类活动需要当地熟悉地形的民间人士做向导。结合当地劳动力素质情况，组织此类人员进行必要的旅游服务技能培训，培训后才能进行向导服务，用“向导”代替“导游”更能完善此类活动的开展，同时也为农村劳动力的就业开辟了一条途径。

总之，怒江有着丰富的生态旅游资源，极具开发价值，同时，怒江州又是一个相对贫困的地区。我们提出的“绿色经济”是怒江生态旅游发展的方向和发展的思路。我们要大力宣扬绿色思想，开发绿色旅游产品，建立绿色旅游管理体制，鼓励绿色旅

游消费，增加旅游科技文化含量，加强环境保护，提高经济效益，真正把旅游业培养成为怒江州的支柱产业。

**参考文献：**

[1] 怒江州旅游局：《云南省怒江州旅游业发展规划》，2002年。

[2] 赵伯乐、严峰：《怒江风物志》，云南人民出版社2000年版。

[3] 云南省旅游局：《滇西北旅游发展规划》1996年、1997年、1998年。

[4] 中共怒江州委、州政府：《关于加快培育旅游支柱产业的若干意见》。

[5] 陶犁：《旅游地理学》，云南大学出版社1995年版。

[6] 石高俊：《中国旅游资源》，江苏教育出版社，1998年版。

[7] 甘枝茂、马耀峰：《旅游资源与开发》，南开大学出版社2002年版。

[8] 于学谦：《现代旅游市场经营学》，旅游教育出版社1989年版。

# 参与式教学在中职旅游专业课教学中的应用

重庆市渝中职业教育中心　杨琼霞

**摘　要：** 本文从就读旅游专业的学生情况，专业教材现状，社会、企业对旅游人才的需求以及学生个体发展的需要几个方面论述了在中职旅游专业进行参与式教学的必要性和可行性，着重介绍了参与式教学的教学环节设计和进行参与式教学应注意的问题，以及参与式教学的效果，希望对中职旅游专业课的教学有一定的帮助。

**关键词：** 参与式教学　旅游专业课　教学效果

## 一、在中职旅游专业课进行参与式教学的必要性和可行性

1. 从现在学生的基本情况来看需进行参与式教学

现在国家非常重视职业教育，对中职学生给予了大力的资助，吸引了部分家庭经济困难、学习成绩较好的学生就读，使中职学校的学生基本状况有了一定的改善。但是大部分中职学生在初中时养成了一些不良学习习惯，学习兴趣不高，自信心不强。如何让他们树立自信、掌握技能、立足社会，是中等职业教育的难题之一。成功教育理论认为，学习困难的学生具有一般学生同样的潜能，通过教育的改善，也能获得多方面的成功，学习心理品质也能不断完善，成为学习的成功者，进而为其成为社会的成

功者做好基本素质的准备。成功教育是挖掘学生潜能的发现和发展的教育。参与式教学正是可以激发学生潜能的一种教育，学生能在参与中体验成功的喜悦，从而激发学习兴趣。从就读旅游服务专业的学生个性上看，他们一般喜欢表现，喜欢交流，语言表达能力较好。这就为进行参与式教学提供了基础，有利于参与式教学的正常进行。

2. 从现行旅游专业教材的特点看有利于进行参与式教学

现行旅游专业的教材通俗易懂，知识难点不多，贴近生活，很大一部分内容学生有相应的生活体验，一看就懂，用不着教师进行大量的讲解，技能也不是很复杂，但重要的是需要培养学生的职业态度和与人沟通的能力，而进行参与式教学有助于更好地达成教学目标，尤其是态度目标。

3. 从企业、社会对旅游专业学生的要求来看必须进行参与式教学

社会、企业需要既具有较高的专业技能，又能待人热情、有礼貌、有亲和力、善于和客人沟通、有协调能力，能根据饭店情景的变化及客人的需要灵活机智地及时做出反应的人才，因此在专业教学中必须改变单一死板的知识教育方法，让学生积极参与到教学中来，成为学习的主体，让学生在排练、表演过程中学会沟通，学会处理问题，为现代旅游业培养具有全面素质的人才。

4. 从学生个人继续发展的需要来看也应该进行参与式教学

在现代社会中，一个人在一个岗位、一个企业工作一辈子是不可能的，学生必须有继续学习的能力，教师应该教会学生学会学习，学会合作。而参与式教学的核心是让学生参与整个教学过程，使学生通过与他人（教师和同学）协商、交流、合作，主动获取知识、技能，形成态度。

**二、旅游专业课教学中参与式教学的环节（以教材《餐饮服务与管理》中的“中餐零点餐的午、晚餐服务”一节为例）**

参与式教学方法的核心就是让学生成为课堂的中心，改变过去从教师到学生的单方向知识灌输的模式，创造机会让学生“积极参与到课堂教学”中来。学生在学习活动中处于主体地位，真正成为“学习的主人”，让学习过程成为积极的参与过程。在旅游专业课教学中，应充分渗透参与式的教学思想，这样的课堂教学不仅应注重“知识与技能”的传授与培养，而且重视“情感、态度、价值观”的培养与发展。

参与式教学的形式有很多种，最常见的有角色扮演、案例教学、游戏、组织讨论等，采用何种形式要根据教材内容来制订。角色扮演是在规定的情景中，学生参与到教学过程中去扮演角色，然后大家一起分析扮演者在角色扮演时运用知识与技能的优点与不足，这种教学方式能使学生思维更加开阔，更加灵活，更加富有创造力。

下面就以《餐饮服务与管理》中的“中餐零点餐的午、晚餐服务”一节为例，说明角色扮演形式的参与式教学的环节。本节课主要是要求学生掌握中餐零点餐的午、晚餐的服务程序及相关技能，形成积极的态度。要求学生通过角色扮演的方式完成客人到店时至结账离开的全部接待工作。

第一步：分组。

分组要确保学生的参与面广、质量高，分组的方式及各组成员的搭配会影响参与式教学质量甚至是否能顺利进行教学活动，对参与式教学的成功与否有着重要影响。初级阶段，为了使参与式教学能顺利进行，可依据班级自然的小组组成学习小组，让学生没有压力。当学生熟悉了参与式教学的基本要求和学习流程后，教师就可根据学生学习状况和学习的内容进行分组，最大限度地使每一位组员都参与学习。到成熟阶段，就可以采取让学生根据教学内容自由组合、教师只作适当调整的方法进行活动，教师主要是对被组合下来的学生进行调配，保证他们也能参与到教学活动中来，这样才能最大限度地调动全体学生的学习积极性。

本节课内容需要1~2个客人，2~3个服务员，因此分组最好以4~5人为一组。由于上本课时学生已经非常熟悉了，学生可自由组合，教师作适当调配，每组学生推荐出一位组长。

第二步：教师指定教学内容，设定一定的情境。

情境必须既联系实际，贴近生活，又和教学内容密切相关。学生对生活中的事一般都较有兴趣，联系实际、贴近生活的情境和内容能调动他们学习的积极性。本节课的情境可设置为一个三星级酒店的中餐厅，两位客人来进餐。

第三步：各组阅读教学内容，编写表演脚本。

学生从了解教学内容就开始参与到整个教学中。各组学生就本节教学内容进行讨论，讨论教学内容所包含的知识点（服务程序及要求）、所需技能（摆台、点菜、上菜、斟酒、结账）、需要形成的态度（热情、耐心、周到、细心）等，编写与教学内容及相应情境有关的小剧情脚本。这一阶段教师应加强对学生阅读能力、语言应用能力的指导，帮助学生编写好脚本，并协助学生根据脚本准备好相应的道具，如餐厅所需的各种餐具、菜单等。

第四步：分配角色。

参与式教学的目的是让所有的参与者都积极主动地参与到学习中来，因此应让全组所有的学生都有角色。注意调皮学生的角色分配，开始可分配一些有挑战性且专业技能要求不高的角色，如可以扮演一些愤怒的顾客，满足他们的表演欲望，提高他们的兴趣。在适当时候采取角色轮换制使参与的学生能体验多种角色创造，通过角色的创造保持参与的新鲜感，达到逐步提高技能的目的。

第五步：排练。

在这一阶段教师应做出示范，营造一种宽松的、积极的学习氛围，使大家放松情绪，促进大家的沟通交流，多鼓励学生，善于发现每一个学生的优点，鼓励小组成员共同合作，完成团队任务。初学者不要求去“表演”，他们只要真实地展现自己的技能即可。技能的运用是关键，要求能将摆台、引领客人、点菜、上菜、斟酒、结账等技能熟练运用。如果想要从练习中得到最好成绩即要能“表演”好，学生在排练过程中就必须通过对角色的表现和与其他同学的沟通学会合作、学会适当地表达自己的感情，学会相应的专业技能，如服务方法、服务程序、服务技巧等，形成积极的态度。

第六步：在全班展示。

各小组将排练的小情景剧在全班进行汇报演出。学生在各组表演时要认真观察。

第七步：小组小结。

各小组将本次小情景剧所包含的知识点、技能要求及应该形成的态度进行讨论，派代表将结果与全班同学分享，并对各组的表演进行评价。要鼓励其他小组成员提问。

第八步：教师评价。

教师在学生表演结束后，对各组学生的参与度，知识、技能的融会贯通，态度的形成情况，学生编写的脚本情况，表演的情况，道具的应用等方面进行评价，为每组打分，并计入期末成绩。在评价过程中，要进行鼓励性评价，尊重学生，学会欣赏学生，学会赞美学生，从学生原有的基础出发，发现学生的每一次进步和成绩，并指明学生发展和努力的方向，使学生既找出自己的不足，又看到自己的潜力，促成学生树立学习信心，从而自觉、努力地学习，满怀信心地不断去争取成功。

## 三、参与式教学的效果

1. 学生体验到了成功的喜悦，增强了自信心，学习积极性增强

参与式教学活跃了课堂气氛，增加了学生与教师的交流机会，融洽了师生关系。在教师的帮助和鼓励性评价中，学生体验到成功。成功是学生学习的原始动力和继发动力，正如苏霍姆林斯基所说的："成功的欢乐是一种巨大的情绪力量。它可以促进学生好好学习的愿望。"成功提高了学生的学习兴趣和积极性，培养了学生的创新能力，学生自信心和持久力也在群体互动中得以提高。

2. 学生主动学习的能力加强，掌握并拓宽了知识和技能

学生的表演来源于生活，他们在表演中会有很多的知识点超出指定的课本内容，更接近生活的真实，大家在解决问题的过程中拓展了专业知识，培养了解决问题的能力。

3. 有利于促进学生个性发展

教育的目的之一就在于扶持人之本性，发展人之个性。在学生的参与和讨论中，教师不再是唯一展示个人才干的人，这样有利于建立平等的课堂氛围。在讨论、排练及展示过程中，同学间的协调沟通能力、合作意识得到了增强，有利于积极态度的形成。很多同学通过一段时间的参与式学习，由开始的胆小害怕、羞涩变得开朗大方，这对学生今后的生活和职业生涯有很大的助益。

## 四、开展参与式教学活动应注意的问题

参与式教学法需要教师课前花费不少精力来设计教学过程，要注重教学内容的选择和情景的设定，确定参与式教学的形式；

课堂教学中要注意课堂氛围的营造及对整个教学过程的组织和把握；在教学环节上，由于职业高中学生的文化知识基础比较差，阅读理解能力也有待加强，因此对学生编写脚本要加强指导，脚本必须经教师反复修改后才能进行排练；学生排练时教师要注意观察和协调，防止有学生在练习过程中不积极参与，或出现其他状况。开展参与式教学活动比较费时间，因此，在学生熟悉方法后，可将修改脚本、排练环节放在课外进行。

**参考文献：**

［1］倪歆海、任翔：《参与式培训——一种新型的培训形式》,《统计教育》1999 年第 6 期。

［2］王文蓉：《试论民族地区参与式教师培训中的策略性分组学习》,《中小学教师培训》2007 年第 8 期。

［3］陈粒：《参与式教学——老师不再是权威》,《创造》2007 年第 9 期。

［4］苗凤莲：《浅谈成功教育的运用》,《太原大学教育学院学报》2007 年第 1 期。

# 浅谈互动小游戏在导游过程中的运用

贵阳市女子职业学校　杨昌买

**摘　要：** 旅游业现已成为我国国民经济的重要支柱产业，然而导游服务质量跟不上旅游业发展的需要，已逐渐成为影响旅游业健康发展的瓶颈之一。导游服务质量的低下，既有导游自身素质和旅游管理体制的原因，也与导游人员服务理念滞后、服务技巧单一等有关。本文仅从“在导游过程中运用互动小游戏”这一角度，对提升导游服务质量做一些探讨。

**关键词：** 导游　互动小游戏　运用

导游行业现在是一个颇有争议的行业，由于多方面的原因，现在导游的社会声誉不佳，给人们的普遍印象是“素质不高”，工作方式雷同。千篇一律的导游词，使得游客在旅游过后，对导游工作的认同无从谈起。导游作为联结旅游主体和旅游客体的中介因素，是旅游目的地、旅行社、旅游者三者之间的桥梁和纽带。随着社会经济的发展，体验旅游时代的到来，导游的作用会越来越重要，对高素质的新型导游的需求也会越来越大。

长期以来，人们对导游素质的提高更多关注的是学历知识的提高，而对操作层面的技巧研究不够。事实上，对于整个旅游业而言，要提高导游的学历知识并不是一件很难的事，通过提高导游准入门槛一般就能达到这一目的；而对某一个导游而言，提高自身的学历知识，却相对比较困难。面对导游服务质量的普遍低下，积极研究和探讨一些容易掌握、便于操作的导游服务技巧是极为必要的。实践证明，在导游过程中灵活运用一些互动小游戏，能有效弥补导游讲解的不足，对全面提升导游服务质量具有积极的促进作用。

## 一、导游过程中运用互动小游戏的必要性

互动是一个社会学概念，指各种因素之间相互影响、相互促进、互为因果的作用和关系。所谓导游过程中运用互动小游戏，就是指在导游过程中，通过组织一些小游戏以达到导游与游客之间、游客与游客之间的互动，通过成员之间的相互影响和相互促进，以达到娱乐放松、沟通协作的目的。在导游过程中，灵活运用互动小游戏，对提高导游服务质量具有极为重要的作用，具体表现在以下几个方面：

第一，导游过程中运用互动小游戏，能有效地弥补导游讲解的不足，丰富旅途生活。

一般来说，在旅游活动的六个环节中，住宿、餐饮的标准，交通方式的选择，游览的景点，购物的次数都会在旅游合同中约定，导游质量的好坏主要体现在导游人员的服务上。导游人员除了要科学有效地安排好旅游活动的各个环节外，最重要的一项工作就是讲解，所以长期以来人们对怎样讲解进行了较多的研究和探索，也提出了很多行之有效的讲解技巧，但对整个旅游过程中各环节之间的衔接和氛围的营造却重视不够。特别是在旅行过程中，全陪导游更多的只是充当了“陪同”的角色，游客只能是自娱自乐，相互间缺乏交流，一些游客甚至会产生孤独的情绪，这样的旅程无疑会让人感到无聊而漫长；而很多地陪导游在讲完了准备好的导游词后，就只有让游客自娱自乐或者干脆让游客睡觉，自己也显得无所适从；一些导游在带本地游客时更无所适从，因为事先准备的导游词都是游客非常熟悉的，所以只能选择

沉默。诸如此类的尴尬和缺憾大大影响了导游服务的质量，不仅影响了游客的心情，也不利于导游工作的顺利完成。事实证明，在导游过程中单纯依靠讲解来调动游客情绪，营造轻松、愉快的气氛是有局限的，在导游过程中巧妙地运用一些互动小游戏，不仅能弥补这种局限，避免尴尬，而且能大大增添旅途的乐趣，丰富旅途生活。

第二，互动小游戏有利于营造轻松、愉快的旅途氛围，增添旅途趣味。

旅游活动的本质是“一种逸出日常生活的体验活动”，是一种生理活动，更是一种心理活动，从旅游动机的产生来看，由于日常生活的重复和乏味使人少了新鲜感、少了亲切感、少了自豪感，多了精神紧张与压力，于是人们选择出游以寻求补偿、寻求解脱、寻求平衡。因此，大多数游客在旅游过程中遵循的是“追求快乐原则”，希望旅游服务者能够给他们带来安心、愉快的氛围。互动小游戏本身所具备的参与性和趣味性，常常能让游客处于开心和愉快中，能有效地营造轻松愉快的氛围，更好地满足游客的心理需要，增添旅途趣味。比如在一次旅游中，由于游客都是本地人，对周围景点较为熟悉，而到达旅游目的地还有一个多小时的车程，车里的气氛有些沉闷，于是导游开展了一个小游戏，他让每个人使用一种厨房用品来洗澡，要求说出选择的理由，然后由其他人评判，如果理由成立则通过，理由不成立则表演节目，每种厨房用品只能使用一次，其他人不得重复。刚开始，大家还比较容易找出能用来洗澡的厨房用品，越到后来就越困难，有的人甚至只能选择用菜刀来洗澡，其理由是刮去污垢，如此一来，大家笑得前仰后合，原本沉闷的旅途变得轻松而愉快。

第三，互动小游戏能有效地增进旅游成员的沟通和凝聚，提升导游的威信，有利于导游工作的顺利完成。一个旅游团，其成员往往互不相识，特别是在刚接团时，成员之间的沟通和交流很少，在行动上也表现得相对独立，由于成员之间缺乏沟通和协作，这样的团队往往比较松散，这不仅增加了导游工作的难度，而且也容易使团队成员产生孤独感和缺乏安全感。灵活运用互动小游戏，能有效地打破成员交流的坚冰，促进团队的沟通协作。比如在刚接团时，导游先组织大家做一个小游戏“天气预报”：小雨拍肩，中雨拍腿，大雨鼓掌，狂风暴雨跺脚。先自己拍，再两三人一组互相拍。不同效果比较，给大家一分钟时间思考后再做一遍。通过这个游戏不仅使游客的情绪得以放松，还能让大家体会到相互协作的重要。紧接着再让大家做游戏“认识他吗”（自我介绍的一种方式，第一个人报出自己的名字××，第二个人说××旁边的自己的名字，第三个人说××旁边的××旁边的自己，从第一个人开始，依次说，一直到最后，如此转一圈回到第一个人，第一个人再重复一遍全部的人，结束。还可以在名字之前加上一个形容词、一项特征，以增加难度和印象）。通过两个小游戏有效地促进了团队成员的相互了解和交流，使团队具备了一定的凝聚力，导游也给游客留下了幽默、干练、能力强的印象，威信得到大大提高，这些都为导游工作的顺利完成奠定了坚实的基础。

第四，互动小游戏大都具有一定的启发性，在游戏开展过程中，导游人员如果能进行适当的引导，往往能给人某些启示，使游客在旅游活动中除了获得身心的愉悦感受外，也收获了一些对人对事的积极的心理体验。

## 二、导游过程中常用互动小游戏的类型

导游过程中互动小游戏经常作为讲解导游的有益补充，一般在旅行过程或游客休息以外的闲暇时间使用。对导游过程中常用的互动小游戏很难找到一个明确的划分标准，一般常根据动作大

小做如下划分：

1. 言语表达型

言语表达型的互动小游戏主要通过言语表达来实现，没有动作或动作幅度较小，益智的成分较多。如：成语接龙、歌曲接龙、三句半表演（我们四人台上站，表演节目三句半，不知演得好不好，试试看；在家我是小皇帝，爬上爬下真淘气，要是有人敢不依，就躺地；爷爷给我当马骑，奶奶是我小伙计，如果让我不满意，哭鼻子；爸爸妈妈把我惯，穿衣吃饭围我转，这样下去不变坏，那才怪；自从上了幼儿园，老师教我懂道理，从此再也不娇气，好样的；会讲故事玩游戏，会叠被子会穿衣，还会自己管自己，了不起；我帮爷爷奶奶捶捶背，我让爸爸妈妈别太累，现在什么我都会，好宝贝；爸爸妈妈听仔细，我要改掉坏习气，从此不当小皇帝，有出息）等。

2. 动作展示型

动作展示型的游戏往往是语言和动作结合，但语言只起辅助作用，游戏的目的是通过动作的展示来营造轻松愉快的氛围。如：循环相克令（人数：两人，方法：令词为“猎人、狗熊、枪”，两人同时说令词，在说最后一个字的同时做出一个动作——猎人的动作是双手叉腰；狗熊的动作是双手搭在胸前；枪的动作是双手举起呈手枪状。双方以此动作判定输赢，猎人赢枪、枪赢狗熊、狗熊赢猎人，动作相同则重新开始）、官兵捉贼（用具：分别写着“官、兵、捉、贼”字样的四张小纸，人数：4个人，方法：将四张纸折叠起来，参加游戏的四个人分别抽出一张，抽到“捉”字的人要根据其他三个人的面部表情或其他细节来猜出谁拿的是“贼”字，猜错的要罚，由抽到“官”字的人决定如何惩罚，由抽到“兵”字的人执行）等。

互动小游戏的划分只是为了方便导游人员在导游过程中能灵活根据时间、场地、游客的特点选择游戏，此外并无实际意义。

一般说来，偏重言语表达和知识性的游戏适合在知识层次较高的游客中开展，偏重于动作展示型的游戏则适合在年轻游客中开展。

### 三、导游过程中选择互动小游戏应注意的问题

互动小游戏能有效帮助导游人员提高其服务的水平和质量，但能否正确选择也是极为重要的，一般来说，选择互动小游戏要注意以下几个方面：

1. *游戏的选择要恰当*

导游过程中选择合适的互动游戏至关重要，在游戏选择时，要充分考虑游戏是否能满足游客的心理需要；要充分考虑游客的年龄、职业、文化程度、民族、性别等；要揣摩游客的兴趣倾向；游戏要突出趣味性、参与性和可操作性。

2. *游戏的组织要灵活*

导游人员是互动游戏的组织者和指挥者，在游戏过程中，要能根据游客特点对事先准备的游戏进行灵活的调整（调整难度、要求等），在游戏过程中注意观察游客的表现，注意对游戏过程的控制。

3. *游戏开展要注意时机，多寡适宜*

导游过程中的互动游戏一般在游客休息以外的闲暇时间开展，此外在接团初期和旅行过程中适宜开展游戏。游戏的开展以游客需要为准则，游戏也并非越多越好，要留给游客一定的自我安排的时间，切不可占用游览的时间和休息的时间。尤其快到旅游目的地时，要让游客有足够的时间做好游览的准备。

4. *游戏中要尊重游客*

游戏的开展是为了营造轻松愉快的旅途氛围，在游戏过程中对游客的表现要持肯定态度，尊重游客，对游客的突出表现要给予赞扬。

随着旅游活动的平民化、日常化，旅游消费者已逐渐成熟，他们更加关注自己在旅游活动中的体验效果和心理满足程度。面对这样的新形势，旅游业要生存发展，必须努力提高全行业形象，导游服务是游客对旅游服务质量最直接的感知途径，导游人员必须正确地认识自身工作的特殊性，努力提升自己的业务能力和水平，这既是提升旅游服务质量的保证，也是追求自我发展和完善的必然要求。

**参考文献：**

[1] 贵州省旅游局：《导游业务》，贵阳远达印务有限公司承印，黔新图内资字242号，2005年7月。

[2] 王娟、鄢呈玥：《运用知觉理论提高导游服务水平》，《科协论坛》2007年第1期。

# 试论永川旅游业的发展

重庆机电校　颜江远

**摘　要**：旅游资源要具备可用性、便利性、安全性、舒适性等特性。永川旅游资源就具备了这些特性。我们应大力强化这些资源的独特性、新奇性，强力打造适合大众消费的旅游产品，提升永川旅游业的形象，使永川旅游业得以健康、快速的发展。

**关键词**：旅游资源　永川　开发　发展

旅游实质上是人类为适应人生规律，实现自我超越和愉悦身心之目的而采取的一种特殊的生活方式，是人类追求自身价值实现的文化意识的反映，或者说，旅游者本质上是为了获得人身的自由和精神上的解放。

从其他国家或城市旅游业的发展现状来看，旅游业的发展一是要有独特的资源可以利用；二是要对这些资源进行适当的包装，以激发旅游者的消费兴趣和消费需求；三是要找准自己的市场定位，获得尽可能多的消费群体认同。旅游业发展和其他市场产品的发展一样，必须具备几个条件：（1）可用性，能够满足人们的某种需要（物质的和精神的）；（2）便利性，人们可以很方便地得到；（3）安全性，产品的消费不会给人们带来危险；（4）舒适性。此外，在告别了短缺经济时代后，人们的消费普遍地追求新奇性。任何一个地方开发旅游产品都必须满足这些条件。

永川政府网站对永川旅游资源的情况作了如下介绍：

> 永川位于长江上游北岸，东临三峡库区，西靠四川腹地，东距重庆市主城区58公里，西离成都市276公里，介于泸州、自贡、宜宾、内江、南充、合川、江津等大中城市之间，处于川渝城市群核心位置，是重庆规划建设的现代大城市和区域性中心城市。
>
> 交通通信便捷。永川处于成渝交通要道，成渝铁路、成渝公路、成渝高速公路横贯东西，黄金水道长江南流而下。
>
> 文化底蕴深厚。上游永川恐龙、石松化石世界闻名，茶文化、石文化、竹文化源远流长。出土的石斧、石锚约有六千年历史，东汉石天禄、汉代画像、宋代石窟、唐宋汉东城遗址、明代摩崖造像和白莲教残部遗址极具观赏价值。永川旅游资源丰富，是全国优秀旅游城市，拥有国家级森林公园茶山竹海、AAAA景区重庆野生动物世界、全国农业旅游观光示范区黄瓜山，茶山竹海是电影《十面埋伏》国内唯一外景地。

从永川旅游资源的现况来看，开发旅游产品的几个基本属性都已具备，如茶山竹海旅游，能够让人们与大自然亲密接触、自由呼吸；重庆野生动物世界能够让人们与多种多样的珍稀野生动物亲密接触，感受人与动物的和谐。

从以上的情况中可以看出，永川有一些独特的旅游资源，能够满足现代人，特别是现代都市人在紧张的生活中得到放松，在与大自然、野生动物的亲密接触中感受悠闲，得到精神的愉悦的需要。永川便捷的交通、初具规模的现代城市建设，都为永川旅游业的发展奠定了基础。

## 一、从资源角度看永川旅游

先从旅游资源的角度来看，光有资源是远远不够的，资源必须进行开发才能变成产品，就好比石油埋在地下，必须开采出来才能成为能源一样。旅游资源虽然具有可用性，但开发资源的便利性、安全性、舒适性方面的条件都是有欠缺的。珠穆朗玛峰是世界独一无二的，是世界的稀缺资源，但正是由于它不具备其他几项条件，因而除了作为登山运动的资源外，不可能成为旅游资源。马里亚纳海沟是世界最深的海沟，具有世界上独一无二的资源，但它处于深海，目前人类必须依靠最先进的装备才有可能到达那里进行科学考察，而且这些考察带有一定的危险性的，因而也不可能开发成为旅游产品。旅游资源要变为能够吸引旅游者（旅游产品的消费者）的产品，除了资源的独占性外，必须具备这些基本条件。此外，旅游产品还必须能够为人们所接受，能够适应大众的消费能力。好的产品不一定会有好的销售业绩，好的旅游产品如果脱离大众的消费，成为少数人的消遣，也无法产生出足够的效益。

永川有茶山竹海，四川宜宾有蜀南竹海；永川有重庆野生动物世界，成都有碧峰峡野生动物园。可见永川的旅游资源在全国，甚至重庆特色都不够鲜明。逛森林公园，享受大自然，重庆著名景点就有南山、缙云山；温泉旅游，重庆既有久负盛名的南北温泉，更有后来居上的天赐温泉、统景温泉，近些年温泉旅游项目更是遍地开花。要说历史人文景观，永川的资源与别的地方相比也没有丝毫的优势。永川政府网站上介绍的古代文化的遗存与近在咫尺的大足石刻相比，无论是规模，还是作为旅游产品的开发力度，都只有自惭形秽的份。

## 二、从旅游产品开发看永川旅游

与市场中的其他商品一样，旅游商品的开发也必须具备至少两个方面的特性：能够满足人们的物质或精神的需要；能够让相当一部分人消费得起，从而让市场能够接受。优质的商品往往能够比较高地满足人们的需求——不仅物质的，还有精神的。名牌商品除了做工精细、质量优良外，更富有凝聚于其中的品牌文化。旅游商品的开发也要考虑既能满足人们的需要，又能让人消费得起。

从地域特色上看，每一个地方的自然资源、人文资源都有自己的一些特殊性，发现这些特殊性、发展这些特殊性也是旅游业发展的重要方向。有滨海资源的地方多了，可大连、海口、三亚就远比其他地方发展得好；由喀斯特地貌生出的石林，在全国并不仅是云南有，可云南很好地利用了阿诗玛的传说，把大自然的巧夺天工与撒尼人的民族文化相结合，再加上电影《阿诗玛》的影响力，把这里的石林打造成为世界级的旅游景区。同一个泸沽湖，云南的开发就好于四川的开发，于是云南的旅游市场就好于四川市场；同样是“卖雪”，四川的西岭雪山旅游就比重庆的仙女山旅游开发得好。

永川的旅游资源与国内其他地方相比，在独占性上并不占优势，要发展旅游业必须在旅游产品开发上下功夫。以永川现有的这些旅游资源的开发来看，开发利用应该说还有比较大的发展空间。

## 三、从旅游产品的市场定位来看永川旅游

一种产品必须有足够大的市场才能成为有价值的商品，旅游产品也不例外。一个地方的旅游业要赢得市场，遵守市场法则是非常必要的。在工农业产品、科技产品的开发中，人们常常运用

的一个原则就是“人无我有，人有我精”。永川旅游资源比较丰富，但在特色方面不占优势，在旅游产品开发方面也不占优势，所以，目前真正可以大做文章的应该是找准自己的市场定位，开发出老百姓喜欢的、能够为市场所接受的旅游产品。

## 四、永川旅游的发展思路

### （一）开发现有的旅游资源

永川旅游现有的资源主要就是茶山竹海和重庆野生动物世界，还有黄瓜山的农业产业生态旅游。目前这些旅游资源没有得到充分的开发。永川建设发展中突出了茶竹文化，但应该说这个茶竹文化的内涵发掘是很不够的，目前更多的是停留于比较肤浅的层面上。最直接的表现就是把茶山竹海向城内延伸，但目前才刚刚开始。这方面的建设对于永川打造宜居城市是有很大意义的，但对于开发永川旅游的意义可能就有待商榷了。永川真正应该努力的方向应该是整合茶山竹海、重庆野生动物世界、黄瓜山农业产业生态旅游。那些古代的石松、石斧等虽然历史悠久，有一些文化历史的考古价值，但由于这些历史遗迹比较分散，既不像大足石刻那样集中，又不像乐山大佛那样宏大，在目前看来，在没有更好的办法之前，是没有多大开发价值的。

除了对两个主要的资源进行必要的整合外，还必须对这些资源进行充分的、合理的包装，进行必要的吆喝，扩大它们的影响力。

### （二）努力增加永川旅游资源的文化内涵

目前永川旅游正在着力打造以茶竹文化为核心的旅游文化。但实事求是地说，由于受永川旅游业从业人员、城市规划建设人员及城市管理人员自身文化素质、文化品位的制约，永川旅游业中的许多人对文化的理解是比较表面和肤浅的。一些人甚至认为在城区和旅游区多栽种一些竹、一些茶树等就叫文化了。茶竹文化的精髓是什么、茶竹文化的表现应该是什么，似乎关心的人并不多。中华茶艺山庄的茶艺表演有味道，但并没有更多地成为城市生活的一部分，而只是针对高端旅游者的一种表演性质的产品。由于其定位于高端，连永川本地的百姓也只是在电视等媒体上见过，而对其文化韵味知道的人就更少了。此外，与茶竹文化相关的理论研究、产品开发都还没有起步。特别重要的是这些表演缺少游客的参与，缺少互动，游客看了一次就不会再有多少兴趣，更不可能因此造就出相关的衍生旅游商品。

(三) 对现有旅游产品进行改造，开发新的旅游产品，注重增加旅游产品的互动性

现在一些地方发展旅游，比较多的做法是单纯地让游客看，而限于多方面条件，很多旅游产品缺乏互动性，对游客的吸引力并不大。由于这方面的原因，很多地方游客去了第一次就不愿再去第二次。如果能够对旅游产品进行合理的深度开发，增加这些旅游产品的互动性，就会大大增加旅游产品的吸引力。比如永川以茶山竹海为核心的旅游产品，现有的模式基本上是游客爬爬山，看看《十面埋伏》的外景地，照几张相就算完事，游客千里迢迢地来到永川，在竹海停留时间仅几个小时，且山路转来转去，把人都转晕了，谁还愿意再来？改造竹海旅游产品就应该努力增加互动性，参与性，如游客自己动手采茶、制茶，学习茶艺等，增加这些旅游产品的互动性。又如野生动物园，可以考虑向游客出售一些活鸡、活兔、活羊等，让游客放到猛兽区喂食，既能体现这些猛兽的野性，又能让游客进一步体验到观赏的乐趣。

(四) 充分发掘现有的旅游资源，积极开发新的旅游产品，并进行合理的包装

旅游者永远都会追求新奇的东西。都市休闲游的开发对地理空间上比较远的游客是没有什么吸引力的。即使是重庆主城的游客，如果单纯地进行都市休闲游，他也完全可以选择离主城更近

的南山、缙云山、歌乐山等地，完全没有必要到永川来。因此永川旅游必须在开发新的旅游产品方面下功夫，方能增加吸引力。目前永川旅游基本上靠的是重庆野生动物世界和茶山竹海“两杆枪”，新的旅游产品缺乏特色，没有多少吸引力。旅游商品的开发尚未起步。贵州黄果树除了气势恢弘的瀑布外，景区外大量出售旅游商品，如波波糖，并无什么特色，也不好吃，但因与黄果树景区连在了一起，包装推介得好，到了那里的游客都会不由自主地买上一些。前些年永川民间开发出了“过水鱼”这种很有特色的江湖菜，许多游客来到永川都会去品尝，可惜的是没有人想到利用这道特色菜对其做进行进一步的开发、包装、推介，而是任其自生自灭，以致最后被湮灭在众多的江湖菜中。

（五）打造城市名片，充分包装城市，让永川与茶山竹海、重庆野生动物世界一起走向全国

永川这座城市的名气目前在国内并不响亮。以前的人们提起永川想到的往往是永川豆豉和松花皮蛋。这些年打造职教城取得了比较大的成就，在打造职教城方面取得的成就远远盖过了茶山竹海和重庆野生动物世界。永川旅游业在利用这些资源方面应该说做得还不够。

从永川城市发展的内涵来讲，也还有很多有待提高的地方。比如永川的交通，虽然说发展迅速，目前已经比较方便，但那更多的是和自己的过去比较。目前即使只与重庆境内、永川周边的其他区县相比也不具有多大优势。

打造永川城市名片，充分包装城市，就必须找准城市的文化定位。这个文化定位不是简单的在城内、在市区内、在道路旁栽几笼竹、植几棵树那样，要从历史文化发展脉络中去寻找属于永川的独特的东西加以包装。同样的东西，包装不包装效果是大不一样的。就以大足为例，大足龙水的小五金有数百年的悠久历史，与国内任何一个地方的小五金相比都毫不逊色，但在近几十

年市场经济的大潮中，与浙江义乌相比，大足龙水的小五金显然包装不够，缺少有力的支撑。浙江义乌已经形成了以小五金为龙头的产业集群，而大足龙水的小五金还大多是处于散乱境况。永川旅游业的发展需要依托永川城市的发展，但必须找准自己的文化定位。就目前来看，以茶山竹海、重庆野生动物世界为龙头，挖掘永川的历史文化遗存，加以充分的包装，无疑是发展永川旅游的一个方向。

（六）强化基础设施建设，为旅游者提供安全便捷的服务

永川交通在历史上是很有优势的，但随着重庆交通事业的发展，这种与周边区县相比的优势正日益减小，与一些区县比甚至毫无优势可言。比如璧山、铜梁等地，曾几何时这些地方交通都很不方便，而永川依托成渝公路、成渝高速公路、成渝铁路、长江水路等，具有重庆西部其他区县所无法比拟的优势。但随着遂渝高速公路、遂渝高速铁路的开通，永川的这些优势几乎已经荡然无存。永川旅游要上一个台阶，关键是要能够吸引重庆主城的旅游者和其他来自全国各地的旅游者。而要吸引旅游者，便捷的交通还只是一个方面。旅游者必须要能玩得好、吃得好、住得好、走得好。这些都需要以必要的城市基础设施为依托，这就需要大力强化基础设施建设，以便能够为旅游者提供便捷的服务。旅游者可以很方便地获得永川旅游业推出的旅游产品。

（七）想方设法降低旅游成本，为大众提供消费得起的旅游产品

以永川旅游业自身的资源来看，永川旅游发展都市休闲游，满足来自重庆主城和永川城区自身的居民的出游需求应该是主要的出路。这就要求永川旅游要走大众化的道路。近年来，国内有不少地方发展旅游有一些急功近利的做法，把大自然给我们的馈赠和老祖宗留给我们的财富一味地当做挣钱的工具，而最简单的办法就是提高门票价格，致使一些著名的旅游景点成为少数利益

集团谋取私利的工具。为谋取更多的私利，甚至不惜采用“杀鸡取卵”的方法对旅游资源进行掠夺性利用。这种做法违背了资源可持续利用的原则，长久下去必将对旅游业带来极大的消极影响，甚至是毁灭性的影响。以永川的旅游资源状况来看，就应该是尽力打造老百姓消费得起的休闲旅游产品。

（八）大力宣传旅游业的发展对永川社会文化和经济的拉动作用，宣传旅游对永川社会文明的促进作用，改变大多数群众所认为的旅游事业发展得益的只是旅游从业者，与自己无关的观念

目前，永川的绝大多数百姓都缺乏发展旅游事业与自己城市生活品质的改善息息相关的观念，也不认为自己的言行对永川旅游发展进而对永川城市发展有什么作用。公共服务窗口讲普通话？那是政府要求，做样子的，谁也不当真。市民言行文明，不仅得不到好的评价，反而会被人认为是迂腐。随地乱吐乱扔、满嘴污言秽语还被称为是“耿直”，是人品好的表现，等等。这些方面必须花大力气加以改善，真正使永川的文明程度达到一个新的高度，从而为永川旅游业的发展创造出良好的社会氛围。

**参考文献：**

[1]《旅游概论》，全国中等职业学校规划教材。

[2]《永川旅游》，永川旅游局内部交流刊物。

[3] 杨桂华、陶犁：《旅游资源学》，云南大学出版社 2001 年版。

# 余庆旅游业发展的思考

贵州省余庆县职业中学　吴朝阳

**摘　要：**余庆的旅游资源丰富，但尚未开发，不为人知。如能合理有效地开发余庆的旅游资源，余庆的旅游业将会飞速发展。本文通过对余庆的地理位置、旅游资源特点等的分析，提出了余庆应以休闲度假旅游为重心，以红色、考古、观光、探险等旅游为辅助，重点开发构皮滩电站形成的千岛湖、乌江画廊、“四在农家”等旅游资源，结合遵义和黔东南两旅游资源，逐步把余庆从过路游转变为目的游，推动余庆旅游业的发展的建议。

**关键词：**余庆　旅游业　发展

余庆是贵州省遵义市的一个县，与湄谭、凤冈、瓮安、黄平、施秉等县接壤。

余庆的旅游资源丰富，但尚未开发，不为人知，所以旅游业的发展目前比较落后。目前余庆主要以乡村旅游和大乌江自然风景区旅游为主，都属一般的观光旅游，旅游业在全县产业结构中是微不足道的。

## 一、余庆发展旅游业的必要性

第一，余庆目前产业结构以农业为主，比较单一，经济发展缓慢。

第二，旅游已成为现代人们的生活需要，旅游产业不仅能直接拉动国民经济增长，还会带动就业、交通、商业、文化等的发展。

第三，余庆有着丰富的旅游资源。

构皮滩电站和思林电站建成蓄水后，将在大乌江峡谷形成“湖连谷”、“湖中峡”、“峡湖相间”的奇特山水景观，发展现代旅游业具有得天独厚的条件。

余庆是“四在农家”的发源地，通过旅游可以加大宣传和提高余庆的知名度。

发展余庆旅游业，把资源优势转化为经济优势，是余庆经济发展的必然要求。

## 二、余庆旅游业发展的几点建议

### 1. 提高认识

树立“抓旅游就是抓经济发展”的观念，思想上重视，行动上支持，职能上配合，营造全民围绕旅游抓发展的良好氛围。引导县内外投资商投资开发建设旅游景点。

### 2. 确定旅游产品结构

余庆县位于贵州东部，总面积1 623平方公里。县内有西电东送的标志性工程——构皮滩水电站以及因为电站所形成的八百里千岛湖，是旅游者休闲度假、观光、健身、娱乐的理想之地。县内还有省级文物保护单位的他山，是明代永历年间四川按使、著名学者钱邦芑隐居住所；有建于清光绪八年的文峰塔；有省级文物保护单位朝阳洞；有位于松烟的大林寺和尚墓，敖溪区的银坝宇塔；有红军战斗遗址回龙渡和红军纪念园；余庆还是全国“四在农家”发源地，这些旅游资源都可以供旅游者学习、参观、考察。

根据余庆县旅游资源的特点，余庆县旅游产品结构应以休闲度假和健身为主，大力发展红色、考古、探险、观光旅游。

3. *有效开发旅游资源*

根据余庆旅游产品结构应以休闲度假和健身为主，大力发展红色、考古、探险、观光旅游的思路，我认为余庆应该以构皮滩电站与思林电站建成蓄水后，大乌江峡谷形成的“湖连谷”、“湖中峡”、“峡湖相间”等景观为开发重心，打造全省乃至全国的山水品牌。以“四在农家”创建点为依托，开发融田园风光、民族风情、农家体验为一体的乡村旅游。还要考虑以红军三过余庆为主线，以红军强渡乌江战斗遗址为依托，大力发展红色旅游。

滚滚乌江有69公里流经只有9镇1乡的余庆县。乌江山峡被称为“山水画廊”。构皮滩大坝一旦蓄水发电，将会形成一个巨大的淡水千岛湖，水域面积是贵州国家级风景名胜区红枫湖的10倍，是云南省国家级风景名胜区滇池面积的两倍。而且构皮滩电站与思林电站建成蓄水后，大乌江峡谷会形成“湖连谷”、“湖中峡”、“峡湖相间”的景观，容纳了神奇百川，她的“奇、秀、险、峻”等景观不在“桂林山水”之下，将成为旅游者休闲度假和健身娱乐的最佳选择景点。余庆森林覆盖面积大，空气新鲜，气候温和，境内属中亚热带湿润季风气候，年均气温16.6℃，适合长期居住和休闲度假，这些都是余庆发展以休闲度假和健身为主的旅游业得天独厚的资源。

余庆是全国“四在农家”发源地，这一成果值得各地政府和部门派人前来参观考察。以“四在农家”为载体，我们还可以在余庆的历史和文化上做文章。余庆曾是且兰古国国土，又是夜郎故地。唐朝李白流放夜郎曾途经余庆。余庆建县四百多年，历史上有两个土司，一个叫白泥司，一个叫余庆司。明末清初，一位叫钱邦芑的四川巡抚来余庆松烟隐居，著书立说办学堂，加上松烟离当时迁往湄潭的浙江大学只有三十多公里远，所以松烟至今有个“博士寨”，一个叫“穴塘坎”的村寨出了十多个博士。余庆还有南明政权官兵居住过的石家洞，有字库塔等古迹。红军长征曾经三过余庆，至今余庆农村还流传着不少红军的故事，有很多红军标语还保留完好。余庆有龙家戏剧、龙溪钱杆舞、敖溪高矮人舞等。如果将这些资源予以深度加工，将对余庆的旅游业起到极大的推动作用。

4. 加大宣传

余庆旅游产业发展起步晚，起点低，知名度不够。很多游客都不知道余庆县城离杉木河只有半小时车程，对余庆的旅游资源更是一无所知。所以，在开发余庆旅游资源的同时，一定不要忘了对她加大宣传力度。在宣传方式上还要做到面广、快捷、有效。可以通过路边广告、路标、地方歌曲创作与传唱、电视媒体等方式进行宣传炒作。

# 旅游英语教学中的文化渗透

广西理工职业技术学校　苏琰庭

**摘　要：**文化知识在旅游英语教学中起着至关重要的作用。本文对在旅游英语的教学中进行文化渗透进行探讨，旨在对旅游英语教学的发展有所帮助。

**关键词：**旅游文化　旅游英语　旅游英语教学

随着全球化进程的加快，国际文化交往日益增多，应运而生的国际旅游大潮已使人们不再满足于游山玩水的浅层观光，而是希望更多地投身于异地的生活体验中，到异地文化的深层中去寻找乐趣。因此，在旅游英语的教学中应当注重文化知识的渗透。

## 一、旅游文化与旅游英语

### （一）旅游文化与旅游英语教学

文化是一个民族信仰、价值、态度、等级、知识、经验，以及时空观念的总和。其深层次的信仰、价值通过人们的行为规范、准则，表现在民风习俗、服饰礼仪、婚丧庆典、节日禁忌等活动形式中。这种具有一贯性、持久性、渗透性的文化影响已深埋于人们的大脑中，形成集体潜意识。旅游活动不应仅仅满足游客的视觉快乐，还应与文化相对接，提升旅游活动的内在文化品位，传承历史文化。

学习英语不仅仅是掌握和运用英语语言的过程，也是接触和认识另一种社会文化的过程。如前所述，旅游是一种文化，旅游英语教学的过程也是让学生接触、感受旅游社会文化的过程。因此，旅游英语教学的宗旨是在学生掌握了基本的英语语言知识、语法技能及口语表达能力的基础上，进行专门用途英语的训练，使学生掌握和了解各个地方的文化知识，培养他们的英语语言交际能力，为其今后在旅游服务工作中的跨文化交际活动做好铺垫。

（二）旅游英语课程的特点

旅游英语课程的目的是培养学生使用涉外业务英语的交际能力，适应社会的现实要求，旨在提高旅游专业学生和旅游从业人员在从事涉外业务中所需的英语交际能力。不论是从事涉外饭店工作还是英语导游工作，提供的都是面对面的直接服务，要让旅游者在中国的旅行游览满意。涉外饭店工作和导游工作有不同于其他涉外工作之处，它提供的主要是服务包括语言服务。这种语言服务不同于一般情况下两个不同国籍人之间的交流与谈话，一般情况下的谈话中允许有一些错误，有的时候是语音或语法错误，有的时候是文化方面的错误，由于有具体的语言环境，双方一般可以理解对方的意思。但对于涉外饭店工作和导游工作来说，是不允许的。旅游英语是不同文化背景下与游客之间建立的一种纽带和交流桥梁，通过这种纽带和交流桥梁，才能让游客能真正了解一个有着丰富文化和历史内涵的中国，所以对语言服务要求高。

旅游英语课程有着很强的专业性和与其他基础英语课不同的特殊性。它具有专业名词多、知识面宽、词汇量大、口语表达能力强等特点。旅游从业人员在与旅游者交谈的过程中会涉及旅游者的食、住、行、游、购、娱等方方面面的知识，并要在有一定知识的基础上，将我国的名胜古迹用英语讲给外国旅游者听，通过相互交流，以达到传播文化、增进友谊的目的。因此将旅游英语课程仅仅看做是专门用途的英语是不够的，旅游英语课程综合了英语的基本特点和旅游英语专业的基本知识，具有较强的时间性、应用性。总的来说有以下特点：

1. 应用性

旅游英语是一门实践性很强的专业外语，作为一种语言交流与沟通的工具，它具有实用的特性。旅游管理专业的学生在学完这门课程以后，应该掌握日常的旅游对话，不仅可以与外国游客用英语进行沟通和交流，能够把我国博大精深的文化介绍给外国友人，并且能够用英语去表达观点或阐述专业理论知识。旅游从业人员是与外宾接触的第一线人员，他们的服务质量的好坏直接影响到我国旅游业的整体形象。旅游英语课程具有较强的应用性和实践性，因此应当注重培养学生的实践能力，要求他们能够阅读外文资料，与外国游客熟练交谈，并能提供优质的服务。

2. 专业性强

旅游英语涉及深厚的旅游专业基础知识。如旅游资源、规划、饭店、旅行社、旅游景点、旅游交通等各方面的知识，要求学生具有基本的专业基础知识。如果开设相关的旅游专业课程，对加深理解专业英语的内容有很好的帮助。可以说，旅游英语首先是旅游的，具有很强的专业性。

3. 综合性强

旅游业是一门综合性很强的学科，旅游英语也是如此，它涉及的内容十分广泛，如历史、地理、风俗、文学、宗教、地质、烹饪、建筑等多学科的知识，要求学生在接受新知识时，既要掌握旅游专业知识，还要学习地道的英语表达方式。这就决定了旅游英语专业教师要有双重的学科知识，既要精通旅游专业知识，还要有良好的英语语言表达能力。这样才能最大限度地拓宽学生的知识面，扩大学生的视野。

## 二、如何在旅游英语教学中进行文化渗透

### （一）在词汇教学中渗透文化知识

在词汇教学中，教师除了指导学生根据一些方法（如音标记忆、联想记忆等方法）来学习和记忆单词之外，还要引入词汇的文化内涵。“语言词汇是最明显的承载文化信息、反映人类社会生活的工具。”英汉词汇的文化内涵极为丰富，但在许多方面存在着不对应现象。从语言学角度上来说，它的产生是因为每一种语言都有自身所特有的语言体系与建构，每一个民族都有它自己的生活习惯、思维方式、语言心理、行为规范、价值观念和文化传统，两种语言之间的语义和文化的对等是极为少见的。具体体现在以下三个方面。

#### 1. 词语的文化内涵不同导致词汇空缺现象

词汇空缺现象是指由于文化和语言的差异，一种语言有的词在另一种语言中也许没有对应或契合的词。因此，教师在词汇教学的过程中，不能局限于只要求学生熟记词汇的表明意义与拼写，更重要的是要引导学生学习词汇的文化内涵。例如：cheesecake（奶酪蛋糕），指女性健美照；beefcake（牛肉蛋糕），指男性健美照；halfway house（中途的房子），指康复医院，等等。还有些词语则源于宗教、神话、传说、风俗习惯等。英语中有些动物词的文化内涵汉语中是没有的。英语中 beaver（河狸）指为讨好上司做事过于卖力的人。河狸主要产于北美洲，活动积极，在啮树筑巢方面有很高的技艺和独创性，因此有 eager beaver（卖力的河狸）之称，常用来喻指“急于做成某事而特别卖力，但有点急躁的人”，略带有贬义。汉语中的一些词语在英语中也属词汇空缺，遇到这种情况的时候，教师不能仅仅要求学生用拼音来表示这些具有中国独特文化内涵的词汇，更要提供词汇的文化内涵，这样才不至于在与外国友人交流的时候，使人有云里雾

里之感。例如：粽子 Zongzi ；Zongzi is the festive food traditionally served during Dragon Boat Festival celebrations. During the Duanwu Festival, a glutinous rice pudding called zongzi is eaten to symbolize the rice offerings to Qu. Ingredients such as beans, lotus seeds（莲子），chestnuts（栗子），pork fat and the golden yolk of a salted duck egg are often added to the glutinous rice. The pudding is then wrapped with bamboo leaves, bound with a kind of raffia and boiled in salt water for hours. 有了详尽的文化知识导入过程，才能使教学过程变得丰满，使学生在接受词汇训练的同时深入了解中外的文化知识，使中国传统的文化得到发扬光大。

2. 词义联想和文化意象的差异导致语义不同

词义的联想和文化意象差异实际上属于“文化信息”差异（cultural information gap）。具体反映在词汇的比喻与联想意义（reflective meaning）和社会文化意义（social meaning）的不对应上。比喻善于表达情感，可使语言形象生动，其心理基础是对世间万物某些共同特点的联想，但由于各民族的自然环境、社会文化背景和风俗习惯不同，比喻和联想也各不相同。

比如英语中，owl 是智慧的象征，成语 as wise as an owl 即是一例。owlish，owlishly 则用来形容聪明、机敏、严肃。在儿童读物和漫画中，owl（猫头鹰）通常很严肃，很有头脑，常充当裁判。然而，在汉语中猫头鹰的形象就不同了。很多人认为猫头鹰与迷信有关，所以怕看到它或听到它的叫声，以为碰上它要倒霉。“夜猫子（猫头鹰）进宅”意味着厄运将至。西方人对 bat（蝙蝠）没有好感，认为它是一种邪恶的动物。总是把它与罪恶和黑暗势力联系在一起，特别是 vampire bat（吸血蝙蝠），提起来就令人恐惧。英语中有 as blind as bat, crazy as a bat, a bit batty（有点反常），have bats in the belfry（发痴，异想天开）等坏的联想和比喻。在汉语中，蝙蝠的形象与西方完全不同。因“蝠”

与"福"同音，蝙蝠被认为是幸福吉祥的象征。而红蝙蝠则被认为是大吉大利的前兆，因为"红蝠"与"洪福"谐音。

3. 词汇的语义和文化内涵的不等值

英汉词语之间差异的绝对性和必然性正如 Bolinger 所说："两种使用不同语言的文化不可能对世界有同样的看法。"特别是那些沿袭已久、约定俗成、具有完整而独特含义的英汉词语，字里行间浸润着本民族特有的文化内涵，很少是对应的，有些甚至风马牛不相及。比如美国影片"The First Blood"在中国被译作《第一滴血》，但它实质上却是文化色彩较为浓厚的词语，含义为"the first success in a contest"，其确切的汉译为"初战告捷"；"pull one's leg"不等于"拖后腿"，而是指"愚弄人"；"a walking skeleton"与"行尸走肉"毫不相干，而是喻指一个人面容枯槁，骨瘦如柴。同样，汉语也有一些独具民族特色的词语，像"钻空子"、"敲竹杠"、"穿小鞋"、"走过场"等，它们与博大精深的中国传统文化有着千丝万缕的联系。在引导学生学习此类词汇翻译的时候，教师一定要舍弃表层形式，而选用其在文化信息上相近的词语，尽可能使学生通过词汇的学习掌握其后的文化内涵。

（二）创设对话的文化语境

在日常对话中，学生最容易出现语用错误。这不仅因为对话涉及交际用语的规范使用以及礼仪习俗，更由于在具体的言语交际中，语言形式的选用总是受到时间、地点、话题、交际双方的情感、个性、社会角色及其文化背景等语境因素的制约。因此，成功的对话课，除了要让学生记住相关的交际用语，传授给学生必要的文化背景知识，还应该设置特定的交际语境，灵活选用适当的训练方法，鼓励学生进行口头或笔头、双边或多边的言语实践活动。以下举例说明几种文化语境的设置：

1. 角色表演

例如，在学过有关问路的对话之后，教师将学校所在市区的主要街道、商店、车站、邮局等建筑物画成一幅示意图，用不同标志表示对话者的所在位置和目的地，并随时将其变换方位，让学生分别扮作旅客和民警，进行问路、指路的情景对话。

2. 单项或多项选择填空

单项或多项选择填空练习是针对学生经常出现的社交语用错误而设置的。例如：

Passenger: ________

Taxi driver: Okey, Let's go.

A. Excuse me, would you mind taking me to the airport?

B. Airport, please.

C. Is this taxi taken?

D. either A or B.

[提示] C 项意在打听车上是否有人，与答语不相呼应。A、B、D 三项中，根据对话双方的身份和动机，乘客叫出租车没有委婉客气的必要，因此，选用 B 项既得体，又不失礼貌。

(三) 挖掘语篇的文化信息

现行的英语教材选材广泛，大部分语篇涉及英语国家典型的文化背景知识，特别是其中的文学作品，为学生了解外部世界提供了生动鲜明的材料。在语篇教学中，我们不但要让学生把握文章的内容主旨，学习语言知识，提高语言技能，还要引导他们随时随地地挖掘其中的文化信息，使学生在习得语言的同时，拓宽自己的文化视野。

例如，结合课文中先后出现的 Madame Curie, Marie Curie, Marie, Mr Pierre Curie 和 The Curies 等称谓，教师引导学生归纳了有关英语国家姓名和称谓的知识，如下所示：

姓名① 名 + 姓→如 John wilson

② 名 + 第二名字（常是父、母等长辈的名或姓）+ 姓→如 Edward Adam Davis

③ 名字常有昵称→如称 David 为 Dave

④ 妇女婚后常随夫姓→如 Marie Curie

称谓① Mr/Ms/Mrs/Miss + 姓（或加姓名）→如 Mr Wilson（或 Mr. John Wilson）

② 除 Dr/Prof/Captain 等少数词外，一般表职务、职业、职称的词不用于称谓→如不说 Teacher Wang

③ 亲朋好友之间，常直呼其名或昵称→如 David/或 Dave（但对亲戚长辈，常用"称呼 + 名"→如 Uncle Tom）

（四）让学生体会文化对语法的影响

语法是语言表达方式的小结，它揭示了连字成词、组词成句、句合成篇的基本规律。文化背景不同，语言的表达方式各异。英语注重运用各种连接手段达到句子结构和逻辑上的完美，如要表达"他是我的朋友"，不能说"He's my a friend"，而应该说"He's a friend of mine"，双重所有格准确地体现了"他"与"我的朋友们"之间的部分关系。又如"If winter comes, can spring be far behind?"（冬天来了，春天还会远吗?）一看到 if，两句的语法关系便了然于胸。汉语则未必如此。"打得赢就打，打不赢就走，还怕没办法?"毛泽东这句脍炙人口的名言，看上去像是一连串动词的堆砌，几个短句之间无连接词语，但其上下文的语意使它们自然地融为一体。这就是我们常说的英语重形合，汉语重意合，西方人重理性和逻辑思维，汉民族重悟性和辩证思维。让学生了解这种思维习惯上的文化差异，体会其对语言表达方式的影响，对于学习英语语法，减少中国式英语的错误是有帮助的。

### 三、旅游英语教学的几点建议

(一) 培养兴趣，调动学生的学习积极性

伟大的科学家爱因斯坦曾说过：“兴趣是最好的老师。”也就是说兴趣是引导学生学习的最好的老师，是学习的动力以及激发主体意识的前提。教育家乌申斯基说：“没有任何兴趣而被迫进行的学习，会扼杀学生掌握知识的意愿。”学习兴趣是学习动机的重要心理成分，是学习积极性中最现实、最活跃的成分，是学习的动力，也是发展智力潜能的契机。因此，教师不能忽视了对学生学习兴趣的培养。旅游英语教师可以在课堂上结合课文内容给学生介绍英语国家的文化习俗，教唱英文歌曲，看英文原版电影，用英文谈论时事，等等。根据学生的英语水平确定合适的教学的度和量，对于增强学生学习信心、培养学习兴趣同样是不容忽视的。

(二) 发挥学生的主体作用，培养学生的创新意识

长期的应试教育使得学生过分依赖教师和课本，并以考试为最终目的，禁锢了学生的自主发展。并且，以教师为主体的课堂教学，课堂氛围往往是严肃、沉寂的，学生的课堂行为被规范为正襟危坐，不得随便乱动，不许私下讨论，这样的氛围严重影响了学生主体性的发挥。因此，要发挥学生的主体作用，培养学生的创新意识，首先要更新教学观念，确立为学而教的指导思想，建立和谐的师生关系。

(三) 结合专业特征，培养学生的跨文化交际能力

旅游英语教学的目的是培养学生的涉外英语交际能力，旅游英语教学内容要以应用为目的，以必须够用为度。培养学生的跨文化交际能力可分为低级和高级两个阶段。在低级阶段，学习重点放在交往习俗的差异上，包括称呼、介绍、寒暄、访问、宴请、告别、送礼、祝贺、聚会、交友等。如“Thank you”这句话

不论中、英文都用得很普遍，除了用来表示感谢之外，还可以纯粹地表示礼貌。当一样东西从一个人手里转递到另一个人手里时，那个人习以为常地要说“Thank you”。如，当学生把练习本递交给老师时，老师一般要谢谢学生；如果某人给别人打电话时，在通话结束时，对方会感谢另一方打来电话。即使彼此并未有什么特别的帮助，也可能会讲这句话。在高级阶段，通过材料阅读、影视录像欣赏、邀请外国友人开讲座等方法介绍目的语文化，采取课堂讨论或课堂辩论、讲演等形式让学生了解英汉文化的差异。

（四）提高学生的语言应用技能

提高学生的语言应用能力是旅游教学所要达到的最终目的。让学生很快掌握在国际旅游接待中常用的口头交际语。国家规定只有通过资格考试的旅游与外语人士才能从事英语导游工作，所以对英语导游的要求是很高的。虽然学生已学习“导游实务”课程，但对导游工作还是感到很抽象，针对这一情况，在教学上可以通过录像把导游程序向学生展示，重点让学生做好接机、欢迎词、入住酒店、游览参观、沿途讲解、定点导游、机场送客、欢送词的讲解。同时还可把旅行社的专业导游请进课堂，让他们为学生讲解带团技巧、注意事项、问题处理知识技能。游客是带着好奇心来中国旅游的，他们对中国传统文化兴趣浓厚，所以导游员的任务不光是带着游客参观游览，还肩负着传播中国文化的重任。在这一层次的教学中，更应注重文化的导入，不能忽视主体文化对交际能力的影响。

总之，文化是旅游的本质属性。旅游英语教学应针对学生的职业需要，在教学中注重文化渗透，提高学生的跨文化交际能力。专业英语教学在我国还处于探索和完善的阶段，希望在旅游英语教学方面的尝试性探索能对我国英语教学的发展有所贡献，以进一步完善专业英语教学。

**参考文献：**

[1] 孙小柯：《把“文化”引入旅游英语教学的课堂》，《江汉大学学报》（人文社科版）2002 年第 4 期，第 76 ~ 78 页。

[2] 季俊超：《旅游业发展与旅游专业外语人才的培养》，《河南科技大学学报》（社会科学版）2003 年第 4 期，第 103 ~ 105 页。

[3] 杨敏：《情景教学——旅游英语教学的有效方法》，《无锡商业职业技术学院学报》2003 年 9 月第 3 期，第 43 ~ 47 页。

[4] 孙晓娜、宋宝瑞：《专业英语教学探讨》，《邢台职业技术学院学报》2006 年第 2 期，第 54 ~ 55 页。

# 浅析哈尼梯田农耕文化

红河州元阳县民族职业高级中学　苏　静

**摘　要：**本文分析了哈尼族梯田形成的社会背景、形成和发展特点，哈尼族梯田农耕文化与旅游文化的关系，并指出：哈尼族农耕文化的保护和旅游业要结合实际，加大投入，长远规划，加快以哈尼族民居建筑为主，集哈尼族民俗文化、饮食文化、服饰文化为一体的民族风情园为中心的民族文化生态旅游景区的建设。

**关键词：**梯田形成　社会背景　农耕文化　旅游业发展

## 一、哈尼梯田形成的社会背景

云南省红河州的哈尼族主要聚居于红河、元阳、绿春、金平四县，建水、石屏两县也有一定数量的哈尼族人口分布，总人口已达70万。因种种原因，大理一带的哈尼族先民进入景东、双柏一带红河水系上游的川河坝、阿墨江、濮水（红河上游旧称）；滇中的哈尼族先民向元江流域集中；滇东的哈尼族先民不是融入其他民族就是向滇南迁徙。哈尼族进入开发滇南哀牢山、无量山、红河、把边江、澜沧江“三江两山”时期从唐朝末年至新中国成立，时间跨度为1 200多年，这一时期形成的居住格局至今犹昔，所创造的文化体系影响至今。哈尼族在长期的发展过程中形成了自给自足的经济系统和以农耕文化为基础的完整的文化系统。红河州的哈尼族群众至今仍完整地保留着自己的语言、服饰及风俗习惯等，这除了地域环境的相对封闭的原因所致外，主要是由于其文化系统对自然环境的适应性，这种适应性体现了农耕文化较为强大的生命力，也体现了其存在的合理性。举世瞩目的红河哈尼梯田，是最能代表哈尼族勤劳智慧的文化构建，是山地农耕的最高典范，也是农耕文化的外在表现形式。

## 二、哈尼梯田的形成和发展的特点

哈尼族，这个古老而具有悠久历史和灿烂文化的山地稻作农耕民族，创造了举世罕见的梯田农耕文化，而梯田农业是其农耕文化的核心。

据中国历代汉文史籍文献记载，哈尼族先民的稻作农耕文化是随其南迁过程逐步形成的。秦汉至魏晋南北朝时期，哈尼族先民逐渐形成独立（单一）族体，迁居于川、黔、滇相交接的安宁河、金沙江沿岸和乌蒙山区直至西洱河、滇池沿岸。这个时期，哈尼族先民已具有垦田种稻的历史。《尚书·禹贡》中记载，哈尼族先民“和夷”所居住的大渡河沿岸，“其土青黎，其田惟上下，其赋下中三错”。《山海经·海内经》说：“西南黑水之间，有都广之野，后稷葬焉……爰有膏菽、膏稻、膏黍、膏稷，百谷自生，冬夏播琴（殖）。”黑水就是今四川省西南部的雅砻江和金沙江，而发源于大渡河南岸、以哈尼族先民“阿尼”命名的安宁河（阿泥河），最终与雅砻江一同流入金沙江。西南黑水之间的“都广之野”，当指大渡河与金沙江之间广大地区。迁居于此的哈尼族先民，此时已经开始耕田种稻。只是由于人口稀少、生产工具简陋，其农耕活动还比较落后，所以还兼营畜牧业和游猎活动。直至隋唐时期，哈尼族先民迁入云南南部亚热带山区，农耕稻作生产才发展到极高水平。按照日本中尾佐助、佐佐木高明、渡部忠世等著名学者从民族学、社会学、民族植物学等不同学科、经数十年实地考察研究后认为，从喜马拉雅山南麓东经不丹、缅甸、泰国、老挝、越南的北部、中国云南南部和长江南岸直至日本西部这一广阔地带之内，生长着以青枫栎为主的常绿阔叶林，因此将这一地理带称之为“照叶树林带”。“照叶树林带”的山地和森林孕育出了不同于其他地理带的独特的同质文化圈，其最基本的文化特征，就是以栽培杂粮（包括旱稻）、薯类为主的砍烧地（刀耕火种）农耕和水稻农耕，故将这一广阔地理带的同质文化称作“照叶树林文化”。日本学者认为，从东南亚北部至中国云南南部、贵州、广西、湖南这一带，构成了一个“东西半月弧稻作文化圈”。哈尼族聚居的云南无量山、红河南岸哀牢山和西双版纳广阔山区，正处于东亚照叶树林文化带和东西半月弧稻作文化圈的中心地带。因而哈尼族先民迁入云南南部亚热带山区之后，稻作农耕技能不断发展，原先粗放的刀耕火种的游耕方式逐渐改变为有限的旱地轮歇作业。同时，由于开辟梯田获得成功，因此长久定居下来。这一发展过程，是哈尼族社会历史发展进程中一次重大转折，从此，云南南部亚热带山区便成为哈尼族谋求生存与发展的特殊的活动空间，梯田稻作农耕文化也就成为哈尼族近10个世纪以来整个社会文化的轴心，一切物质文明模式和精神文化模式，包括血缘、地缘关系相互交织的村落社会的出现，梯田与村落分布的均衡构建，人与大自然的和谐相处，新的宗教观和世界观的产生，以及新的生产生活方式和民俗事象的形成等等，均源于梯田稻作农耕文化母体。换言之，哈尼族先民完成了从游牧、游耕生活向南方稻作农耕经济的转变，并在与云南南部亚热带生态环境相适应，积极吸收原住居民稻作农耕文化的基础上，形成了梯田稻作农耕文化体系。

梯田稻作农耕文化的形成是充分利用亚热带山区气候垂直立体分布和与之相适应的植被立体性分布特征而建构的良性农业生态系统。哈尼梯田生态系统呈现以下特点：每个村寨的上方，必然矗立着茂密的森林，提供着水、用材、薪炭之源；村寨下方是层层叠叠的千百级梯田，提供着哈尼人生存发展的基本条件——粮食；中间的村寨由座座蘑菇房聚集而成，形成人们安度生活的居所。这一结构被文化生态学家盛赞为河流—森林—村寨—梯田四度同构的人与自然高度协调的、可持续发展的、良性循环生态系统，这就是千百年来哈尼人生息繁衍的美丽家园。在云南亚热带山区农业的多种类型中，红河南岸哀牢山哈尼族农业占着十分突出的位置。在哈尼族山区，梯田蔚为壮观，呈长条环状的水田绕山而行，从山脚到山顶，埂回堤转、重重叠叠，包裹着重重大山，这种亚热带崇山峻岭中的层层梯田，是哈尼族农业世代创造性的表现，充分体现了哈尼族人民的勤劳与智慧。“山有多高，水有多高”是哈尼族居住区的典型地理特征，哈尼族对高山森林的保护是十分重视的，因为水是梯田农业的命根子。哈尼族的梯田农业是充分利用亚热带山区气候垂直立体分布和与之相适应的植被立体性分布特征而建构的良性农业生态系统。这一农业生态系统是在对水资源充分而合理利用的基础上建立起来的。梯田水资源的利用和保护是哈尼族在农业中实践总结出来的一大创举和独特的农耕模式。正是这种水资源的充分利用和有效管理，保持了滇南亚热带自然生态系统和创建了梯田农业生态系统，在此基础之上，哈尼族的社会生态系统得以建立，并维持千年。高山区森林、中山区村寨和下半山区梯田在哀牢山区立体地貌和立体气候带中构成了哈尼族梯田农业三位一体的空间格局，森林—村寨—梯田—河流四度同构的良性农业生态系统和独特的梯田文化景观，是中外任何梯田都无法比拟的；它所蕴涵的人与自然高度和谐发展、人与人和睦相亲的古老文化特征，是21世纪人类所追求的一种精神。这个格局的存在和稳定是靠水资源的利用来维系的。

哈尼族地区到处都是“山间沟渠如玉带、层层梯田似天梯”

的农耕景象。秀美迤逦、气势凌霄的梯田，是最能代表哈尼族文化特征的标志性景观。从浅层的表象来看，梯田是哈尼族得以绵延繁衍的物质载体；就深层次的本质而言，梯田构成了哈尼族文化之魂，梯田是哈尼族民族精神的象征。梯田文化是整个哈尼族农耕文化的典型代表，著名学者王清华所著的《梯田文化论》中是这样描述梯田的："它是自然生态的翻版，平坝农耕文化的移置，社会结构的基础，物质生活的依托，自然人生观的桥梁，民族性格的写照，社会人际关系的纽带，人神交流的祭坛，生命情调的源泉，文化传承的载体。"可见，哈尼族的梯田文化是哈尼族农耕文化中不可或缺的重要组成部分。

## 三、哈尼梯田农耕文化与社会文化

梯田，是红河南岸哈尼族土地利用方式最有特色的文化景观。据统计，红河南岸哈尼族聚居的红河、元阳、绿春、金平4县的梯田面积达36 000$hm^2$。有的梯田开发历史也可上溯到清朝康熙年间，哈尼族在长期的梯田农耕活动中积累了许多生产和生活经验知识，形成了一套与之相适应的梯田文化生态系统，形成了梯田农事历、节日文化和神林崇拜的社会文化。

### 1. 梯田农事历

哈尼族按照自然物候的不同变化来安排各种农事祭祀和家庭生活生产活动。哈尼族农事历法的基本内容和功能略似阳历，直接为农耕生产服务，因而对影响农耕生产活动的自然物候的变化较为敏感。比如，山上桃花开就播种玉米，花落结果便开始撤秧。以天象物候的变化的轮回周期纪周年，以月亮圆缺轮回周期纪月，以十二生肖命名年、月、日。其基本推算法是以阴历十月为岁首，一年为12个月，每月30日，一年360日，剩下的5日为年节期。一年分为四季，即干季（春季）、雨季（夏季）、收谷季（秋季）、冷季（冬季），这四季哈尼族分别称：hholduv， sseilhhol，ceildigba'la，coqnav，每季为3个月。一日之内以日影位移变化来确定时间的早晚。因此，以自然物候的更替安排不同的农事，成为哈尼族梯田文化的重要特征。

2. 节日文化

哈尼族对不同月历的过渡日期赋予了某些特别的文化内涵，并以特别的礼仪把这些日期凸现出来，久而久之转型成世俗的定期节日活动。因此，哈尼族所有的节日，既标志着上一阶段梯田耕作程序的终结，又意味着下一阶段耕作程序的开始。比如，"昂玛窝"节，在其历法方面标志着季节由冬季进入了春季；在农耕活动方面，意味着冬闲季节的结束和春耕大忙的开始，其实质是催耕备耕的序曲。又如，哈尼族的十月年（干通通），是哈尼族一个隆重的传统节日。"昂玛突"，即祭寨神，从原始意义上讲，属于村寨祭祀活动。还有六月节（苦扎扎）、新米节。又如，哈尼族在插秧的时候有一个节日叫开秧门。开秧门这天，凡是从田边经过的人，不论男女，也不管是陌生人还是熟人，主人都会用带着泥土芳香的手，拉你下田去参加这一盛大活动。纵使你不会插秧，哪怕是歪歪斜斜插上几棵，主人也很高兴，因为它是吉祥、幸福的象征。另外，还有六月节、尝新节等节日，它们也都有提示月历和梯田农耕程序过渡的双重社会功能。

3. 神林崇拜

村落是哈尼族梯田文化生态系统的重要组成部分，是展示梯田农耕文化的活的展览馆。红河南岸的哈尼族一般居住在海拔1500m～1800m的地方，在哀牢山区处于半山地带，气候温和，为人类理想的居住地。哈尼族创建新村落时，村址的选择必须考虑其上方有森林、下方有平缓的山梁或山坡。水源林—村落—梯田的土地利用在空间上三位一体的构筑都有严格规定：村落下方开垦梯田，梯田与村落呈均衡构建的态势，多数村落踏出寨门就是梯田。海拔2 000m以上的高山密林区作为水源林，严禁砍伐。

在哈尼族看来，莽莽苍苍的原始森林里栖息着众多人格化的山神，它们具有无穷的威力，能够鉴察真伪，辨识善恶。为此，创建新村之时，在接近村落上方选择一座森林茂密的小山作为护寨神栖息的山林。神林位于靠近村落的上方，自建寨之日起就是一年一度的神林祭祀活动场所。林中的一草一木按哈尼族宗教信仰崇拜的理念都受全体村民的保护。但是，在1958年“大炼钢铁”的非理性及其“无神论”思想的支配下，神林遭到严重的破坏，古木参天的神林化为光山秃岭，中断了祭祀活动。1959年后在山岭种植玉米。一年一度的祭祀神林活动，是哈尼族对森林崇拜的直接表现。神林，从其存在表现方式来看，是一年一度的传统宗教活动场所，也是村落生态的重要标志，但其存在意义已超越了宗教范畴，人们以此为契机，强化传统文化信仰理念，从而调整人地关系的行为准则，客观有效地保护了水源林，保证了哈尼梯田持发展的血脉水源。

哈尼族原始宗教的所有内容和崇拜形态几乎都与梯田农业崇拜和祭祀相联系。其中，自然崇拜、动植物崇拜、祖先崇拜表现得最为突出。由于哀牢山区环境的交通不便利，再由于原始世俗的封闭性影响，哈尼族尚未形成一神崇拜的宗教观念，其宗教也没有受到外来宗教如佛教、道教、基督教的严重影响，因而，哈尼族的原始宗教较为完整和复杂地保持着。它的内容十分丰富，形态多样，几乎包括了原始宗教所有的内容和形态，诸如：自然崇拜、动植物崇拜、鬼魂崇拜、祖先崇拜、精灵崇拜，等等。崇拜就要进行祭祀活动。哈尼族原始宗教的所有内容和崇拜形态几乎都与梯田农业崇拜和祭祀息息相关，仅就“铓鼓节”的祭祀活动来说，它的祭祀对象包括了从天神到地神、从动植物到祖先等等。哈尼族特别注重与梯田耕作相关的祭祀，舞蹈的动作都以哈尼族农耕时劳作的动作为主，如插秧、挖田、捉泥鳅、拾田螺、踩谷草、跪拜神灵等。哈尼族生活中处处展现着农耕文化的影响。

**四、农耕文化与旅游业的发展**

随着改革开放的不断深入，社会经济不断繁荣，哈尼山寨也随之像城镇一样越来越亮丽。走进21世纪的哈尼山村，古朴的蘑菇房越来越少了，深情嘹亮的哈尼酒歌听不到了，穿黑土布衣的人少了，讲哈尼话的人不多了……这也许是人类文明进步发展的必然。但这样的发展对于如此独具魅力的哈尼文化来说，是一种考验。“十一五”时期，许多专家对此感到担忧，提出“开发与保护”哈尼族梯田农耕文化的认识发展思路，指出要努力探索、积极采取有效措施加强对民族文化的保护和开发，促进民族文化旅游业的健康协调发展；要立足实际、统一思想、长远规划，着力保护和开发民族文化资源。

必须加快民族文化生态旅游景区的建设。发展旅游业要结合实际，加大投入，长远规划，加快以哈尼族民居建筑为主，集哈尼民俗文化、饮食文化、服饰文化为一体的民族风情园为中心的民族文化生态旅游景区的建设。

一是加快民族文化生态旅游村建设项目的建设，努力把它打造成集休闲、娱乐、农家乐、度假、体验民风民俗为一体的世界哈尼文化；让外来游客真正认知一个民族的饮食和服饰文化及民族的文化内涵；以独特的方式保护和挖掘其中深厚的文化内涵。哈尼史诗《哈尼阿培聪坡坡》一书系统地阐述了哈尼祖先曲折而漫长的迁徙过程，保留了哈尼族的许多生产生活、宗教礼仪、伦理道德、民风习俗等特色文化，因此，要加强收藏哈尼族古老的农耕、纺织、狩猎等器具，精心陈列。珍贵的哈尼族历史文物能充分展现哈尼族文化。哈尼族叙事诗《都玛简收》记载：哈尼族的祖先都玛简收就在现在县城北三公里处的阿倮欧滨这个地方，随着其长成参天大树的木拐杖进入仙境，产生了哈尼族的天文历法、伦理道德等原始宗教文化，而现在这些珍贵的民族民间文化正在逐步消失，因此，要本着“消失了的我们要找回，即将消失的我们要保护”的原则，积极探索市场化、商业化道路，打造哈尼文化生态旅游品牌。

二是积极开展“百名民间艺人”评选活动，进一步加强培养一批年轻的民间艺术人才，鼓励和扶持创作一批富有民族特色的文艺作品或外宣精品。

三是积极保护和开发民间歌舞、民族饮食、民族服饰和民间编织等民族文化。哈尼族是能歌善舞、能编会绣的民族，哈尼族竹编和酿酒的历史很悠久，竹制品是赠送客人的最好礼品，而用五谷酿造的焖锅酒味香甘醇，是招待贵客的最佳饮料，因此，要以一年一度的哈尼十月年长街古宴活动为契机，认真组织开展丰富多彩的民间歌舞、民族服饰、民间饮食展演和民间体育活动，特别要深入挖掘和开发哈尼族的乐作舞、同尼尼、棕扇舞，积极支持和引导农村文艺队建设，认真挖掘和开发丰富的民族民间歌舞、服饰和饮食文化，以此推动民族文化资源转化为旅游资源和经济资源，用独具魅力的民俗民风吸引更多的国内外游客。

四是深入挖掘和开发民族传统文化，投资制作外宣精品，加大宣传力度，着力打造民族文化旅游品牌。

## 五、结　语

哈尼族传统文化博大精深、源远流长，经上千年的积淀和发展，已深深融入每一个哈尼人的血脉之中。山是哈尼人的脊梁，哈尼梯田是哈尼人民的饭碗，是哈尼族人民物质文明和精神文明之根！哈尼人民把自己的杰作奉献给了世界，我们应共同呵护好这块瑰丽的宝地，保护哈尼族原生态文化，采取行之有效的措施，认真挖掘、保护和开发哈尼族原生态文化，充分挖掘它的潜在价值，让梯田唱出经久不息的哈尼歌谣。

**参考文献：**

［1］喻庆国：《浅析哈尼梯田农业水利资源利用》，《安徽农业科学》2007年第25期。

［2］汪力娟：《哈尼族梯田文化述论》，《西北第二民族学院学报》（哲学社会科学版）2003年第4期。

［3］刘卫红：《四度同构和谐共处——有感于云南哈尼梯田》，《科教文汇》2007年第5期。

［4］王清华：《梯田文化论》云南大学出版社1999年版。

［5］黄绍文、李期博：《云南省红河南岸哈尼族社区土地利用变化研究——元阳县者台村定点研究》，云南民族出版社2005年版。

［6］李期博：《哈尼族梯田文化论集》，云南民族出版社2000年版。

# 中职学校旅游英语教学现状分析及对策

贵州省安顺市民族师范学校　刘　鸿

**摘　要：** 本文分析中职学校旅游英语教学现状，以及旅游英语学科的特点，提出中职旅游英语教学的几点措施。

**关键词：** 中职　旅游英语　教学现状　教学实践

随着知识经济时代的到来，我国旅游业的迅速发展，出入境旅游业务大幅增加，中职学校旅游专业学生英语交际能力的培养显得日趋重要，因为他们中大部分人毕业后将从事导游工作或到星级饭店工作，所以，及时发现中职旅游英语教学中的问题并采取相应的措施提高教学质量显得十分必要。

## 一、中职学校旅游英语教学现状分析

旅游专业是一个新兴专业，旅游英语更是一门年轻的边缘学科，所以师生方面都存在着一定的亟待解决的问题。

一方面，中职学校学生的群体构成相当特殊，一般多是中考落榜者，文化分数低，还有部分学生连中学都未毕业，甚至部分学生是打工后回来复读的，年龄参差不齐，基础良莠不一；又因为部分家长认为旅游专业属于吃青春饭的行业，不愿意让自己的孩子学此专业，致使基础较好的学生无缘旅游专业。以上种种原因致使中职学校的相当一部分学生英语功底不扎实，学习成绩差，没有正确的学习方法及良好的学习习惯，对于英语中的听、说、读、写几项技能没有明确的概念。

另一方面，旅游英语的教学，既包括英语知识的传授，同时也包括旅游专业知识的传授，但鉴于旅游英语的边缘性，大多数旅游英语课程的现任教师都是由英语专业转轨而来的。作为英语课程的教师虽然不存在语言障碍，但对旅游专业知识一知半解，不能讲深讲透，于是授课重点就放在了常规的语法、单词等内容上，不能使学生通过英语课学习到旅游专业知识，严重影响了学生的学习效果；部分教师由于没有实践经历，在教学形式上摆脱不了围绕书本理论循环教学的惯性，纸上谈兵，不能很好的指导学生的实践学习；又由于中职学校正处于改革发展的阵痛期，学校教学硬件不足，学习条件比较差，导致部分课程无法开展，教学质量大打折扣；中职学校还存在教师年龄断层、知识结构断层以及教学方法断层种种问题。

## 二、旅游英语的特点

旅游英语是一门实践性非常强的学科，更是一门偏重应用的专业外语。它不仅综合了英语的基本特点和旅游专业基础知识特点，而且是跨文化交际学理论兴起和存在的源泉。相对常规英语，旅游英语有着自己的特点。

### 1. 旅游英语的语言特征

旅游英语的口语性是区别其他英语教学的重要特点之一。在旅游业中，从业人员均是通过口头直接与外宾进行交流。所以要求学生做到在短时间内对大量专业知识做到精细到位的讲解，使外宾心领神会。所以通俗易懂、纯正准确、地道规范必然是对学生掌握语言的要求。只有这样，才能拉近与游客的距离，使服务更加人性化，使工作得以成功完成。

2. 旅游英语的跨学科性

旅游英语不仅是一门语言课，也是一门旅游课，学生在接受新知识时，既要掌握旅游专业的知识，还要学习地道的英语表达方式。这就决定了旅游专业英语教师要有双重的学科知识，既要精通旅游专业知识，还要有良好的英语语言表达能力。

3. 旅游英语的文化差异

旅游业的发展形式多样，而旅游英语课程开设的主要目的是用英语介绍中国，让世界了解中国，让来到中国的各国游客能够很好地领略中国的文化内涵及风土人情。不同的国家有着不同的传统习惯，所以，在介绍自己国家的传统文化的同时，也要尊重其他国家、民族的传统习惯，学生应该认识到，各族人民在交流中要求同存异，要互相尊重，做到兼容并包。

## 三、提高旅游英语教学质量的措施

1. 师资队伍的建设

由于旅游专业是一门实践性很强的学科，“双师型”的师资队伍建设是非常必要的。这就要求对教师的知识结构进行合理的优化和调整，要求担任旅游英语教学的教师积极参加各种旅游专业知识的培训，以掌握更多的旅游实践知识，要求英语教师在平时要深入了解旅行社、饭店、景点等方面的情况，加强旅游专业知识的学习。

2. 教学方法的改进

旅游英语的侧重点在于以口头方式进行交际能力的培养，而交际能力的培养受到诸多因素的影响，它要求参与交际的人在语言修辞、文化、心理、情感、语言的敏感性等方面具有良好的基础。这就要求教师在教学中应引导学生做好语言知识及交际技能的转换。打破常规语言教学模式，探索新的教学模式。交际教学法和情景教学法在旅游英语教学中发挥着非常重要的作用。

(1) 交际教学法

交际教学法也叫功能法（Functional Approach）或意念法（Notional Approach）。这是一种将培养语言交际能力作为语言教学目标的语言教学方法。它包括具体的教学步骤、教学活动、教学技巧及有关教和学的一般性原则，是在全世界影响较大的外语教学法之一。

交际法没有固定的教学模式，可从以下几个方面进行教学活动：首先选择来源于现实的语言材料，因为旅游英语教学的主要目的是能够与外宾进行流畅有效的交流。因此必须抛弃单纯的语法、单词学习的教学方法，使用基于现实旅游活动的教学材料，例如国外旅游景点现场文字、原版旅游管理教材、旅游杂志、电视广播、现场录音等，然后让学生进行角色扮演，模拟导游，引导学生提前体验从业过程中吃、住、行、游、购、娱等整个旅行流程和可能遇到的问题，从而让学生尽快适应宾馆及接待外宾的工作。其次，教师应在课堂教学中引导学生转变学习方式，因为在旅游英语教学中，学生才是教学活动的中心，是交际活动的直接参加者，所以学生应积极主动地参与到交际活动中去，而作为老师，应充分发挥辅助作用，鼓励学生在英语学习中与他人合作，培养学生的合作意识及交际能力，尽量改变传统英语教学模式，形成全方位、多层次、多角度的交流模式，使学生在学习活动中，在掌握语法的基础上，通过小组成员间的相互交流，切实体会语言的得体性及真实性，并对小组成员的优缺点进行中肯评价，以此促进学生学习的兴趣，提高其英语口语水平。再次，旅游英语教学活动中应进行文化渗透。语言与文化是密不可分的，学习语言实际上也是在学习一种社会文化，这就要求教师在教学活动中应把交际内容涉及的背景知识一并传授给学生，并与本族语言及文化中类似的情景加以比较，使学生在提高语言交际能力的同时加深对所学外语国家的更深的了解。

（2）情景教学法

情景教学法是指把学生引入一个特定的情景里，让学生在听看、对话、谈话和表演中不知不觉地学习英语，使学生在对语言材料产生浓厚兴趣的基础上产生有意识的记忆，并让学生在真实情景与模拟情景中锻炼、强化、提高运用语言知识的能力，更好地理解情景中所传递的信息，触景生情，激活思维，加深理解，获得语感的教学方法。

除了实践性很强的交际教学法之外，教师也可以采用情景教学法，不断挖掘和激发学生学习的潜力，大大提高学习英语的效率。首先，可利用很直观的声音或多媒体来创设情景及展示情景。因为音响效果能给学生的听觉产生如临其境的逼真效果，激发学生的想象力，有助于学生理解和掌握对话内容，在大脑中形成深刻的印象，大大提高学习效率。当然，如果能使用具有图、文、声并茂功能的多媒体设备进行情景教学，使学生在较为真实自然的情景中发展自己的语言表达能力，那学习效率将会事半功倍。其次，众所周知环境是学习的客观条件之一，我们可以克服没有真实语言环境的障碍，创造适宜的语言环境，例如可模拟导游、模拟西餐厅、模拟客房、模拟求职现场；也可利用教材的相关内容，根据学生的实际情况，开展各式各样的游戏，如猜谜语、编故事、演讲比赛、英文歌曲比赛等。使得学生在特定的情景中，也即语言环境中，在活跃的气氛中锻炼口语表达能力，提高交际能力。最后值得注意的是，创设情景时，应当考虑到学生的实际水平，把握活动的难易度，让每一个学生都能融入其中。

## 四、结束语

随着旅游业的蓬勃发展，如何运用灵活的现代化教学法，有效提高中职学校旅游专业学生的英语交际能力？就是要根据中职学生的特点，有针对性地加强和他们专业对口的英语方面技能的培养，让学生在学习和语言实践过程中提高自己的英语水平和交际能力，成为在社会中不可或缺的专业人才。

**参考文献：**

［1］纪俊超：《旅游业发展与旅游专业外语人才的培养》，《河南科技大学学报》（社会科学版）2003年第4期，第103～105页。

［2］罗斯：《英语杂谈》，北京出版社2002年版。

［3］郑仰男：《交际教学法述评》，《齐齐哈尔大学学报》2000年第2期，第67～69页。

# 论靖西县生态旅游的开发和利用

广西商业学校　林晓霞

**摘　要：**本文分析了广西靖西县生态旅游资源的分布及开发现状，指出在开发利用旅游资源时，必须强调全面规划、综合利用、逐步开发的原则，以保证靖西旅游业的稳步快速发展。

**关键词：**生态旅游　综合开发　靖西

## 一、生态旅游概述

生态旅游（Ecotourism）由“Ecological（生态）”和“Tourism（旅游）”合成，生态旅游指为了解当地的自然环境与历史文化知识，有目的地到自然区域所做的旅游。这种旅游活动的开展是在尽量不改变生态系统完整的前提下，创造经济发展机会，让自然资源的保护在财政上使当地居民获益。

当今世界，人们渴望着通过生态旅游投入大自然的怀抱，陶冶情操，增加知识和情趣，回归自然，从而更加热爱大自然、保护大自然。人们之所以对生态旅游情有独钟，是因为良好的生态环境、生态景观满足了人们日益强烈的返璞归真的愿望。开展生态旅游，不仅有利于地区经济社会的发展，而且对当地生态平衡的维持和资源的永续利用具有重大意义。生态旅游已成为21世纪旅游开发的主要方向，成为中国西部大开发的切入点。

## 二、靖西县概况

靖西县位于广西西南部，南与越南接壤，北靠百色市和云南省富宁县，西连那坡县，东邻天等县、德保县和大新县。县政府驻新靖镇，东距南宁市287公里，是西南地区边防边贸重镇。

靖西地处云贵高原与广西盆地过渡地带，平均海拔800米左右，山地面积占全县总面积的73.2%，最高峰达南山，海拔1 455米；平地、水域占28.8%。石灰岩分布面积占全县面积的85%左右，喀斯特地貌以峰林谷地最发育。境内水资源丰富，主要地表河有27条，地下河有14条。县域内气候温和湿润，年均气温19.1℃，7月平均气温25℃，极端最高温度36℃，年均降水量1 605毫米。动植物资源丰富，全县有动物105种；植物4 503种。全县人口56万人，有壮、汉、苗、回等12个民族，民族文化源远流长。喀斯特峰林与多层次水体、温和湿润的气候、丰富的生物资源、名优特产（田七、烤烟、茶叶、山楂、香糯、矮马等）和独特的民族风情构成了本县丰富多彩的生态旅游资源。

靖西县基础设施建设基本完成，开通了国内外程控电话，水电站装机容量为2.746万千瓦，全县24个乡镇都通了公路，1999年修通的古潭—大新—靖西二级公路东接南宁—百色二级公路，为旅游业发展打下了良好的基础。

靖西山清水秀，素有“小桂林”之称；气候宜人，四季如春，又有“小昆明”之誉，民族风情丰富多彩，并具沿边区位优势，是理想的旅游避暑胜地。但由于交通不便等原因，旅游业尚处开发初级阶段。因此，对全县旅游资源、经济效益、基础设施等方面进行综合评价与全面规划，将为靖西县旅游资源优势转化为产业优势奠定良好的基础。

## 三、靖西县生态旅游资源分布及开发现状

### （一）自然旅游资源

按旅游资源主体的特性，靖西县自然旅游资源可分为以下类型。

#### 1. 瀑布群

靖西地势大致呈三级台阶由西北向东南倾斜，河流因此形成多级瀑布或叠水，发育了广西乃至全国罕见的瀑布群。以湖润为中心的方圆数十公里范围内分布着通灵、三叠岭、爱布、古劳、念八以及大新县德天等大小瀑布十数处。类型有单级瀑布、多级瀑布、地下瀑布和出水岩等，还有罕见的古瀑布遗址。瀑布群是靖西县生态旅游资源的中心，其中以通灵瀑布最具特色，该瀑布宽30多米、高达165米；下接通灵盲谷与伏流，格外神秘与险要。盲谷深170多米，宽60～90米不等，长一千多米，谷中有伏流、陡崖、溶洞和原始丛林。伏流和瀑布汇合于盲谷的西南端，通过溶洞钻入地下，洞内有水潭、悬崖、小瀑布及很多尚未探明的支洞，更增添了神秘感。盲谷东北端有一个通天洞，垂直高差约150米，是盲谷的入口处，现建有天梯供游人上下。通灵瀑布与盲谷已开发成为靖西新旅游风景区，目前为止，游人已达100多万人次。

距离通灵瀑布不远有三叠岭瀑布。这是一处十分奇特的瀑布：汹涌的伏流穿洞而来，从悬崖处的洞口喷射而出，直泻30多米，再分两级跃下。因水流出自洞穴，也称出水岩。

三级瀑布——爱布瀑布，最宽处达40米，总落差35米，气势非常雄伟。晴天常有大小彩虹随着游人移动，令人惊叹不已。旁边有一保留完整的古瀑布遗址，从悬崖上150米宽、10多米高的钙华流痕似乎能依稀看出古瀑布当年汹涌澎湃的壮丽情景。这种奇观在国内外尚未见报道过，可开辟为科研与科普旅游

基地。

靖西的溶洞里还有很多地下瀑布，规模较大的有通灵和新桥溶洞内的地下瀑布等。

2. 原始林区

靖西部分山地峡谷远离村镇，人类活动影响较少，保留了不少的原始林木和种类繁多的动植物，成为极有开发价值的生态旅游资源。如在通灵盲谷中植物约有256科，1 408属，4 503种。属蕨类的桫椤、观音莲子座是濒临灭绝的国家一类保护植物，也是与恐龙同代的植物活化石。一、二类保护植物还有木兰科的观光木、越南木莲、椴树科的枧木、格木、金丝李等。当年北京建造毛主席纪念堂时，还特意选用了通灵峡谷的火焰树、梧桐树等4种珍稀植物作为纪念堂的风景树。

位于靖西西部的底定水源林保护区，是一个保护得较为完整的南亚热带原始森林，面积达1 400多公顷，动植物种类丰富，植物垂直分带十分明显。一类保护植物桫椤就有5万株之多，足可与号称“桫椤王国”的贵州赤水争高下。珍贵树种还有桦木、椎木、酸枣、樟木、荷木、枫木、楠木、重阳木、白花泡桐、橄榄、鸭脚木、黄杞、麻楝、海南蒲桃等等。属中草药珍稀品种有金丝草、灵芝、威灵仙、灵香草等80多种。野生动物有穿山甲、果子狸、猕猴、蜂猴、大灵猫、小灵猫、野猪、黄猄、麝、蟒、蝙蝠、原鸡、锦鸡、白颈鸡、眼镜王蛇、金嘴龟、孛蛇等50多种。底定水源林保护区是今后发展生态旅游的重要旅游资源。

靖西城南4公里的虎寨腾烟森林公园，森林覆盖率达90%，其多姿多彩的山林景观、舒适宜人的环境已成为靖西著名风景区之一。

3. 喀斯特地貌

靖西县众多的峰林谷地颇具观赏价值，其中以旧州、鹅泉和大兴景区为典型。景区既有桂林的秀峰绿水，又有田园风光野趣，是城里人休闲旅游的好去处。地下溶洞、地下河分布较多，以县城西北 3 千米的卧龙洞最著名，它集各种洞穴景观于一体，游程可达 800 多米。

此外，县城的主山、大龙潭、宾山、西北的渠洋湖等也是具有生态旅游价值的喀斯特地貌景观。禄峒乡有一个喀斯特湖，前些年曾神秘地消失，近来又悄然出现，为当地生态环境研究和生态旅游增添了又一个难得的内容。

（二）人文旅游资源

靖西与越南接壤，是一个历史悠久的边陲重镇。勤劳勇敢的 12 个民族的儿女在这块美丽富饶的土地上创造出了多姿多彩的民族文化，谱写了可歌可泣的爱国主义诗篇，留下了众多的历史文化和名胜古迹。

自治区级重点文物保护单位龙邦十二道门古炮台建于清光绪十八年，内外有 12 座拱门，台内道道相连，门门相通，集粮仓、弹仓、水池、隐蔽部为一体，建造奇特，雄伟壮观。

旧州德西依赞台的岑氏土司墓群、安德镇照阳关、北部的依智高洞、南部的胡志明洞、县城东的对越自卫反击战烈士陵园，都是省（区）级爱国主义教育基地。此外，靖西还有不少人文景观与名山秀水浑然一体，使人们在领悟大自然的美妙的同时，感慨曾在这里发生的光辉的历史事实。城北大龙潭，潭水清澈，环境幽雅，历代文人墨客留下了不少赞美它的诗文。城北主山因曾是红八军及抗日战争时期的指挥部而使游人增添无限敬意。古树葱茏的宾山也因清代蜀僧建造的普寿刹而成为一大名胜。鹅泉、紫壁樵歌则是因景色优美、传说动人而引人入胜……

靖西壮、汉、苗、回等 12 个民族的文化荟萃使旅游资源更加丰富多彩。如有二月“花炮节”、三月三传统歌节、五月五端午药市，以及木偶戏、“鸿鹄舞”、“春牛舞”、“采茶舞”等民间艺术，展现浓郁的民族风情。这里旅游商品品种繁多，有鲜明的民族性、区域性，如有壮锦、绣球、田七、白毫茶、香糯、大果山楂、盆景、根雕等。其中壮锦在明清时代曾被列为贡品，它包括床毯、台布、壁挂、锦屏等，曾与绣球一同获亚太地区博览会金奖，一直畅销欧美，为游人必购之物。县城建有广西唯一的县级壮族民俗馆，是游人和民族文化研究者不可不去的地方。

## 四、靖西县生态旅游资源的开发利用

目前，靖西的旅游业发展缓慢，已开发的景区小而分散，而且以个体开发为主，具有较大的局限性和盲目性。针对这种情况，笔者对靖西旅游资源开发利用提出以下建议。

### （一）确立开发方向，建立旅游主体形象

广西大多数地区喀斯特地貌充分发育，民族风情浓郁。无论是以“小桂林”、“小昆明”或是以“民族风情”作为靖西县旅游的主体均不具备竞争力。为避免与其他喀斯特地区雷同，只有以瀑布群、溶洞峡谷、田园风光、原始林区与野生动植物、名胜古迹等为生态旅游发展的坚实物质基础，确立以罕见的瀑布—峡谷—原始森林生态旅游作为主体形象才具有吸引力，才能为今后靖西旅游业发展树立起不朽的旅游形象。

### （二）根据旅游资源，规划开发利用

旅游资源的分布以及与之相关的其他社会、经济、文化等因素都具有十分鲜明的区域性；同时，由于受时间与经济条件的限制，旅游者也只能在一定范围内旅游。因此，对一定区域内的旅游资源进行合理的规划，加强风景区建设是十分必要的。对于当地政府来说，全面的规划能避免旅游资源开发的局限性和盲目性，有利于重点旅游资源的开发，调节旅游业发展的步伐；有利于投资经营者合理分配资金，循序渐进、逐步提高建设质量。

1. 旅游资源开发阶段性划分

靖西生态旅游区开发建设规划可分近期和远期两个阶段完成。

以2008年为基期年，近期规划至2013年，远期规划至2020年。

靖西瀑布类型多而集中，是靖西众多旅游资源中最有价值的部分。近期规划建设重点是以通灵为中心的湖润瀑布群。已开发试业的通灵瀑布、爱布瀑布、旧州等景区还要继续完善。尔后，继续开发三叠岭、古劳等瀑布，并加强与德天瀑布的联系，形成湖润瀑布景群。利用峡谷溶洞中独特的地貌类型和生物种类等条件进一步建成包括旅游、探险、科普、科研等功能的国家级森林公园。有一定经济实力后，逐步向离县城稍远的渠洋湖、依智高洞、照阳关等地发展。远期规划主要是开发底定林场的原始森林、灵山和三台山等。

2. 生态旅游类型及开发设想

生态旅游是一种新兴的旅游方式，它强调参与，更主张"无为"与"倾听"，通过旅游及管理，保持人与自然的和谐发展。靖西生态旅游资源以自然生态旅游景观为主、以人文生态旅游景观为辅，可满足旅游者多种生态旅游的需求。

**靖西生态旅游景观分类表**

| 大类 | 亚类 | 小类 | 主要分布地 |
|---|---|---|---|
| 生态景观 | 地貌景观 | 峡谷 | 通灵大峡谷 |
| | | 山岳 | 底定林区 |
| | | 洞穴 | 通灵大峡谷、化峒、三牙山 |
| | | 峰林地貌 | 旧州、大兴 |
| | 水文景观 | 溪流 | 通灵峡谷、底定林区 |
| | | 漂流河段 | 通灵大峡谷 |
| | | 湖泊 | 渠洋湖、连镜湖 |
| | | 伏流 | 通灵大峡谷 |
| | | 瀑布 | 以湖润为中心的瀑布群 |

续 表

| 大类 | 亚类 | 小类 | 主要分布地 |
| --- | --- | --- | --- |
| 生物景观 | 植物景观 | 观赏植物<br>濒危珍稀植物 | 通灵峡谷、底定林区<br>通灵峡谷、底定林区 |
| | 动物景观 | 观赏动物<br>濒危珍稀动物 | 全县各地<br>底定林区 |
| 生态文化景观 | 历史文化古迹 | 博物馆<br>古代建筑 | 旧州、龙邦、安德<br>县城 |
| | 民俗风情 | 古朴民风、年俗<br>自然村落 | 村落<br>村落 |
| | 古人类遗址 | 洞穴文化堆积等 | 化峒、底定林区 |

基于生态旅游的特点，拟推出以下旅游主题：

(1) 热爱自然——艺术创作游

靖西是一幅天然的美丽画卷，通过旅游过程中组织的艺术创作活动，如摄影、写生、摄像等，让人们在紧张的工作之余，饱览祖国的大好河山，陶冶情操，从而崇尚自然，热爱自然。

(2) 亲近自然——自然理疗游

通过在底定与虎寨等森林“医院”的休养，让游客充分投身于大自然之中，尽情呼吸林中的“长寿素”（负离子），观赏绿色景观，愉悦身心，达到强身健体之目的。

(3) 认识自然——珍稀生物考察游

通过考察探讨珍稀生物的奥秘，尤其是独特的喀斯特峡谷生态系统，可让游客扩大视野、增长生物、地质、地貌、环境等方面的知识。这是一种富有科普教育意义与参与意义的生态旅游方式。

（4）回归自然——森林沐浴游

游客通过穿行于茫茫林海与洞穴伏流，呼吸新鲜空气，倾听鸟语林涛声，接受清泉溪水的洗涤，尽去往日的劳碌与烦躁，与大自然融为一体。

（5）探索自然——对无人区如深切盲谷、原始森林等探险考察游

（6）征服自然——通灵峡谷伏流漂流探险游

通灵大峡谷7公里长的伏流有6段地下河与7段地表河交替出现，十分适合漂流探险。游客还可以在盲谷悬崖开展攀岩活动等，充分领略美丽的峡谷风光，体会有惊无险、其乐无穷的游趣。这是一种充分体现人的主动性与参与性，达到人与自然和谐统一的生态旅游活动。

（7）保护自然——青少年绿色夏令营游

青少年走向自然，亲近自然，从而认识自然，热爱自然，进而保护自然。通过这种生态夏令营活动，培养青少年的环境意识，能达到进行科普、集体主义和爱国主义教育之目的。

（三）开发旅游资源，利用与保护同步

生态旅游是以欣赏、研究又不破坏资源为目的旅游行为，是一种科学、高雅、文明的旅游形式。开发生态旅游必须根据可持续发展原则，处理好人与自然、人与环境、人与社会协调发展的关系。

1. 政府主导，推动生态旅游发展

政府主导主要是指政府的宏观调控着眼于给足政策，制定整体规划，推动各景区联合开发。

靖西在追求旅游业经济效益的同时，应更多地考虑旅游的综合效益，切忌为眼前的经济利益而破坏生态环境。利用旅游经济综合性的特点，通过对旅游业投入，全面推动国民经济及相关行业的发展，即“旅游搭台、经济唱戏”。

从产业运行环境来看，靖西的旅游业是建立在较弱的经济基础上的。靖西要使旅游业在短期内形成较强的产业体系，需要加大对旅游业的投入。而目前靖西旅游业发展的主要问题正是资金不足，这就要求政府加强促销，实现投资经营市场化。在旅游地形象建设方面，政府要力推强势主体吸引物，突出靖西“瀑布群—峡谷—溶洞—植物活化石”这一龙头项目，利用多种形式的宣传媒体——电视、广播、报刊、画册、画展、摄影展、明信片、学术研究会以及因特网等广而告之；并把靖西旅游宣传主体与大新的德天瀑布一同纳入自治区旅游部门的整体宣传与促销范围之中。近年广西电视台制作的《漫步广西——通灵瀑布探险记》节目播出，经中央、广东以至澳大利亚与美国底特律等电视台转播后，靖西接待的国内外游客明显增多。通灵瀑布在国内有了一定的知名度，在此基础上继续加大宣传力度，将会进一步引起国内外人士的关注。根据投入能力和市场需求情况渐次推进，做到开发一片，成型一片，推出一片，管好一片。为解决资金问题，政府部门应转变思想，开放开发，联合开发，多元投入，坚持“谁投资，谁受益”原则，依靠优惠政策吸引各种渠道的资金，保证资金投入力度，并制定配套政策，充分保障投资者的利益，保护投资者的积极性。

2. 建立健全生态旅游管理机制，强调人与自然和谐相处

由于生态旅游资源有脆弱性和不可逆性，因而在开发利用生态旅游资源之时，应着重加强健全生态旅游管理机制，用完善的法规来规范企业和游客的行为。

(1) 从事生态旅游业者须具备强烈的环保意识

生态旅游崇尚以自然、原始、古朴为最美。在国际上不断地向游客重复这样一句口号：“除了脚印什么都不要留下，除了照片什么都不要带走。”因此，从事生态旅游业者应该是一个虔诚的环境保护者。开发者和经营者除懂得旅游营销管理外，还应具

备欣赏自然美、利用自然美的知识，精通环境保护的知识。目前，靖西县对景区旅游资源的保护力度不够，部分旅游景观遭到了不同程度的破坏。城镇餐馆经营者为获取更高的利润，把国家保护的野生动物摆上了餐桌。在旅游旺季，拥挤的游人、车辆不但破坏了沿途草木，还造成较大的污染。因此，经营者应采取按季节时间分档定价来实行调控，并设计合理的游览线路，分流游客；从事生态旅游业人员应接受环保知识培训，并向游客印发“行为规范”，“行动指南”等宣传资料，以最大限度地减少对生态环境的破坏，保护好生态环境。

（2）基础设施建设与自然相融合

加强吃、住、行、娱、购、游等基础设施建设。在计划筹建旅游区内的餐饮、住宿、道路、运载工具时，要因地制宜。建筑设施的布局、规模、造型、色彩等尽可能与周围景观相协调，防止过多的人工雕琢，要突出地方特色，所用建筑材料以竹、木、石、草为主；建筑物应具民族特色，宜小不宜大，宜疏不宜密，宜土不宜洋，宜藏不宜露，做到疏密有致、林木掩映、自成一景。现在通灵瀑布景点的建筑物高度偏高又紧迫峡谷，遮挡了游客观赏的视线，破坏了构景。更让人担忧的是生活污水没有经过处理就直接排入峡谷，长此下去就会造成严重的污染，毁掉峡谷生态旅游资源，对此必须采取科学的方法加以处理。

景区内可根据用途设计多种类型的道路，停车场应与景点保持一定距离；经石板路、碎石路通往各景点的交通工具应采用电能或矮马拉车；景点内以墩柱式（暂名）道路或小路作为步行路，宜小不宜大，宜土不宜洋，宜弯不宜直，要给游客留下更多遐想的余地。对瀑布、峡谷等高而深的景点可搭架铁索桥和观景台，让游客从不同角度欣赏到更多的美景，增添猎奇探险的气氛。

（3）让旅游者更多地了解自然，增强环保意识

真正参与生态旅游的游人不以追求豪华的物质享受为目标，他们往往具有较强的环境意识，具有寻求科学的自然体验的强烈愿望和为自然作奉献的精神，他们能面对严酷的自然考验，具有适应简朴生活条件和自我服务的能力。他们不仅有热爱大自然、保护大自然的意识，还能以实际行动保护和改善环境。一些以“回归大自然”为名外出的游客，一边欣赏原始的自然风光；一边品尝地道的“野味”，这与“生态旅游”的理念是大相径庭的。因此，每位游人都要了解景区内自然环境的科学知识和环境保护知识，从而提高自身的素质。如在景区内建立自然博物展厅和野外知识性标识牌，既可以加强自然环境的保护，又增添了生态旅游的文化内涵。现在通灵景区内挂起了景区介绍和部分珍稀植物名标识牌，这反映出景区经营者有了一定的生态意识，但还需继续完善和提高，因此最好还要在标识牌上简单介绍植物的种属和用途等。

（4）生态旅游的开发须给当地居民带来经济效益

即将出台的《全球旅游业道德规范》中就有“确保当地社区的利益”的部分内容。当地居民及与旅游景区有密切的关系，所以他们应共享这些旅游活动产生的经济的、社会的和文化的效益。旅游政策的制定，应为改善旅游目的地居民的生活水平作贡献；旅游度假区的计划和经营应与当地的经济和社会结构融为一体；在技能水平相当的情况下，应该优先录用当地的劳动力。因此，靖西生态旅游的开发应在土地利用补偿、就业等方面多加考虑，如让当地居民以土地入股、培训他们当导游等方式帮助他们获得更多的经济来源，从而避免旅游区开发与当地居民利益的冲突，使旅游区的开发得以顺利开展，这也是生态旅游资源可持续利用的重要保证。

**参考文献：**

[1] 广西通志馆：《广西市县概况》，广西人民出版社 1998 年 12 月版。

[2] 广西年鉴社：《广西年鉴》（1994—1998）。

[3] 张金霞：《神农架旅游业可持续发展之路》，《生态经济》1998 年 76 期。

# 崇左市旅游业发展存在的问题及对策分析

广西崇左市职业技术学校　林巧平

**摘　要：**在知识经济和经济全球化成为时代潮流的今天，人们的消费观念和价值观念发生着深刻变化。在追求人与自然和谐的美好时代，作为新兴产业的旅游业有了发展的土壤和广阔空间，崇左市旅游业发展中存在的问题有哪些，如何能够更好地发展，这是一个值得深思的课题，本文对此作了探讨。

**关键词：**崇左市　旅游业　问题及对策分析

在经济全球化的今天，人们的消费水平、消费观念、消费方式正朝着多样化方向发展。旅游业作为一个新兴产业，在此背景下就有了生存和发展的土壤及空间。世界各国都以空前的姿态实行对外开放，我国各省区也在不断地推出新的举措，推介自我，展示自我，谋求发展，目的在于通过旅游产业的发展拉动经济，促进地方经济发展，从而实现最大化的经济效益和社会效益，确立最佳的经济增长点。新兴的崇左市毫不例外地被卷入了这一时代潮流。从这几年的发展情况看，崇左市旅游业的发展总体不错，应该说进步不小。但笔者对各地的旅游情况进行了一些了解，发现崇左市的旅游业发展与周边省区相比，还有很大的差距，问题不少。从而认为崇左市有关部门应该尽快想办法、找对策，谋求旅游业最快最好的发展，从而实现经济效益和社会效益的最大化。

## 一、崇左市概况及旅游资源分析

崇左市位于广西西南部。辖区内有4个县（市）与越南接壤，边境线长345公里，有国家一类口岸3个，二类口岸4个，边民互市贸易点13个。全市土地总面积1.73万平方公里，总人口233万人，以壮族为主的少数民族人口占总人口的88.6%。崇左市沿边近海连东盟，交通便利，区位优势明显。市区距首府南宁110公里，距越南首都河内250公里，境内有湘桂铁路、南宁至友谊关高速公路经过，并与越南铁路、一号公路相接，成为中国通往东盟最便捷的陆路大通道。

崇左市风景秀丽，南国边关风情神秘迷人。全市境内喀斯特岩溶地貌发育完整，山奇、洞美、水清、石秀，加上四季温暖宜人、花果飘香，以及边陲的民族风情和关塞的文物古迹一道构成了多彩多姿的旅游资源。境内主要有国家级重点风景名胜、代表壮族先祖文化的宁明花山崖壁画群；世界第二大边境瀑布——大新德天瀑布；中国九大名关中的唯一边关——凭祥友谊关；世界濒危珍稀动物白头叶猴美丽的家园——崇左生态公园；中国近代史上抵抗外国侵略的遗址——大小连城、边关古炮台、大清万人坟；全国爱国主义教育基地——龙州红八军纪念馆；侏罗纪时代的主人聚居地——扶绥恐龙化石群；世界八大斜塔之一——崇左归龙斜塔。此外，还有国家级弄岗自然保护区、山水秀美、堪称“百里山水画廊”大新明仕田园风光、天等龙角天池、崇左石景林等。

## 二、崇左市旅游业发展的现状及存在的问题

### （一）发展现状

建市几年来，崇左的旅游业得到了很大的发展。有数据为

证：2002 年，崇左国内旅游人数为 193.24 万人次，2005 年达到 272.01 万人次；2002 年海外游客人数为 5.35 万人次，2005 年达到 9.296 3 万人次；2002 年旅游总收入为 6.9 亿元，2005 年为 9.62 亿元。崇左市旅游业之所以取得如此大的成就，在于对旅游资源作了较为准确、科学的定位。撤地设市后，为适应崇左市旅游格局发生的变化，崇左市对全市旅游资源进行全面盘点，提出了“绿、红、边、画、猴、情”兼有并存，“梦幻山水、神奇边关”的全新定位。“绿”就是山水风光游，“红”就是红色旅游，“边”就是中越边关游，“画”就是以花山壁画为主的壮族文化游，“猴”就是崇左白头叶猴生态公园游，“情”就是壮族风情和中越边境民俗风情游。这一定位，突出了崇左市旅游资源的鲜明特色，有利于把各县（市、区）分散的旅游资源进行整合。这一定位的基础上，崇左市提出了“用 5 年至 8 年的时间把崇左市建设成为旅游交通设施完备、生态环境优美、旅游特色鲜明、民族风情浓郁、服务设施完善、相关产业发达、国内一流、世界知名的南国边关旅游名城——魅力崇左”的旅游总体发展目标。

（二）存在的问题

目前，崇左市旅游业还处于初级阶段，它的发展虽然已具备一定的基础，但也存在着明显的问题和潜在的隐患，主要有：

一是旅游产品过于单一，与其他地方的景区缺乏差异化。崇左市旅游景点绝大多数都属于生态观光型，景点几乎都是以观为主，除了自然风光与其他地区景点有些区别外，从民族工艺品到旅游交通工具等旅游产品都基本上没有体现出本地区民族的民俗文化特色。

二是没有处理好景区开发与保护间的关系，从目前看，着重在于保护而不善开发。目前许多景区还没有加大开发的力度。每一个景区就像一个人，只有大胆地、适度地开发它，才能充分地挖掘它内在的潜力。比如生态公园的白头叶猴，目前数量稀少，但我们可以借助科学的手段，加大繁殖率，让游客的旅游过程更具有可观赏性。花山壁画也不能只让游客远观，应充分创造条件，让游客近距离接触，甚至可划出一定的区域，开展攀岩、模仿古人攀壁作画等活动，把旅游和体育相结合，这也是开发现代旅游的一个新模式。

三是景区基础设施滞后，缺乏满足多层次游客需要的住宿设施和配套娱乐项目；旅游景观格局比较单一。在众多旅游景区中，只有德天瀑布景区能够提供餐饮、住宿设施。民俗风情游、“农家乐”旅游在我市也还是一块待开发的处女地。

四是旅游业从规划上看不够合理。整体上看，成功经营的景区就只有屈指可数的几个，其他景点既没有规模，也看不到产生了多大的经济效应，均以单一门票为主。可以说没有很好地挖掘潜在的旅游资源优势，景点分散，连续性、衔接性较差，给旅游者带来诸多不便，从而影响了旅游产业的发展。

五是各旅游景区在很大程度上没有充分体现民族文化特色，产业化意识较薄弱。在许多景点景区看不到标志性的东西，在文字、服饰上没有充分展示各民族文化特色。作为壮区旅游，要体现壮区特色，从现有的景点看，很难看到穿自己民族服装的导游，很少看到本民族歌舞以及许多民俗活动，很难看到民族工艺展品。饮食店、酒店、活动场所以及运输工具上几乎看不到民族标志性的东西，更看不到民间工艺作坊及工艺制作点等，可以说，在很大程度上难以满足旅游者衣、食、住、行、娱乐、购物的要求，所以留不住游客，产生不了很好的经济效益。

## 三、发展崇左市旅游业的对策分析及思路

### 1. 要做好规划、层次分明、重点突出

各旅游景区规模应有大有小，特色各异，不能雷同，这样对

游客才有更大的吸引力，也利于节约成本，增加效益。如德天瀑布、花山崖壁画群、凭祥市三处可以建设成集“吃、住、行、游、娱、购”为一体的三大重点景区。其中德天瀑布可建成国际度假城；凭祥市可建成口岸边境贸易城；花山崖壁画景区可建成壮族的发源地，在此修建民族村，把各地壮族不同的民俗文化集聚于此，融为一体。在建设重点景区的基础上，合理地规划其他景点，通过一日游或者几日游的形式把各景点和景区科学、合理地连接起来，让游客充分感受崇左市的自然风光和人文景观。

2. 抓好宣传、突出特色，把民族文化同旅游业有机地结合起来

在景点、景区的布置上如果要体现特色、突出特色，宣传至关重要。旅游业就像一个“大姑娘”，三分靠人才，七分靠打扮。要通过各种推介会（如旅游节）、汇演、民族民间歌舞演唱会、民风民俗等特色活动，加大宣传力度。各个景点和景区要体现出一景一特色（如在德天举办旅游节、在花山崖壁画景区的民族村利用壮族的传统节日——“三月三”，开展丰富多彩的民俗活动：吃五色糯米饭、民族服饰表演、唱山歌比赛、现场壮家婚俗活动等），让游客走一个点感受到一个点的新意，获得快感。要把丰富多彩的民族文化彰显出来，文化是旅游的生命线，没有文化底蕴的旅游，再好的自然风光，给人留下的感受都是不深刻的。因此要认识到能否抓好宣传、能否包装好旅游景点景区，是能否把旅游业培育成支柱产业之一的关键。

3. 讲究景区命名的技巧

细节决定成败，景区的命名对旅游业的发展也很重要。名取得巧，让人耳目一新，终生难忘。如“崇左生态公园”可改名为“白头叶猴的家园”、“崇左市”改为“德天市”等，也许这些细小的变化对旅游业的发展会产生意想不到的影响。

4. 增强产业化意识，加大投入的力度，推动旅游经济发展

首先，各旅游景区虽然自然景观、人文景观特别，但从旅游的角度看目前只解决了“观”的问题，还没有很好地解决旅游涉及的衣、食、住、行、娱、购等几大问题。发展旅游业不能使旅游过于简单化，只向游人介绍景点风光，更重要的是要不断强化产业意识。民族地区文化产业必须要跟上，要把文化产业建设作为旅游开发的重要内容来抓。要在民族的服饰文化、饮食文化、民居文化、民风民俗文化等方面进行深层次的研究与开发，要不断打造各类旅游文化产品，丰富景区的旅游内容，使古老文化不断地向产业化发展，更好地解决各景区衣、食、住、行、娱、购的问题，进而更好地实现景点景区经济效益和社会效益的最大化。

其次，要不断加大投入。要宣传好旅游业，包装好旅游业，发展好旅游业，就要很好地解决投入问题。常言说：巧妇难为无米之炊。再好的景点、景区如果没有投入，对旅游来说都是不可想象的。对旅游产业来讲，建筑是形、文化是魂，没有投入，如何抓“形”的建设？没有投入，如何抓好“魂”的问题？因此，一要抓政府对旅游的超常规投入的工作；二要搞好招商引资吸引民间资本、企业界能人的参与。要确定景点、景区的发展目标和方向，采取多渠道、多形式的合作方式，加快发展步伐，推动旅游产业发展。

5. 积极培养专业化的旅游人才队伍

旅游业不能简单地把旅游活动看做是就旅游而旅游，而是要通过旅游业发展来促进游客对该地区自然风光、人文资源的了解和再认识。这既集中表现在旅游上，更重要的是体现在学习上。旅游专业的学生要既增长见识，又增长知识，提升自身多元化素质。各景点景区要有一批懂经营、会管理，既有相当的汉文化水平，同时还具有相当的少数民族文化水平的经营者，必要时还要

配备一定数量的懂外语的专业人才。这些专业人员可以通过各类学校分期、分批地培养，以更好地解决旅游景区人才奇缺的问题。要很好地展现旅游区的新形象，旅游人才队伍建设必须要抓好落实。

6. 开展区域旅游合作

崇左市与百色市、防城市相邻，可加强与两市的合作力度，开发更多、更丰富的旅游产品，满足不同层次顾客的需求；同时，崇左市与越南3省10县接壤，边境线长345公里，在与越南开展区域旅游合作中具有优越的地理条件。世界第二大边境瀑布——大新德天瀑布就是中越跨国瀑布。目前，该景区旅游产品单一，主要以观光为主，门票为主要收益，经济效益并不可观。在这一景区的开发上可参照世界第一大瀑布——尼加拉瓜瀑布的开发模式。在中国政府和越南政府的共同努力下，崇左市一定可以建成一个集两国民族风情、自然风景、生态环境、人文景观，融“吃、住、行、游、娱、购”于一体的国际度假城。

# 浅谈旅游资源开发与保护

成都市青苏职业中专学校　李　蓉

**摘　要：**本文阐述了旅游资源的开发和保护贯穿于旅游业的整个发展过程，开发和保护是一对矛盾的统一体，在其辩证联系中共同改善着旅游资源和环境的关系，推动着旅游业的可持续发展的观点。

**关键词：**旅游资源　开发　保护　可持续发展

1992年，中共中央、国务院在《关于加快发展第三产业的决定》中明确地把旅游业列为第三产业重点发展行业之一，并指出要创造条件，大力扶持。于是许多旅游地纷纷把旅游业列为主导或支柱产业，优先发展旅游项目，加大旅游业开发力度。这样做的确促进了当地经济的快速发展，但对旅游对象“掠夺式”的开发利用，使旅游活动范围和程度超过了自然环境的承载力，破坏了旅游生态环境，造成了景观衰退、旅游资源的旅游价值降低等不良后果，严重地阻碍了旅游业的可持续发展。于是贯穿于旅游业的整个发展过程中的旅游资源的开发和保护就随着旅游业的蓬勃发展日益显出其重要性来。

## 一、旅游资源开发中存在的问题

旅游资源的开发应注重人的生命质量的提高，应为旅游者在精神、知识、道德、愉悦、文化、审美、健康等方面提供有价值的东西，通过有效的规划和引导，使旅游者在亲近自然、欣赏山水、接触社会、感受人文、体验风情、享受休闲、美食、购物的旅游过程中体验到身心的愉悦。因而旅游开发应当是既要充分合理地利用旅游地的旅游资源，又要使当地人们的生活环境得到改善，生活质量得到提高，同时还不会对环境造成破坏。然而，从实际来看，由于受经济利益的驱动，不少旅游业开发者急功近利，只盯住开发带来的经济效益，而忽视其对人类赖以生存和发展的环境所造成的不利影响，从而形成了一种“开发程度越高，破坏程度越重”的不良局面。

如九寨沟 1982 年成为国家首批重点风景名胜区，大规模的开发建设从 1986 年开始。此后前往九寨沟旅游的游客数量呈直线上升之势。1998 年的国庆节该景区更创下一天接待 2 万多人的纪录。当时车队在景区内宛如一条蜿蜒的长龙，足足堵了 3 个小时。景区内外旅馆爆满，甚至在管理局把办公室让出后，仍有不少人不得不睡在车上。1998 年，九寨沟的旅游人数达到了 42 万，而一年前，还只有 18 万。

旅游业的发展为地方经济注入了活力。从 20 世纪 90 年代开始，快速增长的旅游业成为地方经济的支柱产业。九寨沟开发旅游后，沟内藏民的生活发生了翻天覆地的变化。最初，所有的耕地逐步退耕还林，砍伐遭到禁止。后来，景区内修建了混凝土路。越来越多的人从事旅游服务，其中最好的生意是开旅馆。随着客流量连年增加，九寨沟内居民或是旧房修葺扩建，或是新楼平地而起，200 多户人家几乎家家都成了客栈，实力雄厚的还建起了据称有“三星”标准的小宾馆。

由于过度开发，游客数量剧增，远远超出了九寨沟的环境承载能力，景区内不少地方出现了程度不一的水土流失，其中大部分是由于游客过量的践踏造成的。沟内的原始森林旅游区游客“走出来的路”已经把黑土踏实，使雨水不能渗透到地下，导致水土流失。游客在沟内活动、消费、住宿，消耗了大量土地资源和能源，同时排放各种生活垃圾和污物。据专家检测，九寨沟水流中的有机质比十年前大大增加，已经造成水生植物的生长。这一现象将导致少数物种大量繁殖，而使其他多种生物面临灭绝的危险，大大降低了水生生态系统的生物多样性。“九寨归来不看水”，以水为魂的九寨沟，正面临着毁灭性的威胁。

1992 年，世界自然保护联盟高级督察员桑塞尔来到九寨沟。离去时，桑塞尔留下了一条忠告：“旅游是对景区最严重的挑战、游人增加就会损害景观本身，带来很多不利影响，所以旅游开发要相当谨慎。”同年，时任联合国教科文组织总干事的马约尔先生在接受武陵源风景区为“世界遗产名录”成员的证书文件上签名时写下了这么一句话：“列入此名录说明此文化自然景区具有特别的和世界性的价值，因而为了全人类的利益对其加以保护。”

## 二、旅游资源保护的意义

旅游资源是旅游业发展的基础。旅游资源的保护不仅要保护旅游资源本身不受破坏、特色不受削弱，而且还要使其周围的自然生态环境得到保护，因此，保护旅游资源就成了保护自然、文化、生态环境及旅游业的关键问题。目前，世界各国都在大力开发利用旅游资源的同时，十分重视旅游资源的保护工作，并把其视为旅游业能否持续兴旺发展的根本保证。对于那些目前不宜或不能开发的旅游资源，可先保护起来，在旅游开发中，要做到既考虑眼前，又顾及长远，将宝贵的资源留给我们的子孙，而不是开发殆尽。

正因为旅游资源地保护具有十分重要的意义，所以旅游资源地保护工作越来越受重视。1972 年，联合国教科文组织通过了《世界文化和自然遗产保护公约》，1985 年又公布了《世界遗产名录》；1985 年我国政府制定了《风景名胜区暂行条例》。这些条例和法规推动了旅游资源地保护工作的开展。

## 三、旅游资源开发与保护的关系

旅游资源开发和保护是可持续发展观在旅游业发展中的集中体现，旅游资源的开发和保护既相互联系又相互矛盾，两者是辩证的统一体，并在辩证联系中共同改善旅游资源与环境的关系，推动旅游业的可持续发展。

1. 开发与保护二者是相互联系、相互依存的

（1）保护是开发和发展的前提，保护是为了更好地开发旅游资源，是游客进行旅游活动的基础和前提条件。因旅游资源一旦被破坏殆尽，旅游业就会失去依存条件，也就无开发可言了。因此，保护是当前的迫切任务。

（2）科学开发是保护的基础，也是旅游业发展的基础。从可持续发展的角度看，资源保护归根到底是为了更好地发展。因此，旅游资源必须经过开发利用才能招揽游客，发挥其功能和效益，也才具有现实的经济意义和社会意义，资源保护的必要性只有通过开发才能得以充分体现。

（3）合理的开发本身就是对旅游资源的保护。资源开发带来的旅游收益一部分可以通过各种形式返回资源地，用于资源环境地改造及基础设施和环境的建设。

2. 旅游资源的开发与保护又是相互矛盾的

开发也可能是一种破坏，虽然旅游资源的破坏并不仅仅是开发造成的，还有社会、文化等方面的深层次原因，但开发所造成的破坏是显而易见的，是与资源保护背道而驰的。原因主要在于：

（1）旅游资源的开发或多或少会造成某种破坏。旅游资源开发需要对资源地进行适度的建设，是以局部范围的破坏为前提

的。破坏和开发在一定程度上是共生的。由于旅游业是新兴产业，目前普遍采用粗放型开发模式，这种粗放型的开发模式给资源环境造成了不同程度的破坏。

（2）从人为的角度看，旅游资源的开发也在一定程度上造成了人为的破坏。因管理不善，资源地游客涌入量超过了环境容量，从而给资源本身造成了致命的破坏。如八达岭长城，游客的涌入量超过了承载力，给资源本身造成了致命的破坏，因而专家早就呼吁在长城上开放别的地段，分散涌入八达岭长城的游客，以便于八达岭长城段的保护。

## 四、坚持开发与保护相并重，实现可持续发展

### 1. 加强旅游资源保护意识和知识宣传教育

虽然我国政府先后制定了《风景名胜区暂行条例》、《环境保护法》、《森林法》等法律、法规，遗憾的是旅游资源仍然受到人为破坏。究其原因，一是保护的宣传教育不普及、不深入、不广泛。如在旅游景点很少设立宣传生态意识的宣传栏，导游词中也很少触及生态教育、环保教育；二是知法犯法，只顾眼前经济利益。所以我们必须树立保护第一的思想，加强宣传教育，改变那种认为旅游业是“无烟工业”、“旅游可再生”的观念，同时把环保、生态教育和生态道德教育纳入国家教育计划。在小、中、大学国情教育中增设这方面的教育内容。充分利用旅游这一生动、活泼的大课堂，使旅游的全过程成为环保教育、生态教育宣传的全过程，使每一位旅游者从自己做起、从每一件保护自然的小事做起，保护好生态环境。

### 2. 加强旅游规划，有序开发，防止超负荷发展

做好旅游开发规划，贯彻资源和环境保护的思想，这不仅是开发取得成功的保障，也是预防资源和环境遭到破坏的重要措施。古今中外的名山、风景名胜区和国家公园都是精神活动场所

而非经济场所。如在我国古代，“五岳”山下都设有“镇”（“镇”是专门提供服务设施的），宋代规定泰山7里内“禁樵采”，元代规定40里内禁止砍柴，这些都是保护泰山的措施。德国的阿尔卑斯山国家公园的面积达成协议300多平方公里，公园内并无一条索道，若干条索道都是设在公园之外的。因此，为防止旅游消极影响的扩大，必须量力而行地进行旅游开发，将开发规模和旅游接待量控制在环境容量允许的范围之内。在实施规划时，应根据情况的变化行使有效的控制。如现在九寨沟、布达拉宫等都已开始限制每天游客的数量。

3. 正确认识和处理旅游资源开发与保护的合理度

旅游资源是旅游业发展的首要条件，开发不当会使旅游资源遭到破坏。因此，旅游资源的保护应纳入整个旅游业的规划之中，从旅游发展总体布局的高度来正确看待旅游资源的保护。规划时要区分合理的保护区或保护带，通过划分不同等级的保护区确定资源保护的合理度。旅游资源开发中要明确资源的利用价值、开发方向、吸引何种类型的游客等一系列的问题，根据旅游开发区的主体旅游资源的性质、类型、规模、密度等要素确定旅游区开发的主题。只有确定了旅游开发区的主题，才能使整个开发进程朝着有重点、有秩序的方向发展，旅游地配套设施的规模、数量、布局、风格也才能协调统一。

如阆中古城在旅游资源的开发与保护方面的经验就值得借鉴。阆中古城是四川规模最大的明清古城建筑群，是我国保存最好的四座古城之一。如今保存下来的古街达61条之多，而古院落更是数以千计，堪称“四大古城”之首，被誉为“巴蜀古建筑的宝库”。那么，阆中是如何实现在保护的前提下进行旅游开发建设，以旅游开发建设促进古城保护的呢？

阆中政府部门为维护古城原貌采取了可持续发展模式。阆中古城居民建筑主要集中在旧城保宁镇，建筑密度与人口密度设施不配套，因而在古城保护方面注意了降低古城区人口密度，在古城区之外的适当位置建设新城区，处理好新城区与古城区之间的关系。古城区在维护原貌的基础上，有计划地整治街巷环境，修缮现有民居店铺、古迹，优化旅游环境，全面提升历史文化名城的品位，如实反映历史风貌。而居住在古城区的阆中居民完全可以在维护保持民居风貌的前提下，开掘它的商品利用价值，现在当地一些居民已把自己具有特色的民居院落布置成别出心裁的、让过往游客落脚休憩的院落，这既满足了游客猎奇的心理，让游客身居其中，融进古城风韵之中，又让当地居民获得了可观的经济收入。

4. 加强管理，协调好各方面的关系

管理作为外部的规范行为，对实现旅游资源由产业化向生态化发展起着关键作用，旅游资源的开发与保护需要制定一系列得当的管理措施。

比如可成立专门的旅游开发管理领导小组，协调景区、旅游部门、交通等基础设施建设部门和投资部门之间的关系。因为旅游业涉及很多部门，而在现行的管理体制下，单靠哪一个部门都是不行的，且部门之间多是平行关系，往往政令不通，因此，在行政上要成立可以领导多部门的领导小组，以便对各部门进行有效的协调。

## 五、结 语

保护旅游资源的目的，是为了促使旅游地的自然生态系统向良性循环转化，为人类的休养生息创造更好的条件，因此，必须树立“防重于治”的思想，做到防患于未然，避免重走“先污染，后治理”的老路；要树立大旅游观念，全面系统地分析、评介区域内资源状况，挖掘资源特色，科学合理地制订开发与保护方案；坚持开发与保护并重的原则，避免出现盲目而无序的破坏性开发行为；坚持旅游业可持续发展原则，合理确定旅游地的环境容量。这既是保护资源的需要，又是进一步取得良好的开发效益的需要，是符合可持续旅游发展的原则的。

**参考文献：**


［1］郭书兰：《导游原理与实务》，东北财经大学出版社2006年版。

［2］杨桂华：《旅游资源学》，云南大学出版社2001年版。

# “以问题为中心”的教学模式在旅游专业教学中的探索

都江堰市职业中学　华祖耀

**摘　要**：本文结合笔者多年的教育教学实践经验，较为系统地探讨了“以问题为中心”的教学模式在旅游专业教学中的运用，指出它的运用使学习者能够成为真正的“学习主人”，能培养学习者积极思考的能力，激发和促进学习者的高水平思维活动，提高学习者的学习兴趣和学习效率。

**关键词**：以问题为中心　建构学习　旅游专业教学

旅游业是目前世界上发展最快的产业。我国自改革开放以来，随着入境旅游的迅猛发展，已由世界旅游资源大国走向了世界旅游发展大国，旅游业已成为国民经济新的增长点，受到了中央及地方各级政府的高度重视。如何学好旅游专业知识，教师在教学中对教学模式的选择对于取得良好的教学效果起到至关重要的作用。

“以问题为中心”的教学模式结合了教育学中讲授法、讨论法、演示法、角色扮演法、案例教学法，以及社会实践等多种教学方法的特点，既充分发挥教师的主导作用，又体现学生的主体地位，使教学气氛更加活跃，学习者对学习的兴趣更加浓厚，知识更易为学习者所掌握并能活学活用。以下是笔者对近年来有关“以问题为中心”的教学模式在教学工作中的实践运用进行的总结、介绍。

## 一、旅游专业教学方法评述

### （一）旅游专业传统教学方法的症结

旅游专业传统的教学主要沿袭了我国长期使用的讲授式的教学方法。这种教学方法过于重视结论性知识的获得而轻视得出知识的探索过程。教师把结论呈现给学生，帮助他们理解和巩固所学知识，但是缺乏学生自己的探究活动，教师把结论作为论断传授给学习者，学习者没有对它们进行深入推敲和鉴别。在这样的课堂教学中，学生的学习活动基本上是领会记忆，缺少高水平的思维活动。由于过于强调课本知识和教师的权威性、绝对性，教学成为知识的搬运，学生的头脑中不断地被塞进一个个结论。在这种教学活动中，教师尽管也提问，也可能组织学生进行讨论，但提问或讨论的问题一般都有一个确定的、标准的答案，学生常常不是运用自己的知识经验，通过自己的思维去思考和分析问题，而是在猜测老师想要的答案，提问和讨论成了一场猜谜会。学习者被动接受填鸭式的知识灌输这种教学模式培养出来的学生可能记住了很多的知识（表层知识），但是，他们往往缺乏灵活运用知识解决实际问题的能力，在需要他们提出问题、分析问题、解决问题时，他们常常会表现出思维能力薄弱，没有自己的思想，缺少分析和批判能力，缺乏自主性和独立性，缺乏探索未知世界的能力和兴趣。

### （二）“以问题为中心”的教学方法在旅游专业教学中的探索

近年来，我国加大了教育改革力度，旅游专业教育也顺应时代需求，积极寻求改革的途径，其中包括教学内容和教学方法的改革。教师们不断学习、借鉴、探索新的教学方法和优秀的教学成果，注重综合利用教学方法，在教学中激发和促进学生的高水平思维，让学习者能够自由地运用自己的理智去思考问题、建构知识、形成“见识”，通过一系列的思维活动来逐渐解除疑惑，获得知识。使学习者主动参与教学活动，积极积累学习经验，使知识与技能技巧融合交流。这种教学方法，使学习者不再被动地学习，变成积极参与的主动学习者。其特点主要体现在以下五个方面：

1. 教师是学习的引导者和辅导员

在教学中，教师改变了在传统教学中的中心地位和知识权威角色，成为学习者完成学习的引导者和辅导员，其作用是引导和帮助学习者挖掘已有的知识，进一步学习新的知识及其他知识，并通过多种形式应用于学习过程中。教学不再是为了给学生“传递知识”、“解答疑难”，而是为了激发学生的学习热情，主动积极地参与学习，教学中教师的讲解只起到抛砖引玉、解答重点知识和归纳总结的作用。

为了很好地完成教学任务，教学内容的设计是教师备课的重点，是取得良好教学效果的关键。下面以“客房的清扫整理”教学方案设计（简要）为例来说明这一点。

教学目标：了解客房的布局及彻底清扫整理的程序

教学用具：电视机、DVD 机、教学光碟、客房模拟室

教学时间：80 分钟（两课时）

教学过程：

（1）认识客房。以小组为单位，每组抽 3 ~ 4 名同学进入客房模拟室，并提前设置问题：“根据所学知识将客房五部空间找出，并说出该空间的设备配置？”学生在进入客房模拟室进行观察的时候就会主动参与到学习中。对回答内容完整、仪态大方、语言规范的同学及小组给予表扬，甚至可以进行适当的加分奖励，既让每一位学习者主动建构知识链条，又培养他们良好的团队协作精神，同时使枯燥的课堂教学过程具备可操作性，增强学

生的观察能力。

(2) 教师讲解客房清扫程序的有关知识，如客房清扫的规范步骤和每一步骤的方法、要求。学生们已经对客房的情况有一个初步的认识，这时候教师的讲解就能让学习者并为后面将要进行的讨论做好充分的基础知识准备，能较快速地记忆及理解遵守清扫程序的原因等。

(3) 案例分析、讨论。播放教学光碟，请学生们观看一段错误的清扫程序，然后分小组讨论（分组方法可有多种）。在全班讨论中，教师不应像常规课堂教学中那样处于支配地位，而应引导学生思考，如设置问题："光碟中演示的操作有哪些错误，为什么错，应该怎么做?"在小组讨论中，每组都应当有一个组长以及一个具体的讨论主题，并派组员代表介绍本组的讨论结果。其他学习者可提出异议，最后教师对各小组的讨论结果进行评价和总结。在不知不觉中让学生对初学者易犯的错误有了一定的戒备。

(4) 观看教学光碟。播放正确的清扫程序，使学生们明确规范的操作方法。在观看的同时教师可进行必要的讲解，再结合实际加以强调和说明。

(5) 实际操作、分组练习。每组派出 2～3 名同学根据所听所讲的内容，将清扫程序重新做出来。操作过程中不免会有很多错误和遗漏，可让其他同学进行补充和模拟操作练习，通过学生反复练习和老师巡视纠错，能让学生主动建构出完整的客房清扫的规范程序。

(6) 小结、布置作业。老师在课程结束前五分钟对该堂课进行小结也十分重要。点评每组学生学习的情况，适时表扬、查缺补漏，让学习者明白通过学习收获了哪些知识，并布置相应的作业，巩固已学的知识，增强记忆。

这种"以问题为中心"的教学方法将理论知识的学习与学

习者的实践相结合，可以更好地帮助学生将理论知识应用到实际中。在教学中，老师不再搞“一言堂”，而是“教学相长”，激发了学生的求知欲，促进学生全面参与的积极性，使其主动建构学习体系，提高认知和技能水平。

2. 学习者是学习的“主人”

由“客房清扫程序”教案设计的实例可以看出，学生在教学过程中，按照“问题”去主动积极思考，调动自己的参与热情，积极投入教学活动中。相对于传统的学习模式，这种教学氛围更能增强学生的学习兴趣，充分体现了“兴趣是最好的教师”，学习者真正成为学习的主人。“以问题为中心”的教学方法鼓励学习者的发散性思维和创造性思维，这有助于改变学习者原有的封闭而单一的思维方式。

3. 参加社会实践，提高学习者对旅游的认识

结合实地参观、实地实习等方法，增加学习者对旅游服务有关问题的感性认识和理论与实践的结合，锻炼了学习者的实际工作能力。比如带学习者参观酒店，调查游客对景点、酒店等的看法和建议；让学习者利用假期到酒店、景点实习，都是很好的教学途径。让学习者写出相应的报告和体会，可使环境教育效果更落到实处，真正达到“主动学习、学以致用”的目的。

4. 教学手段多种多样

教学可根据具备的教学条件，选择多种教学手段进行教学，如制作 CAI 教学软件或利用 Powerpoint 软件制成幻灯片；观看有关旅游服务的录像片、案例分析，直接模拟实践等，使教学内容直观化、具体化。此外，还可以利用一些基本的教具，如清洁工具、中西式客房铺床、餐饮摆台等，让学生在教学中不断动脑动手，将教学内容展示出来，将学习成果与全体学习者共享。

5. 提升教师自身素质

在传统的教学中，教师按照自己的教学思路进行教学，教学

内容是事先准备好的。“以问题为中心”的教学方法则包含许多未知“成分”，教师有时无法预料教学过程中学习者会提出怎样的问题，如何解释这些问题，所以教师的备课内容较多，并需提炼出重点讲授的知识点。同时，所提的问题一定要将教学知识与实际生活和工作相联系，这就要求教师必须具有相应的知识或经验；教师一定要有控制整个教学局面的能力，时刻引导学习者在所设计的教学目标内进行活动。最后，教师还要具有较强的归纳总结能力，对学习者所进行的各项教学活动进行高度归纳总结，使学习者能通过学习获得知识和经验。可以说，采用“以问题为中心”教学方法，能使教师的能力与学习者一起提升。

## 二、“以问题为中心”的旅游服务教育教学方法的教学效果评价

### （一）教学准备与教学过程的教学评价

为了更好地设计出符合学习者实际的教学方案，在教学活动开始前教师应对学习者进行摸底调查，调查内容包括学习者已有的知识程度和学习者希望通过学习所要达到的目标。前者可采用问卷式调查方法，后者则可采用课堂自由发言方式，教师将学习目标记录下来，到学习结束后与学习者共同分析这些目标是否达到，达到多少，为什么没有达到。一般来说，学习者大都具有程度不同的旅游服务知识，但具体了解则不多，大部分学习者所具备的知识都不完整，虽然断断续续学过但却是支离破碎的。因此在设计教学方案时，应加强理论知识的学习。

### （二）学习者对“以问题为中心”的教学方法的评价

大部分学生对“以问题为中心”的教学方法给予了较高评价，认为“效果好，很满意”，比课堂讲授的满意度高。许多学生认为：“以问题为中心”的教学方法新颖，有助于调动学生的学习积极性，使学生加深对知识的理解；课堂气氛活跃，教学效

果较好，值得推广，并建议教师不断改进。

（三）对问题式建构学习的综合评价

“以问题为中心”的教学方法是近年来根据现代教育理论——“以学生为主体，以能力为本位”、“以问题为中心，以学生活动为平台”的现代化教学模式的主导思想逐步探索而得出的。我们在探索实施的过程中，结合旅游专业要求和学生特点，不断积累和改革，并根据各届学生的特点，对这种教学方法进行了调整和应用。可以说，这种教学方法是现代教育所倡导的主动性学习方法与传统讲授式教学方法的完美结合。

在职业中学采用“以问题为中心”的教学方法，是为了适应当前中职学校教育改革形势的需要，培养创新型人才和提高学习者理论联系实际的能力所做的有益尝试。它综合了教育学中多种教学方法的特点，努力刺激学习者对知识的兴趣，调动其学习积极性，使学习者在愉快的环境中完成学习过程。这种教学方法有利于学习者对知识的理解和掌握，有利于学习者理论联系实际和对已有知识的运用。但是，应该指出，教师在采用“以问题为中心”的教学方法时，教学目标必须十分明确，不能就活动而活动，活动是为了达到教学目标而设计的。同时，教师应注意及时总结，使学习者参与问题讨论后能有所收获。此外，教师还应注意尽可能地照顾到每一位学习者，使他们都能参与其中。

综上所述，在旅游教学中采用“以问题为中心”的教学方法得到了学习者的普遍肯定，值得推广。但这一方法还需不断改进，在运用过程中应注意与专业特点和学习者自身的实际相结合。

**参考文献：**

[1] 傅道春：《教育学》，教育科学出版社 1996 年 6 月版。
[2] 黎加厚：《建构性学习——学习科学的整合性探索》，

上海教育出版社2005年6月版。

［3］谢利民：《教学设计》，中央广播电视大学出版社2004年12月版。

［4］〔美〕罗伯特·斯莱文著：《教育心理学——理论与实践》，姚梅林等译，人民邮电出版社2004年7月版。

# 国内对会展旅游界定的文献综述

湖南桃江县职业中专　胡进辉

**摘　要：**会展旅游在我国虽起步较晚但发展很快，目前我国与美国、德国等会展业发展迅速的国家相比，在相关理论研究上有很大的差距。本文希望通过对我国国内有关会展旅游的文献的回顾与分析，促使人们对会展旅游有更为清晰的认识，有益于以后的研究探讨。

**关键词：**会展旅游　会展业　旅游业　综述

## 一、前　言

会展旅游被国际旅游界奉为“旅游业皇冠上的明珠”，在世界上已经有一百多年的历史了，会展旅游在德国、美国等会议或展览业发达的国家的发展状况如火如荼。而我国，从’99 昆明世界园艺博览会开始，会展旅游才逐渐成为人们关注的焦点之一。近几年来，会展旅游在我国的发展态势可以说是呈现迅猛发展之势。但国内对会展旅游的研究尚处于起步阶段。笔者认为，对会展旅游的概念及内涵的分析有利于对会展旅游的理论研究，能推动有关会展旅游的各个方面的发展、完善，以及与之相关的品牌发展、培养会展人才的教育的发展等。

## 二、会展旅游的概念与内涵

会展旅游虽然让人们看到了旅游业中的新的发展动力，但目前对会展旅游的研究大都集中于对会展旅游地的描述及区域会展旅游业发展过程中所遇到的问题与策略探讨，理论上缺乏对会展旅游的概念内涵及其特征的准确界定。因而本文收集了大量国内的有关会展旅游的文献，对会展旅游的概念及内涵等做一下总结，以便有利于以后的研究。

（一）从产业表象的角度界定

林翔和李菊霞认为："鉴于会展活动已成为旅游业的组成部分，用会展旅游业这一名称比会展业更直观。……在广义角度上，各种性质、各种规模的会议和展览及各种节庆活动都可以纳入会展旅游的范畴。"谢雨萍等也指出："国际上通称的会展旅游包括奖励旅游、会议、展览三大块（MICE，即 Meeting，Incentives，Conference and Exhibitions），基本含义是借举办各种类型的会议……以招徕各方客人洽谈业务、交流沟通和旅游参观访问……刺激他们消费，从而为当地创造经济效益、社会效益和环境效益。"李爽以及梁留科等也认为会展旅游即 MICE。笔者认为这些均为宽泛意义上的概念，都存在一个误区——认为会展业属于旅游业的一部分。

另外，根据会展活动的外在表现形式，也有学者认为旅游业涉及会展活动的行为就是会展旅游。马艳辉认为，会展旅游就是通过举办各种国际展览会、交易会、招商会，通过会议吸引游客。许峰也指出："毫无疑问，会展旅游的概念是一个舶来品，大多数学者都赞同它对应国外发达旅游国家所指出的 MICE 市场。"王元珑等持有相同的观点：会展旅游即指国际上通称的 MICE，包括举办各类专业会议、展览、交易活动、文化体育盛事、科技交流、奖励旅游活动在内的综合性旅游形式。

还有，邵筱叶认为，会展旅游不应包括以上通称的 MICE 中的 I ——奖励旅游及节日庆典和体育赛事为主题的节事（Events）。会展旅游在国际上统称为 MICE，意指包括各类专业会议、展览会与博览会、奖励旅游、大型文化体育盛事等活动在内的综合性旅游形式，会展旅游的研究应定位在会议和展览上。

（二）从经营行为的角度界定

从企业经营行为的角度对会展旅游进行界定，有利于明确会展旅游操作的微观基础，对旅游企业经营有现实的指导意义。王云龙对会展旅游的定义是：会展旅游是指旅游属性结合会展活动特点衍生出来的行为，但不包括旅游业对会展的多元化经营业务。这一界定的出发点很好，但存在一定的误差，因为一大批旅游企业早已开始从事会展业务，例如，奖励性的会议旅游业务已经成为许多旅行社的一个新的经济增长点。

王保伦则提出，从狭义的角度看，可将会展旅游界定为：为会议和展览活动的举办提供展会场馆之外的服务，并从中获取一定收益的经济活动。笔者觉得这也不属于会展旅游，因为这些服务只是会展活动得以顺利开展的基础条件，没有形成完全意义上的旅游产品。但笔者很赞同王保伦的另一个观点："我们所提倡的会展旅游不是让旅游企业去举办各种会议和展览，而是让旅游企业发挥行业功能优势，为会展的举行提供外围服务。"魏小安也持有相似的观点："会展旅游严格地说只是会展经济的一个组成部分，是一个总概念和属概念的关系，二者不能画等号。会展旅游是在会展经济的基础上分一杯羹。"

（三）从旅游方式（产品类型）的角度界定

卞显红和黄震方指出，会展旅游是一项专业性极强、单团规模较大、停留时间较长的旅游方式，也是一项非常有潜力的高消费的专项旅游活动。国内知名的会展专家应丽君也对会展旅游进行了界定："会展旅游是由于各种类型的会议、博览、展览等活动举办而产生的一种旅游产品。”她还进一步提出：“会展旅游是一种新型的主题式专项旅游产品。”吴远明等认为，会展活动可分为六种类型，这六类会展活动构成了四类旅游产品，即会议旅游、展会旅游、文体旅游、节庆旅游，且每一种产品的参与者和活动特征都不一样。

何建英持有相似的观点，但她对会展旅游的界定更加具体："无限扩大会展旅游的内涵，使之包含本属并列关系的奖励旅游、体育旅游、节庆旅游等旅游形式，是毫无意义的。”“会展旅游是以会议和展览为主要吸引物，吸引旅游者前往会展举办地参加会议、展览及相关活动，满足旅游人际交流需求的一种综合性旅游产品。其具体内容包括会议旅游和展览旅游两大类。”

另外，李云霞分别从旅游需求和旅游供给的角度，对会展旅游进行了界定，提出会展旅游是一种新兴旅游方式（需求角度）和一种新型的旅游产品（供给角度）。王颖和林越英也从相同的两个方面阐述了类似的定义。

王春雷认为，会展旅游关心的不是开什么会、展览什么，而是如何向与会展相关的人员提供服务，从会展本身拓展到住宿、餐饮、娱乐方面，继而争取在游览、购物、旅行等方面创造需求。

（四）从综合的角度界定

王春雷认为，会展旅游只是会展业与旅游业有机结合后的一种旅游产品形式，或者说是旅游企业实现经营多元化的重要途径之一，而不能称其为产业。（1）会展旅游是随着会展经济发展而出现的一种新型旅游产品形式，其稳步发展需要会展企业和旅游部门的实质性合作；（2）会展旅游的范畴也可从会展旅游者的角度来界定，主要包括转化为旅游者的会展活动参加者，以及奖励旅游者；（3）会展活动与旅游活动是紧密联系、相互渗透的，但绝不是简单的等同或包容的关系；（4）会展活动和旅游活动有一个共同的基本特征，即服务对象的异地流动性，这为两者在具体运作上的合作提供了基础条件。

林茂提出，会展旅游只是旅游业介入会展业从而产生的多元化经营业务中的一种，它包含于后者之中，会展旅游就是旅游属性结合会展活动的特点而衍生出来的产品。

综上分析，作者得出一些初步的结论：会展旅游正是由会议、展览、展销会、交易会、博览会等的举办为大前提和诱因而延伸到旅游业的一种产物。它的具体实施和操作方应该是会展组织者或承办方指定的旅游企业，而会展公司从这些延伸性的服务中抽身出来，也是现代社会中高度专业化分工的产物，并有利于它们提高主体产品的服务质量。

（五）国外业界的认识

国外学术界对会展旅游的概念界定不仅宽泛而且学者间的理论分歧较之国内更小。国外对事件及事件旅游的研究可以说已经形成了一个“事件及事件旅游热”，有关这方面的文献较多，而且涉及面之广是近年来旅游学术研究领域少见的。他们主要将节庆、会展、体育、休闲在内的各类事件归于一统，通通纳入事件业的范畴。西方学者中 Getz 的认识是具有代表性的。他把事件分为 8 个大类，包括文化庆典、文艺娱乐事件、商贸及会展、体育赛事、教育科学事件、休闲事件、政治或政府事件、私人事件等。其中再细分为 30 个小类。在 Getz 的分类中，将展览会/展销会、博览会、会议等商贸及会展事件作为会展业最主要的组成部分。另外，把国际旅游业划分的一个细分市场——MICE（会展及奖励旅游产品）。它包括：会议旅游、奖励旅游、大会旅游及展览旅游。因此可以看出，国外学者把“I”即奖励旅游有时也包括在会展旅游之内。

### 三、认识误区——与会展旅游相关的概念

将会展业归属到旅游业中，将其视为专项旅游形式的一种，参加会展的人员包括亲属等随行人员都被纳入游客的统计范围，认为参加会展活动本身就是进行都市旅游活动的一种表现。这种观点得出的结论是“会展业即指会展旅游业”。这种观点目前在旅游界颇为盛行，许多研究会展旅游业的论文实际是以会展业作为研究对象。但这是存在一定缺陷的。

会展是指以经营各种会议和以商品展销为目的的展览而形成的一种行业，狭义的会展指“会议”与“展览”。“会议”的基本含义指人群聚在一起，为了共同的目的而进行商讨；“展览”的基本含义指将原来藏起来的东西打开并陈列出来供人观看。广义的会展包括演唱会、运动会、交易会、展示会、节庆聚会。会展的核心功能是信息与物质交流，是对“善”的追求和实现过程，具有明显的物质功利性，是现代社会的生产和交换的重要过程。

李爽指出：“旅游业同会展业一样都是当今世界范围内发展迅猛的新兴产业，同时一个涉及多行业、多部门的产业。……从发展过程看，会展旅游既是会展产业的一个环节，也是旅游业的延伸，是会展业与旅游业结合的产物。……旅游业是会展旅游产生的前提条件；会展业是构成徽州旅游的核心基础……会展旅游是会展活动与旅游活动相结合的产物。”

北京大学中国区域经济研究中心的许峰博士认为，会展与旅游作为两个相互独立的体系，二者并不能简单地等同。会展旅游的研究应集中于会议与展览两个层面，将节庆、体育等容纳进来会重蹈“生态旅游”概念泛化的局面；而且会展旅游关心的是如何为与会展相关的人员提供服务，从会展本身拓展到住宿、餐饮、娱乐方面，继而争取在游览、购物、旅行等方面创造需求。

云南大理学院旅游系的张建雄则主张把会展看成是一种新的媒介和载体，一种特殊的旅游资源；把会展旅游看成是产业边际化、交叉化的产物，而不是节庆旅游或商务旅行和观光旅游的简单叠加，更不能单纯地等同于开博览会。

北京联合大学的刘德谦认为，今天的会展旅游就是 MICE（会议展览与奖励旅游）中去掉了 I（奖励旅游）的 MCE。其中 M 即会议，C 即大会，E 即展览。

林茂认为，旅游业与会展业是两种几乎完全不同的产业群体，但两者整体上存在一种主从关系，即旅游业（从）服务于会展业（主），从事会展业通常是旅游业实施多元化战略的路径选择，会展业则是把旅游业提供的各种服务和资源作为开展会议展览活动时的辅助要素，两者是相辅相成、互为补充的。

**四、会展旅游的特点**

会展旅游具有 9 个突出特点，即：内容主题专、旅游方式新、停留时间长、团队规模大、人员花费多、经济效益高、带动作用强、季节性不明显和影响力大。

1. 内容主题专

虽然会展旅游涉及政治、经济、文化、教育、科技等社会各个方面和领域，但一次会展的内容总是围绕一个主题进行的，并不是杂乱无章的，而是呈现很明显的专业性。

2. 旅游方式新

虽说世界上会展旅游已有一百多年的历史了，但具有真正现代意义的会展旅游业只有几十年的历史，是一种新颖、时尚的旅游产品形式。对于我国这样会展旅游起步较晚的国家来说，会展旅游更是一朵奇葩。

3. 停留时间长

根据“国际大会和会议协会”（ICCA）的界定，国际会议的会期应在 3 天以上。而且，一般除去会展期间的一些休闲娱乐、参观考察外，在会展结束后有不少人员有自己的旅游活动安排。

4. 团队规模大

一般来讲，各类展览会、博览会、展销会等，其规模要大于会议，而会展活动举办的效果如何，一般取决于两个因素：一是间接性的因素，即国民经济景气指数。举办会展的数量、质量、类型等，本身就与举办国家、地区或城市的社会、经济、科技、文教发展状况有关，它反映了有关机构、企业或人员对某一地区、某一城市和某一行业发展的信心和预期；二是直接性的因素，即会展参加人气指数。那些被看好的、有良好发展前景的国家、地区、城市，那些成长性较好的行业，那些历史悠久、特色鲜明、具有品牌知名度的会展，大多能够吸引众多的团队和人士前往。以 2002 年在西安举办的东西部经贸洽谈会为例，参展人数约 12 万人，国内参展企业约 8 000 家，涉及我国 28 个省区，国外 500 强中的柯达、西门子、IBM 等著名企业也派出近千人参加本届洽谈会。

5. 人员花费多

参加会展活动的人员大多是代表企业实体或政府机构，消费绝大多数为“公款”支出，个人掏腰包的机会不多。因此，参加会展的机构和企业都舍得投入人力、物力、财力和智力，在整个会展旅游过程中的花费要大大高于一般性旅游活动的花费。

6. 经济效益高

经济效益高与人员花费多是同一个问题的两个方面：一个是从收入角度而言，另一个是从支出角度而言。前者是指会展组织者及会展举办地通过组织会展活动，获得的收益较高；后者是指参加会展的机构、企业及个人在会展期间的花费较多。

7. 带动作用强

会展业同旅游业一样，同属于新兴的第三产业，同属于服务业，具有天然的内在联系。它们具有行业相关性强、经济效益和社会效益高、对地方经济拉动大等共同特点。旅游业与会展业有机组合，具有明显的关联、带动及辐射作用。有经验数据表明，会展业的直接经济收益与综合社会经济收益的比例为1:9，即举办会展活动收入1元钱，可以为当地带来9元钱的其他收入。

8. 季节性不明显

一般来说，与旅游有联系的很多都是有比较明显的淡旺季的。而会展旅游则不是，不仅淡旺季对它的影响较弱，而且它还可以成为当地旅游淡季时的一个补充活动，使旅游淡季不淡。

9. 影响力大

大型国际会议、展览的召开通常会招徕国际各大新闻媒体的关注，会引起社会各方面的广泛重视。这样可以扩大举办地的政治、经济和文化影响，提高举办城市的知名度和整体形象，而且有助于增进国家间、地区间的交流合作，提高市民的科学文化素质，丰富市民生活。

## 五、对今后的展望

会展旅游已经成为当今都市旅游中有强大需求的一个市场，而且已经呈现出全球化、创新化、信息化、可持续发展的趋势。相信在会展旅游活动如火如荼地开展的同时，以会展旅游的概念、内涵研究为基础，对有关会展旅游的理论研究，如多元化选地——建立会展旅游圈，特色制胜——培育名牌、多元化经营，培育适合会展旅游需求的人才等方面的研究发展会更快，更能为我国会展业的发展提供有力的理论支持。

**参考文献：**

[1] 王春雷：《国内旅游会展研究述评》，《桂林旅游高等专科学校学报》2004年12月第15卷第6期。

[2] 林翔、李菊霞：《我国方针会展旅游业的前景及策略初探》，《人文地理》2001 年第 3 期，第 49 ~ 50 页。

[3] 谢雨萍等：《中国旅游城市会展之定位》，《地域研究与发展》2002 年第 4 期，第 78 页。

[4] 梁留科、曹新向、孙淑英：《会展旅游的理论及其案例研究》，《经济地理》2004 年第 1 期，第 115 ~ 119 页。

[5] 马艳辉：《会展旅游：经济迅速腾飞的丝绸之路》《现代经济》2000 年第 12 期，第 51 ~ 52 页。

[6] 许峰：《会展旅游的概念与市场开发》，《旅游学刊》2002 年第 4 期，第 56 ~ 58 页。

[7] 王元珑、汪娟丽：《关于成都会展旅游的初步探讨》，《经济师》2003 年第 5 期，第 224 页。

[8] 王云龙：《会展活动与旅游活动的比较——兼论会展旅游概念的界定》，《旅游学刊》2003 年第 5 期。

[9] 王保伦：《会展旅游发展模式之探讨》，《旅游学刊》2003 年第 1 期，第 35 ~ 38 页。

[10] 魏小安：《对中国徽州旅游发展的思考》，《中国(2002 年）徽州旅游发展研讨会发言摘要》，《旅游学刊》2002 年第 4 期。

[11] 卞显红、黄震方：《发展南京会展旅游研究》，《城市发展研究》2001 年第 4 期。

[12] 应丽君：《关于中国会展旅游的思考》，《旅游科学》2003 年第 1 期。

[13] 吴远明等：《会展积极与会展旅游思索》，《昆明冶金高等专科学校学报》2003 年第 3 期。

[14] 何建英：《论会展旅游的概念内涵》，《哈尔滨商业大学学报》（社会科学版）2004 年第 3 期。

[15] 李云霞：《会展业与会展旅游市场开发》，《学术探讨》

2003 年第 5 期。

[16] 王颖:《我国发展会展旅游产业的策略选择》,《市场论坛》2003 年第 5 期。

[17] 林越英:《对我国徽州旅游发展若干问题的初步探讨》,《北京第二外国语学院学报》2002 年第 6 期。

[18] 李爽:《从会展业与旅游业的关系看我国会展旅游的发展》,《亚太经济》2004 年第 3 期。

[19] 张建雄:《会展旅游不是什么》,《旅游学刊》2002 年第 4 期。

[20] 刘德谦:《关于会展旅游的再认识》,《旅游学刊》2002 年第 4 期。

[21] 林茂:《对会展旅游的概念界定问题的再认识》,《乐山师范学院学报》2004 年第 19 卷第 9 期。

[22] 陈锋仪:《对我国会展业与会展旅游的相关分析》,《理论导刊》2002 年第 10 期。

[23] 孙焕琴、魏翠芬:《关于会展旅游的思考》,《山西统计》2003 年第 11 期。

[24] 吴明远、叶文、李亚:《关于会展与会展旅游的思考》,《云南师范大学学报》2002 年第 34 卷第 6 期。

[25] 周春发:《国内会展旅游研究进展》,《桂林旅游高等专科学校学报》2001 年第 12 卷第 4 期。

[26] 郑四渭、郑秀娟:《国外会展旅游对国内的启示》,《当代经理人》2005 年第 13 期。

[27] 史本林:《会展旅游的系统分析》,《云南社会科学》2005 年第 4 期。

[28] 文岚:《会展旅游发展趋势与湖南发展机遇研究》,《企业技术开发》2005 年第 24 卷第 12 期。

[29] 何彤慧、陶雨芳:《会展业与会展旅游》,《旅游经济》

2003 年第 3 期。

[30] 邵筱叶：《我国会展旅游发展探析》《南阳师范学院学报》（自然科学版）2004 年第 3 卷第 9 期。

[31]《中国（2002）会战旅游发展研讨会发言摘要》，《旅游学刊》2002 年第 17 卷第 4 期。

# 如何提升黔东南民俗旅游资源的文化含量

贵州黔东南民族职业技术学院旅游系　何　武

**摘　要：** 旅游资源文化含量的提升是旅游市场消费需求变化的一个反映，是旅游者对旅游产品质量的一个新的需求，因此，只有提升黔东南民俗旅游资源的文化含量，才能保证黔东南旅游经济的可持续发展。

**关键词：** 旅游景区　文化含量　黔东南民俗旅游资源

绚丽多姿的自然风光、古朴淳厚的民风民俗，既是大自然对黔东南这片热土的慷慨惠赠，也是生活在这片土地上的各民族人民勤劳智慧的结晶。奇山秀水和世代传承的民风民俗、几百年的原生态组合、深厚的文化积淀，构成世界级的垄断资源，被联合国授予“世界十大返璞归真旅游胜地”的称号。这是我们极为宝贵的物质财富和精神财富，为建设黔东南旅游大州提供了得天独厚的旅游资源优势。

## 一、对黔东南旅游产品现状的调查

（一）歌舞展示型——以凯里兰花村为例

兰花苗寨充分展现了苗族服饰文化的多元性和民族歌舞的魅力，芦笙舞、铜鼓舞、板凳舞再配上绚丽多彩的民族服饰，具有悦耳悦目的观赏性，人们在这里可以融入歌的世界、舞的海洋。

（二）民族建筑型——以雷山郎德为例

郎德是苗寨的经典，被称为“苗族村寨的博物馆”，作为全国第一个民俗风情村寨游览地，在这里可以看到典型的苗族生活形态和民族歌舞表演，而且这里的吊脚楼、芦笙堂、风雨桥一个也不少，集中体现了苗族干栏式建筑的特点，具有很强的艺术观赏性。

（三）民族节庆型——以黎平肇兴为例

作为国家重点风景名胜区之一——黎平肇兴侗乡风景名胜区核心景区，除了有闻名遐迩的鼓楼与花桥外，还有极富民族特色的节日，黔东南素有“百节之乡”的美誉，在这里，民族节日是侗乡民俗文化最集中最鲜明的体现，丰富多彩的节日活动如杀猪、吃泡汤、做寨客、古楼摆古、花桥对歌、侗戏表演、祭萨、踩歌堂等，让您领略侗族人民火一样的热情和极富特色的民族文化，感受到民族文化的多元性。

（四）传统手工艺型——以丹寨石桥为例

丹寨石桥古法造纸工序的展示，可满足游客对少数民族文化探究和了解的欲望。

（五）民族民俗型——以从江岜沙为例

岜沙是南部为数不多的苗族风情景点之一，这是一个充满了“原始英武气息”的寨子，充满了魅力，充满了故事。

（六）民族文化博物馆型——以黎平为例

中国最美的地方之一——黎平侗族生态旅游区，集民族文化、自然风光、历史文化和红色旅游资源为一体，珠联璧合，2005年被《中国国家地理》杂志等30多家新闻媒体评为“中国最美的地方”之一，2007年被国家旅游局《时尚旅游》和美国《国家地理旅游者》推荐为2007年全球33个“最具诱惑力的旅游目的地”之一。

随着旅游活动的深入开展、旅游市场的繁荣、多种旅游产品的推出，人们旅游的目的已经不仅仅是局限于陶醉在优美壮丽的大自然怀抱中，而是从求乐、求奇、求异的感官享受转向求知、求新的精神文化享受。显然，以上旅游产品大多属观光型旅游产品，规模小且分散，产品类型单一，由于产品的民族文化内涵发掘不够，因此难以提升产品档次，这与日趋繁荣的旅游市场和游客不断变化的需求显得不相协调。黔东南优美的自然风光和绚丽多姿的民族文化是黔东南旅游资源的核心，如何使游客在欣赏大自然壮丽景观的同时，能领略其深刻的人文内涵，满足更高层次的审美需求，是一个必要而且迫切的课题。

那么，在日趋繁荣、多需求的新的旅游市场之下怎样打造黔东南旅游资源，提高黔东南民族旅游产品的文化含量呢？

## 二、提高黔东南民俗旅游资源文化含量的途径

### （一）优化旅游景区环境，准确定位旅游景区特色

由于黔东南目前的旅游产品大多还是观光型旅游产品，规模小、档次低且分散，在经营理念上，还停留在特别看重菜肴的品质、分量、味道和价格方面，而对旅游接待地吸引游客至关重要的一些因素如特色、环境、服务水平却没有放在应有的位置上，经营者乐意在主体建筑上花钱，而不愿意在治理、美化环境方面下功夫；乐意在量上投入，而不愿意在经营特色上花钱。以凯里周边旅游设施和环境为例，卫生设施原始简陋，活动区域设施单一，往往是茅棚加麻将，或是“包房”加麻将，菜肴是地道的大众菜，鲜有苗、侗民族风味菜肴，民俗文化旅游资源和村寨的环境氛围很难彰显其地域性和文化性。旅游的自然环境和文化环境对旅游经济的进一步发展起着抑制或刺激的作用，而黔东南的旅游资源优势很难转换为经济优势。

旅游活动是一项涉及范围十分广泛的感知和体验活动，而旅游环境是实现旅游活动的重要载体。优良的自然环境可使旅游资

源的美学特征得到充分体现，开放、稳定、和谐的社会环境，充足的物质供给能使游客获得精神上的愉悦和物质需求上的满足，优美、和谐的旅游环境无疑会提升旅游景区旅游资源的吸引力，还会充分显示一个地区的社会文明程度和文化内涵。因此，提升民族地区民俗旅游资源的文化含量，首先应该营造一个和谐、文明、清新、自然的外部旅游环境，使游客在悦心悦意的氛围中，感受审美物体——民俗旅游资源的民俗特色和文化魅力。

（二）加强民族地区旅游从业人员对景区文化底蕴的理解

民俗风情是人文旅游资源的重要组成部分，体现各民族独特的生活习惯和生活方式。它是一种独特的旅游资源，具有独特的魅力，吸引着旅游者投入动态的、活生生的文化氛围中，从而产生无穷的乐趣。黔东南是一个活脱脱的天然“民族大观园”，黔东南连绵不断的群山里，居住着苗、侗、壮、瑶、水、布依等多个民族，他们共同创造了绚丽多姿的民族文化，带有独特的地方性和民族特征，如婚姻家庭和人生礼仪文化、节日文化、服饰文化、饮食文化、待客之道等，形成了底蕴深厚的民族风情和民族文化，这些古朴、独特、原生态的民族风情和民族文化具有较高的旅游开发和观赏价值，能满足游客对异域文化的探究和求知心理。但笔者却耳闻这么一件事：某旅游局一官员到某地考察当地的民俗资源，但当地旅游局的一位工作人员却劝阻他说“没什么好看的，都是一些很‘土’的玩意儿”。这真是“不识庐山真面目，只缘身在此山中”。为什么这位旅游局的工作人员会对身边美的事物毫无感知呢？正如泰戈尔所说的：“生活中不乏美，而是缺乏发现美的眼睛。”究其原因，由于旅游行业是一个新崛起的行业，旅游从业人员中相当一部分人是中途转岗而来的，缺乏必要的旅游基础知识，而且培训机会很少。美学家叶郎说：“旅游，从本质上说，就是一种审美活动，离开了审美，还谈什么旅游？……旅游活动就是审美活动。”而审美能力的高低与审美主体文化素养的高低密不可分，大自然的云、雾、日、月、湖光山色以及灿烂辉煌的人文资源的魅力，都是需要通过审美主体——人——的感知来体会和传达，没有人参与的审美对象则是无法实现审美价值的，因此，虽然置身于美的环境之中，却没有发现美、欣赏美的能力，旅游景区的文化含量从何体现和传递呢?可见，要想提高旅游景区的文化含量，其根本途径首先要提高旅游景区旅游从业人员的文化素养，加强旅游从业人员对景区旅游吸引物文化底蕴的理解。如前所述，由于相当一部分旅游从业人员是中途转岗而来的，缺乏必要的旅游基础知识，因此，可以建立一套以政府为主导、行业牵头、学院教学的培训制度，如开展对旅游从业人员的相关旅游基础知识的培训、民族旅游知识的培训、民俗服饰和风土人情知识的培训、美学知识的培训等。只有人的文化素质提升了，旅游景区的民俗旅游资源文化含量才有望提高。

（三）加强黔东南地区景点导游人员的审美意识和能力

人文景观赏析重在挖掘景观的文化内涵和文化价值，特别是对民俗文化底蕴的理解。俗话说："外行看热闹，内行看门道。"导游人员作为美的使者和知识的传播者，是旅游主体通向审美客体——旅游审美物——的桥梁，导游通过讲解，将审美物体的美学价值传递给广大游客，起着传播与引导的作用。导游对景点的历史背景、文化特色和文化价值等的掌握程度，直接影响到游客的审美质量。在旅游过程中，导游审美能力的高低，还决定了审美主体对山水、人文景观之美接受的多少、体味的深浅。因此，游客对民俗资源文化内涵和底蕴的把握与体会，很大程度上取决于导游的引导和讲解，这就必须使我们的导游具有较高的文化素养和审美水平，形成对旅游欣赏物敏锐的感悟力、欣赏力以及与游客的沟通能力和语言表达能力。通过导游富有技巧的引导，游客领悟到民俗资源的文化内涵，使民俗旅游资源的文化含量得以体现和提升。

（四）深入发掘民族文化内涵，提升旅游景区的开发层次

黔东南民族旅游资源是生活在这里的各民族思想、观念、礼仪习俗、生活方式、宗教信仰等在表达形式上的一个载体，它是苗、侗、壮、瑶、水、布依等多民族在长期的生活和生产中形成的，反映了黔东南地区各族人民的思想、情感、生活观念和生活方式，带有浓郁的民族文化色彩和地域特色，不可复制和迁移，进而形成了“垄断性”，正因为如此，为我们打造独具个性魅力的旅游文化产品提供了丰富的素材和广阔的空间。

黔东南多姿多彩的民俗旅游资源所具有的审美特征是黔东南旅游吸引物的核心，随着“多彩贵州”等旅游文化活动的开展和打造黔东南旅游大州的一系列决策的实施，黔东南民族文化的旅游资源得到了全面的开发，但在发掘的深度和特色的定位上尚待进一步深化，以突出民族旅游资源的文化特色和优势。

1. 尽显“区域”个性，展示独特魅力

民俗风情是人文旅游资源的重要组成部分，当前，越来越多的国家都重视对民俗风情这一旅游资源的开发。民族风情之所以对游客有很强的吸引力，是由它所具有的独特的审美特征所决定的。虽然黔东南民俗旅游资源得到了一定程度的开发，但产品形式雷同，档次低，没有强化产品的特色和差异性，无法深层次展现民族旅游资源的魅力。如像兰花村这样交通方便、旅游开发程度比较好的苗寨村寨，民族风情、寨貌服饰和苗族歌舞都是充满了地域特色的民俗资源，特别是舞蹈和民族服饰，都深刻地蕴涵、再现了苗族历史以及苗族人民对本民族美好生活的热望和对美的执著的追求，然而现在其内容丰富、底蕴深厚的民俗资源却没有完美的形式作为载体，游客经常看到的是动作机械、表情僵硬的“舞台式”展演，模式化和商业化的痕迹严重，文化内涵难以表达出来。开发民俗旅游资源产品，应深入挖掘其思想内

涵，开发文化型旅游产品，并以其适当的载体形式予以表达，才能彰显民俗旅游资源区域性的优势，体现民俗资源的文化内涵和个性。

2. 充分利用民俗风情的体验性，开发参与性产品，使游客真切地体会到民俗旅游资源的文化内涵

杨桂华、陶犁主编的《旅游资源学》中指出："自然山水和其他人文旅游资源，旅游者在进行游览观赏时，可观、可闻、可触、可感，但不能成为其中的一员去参与美的创造。"而民俗风情旅游资源的观赏过程，可以成为旅游者的参与过程。正是由于民俗旅游资源具有这个特点，所以可以开发成为体验型旅游产品，让旅游者在体验型旅游活动中感受身临其境的美，正如弗洛伊德所说："生活中的幸福主要来自对美的享受，我们的感受和判断究竟在哪里发现了美呢？人类形体的和运动的美，自然对象的美，风景的美，艺术的美，甚至科学创造物的美。"

由于民族旅游资源具有异地性、神秘性，所以总使得人们有一种"尝试"心理。黔东南民俗旅游资源中的民族礼仪、节庆活动、饮食文化、游艺竞技等无不充满神秘色彩，因而对异地游客很容易产生"诱惑力"，使其萌发"试一试"的审美需求。因此，应注重开发"体验型"产品，让旅游者参与进去，掀起活动的高潮，创造活动的氛围。黔东南具有"歌舞之州，百节之乡"的美誉，游客在这里能够融入歌的世界、舞的海洋，能够穿上民族服装，感受民族节日的氛围，体验民族情感和观念，从而更真切地体会到民族文化的深层内涵，使民俗资源的文化性得以体现和传播。

总之，旅游资源文化含量的提升是旅游市场消费需求变化的一个反映，是旅游者对旅游产品质量的新需求。因此，只有提升黔东南民俗旅游资源的文化含量，才能保证黔东南旅游经济的可持续发展。

# 其　　他

# 浅谈在语文教学中如何培养学生的审美情趣

彭州市职业中学　陈乐秋

**摘　要：**本文首先从语文教学的主要功能入手，阐述在语文教学过程中审美情感培养的重要性；接着从三个方面详细阐明了取得此效果的操作方法；最后说明必须持之以恒、坚持不懈才能获得最佳效果的道理。

**关键词：**审美情趣　培养　语文教学

语文教学大纲告诉我们：在语文教学过程中，要以开阔学生视野，发展学生智力，激发学生热爱祖国语言文字的情感，培养健康高尚的审美情趣，培养社会主义思想品质和爱国精神为己任。所以说，在教学中培养学生的审美情趣，实现学生人格的完美和心灵的和谐，是我们每个语文教师义不容辞的责任。

语文教材为学生认识世界、了解人生提供了丰富多彩、五光十色的空间。语文教学的审美教育不单侧重于使学生获得愉悦感，而且要在遵循教学大纲，高质量、高效率地完成教学任务的同时指导学生借鉴前人的美的经验、美的规律、美的表现手法，形成合乎要求的听、说、读、写能力，以及接受文章的情感陶冶，形成学生美的心灵、美的人性。使学生在美的熏陶中读书、作文、学做人，求发展、明人生，从而全面完成教书育人的基本任务。在语文教材中，很多文章不论悲喜爱怒，其中都有对人生意义的无尽感慨、感触与发挥，我们应当在其中善于发现、善于体会，引导学生吸取其精华，加以深化，使所学得以升华，这才是语文学习的要旨。

**一、指导朗读，把无声的文字变为有声的语言**

只有入于眼、出于口、闻于耳、记于心，才能使文章的人物、情景跃然纸上，形成学生的立体思维，使学生能多方面地、形象地感知教材，不假思索地感受审美对象的美。形象在美的领域中占着统治地位。美在于个别的、活生生的事物，而不在于抽象思维。教师要善于运用形象来感染学生。如教授课文《再别康桥》一诗时，采用朗读、配乐朗读、歌曲三种形式让学生欣赏这首脍炙人口的名作，效果会出其不意的好。因为文章的精微处，往往只可意会，不可言传，只有沉浸其中，反复体会，才能深得其旨趣。教授《黄鹤楼送孟浩然之广陵》这首诗，可先让学生借助注释和课文提示反复诵读全诗，感受诗句的清新流丽及其明快的节奏、铿锵音调的韵律美；再在此基础上予以启发，将学生导入末句构建的优美意境——孤帆远影融入碧空，长江流向天际的壮观景象及诗人所见，并由此想象诗人在送走孟浩然之后长久伫立江边，极目凝望的形象。这样，诗人在孟浩然离去后的惆怅情怀以及对孟浩然的浓烈深厚的友情，学生们就可感可触了，从而获得审美的愉悦。吟诵《听潮》也是一种美的感受，用平稳舒缓的语调读出大海的沉吟，感受那恬静、清丽、和平、愉悦的柔态美；用昂扬急速的语调读出大海的愤怒，感受那铺天盖地、排山倒海、万马奔腾的雄壮美，在美的感受中理解作者对大海的深情以及积极向上的生活愿望。吟诵《海燕》，则想象那乌云密布、电闪雷鸣、风号浪涌，海燕振翅高翔搏击风云的壮阔场面以及暴雨骤至、激浊扬清后天清地明的清亮世界，从而感悟“让暴风雨来得更猛烈些吧！”这一呼喊的含义。

## 二、创设情景，渲染气氛，以情动情，寓教于乐，潜移默化

苏霍姆林斯基十分重视环境育人，他讲的“学校的墙壁也说话”体现了无声之教之意义。一张名人画像可砥砺学生的志向，一句哲理名言能使学生敛容深思，美丽的风景画可激发学生对大自然的向往和对祖国的热爱，这些都能起到精神、品德、情操上的陶冶和感染作用。列宁指出：“没有人的情感就从来没有也不可能有人对真理的追求。”语文学科居于教改前沿，是领头学科，在优化人的素质结构和能力培养、能力结构构成中没有哪一个学科能像语文学科这样全面深刻地经常性地发挥作用，成功的语文教学能直接促使受教育者在理智认识、思想意志、道德情操、审美情趣等基本能力、基本素质方面得到如夏丏尊先生所说“调和发达”的教益，从而使受教育者成为“灵肉以至”的人。此外，教学过程，不仅仅是一个信息传递过程。课堂上，老师不断地向学生传授新的知识，学生虽有接受能力，却不一定乐于接受。教师必须充分调动自己的情绪，给知识、信息附加情感色彩，使这些知识信息能满足学生的情感需要，这样才能激起学生愉快的情绪体验和学习的积极性，从而达到教学的目的。

## 三、从写作训练中培养学生的审美感受

培养审美感受能力的重要一关是要克服学生的思维定式，将日常态度转变为审美态度，将科学的分类标准转变为审美的分类标准，按这种审美标准，彩虹已不是太阳与雨雾的相互作用的产物，而是通向幸福的桥梁；倔强挺立着的白杨俨然是北方农民的化身……此时学生才能进入一种情理交融、相互渗透的审美世界进行并完成着审美感受，久而久之，自然界中种种事物及其变化的运动模式即会与人类种种复杂的内在情感体验之间建立起一种

稳定、持久、巩固的对应关系，到那时，哪怕是“一朵微小的花，也能唤起眼泪表达的那样深的思想”。

当然，审美感受的形成不是一朝一夕的事，需要老师潜移默化的熏陶、引导。语文教学正是要在学生的心田撒下美的种子，让美的种子在春风化雨中长成一片青翠，把我们的世界点缀得更加美丽。

# 深化教学改革
# 大力推广项目教学法

山东省沂南县第一职业高级中学　张维梅

**摘　要**：学生掌握不断开发自身潜能和适应劳动力市场变化的能力已成为职业教育的重要目标，因此教师采用新的教学方法显得非常重要。项目教学是师生通过共同实施一个完整的项目而进行的教学活动，其强调学习的重点在于学习过程而非学习结果，项目教学法实现了三个根本性的转变，即以学生为中心，以项目为中心，以实际经验为中心。

**关键词**：项目教学法　教育目标　教材改革　校企联合

现代社会是一个信息密集的社会，教师很难把自己所有的信息通过一次性的学校教学全部传授给学生，学生也不可能在一次性的教学活动中获得从事本职业所需的全部信息，也不可能指望一次性的学习所掌握的知识技能受用终身。因此，让学生掌握不断开发自身潜能和适应劳动力市场变化的能力将成为职业教育的重要目标。

实现特定目标需要特定的手段，依靠传统的教学方法已不能满足当代职业教育对职业能力培养的要求。因此，近二十年来，许多国家根据各自的情况和要求，创造性地、系统地开发了一些适应社会、技术和生产发展要求的新的职业教育教学法或教学模式，如模块化教学、北美和澳大利亚的以能力为基础的教育

(CBE）等，特别是德国以培养关键能力为核心的项目教学，使职业教育增添了一种新的理念。“项目教学”是通过实施一个完整的项目而进行的教学活动，其目的是在课堂教学中把理论与实践教学有机地结合起来，充分发掘学生的创造潜能，提高学生解决实际问题的综合能力。项目教学法的关键是设计和制定一个项目的工作任务。职业教育培训的每个阶段（如基础培训和专业培训）都可以设计一系列相互联系的项目。但初次学习的操作技能或新知识不一定适合采用项目教学法。有时，参加项目教学学习的学生来自不同的专业，甚至不同的职业领域，目的是训练实际工作中与不同专业、部门同事合作的能力。

## 一、项目教学法的实施阶段

（1）确定项目任务：通常由教师提出一个或几个项目任务设想，然后同学生一起讨论，最终确定项目的目标和任务。

（2）制订计划：由学生制订项目工作计划，确定工作步骤和程序，并最终得到教师的认可。

（3）实施计划：学生确定各自在小组中的分工以及小组成员合作的形式，然后按照已确立的步骤和程序工作。

（4）检查评估：先由学生对自己的工作结果进行自我评估，再由教师进行检查评分。师生共同讨论，评判项目工作中出现的问题、学生解决问题的方法以及学习行动的特征。通过对比师生评价结果，找出造成结果差异的原因。

（5）归档或结果应用，项目工作结果应该归档或应用到企业、学校的生产教学实践中，例如，作为项目的维修工作应记入维修保养记录；作为项目的工具制作、软件开发可应用到生产部门或日常生活的学习中。

在计算机专业实习中，教师可从实际出发，精选出一些典型项目，说明其要求和要达到的效果后，为每个项目聘项目经理一名，由学生自由报名，通过应聘竞选方式选拔出来，再由项目经理给其他同学分工，一起进行筹备，直到完成项目后交给教师审核。教师在其中起指导作用，学生起主导作用。学生由被动学习变为主动学习，可增强学习的主动性和团队精神。

## 二、“项目教学”对教师提出的新要求

与传统的教学方式相比，“项目教学”对教师素质提出了更高的要求，在教学中教师将面临许多新的问题与挑战，主要体现在如下方面。

### (一)“项目教学”要求教师熟悉职业实践

教师要具有职业经验，了解企业的工作过程和经营过程，才能从整体联系的视角选择具有典型意义的职业工作任务作为具有教育价值的项目。同时，由于“项目教学”是以典型的职业工作任务来组织教学内容，也就是说，要把理论知识和实践知识通过典型的职业工作任务有机地结合起来，如果教师只具有专业理论知识而不熟悉职业实践，就很难胜任教学工作。这就要求教师通过到企业见习、实习等途径了解企业，积累工作经验。

### (二)“项目教学”要求教师具有跨学科和团队合作能力

在传统的教学中，教师都有自己的专业，基本上是独立完成教学工作，可以不和其他学科的教师有业务上的交往。但是“项目教学”涉及多学科教学内容，因此对绝大多数教师而言，很难独自一人很好地完成教学工作。这就一方面要求教师具有跨学科的能力，不仅要熟悉本学科的专业知识与技能，还要了解相邻学科、相关学科及跨学科的知识与技能；另一方面要求教师具有团队合作的能力。教师要从个体的工作方式转向合作的方式，不同专业领域的教师联合起来进行项目教学，这对教师来讲是工作方式的根本改变。他必须与同事建立联系，必须关注其他专业领域的发展。

（三）“项目教学”要求教师具有创设学习情境的能力

在“项目教学”中创设学习的资源和协作学习的环境是教师最主要的工作，这要求教师课前熟悉项目内容，进行深入研究，并准备好项目开展过程中可能涉及的有关知识；注意与其他教学手段和教学方法的协调；介绍项目内容要讲究艺术性，要吸引学生的注意力，激发学生学习的积极性和参与讨论的热情。

（四）“项目教学”要求教师对自身在教学过程中的角色进行重新定位

“项目教学”可划分为三个阶段，即项目的准备、实施与评价。每个阶段所要完成的教学任务不同，教师在各个阶段所扮演的角色也有所不同。

在准备阶段，教师要向学生提供与完成教学项目相关的知识、信息与材料，指导学生寻求解决问题的方法。教师主要是学生学习的指导者。在实施阶段，教师的任务主要是营造学习氛围，创设学习情景，组织和引导教学过程。当学生在完成任务的过程中碰到困难时给予具体的帮助，教师更多的是学生学习的组织者与引导者。在评价阶段，教师在学生自我评价的基础上，帮助学生对“项目教学”的目标、过程和效果进行总结；让学生评价自己积极参与的行为表现，总结自己的体验；评价学生在“项目教学”中表现出的独立探究的能力与合作精神。这一阶段，教师主要是学生学习的评价者。

“项目教学”主张师生的双向互动，认为整个教学过程需要教师和学生的积极参与及投入，这就要求教师在教学过程中对自身的角色进行重新定位，教师不再主要是知识的传授者，而成为教学过程的组织者、引导者、咨询者和评价者；学生也不再是知识的被动接受者，而成为知识的主动建构者。

## 三、项目教学法实施所面临的困难

第一，受现有的教育体制的限制。教师原先都是在事先做好充分准备的情况下进入课堂的，现在则不然，教师很难估计在项目的实施过程中学生会提出什么样的问题，心里总有些不踏实。另外，尽管教师也多是本科毕业生，本专业的所有课程都学过，但到了职业学校后，往往从事一门或多门具体的课程教学，随着时间的推移，有的知识就渐渐地淡忘了，而学生提出的问题涉及各个领域，要回答这些问题，教师的知识就有待更新，水平就有待提高。再有不少教师都是从学校门到学校门，缺少企业工作的经验，原先对理论知识的传授尚还可以胜任，但现在学生提的问题多半都面向实际，对于缺少实践经验的教师来说，确实很难回答；还有的是，往往准备一个项目需要教师投入大量的精力和时间，工作量成倍地增加。

第二，现有的教材主要是为教师的教而设计的，而不是为学生的学设计的，根本不可能用这样的教材实施项目，因为它只适合于知识传授的教学，而不适合项目教学。因此，教材改革已刻不容缓。

第三，由于受到经济条件的限制，学校设备不健全，这也影响“项目教学”的实施。要将专业课的课堂教学推向实训现场，或者说教室里不光要有课桌，更应该有机器设备，让学生边学边做，提高学生所学知识的内化程度。

第四，与企业的联合办学，尚有待社会、政府制定出有效的法律法规来扶持，这样才可以使学生学习内容更加贴近生产实际。同时企业可以根据自身的需求来培训学生，直接在企业培训学生。目前，职校虽然用最后的半年让学生到企业顶岗实习的办法来提高学生的技能，适应企业的需求，但效果并不是最好的，还需要进一步改革教学方法。

总之，项目教学法教学目的明确，听、看、做、思、练五环相扣，能充分调动学生学习的兴趣，教学的过程做到由浅入深，注重学生基本技能的培养和能力培养。作为教师，要积极学习先进的教学理念，更新观念，积极推行课程改革，更进一步总结提高、大力试用推广项目教学法。

**参考文献：**

［1］许孟烈：《项目教学的研究与实践》，《中国职业技术教育》2003 年第 11 期。

［2］沈幼其：《实施项目教学深化教学改革》，《中等职业教育》2003 年第 2 期。

［3］徐国庆：《实践导向职业教育课程研究》，上海教育出版社 2005 年 7 月版。

# 关于中等职业学校教师应加强教育教学科研工作的思考

江苏连云港财经高等职业技术学校　张丽雅

**摘　要：**本文通过分析中等职业学校教师与教育教学科研之间的关系，阐述了中等职业学校教师应加强教育教学科研工作，学校应采取一定措施来保障教师进行教育教学科研工作的观点。

**关键词：**教育教学科研　中等职业学校

"教育要发展，科研需先行。"对于这个道理，作为中等职业学校的教师多少也明白一些，但是，多数教师都没有积极进行教育教学方面的研究，究其原因，与目前中等职业学校的现状不无关系。目前，中等职业学校主要忙于招生，通过生源来保证学校的生存和发展。中等职业学校生源本身的素质不高，教师的人手又不够，绝大多数教师教学工作量大，再加上在学生日常管理上耗费太多的精力，这样，教师在保证完成自己基本教学任务后，没有过多的时间对教育教学中遇到的问题作深层次的思考。此外，就教师本身意识来讲，一听说"科研"，就感觉高不可攀，觉得那都是专家的事，上面怎么说我就怎么做就行了，对教育教学的研究没有太多的认识，不知道教育教学科研跟自己的教学工作是密不可分的。

## 一、教育教学科研与教学相互促进

教育教学科研是指以教育科学理论为武器，围绕有关教育领域的问题，以探索教育规律为目的的创造性的认识活动。简言之，就是用教育理论去研究教育现象，探索新的未知的规律，以解决教育领域的新问题、新情况的认识活动。教学和科研本质上是两种不同性质的活动。教学是教师向学生传授前人已完成的科研成果，属于集体性双边活动；科研则是个人或部分参加者总结、探索和发掘新知识的活动。然而两者的关系是密不可分的。

### （一）教育教学科研源于教学

研究源于问题，中等职业学校的教师面对的，大多数是由于多方面原因不能进入高级中学的学生，并且这些学生不同程度地存在着一些认识和学习上的问题，因此，在管理和教育他们的过程中会遇到各种各样的问题。这些问题，仅仅靠经验是不能完全解决的，这就需要教师观察问题，分析问题，找出问题的本质和规律，通过教育研究来解决问题。

中等职业学校培养的是一线的生产管理人才，教师在教学过程中不仅要注重理论知识的教授，更需要将理论联系实际，提高学生的实际动手能力。教师在教学过程中遇到教学与实践相结合的问题、教学内容中涉及的具有争议的问题、教材的不完善及和教学内容不匹配等问题，中职教育的课程改革、学科建设、专业调整，以及实训、实践教学改革等问题，这些都需要教师在实践中认真思考，善于总结，探索出一些实际可行的方法来加以解决。

### （二）教育教学科研有助于提高教学质量

教育教学科研工作要求研究者必须注重知识积累，广泛获取、严格整合、认真梳理，建立起有自己特色的知识体系；及时了解反映本学科内前沿科研成果及最新学术动态，确立自己的研究方向，在前人研究成果的基础上有所发展和超越。在科研工作上下功夫的教师，会自然地把这些新知识贯穿到教学之中，把课讲好，激发学生学习的兴趣，有效地提高教学质量。

同时，教育教学科研作为一种全方位整体性的思维训练活动，能够有效地提高教师的思维能力、分析解决问题的能力以及信息处理能力；培养教师科学的思想方法、严谨的治学态度和实事求是的工作作风；培养教师开拓进取、勇于创新的精神。使教师充分发挥教育教学理论在教育教学中的指导作用，研究教材、研究学生、研究教法和学法，更好地解决教育教学过程中的问题，达到教育教学研究的目的。所以，教师自己要转变观念，改变“科研高不可攀，是专家的事”的思想，树立以科研为先导，向科研要质量、要效益的观念，以及现代教育理论与教育教学实践相结合的观念，逐步树立“我能研”的信心，使科研与身边的教学工作互相促进，形成良性循环。

## 二、中等职业学校教师如何开展教育教学科研

首先，研究可以从身边的具体问题开始。中等职业学校学生的问题相对来说比较多，情况比较复杂，教师应对学生的实际状况加以分析，找出问题的症结，并提出解决的方法。中等职业学校的学生大部分来自农村，父母忙于务农或在外打工，与孩子之间缺乏沟通和交流，对孩子的影响力相对较小，学生对自己的未来也没有太多的计划和打算，而教师相对来说和学生接触较多，这就需要教师对学生的学习生活加以指导，对其就业方向加以引导。教师应当把多年的教学体会和管理经验积累起来，加以总结，并上升到一定的理论高度，形成教育研究课题。

一般可以选择本人教学过程中的优势项目和遇到的疑难问题进行研究。可以从讲“精品课”开始，也可先从学校的校本科研开始。把自己的教研体会、心得改写成论文，并提供于公开交

流、外出研讨、刊登或发表。

其次，可以结合企业实践进行研究。中等职业学校的学生毕业之后，往往直接走上生产一线岗位，这就要求教师教育观念和教学内容应与实际工作紧密结合，不能闭门授课，将实践和教学分割开来。要研究社会需要、企业需要，根据需要培养实用性人才，要讲授符合实际需要的知识。如中等职业学校的会计专业教学，不能仅仅按部就班地向学生传授基本的会计知识，而是要通过对企业的实际考察和对已毕业学生的跟踪了解，明确会计不同工作岗位需要哪些技能和知识，以此来确定教学内容和方向，探索如何讲授才能让学生更好地掌握这些技能和知识的问题。通过和企业实践结合，研究出实际可行的教育教学方法，使得培养出来的学生能尽快适应社会，适应企业，适应岗位，为教育节约成本，为学生创造就业机会。

最后，发挥教育教学科研的整体合力作用。中等职业学校教师个人的研究能力相对较弱，进行群体教育教学科研有许多优势。一方面，各有优势的教师聚在一起，取长补短，发挥各自的优势，形成整体合力，能显示学校教师科研的阵容；另一方面，学校可根据各专业、文化课教研组的实际情况，及时把教学管理中的各种问题转化成课题研究题目，以总课题的形式，再分解成若干子课题，分别让教师去承担，发挥出群体的优势。

**三、学校提供条件并建立一定的保障机制，推动教育教学科研活动的开展**

中等职业学校需要教师进行教育教学研究，以提高学校的竞争力。目前中等职业学校面临的竞争较为激烈，不仅需要学校自我宣传，加强招生工作，而且亟待提高教学质量，教学质量的提升离不开高素质的教师，教师要提高素质就必须钻研业务，积极参与科研活动，只有建立一支教学科研能力强的教师队伍，才能提升学校的竞争力。

首先，学校要重视教师教育教学研究工作。应该意识到教育教学科研工作对学校提升竞争力的重要性，制定出一些奖励机制，鼓励教师进行教育教学科研，营造科研气氛。将课题研究与教师的业务考评、在职进修、职称晋升挂钩。但要说明的是，中等职业学校不能搞“一刀切”，要让每一位教师都进行教育教学研究，而是要根据教师具体的能力来制定相关规定和考评标准。

其次，给一线教师提供更多的培训交流机会。一线教师一般与外面接触较少，信息相对闭塞，学校应该利用一些假期，让教师走出去参加各种培训，与兄弟学校的教师进行交流，也可请一些专家和外校有经验的教师来学校讲课，给教师提供接触先进教育理念的机会，学习先进的教育教学方法，交流各自的教学经验，使教师从中得到启发，从而更好地为教育教学服务。

最后，设立科研机构，组织校级课题的申报与论文评奖活动，实行规范化管理。有一定科研基础与氛围的学校，可设立专门的科研室，配备专职教师具体负责全校的教育科研课题申报、研究实施、成果论文评奖和对外科研交流等。科研室要拟定校级课题申报与管理、论文评奖、课题奖励等方面的具体措施或实施细则。每学期学年应制订科研计划，定期进行科研方面的活动，尤其要注重培养学校中的科研骨干，尽力提供科研条件，从而尽早推出职业学校中的一些集教学与科研于一身的优秀教师，推出一大批具有较高应用价值和理论价值的研究成果。

教师要成为学生学习的表率，必须在工作岗位上进行教育教学研究，让自己从经验型教师转变为研究型教师。

# 从人才需求分析看中国发展职业教育的必然性

宁津职业中等专业学校　张福路

**摘　要：**本文通过数据以及典型个案进行人才需求的分析，从中透视中国发展职业教育的必然性。

**关键词：**人才需求　发展　职业教育

经济和社会的发展需要大量的人才。在人才市场日渐规范的今天，出现了如下现象：

据教育部发布的信息，2004 年全国大学毕业生为 280 万人，就业率只有 73%；2005 年大学毕业生为 380 万，力争完成 73% 的就业率。

2005 年 3 月 21 日《人民日报》报道，3 月 19 日，福建厦门市工商局公开招考 15 名合同制工人，结果 849 名参加笔试者，全部具有大专以上学历，其中还有全国重点大学的 3 名硕士生。

2005 年春节后山东省在济南市举办了 3 场人才招聘会，在达成就业意向的人群中大多数是本市的下岗工人和大中专毕业生，大量的农民工转来转去，却最终不能达成就业的意向。

这些现象是否预示着中国人才不仅已经饱和，而且出现了过剩？其实，这恰恰说明了中国“专业人才”的缺乏。

2004 年，浙江一企业以年薪 73 万元聘请精通模具制造的高级技工，在国内却普选无果，最后从日本引进了一名退休高级技工。

这些现象无疑是反常的！

但这种反常究竟是经济发展到一定水平的必然结果，还是像泡沫经济只不过是昙花一现呢？很多人在这种反常的现象面前迷惑了，不禁在问：人才市场，你怎么了？

下面我们从三个方面分析这一反常现象的必然性。

## 一、专业人士的分析

中国劳动和社会保障部职业技能鉴定中心认为，人力资源结构通常可以分为上中下三层，即上层是决策管理层，包括工程师、企业家、科学家；中间层是具有一定生产技能的高技能人才；最下层就是操作执行层，主要是普通工人。

第一种情况是在 GDP［用收入法来计算国民生产总值，就是用劳动者（个人）收入、国家税收、企业的利润和折旧三者的总和来核算］人均 300 美元到 1 000 美元之间的起飞阶段，上层和中间层的人数都很少，人力资料结构呈三角形。这时候，对上层和中间层的需求比较小，对一般性的普通工人需求比较大。

第二种情况是在 GDP 人均在 1 000 美元到 3 000 美元的增长阶段，大批决策管理层人才被培养出来，上层开始变大，劳动力结构呈现出“两头大，中间小”的现象。这个时候，上层和最下层人数增多，而对技能型人才的需求量较小。

第三种情况是在 GDP 实现人均 3 000 美元以后，中间层人才不断增长，下层人员开始锐减，劳动力结构呈现出“两头小、中间大”的“啤酒桶”形状。这时，需求量最大、最急需的就是技能型人才。

现在我国基本处于第三种情况的初级阶段，所以，从 2004 年起开始出现大学毕业生找工作难、一般岗位人员找工作难、而高技能人才紧缺的现状，这是一种非常正常的现象。欧美诸发达国家的技能型人才占到人才总量的40%左右，特别是近几年来，发达国家的一般工人数量几乎都下降了近20%，这也证明了一般的操作工人会越来越少，而相应的有一定技术含量及操作能力的技能型人才需求量在大增。但是我国现有技能型人才仅占人才总量的3.5%，与发达国家相比相差甚远。

## 二、各地人才需求调研情况分析

全国各主要城市如广州、北京等的人才需求调查情况如下：

（1）广东东莞市2004年人才交流会上高级技工不能满足需求，其身价紧逼硕士、博士。在首届广东省中高级技能人才交流会上，很多企业以年薪10万的待遇也未能寻觅到合适的人才。其中，特别是美容行业的美容师和高级厨师最受欢迎，而拥有高级证书的焊工、铣工、刨工同样走俏。

（2）据《21世纪初人才需求分析典型调研》表明，实践中需要且存在着理论型（三线）、应用型（二线）、实践型（一线）等类型人才。据北京人才现状与需求类型结构调查数据表明，2000年、2005年、2010年，此三类人才需求比例分别是2000年为1∶10∶37；2005年为1∶11∶40；2010年为1∶14∶70。

通过对2000、2005年人才需求情况的分析及对2010年趋势的预测，我们发现一方面是技能型人才在整个人才总量中所需求的比例比较大；另一方面是技能型人才的需求还将呈现一种迅速上升的趋势，在2010年预计将会占到总需求量的83%，和2005年相比要提高30个百分点。

如果说广州、北京等主要城市的人才需求分析还不能完全说明问题的话，我们可以看教育部刘占山司长的一篇文章：

刘占山司长2004年12月20日出席中国职业教育管理会议时，在《以科学发展观为指导，大力加强和改善职业院校的管理》一文中指出，我国短缺数控技能人才60万，汽车维修技术工人每年需增加40万，IT行业软件蓝领每年需要增加30万；我国建筑行业对技能型人才的需求量十分巨大，当前全国4 000多万建筑从业人员中80%是农民工，这些农民工里面真正接受过职业院校教育培训的仅占7%；在纺织行业，随着2005年取消纺织品出口配额对纺织品出口增长的促进，预计纺织行业需要的技工达到2 000万人。

## 三、典型个案

我们再来看看几个比较典型的例子：

（1）山东省人才招聘会上农民工很难找到工作，充分证明没有一定的操作技术就没有出路。宁津县尤集乡盖家村有一个叫李××的学生，1993年初中毕业后在外打工一年，后因技术工资太低而辞职。回家后，入宁津职业中专机电专业学习。由于有工作中的坎坷经历，他学习机电维修技术特别用心。在学校组织的技术下乡实践活动中，因技术好受到群众的好评。毕业后，他在家中开起了机电维修门市。经过三年的努力，李洪治在宁津县机电维修行业小有名气，后去了沈阳发展。两年后，他在沈阳不但凭精湛的维修技术站稳了脚跟，而且开设了多个连锁维修商店。现在凭技术吃饭的李洪治说："没有宁津职专的培养就没有我今天的技术，也就不可能有美好的今天和更加灿烂的明天！"

（2）浙江一企业以73万元聘请精通模具制造的高级技工，在国内却普选无果的例子告诉我们：一个比电荒、油荒、煤荒、水荒、地荒等更为严重的技工荒、技能型人才荒，在各行各业正迅速蔓延开来。

（3）宁津县张宅乡学生李××1997年在宁津第二中学毕业后，被德州双语学校录取。但由于家境贫困，没能去上学。后入宁津职业中专计算机专业学习，毕业时参加天津大学入学考试，以全省第七名的成绩被天津大学职教学院计算机专业本科录取。

在宁津职专和很多好心人的关心下，2003年李延军在天津大学毕业，进入鲁能集团软件公司。一年后李延军凭优秀的软件开发能力，被公司任命为软件开发项目经理。2005年李延军已经还清了所有的助学贷款，并为父母安装了电话、电扇，购置了彩电，使他的家庭亲人走向了富裕之路。

三个例子都告诉我们：中国经济发展需要大量的技能型人才！

而这一艰巨的任务要由谁来完成呢？

2005年3月31日教育部发表了《关于加快发展中等职业教育的意见》。文中明确指出，职业教育是我国高中阶段教育的重要组成部分，担负着培养数以亿计高素质劳动者的重要任务。……大力推动中等职业教育快速健康持续发展，是当前和今后一个时期内我国教育事业改革与发展的重大战略任务。

2005年的全国职业教育工作会议指出，到2020年，普及高中阶段教育要更多地依靠大力发展中等职业教育，在此基础上实现中等职业教育招生规模大于普通高中的目标。

所有这些都告诉我们：抓经济就要抓职业教育，抓职业教育就是抓经济。因此，职业教育所培养的高技能型人才在将来一个相对长的时期内将占到人才需求量的50%～80%以上，而大学教育必将变为精英教育，因为在人才需求总量中大学生所占的比例仅为15%～20%。

这一形势令职业教育界所有的同仁热血沸腾！

但当我们冷静下来，仔细地面对我们所处的周围环境与学校的实际情况时，师资不配套、设备陈旧、招生之难难于上青天等状况却又会使我们迷茫和手足无措。

由此可见：现实中的职业教育是希望与困难同在，机遇与挑战并存。谁能认清形势，把握目标，练好内功，千里之行，始于足下，谁就是股市中的绩优股，一路飘红。

我们相信职业教育的春天将会来临！

# 中等职业学校如何在扩招中保证教育教学质量

重庆市梁平职业教育中心　曾述君

**摘　要：** 近几年，随着国家对职业教育的重视，中等职业学校在校生数量大幅增加。如何在扩招中保证教育教学质量？笔者作为一名中等职业学校的一线教师，从职校德育、职校教学改革、职校管理、职校教研、职校师资队伍、职校建设六个方面来阐述保证职校教育教学质量的途径。

**关键词：** 中等职业学校　扩招　教学质量

2005 年 10 月，《国务院关于大力发展职业教育的决定》颁布，在此背景下，职业技术教育获得了前所未有的大发展，越来越广泛地参与和渗透到经济发展的各个领域。从生产制造到商贸物流，从企业成长到产业发展，从经济活动到社会管理，都离不开技能型人才，职业技术教育已成为提高人力资源素质的重要途径。2002 年和 2005 年，党中央、国务院两次召开全国职业教育工作会议，作出大力发展职业教育的决定。中等职业教育发展迅速，引人注目。2005 年、2006 年、2007 年，中等职业学校连续三年分别扩招 100 万、100 万、50 万人；到 2007 年，中等职业学校招生达到 800 万人，在校生规模达到 2 200 万人，均创历史最高纪录；2008 年中等职业学校要再扩招 30 万至 50 万人，今后几年中等职业教育的招生规模要稳定在 830 万至 850 万人之间，使普通高中与中等职业教育招生规模保持大体相当。《中华人民共和国职教法》的颁布实施给年轻的直辖市重庆的职教事业带来了前所未有的发展机遇。据调查，自2000年来，重庆全市中职学校招生已连续8年大幅增长，2006年，中职招生达19.5万人，首次超过18.4万人的普通高中招生数，比2000年增长1.4倍，6年翻了一番多；2007年中职招生人数20.4万，比2006年增长4.6%，与同类高中阶段教育招生比例接近1:1。从这些数据可以清楚地看出，在国家政策的扶持下，重庆市的中职教育事业正在稳步而健康地发展。

中职学校的扩招，让我们喜忧参半，喜的是中职学校终于得到了社会的认同，已经规模化、集团化了；忧的是招生人数上去了；而教育资源并没有改变，教育教学质量如何得以保证？教育教学质量是一个学校赖以发展的根本，我们如何实现“扩量”和“保质”的双赢？我们都知道，中等职业学校在招生中根本没有什么分数线，只要是参加了中考的学生，都可能收到录取通知书。而且因为扩招的缘故，招生的尺度势必更加走低。面对所招收学生的现状，中职学校如何在扩招中保证教育教学质量呢？笔者通过多年的教育教学实践和长时间的思考，提出以下几点建议。

## 一、德育“保质”

教、学、做不是三件事，而是一件事，在做中学才是真学，在做中教才是真教。职业教育最突出的特征就是把求知、教学、做事和技能结合在一起。职业学校的教师不仅要培养学生的求知精神，而且要培养学生崇高的思想道德，使他们学会共处，学会做人。

随着“工学交替”、“半工半读”等办学模式的实施，一方面，要抓住学生的技能培养不放手；另一方面，还应加强学生的职业道德教育，加强学生的法制教育，强化学生的日常行为规范，培养学生的职业意识、服务意识、法律意识、责任意识、敬业守信意识和开拓进取意识等，目的是提升学生的综合素养，让学生学会知法守法，学会做人。

## 二、教改“保质”

职业教育要面向市场、面向社会、面向企业、面向农村办学，教学改革要不断深化，办学质量才能明显提高。我们不应该沿用原有的“填鸭式”教学模式，而应根据学生的特点探索一种适合他们的教育模式，让学生在愉悦中学习知识和技能。笔者很赞成浙江省永康市华康清校长的教改观，即：教学改革需要解决学生上课睡觉的问题；教学改革需要解决学生流失问题；教学改革需要解决教师教学兴趣与成就感问题；教学改革需要解决学生就业能力问题。如何进行教改呢？华康清校长认为，要打破传统观念，转变教学思想；改革教学内容，编写校本教材；改革教学组织形式，开设特色课与巡回课；改革教学方法，实行“做中学”；改革评价机制，实施替代学分与过程学分。教改的目标围绕企业需要的人才与学校培养人才的结合这一关键，这样，职校的课堂就会变得丰富多彩，教师的教与学生的学就会形成良好的互动，就能寓教于乐。

## 三、管理“保质”

管理出效益，管理出人才。没有好的管理制度和管理模式而谈职业教育、谈培养高素质人才，只能是一种空想。中等职业学校的管理要“以人为本”，建立健全学校安全保卫制度；建立健全学校寝室管理制度；建立健全以班主任为主线的全员育人的德育管理制度；建立健全教师的教学考核制度；建立健全学生实作实训制度；建立健全班级考评制度，等等。学校管理要以班级建设为切入点，狠抓班风，促进学校的学风建设，建立良好的校风，以提高人才培养质量为根本任务，研究和建立科学规范的管理制度，解决和消除教育教学过程中出现的各种矛盾和问题，为教师的工作和学生的学习服务。

## 四、教研“保质”

中等职业学校应加强校本研究，即加强以学校的教育教学情境为内容，以学校整体发展为基点，以教育教学实践中的具体问题为对象，以教师为主体，以行动研究为主要方式，广大教职员工共同参与的教育教学研究活动。其根本目的在于促进学生和教师的协同发展，提高教育教学质量和办学效益。截至2007年2月，重庆市职业教育学会于2006年立项的17个课题中已有9个课题在部分职业学校举行了开题会，占立项课题的53%。其中有：重庆市大足职业教育中心“职业院校学生素质培养研究”、石柱县职业教育中心“中职学校学生扬长教育研究”、巴南职业高级中学“中职语文活动课程研究”、重庆第一财贸学校“提高中职学生学习动力研究”、重庆立信职业教育中心“加强对中等职业学校学生就业指导工作的研究”、重庆市梁平职教中心“职高生心理健康教育有序教育模式的建构研究”等。我们期待着各中等职业学校的科研能带动职业教育的发展。

## 五、师资“保质”

重庆市的中等职业学校的专业师资主要来源于三个方面：一是文化课教师经过短期专业技能培训改行成专业课教师；二是毕业于专门服务于职业教育师资的教师；三是根据实际需要向社会聘用的技能型教师。依笔者看来，第一种教师缺乏扎实的专业功底，还需要进一步在企业进修才能解决在教学中遇到的实际问题；第二种教师有专业功底，但由于中等职业学校的教师待遇偏低，往往会出现这类教师另行“攀高枝”走人的现象；而第三种教师有丰富的实际操作经验，普遍受到学生的喜爱，但由于缺乏教育教学管理方法，因此课堂教学难以有特色。值得庆幸的是，中等职业学校教师素质提高计划已全面实施，包括专业骨干教师国家级和省级培训、重点专业师资培训包开发，以及紧缺专业特聘兼职教师资助计划等主要项目，这为职业学校的“保质”起到关键作用，中职学校扩招呼唤符合职教特点的双师型师资队伍的建设。

## 六、建校“保质”

中等职业学校的校舍简陋，由于扩招，有的班竟然达 70 ~ 80 人，住宿也拥挤不堪，严重超过规定标准。学生多、实作机会偏少，再加上企业设备更新速度远快于学校，直接造成了职校毕业生进入企业后还须接受再培训的局面，“职业学校长期得不到专项经费的支持，经费短缺，导致职业学校办学条件差，教学设备陈旧落后，严重影响了人才培养的质量”。永川区一位职业教育学校的领导有点疼心地说道。在重庆市的很多中等职业学校，校舍可以称得上是陋室，没有起码的电教设备，实训设备也比较短缺，有的计算机专业的学生上实训课时几人合用一台电脑，数控专业的一个班的学生共用一台数控机床，旅游餐饮专业的学生根本就没有实训设备……为此，政府应加大职校的校园建设和实作实训设备的投入，切实保证专款专用，解决职校对校舍和实训设备的需求。

扩招意味着学生生源增加的同时，校舍、设备、师资各方面教育资源的需求也在增加。在某些扩招的中职学校中，已经出现校舍不足、设备简陋、师资短缺等情况。这需要各中职学校掌握好发展速度，不能指望一口吃成个胖子，也需要教育主管部门的严格监管和政策扶持。

学生如职业学校生产出来的“产品”，“产品”是否合格，用人单位说了算。为此，中等职业学校应严守“质量关”，中职生应具备必要的文化素质和熟练的专业技能，从宏观层面讲，职业学校必须建立一整套教学质量监控与保障体系，创新管理机制和方法；从微观层面说，就是要确保学校培养目标中的各项教育教学内容顺利实施，并且能做到高质量、高效率。

我们坚信，职业教育发展中的困难只是暂时的，前途是光明的，道路是坎坷的，明天的中等职业教育事业一定会蒸蒸日上。正如教育部副部长吴启迪于2007年9月11日在天津说的，在今后一段时期内，职业教育应把提高质量作为其工作重点，不断优化办学条件，扩大办学规模；大力培养一批技能型紧缺人才；广泛开展城乡劳动者培训；积极推进社区教育，提高社区居民的素质，以实现职业教育又好又快地发展。

# 一个沉重而又不容忽视的现实问题

## ——关于后进生的转化工作

广东省科技职业技术学校　袁　剑

**摘　要：** 本文通过分析后进生形成的原因，提出了转化后进生的具体对策和建议。指出，要想使后进生转化工作卓有成效，教育工作者特别是班主任应该下苦功夫细致深入地了解后进生，不仅要认识后进生的行为习惯、生活环境、成长发展过程、父母期望值等外在因素，更要科学地分析后进生形成的原因，只有这样，才能对症下药，做到有的放矢，才能收到事半功倍的效果。

**关键词：** 后进生　成因　转化　对策

### 一、后进生形成的原因

（一）家庭原因

（1）家庭环境对孩子的身心发展有着直接影响。经常吵架斗气，以至闹分家闹离婚的家庭，会使孩子感到家庭中没有温暖、没有爱，对家庭产生厌烦、恐惧心理，从而思想消沉，学习没劲头。

（2）有些家长有严重的封建家长制作风，不尊重孩子的人格，不讲民主，对孩子很少采取说服教育方法，管教很“严”，方法不当，对孩子常常呵斥、讽刺、挖苦，甚至体罚，结果使孩子产生逆反心理，把孩子“逼”上了下坡路。

（3）过分溺爱，有求必应。随着独生子女的增多，“小皇帝”、“小公主”的说法应运而生，这些在温室里长大的孩子，受不得委屈，吃不得苦，养成了独断专行、我行我素的坏脾气，怕学习、图享受。

（4）没有合适的监护人。有些学生的父母都在外地工作，其生活随爷爷、奶奶，这些学生往往都是“问题学生”，爷爷奶奶管不住，爸爸妈妈管不到，如果再缺乏自觉性，很可能成为差生。

（二）社会原因

（1）不良社会风气。社会上的不正之风，像以权谋私、拉关系走后门、行贿受贿、请客送礼、假公济私等，都会毒害青少年的心灵。

（2）“一切向钱看”的腐朽思想在一个时期内在很多人观念中仍很有市场。有人宣扬“为了向前看，只能向钱看；只有向钱看，才能向前看”的谬论。在这种拜金主义思想的毒害下，有的青少年为了弄到钱，甚至走上了犯罪的道路。

（3）黄色书刊、影视及“娱乐”活动，使一些青少年不思进取，昏昏沉沉。而黑色和灰色内容的书刊、影视对青少年的腐蚀也是很大的。有些“娱乐”活动也很容易使他们着迷，如打扑克、通宵达旦地上网交友聊天、打游戏等等，使他们乐此不疲，造成玩物丧志的恶果。

（4）由于社会分配不公、地区经济发展不平衡等原因，使很多青少年还有一些家长产生了新的“读书无用论”，他们认为与其花钱念书以后挣小钱，不如不念书，早点打工、经商赚大钱，所以有的学生退学，有的学生“人在曹营心在汉”，无心向学。

（三）学校原因

（1）片面追求升学率。尽管教育部门三令五申，但是很多学校片面追求升学率的现象依然存在。这一方面导致了一些学校和教育工作者重智育，轻德育，重视少数尖子生的培养，忽视了对广大学生的教育；另一方面由于片面抓智育，德育、体育、美育、劳动技术教育便被削弱了，学生的在校生活就枯燥乏味，能够参加的活动寥寥无几，更谈不上丰富多彩了。这样就迫使一些学习差的学生另寻自己的“活动天地”，使后进生产生并呈扩大之势。

(2) 忽视因材施教。有的教师往往忽视因材施教，教学中照本宣科，不考虑学生个体差异，这样，学生之间本来就有的差距越拉越大。

(3) 教育方法不当，缺少爱心呵护。有些教师教育思想不正确，教育方法不当，比如，讽刺挖苦学生，体罚和变相体罚学生，如要求犯错误的学生罚站、罚扫地、罚冲厕所，等等，这样不但不能帮助学生进步，反而伤害了学生，使学生产生厌学情绪。

(四) 后进生自身原因

(1) 缺乏自尊心、自信心。自尊心促使学生珍惜自己在他人心目中和集体中的地位，希望保持自己的声誉，它是使学生积极向上，努力进行自我规范、自我教育的内部动力。学生一旦失去自尊心，就会自暴自弃，放任自流。他们的心理状态常常是自卑的，干什么事情都打不起精神，也难坚持下去。自尊心与羞耻心紧密相连，自尊心减弱的人，往往羞耻心也减弱，他们常常做出一些越轨的事情，如故意破坏纪律，搞恶作剧，说下流话，面对批评嬉皮笑脸，满不在乎，因为这些在他们心里已不足为耻了。

(2) 学习基础差，学习方法不当。由于学习总是一步一步向前进的，前面的基础没打好，后面的学习就吃力，久而久之，总是“炒夹生饭”，形成恶性循环。后进生学习成绩不好，也可能有学习方法问题。对学生来说，“学会”和“会学”是两种境界，很多学生只满足于学会，随着年级的升高，由于不“会学”，“学会”也做不到了，最终“逆水行舟，不进则退”，成了差生。

(3) 意志力薄弱。有的后进生基础差，成绩落后，虽然他们也决心发奋努力，迎头赶上，但又畏难于独立思考和作业；有的后进生犯了错误能主动承认，并发誓今后绝不再犯，言辞甚为恳切，但过了一段时间，同样的错误又出现在他的身上。这些现象都是意志力薄弱的体现。

(4) 不良的社会交往。有的家庭不和睦或父母关系破裂，增添了学生在家庭中的烦恼，于是走向社会寻找“快乐”，从而结交了坏朋友；有的家长从小溺爱孩子，致使他们个人欲望膨胀，一旦家庭满足不了欲望时，他们便到社会上寻找“刺激”，从而与社会上一些有不良行为的人交往；有的学生成绩不好，又得不到及时的补习，越学越无兴趣，产生了厌学情绪，进而结交了社会上的坏朋友。等等。

## 二、转化后进生的对策和建议

### (一) 真心爱护后进生

“亲其师，信其道”，这是自古以来的名言，教育者与后进生之间如果不能建立起真挚的感情，转化后进生是不可能的。后进生的一个普遍性问题就是得到老师的温暖和关爱太少，周围的人又对他们表现出不同程度的嫌弃态度。正因如此，教育者必须真心、真诚地与他们交往，爱护他们，跟他们交心，消除他们的疑虑和戒备，从而为转化工作的顺利开展打下感情基础。

### (二) 理解、尊重后进生

绝大多数后进生内心深处是力求改变自身的落后状况的，他们渴望理解、更渴望尊重。但往往事与愿违，他们遇到的不是批评、呵斥，就是白眼和嘲讽，这使得他们看不起自己，很自卑。而作为班主任，不仅要看得起他们，而且要让周围的老师、同学都尊重他们，从而重新唤起他们的自尊、自爱，树立起新的精神支柱。

为此，我们必须谨言慎行，绝不做伤害后进生自尊的事情，比如当众“揭短”、“亮疮疤”是他们最忌讳的事。我们要理解他们，必须要了解他们的过去，但目的绝不是为了算老账，而是为了分析他们成为后进生的原因和过程，从而更有效地帮助他们。对后进生的了解，应尽量在自然交谈中、家访中和活动中进行，避免秘密地“内查外调”，因为一旦他们发现就会产生对抗情绪，从而使转化工作受阻。

（三）发现闪光点，给予机会，激励进取

在转化中对后进生不能歧视、不能厌弃、不能过多地公开批评。对后进生的错误要用缩小镜，对其优点要用放大镜，努力发现他们身上的每一个长处，善于发现挖掘他们身上的积极因素，其中最重要的一点，就是要尽力发现他们身上的闪光点，积极创造条件给予他们机会，使他们能够施展所长。一般来说，后进生在文体方面都有爱好和特长，在校运会上、在文娱活动中应多鼓励其积极参加并及时表扬他们的成绩。这样既满足了他们的表现欲，又可通过集体活动树立后进生在同学心目中的地位，从而达到良好的教育效果——使后进生不自暴自弃，树立自尊心和自信心。

（四）不唯分数，因材施教

一位教育学家曾这样说过：“如果我们只看到学生的分数，那我们只是看到一片花瓣，而看不到整个花朵。”一位学生学习不好，也许是由于其天资较差或志趣不在学习上造成的，我们不能因其成绩差就认为他不可造就，而应多鼓励他们在自己所擅长的方面发展，因为分数不是衡量一位学生能力的唯一依据，人的能力是多方面的，我们有意识地培养后进生的特长，将会取得意想不到的效果。著名教育家陶行知先生曾对教师们说过这样一句名言："你的鞭子下有瓦特，你的冷眼里有牛顿，你的讥笑声中有爱迪生。"这句话告诉我们不可把差生看扁了，随着年龄的增长，他们也会发展、变化，即使他们不一定会成为瓦特、牛顿、爱迪生，我们也要把他们塑造成对社会有用的人。

（五）形成教育合力

教育后进生不能只靠班主任，要调动一切可调动的力量，形成教育合力。科任教师、家长、同学等，都应直接参与转化后进生的工作，要形成一种"包围"的教育环境。其中家长的力量是最为重要的。后进生的家长往往"恨铁不成钢"，心里焦急，但方法欠妥，对转化后进生反而不利。班主任对后进生的家庭教育指导要花更多的精力，与后进生家长联系，必须注意方式方法，要"多报喜，巧报忧"。

另外，不能忽视班集体的力量。一个好的班集体，具有"同化"的功能。班级舆论、荣誉感、凝聚力，对约束学生行为，激励学生进步，往往比任何说教更有作用，要坚持集体教育与自我教育相结合的原则，充分发挥集体的力量，开展"一帮一"、"手拉手"活动，帮助后进生进步。

（六）反复教育，防止反复

后进生在转化的过程中常常会出现反复，这是正常现象。因为学生思想觉悟的提高、道德行为习惯的形成是一个反复的发展过程。作为教育者，我们应"导之以行，持之以恒"，绝不奢望"一蹴而就"、"一劳永逸"，要正确对待学生转化过程中的反复，深入调查了解反复的原因，坚持不懈、耐心细致地做好反复教育工作。对他们在转化过程中重犯错误不急躁、不嫌弃，对其中某些人屡教不改不灰心，问题不解决不撒手。

综上所述，后进生的心理状态是十分复杂的，促使其转化的方法是多种多样的。关键在于我们要正确掌握和分析他们的心理动态，真心地关爱和帮助他们，对症下药，就有可能帮助他们重新扬起理想的风帆，驶向胜利的彼岸，从而成长为社会的有用之材。

# 新宁县职业教育的现状及对策

新宁县夷江职业中学　唐　萍

**摘　要**：本文通过分析夷江职业中学职业教育所处的困境，指出新宁县发展职业教育必须更新教学内容，加强师资、教材建设，调整专业设置，做好学生实训和实习工作，协调好普通教育与职业教育的关系。政府应加大政策倾斜和扶持力度。

**关键词**：招生　管理　师资　专业设置　政府扶持　政策倾斜　就业

新宁县夷江职业中学原为经贸子弟学校，后转为邵阳市电视中专、新宁技校、夷江职业高中等。开办之时，开设财会、机电等多个专业，不管是中专生还是技校生，政府都尽力安排工作。毕业生就业形势非常好，尤其是财会专业，就业率几乎达100%。其后，随着国家就业方式的改变，以及新宁县职高的发展，这所学校逐渐由职高向普高发展，成了挂着职高的牌，干着普高的营生的学校，而名义上又是新宁县唯一一所公办职业高中。现在，在全国大力发展职业教育的新形势下，夷江职业中学却陷入了困境。

## 一、新宁县职业教育的现状

（一）招生困难

目前，夷江职业中学招生几乎陷入了绝境。全校约七十多个老师，在校学生不足三百人。随着新宁县初中毕业生人数的减少和“不许招普高”政策的实行，新宁县夷江职业中学招生跌入了低谷。原来依靠办普高，每年还差不多招到一两百个学生，可是，目前来夷江职业中学报名的仅有几十人。为什么会这样呢？原因是多方面的。

1. 观念因素

新宁县是贫困县，经济、文化、交通都很落后。几千年的文化传统一下子很难改变。当地流传着一句话：“学好数理化，走遍天下都不怕。”虽然这句话曾激励了无数新宁的年轻一代，但现在这句话却束缚了人们的思想。让人们认为唯有读普高、唯有考大学才是孩子们的出路。所以如果不是特殊原因家长是绝不会让孩子读职高的。

2. 生源不足

随着计划生育国策的实施，人口的出生率得到了控制。近几年初中毕业生人数从高峰落下来。前几年初中毕业生多，为了容纳学生，所有高中学校都扩招，并兴办了很多民办高中。如今，学生逐年减少，各校生源都紧缺。据不完全统计，在高峰期的几年中，新宁县初中毕业生达一万五千多人，而目前，全县初中毕业生才五千人左右。目前，新宁县需招生的普通高中学校有公办四所，民办一所。再加上一所公办的职高和几所民办的职业培训学校，初步统计，普高中，新宁一中今年招收高一新生1 200人，现在已开学，新宁二中招普高800人，县领导大力扶持的民办高中崀山高级中学招普高生1 000人，剩下的就只有2 000人了，还有学生要跟随父母到外地读书的约500人，再由于其他原因如以收取高额介绍费的方式通过人介绍到外地读书的有1 000人，余下500人，还有焦中与三中都要招普高，这500人本来就满足不了这两所学校，所以夷江职中就没学生可招了。

3. 夷江职中自身因素

夷江职中自身存在各方面的不足，导致对学生没有吸引力，这是最重要的一个方面。具体表现在：

（1）学校教学设施差，没有足够的实训场所，学用脱节

作为职业学校，重点是让学生学会一种过硬的技能，成为一个中等专业技术人才，而夷江职业中学目前的教学设施很难做到这一点。学校仅有的实习设备就是两间电脑室和几台电动缝纫机，其中能用的电脑不足40台，而且配置很低。电工、家电两专业根本没有设备。这样，电脑班每个学生不能同时拥有一台电脑，电工与家电班就只能上理论课，服装专业的学生技艺也不娴熟。总之，让学生感到在学校没学到什么技能。曾有人这样说："到职高来学三年电脑，外出就业时还要去电脑短训班培训一周。"难道这不是天大的笑话吗？

（2）没有品牌专业和热门专业

原来的财会专业与家电专业本是夷江职业中学的拳头专业，可是随着社会的进步，电脑的快速发展，电算会计取代了珠算会计，再加上高等学校的大量扩招，职高毕业的财会人员生存就逐渐艰难了，财会专业随之消失，家电专业也随着电脑的快速发展而萎缩。目前，夷江职中已开设的专业只有美术、家电、电脑、服装等。想增开的专业有"旅游服务"，可是因为生源问题，这类专业很难成功开设。

（3）学生实习与就业安置问题没有妥善解决

现在各企业用人很多，大多职业学校都与企业订立了菜单式教学合同，夷江职业中学也想朝这方面发展，可因为学生少，再加上部分领导、老师的认识不够与学校自身资金困难，故一直落实不了，导致学生外出实习很难成行，即使出去了，工资也特低，且工作环境非常差，当然，反馈效果也就好不了，加之毕业安置工作不理想，从而严重影响了学校的招生。

（4）专业师资力量薄弱

夷江职中由于长期重普轻职，导致文化课老师大量进入，而专业课老师严重不足。目前学校在岗教师有七十多位，可专业教师不足六分之一。这样使得在本校形成职高是普高的附属品的局面。可是现在又停招普高生，全招职高生，招生难的问题就更难以解决了。

（二）教学管理困难

很多职高学生是在中考中失败，并在初中形成了各种不良习惯后才进入职高的。打牌、抽烟、酗酒、谈恋爱、打架斗殴，这些都是他们的专长。教师的职责是把他们重新拉回课堂。但是，要打赢这一仗何其艰难。学校由于硬件设施差，学生没有很好的实训场地，常常是在黑板上搞科研，在黑板上搞电工，学生更是学而无味。这样导致实话教学管理特别困难。

另外，领导办学思路不明确也是导致教学管理困难的又一原因。职高办学定位模糊，是让学生考大学还是让学生成为动手能力强的中等专业技术人才，在领导者的心中没有非常明确的定位，常常是嘴上说要重实践，而年终评价又是看考了多少大学生。这样导致了老师的教学进入两难状态。如果重升学，学生文化底子太薄，教不动；重实践，则设备差，又只能是黑板上谈兵，从而造成教学的困难。

## 二、新宁县职业教育发展的对策

（一）发展职业教育，必须不断更新教学内容，改革教学方法、教学手段，提高教学效率

职业教育能否发展，以及发展的程度如何，在很大的程度上受到毕业生就业状况的影响。毕业生就业状况的好坏，取决于毕业生所学知识是否与当地经济发展相适应。如果毕业生所学的知识与当地经济发展不相适应，那么，毕业生就很难就业。因此，

教学内容不但要与地方经济的发展相适应，还要与地方经济发展的趋势相适应。这样，才能为地方经济的发展培养人才，从而从根本上解决毕业生就业难的问题。

同时要努力优化课堂教学，最有效地利用课堂教学把学生培养成为有能力、有知识，有素质的技能人才。使尽可能多的学生爱学，能学到最有用的东西。

（二）发展职业教育，必须加强师资队伍建设

教师是教育教学的实施者，教师的教学水平和教学能力是提高教育教学质量的主要因素。因此，要提高教育教学质量就必须加强师资队伍建设，不断地更新教师的知识。

第一，加强对在职教师的培训。专业教师要把自己的专业知识经常更新，以适应时代的发展需要。文化课教师要逐步向专业教师转型。

第二，发挥专业教师的整体优势。建立区域专业教研室，实现专业教师、教学信息、教研成果等资源共享。不断提高专业教师的专业水平和授课能力。

第三，采用“请进来”的办法，充实专业教师队伍。

第四，聘请高校专业教师，对中职专业教师进行培训，对业务、实践等方面进行指导。建立起以高校为依托的专业教师培训基地，促进高等院校与中等职业学校的融合，充分发挥高等院校的资源优势。同时还可以从企业请经验丰富的技术人员到学校讲课，以提高学生的实作技能。

（三）发展职业教育，必须加强教材建设

有研究资料表明，企业对各类专业人才和管理人才的需求变化速度是学校专业培养人才的 2 ~4 倍，这就形成了人才供求市场配置的时间差。为解决这种时间差，必须加快中职专业教材建设，使教材内容具有前瞻性，融入先进的技术和先进的管理经验，以适应社会经济发展对人才的需求。另外，还应加强校本课

程的开发，经常地采集、加工、制作内容新鲜的活教材，进行案例教学和项目教学，并在教学中加以整合。

（四）发展职业教育，必须及时调整专业设置

市场决定出路。科学调整专业设置，通过构建多学科、多层次的办学体制，采用灵活、多样、开放的办学模式，探索新宁县职业教育领域新的发展道路。

新宁是旅游大县，境内崀山风景名胜区是国家级风景名胜区、国家地质公园、国家自然遗产保护区。近年来，为充分发挥旅游业对县域经济的带动作用，新宁县立足旅游资源优势，大力实施"旅游立县"战略，勇于创新旅游发展理念，按照"苦练内功，外争品牌"的思路，一手抓旅游基础设施建设，一手抓旅游品牌的创建升级，在旅游业的结构转型、品牌树立、发展方向上积极探索，寻求突破，取得了一定的成绩。旅游设施逐年改善，旅游品牌稳步提升，旅游经济不断壮大。以崀山风景名胜区开发为代表的旅游业已成为新宁最有特色、最具发展潜力的产业。新宁的崀山正逐步从"深闺"中走出。目前，崀山正在积极申报世界自然遗产、世界地质公园和国家4A级景区。

纵观新宁未来经济的发展，我们可以预测新宁将需要大量旅游服务与酒店管理方面的人才。设置旅游服务专业应该是适应本地需要的好专业。

（五）发展职业教育，应当积极开展校外实习、实训和毕业生实践活动

开展校外实习、实训和毕业生实践活动，可以使学生在真实的环境和更广阔的空间接触实际、接触社会，参与实践。这是校内学习的延伸和扩展。通过这些活动，有助于学生理解、消化和吸收书本知识，熟悉和掌握实际操作技能。这对缩短学生毕业后的适应期、磨合期，对学生的就业和创业都大有益处。

（六）发展职业教育，政府必须协调好普高与职高发展的关系

夷江职业中学发展到如今的状态，与“普高热”的影响是分不开的。近几年，普高的迅猛发展和高等院校招生规模的扩大，促使初中毕业生中考成绩再不理想，也要想方设法“钻进”普高。一头“热”，势必造成另一头“冷”，因此必须协调好普高与职高发展的关系，促进各类教育相互衔接、协调发展，保持普高与职高的相当规模。而这种关系的协调，光靠一个学校或是教育部门是解决不了问题的，必须依靠政府强有力的政策与宣传才能奏效。

（七）发展职业教育，要有政府的政策扶持

一是财政和金融扶持。职业教育实践性较强，因此对实验设备的要求较高。如果没有实验设备，或者实验设备简陋，要培养学生的实际操作能力，那就无从谈起。政府应当在财政支出中切出一块，用于扶持职业教育的发展，支持职业教育发展担保资金，促进银校合作。

二是人才扶持。确保职高学校的教师待遇不低于普高教师的待遇，提高职高教师的职称规格。例如，辽宁省在中职教师职务系列中增设教授级高级讲师和教授级高级工程师，以此吸引教师和鼓舞教师。

目前夷江职业中学正在迁址，建设新校区，这就需要政府大量的财力、人力投入，同时还应在学校专业扩充、专业调整、对外联络等方面提供政策扶持。

（八）发展职业教育，还必须加强职业指导和创业教育

我国现正处在一个经济结构不断调整、产业不断升级的新时期，职业多变、人才竞争加剧是其特征之一，学校要结合社会实际，向学生们介绍社会现状，介绍世界经济、国内经济情况和就业形势，让学生充分了解社会，做好适应社会的心理准备，从而

帮助他们树立正确的人生观、职业观、择业观，培养他们具有良好的职业理想和职业道德，具有高尚的职业情操和扎实的工作作风，使之能够根据社会需要和个人特点正确选择职业，顺利成才。另外，加大就业形势的宣传，引导学生树立“双向选择，竞争上岗”的观念，让学生了解劳动力市场及运作机制，明白当今时代一个人在一个单位的一个岗位上工作一辈子的可能性越来越小，从而树立竞争上岗观念，做好多次就业准备。

通过职业指导和创业教育，可以使学生在就业时主动地适应社会主义建设和当代职业发展的需要，认识社会，认识职业，扬长避短，合理选择职业，用学到的知识和技能到劳动力市场上去竞争、自主择业或立业创业，使他们在为国家和社会作贡献的同时，实现自己的人生价值。

目前，我国大力发展职业教育，新宁县也加大了对职业教育各方面的投入，夷江职业中学面临着新的、前所未有的发展机遇。同时面对的挑战也是现实的、艰巨的、紧迫的。因此，在这种新形势下，只有不断地改革创新，增强自身的发展活力，积极、主动地适应经济社会的发展需要，才是新宁县职业教育生存和发展的根本所在，才能使新宁县的职业教育从低谷中走出来。

# 云南边境地区加强职业教育之我见

云南省瑞丽市职业高级中学　苏丽华

**摘　要：**随着国家教育体制改革的不断深入，我国的职业教育正面临着机遇和挑战。云南省边境地区的职业教育存在诸多具有地方特点的问题。本文主要以瑞丽市的边贸特点及瑞丽市的职业教育状况为分析对象，结合云南边境地区职业教育现状及边境地区经济的特点，针对云南省边境地区职业教育发展中教育规模、教育资源信息、教育制度、专业设置、地方教育特点以及职业素质教育等方面存在的问题进行原因分析，并对边境地区的职业教育的加强及发展提出了几点建议。

**关键词：**云南　边境　职业教育　建议

随着国家教育体制改革的不断深入，我国的职业教育正面临着新的机遇和挑战。中央财政准备在“十一五”期间投入140亿元发展职业教育，培养适应现代化建设需要的高技能专门人才和高素质劳动者，其中将安排40亿元（从2006年起每年安排8亿）作为中等职业教育国家助学金，教育部还出台了相关的一系列政策。

国家对职业教育所作的扶持力度不断加大，各职业中学学生从2008年起每生每年可获国家1 500元的补助，有的学生还能获得国家的奖学金，有的学校甚至还减免学生的学费。应该说，职业教育、边疆的职业教育正逢久违的春风。但我们的职业教育还存在诸多不尽如人意的地方，不仅需国家政策的扶持、全社会的关心，更需职业学校、职业教育工作者本身结合实际进行多方位、多角度的思考。作为一线的职中教师，笔者结合所在地——瑞丽——的情况谈谈加强边境地区职业教育的紧迫性和重要性。

## 一、云南边境贸易特点

云南省的边境地州有德宏、保山、文山、红河、临沧、西双版纳等，这六个地州与老挝、缅甸、越南三国接壤，这几个国家是经济发展相对滞后的发展中国家，与这些国家接壤的各个地州的经济、环境及贸易都有许多相似的地方，笔者以瑞丽的情况为例，谈谈边境地区的边境贸易特点。瑞丽位于云南省的西南部，国土面积1 020 平方公里，人口 11 万人，与我国友好邻邦缅甸山水相连，国境线长 169. 8 公里，地理位置十分显要，是我国陆路边境线上对外开放条件最好的地方。从昆明出发沿 320 国道一天半的路程即可到达邻国缅甸边境。瑞丽东、西、南三面与缅甸接壤，在 169. 8 公里长的国境线上，分布着姐告、畹町两个国家一类口岸和 30 多个渡口。近年来，姐告已经成为云南省集贸易、加工、仓储、旅游为一体的边境贸易区和云南省实施国际大通道战略的桥头堡。随着国际珠宝玉石贸易往来的发展，这里已发展成为集玉石雕刻加工及玉石材料、珠宝销售为一体的珠宝集散地。

缅甸是经济发展相对滞后的发展中国家，但那里资源极为丰富，这对瑞丽发展相关的一些企业提供了有利条件。然而目前瑞丽的企业只有寥寥可数的几家，职业教育的发展也较滞后，下面以瑞丽的情况为例，谈谈边境地区职业教育所面临的问题及其对策。

## 二、瑞丽职业教育的发展状况

### （一）职业教育的阵地

到目前为止，瑞丽有全日制职业学校一所，学校占地60多亩，有在校生500人，主要开设了电算化会计、计算机网络技术、缅语旅游管理、幼儿教育与管理等传统骨干专业，为适应市场发展需要，又开设了市场营销、玉石雕刻这两个专业，这一举措也体现出了学校放眼市场、立足市场需求的发展眼光。另外，瑞丽市委党校也承担着在职人员培训、农民工实用技术培训等工作任务。

### （二）职业中学师资情况

笔者所在的职业中学始建于1989年，当时一直是以初中部为主和职高部并存发展的学校，到2003年，初中部才正式脱离出去，因此，绝大多数教师都是原来的初中部留下的，许多专业教师也只能到社会上去聘用，甚至许多文化课教师也是半路出家，去教急需教师的专业课的，到目前为止，瑞丽市职业中学共有教师50名，其中专业课教师还不足1/3。

### （三）职业学校学生构成及来源情况

以财会专业41名学生的一个班为例，傣族学生13名，景颇族学生14名，德昂族1名，阿昌族2名，其余为汉族学生，从民族构成来看，以傣族、景颇族、汉族学生为主，少数民族学生基本上都来自本地的各少数民族。此外，每年都有两三个来自外省的学生（父母自外地来瑞丽投资经商。）

### （四）职业中学的生存状况

在国家职业教育方针的指导下及上级主管部门的努力下，瑞丽职业教育正向着健康有序的道路发展，但发展速度始终是缓慢的。社会对职业中学的办学条件及办学规模不是很满意，家长宁愿把自己的孩子送到州职教中心或送到昆明的一些中职学校就读，也不愿意就近在瑞丽的职中就读。送孩子上职中是家长无奈的选择，大多数家长认为读职中没有多少用。

在很多人眼中，我们职业学校的教师的工作是不起眼的、微不足道的。职中学生难教、难管，教师也教不出重点大学的学生，学得好的学生能考上个大专就不错了。而且认为职中教师是个清洁工的角色，专门教那些普通中学去不了、被层层筛选后剩下的学生，或者认为只有那些教学水平不高的教师才到职中任教。因此，很多教师在职中都待不长，一有机会就往其他普通高中跳，把职中当成跳板。

再看看职中的学生，因受地理、人文、社会环境的影响，处在边境地区的青少年大多都成熟得较早。当他们到了十五六岁的年纪时，若升学没有太大的希望，他们一般就不想再继续上学，不愿意受学校过多的管制，过上一两年也许就要成家了，他们的父母也不会过多的干涉自己孩子的事，他们非常尊重孩子自己的选择。因此，能来读职中的青少年，特别是傣族、景颇族少年已经是很难得，但在学校里，这些孩子不一定认真学习，特别是学一些专业性较强课程，他们学得比较累，所以也不努力学习。

## 三、对存在问题的原因分析

我们知道，好的职业教育应满足社会和人的发展需要，应更多地注重把青年人培养成适应多种岗位的人。然而，因受文化、地域、民族等因素影响，我们的职业教育仍存在培养条件短缺与市场需求错位，国家需要和个人选择、市场需求和求学取向矛盾等问题。具体而言，边疆地区的职业教育所存在的问题原因可归纳为以下几点。

一是中等职业学校自身发展滞后。

二是课程设置与就业需求严重脱节，造成学生学习无兴趣，又不能满足就业市场需要的情况出现。

这主要体现在：

（1）专业课设置单一、专业教师缺乏。有的专业办了十多年了，课程设置还是没变，比如财会专业，在我们这个以边贸为主的地方没有几家工业企业，应侧重于商品流通会计的教学，更应根据市场需要，开设一些税法基础、商品贸易、报关实务等课程，以提高学生的综合素质，但能胜任这些课程的专业教师很缺乏。

（2）文化课烦琐化。诚然，让学生掌握一定的文化基础知识是必要的，但中等职业教育所开的文化课实用性不强，知识点却非常多，让本来就已在初中阶段厌倦文化课学习的职中生头疼万分。

（3）实训课弱化。作为中等职业教育，要把握专业技能，就必须进行实际操作。可在我们职业中学，你会发现实训条件确实较差，学生的实训次数有限，很多专业找不到实训的场所，许多学生还未参加过实训就被推向市场。

三是边贸地区中小企业用人需求与职中毕业生素质不一致。

边境地区的中小企业的基本用人观点是：学生能力弱一些不要紧，关键是素质要好，比如能吃苦耐劳、角色定位准确、善于与人协作和沟通、具备团队合作精神等。但我们职中的学生在综合素质、心理素质以及应变能力方面还很欠缺。

四是信息闭塞，教育资源不能及时得到利用。

因受地理环境的影响，职业教育与外界的交流甚少，新技术、新观念、新信息的引进困难，形成了封闭发展的态势，这样的发展态势与时代发展、市场需求不相适应，严重影响了职业教育的发展和教学质量的提高。

## 四、加强和改进具有地方特色的边境地区职业教育的几点建议

边境地区职业学校如何抓住机遇，解决发展中自身存在的问题是个值得深思的问题。职业教育要真正做到“以服务为宗旨，以就业为导向，以能力为本位，以学生为中心”，不仅需要国家政策的扶持、全社会的关心，更需要职业学校从自身、从内部去挖掘深层次的存在问题，积极主动地解决所存在的问题。笔者认为，主要从以下几方面入手：

（一）加强主要专业的结构建设，建设几个重点专业

中等职业学校要多方面关注社会经济的变化，了解社会所需、市场所求，有目的性地进行专业设置。一定要结合当地实际情况，充分考虑当前的市场需求，又要注重重点专业的加强和建设。如我校办得较早的几个专业：缅语旅游、财会、计算机技术等，应既要办出这几个专业固有的特色，也要联系实际，使这些专业与社会的需要衔接。以财会专业来说，中等职业层次会计学科课程设置是以不同行业、不同部门来分别设置的，其教学内容也是以不同行业、不同部门的会计政策、会计制度为基础而制定的，致使学生掌握的会计理论知识缺乏系统性，知识面窄、视野不宽，各行业、各部门的会计内容之间无法融合，学生适应能力差，学无所用，无所适从。因此，要加强基础会计课程的教学，同时，教学者要熟悉生产工艺流程及岗位规范，了解企业的组织机构，找出与专业教学内容不相适应的地方，及时进行专业课程的设置和调整。

（二）找出专业的亮点，创办特色专业

中等职业教育一方面要继续开设重点专业，更要开设创新型的专业。许多学生家长不愿意把自己的孩子送到职业中学就读的

主要原因是因职中毕业生就业困难。有就业的市场就有办学的动力，就瑞丽及当今翡翠行业的情况来看，每年需要许多熟练的玉石雕刻工人，中国的珠宝玉石销售额近年来增长迅速，每年以20%以上的速度在增长，全年产值已经突破1500亿元人民币。云南省政府也对云南省的珠宝玉石产业的发展提出了发展思路。目前中国有珠宝玉石企业6 000多家，从业人员30万人。但云南珠宝年销售额近年都在50亿元左右徘徊，仅占全国总量的1/20，与云南珠宝大省的身份不相称。因此，瑞丽作为珠宝玉石的集散地，有很大的发展空间，尽管瑞丽职业中学已办了近4年的珠宝玉石专业，但也只为社会输送了不到100名毕业生，办学规模远远满足不了市场需求。目前瑞丽市政府提出了“弘扬珠宝文化，推进和谐发展”的发展口号，我校要借助大环境，把我们学校的珠宝玉石雕刻专业做大做强，办成一个亮点专业，作为一个特色专业，吸引各地的爱好者前来求学。

另外，应利用瑞丽当地独特的地理、气候条件，创办一些农村实用的专业，如花卉种植、农机修理与操作、农业养殖等专业。只要学有所用，就会有更多的人来上学，也就不需担心生源的数量了，学生数量稳定了，学校就能放心地进行学生素质的加强和教学质量提高的工作。

（三）加强学生职业素质教育，培养适应社会需要的综合人才

如何保证和提高学生素质，确保教学质量，促进职业教育的可持续发展，已成为当前职业教育面临的而且亟须解决的实际问题，职业教育不只是针对某个行业培养人才，培养的是要面向社会的“企业的留得住，用得上”的人才。因此，职业学校要始终抓好学生的思想品德教育，在教学中多采用“情境教学法”，用故事中的人物或现实中人物的先进事例来从情感上感化学生；在日常的学习生活中，从小事、琐事开始，帮助学生慢慢解开心

结，教他们如何与人相处、沟通；增设一些礼仪、社交的课程，激发职业中学学生的青春活力；加强对少数民族学生的心理辅导及就业意识的培养，并且学校有关部门应加强就业指导。职业素质培养的重要性是绝大多数职业学校的共识，也是企业职业对教育的基本要求，职业中学学生的职业素质要达到的目标，简单地说就是学会生存、学会做人，学会做事。

（四）积极走校企联合办学的路子，争取得到地方及各级政府的大力支持

学校缺乏专业课教师，缺乏实践的场所，而企业又苦于没有懂业务、能上手的熟练人才，这样的矛盾自有存在的苦衷，比如经费问题、人事制度问题尚待解决，但如果政府部门出来做一个协调，事情就会好办得多。以校企结合的方式办学，就能解决学生的学和用之间的差距造成的与现实脱节的问题，也能解决职业学校缺乏专业对口的教师的问题。

（五）职业学校自身也应注意对专业教师的培养

尽可能地给教师创造培训深造的机会，想办法提高教师的积极性、创造性，是教师队伍保持活力的动力。另外，要努力提高“双师型”教师的比例，逐步建立和完善专业教师到对口企业实践的制度。到企业对口实践，是解决实际业务与教学理论脱节矛盾的最好途径。

（六）充分利用现代化的多媒体手段，实现各项信息资源的共享

要充分利用广播、电视、互联网等现代化手段，大力发展边境地区的远程教育，逐步建立全民族地区的集信息、技术、教育为一体的立体网络，使教育资源能有效便捷地服务于当地的各项建设，降低因交通、环境等不便造成的教育成本。同时，能把自己培养的有专长的学生推向其他有用人需要的地州、省市，还可以吸引其他地区的学生到这里学习。

总之，作为边疆地区的职业教育，更应跟随国家对职业教育的发展思路，结合实际，创办符合自己发展的、具有当地特色的职业教育模式，走出职业教育的冬季，迎来充满生机与活力的春天。

# 浅议“说课”

山东省济南第六职业中专　任骁淼

**摘　要**：“说课”是对说课者的教学基本功（教法、学法）的一种考查。本文阐述什么是“说课”、“说课”的要求和步骤有哪些、“说课”应注意哪些问题。

**关键词**：“说课”　“说课”要求　“说课”步骤　教法　学法

对于相当一部分老师来说，讲课讲了几十年，可谓经验丰富、信手拈来、轻车熟路。但对什么是“说课”却云里雾里搞不明白，以致很多老师一参加比赛就说：“讲课咱不怕，几百人的公开课也讲过啊，可一听‘说课’就头疼。”

自1987年“说课”这一教学形式诞生以来便迅速普及，并大有取代公开课之趋势，究其原因在于：第一，“说课”对教师的教学基本功要求并不低于讲课，不但要说出课怎么讲，还要说清为什么这样讲；第二，“说课”直接面对评课老师而不用学生配合，不牵扯课程进度的问题，也不受教学对象和参加人数的制约，可随时随地进行，还可以临时抽课题，检验参赛者的基本素质和应变能力；第三，“说课”时间较短，对于组织者而言，短时高效，更节约时间、精力和经费；第四，鉴于以上原因，“说课”的运用面很广，领导检查教师备课、评价教师的教学水平、教师间研究教学，开展教学技能竞赛等均可采用“说课”的方式。因此，“说课”这种形式越来越多地被采用。

近几年，我所参加的山东省教学能手评选、青年教师素质大赛、“走青春路做育花人”评选等活动，都是采取说课这一比赛形式来考核评价教师的。我认为，“说课”其实就是对说课者的教学基本功（教法、学法）的一种考查。在“说课”的准备工作中，首先大家要知道什么是“说课”、“说课”的要求和步骤有哪些、“说课”应注意哪些问题。下面我就从几个方面来加以阐述。

**一、什么是“说课”**

“说课”是指教师直接面对评委，用精练的语言把对一节课主要内容的把握说出来。“说课”一般不组织学生听课，教师面对的是评委。一般包括三要素：即这节课教什么、怎样教、为什么这样教。“说课”的时间一般在 10 ~ 20 分钟，课题可以提前给出、也可以现场抽取，现场抽取的“说课”一般准备时间为 20 ~ 40 分钟。

**二、“说课”的类型**

从组织角度讲，“说课”可以分为：

1. 理论研究型“说课”

理论研究型“说课”即某一学科的教师集中起来为了解决教学中某一关键问题、探讨解决方法而进行的“说课”，此类“说课”往往和授课结合，在课后进行，并将“说课”和评课的结果形成书面材料，以此提高所有参加研究者的教学水平。

2. 检查评价型“说课”

检查评价型“说课”可以是领导为检查教师的教学情况而组织的“说课”，也可以是通过“说课”对教师的教学水平进行评价，如各种各样的教学竞赛活动。

3. 指导示范型“说课”

指导示范型“说课”是学校领导、教研人员、骨干教师共同研究，经过充分准备后由骨干教师进行的“说课”，目的在于为教师树立样板，供其学习。

## 三、“说课”的具体步骤

大体来说“说课”分为以下四个步骤：

（一）说教材

一般说教材这部分可简要说明。

一是说教材内容：包括题目，主要内容，本节课在整个教材中的地位和作用，有时还要简单介绍作者及时代背景。说教材内容时可以多说，也可少说，可按上面介绍的顺序说，也可打破顺序说，要因实际情况而定。

二是说教材目的要求：包括知识目标、能力目标和德育目标等。

三是说教学重点、难点。

四是“说课”课时安排、教具准备等。

（二）说教法

说出教授本课内容时所选择的教学方法（如“读书指导法”、“案例教学法”、“情景模拟法”、“多媒体演示法”等）及其理论根据。教学方法多种多样，但没有哪一种是普遍适用的。这就是所谓的“教学有法、教无定法”。为了达到教学方法的优化，应根据教材内容、学生特点、教学媒体、教师特长以及授课时间等确定某种教法，或几种教法相结合。一般的情况下，根据教材的知识内容确定主要的教学方法。本源性知识常常采用以观察、实验为主的探索方法，培养学生的观察能力、实验能力、分析归纳以及独立思考能力；派生性知识一般采用以讲授为主的教学方法，如讲授、讨论、自学的方法，培养学生推理能力、演绎能力、抽象思维能力和利用旧知识获取新知识的能力。根据实际“说课”的情况，教学方法也可以穿插在教学过程中详细去说。

（三）说学法

说学法即说出教给学生哪些学习方法，培养学生哪些能力，如何调动优等生积极思维、拓展思路，以及如何激发学困生的学习兴趣。有时教法和学法可以分别叙述，结合较紧密时也可以合在一起说明。

（四）说教学程序

说教学程序，即说出各环节教学思路的梳理、教学程序的安排和教态、语言，以及板书设计。这时可结合前面的分析，从头至尾按教学顺序说出各环节的进程，也可以分项目说明，如开篇采用哪种引导法复习导入，选择什么教学方法来突出重点、突破难点，如何引导学生思考问题、提高能力，练习时采用什么方法提高学生参与训练的兴趣，小结时怎样帮助学生梳理知识脉络以巩固新知，以及在各环节为什么采取这样的教学方法。

总之，如何安排“说课”的各个环节没有固定模式，可以根据实际课程的内容再做调整，各环节之间尽量用上恰当的过渡语，使整个“说课”内容浑然一体。

## 四、“说课”应注意的几个问题

（一）语言简练，层次分明，重点突出

“说课”的对象是同行或领导，对教学内容都很熟悉，不需要像讲课一样面面俱到、深入浅出；而且“说课”的时间都有限制，要想在规定时间内说出一节课的教学设计，当然要把教学过程说详细具体，但这并不等同于课堂教学实录。对于重点环节，诸如运用什么教学方法突破重、难点要细说，一般环节的内容则可少说。不用将课堂上的师生对话都一一照搬上来，这种无主无次的泛泛讲解、流水账式的“说课”方法很难使听课者明白你的“说课”重点和意图。所以“说课”中应突出重点，抓住关键，尤其是应将笔墨放在重点、难点知识分析和教法设计上。

（二）创新

虽说“说课”有一套完整的模式，但也不能被它捆住手脚，完全按照这种固有的套路去说，就失去了新意，失去了自己的特色，像讲课一样没有特色的一堂“说课”也是毫无价值的。有的教师为了应付“说课”，先按固定模式写出一个样本，并大量摘抄一些名家名言，无论说哪一课都沿用这个样本，只是把课题和内容稍做变动，无论是教学方法还是课堂设计都“以不变应万变”。这样千篇一律的“说课”只能以失败而告终，所以创新在“说课”设计中是极为重要的。无论是确定一个新的教学思路，还是选择一种新的教学方法，甚至是找到一个崭新的切入点展开新课，只有新颖的处理才能吸引听课者，才能使你的“说课”精彩纷呈、脱颖而出。

（三）语言和形体态势的运用

并不是“说课”者对于“说课”的结构模式精打细敲、分析丝丝入扣，他的“说课”就一定精彩。“说课”是教师语言技能的表演和综合气质的展现，因此教师在“说课”中应语言简练，富于变化，手势恰当，仪态大方。“说课”的大部分时间都是教师的语言独白，这就更切忌从始至终一个腔调地念或背讲稿，应该用足够的音量，使在场的每个人都听得清楚，速度要适当，语调的轻重缓急要恰如其分，让听课者从你的抑扬顿挫、高低升降中体会出“说课”内容的变化来。因为“说课”不仅要说“教什么”，还要说“怎样教”。说“怎样教”实际上就是要说出你准备怎样上课，只是不单纯地将课堂上一问一答那么详细地显露出来，但是也要让听者知道你的教学设想和具体步骤。有问有讲、有读有说，用自己的语言变化并辅以适当的手势和其他身体语言，将听者带入你的课堂教学中去，未进课堂却仿佛看到了你上课的影子，估计出你的课堂教学效果。

（四）恰当地使用感官刺激

“说课”时由于没有学生的配合，光靠教师单调地说，易使听课者处于被动接受信息的状态，难免“走神”。要吸引其注意力，调动其兴趣，给听课者留下深刻的印象，可灵活地采用一些视觉或听觉上的刺激手段结合在“说课”中，将会取得生动、精彩的效果。如利用精美的图片展示、有趣的直观教具、巧妙的板书设计、真实的实物投影、生动的实验演示刺激听课者的视觉感官；利用悠扬的背景音乐、丰富多彩的动画处理以及多媒体的视频播放刺激听课者的听觉感官，甚至在生物、化学等课程中还可以适当加入嗅觉刺激，等等。将其恰当地组合在“说课”中，可促进听课者的思考，诱发其参与意识，使之跟着“说课”者的思路去理解“说课”的内容，从而使“说课”取得最佳的效果。当然，在“说课”前还要设计出使用这些感官刺激的最佳时间和手段，切忌多、乱、杂，以免喧宾夺主。

总之，“说课”是一门学问、也是一门艺术，更是基本功。它要求教师既要有深厚的文化专业知识，又要具备较好的教育教学理论知识，更需要有较强的理论联系实际的应用能力和研究能力。“说课”能锻炼说课者的胆量，培养其较强的口语表达能力；“说课”可以增强教师运用教育理论指导教学实践的自觉性，从而使自己的课堂教学创特色、出新意、上水平；“说课”可以活跃教研气氛，形成一种互相学习、共同提高的良好风气；“说课”可以增强教师的教改意识，实现课堂教学结构的优化；“说课”可以提高教学管理的科学性，从而使听者能对教师的教学水平作更切合实际的评估。

**参考文献:**

[1] 王存宽:《说课——现代教学理论的有效体现》,《教育探索》2000 年第 8 期。

[2] 丁俊明:《说课功能再探》,《教学与管理》1998 年第 10 期。

# 优化教学资源配置
# 提升中职学校的核心竞争力

## ——对我市中职学校求生存和发展的探索

湖南省桃江县职业中专　莫稻香

**摘　要：**本文根据笔者多年来对众多公办和民办中职学校的调查研究，阐述了中职学校应对当前面临的挑战的有效途径是优化教学资源配置，提升中职学校核心竞争力的观点。

**关键词：**中职学校定位　资源配置　核心竞争力

我国经济社会的快速发展，对职业教育有着越来越旺盛的需求。但是以往的“学而优则仕”的传统思想，在很大的程度上仍影响着人们对职业教育的看法，甚至使人们对它有一定的偏见。很多人不是把高中阶段及其以后的教育分流看做是职业发展方向的不同选择，而是把它当成“学业失败者”一个无奈的“收容所”，职业教育在他们眼中也就被看成是低人一等的教育。这些观念致使有些家长不愿让孩子读职校，不少孩子不愿意进职校，进了职校便觉得“低人一等”。学校教学与市场所需人才严重脱节，使得中职生毕业后工作难找，导致中职学校的生源日益缩减，面临尴尬境地。如何使中职学校摆脱困境，求得生存和发展，是我们每一个中职教育者应认真研究的课题。

## 一、目前中等职业学校存在的难题

### （一）中职学校招生步履维艰

多年来，笔者一直在参与中职学校的招生工作，目睹和体验了其中的艰难。为了招生，中职学校一味地降低准入门槛。短期内虽缓解了中职学校的生源危机，但随着这些学生毕业走向社会，其自身素质的缺乏对中职学校形象的负面影响较大。由于生源紧张，不可避免地存在生源大战，严重降低了中职学校的声誉。2008年9月，笔者在云南大学参加国家级骨干教师培训，结识了来自全国各地的职业学校的老师，通过交流，大家普遍感到，职业学校的招生是个困扰学校发展的难题。各校的招生数每年都在减少，生源的质量也在不同程度地下降。一些学校为了招生任务的完成，把招生人数分解到学校教师身上，也有一些学校到社会上聘用中介来进行招生，有些中介公司为了快速挣钱，骗来学生，使学生对学校有很多误解。为什么会出现这样的情况呢？

笔者认为，一方面是观念的问题。如今的家庭大都只有一个孩子，家长对孩子的期望值太高，总觉得读了大学才是唯一的出路。因此宁可花大价钱送孩子上普通高中也不愿意选择中职学校。还有就是传统观念在作祟。有的家长还保留着读书就是为了光宗耀祖的思想，就会明显地重普高而轻中职。另外，社会上一些不当的舆论宣传导向，干扰了人们对中职学校的认识。部分初中学校片面追求初中升高中的升学率，对毕业班学生一味地鼓吹读高中的好处，无视学生个人具体情况，回避大量初中毕业生无法升读高中的客观现实，不向他们宣传有关中职教育的真实信息，这些都直接导致中职教育在学生心目中的印象不佳。因此，只要有一丝希望，家长们就会不惜代价，让自己的子女上一所普通高中。同时，社会上一些有偏见的人认为，中职学校是智力平平、不思进取的初中毕业生的“收容所”，进了中职学校的学生都是去混日子，以后也没什么出路。在这种思想的影响下，家长普遍不愿让自己的子女进入中职学校读书。

（二）中职生就业总体质量不高

在经济发展滞后的地区，学生在学校学的一些热门专业在本地区没有适合的岗位，难在本地找到工作。一方面是学校培养的学生难就业，另一方面是好就业的专业一般学校又培养不了。如现在太缺环保工人、园林工人了，可又有多少中职学校培养这类人才？又有多少学生愿意去读呢？大家赶时髦似的去读计算机等专业，可到时候哪里有这么多的岗位呢？此外，学生学而不专，或者说学而不精，纵使有了岗位也可能不能胜任。

因为招生难便出现了花钱招生的情况，而花钱招回来的学生在毕业时就业形势不大乐观又直接导致学校招生更加困难。这样恶性循环的结果是中职学校陷入了“进口受阻”、“出口不畅”的尴尬境地中，生存都成问题，如何能发展？所以说，就业难也是招生难的一个重要原因，而导致就业难的重要因素，归根结底一方面是我们中职学校毕业生职业能力差，另一方面是我们的办学导向有偏差。

## 二、中职学校办学定位应坚持以市场需求为导向的原则

中职学校的定位问题关系到学校的办学方向。对职业学校来说，应定位于为当地经济建设服务，以市场需要为导向，坚持与市场需要紧密结合，突出办学特色，培养实用型人才。只有这样，才能在教育不断多样化的背景下找准自己的位置。

职业教育的目的是为生产、服务、技术、管理等行业培养第一线应用型人才，具有很强的实用性。职业教育要求培养出的学生具有很强的实践性，出了学校就能很快进入工作岗位，并适应岗位要求。因此，职业教育要求对市场有较强的敏锐性，可以迅

速捕捉市场需求，进而根据市场需求培养专业人才。对于课程设置也一样，市场需要的热门专业人才，就是学校课程的开设方向。同时，针对职业学校具有较强的灵活性，课程设置上也要及时做出反映。

职业教育可以根据现实岗位的实际需要培养学生的就业上岗能力，一切教学活动都以学生获得相应职业领域的技能为出发点和终结点。学生从学校到岗位的跨距很小，教学要求知识和技能并重，求知重能，专业知识要“够用”，职业技能要“管用”。因而课程设置中要注重实践教学与岗位能力的培养，课程内容须针对性强，能及时反映社会、经济、企业对职业教育的需求，让学生学有所成，考有所得。

## 三、优化教学资源配置，提高学生整体职业能力，从而提升学校的核心竞争力

所谓职业能力，指包括身心素质、思想品质、职业道德、创业精神、知识、经验、技能等完成职业活动任务所需的一切内容。须通过已有的知识和技能的类化、迁移和整合来形成，也只有通过教学资源的优化才能实现。尤其是中职教育教材内容结构设计，应围绕学生能力形成条件展开，按能力形成对知识、技能和态度需要，来组织教材内容。只有提高了学生的职业能力，那么学生就业才能不成问题，学校也才有竞争优势，进而提升自身的核心竞争力。

普拉海拉德和海默于 1990 年发表了一篇具有标志性的文章，引入了“核心竞争力”一词，他们把“核心竞争力”定义为技能和竞争力的集合。认为具备了为用户提供最根本利益的用户价值性、为其他企业所难以复制或模仿的独特性、为企业发展提供有力支持的延展性和不断创新与发展的可变性等要素，才称得上企业有核心竞争力。那么，中职学校的核心竞争力又体现在哪些

方面呢？中职学校在竞争过程中所表现出来的核心竞争力，是其自身所拥有的知识、资源和能力的综合体现。

教学资源是学校为学生提供学习和实践的基本物质条件，丰富的教学资源是学生在知识、能力、素质等方面得到全面提高的重要保证。教学资源的优劣对于实现人才培养目标具有举足轻重的影响。教学资源的数量、质量以及管理状况，都直接关系到人才培养的质量，关系到学校的声誉和发展。因此，学校必须高度重视教学资源的建设，并把教学资源的整合优化和开发建设作为提高教学质量的根本途径。资源中那些可见的“物”的要素，它不具有延展性、可叠加性和独特性的特征，它只具有普遍性和常规性，这些基础要素也最容易为其他学校所借鉴、复制或超越。因而由这些因素形成的竞争力只能构成学校的基础竞争力，而不能成为学校的核心竞争力。

核心竞争力反映学校在师资、教学、管理、学生等方面的建设情况以及特色优势和创新能力。所以，中职学校要因地制宜建构一种具有可持续性的竞争机制，这种竞争机制包括人力资源优势的建构，强势专业和特色专业的建构，办学理念和办学思路的创新，构建竞争创新的内部发展机制，不断更新教学理念，创新教学内容，改革教学方法，建立起学校内部公平合理、激励竞争的用人机制和分配机制，从而提升自身的核心竞争力。

## 四、优化教学资源配置的途径

整合优化教学资源涉及教学硬件资源、课程资源、师资资源，以及决策、管理等诸多方面。从在校生的规模、专业设置、师资队伍建设、办学发展趋势等方面的需要出发，统筹考虑，带动教学资源的建设，以达到整合优化教学资源的目的。

(一）寻找整合优化教学资源的对策，应结合自身实际，以课程为核心来进行

学生达到培养规格，实现培养目标，课程学习是最重要和最基本的途径。教学资源应根据课程供需要求进行配置，教学资源的整合优化也应根据课程总量、规模、类别等因素来进行。职业教育课程设置的总体思路是，以适应社会需求为根本，以技术应用为主线，以培养目标所对应的职业群为基础，以人的全面发展为目标。近年来，不断变化的社会需求对于职业教育又提出了新的要求，因此，我们要采用新的课程设置结构模式以适应社会的发展和需求。在设置课程时，专业理论教学内容应采取模块式的教学结构，将理论内容有针对性地构建为若干教学模块，构建教学内容模块的原则是针对性强、应用性强、实践性强，使之适合不同专业技术的衔接和整合，也可构成不同的教学内容体系，满足不同岗位群的技术实践要求，使理论课教学和实践教学环节相互配合。突出实践性教学，实践性教学是职业教育的重要环节，突出实践性教学是职业教育的特色。实践环节应该有两个不可分割的方面，一是学校内的实践环节，即实验和实训，这个环节可以结合专业技术课程或单独列出项目安排；二是亲自到实际工作场所去实践，这样既可以运用所学到的课本知识，更能够学习课本上没有的知识，培养解决实际问题的能力和具体操作的技能。

（二）多渠道、多途径引进和注入优质教学资源

要在竞争中保持强势地位，做到可持续发展，必须先从改善教学条件，多渠道、多途径引进和注入优质教学资源入手，把教学资源做大、做强，把教育资源提升为教育资本。各级政府应加大对职业教育的重视程度，对现有生源严重不足的中职学校实行积极的扶持保护政策，优化资源配置。中职学校长期存在着小而全、小而散的问题，低水平重复建设比较普遍，严重浪费国家资源，也难以形成规模效应。因此可以在统筹规划的基础上通过撤

销、合并等方式实现规模办学，充分利用现有的人力、物力、财力，提高资源利用率和办学水平，使教育结构更加合理、教育质量更加提高、教育环境更加优美、教育管理更加顺畅。

（三）提高师资水平，改善师资结构，加强师资队伍建设

建立一支人员精干、素质优良、结构合理、专兼结合、特色鲜明、相对稳定的教师队伍是提高人才培养质量、形成办学特色的关键。应从教师的专业水平、教学投入、教学魅力、教学针对性以及教书育人责任心等方面促进教师教学水平的整体提高。要完善内部激励机制。学校应制定各种激励教师工作积极性的政策和措施，如设立教师奖励基金，奖励向教学第一线的教师倾斜。对工作不负责任、教学态度不认真、不能为人师表、教学效果差的教师，应调离教学岗位。

总之，我们要在全社会形成有利于职业教育发展的氛围，使新的求学观、择业观、成才观蔚然成风，并随着国家相关鼓励政策的出台，让职业教育越来越热。我们坚信，中等职业学校经过教学资源调整优化组合，将会不断提高自己的竞争力，从而构建和提升自己特有的核心竞争力，使学校稳步、健康、持续地发展。

# 关于中等职业学校教师与学生关系的思考

四川省南充中等专业学校　罗李丽

**摘　要**：本文对中等职业学校师生关系进行了深入的思考，指出教师应用爱心去与学生交流和沟通，建立新型的师生关系，才能取得教育的成功。

**关键词**：沟通和交流　了解学生　关心尊重学生

对中等职业学校来说，教师与学生的关系不仅仅只是一种互动的关系，更需要教师对学生付出更多的关爱。没有爱，就没有成功的教育。是否热爱自己的学生，实际决定了教师教育工作的成败。

## 一、中职学校教师应该了解自己的教育对象

"知己知彼，百战不殆。"教师要想教好学生，首先要对自己教学的对象有一定的了解。以我校为例，我校招生对象的年龄一般为13～17岁，其中80%的学生都为住校生，这部分学生来自于乡镇或农村，他们的父母常年在外省打工，一年到头也就最多能看上他们一两回，很多孩子就只能跟着爷爷奶奶。由此，除了基本生活需要能保障以外，孩子成长中所需要的心灵关爱是不能得到满足的，因此学生对生活、交往、情感、心理等诸多方面变化有很多不适应，老师要给予帮助和关爱。

情感是人对客观现实的一种特殊的反映形式，是人对于客观事物是否符合人的需要而产生的态度的体验。广义的情感指的是包括情绪在内的对客观现实所持态度的一种心理体验。在人们的心理结构中，情感是最重要的心理因素，它不仅广泛地影响人们的心理活动，而且在人们的认识活动和实践中具有十分重要的作用。情感是促使人们认识活动发展的一种直接动力。一方面，情感的产生固然是以认识为前提，并随着认识的深化而发展；另一方面，情感对于人的认识活动又会产生重大影响。在中职学生中，一些人由于成长环境的关系，或多或少地存在情感冷漠的现象，他们“以自我为中心”，待人处世冷漠无情，事不关己，高高挂起。个别学生对老师的教育十分漠然，对教了他们一个学期课的老师连姓啥都不知道，还有的学生对班上的同学也不认识，独来独往。但是，他们并不是真正的冷漠，只是用冷漠的外表来保护自己。

由于中职学生在经济状况、教育机会享受、就业机会选择、竞争能力及自身素质等一些方面处于相对不利或比较劣势的境地，在社会竞争中处于相对弱势的地位。很多学生就读中专是没有选择的选择，有些因为年纪小，不能外出打工；有些学习不好，没能考上高中；还有些是按父母长辈的意愿就读中专，在他们的心里，中专生是低人一等的，是差生，是被社会所遗弃的。但是，在这种自卑感的后面，中职的学生其实很希望能得到老师的认同，有很强的自尊心。

随着我国社会主义市场经济的发展和劳动就业制度的改革，中职毕业生就业实行“不包分配、双向选择、择优录用”的就业制度。具体地说，就是执行“在国家统筹规划和指导下，劳动部门介绍就业，自愿组织起来就业和自谋职业相结合”的就业方针。面对日益严峻的就业形势和日趋激烈的就业竞争，作为处于相对劣势的中职毕业生或多或少都产生了一些心理困扰。经常都会听到学生有这样的担忧：我们毕业了到底能做什么？

此外，学校教给中职学生的思想道德观念是积极、健康、向上的。如教育他们热爱祖国，树立主流社会责任感和良好的社会公德意识，注重自身素质培养，接受公平竞争。可是社会上相当一部分人，包括有些学生的父母、亲戚的价值观，无形中也会对中职学生产生了负面影响，使他们更加注重实际利益，并把追求个人价值与社会奉献混淆起来。在实现人生追求中，一些人缺乏远大的理想抱负，重物质利益轻无私奉献，重金钱实惠轻理想追求，重等价交换而不愿付出爱心，重个人利益轻集体利益；一些中职学生认为人的本质是自私的，他们选择个人主义为自己立身行事的准则，一事当前，先为自己打算，把个人利益放在国家利益、集体利益之上；一些人则把人与人之间的关系视为等价交换关系。

## 二、建立新型的师生关系，用爱心去教育学生

作为一名中职教师，应该从实际出发，努力寻求建立新型师生关系的途径，帮助学生解决存在的问题。

### 1. 从关心入手，培育学生的亲近感

正所谓“亲其师”，才能“信其道”。每个学生由于家庭背景的差异，情感上也有很大的不同。总的来说，中职学生不少人情感都较脆弱。作为老师，只有了解了学生的情感需要、情感的薄弱环节，才能使情感的教育“事半功倍”。否则，齿不对轮，就将白费心机，徒劳无益。教师应该善待学生，和学生打成一片，努力成为学生学习和生活中的良师益友，主动关心学生，从情感上亲近他们，消除他们心理的障碍，用一颗关切的心去接触他们，深入他们的内心世界，从而及时发现问题，防微杜渐。只有让学生经常能感受到教师对他们的爱，他们才会对人生充满着希望和愉快感，从而上升到对祖国、对人民、对集体、对教师、

对同学的爱。

2. 平等对话，减少规定

新型的教育呼唤新型的师生关系。新型的师生关系倡导的是一种尊重学生人格，师生平等合作、对话理解的和谐的民主型的关系。这种关系不但有利于激发学生的学习兴趣和积极性，还有利于发展学生的个性，健全学生的人格，帮助学生树立正确的价值观和人生观。教师对学生的爱是建立新型师生关系的关键，而爱是建立在尊重平等的基础之上的。教师对学生的爱和尊重能使学生得到心理上的满足，从中感受到人与人之间的温暖。苏霍姆林斯基曾经说过："教育者最宝贵的品质之一就是对孩子们深沉的热爱，兼有父母亲的亲昵、温存和睿智的严厉与严格相结合的爱。"只有热爱学生，才能打开学生的心扉，才能使学生从心理上产生呼应，进而情感上相通，乐于接受教师的教育。每个学生都有自尊心，都需要老师的精心呵护，这就要求教师要真诚关爱学生，像保护眼睛一样保护学生的自尊心，这样才能赢得学生的信赖，学生才愿意亲近你、接受你。随着教学改革的不断深入，传统的教育理念已经发生质的改变，在新的形势下，教师如果不及时转变自己的理念，不建立新的师生关系，在教学过程中，必然少了理解，少了引导，多了批评，多了隔阂。为了确立新型的师生关系，教师要放下架子，走近学生，用爱心架起与学生沟通的桥梁。教育无类，教育的目的是为了每一位学生的全面发展，这就要求教师平等地对待每一位学生。教师没有理由，也没有权力把学习困难、表现散漫的学生置于自己的关爱之外。陶行知先生早就指出，教师对学生应该一视同仁，不能厚此薄彼，教师不能轻率地给任何一个学生贴上差生的"标签"，要平等宽容地对待学生，真心地去爱每一位学生，包括有这样或那样缺点的学生。让他们明白自己并不比别人差，培养他们的自信心。

3. 引导学生确定合理的目标

中职教育注重的是技能的培养，所以应根据学生自身的实际情况，引导学生实事求是地分析自己，明白自己的优劣势，制定现实可行的目标，并朝着这个目标努力。

4. 教师素质的提高

教师提高自身素质是做好教学工作的需要，也是时代的需要。作为一名高素质的教师，首先应该具有正确的世界观、人生观，有坚定的政治方向和鲜明的立场。在工作中，要爱岗、敬业、乐教，对学生充满爱心与耐心，表现出诲人不倦的精神，从而给学生以信心和鼓舞，激发学生的学习兴趣，增强教育的效果。教师是人类文化知识的传递者，应具有扎实的业务基础，不断扩展自己的知识面，调整知识结构，利用一切机会学习其他学科知识，积极参加社会实践，掌握多种技能。这样，可以丰富学识，增加阅历，增长才干，使自己能够灵活自如地将各方面的知识适时地融入教学中去，从而满足学生多方面探求知识的需要，增强学生的求知欲。同时，还可使学生对教师产生敬佩感，提高教师的威望。另外，教师加强个性修养，养成良好的个性，不仅有助于塑造教师“灵魂工程师”的形象，更有助于通过自身的言传身教给予学生非智力因素的正面影响。

## 三、结　论

总之，作为教师，应当用自己满腔的爱去关心、尊重学生，耐心细致地指导学生，和学生沟通思想感情，使自己成为学生所爱戴和信任的人。

# 在数学教学中培养学生良好的个性品质的思考

武定县职业高级中学　鲁跃萍

**摘　要：**《九年义务教育初级中学数学教学大纲》（后称《大纲》）明确地把“培养学生良好的个性品质和初步辩证唯物主义的观点”作为中学数学教学目的之一。但在应试教育的驱使下，教学中人们对“大纲”中规定的知识范围、能力要求诸方面研究得较多，却忽视了对学生个性品质培养的研究。本文对数学教学中培养学生良好的个性品质的问题进行了探讨。

**关键词：** 数学教学　良好的个性品质

初步调查表明：教师在教案中有意识地、明确地把个性品质培养作为数学教学目的的为数不多。《九年义务教育初级中学数学教学大纲》（下称《大纲》）规定的教学目的没有得到全面的贯彻落实，从某种意义上讲，影响了教材功能的发挥，影响了学生数学素养的全面形成。在数学教学中如何培养学生良好的个性品质是教师普遍关注的问题，也是数学教学所追求的更高的目标。

## 一、良好的个性品质对数学学习的作用

《大纲》指出，良好的个性品质是指正确的学习目的，浓厚的学习兴趣，顽强的学习毅力，实事求是的科学态度，独立思

考、勇于创新的精神和良好的学习习惯。

学生良好的个性品质能促进数学学习，数学学习也有助于形成学生良好的个性品质，两者是相互作用、相辅相成的。

1. 良好的个性品质能对学生数学知识素养、能力素养的形成起到促进作用

良好的个性品质在学习中具有动力、定向、引导、强化等一系列相互联系的作用，是数学素养的重要组成部分，它对数学知识素养、能力素养的形成起到促进作用，它们之间互相影响，互相促进。从长远的角度来看，学生数学品质素养的培养比知识素养和能力素养的培养有更深远的意义，对人的后继学习有较强的维持和强化作用。

2. 良好的个性品质有利于学生创造性思维能力的形成

学生创造性思维能力的形成的必备条件是学生要有顽强的学习毅力，独立思考、勇于创新的精神，对学习要有更强的专注力。一个数学问题往往有多种解决的方法，也可以通过深化、减弱条件、加强结论、一般化、推广、特殊化、类比等引出或转化出另外的问题。在学习过程中，学生缺乏良好的个性品质，就无法创造性地解决问题。

3. 良好的个性品质是实现学生主体地位的有效保证

要真正实现学生的主体地位，学生必须具有良好的个性品质，否则教师的主导作用就难以充分发挥，难以起到良好的作用，学生在教师引导下，主动思考、探索知识的形成过程就无法落实。有关资料研究表明，多数数学学习较差的学生主要原因是在学习过程中不具备良好的个性品质。因此，转化差生首先要从培养良好个性品质入手。离开必备的个性品质，智能转化就没有基础，就可能落空。我们接触的许多学困生，多数是因对数学失去兴趣和信心，导致注意力、记忆力、理解力等智力因素下降。相反，也有一些后进生转变很快，对数学产生强烈的兴趣，增强

了信心，这无疑是良好的个性品质在起作用。

## 二、良好个性品质的培养

### 1. 教师的品格对学生个性品质的影响

教师的楷模作用为古今中外所提倡。凡对学生提出的要求，教师自己应先做到。例如，要求学生做作业时书面表达要整洁、清楚、符合逻辑，教师上课时的板书也要整洁、清楚、符合逻辑；要求学生不要怕困难，敢于研究某些“难题”，教师在课堂上或课外也要表现出对困难问题进行探索的顽强精神；要求学生在理解的基础上准确复述概念、定理、性质、法则，教师在教学时也要能准确地进行讲述。总之，在良好的学习习惯方面，教师应做在学生前面，做学生的榜样。

### 2. 增强学生的数学观念有利于培养其良好的个性品质

增强学生的数学观念，不仅能促进学生数学思维能力的发展，而且有利于学生整个思想素质的提高。数学观念的形成对学生的思维方式、世界观及其精神品格的形成具有直接的或潜在的影响。

推理意识的长期训练，有助于培养实事求是、不轻率盲从以及遵守纪律、尊重科学等良好的品格，有助于形成学生严肃认真的科学态度。抽象意识的形成有助于培养学生不被表面现象所迷惑，透过现象看本质的思维习惯。整体意识的形成有助于培养学生全面地、从全局考虑问题的习惯及既重视局部和各局部间的关系，也重视从全局审视局部的习惯。化归意识的形成有助于发展学生的辩证思维能力，形成用运动、变化的观点看问题的习惯，防止思维的僵化。

总之，数学观念不只在数学范围内发挥其作用，而且它还具有一系列道德色彩的特征。这就使我们能够把过去分散提出的几项个性品德教育的内容更好地渗透到数学内容和教学过程之中，这对数学教育本身是具有深远意义的。

3. 重视培养学生学习数学的兴趣

心理学研究认为，兴趣能使人产生稳定而持久的注意。正是由于这一点，兴趣能激发学生积极思维，促发想象力，能使学生清晰地感知新知识，产生愉快的情绪，这是培养学生良好个性品质的金钥匙。调查表明，学生对学习数学的兴趣与学生的学习成绩是成正相关的。

在中学数学教学过程中，怎样培养学生学习数学的兴趣，我在这里提出一些教学建议。

（1）让不同层次的学生都能学懂，及时帮助学生排除学习困难

有一些学生对数学不感兴趣，是由于他们学不懂或碰到的困难长期无法解决，这又反过来影响了他们学习数学的兴趣，并产生“兴趣”与“学不懂”之间的恶性循环。因此，使全班不同层次的学生都有不同程度的收获，及时帮助他们排除学习困难就十分必要了。而注意培养学生构建良好的认知结构，准确分析数学思维过程，提高数学教学的概括性，注意培养学生数学思维的灵活性，注意数学思想和方法的渗透等，都是促使学生“学懂”数学的有效方法。

（2）采用灵活多样的教学方法

呆板、陈旧、单一的教学方法，容易挫伤学生学习数学的兴趣和积极性。反之，教学方法多样化，师生在课堂上配合协调，学生多参与一些课堂活动，学生不只是“听数学”，而且能在课堂上积极思考，手脑并用，就有利于培养学生学习数学的兴趣，提高学生的学习积极性。

（3）为学生创设成功情境

学生在学习中克服一定困难而获得成功时，便能体验到成功的喜悦，从而增加对学习数学的兴趣。教师可以根据教学的实际

情况，有意识地为学生创造一些成功情境。教师可以通过精心安排教学过程，在某个问题上引起学生突然警觉，从而产生强烈的注意效果，激发起他们兴趣。学生之间的讨论或争论、辩论，既有利于学生通过比较辨明是非，也能促使学生主动思索，从而激发其学习的兴趣。

（4）引导学生体验数学的美感

引导学生发现和欣赏数学规律，有助于学生体验数学的奇异的美。在创造、发现的喜悦中，对美的感受最灵敏、最强烈。让学生参与探索、发现活动，将发现过程与审美过程统一起来，激发学生的学习兴趣是数学教学的重要方法。

总之，良好的个性品质培养内涵十分丰富，有待于我们进一步研究探讨。教学中有意识地培养学生良好的个性品质意义深远，是数学学科素质教育的要求。

**参考文献：**

［1］邵瑞珍等：《教育心理学》，上海教育出版社1985年第1版。

［2］林兆其等：《教学优化与评价》，四川大学出版社1997年版。

［3］贾晓波：《心理健康教育与教师心理素质》，中国和平出版社2000年版。

［4］杨崇龙：《邓小平教育思想专题》，四川大学出版社1997年版。

# 浅谈职高班级管理

四川省中和职业中学　李俊萍

**摘　要：**本文探讨职高班级管理的问题，提出如下观点：班级管理是一项整体的育人工程。只有把学生的积极因素调动起来，才能形成合力。班主任要使学生自觉意识到管理的必要性，特别是自我管理的必要性，减少学生对管理的抵触和对抗的情绪，大大减少由人际关系不和谐产生的内耗，提高教育管理的实际效果。

**关键词：**班级管理　班主任　自主管理

## 一、让学生成为班级的主人

民主管理是建立和谐班级的基础。从制度制定到活动开展，班主任都不应居高临下地充当命令的发布者。必须营造和谐的班级氛围，使学生成为班级的主人。

1. 制度自己定

班纪班规的民主制定是民主决策的重要内容。学生自己参与制定出的班规，比教师的强制和说教更有效。可先由学生参照学校的规章制度，结合本班实际情况起草，然后小组讨论，最后拟出草案，再在班上讨论、修订并最终形成。这样的过程可增加学生的认同感和主人翁意识。

2. 干部自己选

班委会是一个班级的核心，所有班干部（从小组长到班委会成员）自民主选举产生的过程即是贯彻民主精神的过程，培养学生自我管理能力的同时，也为学生提供了展示能力、发挥特长的舞台，激励学生勇挑重担、关心集体、乐于奉献。

3. 目标自己拟

制定班级目标能使每一个学生都参与规划未来，促使他们参与共同活动，使集体生活充满活力，使学生享受到取得成绩的欢乐。班级目标可以具体分为：近期目标、中期目标、远期目标。班主任要善于将集体目标逐步转化为每个成员的精神需求，使每个学生的认识、情感、行动同集体要求保持一致。

4. 问题自己解决

班主任可以对学生放权，让他们自己管理班级，自己的问题自己解决。通过集体舆论把管理者的教育意愿表达出来，通过集体去影响每一个学生。学生会真切地感到集体对他们的关注和监督，想到自己与集体有着不可分割的联系，感到自己的一言一行都影响着集体，必须管好自己。让学生自己参与问题的解决处理，是民主精神的重要体现。

5. 活动自己组织

班级活动的实施应以“体验教育”为主，突出学生的主体性、实践性和参与性，使其明白道理、养成品质、锻炼能力，从而增强班级的向心力和凝聚力。活动的内容与形式应丰富多彩，要适合学生特点，为他们所喜闻乐见，满足他们渴求知识、抒发情感、关心社会等多方面的需要。如：（1）每次的班会由一名班委和一名学生共同主持（学生自报，要求从班会设计及安排等各方面全方位考虑，拟出方案及实施的具体措施，经班主任审核后由主持人实施）。（2）每天的值日班长由一名班委和一名学生共同负责，从学习情况、课堂常规、仪容仪表、环境卫生等方面进行监督和检查，并及时与班主任联系，反馈班级情况。

## 二、让班主任成为班级的一员

和谐的师生关系是建立和谐班级的保障。师生之间应相互信任、相互理解、相互尊重。班主任与学生亦师亦友，并且切实成为班级中的一员，和全班学生处在平等的地位，从而使班级管理既民主又科学，既严谨又生动。班主任在工作中要蹲下身去，从学生的角度看问题，用“心”与学生沟通，把管理的过程看成是“交流”的过程。当学生犯了错误时，不简单粗暴地训斥或是空洞地说教，而以真诚的爱心、恒久的耐心与学生沟通。注意针对学生的心理做工作，摆事实、讲道理，增强学生对老师的信任感。通过组织各种活动，加强同学间的沟通与交流，形成健康、和谐的人际关系，引导学生正确地看待各种问题。

## 三、让班级成为和谐的整体

学生之间有和谐、相容的时候，所以他们能建立深厚的同学友情；学生之间也有紧张、失调的时候，所以会出现打架骂人的事件。班主任的重要任务就是想尽办法促使班级形成和谐的人际关系，使班级成为一个团结、积极、向上的整体。

### 1. 建设和谐文化氛围

利用黑板报、墙报、宣传栏、书画作品，建设具有本班特色的文化氛围，以对学生产生暗示效应，陶冶学生心智。

### 2. 树立健康班级舆论

当学生出现不文明、不正确的行为时，利用班级舆论促使他认识错误，调整自己的言行，消除班级的不和谐之音。

### 3. 成立多个学习小组

让学生在学习上互相帮助，在纪律上互相监督，在思想上互相交流，从而减少同学之间的矛盾，促使和谐集体的形成。

4. 增设管理岗位

增设管理岗位，使更多的学生能参与班级的管理工作，得到锻炼的机会。

## 四、班级管理与企业文化相联系

一个班级如同一个企业，班主任就是总经理，班组长就是各部门经理，班干部就是各领班，学生就是员工。每天应由体育委员、班长组织早锻炼，晴天雨天不间断，如确实不能进行，需班主任许可方可取消；早读时间班长要简短安排当天的任务，然后再开始早读。管理好每天的日常事务，班主任制定的每月活动任务要按时完成，这些既能让学生丰富课余文化的内容，又能让学生养成完成每天、每月任务的习惯。

班集体是每个学生显示才能的天地，也是造就人才的课堂。加强班集体建设，营造一种和谐的教育环境，是促进学生全面发展、健康成长的重要条件。班主任必须把自己当作集体的一员，放手让学生成为班级的主人，师生共同打造和谐班集体。正如马卡连柯所说："教育了集体，团结了集体，加强了集体以后，集体自身也就成为很强的教育力量。"一个新组合成的班级集体，尤其必须建立在班级同学的集体智慧上，在这里，每一位同学都希望有一个令人满意的业绩，包括学业上的、生活中的、班级管理的令人艳羡的结果。

## 五、班级管理对教师的要求

根据中职生的成长特点，结合中职学校培养方式，确立班主任工作的指导思想应当为：以就业为导向；以教会学生"学会做人、学会学习、学会做事、学会发展"为目标；以塑造职业人形象，培养学生职业意识、职业习惯、职业技能为核心；以构建班级建设管理与学生德育工作新模式为手段，使学生成为适应用人单位需要、具有职业发展素质的社会人。

同时班主任要与学生一起共同成长，构建和谐的师生关系。苏霍姆林斯基说过：“每个人都有一颗成为好人的心。每一个学生都希望自己是成功者，都期待收获肯定和赞誉。”这就要求我们充分地尊重、宽容、信任学生。作为教师，我们应该有转化学生的信心和责任感，教师应该懂得爱的艺术，用师者广博的生命之爱、民主思想去尊重每一个学生，浇灌他们的心田，帮助他们形成积极的自我观念和健康的人格。要知道，爱是一种信任，爱是一种尊重，爱更是一种触及灵魂、动人心魄的教育过程。充分尊重学生、爱护学生、宽容学生，能激起学生心灵的涟漪，缓解他们的抵触情绪，从而达到教育、转化学生的目的，使其按教师的意愿投入学习，正确处理好各方面的关系，使整个班级朝共同的目标努力，产生强大的凝聚力。

营造和谐民主的管理氛围，要贯彻的还是一个以“教师管理为主导，学生自我管理为主体”的原则，让每一位同学都有一个在班级的“国际舞台”展示自我的机会。培养出一批批有班级平等意识的学生，锻炼他们、丰富他们、创造他们，并以此赢得他们。

# 润物无声 德育无痕

## ——论信息技术教学中德育的渗透

四川省安岳县职教中心 雷 琼

**摘 要：**现代教育强调“成才先成人”，故未成年人的思想道德建设是学校工作的重中之重。对于信息技术专业教师来说，在教学中渗透德育是必要和必须的。笔者认为，在信息技术教学中进行德育渗透，要以教学活动为载体，结合教材实际，融入知识的讲授和上机的训练之中。

**关键词：**信息技术教学 渗透 德育

古人说：“欲立其业，先树其德。”德育对促进学生全面发展起着主导性作用。一般人认为对学生进行德育教育是政治教师和班主任的事，与其他学科的教师关系不大，与我们计算机教师更是“不搭界”。但事实上，随着计算机技术的不断提高和计算机网络的迅速发展，人们获取信息、处理信息的方式和能力发生了质的飞跃，这对当前学校的德育工作提出了新的挑战。作为信息技术教育工作者就要在教学中加强德育渗透，使学生具有健康的信息意识，树立正确的人生观、世界观，让他们在信息的汪洋大海中正确把握人生的方向，形成良好的信息技术道德。

### 一、在教学纪律中渗透德育，培养学生良好的习惯

在教育心理学领域有这样一句经典名言：“播下一种思想，

收获一种行为；播下一种行为，收获一种习惯；播下一种习惯，收获一种性格；播下一种性格，收获一种命运。”学生时期是养成良好习惯的黄金时期，我们应该在计算机教学过程中，尤其是在上机实验过程中加强养成教育，培养学生良好的行为习惯。

首先，要加强思想教育，培养学生的规则意识。比如在上计算机实践课时，要教育学生遵守机房的各项规则，爱护计算机设备；在介绍有关计算机基础知识的时候，要特别强调在Windows中关机的步骤，而不能直接关闭电源，并且让他们了解这样做的目的是延长计算机的使用寿命，保护计算机内数据的安全。

其次，教师要以身作则，为人师表。每位教师，不管你是否自觉意识得到，你本身就是学生的一本活的德育教材。所以教师在课堂示范教学和上机指导过程中应有良好的习惯。比如，把用户文件建立在所用系统软件的子目录下就是一种不好的习惯。如果教师在课堂演示的时候，特别是在保存或另存为文件的时候，一定要注意这个问题，使学生在潜移默化中养成把用户文件分门别类地存放的良好习惯。反之，如果教师不注意这个问题，由于学生的模仿心理很强，学生就会照猫画虎，影响良好习惯的养成，甚至可能使学生养成类似的不良习惯。

## 二、在教学内容中渗透德育，培养学生良好的品德

在教学内容上有意识地和德育教育挂钩，应该是大多数学科渗透德育教育的主要方法。对于信息技术学科，则可以从软件版权、计算机使用道德、收集健康的信息、合理地使用公共资源等方面培养学生良好的品德。

### （一）培养计算机使用道德

比如，在介绍 Word 的时候，我们可以这样给学生讲：“Word 是微软公司的一个著名的文字处理软件，大家知道微软公司的总裁是谁吗？对，就是比尔·盖茨，他可是世界首富。那

么，大家知道他的钱是怎么挣来的吗？他主要是通过出售像Word这样的软件的使用权来积累财富。软件就像商品一样，你要使用，就要向他交付使用费。未经许可无偿地复制、使用、出售商业软件是非法行为。所以我们都应该尊重软件的版权，平时应注意购买正版的软件，不侵害他人的利益，遵纪守法。”在讲解计算机病毒防御的时候，则通过介绍病毒巨大的破坏性，教育学生不得故意制造、传播计算机病毒，培养良好的计算机使用道德。学生对网络的兴趣很高，特别对网络“黑客”更是感到好奇，那么在关于网络安全的课程里，教师就可以对教学内容进行适当的延伸，告诉学生所谓“黑客”就是利用自己高超的计算机技术非法地窃取、篡改他人数据资料的人，他们往往为了非法目的或者逞能而破坏了网络世界的秩序，是网络的危害之一。因此，我们要自觉地维护网络安全，绝不做“黑客”。

（二）培养学生健康的信息意识

在信息的海洋里，既有对社会进步有利的信息，也有大量不利于社会进步的信息“垃圾”；既有真实有效的信息，也有虚假骗人的内容。所以，面对大海一样的信息，学习者必须学会如何评价信息的真伪和价值。中学生正处于身心发展阶段，应该正确引导、帮助他们提高对信息的分析、评价能力。为此，我曾针对如何正确使用网上资源，搜集正确的信息问题展开讨论；并经常在课堂上强调：“同学们，你们在网上查寻资料的同时，不要因为贪玩或好奇进入一些不健康的网站。你们应该用‘火眼金星’来识别网上这个五彩缤纷的大世界。”我还给学生介绍网上发布不良信息的惯用伎俩，提高学生对各类信息的鉴别能力，同时提高学生自身的文化素养，让他们从内心深处自觉地抵制低级、庸俗、不健康信息的侵蚀。

（三）激励学生立志成才

在信息技术课堂上，教师要善于结合教学内容，注意分析教材中的思想教育因素，对学生进行理想教育，激励学生立志成才。例如通过 Windows 的种类及发展，介绍世界首富比尔·盖茨的成功之路，向学生讲解知识对经济和社会发展所起的作用，激发学生的学习热情和树立远大志向，要用知识和技能造福于人类。通过介绍计算机发展史，使学生明白我国计算机发展还很薄弱（用的操作系统是微软公司的、芯片是美国的、许多软件都是英文版的），让学生看到差距，产生危机感，激发他们的爱国主义情感，鼓励学生立志为国争光。又如在学习文字处理软件时，可以介绍金山公司的 WPS，指出它是中国人自己开发的、适合于中国人使用的优秀的文字处理软件。并重点向学生介绍求伯君、王江民等国内软件开发界的著名人物，为学生树立榜样，增强他们的民族自尊心，激励他们刻苦学习，做一个对国家、社会有用的人！

**三、在课堂活动中渗透德育，培养学生与人协作的精神**

社会发展到今天已处于知识爆炸的时代，对人们的交际能力的要求更是有增无减。要想获得成功，就要提高交际能力，依靠集体的力量和智慧。但是，计算机技术运用不当就会对人际交往产生负面影响，比如，会使学生沉迷于计算机世界中，从“书虫”变成“网虫”，或迷恋于计算机游戏而缺乏同学之间的交往，或在感到孤独时仅仅与计算机交流思想，以至于发展为产生严重的心理障碍……因此在计算机教学活动中，一定要注意培养学生与人共事的协作精神。比如，在教学中对于某个问题或任务可采取交流、讨论的形式来解决，培养学生与人沟通的能力；在教学内容告一段落时，给学生布置有一定难度的任务，要求在一定的期限内完成，然后组织交流、讨论；部分作品要求必须以组为单位进行，这可使学生在完成任务的过程中互相学习，培养他们的集体荣誉感，锻炼多种能力。还要让学生学会评价、鼓励和欣赏他人的成果，从中体会到与人合作的快乐，获得成功的愉悦。

总之，在信息技术教学中进行德育渗透，是一项长期的、反复的、循序渐进的工作。教育家赫尔巴特说：“教书如果没进行德育，只是一种没有目的的手段；道德教育如果没有教学，就是一种失去了手段的目的。”所以，在信息技术教学中要有意识地渗透德育，要从实际出发，融入知识的讲授或上机的训练之中，做到“润物无声”，让学生不感到是在接受说教，却开阔了胸怀；不感到是在接受思想教育，却受到深刻的启迪。

# 职业中学学生常见的心理问题及其校正方法

四川省万源市职业高级中学　景远章

**摘　要：** 本文通过分析职业中学学生存在的各种各样的心理问题及其产生的原因。指出学校可以通过提高教师的心理健康教育辅导能力和素质，开展各种形式的心理健康教育，培养学生的人际交往能力，促进班集体人际关系的和谐，使学生的心理问题得以校正。

**关键词：** 中职学生　心理问题　校正

心理问题是指个体心理活动中出现了矛盾、冲突，发生了心理危机，使得个体的心理和行为出现了不协调，甚至产生了失衡、焦虑、痛苦等异常表现的心理状态。心理问题不仅影响学生的正常学习、交流和日常生活，严重的心理问题还会导致个体机体功能异常，影响个体的身心健康。

全面提高学生素质，为21世纪培养合格人才，是现代社会、现代教育向所有教育工作者提出的要求。素质包括多方面的内容。其中，心理素质是素质结构中的一个十分重要的成分。然而，当前有很多职业中学对培养学生良好的心理素质重要性的认识还远远未达到像对知识的学习、成绩的提高那样重视的程度。

职业中学学生的心理问题真实地存在着，通过这些年担任班主任工作所作的观察和思考，现将学生常见的心理问题分析如下。

## 一、职业中学学生常见的心理问题

### 1. 自卑心理

部分职中学生的自尊心在学习和生活中没有得到应有的尊重，多次受到挫伤后产生了一种带消极反抗性质的自卑心理，自卑心理是自尊心的另一种极端的表现形式。这些学生由于学习成绩不好，屡犯错误，所以无论在家里还是在学校，他们受到的批评多于表扬、指责多于鼓励、惩罚多于引导，于是自认为无药可救、低人一等，变得心灰意懒、委靡不振、自暴自弃、消极颓废，形成一种“我不如人”的自卑心理。

### 2. 逆反心理

逆反心理是由于压力引起的。有的职中学生由于功课不好，导致看谁跟谁急，动不动就摔笔记本、拍桌子，与家人同学没完没了地争论、抬杠，不停地挑毛病，做题时拽头发、摔铅笔，这些都是逆反的表现。有的同学甚至发展为敌对情绪。敌对是个体遭受挫折引起强烈不满而表现出来的一种仇视、对抗、不相容的消极情绪状态。有敌对倾向的职中学生常对他人抱不友好的态度，甚至把别人对他的赞扬也看成是冷嘲热讽；老师和同学不能给他提意见，否则他会认为是对他的挖苦，甚至会做出报复、破坏的举动来；常为一点鸡毛蒜皮的事情和同学争得面红耳赤；在家里顶撞父母，不愿听他们的话，不能正确对待家长的一片苦心和老师的批评教育。他们怀疑一切、目空一切，对正面宣传作反面思考，对榜样及先进人物无端否定，对不良倾向产生情感认同，对思想教育、遵章守纪采取消极抵抗。

### 3. 孤独心理

少部分自以为成熟的中学生不愿意和老师、父母交流，更不愿意和同学交流，他们往往自高自大，把自己封闭在一个狭小的圈子里，但却一个劲地抱怨别人不理解、不体贴、不关心他们，于是与世隔绝的孤独感便油然而生。心理上的孤独感，往往发展成孤僻的性格，羞涩、敏感、易怒交织在一起。他们很少和别人交往，人际关系淡化，只一味崇尚做“超人”和“怪人”。

4. 嫉妒心理

在中职学校，有些学生有漂亮的容貌、较好的学习成绩、优越的家庭条件，受到老师的宠爱，这常常会引发另一部分学生的嫉妒之心。他们越是关心嫉妒对象，越有可能会受嫉妒心理折磨，从而发展为憎恶、敌意、怨恨和复仇这样一些恶劣的情绪。在行为上可能会对对方加以恶意中伤；在极端情况下，有些学生甚至会发生伤害等攻击性和破坏性行为。

5. 惧怕心理

职中学生群体中存在着优生惧怕同学竞争、中等生惧怕掉队、后进生感到前途无望等不良心理体验。

不少的职中学生存在着惧怕学数学或与作文、惧怕父母的期望落空、惧怕记忆力突然衰退等心理体验。

一旦产生惧怕心理，就容易产生心理障碍。他们可能处处疑心，事事戒备，缺乏自信心和主动性；在学习上，也常常会表现为随大流，缺乏积极性和创造精神。

## 二、职中学生心理问题形成的原因

1. 家庭的影响

据有关调查统计显示，在青少年的各类心理问题中，学习压力和人际关系等问题占65%以上。情绪类问题、人格障碍类问题及青春期性心理类问题也占有相对比例。这些问题产生的重要原因之一在于孩子们的家庭教养模式存在误差和家长心理健康存在问题。据有人统计，前来咨询的青少年90%以上在家经常面对的是父母、亲朋不断要求其努力学习、考试取得好成绩，长此以往，使孩子产生了沉重的压力，许多孩子因此出现了各类心理问题。

孩子的第一位老师就是自己的父母，家庭教育对孩子的心理发展起着至关重要的作用。可以说，父母不只是孩子生命的创造者，同样也是孩子心灵的塑造者。作为父母，应改变重智轻德和急功近利等教育观念。

如今的学生多数是独生子女，在家庭中是“小皇帝”、“小太阳”。父母望子成龙望女成凤心切，偏重于智力开发，早在学前阶段就教孩子学外语、弹钢琴、学绘画、背唐诗。过重的压力、繁多的“学业”几乎将孩子天真烂漫、敞开胸怀接受大自然和社会影响的机会全部挤掉。而对孩子的心理健康则没有多少家长能给予足够的重视。许多家长不懂得孩子的心理健康如同身体健康、智力开发一样重要，甚至有不少父母压根儿就不知道有孩子需要良好心理的培养这一问题。

由于父母对心理教育的忽视或无知，导致了孩子的心理发展与智力开发严重失衡。智力开发超前，心理发展滞后与生理发育处于高峰期形成强烈反差。重智力轻心理的家庭教育，往往会给孩子的心理素质造成严重的先天不足。

与此同时，父母对孩子的言传身教、赏罚褒贬，以及父母的世界观、信仰、思想、作风、接物待人的态度，对于具有高度模仿性而缺乏选择性的中职学校学生来说，起着性格上的奠基作用。一个人如果从小就生活在“拔一毛而利天下，不为也”的家庭里，接受父母所谓“为人只说三分话，不可全抛一片心”的教育，以及“各人自扫门前雪，莫管他人瓦上霜”的人生信条，那么，在这种家庭环境里成长的人，必定是心胸狭隘的。

此外，随着社会开放程度的不断扩大，社会环境及人际关系也发生了急剧的变化，使得部分家长无法对自己及时做出调整，并予以适当反应，这就导致自身情绪易产生剧烈变化，使神经系统过度紧张及大脑功能紊乱，最终导致心理失调。比如，职业不稳定、收入下降、商场失意、职业变更等，都是造成家长心理障碍的因素。家长难免要将这种情绪转换成各种非理智的行为、语言，在家中宣泄，有的则把自己的失败转成对子女的不符实际的要求。子女如长期处在这种不良情绪感受中，其大脑机能便会遭到慢性损耗，最后出现大脑机能失调，造成心理障碍。

2. 社会的影响

当今社会正处在变革的时期，由于生活节奏不断加快，竞争愈来愈激烈，人际关系也日益复杂，影响人们心理健康的因素越来越多，从而出现了改革开放的主旋律与某些不健康的思潮并存的局面。面对错综复杂的社会现状，是非分辨能力尚不够成熟的职业中学学生在猎奇心理的驱使下，往往是去其精华、吸其糟粕，崇拜的是侠客，追求盲目的自由，好以逆反来表现自己。

3. 学校的影响

由于搞“应试教育”，有些学校忽略了对学生心理素质的培养，只关心学生的文化考试成绩，给学生灌输“学好功课”、“考试升学”、“只许成功，不许失败”的思想，久而久之，学生就会认为只有考出高分数，达到某重点学校的录取线才是好孩子、好学生。考试成绩、升学档次成了衡量职业中学学生有没有出息的标准尺度，因此学生也就将考试升学的挫折看成是人生的挫折和失败。在考试升学的挫折面前，想到家长或教师的斥责，学生便自然感到惶恐，感到前途渺茫，有些人便选择了逃避的做法，如离家出走，给家庭、学校、社会，也给自己造成了不应有的缺憾。

4. 学生自身的原因

职业中学学生正处于生长发育的高峰期，心理发展错综复杂，追求成人感、独立性意向、自尊等心理目标。但是，这些心理目标与其现实生活中的依赖性出现了矛盾：他们要求权利却不愿尽义务，要求被别人爱而又不懂得爱别人，难以正确地评价自己，过于自信、自负。在强烈的自我表现欲和虚荣心驱使下，他们常故意表现得蛮横无理，甚至有意与教育者对抗，往往与教育者的意愿背道而驰。

## 三、消除职业中学学生心理问题的对策

为了让学生健康成长，对学生进行学习心理问题的矫正是极其必要的。爱因斯坦说："一个人的价值，应该看他贡献什么，而不应当看他取得什么。""人只有献身于社会，才能找出那短暂而有风险的生命的意义。"

### 1. 提高教师的心理健康教育辅导能力和素质

对职业中学学生进行心理健康教育辅导，教师的素质是至关重要的。学校领导要用素质教育的要求规范教师的行动，为教师提供掌握心理素质教育专业技术的进修机会，提高教师的业务素质，推进学生的心理素质教育。在实施素质教育的今天，广大中等职业学校教师十分有必要全面深入地学习教育心理学，并逐步自觉地运用教育心理学的理论去指导、消除学生中存在的各种错综复杂的心理问题。

### 2. 采取各种形式开展心理健康教育

消除敌对情绪关键是要发现和发挥自己的强项。要认识到任何人都不是一无是处的，都有自己的优势和弱项。比如虽然你学习成绩不怎么样，但你能歌善舞、能写会画、体育能力出众，只要尽情发挥这些优势强项，也是一种成功、胜利。因为如果你把时间用于对自己优势能力的挖掘发挥，你就没有心思用敌对方式向世界表示你的不满了。具体而言，可以采用以下办法来消除学生的心理问题：

一是开设心理辅导课，进行普及心理学常识的教育。现阶段职业中学可开设一个学年的心理辅导课，使学生了解心理学常

识，特别是掌握心理健康的若干标准，掌握出现心理障碍时的自我解决的方法。

二是开设心理咨询、咨询信箱、热线电话，进行一对一的心理咨询服务活动。

三是在学生中广泛开展打开心灵窗户的说“悄悄话”的活动。因为同龄人通过互相倾诉、互相沟通、共同分忧，极易达到心理疏通的目的。

四是家校联手开展心理辅导。学校应利用家长会这个渠道做宣传，让家长也对心理辅导知识有所了解，并协助学校开展工作。家校联手形成的合力，便能使心理健康教育取得更好的效果。

3. 培养学生人际交往能力，促进班集体人际关系的和谐

对于成长中的职业中学学生来说，人际交往和沟通具有强大的吸引力。然而，由于不少职业中学的教育以升学为目的，以考试排榜为特征，过分强调学生之间的竞争，导致学校生活紧张、单调。加之现代家庭住房单元化，独生子女增多，从客观上束缚了职中学生的人际交往，导致同学之间情感淡漠、师生之间缺乏信任。人际关系淡漠的班集体不能满足学生的情感需要，当然也就不能使学生得到健康的发展。

为此，学校应通过课程、讲座、咨询、讨论、学习小组活动、实验等形式，引导学生广泛接触社会、结交朋友，使学生在日常交往群体中建立相互理解、信任、关心的良好的人际关系，在交往中取得进步，克服紧张、恐惧、偏见、敌意、猜疑、嫉妒等不良心理倾向。

总之，在全面推进和实施素质教育的今天，我们只有把握好了职业中学学生的心理现状，及时解决学生的心理问题，才能更好地引导他们健康发展，为我国社会主义现代化建设事业培养出合格的建设者和接班人。

# 浅谈高职院校教学管理信息化

江西冶金工业学校　胡金民

**摘　要**：本文分析了高职院校教学管理信息化的现状及发展趋势，指出近几年中高职院校有了一个较快的发展，但在教学管理方面还很滞后，在高职院校中实行管理信息化，对高职院校的发展具有积极意义。这也是新时期对高职院校的新要求。

**关键词**：高职院校　信息化　教学管理

高职院校的发展必须适应知识经济大环境发展的要求，信息化管理是其主要的标志之一，而高职院校信息化的主要标志是教学管理的信息化。随着高职院校的不断发展，教学管理信息化也成为提高其管理水平的必由之路。教育部明确提出了实施教育信息化建设工程的要求，为了实现这一要求，必须在高职院校开展教学管理信息化建设，全面把握信息化建设的基本内容，力求高职院校教学管理信息化建设工作步入一个科学规划、全面发展的良性轨道。

## 一、高职院校教学管理及信息化的现状

1. 高职院校教学管理信息化的起步较晚

大部分高职院校都是近几年由原来的中职学校转型为高职院校的。原来的中职学校办学规模小，教学管理相对简单，管理信息化底子薄，转型为高职院校后，随着办学规模的不断扩大，教

学管理工作日趋复杂，才逐渐在信息化方面加以投入。有些院校还停留在中职的管理模式上，信息化建设就更加薄弱。

2. 教学管理人员“知识老化”问题凸显

教务管理人员没有完全从中职的管理模式中走出来，信息技术知识学习跟不上形势发展的需要，掌握不好信息系统的规律，做日常的教务管理工作有时还用老的方式进行。新时期中，培养既懂教学管理规律又能维持信息系统正常运行及不断升级的复合型管理人员队伍就显得非常重要了。

3. 教师和学生成为教务管理的局外人、旁观者

受传统的管理模式的影响，教师和学生很难参与教务管理。而教务管理信息化建设的滞后，受时空的限制，教师和学生也只能是教务管理的局外人、旁观者。只有高度的信息化，才能使教师和学生参与教务管理工作。

4. 系统的稳定性与安全性时时面临挑战

安全性是任何网络系统的关键，教学管理信息系统是基于网络技术开发的，由于网络病毒层出不穷，如果信息安全没有在系统设计环节中考虑周全，大量的系统数据很有可能会失真、泄漏，从而产生系统数据的安全隐患。除此之外，由于缺乏专业技术知识，即使是教学系统管理人员在进行系统维护操作时，也同样存在安全隐患。

## 二、信息化对高职教学管理的积极影响

1. 优化资源配置

几乎所有的高职院校教学管理工作人员都有这样的工作体会，教学管理工作是一项“多、细、杂、乱”的重复性工作，特别是教学管理中与学生有关的数据（新生与毕业生、考生的成绩等）的采集、处理工作。随着高职院校的扩招、入学人数的增加，这一问题更为突出，有关的数据更多、更杂，并由基层

重复采集，其数据的准确性、共享性较差，增加了基层的重复性劳动，浪费了大量的人力、物力、财力和时间。利用计算机和网络收集数据能节约资源，减少浪费，有关的数据由统一的部门通过校园网或其他的方式按一定的数据标准采集并在网上发布，并及时更新，其数据的准确性较高，共享性更强，改变了资源利用的方式，提高了使用效率，减少了人力、物力和时间的浪费。另外，网上招生与录取以及网上公布就业信息，减少了招生及招聘单位到各校招生及招聘的时间、财力和物力。

2. 优化管理结构

现行高职院校的组织结构以“金字塔型”为主，我国高职院校教学管理的组织结构也普遍采用这一模式。教学管理组织一般由两条线组成：一条是校（院）长—院长（系主任）—教研室（学科组），这是对高职院校教学活动实行全面综合管理的垂直领导主线；另一条是主管教学副校（院）长—院（系）主管教学副主任—教研室主管，这是在实行分工主管制领导下的教学活动的实际管理线。主管教学的副校（院）长下还有教务处。这中间有太多的中间管理层，组织结构分工过细，管理幅度过小，必然造成组织层次重叠，降低工作效率。信息化条件下，高职院校教学管理的组织结构应由“金字塔型”变为“扁平型”。

3. 加速了信息流动

“金字塔型”的组织结构要求信息的传达由上向下一级一级传送，信息的上报则是由下向上一级一级申报，信息的流动速度缓慢，信息反馈不及时甚至失真，导致高职院校管理层进行教学决策的时间滞后，或者由于信息不全面或失真而导致教学决策的失误。决策层把做出的决策发布在网上，执行层可以迅速地从网上查询决策层所做出的决策并执行，同时把执行结果及时反馈到网上，决策层得到及时反馈的信息，便于创造性地开展工作并且能及时调整所做出的决策以满足需要。信息化条件下决策层可以利用网络掌握更为全面的信息，来自教职工和学生的、其他高职院校教学管理部门与非教学管理部门的，甚至来自社会和家长的建议，有助于决策层做出科学的决策；另外，教育管理信息系统能够根据决策的需要对大量的基础数据进行各种分析、统计和处理，为决策层做出科学决策提供科学、准确的数据保障。

4. 促进教学管理服务的公正和公平

我国高职院校传统的教学管理服务是整齐划一的单向服务。同时，由于“金字塔型”的组织结构信息流动缓慢，并且具有封闭性，只有部分在其位的人知道那些重要的信息，教学管理服务的公平性与公正性不高。在信息化条件下，学校的各种服务可以通过校园网络用电子的方式进行。所有的公共信息都发布在网上，每个人面对的信息都是一样的，教学管理服务能真正地实现制度化、程序化。只要是规定的服务，具备资格与条件，在网络上都能得到一视同仁的待遇；师生和校外人员只要上网就可以在网上找到自己所需要的服务种类和服务方式。

5. 促进教学管理工作的规范化

传统高职院校的教学管理是手工操作，所有的数据由各院系的教学管理工作人员收集、上报，并且部分如选课、成绩管理由各二级学院完成，这一中间环节会因人情等各方面的原因易导致执行各项管理条例时尺度不一。在信息化条件下，高职院校的教学管理实行网络化全校集中管理。全校的学生通过网络选课，学生的所有课程的学习情况都在网上记录下来，各有关部门可以及时掌握有关数据。对这些数据的访问有规定的权限，只有有权限的工作人员在有根有据的情况下可对数据进行修改，这样就可以避免随意删减数据文件的情况，增强了教学管理工作的规范性，也为公正、公平、合理地执行管理规章制度提供了保证。

6. 增强了教师与学生参与教学管理的力度

有学者指出：“在当前不少高职院校教学管理活动中，教师是游离于教学质量管理之外的‘旁观者’和‘局外人’，是被‘评价’的对象。”教师只能接受结果，别无选择，更说不上教师参与教学管理了。而要搞好高职院校管理，必须依靠教师发挥能动作用，一切与学生的学习和生活有关的决策，还要注意听取学生的意见。在信息化条件下，教师与学生参与教学管理的力度大大加强。网络成为教师和学生参与教学管理的重要手段。这是因为：一是教师与学生是信息技术的掌握者，能够利用计算机技术与网络技术，有能力参与教学管理，他们在具备了信息分析能力后加入到决策过程中来。越来越多的高职院校要求教师和学生利用网络参与学校管理。二是信息技术使得信息获取和传递变得更快捷、更方便，教师与学生坐在家里或在宿舍轻而易举地获得教学管理方面的信息，同时通过网络针对与自己相关的问题出帖子（即发表自己的看法、意见）来参与管理。这些帖子就成了教学管理决策部门广泛收集的对象并用于做出科学的决策。三是教学管理部门可以就与教师和学生有关的问题以专题的形式在网上组织论坛，教师和学生在参与讨论的同时也参与了管理。

7. 促进了教学管理的国际化

在没有互联网之前，世界各国的高职院校由于地理位置的原因相互之间的交流非常少，因为交流的代价比较高。在信息化时代，高职院校之间的交流越来越多，高职院校的教学管理也将走向国际化。教学管理的国际化，主要是指各国之间课程设置和学科建设的相互借鉴、教学管理经验的交流、教学管理人事制度的改革、教学资源的共享、教学管理人员的培训等。信息化为高职院校的交流提供了便利条件，不管你人在哪里，只要你在网上，你就可以与任何一个上网的人或机构取得联系。教学管理人员以前急需而又找不到的资料，现在只要上网轻轻点击就可以找到，还可以访问任何一所上网的高职院校，交流和讨论，学习他们的优点。

## 三、信息化对高职院校教学管理提出新的要求

1. 对教学管理人员的素质提出新的要求

传统高职院校的教学管理基本上都是手工操作模式，大部分教学资料基本为以纸张手写方式存档，对教学管理人员的要求不高，只要认真、仔细、肯吃苦就能把工作做好。在信息化条件下，高职院校的教学管理工作基本上使用计算机平台操作，需要使用如教务管理系统、排课系统、网上选课系统、网上招生与录取系统、就业信息系统等应用软件来工作。信息化对高职院校的教学管理人员的计算机技术提出了新的要求，教学管理人员必须具备熟练的计算机能力。由于了解有关教学方面的数据（教学管理文件、教师学生的信息数据、有关课程的安排等等）都要上网，要求教学管理人员具备利用网络发布信息的能力；要进行教学管理方面的改革，需要集思广益征求各方面的信息，要求教学管理人员具备收集信息（主要是从网上）、利用计算机处理信息的能力；由于网络本身的存在一些不安全不可靠的信息，要求教学管理人员具备辨别信息的虚实、真假能力；由于教学管理人员掌握了大量的信息，要求他们必须具备良好的信息道德。同时要求提高教学管理人员的管理素质。

2. 对教学管理方法和手段提出新的要求

传统的教学管理方法主要有行政方法、经济方法、思想教育方法和法规方法，后来又有了目标管理方法、全面质量管理方法，等等。在信息化条件下，这些方法仍然有效，但又对教学管理的方法与手段提出新的要求，同时为教学管理提供了新的方法与手段。通过网络进行管理是信息化条件下教学管理人员使用的新方法，学生成绩的查询、网上选课系统、通知的发布、有关教学的调查等都可以在网上完成。

3. 对教学管理的平台提出更高的要求

传统高职院校的教学管理基本上是用手工操作，对教学管理的平台要求不高。对教学管理人员来说，纸张和笔就是最重要的工具了。信息化条件对教学管理的平台提出更高的要求，“工欲善其事，必先利其器”，办公室除了以上设施以外，还需要有能上网的电脑、打印机，有的还需要有扫描仪等。教学管理人员的办公室都要连上接入互联网的流畅和稳定的校园网，这就要求加大教学管理的投入。

4. 对教学管理信息的安全提出新的挑战

教学管理信息包括教师信息、学生信息、课程信息、学籍信息、教材信息、教研信息、教学场地信息等。传统高职院校的教学管理信息大部分收藏在教务处的各科室或档案馆，要获取必须按一定的规章制度经过有关人员的同意才能得到，具有一定的封闭性。在信息化条件下就不同了，所有的管理信息都上网了。访问时虽然可以根据一定的权限，但有一些机密的信息还是会被某些不法分子（如网络黑客）窃取或篡改，甚至于攻击服务器，导致信息变更或系统瘫痪，从而对教学管理信息的安全造成威胁。另外，如果存储了重要管理信息的计算机出了故障，那些管理信息就可能丢失，会造成不可估量的损失。所以现今高职院校都会设立网络中心（计算机中心）专门负责学校网络运作的顺畅和安全。

## 四、小　结

面对中国现在的高职院校，传统的、手工的、落后的教学管理已经不能满足学校的管理要求。实现教学管理信息化已是迫在眉睫，这也是高职院校要得到进一步发展的重要保障，所以高职院校当务之急就是要尽自己所能，尽快、大力地把教学管理实行信息化，让其更好地服务于学校各项工作。

**参考文献：**

［1］姚启和：《高等教育管理学》，华中理工大学出版社2000年版。

［2］陈雅：《浅谈互联网在教务管理工作中的应用》，《广东职业师范学院学报》2000年第4期。

# 把握中等职业学校学生成长规律 探索发展性教育策略

广东省始兴县中等职业学校　官玉华

**摘　要**：本文通过分析中等职业学校学生的基本状况，对中职学生的成长规律作了探索，指出必须对中职学生进行全面而和谐的教育，既要善于根据社会发展的趋势强化专业技术的培养和训练，又要根据他们的成长特征探索出具有发展性的教育策略和评价体系。

**关键词**：职业教育　学生成长规律　发展性教学策略

在国家职业教育还在逐步推进发展的现阶段，职业中学学生可以说是一个较为特殊的学生群体。其特殊性之一是他们大多是中考的失败者，这意味着他们在文化课基础方面稍逊一些；其特殊性之二是他们在职业学校的学习重心是专业课，而不是文化课；其特殊性之三是他们毕业后直接面临的是就业的挑战，而不是高考的竞争。因此，对职业中学学生的管理和教育有着和普通高中迥异的特点。

## 一、分析生源素质情况，作出准确的教育定位

作为始兴县唯一的一所中等职业学校，我们接收到的是来自包括县城和各乡镇初级中学的学生，生源情况较复杂，学生素质参差不齐。因此，在开学之初，对全班学生情况来一次细致而又

详细的摸底是非常必要的。

按照以往惯例，我要求每个学生将自己的家庭情况、升学成绩和兴趣爱好等资料汇报上来，然后再根据内外宿、毕业学校、升学类型、家庭经济的不同情况进行分类，做成一个全面而细致的班级档案库，使原本陌生的学生立即变得熟悉起来，为进一步接触他们做好准备。

事物总是在发展变化着的，更何况是尚未成熟的学生。因此，上面的字面材料仅能作为了解学生的一种参考。要准确定位出对新学生的教育思路，还需要做多方面的工作，教师接下来可以利用一周军训的时间对这群“子弟”做近距离“扫描”，以争取在最短时间获取最清晰的印象，甄别出班干人才、诚实本分者、好动“分子”、“桀骜”人物等各种类型的学生。另外，缴费注册时间更是将学生本人和名字一一对上号的大好时机，可以通过闲聊了解他们个人的性格和态度。接下来的第一次清扫卫生、发新课本、编座位，都是进一步知晓学生性格特点和个人修养的机会。当这些接触完成后，教师就会对全班同学的各方面情况有了较清晰的印象，接下来就可以理清班级管理的思路了。

## 二、学会从远距离、高视角来看待、处理问题

作为已经十六、七岁的高中生，尤其是中考落败的职业中学学生，我们不能再以初中生的标准来看待他们了，因为过多过严过细的教育方式不但不能修正他们的缺点，反而极易引起他们强烈的叛逆心理，更对他们往后独立自主性格的形成造成阻碍。对症下药的“处方”只有一个，那就是——以德育人，以理服人。

在知识和阅历的不断积累过程中，人的思维方式和道德情操也会逐步改善和提高。当代中学生生活在一个信息化高度发展的社会，知识和阅历的积累速度也不断提速，各种新事物新信息的更新可谓一日千里，如果教师还想以单纯的传统文化教育来

“俘获”他们，那只能遭到他们的反感甚至嘲笑。在实践过程中，我尝试从他们感兴趣的话题入手，利用班会课或上课前的几分钟，和他们谈当今世界的复杂形势，谈信息时代的竞争，谈三年后的奋斗目标，谈如何为人处世等，这些有共性的话题极易拉近与学生之间的距离，也能在潜移默化中培养他们的立志意识，并激励他们为之不懈努力。

秉承一贯的作风，我仍然考虑给有违纪行为和学习态度不端正的学生进行道理分析，而避免对小事大发雷霆或耿耿于怀。相对于初中严肃的“说理”教育，对高中生采取平等对话式的教育将更容易获得理解和尊敬，而教师立足于对学生人格塑造和修养培养方面进行“说理”，将有可能取得“一次教育，永久受用”的效果。可以乐见的是，在平等对话教育的前提下，学生们也会表现出令人惊异的明理懂事，几乎每次都带着明显的悔意和醒悟离开。这一切，让我在更加坚信这种人文教育模式行之有效的同时，也开始接受那句话——没有教不好的学生，只有不会教的老师。

学会从远距离、高视角来看问题，即以发展的眼光看问题的观点，不仅适用于政府决策、金融运作等宏观命题，也适用于学校培育人才这一微观命题。许多成功人士的例子提醒我们，考试分数并不能确定一个人的智商和前途。因此，我不敢再以分数的高低来论“英雄”，唯恐抹杀了学生其他方面尚未开发的潜能。有了这些教育理念，作为师者，自己的眼光将更具前瞻性，心灵也将更加博爱。

### 三、构建发展性的中等职业学校学生评价体系

长期以来，普通中学或职业学校多数科目都是采用纸笔进行测试，并以最终的成绩来评价学生。这种对于学生的评价功能与标准过于单一，大多过分强调评价的甄别、选拔、鉴定功能，而

忽视其教育、改进、反馈与激励的功能；评价的内容过多地限于学业成绩，很少涉及学生的多元智能，更少提高到情感、道德、能力、思想等层面上，且始终呈现“他评”的特征，忽视了被评者的作用；过于强调终极性评价，忽视过程性评价。这种评价难以全面、系统、准确地对学生的个体发展状况进行跟踪评价，不能体现学生的动态发展变化，不能适应新形势下社会对中职人才的要求。

发展性评价是以促进学生全面发展为目的的评价。在中职教育中，建立发展性学生评价体系，使对学生的评价不仅能关注学生的学业成绩，而且能发现和发展学生多方面的潜能，了解学生发展中的需求，帮助学生认识自我，建立自信，明确努力方向，从而充分发挥学生评价的教育功能，促进学生在原有水平上不断发展。准确、科学、全面地评价学生，既是中等职业学校教育工作者职业能力的重要组成部分，同时又是实现中职教育目标的必然要求。

因此，在中等职业学校的教育过程中，我们必须运用多种评价方法对学生进行评价，除了纸笔测验以外，还可以有访谈评价、问卷评价、运用核查表进行观察评价、通过表现性评价等。但提倡新的评价方法并不是否定已有的评价方法如纸笔测验的作用，各种评价方法都是为一定的评价目标和评价内容服务的，都有自己的特点和优势，同时也存在不足。必须根据不同的评价目标和评价内容选择恰当的评价方法。例如，对于图形图像处理的基础性的知识点，利用纸笔测验进行评价是恰当的，能够很好地保证评价的覆盖面和深入程度；而用纸笔测验可能就难以评价学生的探究、实践和创新能力。同样，用表现性评价评价学生的基本知识点不但费时费力，还不能保证覆盖面。另外，要将学生培养成为自主的终身学习者的话，那么学生就需要有机会来管理自己的学习并确定自己的成就。因此，教学中要让学生参与评价，确定自己的成就，了解自己的优势与不足，特别是自己的学习进展与目标的差距。同时，还要积极反思自己的思维方法与学习过程，以获得持续成长的技能。例如在宣传海报的制作过程中，让学生自评、互评并与教师评价相结合。所以，中等职业学校只有构建个性发展的“多彩平台”，面向全体学生，实施发展性评价，促进个性健全发展，才能培养出有创新精神和实践能力，有个性、有特长的人才，才能真正实现“以技能为本位，以就业为导向”的教学目标。

## 四、新事物改变着生活，学校教育面临新课题

在新科技、新文化主导着新变革的今天，中学生成了受新事物影响最快也最大的群体。虽然中等职业学校有许多学生来自乡镇，但在城市中读书时间一长，他们也会逐渐被各种新事物、新文化所同化。如何减少过多、过复杂的社会文化对单纯的学校教育的冲击，正是信息时代的教育者迫切要思考和解决的关键问题。

新事物是先进的、前卫的，但也可能是消极的、粗俗的。在资讯发达的今天，单是网络这一媒体已令中学生眼花缭乱，其中包含的各种诱惑足以使他们失去自制力：网络游戏、QQ 聊天、交友、卡通、色情、暴力…… 现实与虚拟世界的模糊界限淡化了他们的世界观和价值观，也在吞噬着他们的理想和追求。先进的科技在改造着人类的生活，也在考验着青少年的意志力和进取心，但他们当中的大多数人接受考验往往是以失败而告终，在网吧中，有多少中学生是在上网查资料、学电脑知识的呢？更别说学程序设计了。

在这个时候，不仅学校要紧跟社会发展的步伐，提升硬件上的科技含量，教师更应革新教育思想和教育策略，做好学生的导航者和护航者。这其中的变数便是我们将要面临的新课题。以我

曾带过的一个班的学生为例，经过一个学期，不管是来自城市的学生，还是来自农村的学生，他们随着见识的增长，大量接受了不少新事物，到毕业时，已经很难从外表或气质上区分他们了，这说明丰富的社会文化在潜移默化地影响着他们的个性发展。因此，很多教师除了惊异于他们在某些事情上的成熟外，还会感觉他们不那么容易认同别人的观点了。其实，随着年龄的增长，这种变化将愈演愈烈。我们所要做的，就是发现根源，分析成因，探讨对策，解决问题。这也是教育者尤其是班主任，应该继续深入研究探讨的课题。

**参考文献：**

[1] 田丽霞：《田丽霞班主任工作法》河北教育出版社2006年6月第1版。

[2] 王建东、薛卫东：《中国教育管理史教程》，广东高等教育出版社1998年5月第1版。

[3] 王晓春：《做一个聪明的老师》，华东师范大学出版社2007年10月版。

# 加强对中专生的网德教育

湖北省咸宁市生物机电工程学校　陈容珍

**摘　要：** 目前中等职业学校很多学生越来越沉迷于网络，但由于网络信息缺少法则与规范的约束而良莠不分，以致网络时代学生的思想行为、政治思想品德给网络时代德育工作提出新的问题——网德教育亟待加强。笔者认为应从教师垂范、教学过程渗透、健康心理、规范化管理等方面加强对中职学生的网德教育，达到使学生适应计算机网络时代的发展需要的目的。

**关键词：** 中职生　网德教育

21 世纪是一个高度信息化的社会，面对网络时代的中专生应积极吸纳网上信息，不断更新自己的专业知识；积极利用网络的便利与迅捷及时加强与外界的交流学习。网络信息的飞速发展，无疑对激发中专学生的学习动机，开发其智力，培养其能力，并为学校营造积极、健康、向上、高品位、高格调的校园文化氛围具有积极的正面效应。但网络信息由于缺少法则与规范的约束而良莠不分，以致网络时代学生的思想行为、政治思想品德给网络时代德育工作提出新的问题——网德教育亟待加强。

## 一、中专生上网种种不良现象及其危害

### 1. 恋爱型

利用互联网把所有可能的求爱方式彻底地发挥到人性的极

致，也可能永远不知道对方的样子，也可能永远没有结果。所追求的是：对网上心仪的对象的行为有一定的掌握，由暗恋发展到热恋，最后不能自拔。

2. 游戏型

在笔者看来，网络游戏不是现实而是梦。有的中专生则片面地认为网络即为游戏，谈起网络，就离不开“谍报风云”、“铃木2000”、“虚拟人生”等网络游戏，通常彻夜无眠地上机，沉浸于网络游戏之中，寻找逍遥与快感，导致课堂上心神不定，想入非非，课后无心学习，无心考虑各方面能力的提高。更有甚者，利用网络游戏进行赌博活动，走上不归之路。

3. 色情型

一些中专生利用网络，打开黄色、色情通道，寻找刺激，不惜花昂贵的网费。笔者通过调查，发现凡是上过网吧的中专生，有80%访问过色情网站，有的精于此道，这也是目前中专生恋爱现象普遍的一个原因。有许多中专生由此超越伦理范围，在校园中做出越轨行为。

4. 梦想型

“点击这里，滚滚财源等着你”，“网上赚钱太容易了”。有的学生很容易被这样诱人的句子所迷惑，直到花了一百多元的网费才知道是“陷阱”。这种希望梦想成真的投机心理使许多中专生走入了消费的误区。

5. 黑客型

许多学生喜欢卖弄自己的电脑技术，热衷于做电脑黑客，以制造计算机病毒，随意更改、删除网络数据、网络软件等为乐。大多数中专生充当电脑“黑客”，虽是出于好奇心理，但这样做很不利于中专生社会责任感的培养。

网络使人博学，网络也可能会使人不务正业。随意上网，分割、删除网络资源，导致网络秩序的破坏；成天迷恋网络，寻求游戏的刺激、下流的聊天、肉麻的色情，企图梦想成真，会造成严重的睡眠不足、头痛、肩麻、手腕痛等，严重地影响中专生身心健康。社会因素过早地渗入中专校园造成学生对网络认识失误，致使一部分中专生过多地追求享受，不能正确对待学业学习，这些都直接影响学校文明校风的建设，影响着学校正常的教学秩序和生活秩序。如果不能有效地抑制，其后果是不堪设想的。因此，网德教育已成为中专德育教育不可忽视的问题，势在必行。

## 二、网德的概念

“网德”是德育学的一个新的学术概念。网络是许多计算机互联组成的，没有计算机就无所谓网络。所谓“网德”，就是指行为主体（人）以计算机网络为对象，在实施网络资源共享的过程中所表现出来的政治、思想、道德品质。与传统的德育相比较，网德的构成一般具有以下几个明显的特征：一是网德教育具有鲜明的时代性；二是网德的具体表现载体为计算机及网络；三是行为人一般具有一定的计算机网络知识和技术；四是目前网德教育相对滞后，甚至还存在不少“真空”地带。面对网络时代的来临，作为培养和塑造人的德育工作者就应主动迎接挑战，牢牢把握发展的机遇，开创德育工作的新局面。

## 三、对中专生进行网德教育的对策

### 1. 教师的垂范作用

古人说得好，“树人先树己”。教师要从思想上充分认识到网德教育的重要性，紧紧抓住“网德”教育的时代性。学校要采取切实措施，建立有效的激励和保障机制，努力建设好一支政治坚定、爱岗敬业、富有创新精神和懂现代化管理与网络技术的高素质的德育教师队伍，让他们在中专德育教育中独领风骚。经常性地教育学生热爱所学专业，正确处理好计算机网络与增长知识的关系。教育学生认清计算机网络知识在社会主义建设中的作用与地位，帮助学生建立良好的网德，从更高层次体现教师作为“人类灵魂工程师”的人格魅力。

2. 教学过程中的渗透作用

学生上网前，教师应从政治、思想角度，巧妙地的对学生进行全方位、多形式网德教育。比如，我们可以采取讨论、演讲、辩论的形式，让学生对网上的一些不良倾向进行讨论、分析，从而得出正确的结论。使之明确作为中专生，应该怎样上网，上网目的何在。上网中，计算机教师应因地制宜地对学生进行网德教育，对网络信息进行过滤，及时贴上“标签”，教会学生选择，教会学生回避，这一点相当重要。如果在这一阶段进行网德教育，学生印象很深刻，收效甚奇。上网后，班主任、德育教师和计算机教师要充分发挥第二课堂活动有效优势，如开展网络与信息发展报告会、计算机网络应用知识讲座、计算机网络竞赛等寓教于乐的活动，让学生在活动中增强政治敏锐性、鉴别力和社会责任感。

3. 健康的心理作用

目前，中专生上网出现的不良心理一般表现为“简单的道德心理”、“匿名性心理”、“投机心理”、“猎奇心理”、“迷恋心理”等，主要原因是认识上的缺陷所造成的。它来自客观环境的负面影响，影响了中专生价值观、人生观、世界观的完善。为此教师要切实做好网络时代思想政治教育模式转型工作，积极创建良好的心理氛围，加强心理辅导、心理咨询，引导学生塑造良好的心理品质。使学生清楚地知道计算机网络资源的利用过程，什么是必须做的，什么是禁止做的。据调查，绝大部分中专生在网络上作出的不良行为多是因某些行为未经正确的引导和心理不健康所造成的。因此，只有培养学生健康的心理，才有利于学生良好网德的培养。

4. 规范化管理作用

作为学校，首先要加强重要环节上的管理。诸如计算机房网络区域的管理；下晚自习后，学生进出校门、就寝时间的检查；学生外出制度的执行等，尽可能地把学生在校外泡网吧的机会控制为零。其次是大力进行网络法规的普及宣传，着力增强学生遵守网络规则、网络道德的自觉性，增强学生的纪律性和法制观念，做遵纪守法的好网民和好公民，并促使他们提高网德素质，增强他们对有害信息的抵抗力。

有关主管部门首先应加强和完善计算机网络法规，依法打击和惩治计算机网络犯罪。目前社会上有许多网吧，用“挂羊头卖狗肉”的方式吸引广大好学的中专生走进网吧，进行一系列不法活动，牟取暴利。为了保护学生的合法权益，更好地打击网络犯罪，首先应制定适应网络现状的法律法规，严厉打击网络犯罪，用法律保障网德工作的实施。其次是建立一支高素质的网上执法监察队伍，对人们的网上行为加以合乎人性、合乎法律与道德的有效监控和管理，以保证网络社会的正常秩序，维护网络社会的安全与宁静，保障网络社会的纯洁性，使中专生的网德教育做到学校、社会合二为一。

总之，学校作为德育教育的主阵地，健康的网德素质教育与每位教师休戚相关，教师应当采取各种方式和途径，去努力培养学生良好的网德素质，以适应计算机网络时代的发展需要。

**参考文献：**

[1] 李康平 张洁雄：《加强和改进德育工作关键在于创新》，《教育研究》2000 年第 7 期。

[2] 张义兵：《论网络时代教师权威的转型》，《教育研究》2000 年第 9 期。

［3］王颖、汤艳君：《如何防治和惩治计算机网络犯罪》，《网络与信息》2000 年第 7 期。

［4］施嘉义：《班主任如何给学生职业指导》，《职教论坛》编辑部编，1989 年 10 月版。

**图书在版编目（CIP）数据**

东陆职教论坛．2009年/马勇主编．—昆明：云南大学出版社，2009

ISBN 978-7-81112-786-7

Ⅰ．东… Ⅱ．马… Ⅲ．职业教育—中国—2009—文集
Ⅳ．G719.2-53

中国版本图书馆CIP数据核字（2009）第153667号

东陆职教论坛（2009年）

主　编　马　勇

策划组稿：徐　曼
责任编辑：冯　峨
封面设计：丁群亚
出版发行：云南大学出版社
印　　装：昆明耀骏印务有限公司
开　　本：850毫米×1168毫米　1/32
印　　张：23.625
字　　数：593千
版　　次：2009年10月第1版
印　　次：2009年10月第1次印刷
书　　号：ISBN 978-7-81112-786-7
定　　价：45.00元（上下两册）

地　　址：昆明市一二·一大街云南大学英华园（邮编：650091）
网　　址：http：//www.ynup.com
E-mail：market@ynup.com